マックス・ヴェーバー

宗教社会学論集

第1巻
上

緒　言
プロテスタンティズムの倫理と資本主義の精神
プロテスタント諸信団と資本主義の精神

戸田　聡 ❖ 訳

北海道大学出版会

凡　例

- 本訳書はヴェーバー『宗教社会学論集』、第 1 巻（Max WEBER, *Gesammelte Aufsätze zur Religionssoziologie*, vol. 1, Tübingen: J. C. B. Mohr (Paul Siebeck), 1920）を底本とし、同書中の次の諸論考の全訳を収録した。"Vorbemerkung"（pp. 1-16）、"Die protestantische Ethik und der Geist des Kapitalismus"（pp. 17-206）、"Die protestantischen Sekten und der Geist des Kapitalismus"（pp. 207-236）. 訳出の際には各論考の既訳、具体的には Vorbemerkung については大塚・生松訳「序言」、Die protestantische Ethik については大塚訳、Die protestantischen Sekten については中村訳を参照した。なお、同書所収のその他の論考、すなわち"Die Wirtschaftsethik der Weltreligionen. Vergleichende religionssoziologische Versuche. Einleitung"（pp. 237-275）、"I. Konfuzianismus und Taoismus"（pp. 276-536）、"Zwischenbetrachtung: Theorie der Stufen und Richtungen religiöser Weltablehnung"（pp. 536-573）については、次の機会に訳出することを予定している。
- 亀甲〔　〕は訳者による補いを示す。
- 丸括弧（　）やダッシュ──　──については、原文のものは基本的にそのまま訳文にも反映させているが、翻訳の都合上、原文にない丸括弧やダッシュが訳文中で使用されていることも少なからずある。また、わかりやすさを考慮して、原文の書き方を改めた場合もある。
- 原文の隔字体印刷（シュペルドゥルック）の部分は傍点によって示されるのが通例だが、本訳書ではルビなど他の手法の併用を勘案して、太字によって隔字体印刷の部分を示した。
- 原則として原文中のギリシア語及びヘブル語はそのままとし、これに対してラテン語は基本的に訳出し、ラテン語をルビ等で記したが（ルビの表記は古典ラテン語読みに拠る）、この原則に従っていない場合もある（例えばラテン語の著作名は、訳出するのみで、ルビをふっていない）。その他の言語も特に註で数多く引用されているが、それらへの対応は、それぞれの文脈に応じて原語のままとしたり訳出したりと区々である。
- 訳文の段落区分は原文のままである。これについては巻末「今なぜ新訳が必要か──訳者あとがきに代えて」を参照。
- 訳文中、小見出しは原文にはなく、訳者の判断で付け加えた。但し、「Ⅱ　禁欲主義的プロテスタンティズムの天職倫理　1　俗世内的禁欲の宗教的諸基礎」の中の A〜D の見出しは Parsons 訳で用いられている見出しの流用である。

凡　例

・本訳書には原則として訳註を付さず、底本の本文の文言に改変を加える必要が生じた場合や、引用を訳出する際の出典を示す場合にのみ訳註を付した。

略号（巻末「ヴェーバーが引用した文献の一覧」（の、特に略号）をも参照）
MWG I/18 = Wolfgang SCHLUCHTER (hrsg.), *Max Weber. Die protestantische Ethik und der Geist des Kapitalismus / Die protestantischen Sekten und der Geist des Kapitalismus. Schriften 1904-1920*, in Zusammenarbeit mit Ursula Bube (Horst Baier, Gangolf Hübinger, M. Rainer Lepsius†, Wolfgang J. Mommsen†, Wolfgang Schluchter, Johannes Winckelmann† (hrsg.), *Max Weber Gesamtausgabe*, Abteilung I: *Schriften und Reden*, Band 18), Tübingen: J. C. B. Mohr (Paul Siebeck), 2016（ヴェーバーの著作の批判的校訂全集のうち本訳書の底本を扱った巻）
Parsons 訳 = Max WEBER, *The Protestant Ethic and the Spirit of Capitalism*, translated by Talcott Parsons, with a foreword by R. H. Tawney, New York: Charles Scribner's Sons, & London: George Allen & Unwin, 1930（拙訳と同様「プロテスタンティズムの倫理と資本主義の精神」の 1920 年版の論考を底本とした英訳）
『アルヒーフ』=『社会科学・社会政策のためのアルヒーフ』（= 巻末文献一覧の *AfSSp*）
大塚訳＝マックス・ヴェーバー／大塚久雄訳『プロテスタンティズムの倫理と資本主義の精神』（岩波文庫）、岩波書店、1989 年
大塚・生松訳＝マックス・ヴェーバー／大塚久雄・生松敬三共訳『宗教社会学論選』、みすず書房、1972 年（「宗教社会学論集　序言」は同、5-29 頁）
中村訳＝中村貞二郎訳「プロテスタンティズムの教派と資本主義の精神」、安藤英治他訳『ウェーバー　宗教・社会論集』、新装版、河出書房新社、1988 年（初版は 1968 年）、85-114 頁

マックス・ヴェーバー　宗教社会学論集

原著全3巻／邦訳全4冊
戸田　聡〔訳〕

第1巻上　緒言
　　　　プロテスタンティズムの倫理と資本主義の精神
　　　　プロテスタント諸信団と資本主義の精神

第1巻下　諸々の世界宗教の経済倫理　（2020年3月刊行予定）
　　　　　序論
　　　　　Ⅰ　儒教と道教
　　　　中間考察

第2巻　　諸々の世界宗教の経済倫理　（以下続刊）
　　　　　Ⅱ　ヒンドゥー教と仏教

第3巻　　諸々の世界宗教の経済倫理
　　　　　Ⅲ　古代ユダヤ教
　　　　宗教社会学論集　補遺　ファリサイ派

目　次

凡　　例……………………………………………………………………… i

緒　　言……………………………………………………………………… 1
　　普遍史における西洋文化の独一的かつ普遍的な意義……………… 1
　　通用力を有する学問(科学)は西洋にのみ存在する………………… 1
　　西洋の芸術の独一性、及び普遍性…………………………………… 2
　　芸術(続き)、印刷物、専門官吏制、政治の諸制度——西洋特有の産物…… 3
　　資本主義とは何か……………………………………………………… 4
　　世界各地に存在した「資本主義」…………………………………… 7
　　自由な労働の組織に基づく近代西洋特有の資本主義……………… 8
　　西洋以外の世界に欠けているもの——社会主義、市民、ブルジョワジー…10
　　文化の普遍史の中心問題としての西洋(西欧)的資本主義の成立………11
　　近代西洋の合理主義の特別な特性……………………………………13
　　本『宗教社会学論集』は宗教と経済の関係を扱う…………………14
　　民族誌的研究について…………………………………………………17
　　人類学の可能性について………………………………………………17

プロテスタンティズムの倫理と資本主義の精神……………19

　Ⅰ　問　　題……………………………………………………………20
　　1　宗派と社会的階層分化…………………………………………20

経済活動との関係でのプロテスタント的性格の優越と、その理由…………20
　　カトリックとプロテスタントでの、教育に対する姿勢の違い…………23
　　経済活動と(民族的ないし宗教的な)多数派・少数派との関係？………25
　　カトリシズムとプロテスタンティズムの宗教的性格の違いの影響？………27
　　特に古プロテスタンティズムと経済活動との間の親和性？……………30
　　考究の歩をどう進めるか………………………………………………35
2　資本主義の「精神」…………………………………………………………35
　　方法的序説………………………………………………………………35
　　資本主義の「精神」の例示……………………………………………36
　　ベンジャミン・フランクリンの文章と「エートス」………………39
　　フッガーらにおけるエートスの欠如…………………………………40
　　フランクリンの「倫理」をどう解するか……………………………41
　　職業義務という思想……………………………………………………44
　　資本主義的精神は近代資本主義の成立以前に在り、金銭欲とは異なる……44
　　資本主義の「精神」の敵手としての(経済的)伝統主義……………53
　　経済的伝統主義と出来高賃金…………………………………………53
　　伝統主義と出来高賃金(続き)、伝統主義と労働者教育……………55
　　経済的伝統主義と企業家………………………………………………58
　　事業の形態と、その事業を営む精神との関係………………………60
　　繊維産業の或る業界における伝統主義的な経済………………………61
　　繊維産業の或る業界で「近代資本主義の精神」がもたらした変革………62
　　資本主義の精神の非合理性・非人間性………………………………64
　　全時代の道徳感覚に逆らう、自己目的としての金銭獲得という営み………66
　　経済的合理主義を発展させた精神が含んでいた非合理な要素とは？……73
3　ルターの天職観念。本研究の使命………………………………………76
　　ベルーフ(職業)＝天職…………………………………………………76
　　新しい思想内容——職業遂行に対する高い道徳的評価………………85
　　ルターと天職思想………………………………………………………86
　　ルター自身は「資本主義的精神」とは全く無関係…………………90
　　実際、ルターは次第に伝統主義へと傾いていった…………………94

  ルターと天職概念 ………………………………………………… 97
  新たな思想の担い手としてのカルヴァン派、他 ………………… 100
  使命としての俗世内的生活 ……………………………………… 102
  以下で解明される対象は、宗教者たちの意図せざる産物だった ……… 103
  研究を進めるに当たっての諸注意 ……………………………… 104

II 禁欲主義的プロテスタンティズムの天職倫理 …………………… 107

1 俗世内的禁欲の宗教的諸基礎 ……………………………………… 107
  本書が扱う禁欲主義的プロテスタンティズムとは ……………… 107
A. カルヴァン派 …………………………………………………… 111
  カルヴァン派の特徴的な教義としての「恩恵の選び」の教説 ……… 111
  予定説の教義の史的位置――特にルターとカルヴァンに即して ……… 116
  予定説の帰結――個々人の内的孤立化、そして告解の消滅 ……… 120
  カルヴァン派における個々人の内的孤立化と社会性との関係の秘密 …… 126
  恩恵身分の認識可能性という問題 ……………………………… 131
  恩恵の選びの問題への2通りの答え――鋼鉄の信仰と職業労働 ……… 135
  ルター派的信心とカルヴァン派的信心の違い ………………… 137
  「行為聖性」の実際的な意義 …………………………………… 143
  カルヴァン派がその信徒に求めたこと――生活の合理化 ………… 147
  生活の合理化の西洋的起源 ……………………………………… 150
  中世的な禁欲とカルヴァン派的な禁欲(俗世内的禁欲)の対立点 …… 153
  禁欲主義的生活営為における旧約聖書の重要性 ……………… 157
  ほとんど事業経営の性格を帯びるに至った「人生の聖化」 ……… 159
  まず最初にカルヴァン派の予定説に注目した理由 …………… 161
B. 敬虔主義 ………………………………………………………… 166
  オランダにおける「敬虔主義」 ………………………………… 166
  ドイツ敬虔主義――特にシュペーナー、フランケ ……………… 174
  ツィンツェンドルフの敬虔主義 ………………………………… 179
  ドイツ敬虔主義に関するまとめ ………………………………… 185
C. メソジスト派 …………………………………………………… 188

メソジスト派における感情的要素(聖化など)の重要性……………………188
　　メソジスト派における方法的生活の重要性…………………………………192
　D. 洗礼派及び諸信団………………………………………………………194
　　洗礼派、バプテスト派、メノナイト派、クエイカー派。教会と信団………194
　　これら信団による禁欲(主義的な生き方)の獲得の仕方………………………203
　　以上見てきた議論の進め方に関する註記………………………………………207
　　以上見てきた、天職理念の宗教的基礎づけに関するまとめ…………………209
2 禁欲と資本主義的精神………………………………………………………210
　以下でおもに依拠する史料──特にリチャード・バクスター………………210
　富と所有に対するバクスターの否定的な評価──但しその真意は……………212
　バクスターによる労働の勧め………………………………………………………218
　中世的な(カトリックの)労働・職業観……………………………………………221
　中世的な職業観(続き)、そしてピューリタン的な職業(天職)観…………………222
　旧約聖書(ユダヤ教)の伝統主義と、ピューリタン的な旧約聖書解釈……………229
　ピューリタニズム 対 娯楽…………………………………………………………236
　ピューリタニズムと文化(学問、及び文学・芸術など)の関係……………………238
　文化の享受に対するピューリタニズムによる制約………………………………244
　俗世内的プロテスタント的禁欲の帰結──消費に対する制約…………………246
　俗世内的プロテスタント的禁欲の帰結──節約強制を通じた資本形成………248
　禁欲が内包する矛盾を見事に表現したウェズリーの言葉………………………252
　経済人の登場、市民的(ブルジョワ的)職業エートスの成立……………………255
　職業義務の成立………………………………………………………………………258
　天職理念に基づく合理的な生活営為はキリスト教的禁欲から生まれた………261
　残る諸課題……………………………………………………………………………264

プロテスタント諸信団と資本主義の精神……………………267

　アメリカ合衆国における教会所属の巨大な意義…………………………………267
　著者ヴェーバーによるアメリカ旅行記……………………………………………269
　旅行記(続き)──教会所属と経済的信用の関係…………………………………270

市民的中産階級と「経済的超人」は区別されるべき……………………275
　　　今のアメリカにおける、クラブへの所属と社会的上昇の関係…………276
　　　世俗化の結果、かつて信団が有した意義をクラブが担うに至った………279
　　　信団と、そのメンバーの生活営為のあり方との関係………………………280
　　　信団（「信仰者たちの教会」）という原理、聖餐への参加の意義…………283
　　　何がこのような行動様式を涵養したか――信団と教会（機関）の違い………300
　　　作用の方向性の違い――経済的伝統主義と資本主義……………………303

ヴェーバーが引用した文献の一覧……………………………………………305

今なぜ新訳が必要か――訳者あとがきに代えて――………………………327
1. なぜ『宗教社会学論集』が改めて翻訳されるべきか……………………327
　　(1)『宗教社会学論集』でのヴェーバーの議論は非専門家による
　　　　議論である………………………………………………………………328
　　(2) 既訳の問題、単独訳の意義……………………………………………328
　　(3) 西洋古代学者としてのヴェーバー……………………………………331
2. 『宗教社会学論集』日本語訳の今日的意義………………………………333
　　(1) ヴェーバー自身の所説（の、特に限界）を見定めること………………333
　　(2) 大塚久雄によるヴェーバー宗教社会学の読み解きの射程……………337
　　(3) 比較文明研究・普遍史研究のための手がかりとして…………………340
3. 本翻訳の特色………………………………………………………………343
　　(1) 小見出しの活用…………………………………………………………344
　　(2) 本翻訳の訳語について…………………………………………………346

人 名 索 引……………………………………………………………………355
事 項 索 引……………………………………………………………………360

マリアンネ・ヴェーバーに
1893 年「最高の老齢のピアニッシモに至るまで」

1920 年 6 月 7 日

マックス・ヴェーバー 宗教社会学論集

緒　　言

普遍史における西洋文化の独一的かつ普遍的な意義

　近代のヨーロッパの文化世界に生まれた者は、不可避的かつ正当に、次のような問題設定のもとで普遍史的な諸問題を扱うだろう。すなわち、**普遍的な意義・通用力を有する発展方向をもった**——と、少なくとも我々が想像したがるような——諸々の文化現象が、まさに西洋の土壌の上で、そしてここでのみ、出現するに至ったのは、諸事情のどのような連鎖の帰結としてなのか、と。

通用力を有する学問（科学）は西洋にのみ存在する

　「通用力を有する」と今日我々が認める発展段階にある「**学問**〔或いは「科学」。以下同様〕」は、西洋にのみ存在する。経験的な知識や、世界及び人生の諸問題に関する省察や、極めて深遠なる哲学的・神学的な人生知や——もっとも、組織神学の十全な発展は、ヘレニズムの影響を受けたキリスト教に特有なのだが（そのようなものの萌芽はイスラム教とインドのいくつかの信団(ゼクテ)にしか見られない）——、非常な洗練・醇化の域に達している知識及び観察、などといったものは、〔西洋以外の〕他所にも存在し、とりわけインド、中国、バビロン、エジプトに存在した。しかしながら、バビロンの天文学及び他のあらゆる天文学には、ギリシア人が初めて天文学にもたらすこととなった数学的基礎づけが欠けていた——このことは、特にバビロンの星辰観察の発展に照らすなら、より一層驚くべきことなのだが——。インドの幾何学に欠けていたのは、合理的な「証明」である。この証明なるものもまた、ギリシア的精神の産物であり、この精神は力学と物理学を初めて創造してもいる。観察の面から見て飛び抜けて発展していたインドの自然諸科学に欠けていたのは、古代における萌芽を経て

本質的にはルネサンスの産物であるところの合理的な実験と、近代の実験室であり、それゆえ、特にインドに於いて経験的・技術的に高度の発展を遂げた医学には、生物学的基礎と、特に生化学的な基礎が欠けていた。西洋以外のあらゆる文化圏では、合理的化学が欠けている。高度に発展した中国の歴史記述には、トゥキュディデス的な実相〔プラーグマ〕が欠けている。マキアヴェッリにはインドに先駆者がいた〔カウティリヤ『実利論』〕。しかしながら、アジアのあらゆる国家論には、アリストテレスの国家論と同種の体系化と、そもそも諸々の合理的な概念が欠けている。合理的な法学のためには、〔西洋以外の〕他所では、インドに於けるあらゆる萌芽（ミーマーンサー学派）や、特に近東に於ける包括的な法典編纂や、インドや他所のあらゆる法書にもかかわらず、ローマ法の、及びそれによって訓練された西洋の法の、厳格に法律家的な図式・思考形式が欠如している。さらに、教会法といった形象を知っているのは西洋だけである。

西洋の芸術の独一性、及び普遍性

　芸術においても同様である。どうやら音感は、今日の我々〔西洋人〕の場合よりも他の諸民族の場合のほうがむしろ、より繊細な（少なくとも、劣らず繊細な）発達を遂げていたらしい。様々な種類のポリフォニーは地球全体に広く普及しており、複数の楽器の協働やディスカント唱法も、〔西洋以外の〕他所で見いだされる。我々〔西洋人〕のあらゆる合理的な音程も、〔西洋以外の〕他所でも算出され、知られていた。しかしながら、合理的な和声音楽——対位法であれ和音和声法であれ——、すなわち、

・和声的三度を含む３つの３和音を基礎として音素材を形づくること、
・等間隔的にでなく、合理的な形でルネサンス期以来和声的に、解釈されてきた我らが〔西洋の〕半音階と異名同音、
・核としての弦楽カルテットと管楽器のアンサンブルの組織と通奏低音とを有する我らが〔西洋の〕オーケストラ、
・近代の楽曲の作曲及び演奏を、つまりそもそもそれら楽曲の完全なる持続的存在を、初めて可能にしたものである我らが〔西洋の〕記譜法、
・我らが〔西洋の〕ソナタ、交響曲、オペラ、そして
・そのための手段として、オルガン、ピアノ、ヴァイオリンといった我らが

〔西洋の〕あらゆる基幹的楽器、
これらすべては、西洋にのみ存在した。

芸術（続き）、印刷物、専門官吏制、政治の諸制度——西洋特有の産物
　装飾の手段としての尖頭アーチは、他所にも、〔すなわち〕古代にもアジアにも、存在した。東洋に於いても、尖頭アーチ—交差ヴォールトは知られていないわけでなかったと言われている。しかしながら、応力分散と、任意の形状の空間の上にアーチをかけることとの手段として、大規模な巨大建築物の設計原理として、そして彫刻と絵画を含み込む一つの**様式**（この様式は、〔西欧〕中世が創造したのである）の基礎として、ゴシックの丸天井を合理的に使用するということは、ほかでは欠如している。ところが同様に欠如しているのは、といってもその技術的基礎は東洋から取り入れられたのだが、ドーム問題に対する例の解決法、芸術全体の「古典主義的な」合理化の例のやり方——絵画では線遠近法と空気遠近法の合理的な使用によって——（これら〔遠近法〕は、我らが〔西洋の〕ルネサンスが創造したのである）である。印刷術の産物は中国に存在した。しかしながら、印刷された著作物、すなわち印刷だけを対象としてそれによってのみ生存可能な著作物、すなわちとりわけ「新聞」や「雑誌」は、西洋においてのみ成立した。ありうべきあらゆる種類の高等教育機関は、外見的に我らが〔西洋の〕大学やアカデミーに類似して見えるものですら、他所にも存在した（中国、イスラム〔教世界〕）。しかしながら、学問の合理的・体系的な専門〔分化的〕経営、すなわち、教育を受けた**専門人集団**は、今日におけるその文化支配的な意義にまで及ぶ意味においては、西洋にしか存在しなかった。とりわけ、西洋の近代国家及び近代経済の支柱である専門**官吏**がそうである。官吏については萌芽が見られるのみであり、それら萌芽は他のいかなるところでも、西洋に於けるように社会秩序にとって本質構成的なものにはいかなる意味でもならなかった。もちろん、「官吏」なるものは、分業によって専門化した官吏であっても、極めて様々な文化に太古から存在する現象である。しかしながら、我々の実存全体が、すなわち我々の存在の政治的・技術的・経済的な基本的諸条件が、専門的に訓練された官吏**組織**という外殻の中に、〔つまり〕社会生活の最も重要な日常的諸機能の担い手としての技術的官吏や、商人的官吏や、

中でもとりわけ、**法律家**として訓練を受けた国家官吏〔という外殻〕の中に、全く逃れようもなく固定されているということを、いかなる国もいかなる時代も、近代西洋が知っていたような意味においては知らなかった。政治的団体や社会的団体の**身分制的**組織は、広く普及していた。しかしながら、身分制**国家**すなわち「王 と 王 国」なるものを、西洋的な意味で知っていたのは西洋だけである。そして全くのところ、定期的に選ばれた「代議士」から成る諸々の議会、デマゴーグ、そして、政党指導者たちが議会に対して責任を負う「大臣」として支配すること——もっとも、政治的権力を奪取するため或いはそれに影響を及ぼすための組織という意味での「政党」は、もちろん全世界に存在したのだが——、こういったものをもたらしたのは西洋だけである。そもそも、合理的に制定された「憲　法」を有し、合理的に制定された法を有し、そして制定された合理的な諸規則すなわち諸々の「法律」を指向し**専門**官吏によって担われる行政を有する、一箇の政治的**機関**という意味での「国家」を、諸々のメルクマールのこのような——国家にとって本質的な——組み合わせにおいて知っているのは、（他の地域での、そのような国家へのあらゆる萌芽にもかかわらず）西洋だけである。

資本主義とは何か

　さてそして、我々の現代の生活の最も運命的な力である**資本主義**についても、事態は同様である。

　「獲得　衝動」や、「利潤の追求」——すなわち貨幣利潤、しかもなるべく高額の貨幣利潤の追求——「の努力」は、資本主義と全く何の関係もない。この努力たるや、給仕であれ、医師であれ、御者であれ、芸術家であれ、高級娼婦であれ、買収可能な官吏であれ、兵士であれ、強盗であれ、十字軍参加者であれ、賭博場を訪れる者であれ、乞食であれ——要するに「あらゆる種類・身分の人々」のもとで、と言ってよい——、そのための客観的な可能性が何らか与えられていた（また現に与えられている）ところに於いては、つまり地上のあらゆる国のあらゆる時代に、見られたものであり現に見られるものである。このナイーヴな概念規定がこれを限りに放棄されるということが、文化史的子供部屋には必要である〔つまり、疾うに常識となっていなければならない〕。極めて無

際限な獲得(エアヴェルブ)欲なるものは、資本主義と同じでは少しもなく、ましてその「精神」と同じでは全くない。資本主義はまさにこの非合理的な衝動の**制御**とこそ、〔或いは〕少なくとも合理的な調節と、同一であることが**可能である**。もっとも、資本主義は**利潤**の追求と同一であり、継続的・合理的な資本主義的経営においては、つねに**新たにされた**利潤を、すなわち「**収益性**」を、追求する努力と同一である。というのも、資本主義はそういうものでなければならないからである。経済全体の資本主義的秩序の内部では、収益性の達成のチャンスを指向しない資本主義的個別経営などというものは、没落を運命づけられているだろう。さしあたり我々はいったん、しばしば行なわれているよりも多少正確に**定義**してみよう。「資本主義的な」経済行為とは、我々にとっては、**交換**チャンスの、したがって(形式的には)**平和的な**獲得(エアヴェルブ)チャンスの、活用によって利潤を得ることに対する期待に基づく行為である。(形式的に、かつ実際上)暴力的な獲得(エアヴェルブ)はその特別な諸法則に従っているのであって、その暴力的な獲得(エアヴェルブ)を、(究極的に)交換利潤チャンスを指向している行為と同じカテゴリーの中に置くことは、(誰に対してもそれを禁じることができないとしても)合目的的でない[1]。資本主義的な獲得(エアヴェルブ)が合理的な仕方で目指されるところにおいては、そ

---

1) 他のいくつかの点においてと同様ここで、私は我らが尊敬すべき師ルヨ・ブレンターノ(のちほど引用されるべき彼の著作における)とも立場を異にする。しかもそれはさしあたり専門用語的にだが、さらに事柄に即して(ザッハリッヒ)でもある。掠奪物獲得(エアヴェルブ)と、工場の経営による営利(エアヴェルブ)、といった非常に異質な〔2つの〕物を同じカテゴリーの中に含めることや、まして——他の諸々の獲得(エアヴェルブ)形態との対比で——**金銭**の獲得(エアヴェルブ)を追求するいかなる努力をも資本主義の「精神」と称することは、私には合目的的とは思えない。なぜなら、第2の〔すなわち資本主義の「精神」に関する〕ことによって、諸概念のあらゆる正確さが失われ、第1のことによって、他の諸形態との対比で西洋的な資本主義に特徴的なことを浮き彫りにする可能性が失われるからである。G・ジンメルの『貨幣の哲学』においても「貨幣経済「と」資本主義」があまりにも広範に同一視されており、そのことは、事柄に即した(ザッハリッヒ)叙述に対しても悪影響を及ぼしている。W・ゾンバルトの諸著作、とりわけ資本主義に関する彼の美麗な主著の最新版においても、少なくとも私の問題から見るなら、世界のどこでも見られた諸々の発展要因を非常に強度に重視するあまり、合理的な労働組織という西洋の**特徴的なもの**が後退してしまっている。

れに呼応する行為は資本**計算**を指向している。すなわちそのような行動は、営利〔エアヴェルプ〕手段たる事物的或いは人的な効用給付〔ザッハリッヒ〕〔すなわち財・サービスの提供〕の計画的な使用の中に組み込まれているのであって、その結果、個別事業についてならば、貨幣評価された財所有を基に**貸借対照表**上で算出された最終収益（或いは、継続的な企業経営においてならば、貨幣評価された財所有について定期的に〔すなわち期末に〕貸借対照表上で算出された評価額）は、決算の際に「資本」を、すなわち営利〔エアヴェルプ〕のために交換によって使用された事物的〔ザッハリッヒ〕な営利手段の**貸借対照表**上の評価額を、**上回る**のでなければならない（したがって持続企業においては、**つねに繰り返し**上回らなければならない）。問題となっているのが、旅する商人にコンメンダの形で現物で与えられた商品の複合体であれ（それらの最終収益がまたもや、入手された他の商品の現物である、ということはありうる）、或いはまた工場一式であれ（その構成要素は、建物、機械、金銭のストック、原材料、半製品、完成品、債務と対置されるものとしての債権、であったりする）、そのような違いは重要でないのであって、決定的なのはつねに、現代の記帳方式によるのであれ、遙かにずっと原始的な表面的な仕方によるのであれ、資本**計算**は金銭換算で行なわれるということである。事業の開始においてもそうであり（事業開始時貸借対照表）、いかなる個々の行為の前でもそうであり（計算）、合目的性の統制及び検証の場合にもそうであり（再計算）、「利潤」として生じたものの確定のために決算時においてもそうである（清算時貸借対照表〔或いは期末貸借対照表〕）。例えばコンメンダの事業開始時貸借対照表とは、引き渡された諸々の財——それらが貨幣形態をとらない限りにおいて——について、妥当とみなされる**べき**貨幣評価額を当事者間で確定することであり、その清算時貸借対照表とは、最後における利益または損失の分配のための基礎とされる〔貨幣〕評価のことである。コンメンダ受託者のいかなる個々の行為の基礎にも、——合理性の場合には——計算が存在する。本当に正確な計算や評価が全く欠如しているということ、すなわち純粋に見積もり的に、或いは単に伝統的・習律的に、事が行なわれるということは、資本主義的事業のいかなる形態においても、当の状況が正確な計算を必ずしも必要としないところにおいては、今日に至るまで見られる。しかしながらこれは、資本主義的営利の**合理性**の程度にのみかかわる論点である。

世界各地に存在した「資本主義」

　〔資本主義という〕この概念にとって重要なのは、ひたすら次のことである。すなわち、いかに原始的な形態においてであろうと、投入の貨幣評価と結果の貨幣評価との比較が**事実上**指向されることによって、経済的行為が決定的に規定されているということ、これである。さて、この意味では、「資本主義」も「資本主義的」事業も、資本計算のそこそこの合理化を伴った形態としても、地上の**あらゆる**文化国家に存在した(経済文書が遡及しうる限りで)。近代においてと全く同様、中国、インド、バビロン、エジプト、地中海的古代、中世においても、である。全く孤立的な個別事業が存在しただけでなく、つねに新たな資本主義的個別事業を全面的に志向し、さらに、継続的な「経営」をも志向している、そういう諸々の経済も存在した——もっとも、まさに商業は長い間、〔今日の〕我々の持続経営という性格を帯びずに個別事業の連なりという性格を帯びており、ようやく漸次的に、内的な(「部門的な」指向を有する)関連がまさに**卸売**商人の行動の中へと紛れ込んだのだが。いずれにせよ、資本主義的事業や資本主義的事業家は——単に臨時の事業者だけでなく持続的事業家も——、太古のものであり、極めて普遍的な広がりを見せていた。

　さて、ところが西洋は、他所では決して成立しなかったほどの、資本主義の意義の度合いと、(その根拠を示すものとなる)〔資本主義の〕諸方式・諸形態・諸傾向とを生じさせた。商人なるものは、卸売商人も小売商人も、局地的商人も遠隔地商人も、全世界に存在し、また、あらゆる種類の貸付取引が存在し、銀行が——極めて様々な機能を持ち、とはいえしかし例えば我々〔西洋〕の16世紀の銀行に本質的に類似する機能を持った銀行も——存在した。海上貸付、コンメンダ、合資会社のような取引や結社は、経営的な仕方においても〔つまり、一回的でなく反復的に営まれる仕方においても〕広範な広がりを見せていた。公的な諸団体の**貨幣**財政が成立したところではどこででも、資金供給者が登場した。すなわちバビロン、ギリシア、インド、中国、ローマに於いてであり、とりわけ戦争や海賊行為を資金的に賄うため、あらゆる種類の供給・建築物のためであり、海外向けの政治の場合には植民地事業者として、〔また、〕奴隷もしくは直接間接に強制された労働者を伴ったプランテーション獲得者・経営者としてであり、〔また、〕御料地経営請負や官職請負やとりわけ徴税請負のため

であり、選挙目的での政党党首による資金調達のため、内戦目的での傭兵隊長たちによる資金調達のためであり、そして最後に、あらゆる種類の貨幣価値的なチャンスにおける「投機家」としてである。この種の事業家人物たち、すなわち資本主義的な**冒険家**は、全世界に存在した。彼らのチャンスは、――商業と信用取引・銀行取引を例外として――その重点に即するなら、或いは純粋に非合理的・投機的な性格のものであり、さもなければ、暴力行為による 獲得（エアヴェルブ）、とりわけ掠奪物 獲得（エアヴェルプリーケン）（すなわち、実際の戦争による掠奪物或いは慢性的・財政的な掠奪物――臣民からの徹底的掠奪――の 獲得（エアヴェルブ））を指向していた。

自由な労働の組織に基づく近代西洋特有の資本主義

創業者資本主義、大投機家資本主義、植民地資本主義、そして現代の資金調達資本主義、既に平時において〔存在するこれだけの種類の資本主義も〕、しかしとりわけ、独特に**戦争**指向的なあらゆる資本主義も、西洋の現代においてもなおしばしばこの刻印〔すなわち非合理性・投機性・掠奪的性格〕を身に帯びているのであって、国際的な大規模商業の個々の部分――個々の、だけだが――は、かつてと同様今日でも、そのような資本主義と近しい仲にある。しかしながら、西洋は**近代**において、それに加えて全く別の、地上では他のいかなるところでも発展したことのない種類の資本主義を、すなわち（形式的に）**自由な労働**の合理的・資本主義的な組織という資本主義を、知っている。他所では、それへと至るための諸々の前段階が見いだされるにすぎない。**不自由な**労働の組織ですら、それが或る程度の合理性段階に到達したのはわずかにプランテーションにおいて、及び非常に限定的な程度で、古代のエルガステーリオンにおいてのみであり、〔また、〕近代の初期において、体僕労働或いは隷農労働を伴うところの、賦役農場や農場の製造所や荘園領主（グーツファブリーケン）の家内工業において、さらに一層程度が劣る合理性段階〔への到達が見られたにすぎない〕。自由な労働に関して言えば、西洋の外では、本来的な「家内工業」ですら――確かな証拠のあるものは――散発的にしか見いだされず、そして、もちろん至る所で見いだされるものである日雇い労働者の使用ということは、非常にわずかな例外――そして非常に特別な仕方の、ともあれしかし、近代の経営組織から非常に逸脱した仕方の例外（特に国家独占の経営体）――を除けば、マニュファクチャーへと帰結すること

がなく、また、西洋中世の刻印を帯びた手工業の合理的な教育〔或いは「修業」〕組織へと帰結することも決してなかった。しかしながら、暴力(ゲヴァルト)政治的或いは非合理的な投機チャンスでなく**財市場**のチャンスを指向する合理的な経営組織は、西洋的資本主義〔を特徴づけるところ〕の唯一の特別現象なのではない。資本主義的経営の近代的・合理的な組織は、さらに二つの重要な発展要素がなければありえなかっただろう。すなわち、今日の経済生活をまさに支配しているものである、**家政と経営の分離**、そしてそれと密接に関連して、合理的な**簿記**である。作業場或いは販売場所を住宅から場所的に区別することは、他のところでも(オリエントのバザールや他の文化地域のエルガステーリオンに於いて)見いだされる。そして別個の経営計算を持った資本主義的結社の創設も、オリエントや古代に於けるのと同様、東アジアに於いて見られる。しかしながら、営利経営の現代における自立化に比較すれば、これは萌芽的形態にすぎない。〔萌芽的形態という言い方をするのは〕とりわけ次の理由からであり、すなわち、この自立の**内的な**諸手段——我々〔西洋〕の合理的な経営**簿記**や、経営財産と個人的な財産との(我々〔西洋〕の場合のような)**法的な分離**——が、〔西洋以外の所では〕全く欠如しているか、或いは発展の初期段階にあるにすぎないからである[2]。〔西洋以外の〕他所では至るところで、発展は次のような傾向を有した。

---

[2] もちろん、対立は絶対的なものと解釈されてはならない。政治的指向を有する資本主義(とりわけ、徴税請負資本主義)の中から既に、地中海的古代やオリエント的古代において、しかしたぶん中国やインドにおいても、合理的な**持続**経営——「合理的な」性格を有したであろう簿記(それを我々は乏しい断片で知るにすぎないが)を伴った経営——が生成発展したのである。さらに、政治的指向を有する「冒険」資本主義は、(戦争という動機づけを有する)**政治的な**取引から生じることが通例だった近代の**銀行**(イングランド銀行を含む)の成立史の中で、合理的な経営資本主義と極めて緊密に関連している。これについては、例えば〔イングランド銀行の創立者の一人ウィリアム・〕パターソン——典型的な「発起人(プロモーター)」——という個性と、取締役会の成員たち(銀行の持続的な姿勢に対して決定的な影響を与えた人々であり、ほどなくして「グローサーズ・ホールのピューリタン高利貸し」と描かれることになった)との対立が特徴的であり、同様に、さらに南洋会社設立の際にこの「最もお堅い」銀行の銀行政策が脱線したことが特徴的である。かくて、対立はもちろん全く流動的である。しかしながら、対立は**現**に存在する。合理的な**労働**組織

すなわち営利経営を、君侯或いは領主の**巨大家政**(「オイコス」)の一部として成立させるというものであり、それは〔近代西洋の資本主義へと至る発展と比較するなら〕、〔往時「オイコス」概念を鋳造した学者である〕ロートベルトゥスが既に認識していたように、いくつもの見かけ上の親和性にもかかわらず、極めて逸脱的な、正反対の発展である。

西洋以外の世界に欠けているもの——社会主義、市民、ブルジョワジー

　しかしながら、西洋の資本主義のこれらあらゆる特色がその今日的意義を保持しているのは、究極的にひとえに資本主義的労働組織とのつながりによっている。通例「商業化」と称されること、すなわち有価証券の発展や、投機の合理化(つまり取引所)といったことも、これとつながっている。なぜなら資本主義的・合理的な労働組織なしには、これらすべては、また、「商業化」へと至る発展は、(そもそもそのような発展がありえたとしても)同じ射程距離〔言い換えれば影響力〕を持ちはしないだろうからである。とりわけ社会の構造について、またそれと関連する独特に近代西洋的なあらゆる問題について〔以上のことは妥当する〕。正確な計算——他のすべてのことの基礎である——は、まさに自由な労働という土壌の上でのみ可能である。そして近代西洋以外の世界は、合理的な労働組織を知らないのと同様——そして、知らないがゆえに——、合理的な**社会主義**をも知らない。確かに、都市経済、人々を食べさせるための都市の政策、君侯の福祉政策や重商主義、様々な配給、統制経済、保護主義及び自由放任理論(中国に於ける)、といったものと同様、世界は非常に様々な特徴を有する共産主義的また社会主義的な経済〔のあり方〕を複数知っていた。すなわち、家族的条件がつけられた共産主義、宗教的条件がつけられた共産主義、或いは軍国主義的な条件がつけられた共産主義、(エジプトに於ける)国家社会主義的な組織、独占カルテル的な組織、そして極めて様々な種類の消費者組織、

　　を作り出したのは、偉大なる発起人連中や金融業者でもなければ、——またもや、一般に、であって、個別的な例外は存在する——金融的・政治的な資本主義の典型的な担い手たるユダヤ人たちでもない。そうではなく、これを行なったのは(類型として！)全く別の人々なのである。

である。しかしながら、――都市的な市場特権やツンフトやギルドや、都市と農村とのあらゆる法的区別（極めて様々な形態における）は、かつて至る所に存在したにもかかわらず――西洋以外の至る所では「市民」という概念が欠如し、また近代西洋以外の至る所で「ブルジョワジー」という概念が欠如したのと全く同様、「プロレタリアート」も**階級**としては〔近代西洋以外の至る所で〕欠如したのであり、欠如せざるをえなかった。なぜならまさに、**自由な労働**の合理的な組織が、〔近代西洋以外の至る所では〕**経営**として存在したためしがなかったからである。債権者層と債務者層の間、土地所有者と無産者或いは賦役使用人或いは小作人との間、商業的利害関係者と消費者或いは土地所有者との間の「階級闘争」は、様々な組み合わせで至る所に既に存在した。しかしながら、問屋制前貸し人と前貸しを受けた側との間の西洋的・中世的な闘争ですら既に、他所では萌芽的形態においてのみ見られるにすぎない。大工業の企業家と自由な賃労働者という近代的な対立は〔他所では〕全く欠如している。そしてそれゆえ、近代の社会主義が知っているようなたぐいの問題群もまた、存在しようがなかった。

文化の普遍史の中心問題としての西洋（西欧）的資本主義の成立

　したがって、純粋に経済的に見れば、我々にとって文化の普遍史において中心的な問題であるのは、究極的には、資本主義的活動それ自体――すなわち冒険家型の〔資本主義〕、或いは商人的な〔資本主義〕、或いは戦争・政治・行政及びそれらの利潤チャンスを指向する資本主義――の、（形態においてのみ変化する）どこにでもある展開なのでは**ない**。そうでなくむしろ、**自由な労働**の合理的な組織を伴った**市民的な経営**資本主義の成立〔こそが中心的な問題なの〕である。或いは、話を文化史へと変換するなら、西欧的な**市民階級**及びその特性の、成立である。この成立は、確かに資本主義的労働組織の成立と密接に関連しているが、もちろん単に同一事なのではないのであって、なぜなら身分的な意味での「市民」は、独特に西欧的な資本主義の発展より前に既に存在したからである。しかしながらもちろん、〔存在したのは〕西欧に於いて**のみ**である。さて、独特に近代西洋的な資本主義はさしあたり、見たところどうも強度に、諸々の**技術的**可能性の発展によっても規定されている。その合理性は今日、本

質的には、技術的に決定的な諸要因の**積算可能性**によって条件づけられている。とはすなわち、実際には、西欧の科学の、とりわけ、数学的・実験的に正確かつ合理的な基礎に立脚した諸々の自然科学の、特性によって〔条件づけられている、ということである〕。他方、これら諸科学の発展と、それらに基づく技術の発展は、資本主義的な諸々のチャンスから決定的な推進力を受けてきており、今日でも受けている。それらチャンスは、これら諸科学の経済的利用可能性―― 報奨〈プレミアム〉としての――に結びついている。なるほど、西欧の科学の発展はこのようなチャンスによって規定されてきたわけではない。計算し、位取りの数で計算して、位取り記数法の発明者であるインド人たちも代数学を営んできた(その記数法が初めて、発展しつつある資本主義の役に立ったのは西欧に於いてであり、ところがインドに於いては、それは現代的な計算をも収支決算をも創造しなかった)。数学・力学の成立も、資本主義的利害関心によって条件づけられていたわけではない。しかしたぶん、諸々の科学的認識の**技術的**利用――我らが大衆の秩序ある生活のために決定的であるこのもの――は、経済的報奨〈プレミアム〉によって条件づけられており、西洋に於いてはまさにそのようなことのために報奨〈プレミアム〉が賭けられていた。ところがこの報奨〈プレミアム〉は、西洋の**社会秩序**の特性から流れ出てきたのである。したがって、問われねばならないのは、〔流れ出てきたのは〕この特性の中の**どのような**構成部分からなのか、ということである――疑いなく、すべての構成部分が等しく重要だったわけでは必ずしもないだろうからである。疑いなく重要な構成部分の一つと言えるのは、**法**〈レヒト〉及び行政の、合理的な構造である。なぜなら、現代の合理的な経営資本主義は、積算可能な技術的労働手段を必要とするのと同様に、形式的な諸規則に従って積算することが可能な**法**〈レヒト〉及び行政をも、必要とするからである。そのような形式的諸規則なしには、なるほど冒険家資本主義や、投機家商人資本主義や、政治的条件がつけられた資本主義〔例えば徴税請負資本主義のような〕のありうべきあらゆる種類はありえようが、固定資本及び確かな**計算**を伴った合理的な私経済的経営はありえないのである。**このような**法技術的・形式主義的な完成状態にある経済経営のためにこのような**法**〈レヒト〉・行政を用だてたのは、**西洋だけ**である。したがって人は、西洋はどこからこのような**法**〈レヒト〉を有したのか、と問わねばならないだろう。いかなる研究によっても示されているように、他の諸事情に加

えて資本主義的利害もまた、疑いなく、合理的な法(レヒト)に関する専門的訓練を受けた法律家身分によって司法・行政が支配されることのために、道を平らかにした。しかしながら決して、資本主義的利害関心が唯一そうしたのでもなければ、主としてそうしたのでもない。そして資本主義的利害関心はそのような法(レヒト)を、自らの中から**創造した**のではない。そうでなくむしろ、この展開に際しては全く別の諸力が作用していた。そしてなぜ、中国やインドに於いては、資本主義的利害関心は同じことを為さなかったのか。なぜ、そもそもそれらの所では、科学的な発展も芸術家的な発展も国家的な発展も経済的な発展も、西洋に特有であるような**合理化**のかの軌道へと入らなかったのか。

近代西洋の合理主義の特別な特性

　なぜなら、然り、特性について如上引き合いに出されたあらゆるケースにおいて、問題となっていたのはどうも、西洋文化の独特なあり方の「合理主義」であるようだからである。さて、のちの叙述が繰り返し明らかにするであろうように、〔「合理主義」という〕この語では極めて様々なことが理解されうる。例えば、神秘主義的観照の「様々な合理化」が存在する。つまり、生の他の領域から見て独特に「非合理的」であるような行動の〔合理化〕、ということであり、〔これは〕経済の合理化、技術の合理化、学問的作業の合理化、教育の合理化、戦争の合理化、司法・行政の合理化、といったことと全く同断なのである。さらに、これら諸領域のうちのどの領域でも、極めて様々かつ最終的な諸々の観点・目標設定のもと「合理化」されうるのであり、或る者から見て「合理的」であることは、他の者が観察すれば「非合理的」なのである。それゆえ様々な合理化が、生の様々な領域において極めて多様な仕方で、あらゆる文化圏の中で存在してきた。それらの文化史的相違にとって特徴的なのは、まず以て、**どのような**領域が合理化され、そして**どのような**方向へと合理化されたか、ということである。そこで、さしあたり重要なのは再び、西洋の合理主義の、そして中でも近代の西洋の合理主義の、特別な**特性**を、認識し、かつその成立において説明すること、である。このような説明の試みは、いかなるものであれ、経済というものが有する根本的な意義に応じて、とりわけ経済的諸条件を顧慮しなければならない。しかしながら、これに関しては逆の因果連関が見過

ごしにされたままであってもならない。なぜなら経済的な合理主義はその成立において、合理的な技術や合理的な法(レヒト)に依存しているのと同様に、人々が実際的・合理的な**生活営為**〔生活の営み〕の特定の種類(様々な種類がありうる)を生きるその能力と、またそのような生き方を生きる素質とにも、そもそも依存しているからである。この生き方が魂的な種類の妨げによって阻害された所では、**経済的**に合理的な生活営為の発展もまた、重大な内的抵抗にぶち当たった。さて、生活営為を形成する最も重要な要素を成すのは、過去においては至る所で、呪術的諸力や、宗教的諸力や、それらを信じる信仰に根ざした諸々の倫理的な義務表象だった。**これら**については、あとに集められた増補版の諸論考の中で論じられる。

本『宗教社会学論集』は宗教と経済の関係を扱う

　その際、やや古い2つの論考が巻頭に置かれた。これらが試みているのは、問題の最も把握困難な側面の重要な1つの個別論点——すなわち、一箇の「経済信念」、「エートス」、経済形式が、特定の宗教的信仰内容によって規定されているということ——を詳論することであり、しかも、禁欲主義的プロテスタンティズムの合理的な倫理と近代の経済エートスの関連という事例に即して詳論することである。したがって、ここでは因果関係の1つの側面だけが追究される。「諸々の世界宗教の経済倫理」に関するものであるそのあとの諸論考が試みるのは、最も重要な諸々の文化宗教と、それら宗教を取り巻く環境の社会層分化及び経済との諸関係に関する概観の中で、必要な限りで**両方**の因果関係を追究することであり、その目的は、後段で分析されるべき西洋の発展との**比較**基準点を複数見いだすことである。なぜなら確かに、そうすることによって初めて、西洋の宗教的経済倫理の中の諸要素——他の宗教的経済倫理との対比で西洋の宗教的経済倫理に特有である、そのような諸要素——に対する或る程度一義的な因果的**帰属**に、そもそも取り組むことができるからである。それゆえこれら諸論考は、例えば——極めて簡潔なものだとはいえ——包括的な文化分析だなどとみなされることを全く欲さず、むしろ、いかなる文化領域の中においても、西欧の文化発展と**対照的**だったものや現に**対照的**であるものを、全く意図的に強調しているのであり、それゆえ、**この観点のもとで**西洋の発展を

叙述するのに重要だと思われるところのものへと、全くもって方向づけられている。このような所与の目的のもとでは、他のやり方はたぶん可能でないだろうと思われたのである。しかしながら、様々な誤解を避けるべくここで、目的がこのように限定的であることが指摘されねばならない。そしてさらに別の観点から見て、少なくとも事情通でない者は、〔本論集所収の諸論考の〕これら叙述の意義を過大評価しないよう警告を受けねばならない。無論、中国学者、インド学者、セム語圏研究者、エジプト学者は、それら叙述の中に、事物的(ザッハリッヒ)に新たなものを何も見いださないだろう。そのような学者が、事物的(ザッハリッヒ)に**誤り**だと判断せざるをえないような、事柄に関する**本質的なこと**(ザッヘ)を何一つ〔それら叙述の中に〕発見しないことが、ひたすら望ましいことであるだろう。そもそも非専門家〔であるヴェーバー〕に可能な限りで、この理想に少なくとも近づくことにどの程度成功したか、著者〔であるヴェーバー〕は知りようがない。確かに全く明白なのは、次のことである。すなわち、翻訳の使用に依存する者、そして他の点でも、遺物的・文書資料的・文学的な史料の使用・評価の仕方に関してしばしば非常に論争的な専門文献(その価値を、彼は自分で自立的に評価することができない)の中で自らを方向づけざるをえない者は、自らの達成の価値に関して、極めて慎ましく考えるべきあらゆる理由を有するのである。そしてそのような慎ましい態度は、真の「資料」(すなわち碑文や公文書)の現在入手可能な翻訳の度合いが、部分的に(特に中国の場合)、現存しておりかつ重要であるものとの比較で、今なお極めて僅少であることを思えば、なおさら必要である。こういったことすべてから帰結するのは、これら諸論考の、特にアジアに関する部分の、完全に**暫定的な性格である**[3]。最終的な判断は専門家にのみ帰せられる。そして、このような特別な観点からこのような特別な目標を持って専門家の叙述が為されることが従来なかった——というのは、もっともなことなのだが——という、ただそれだけの理由で、これら諸論考はそもそも執筆されたのであり、「超克される」ということが究極的にあらゆる学問的労作に妥当する、その度合いよりも遙かに強い程度・意味において、これら諸論考はほどなく「超克される」運命にある。ともあれ、このような作業の場合には、他の専

---

[3] 私のヘブル語知識の残滓も全く不充分なものである。

門諸領域への比較遂行上のこのような侵入は、いかに慎ましいものであれ回避不可能である。しかしその場合まさに、人は成功の度合いとの関連で、非常に強い諦念という帰結を導き出さざるをえない。流行や、文筆家連中の切望は、今日においては、専門家などなしで済ませられるとか、「ショーを見る人々」のための下働きへと貶めることができるとか、思いたがっている。ほとんどすべての学問は何がしかを、しばしば非常に価値ある様々な観点を、ディレッタントに負っている。しかしながら、ディレッタンティズムは学問の原理としては終わっているだろう。「ショー」がお望みの人は映画館に行くがよい。今日ではまさにこの問題領域において、大量に、文学的な形式においてでも、供給が行なわれている[4]。こういう了見ほど、意図から言って厳格に経験的である研究のすぐれて冷静な叙述から、遠く隔たっているものはほかにない。そして──と私は付け加えたいのだが──、「説教」がお望みの人は秘密集会に行くがよい。ここで比較の中で取り扱われた諸文化の間にどのような**価値**関係が存在するかということは、ここでは一言も論究の対象となっていない。人類の様々な運命の進み行く経過が、その一断面を概観する者の胸中で衝撃を惹起しつつどよめく、というのは真実である。しかしながらそのような者は、人が海や高山を目の前にしてそうするように、自分の個人的なちっぽけな論評などは胸中にしまっておくのがよいだろう──その当人が、芸術家的な造形や預言者的な要求を、それが自らの使命だと、或いは自分にはそのような才能があると、知っていたとしてもである。それ以外のたいていの場合には、「直観」から来る多弁は、対象からの距離の喪失を隠蔽すること以外の何ものでもなく、そのような距離喪失は、人間に対する同じ態度〔すなわち密着的な態度〕と同様だと判断されることになる。

---

[4] この中には、K・ヤスパース（その著書『諸世界観の心理学』(1919年)における）の試論や、他方でクラーゲス（その著『性格学』における）の試論が含まれるわけでは決してない、ということを私は言う必要はあるまい。彼らの試みは、その出発点のあり方によって、ここ〔本書〕で試みられているものとは区別される。ここは〔彼らの試みとの〕対質のための場ではないだろう。

緒　言　17

民族誌的研究について
　ここで追求される目標のためには、**民族誌的な**研究は、特にアジアの宗教心についての真に透徹した叙述のためには今日の状況ではもちろん絶対不可欠であるだろうほどには、およそ引き合いに出されていないのだが、このことは根拠づけを必要とする。〔本論集の叙述が〕こうなっている理由は単に、人間の労働力には限界がある、ということだけではない。むしろとりわけ、ここでは、当該地域の「文化の担い手」だった当の諸階層の宗教的に規定された倫理についての諸関連こそが重要でなければならなかったがゆえに、このような行き方が許されると思われたのである。**そのような人々の**生活営為に及ぼした諸々の影響が、確かにここでは問題になっている。さて、これら影響もその特性においては、民族誌的・民俗学的な事態と突き合わせられることで初めて、真に適切に把握可能である、ということは全く正しい。それゆえ、力説して認めかつ強調せねばならないのだが、ここには、民族誌学者が全く正当な権利を以てそれに対する異論を唱えねばならない、そういう空隙が存在する。これを埋めるためにいくつかのことを、私は宗教社会学の体系的な取り扱いの際に行なえると希望している。しかしそのような企ては、限定された目的を持った〔本論集の〕この叙述の枠を超え出てしまっていただろう。この叙述は、我々の西洋の諸々の**文化**宗教との**比較**基準点をできる限り発見する、という試み〔だけ〕で満足せざるをえなかった。

人類学の可能性について
　最後に、問題の**人類学的**側面についても考慮が払われねばならない。我々が再三――（一見したところ）互いに無関係に発展してゆく、生活営為の諸領域においても――西洋に於いて、そしてそこ**だけ**に於いて、様々な合理化の特定の**いくつかの種類**が発展するのを見いだせるとした場合、容易に思いつく推測とは、ここ〔西洋〕では諸々の**遺伝的**特質が決定的な土台を提供していたのだ、というものである。著者〔ヴェーバー〕自身としては、生物学的な遺伝形質の意義を個人的・主観的に高く評価したいと思っていることを告白する。但し私は、**ここで**〔すなわち本論集で〕研究される発展に対する遺伝形質の関与を、その度合いや――とりわけ――〔関与の〕仕方や〔ありうべき様々な〕関与点に即して何ら

か正確に把握するための方途や、或いは単に推測的に示唆するためだけの方途すらをも、人類学的労作の数々の重要な達成にもかかわらず、今のところ未だ見つけていない。まず第一に、運命や環境への〔様々な〕反応によって充分満足の行く説明が可能であるような、あらゆる影響、あらゆる因果連鎖を、可能な限り発見することは、まさに社会学的・史的労作の諸課題の一つでなければならないだろう。そうして初めて、そしてもしさらに、比較を事とする人種神経科学や人種心理学が、個別的に多くの成果が期待される今現在の初期段階を超えてさらに進んだなら、**たぶん**人はかの問題に対しても満足の行く解答を期待することが許されるだろう[5]。そのような前提は当面欠けているように私には思われるのであり、〔したがって現状では、〕「遺伝形質」への参照指示は、**今日**たぶん可能であるだろうような認識の度合いを性急に諦めること、問題を(今のところまだ)未知である諸要因へと横すべりさせること、であるだろう。

---

5) 同じ見解を、或る傑出した精神科医が何年も前に私に話してくれた。

プロテスタンティズムの倫理と資本主義の精神[1]

1) ヤッフェの『アルヒーフ』20 (1904)、21 (1905)(テュービンゲン：J・C・B・モーア)で公刊された。これに関する浩瀚な文献の中から私は、F・ラッハファール「カルヴァン派と資本主義」、『科学・芸術・技術のための国際週報』、1909年、第39-43号のみを強調しておく。これについては私の論文「資本主義の『精神』への反批判」、『アルヒーフ』30 (1910)があり、これに対して再びラッハファール「今一度カルヴァン派と資本主義」、『科学・芸術・技術のための国際週報』、1910年、第22-25号があり、そしてさらに私の「反批判的結語」、『アルヒーフ』31 (1910)がある(ブレンターノはすぐあとで引用する批判の中で、どうもこれら最後のほうの叙述を知らなかったらしい。というのも、彼はそれらを引用していないからである)。不可避的に相当程度収穫ゼロだったと言える、ラッハファール(その他の点では私自身の目にも評価の高い学者だが、彼はここで、自分が本当のところ熟知していない領域に赴かねばならなかったのだ)とのこの論争から、この〔再〕刊行版の中へと取り入れたものは何もなく、私は単に、(非常に少数の)補完的な引用を私の反批判の中から追加し、また、文や註の挿入によって、考えられるあらゆる誤解を将来にわたって排除しようと努めた。――さらに、W・ゾンバルトの著『ブルジョワ』(ミュンヒェン及びライプツィヒ、1913年)、これには私は以下、註の中で立ち返る。最後に、ルヨ・ブレンターノの、「近代資本主義の端緒」に関する彼の祝賀演説への補遺の中の補説2(1913年にミュンヒェンの科学アカデミーで行なわれたこの祝賀演説は、補説によって拡張された上で、別冊として1916年に公刊された)におけるこの批判へも、私は適切な機会に特別な註の中で立ち返る。――(〔私の〕期待に反して)そのあたりに関心を持つようなすべての人に、私は〔自分の身を〕委ねる。それは私が、自分の論考の中で、事柄に即して何らか本質的な主張を含んでいる**文をただの一つでも**削除したり、解釈を変えたり、弱めたり、或いは、**事柄に即して**逸脱的な主張を付け加えたりなど、していないということを、比較によって〔読者に〕得心してもらうためである。そうするきっかけなどは全くなく、叙述の進行〔自体〕が、さらになお疑う人々をして、最後には得心を余儀なくさせるだろう。――最後に挙げた二人の学者は、私との間でよりもお互いとの間で、一層尖鋭的な争いをしている。ゾンバルトの著作『ユダヤ人と経済生活』に対するブレンターノの批判は、内容において多くの点で根拠があると私は思っているが、しかしそれにもかかわらず、しばしば非常に不当であり、このことは、ここ〔本論考〕で当

I 問　　題

1　宗派と社会的階層分化

経済活動との関係でのプロテスタント的性格の優越と、その理由

　宗派的に混ざっている 州(ラント) の職業統計を一瞥することを通して、顕著な頻度で[2] よく指摘される１つの現象がある。この現象は、カトリックの報道や文献

面全く除外されているユダヤ人問題(これについてはのちほど)がブレンターノの場合でもたぶん認識されていないのだろう、ということを度外視しても、言うことができる。

　神学の側からは、この労作をきっかけにして多くの価値ある個別的な刺激を数え上げることができ、〔本論考の〕受け止めは、全体として友好的なものであり、また、個々の点で見解が相違する場合にも、非常に事柄に即したものだった——これは、私がここ〔本論考〕でこれらのものを否応なく扱う際のその仕方に対して、或る程度の反感があっても驚くべきでないと〔私自身〕思っていただけに、余計に価値あることである。自らの宗教に帰依する神学者にとって何らか**価値がある**、そういうたぐいのことは、確かにここでは当然、相応の権利を認められることができない。我々がかかわっている対象とは——宗教的に**評価した場合**——諸宗教の生のしばしばまさに外面的なかつ粗い諸側面なのであって、しかしそれらはもちろんまさに現にそういうものだったので**も**あり、そしてしばしば、まさにそれらが粗いかつ外面的なものだったがゆえに、外面的に最も強力に作用したのでもあった。——他の面でのその内容の豊かさに加えて、我々の問題にとっても極めて歓迎すべき補完・確証として、ここで今一度簡潔に——あらゆる個別論点での頻繁なる引用に代えて——E・トレルチの大著『キリスト教の諸教会及び諸集団の社会教説』(テュービンゲン、1912 年)の参照が指示されねばならない。非常に広範囲にアンテナを張った独自の視点から、同書は西洋のキリスト教の倫理の普遍史を扱っている。その際、同書の著者にとって一層重要なのは宗教の**教説**であり、私にとって一層重要なのは宗教の実際的な**作用**である。

2) 食い違っている諸々のケースは——つねにではないが、しばしば——次のように説明される。すなわちもちろん、或る産業の労働者の宗派帰属は**第一**に、当の産業の所在地の宗派、或いは当の産業の労働者の募集地域の宗派、の如何によっている。

で³⁾しばしば論じられ、またドイツのカトリック教徒全国大会でも活発に論じられてきた。すなわち、資本所有・企業家層という面でも、労働者の中の熟練の上層という面でも、しかし特に、近代的な企業で働く、技術的・商人的な準備教育を施された上層の従業員という面でも、**プロテスタント的な性格が全く優越している**、というのがそれである⁴⁾。ドイツ東部のドイツ人〔プロテスタント〕とポーランド人〔カトリック〕の場合のように、宗派の相違が国籍の違いと重なり、したがって文化発展の程度の違いとも重なっている、といった所に於いてだけでなく、そもそも資本主義の発展が、その開花の時期に発展自体の必要に応じて、住民の階層構成を社会的に変容させたり職業的に編制したりすることを思いのままに為しえた所に於いては、ほとんどどこででも――しかも、事情がそうなっていればいるほど、それだけ一層明確な仕方で――、宗派統計の数字における上述の〔プロテスタント的性格の優越という〕現象がはっきり打ち出されているのを、我々は見いだすのである。さてもちろん、住民全体に対するプロテスタントの割合よりも比較的に遙かにずっと高い割合で、プロテスタントが資本所有⁵⁾に、経営指導に、或いは近代の大規模な産業的・商業的諸企業

　この事情は、一見したところ、いくつもの宗派統計――例えばライン　州〔プロヴィンツ〕の宗派統計――が提示する画像の見え方をしばしば変える。さらにもちろん、当の数字は、個々の職業が正確に数え上げられ、かつ充分に〔統計上〕専門分化が行なわれている場合にのみ、根拠のあるものである。そのほか、事情によっては、一人で働く「親方たち」と、全く大規模な企業家とが「経営責任者」のカテゴリーへと一緒に混ぜ込まれたりする。中でもとりわけ、そもそも**今日の**「高度資本主義」は、特にその労働者層の中の広範な未熟練の下層に関しては、過去において宗派が及ぼすことが**ありえた**諸々の影響に、左右されなくなったのである。これについては後述。

3) 例えば**シェル**『進歩の原理としてのカトリック』、31頁を参照。――**フォン・ヘルトリング**『カトリックの原理、そして科学』、58頁。
4) これらの事物に関して我々が有する最も詳細な統計資料、すなわち**バーデンの宗派統計**を、私の弟子の一人が考究した。**マルティン・オッフェンバッハー**『宗派と社会的階層分化。バーデンにおけるカトリックとプロテスタントの経済的状況に関する一研究』、テュービンゲン及びライプツィヒ、1901年（バーデンの諸単科大学の国民経済的論考、第4巻第5冊）を参照。以下、例証のために持ち出される諸々の事実及び数字は、すべてこの労作からのものである。
5) 例えば1895年にバーデンでは次のとおりだった。

における労働〔者の中〕の上層に、かかわっている[6]ということは、部分的には、諸々の史的理由へと帰着させることが可能である[7]。それら理由とは、遙かな過去に存するものであって、それらを考える場合に宗派的所属が経済的現象の**原因**としてでなくむしろ或る程度までその**結果**として立ち現れている、そういう理由である。上述の〔資本所有、経営指導、労働者上層といった〕経済的諸機能へのかかわりは、部分的には資本所有を前提とし、また部分的にはカネのかかる教育を前提とし、また部分的には(かつ、たいていの場合には)その両方を前提としており、今日では、相続された富の所有と、或いは少なくとも或る程度の裕福さと、結びついている。〔神聖ローマ〕帝国の中で自然と交通事情との点で最も恵まれており経済的に最も発展した最も富める諸地域が、中でも特に富裕な〔帝国〕**都市**の多数が、ところが16世紀にはプロテスタンティズムへと向かったのであり、その影響は今日でもなおプロテスタントたちにとって、生存をめぐる経済的闘争の中で有利に作用している。そこでしかし、次の史的な問いが成り立つ。すなわち、経済的に最も発展した諸地域が教会上の革命に対するこのように特に強度な〔受容的〕素質を持っていたということは、いかなる理由によるのだろうか、と。そして答えは、人がさしあたりそうだと思えるほどに単純なものでは決してない。確かに、経済的伝統主義からの脱却ということは、宗教的伝統に対する疑義の傾向と、伝統的権威一般に対する反抗の傾向とを、全く本質的に支えたに違いない契機として、立ち現れている。しかしながらその際、今日しばしば忘れられていることが顧慮されるべきである。すなわち宗教改革は、然り、生活に対する教会的支配一般の**除去**を意味したのではなく、むしろ、支配のこれまでの形態を**別の**形態によって置き換えることを意味したのであり、しかもそれは、実際的に当時ほとんど感得しがたいほどの、し

　プロテスタント1000人につき95万4060マルクの**資本収益**課税資本
　カトリック1000人につき58万9000マルクの資本収益課税資本
　もちろんユダヤ人は1000人につき400万マルク超と、遙かに先頭を行っている。
　（数字はオッフェンバッハー、前掲書、21頁による。）
6) これに関してはオッフェンバッハーの著作の詳細全体が参照されるべきである。
7) これについても、オッフェンバッハーの著作の最初の2章におけるバーデンに関する一層詳細な叙述。

ばしばほとんど形式的でしかなかった極めて快適な支配を、考えられる限りで最も広範な程度で家庭生活・公的生活のあらゆる領域への介入・絶えざる負担として真剣に受け止められた、生活営為全体に対するそういう取り締まりによって、置き換えたのである。現代では、カトリック教会による支配――以前には今日におけるよりも一層強度にそうであったように「異端者を罰するが、罪人に対しては穏和である」〔とでも言えるような支配〕――を、全く近代的な経済的相貌を示す諸国民も受忍しており、同様にかつて、15世紀と16世紀の交に地上に於いて知られていた限りで最も経済的に発展していた最も富裕な諸地域も、カトリック教会による支配を受忍していた。〔これに対して、〕16世紀にジュネーヴとスコットランドに於いて、16世紀と17世紀の交にネーデルラントの広範な部分に於いて、17世紀にニューイングランドに於いて、また一時はイギリスに於いてすら、勢力を有していたカルヴァン派による支配は、我々にとって、個々人に対する教会の統制の、存在しうる限りで断然最も耐えがたい形態であるだろう。当時の古来の都市貴族の広範な層は、ジュネーヴに於いてもオランダやイギリスに於いても、この〔カルヴァン派〕支配を全く同様なふうに感じていた。経済的に最も発展していた諸国に出現した宗教改革者たちは、然り、生活に対する教会的・宗教的な支配の過剰でなく過少こそを、まさに非難されるべきことだと思っていた。さて、当時経済的に最も発展していたこれら諸国がまさに、そして我々がのちに見るであろうように、それら諸国の中で経済的に興隆しつつあった諸々の「市民的な」中産階級がまさに、それまで知られていなかった〔ほどの〕ピューリタン的専制を、決して単に受忍したのでなくむしろ擁護する中で、一箇の英雄的精神――**市民的な諸階級それ自体がまさ**に、それ以前にはまずめったに知っていたためしがなく、それ以後には二度と決して知らなかったであろう、そういう英雄的精神（カーライルが「我らが英雄的精神の最後のもの」と、無根拠にでなく言ったように）――を発展させたのは、いったいどうしてなのか。

カトリックとプロテスタントでの、教育に対する姿勢の違い

しかしながらさらに、また特に〔考えるべきこととして〕、上述のように、近代の経済の中でプロテスタントが資本所有や経営の指導的地位にかかわる度合

いが高いことが、部分的に単に、平均的に見た限りでより良い資産状況が代々受け継がれてきたことの結果として理解されうるかもしれないとしても、他方で、疑いなく因果関係がそうで**ない**と見受けられる諸現象が判明している。いくつかのみ引き合いに出すことにすると、そういった現象に数えられるのは、種々ある中で次のようなものである。すなわちまず、バーデンでもバイエルンでもまた例えばハンガリーでも全く一般的に立証可能なように、カトリックたる親たちがプロテスタントたる親たちとの対比で自分たちの子らに通常受けさせるところの、より高次の教育の施し方における違いである。「より高次の」教育機関の生徒・高校卒業資格試験合格者の中のカトリックの割合は、住民全体の中の彼らの割合に比して一般に相当程度下回っている[8]ということを、人はその相当部分については上述の、伝来の資産的違いに帰属させるだろう。ところがカトリックの高校卒業資格試験合格者の**中**でも、特に、技術的学習や産業的・商人的職業へと向かう準備のための、一般に、市民的な営利生活のための、適当な近代的機関であるところのもの(実科ギムナジウム、実業学校、高等小学校等)の出身である人々の割合が、プロテスタントの同種の人々に比してまたもや顕著に**遙か**に下回っており[9]、他方で、人文主義的なギムナジウム

---

[8] バーデンの住民中、1895年にはプロテスタントは37.0%、カトリックは61.3%、ユダヤ人は1.5%だった。しかし1885〜1891年において生徒の宗派帰属は、国民学校を超えた段階にあって義務的に通うので**ない**学校においては、次のようになっている(オッフェンバッハー、前掲書、16頁による)。

	プロテスタント	カトリック	ユダヤ人
ギムナジウム	43%	46%	9.5%
実科ギムナジウム	69%〔ママ〕	31%	9%
実科高等学校	52%	41%	7%
実業学校	49%	40%	11%
高等小学校	51%	37%	12%
平均	48%	42%	10%

精確に同じ現象がプロイセン、バイエルン、ヴュルテンベルク、帝国直轄諸州、ハンガリーで〔見られる〕(オッフェンバッハー、前掲書、18-19頁で数値を参照)。

[9] 直前の註の様々な数字を参照。それらによれば、カトリックの住民割合に対して

が提供する〔高等教育を受ける準備という意味での〕準備教育をカトリックの人々がむしろ好んでいる、ということ——これは、資産的違いによっては説明されていない現象であり、むしろ逆にそれ自体が、資本主義的営利へのカトリックの関与割合が低いことの説明のために引き合いに出されねばならない。ところが、より一層際だっているのは、近代的な大工業の熟練**労働者**層へのカトリックの関与割合がより低いことを理解するのに役だつ、〔次の〕観察である。すなわち、工場は熟練労働力を、手工業の若手世代から高い割合で抽出しており、つまり、そういう人々に工場自体の労働力の基礎教育を委ねて、その基礎教育の完了後に彼らからその労働力を引き離す、というのは既知の現象なのだが、この現象は、カトリックの手工業職人の場合よりもプロテスタントの手工業職人の場合に、遙かに高い程度で見られるのである。言い換えれば、手工業職人の中でカトリックの人々は、手工業にとどまる傾向を強く示し、したがって比較的高い割合で手工業の**親方**になるのであり、これに対してプロテスタントの人々は、比較的高い割合で工場へと流入し、工場において熟練労働者層や産業的官吏層の中の上層を満たすのである[10]。これらのケースでは、因果関係は疑いなく次のようになっている。すなわち、**教え込まれた精神的特質**が、しかもここでは、故郷及び両親の家の宗教的雰囲気によって規定された教育方向が、職業選択及びそれ以後の職業的運命を決定したのである。

経済活動と（民族的ないし宗教的な）多数派・少数派との関係？

さてしかし、ドイツにおける近代的な営利生活へのカトリックの関与が比較的少ないということは、昔から[11]見られ現代でも見られる次の経験〔的事実〕に

3分の1ほど下回っている、中等教育機関へのカトリック全体の通学割合は、ギムナジウム（本質的に神学研究のための準備教育を目的とする）において**のみ**、何パーセントか上回っている。のちの説明を顧慮しつつ、特徴的なこととして強調されるべきは、ハンガリーでは**改革派の信徒たち**は、プロテスタントの中等学校通学の典型的な諸現象を一層高い程度で提示している、ということである（オッフェンバッハー、前掲書、19頁末尾の註）。

10) オッフェンバッハー、前掲書、54頁における立証と、同著作の末尾の諸表とを参照。

反するだけに、なおさら人目を惹く。その経験とはすなわち、「支配層」たる他のグループに対して「被支配層」として対峙する民族的ないし宗教的な少数派は、自分たちを政治的影響力を有する地位から自発的に排除すること、或いは、彼ら自身が非自発的に排除されること、**を通して**、まさに特別強い度合いで営利の軌道へと駆り立てられていくのがふつうだ、ということであり、また、彼らの中の最も才能あるメンバーは、国家公務という土壌では全く活かせない自らの功名心をここ〔営利生活〕で満たすことを追求するのだ、ということである。事態が見まがうかたなく明白にこうなっていたのは、例えば、ロシアやプロイセン東部において疑いの余地のない経済的進歩の中にあったポーランド人の場合であり――彼らポーランド人によって支配されたガリツィア〔地名〕とは反対に――、より古くは、ルイ14世治下のフランスのユグノーの場合であり、イングランドにおける非国教徒やクエイカー派の場合であり、そして――最後だが劣後ではなく――二千年このかたのユダヤ人の場合である。しかしながらドイツのカトリックの場合には、我々はそのような作用を全然目にせず、或いは少なくとも目立つものは何ら目にせず、そして過去においてもカトリックの人々は、オランダでもイングランドでもプロテスタントと反対に、彼ら〔カトリック〕が迫害されたか或いは辛うじて大目に見られていた時代に、指摘されるべき特に顕著な**経済的**な発展を有してはいなかった。むしろ、現に在る事実とは、プロテスタント(中でも特に、のちほど特別に取り扱われることになるいくつかの方向性)は、支配層として**も**被支配層として**も**、多数派として**も**少数派として**も**、経済的合理主義を指向する独特な傾向を示してきた、ということであり、この独特な傾向はカトリックの場合には、一方の状況〔支配層或いは多数派〕においても他方の状況〔被支配層或いは少数派〕においても、同様な仕方では観察されてきておらず、今日でも観察されていない[12]。それゆえ、〔プロ

---

11) W・ペティ卿の著作の、のちほど再三引用されることになる箇所に特に良く現れている。

12) なぜなら、**アイルランド**に基づくペティの時折の例証には、実に単純な理由が、すなわち同地ではプロテスタント層は単に不在地主としてのみ存在したということが、あるからである。この例証がより多くのことを主張しようものなら、それは

テスタントとカトリックの間の〕異なる行動の原因は、持続的な内的特質のうちにおもに求められるべきであり、諸宗派のそのつどの外面的な史的・政治的状況のうちにのみ求められるべきでは**ない**[13)]。

カトリシズムとプロテスタンティズムの宗教的性格の違いの影響？

それゆえ、諸宗派の特質の中で上述のような方向で作用したもの、また部分的には今日でもなおそういう方向で作用しつつあるもの――そういったものだった(或いは、今でもそういったものである)のはどれなのか、をさしあたり

(周知のように)、「スコットランド系アイルランド人」の立場が証明しているように、誤りとなっていただろう。他所に於いてと同様アイルランドに於いては、資本主義とプロテスタンティズムの間の典型的な関係が存在していた。(アイルランドに於ける「スコットランド系アイルランド人」に関してはC・A・ハンナ『スコットランド系アイルランド人』、2巻本、ニューヨーク：パットナムを参照。)

13) このことはもちろん、外的な史的・政治的状況もまた極めて重要な帰結を有しえた、ということを排除しないし、とりわけ、次のことと矛盾してもいない。それは、のちに論究されるように、外的な史的・政治的状況が、いくつものプロテスタント的信団(ゼクテ)の生活環境全体の発展にとって決定的な意義を有し、ひるがえって、経済生活への彼ら〔プロテスタント〕の関与に対しても作用を及ぼすほどの意義を有した、ということであり、また、彼ら〔プロテスタント〕は、例えば**厳格な**カルヴァン派がジュネーヴとニューイングランド以外の至るところで(彼らカルヴァン派が政治的に支配的であった所に於いてすら)本来そうであったように、小規模かつそれゆえ均質的な少数派を成していた、ということである。――地上のあらゆる宗派の**移民**(インド人、アラビア人、中国人、シリア人、フェニキア人、ギリシア人、ロンバルディア人、「カホール人」)が高度に発展した諸国の**商人的訓練**の担い手として他の諸国へと移住した、というのは全く普遍的な現象だったのであり、我々の問題とは全く何の関係もない。(「近代資本主義の端緒」に関する、頻繁に引用される論考の中で、ブレンターノは自分の家族のことを引き合いに出している。しかしながら、とりわけ商人的経験・関係の担い手としての外国出身の**銀行家**なるものは、**あらゆる時代にあらゆる国に**存在した。彼らは**近代の**資本主義の特徴を表すものなのではなく、プロテスタントからは倫理的不信のまなざしを向けられた(後述を参照)。これと異なっていたのは、チューリッヒに移住したロカルノのプロテスタント家族(ムーラルト、ペスタロッツィ等々)であり、彼らはほどなくチューリッヒで独特に**近代的な**資本主義的(**工業的**)発展の担い手の一翼となった。)

まず研究することが重要となろう。さて、表面的な観察による場合、また、現代の或る種の印象からすれば、当の対立を次のように定式化したくなる人がいるかもしれない。すなわち、カトリシズムにおいて比較的強い「世離れ的性格」、また、カトリック自体の至高なる理想を指し示すものである禁欲主義的な諸特徴、これらは、カトリックの信仰告白者たちを、この俗世の諸々の財に対する比較的大きな無関心へと育て上げないわけにはいかないだろう、と。実際にも、このような理由づけは〔カトリックとプロテスタントという〕二つの宗派の判断のための、今日よく見受けられる一般的に流布した図式に合う。この解釈をプロテスタントの側は、カトリック的な生活営為の（真正の、或いは見せかけの）禁欲主義的理想に対する批判のために使っており、これに対してカトリックの側は、「物質主義」との非難を付して――そしてこの物質主義が、生のあらゆる内容の、プロテスタンティズムによる世俗化の帰結なのだ、などと言って――答えるのである。現代の或る著作家も、営利生活に対する〔カトリックとプロテスタントという〕二つの宗派の行動において彼が明るみに出したくだんの対立を、次のように定式化するべきだと思った。「カトリックは……より穏やかである。より少ない営利衝動を持ち合わせて、カトリックは、危険と刺激があるがひょっとすると名誉や富をもたらすことになるであろう人生よりも、仮に収入がより少なくても可能な限り安全が保障された生き方のほうに、重きを置く。巷間では面白半分に、良く食べよ、さもなければ安眠せよ、ということが言われる。この場合で言えば、プロテスタントは良く食べたがり、他方カトリックは安眠を欲するのである」[14]。実際、「良く食べたい」という言い方で、**現代に関して**、ドイツのプロテスタントの中の、教会に比較的無関心な人々の動機は、不完全ながらも少なくとも部分的には正しく、特徴づけられているかもしれない。しかしながら過去においては、物事は非常に異なった様相を呈していた。すなわちイングランドやオランダやアメリカのピューリタンにおいては、周知のように「俗世的な喜び」の正反対が特徴的だったのであり、しかものちに見るであろうように、まさに我々の目から見て彼らの最も重要な特徴の一つだった。それだけでなく、例えばフランスのプロテスタンティズム

---

14) **オッフェンバッハー**、前掲書、68頁。

は、一般にカルヴァン派の教会の上に刻印されたかの性格、そして特に、宗教闘争の時代に至る所で「十字架のもと」なる諸教会の上に刻印されたかの性格を、非常に長い間保ったのであり、或る程度は今日までも保ち続けてきている。それにもかかわらず——或いは、ひょっとするとまさにそれゆえに、と我々はさらに問わねばならないだろう——、フランスのプロテスタンティズムは周知のようにフランスの産業的・資本主義的な発展の最も重要な担い手の一つだったのであり、〔フランスにおけるプロテスタントに対する〕迫害がなお〔プロテスタントの存在を〕許容したその小さな程度においては、最も重要な担い手の一つであり続けてきた。この真剣さと、生活営為における宗教的関心の非常なまでの優越とを、「世離れ的性格」と称しようとするのなら、**その場合には**、フランスの**カルヴァン派**は、ドイツ北部の**カトリック**(彼らにとって自分たちのカトリシズムは、疑問の余地なく、地上の他のどの民族にもないほどに、心にかかる重要問題なのである)と少なくとも同程度に「世離れ的」だったし、現に「世離れ的」である。そして同じ方向に従って、**両者は**支配的な宗教勢力から区別される。支配的な宗教勢力とはそれぞれ、フランスにおいては、下層では極めて人生謳歌的で、上層では端的に宗教に対して敵対的であるカトリックであり、ドイツにおいては、今日世俗的な営利生活に没頭していて、上層では基本的に宗教に無関心であるプロテスタントである[15]。この並行事例のたぐいがこの上なく明確に示しているのは、カトリックの(いわゆる)「世離れ的性格」や、プロテスタンティズムの(いわゆる)物質主義的な「俗世的な喜び」や、その他多くの類似物のような極めて漠然たる表象を以てしては、何も始められないということである。なぜならこれら諸表象は、こういう大雑把さでは、なお今日についても、少なくとも過去についても、全く事実に合わないからである。しかし、もし人がこれら諸表象を駆使したければ、**その場合には**、既に為

---

15) W・**ヴィッティヒ**『アルザスにおけるドイツ文化とフランス文化』(イラスト付きアルザス展望、1900 年。別冊として刊行されてもいる)という優れた著作の中の、ドイツとフランスにおける諸宗派の特徴的な個性に関する、また、アルザスの国籍闘争におけるそれら諸対立と他の文化諸要素との交錯に関する、別して鋭敏な数々の指摘〔を参照〕。

されたコメントに加えて、造作なく念頭に浮かぶ他のいくつもの観察が、人を次の考えへと至らせるほかないだろう。すなわち、一方で世離れ的性格、禁欲、教会的信心と、他方で資本主義的営利生活への参加との間の、対立全体は、〔「対立」などでなく〕まさしく内的な**親和性**へとひっくり返されるべきなのではないか、と。

特に古プロテスタンティズムと経済活動との間の親和性？

さて実際、早くも目を惹くのは——いくつかの全く外面的な契機から始めることにすると——、キリスト教的信心のまさに最も内面的な形態の担い手であってかつ商人層の出である人々がいかに多かったか、ということである。特に敬虔主義は、その最も真剣なる信仰告白者の際だって巨大な人数をこのような出自の人々〔すなわち商人層〕から得ている。ここで人は、商人という職業に適合しない本性〔の持ち主たち〕に対する「拝金主義(マモニスムス)」の一種の対照的作用、とでもいったものに思いを致すかもしれない。そして確かに、アッシジのフランチェスコの場合と同様、多くの敬虔主義者たちの場合にも、「回心」の成り行きは、回心者自身にとって主観的には、実にしばしばこのようなものとして現出してきた。そしてこれに類似した仕方で、人は、同様に——セシル・ローズに至るまで——実に目立ってよく見られる現象、すなわち、牧師の家から極めてスケールの大きな資本主義的事業家が輩出するという現象を、青年期の禁欲主義的な教育に対する反動として説明しようとするかもしれない。しかし、この説明方法は次の場合にはうまく行かない。それは、同一の人物・人間集団の中で、達人的な資本主義的商才と、生涯全体を貫き統制する信心の極めて強度の形態とが**重なり**合っている、という場合であり、そしてこのようなケースは決して散発的でなく、むしろ、史的に最も重要なプロテスタント諸教会・諸信団(ゼクテ)のグループ全体にとってまさしく特徴的なメルクマールなのである。特にカルヴァン派は、**それが登場したいかなる所に於いても**[16)]、この組み合わせを呈している。宗教改革が拡大した〔あらゆる〕国においていかなる時期にも、

---

16) ここで意味するのはもちろん**次のような場合**、すなわち、当該地域に於いて資本主義的発展の**可能性**が**そもそも**所与だった場合、ということである。

プロテスタンティズムの倫理と資本主義の精神　　31

カルヴァン派は(プロテスタントのいかなる宗派とも同様)特定の個別階層と結びついていない。とはいえ、やはり特徴的な、そして或る意味で「典型的」なのは、次のことである。すなわちフランスのユグノーの教会では、修道者や産業者(商人、手工業者)がほどなく改宗者の中で数的に特に大勢を占め、そしてとりわけ迫害の時代には大勢であり続けたのである[17]。「異端」(すなわちカルヴァン派のオランダ人)は「商魂を助長する」、ということをスペイン人は疾うに知っていたのであり、そしてこれは、オランダの資本主義的躍進の諸原因に関する論究の中でW・ペティ卿が提示した見解と全く符合している。ゴートハイン[18]はカルヴァン派のディアスポラを正当にも「資本経済の苗生育所(なえ)」と称している[19]。確かに人はここで、フランスやオランダの経済文化(これが

---

17) これに関しては例えばA・デュパン・ドゥ・サンタンドレ「トゥールの古い改革派教会。教会の構成員たち」(フランス・プロテスタンティズム史協会の史的・文学的会報、第4期第10巻〔通巻第50号〕)を参照。ここでも再び人は——特にカトリックの立場の判断者たちにはこの考えは容易に思いつくだろう——、修道院的な、或いは一般に教会的な、支配からの**解放**を求める希求を、推進力たる動機だとみなすかもしれない。しかしながら、それは同時代の敵対者たち(ラブレーを含む)の判断とも矛盾し、それだけでなく、ユグノーの最初の全国教会会議における、**銀行家**は教会の長老となってよいかどうかといった、例えば良心の躊躇(例えばJ・エモン『フランスの改革派教会のすべての全国教会会議』、第1回全国教会会議、特殊事項、第10番〔第11番が正〕、10頁)や、また、懸念をいだいた共処体構成員らの問い合わせをきっかけとして利子取得の容認如何をめぐって行なわれた(カルヴァンの明確な態度にもかかわらず、全国教会会議でつねに繰り返された)論究は、こういったことに関心を示す層の強力な関与を示しており、しかしたぶん**同時に**次のことをも、すなわち、告解による統制なしに「高利貸の悪徳(ウースーラーリア・プラーウィタース)」を実行できることを望む願望は決定的たりえ**なかった**、ということをも示しているだろう。同じことがオランダで見られる——後述を参照——。ここで明確に言っておくと、教会法上の**利子禁止**はこれら諸研究の中ではそもそも何の役割も果たしていない。
18) E・ゴートハイン『シュヴァルツヴァルト及び隣接する諸地方の経済史』、67頁〔674頁が正〕。
19) これに続いてゾンバルト『近代資本主義』初版、380頁の短いいくつかの指摘〔を参照〕。のちに残念ながらゾンバルトは、彼の比較的大規模な諸著作の中でこの部分において(私見によれば)他に比して遙かに最も貧弱である著作(『ブルジョワ』、ミュンヒェン、1913年)の中で、F・ケラーの、他に数多くの良い(しかし、**この観**

このディアスポラの主たる出自である)の卓越性こそを決定的だとみなすかもしれず、或いはまた、国外追放や、伝統的な生活関係からの離脱、といった事情が強力な影響を及ぼしたということを決定的だとみなすかもしれない[20]。しかしフランス自体に於いて、コルベールの闘争から知られるように、17世紀には事態は全く同様だった。オーストリアですら——他の諸国について語らないことにすると——、プロテスタントの製造業者たちを時折直接輸入したの

　点では新しくない)指摘がありながらも、カトリックの他の現代的・護教的な著作のレベル**以下**にやはりとどまっている著作(『企業と剰余価値』、ゲレス協会の叢書の第12冊)の影響を受けて、完全に誤った「テーゼ」を擁護してしまった。このテーゼには折に触れて立ち返ることになる。

20) なぜなら労働の場合、郷里からの所替えという単なる事実が労働の集約化の最強の手段の一つであるということは、全く確かであるからだ(上記註13をも参照)。——郷里ではどれほど有利な収入チャンスによっても自らの伝統主義的怠惰から離脱不可能だった、その同じポーランド人の少女が、異国で季節労働者として働くと、一見したところ自分の自然本性全体を変じてしまって、際限のない活用が可能となる。イタリアの出稼ぎ労働者の場合にまさに同じ現象が見られた。ここで、より高度な「文化環境(ミリュー)」に足を踏み入れたことによる教育的な影響、だけが決定的なものなのでは決してないということ——もちろん、そのような影響も共に作用しているとはいえ——は、次のことによって示されている。すなわち、——農業におけるように——仕事への従事の**仕方**が郷里に於けるのとまさに同様の場であって、かつ、出稼ぎ労働者宿舎での収容などといったことによって、郷里に於いてなら決して許容されえないであろうような、生計維持レベルの一時的水準低下がもたらされる、そういう場に於いても、〔労働の集約化をめぐる〕同じ現象が生じているのである。慣れ親しんだのと全く異なる環境に於いて労働するという単なる事実が、ここでは伝統主義を破砕しており、「教育的なもの」なのである。アメリカの経済的発展のいかに多くがこういう作用に基づいているかは、示唆する必要もほとんどないだろう。古代については、ユダヤ人に対するバビロン捕囚の全く同様な意義は、碑文に記されているかのごとくに明々白々である、と言いたいところであり、同じことは例えばパールシー教徒に当てはまる。——しかしながらプロテスタントについては、ピューリタンのニューイングランド入植地が経済的特質の点でカトリックのメリーランドや聖公会の南部や宗派混淆のロードアイランドとの対比で呈している見まがうべくもない相違がそもそも示しているように、自らの宗教的特質の影響が、どうやら全く明らかに、**自立的な要因**として一役演じているようである——インドで例えばジャイナ教徒の場合に見られるのと同様に。

である。ところが、プロテスタントのすべての教派が、この方向に直ちに強力に作用しているわけでは必ずしもないようである。どうやらカルヴァン派は、ドイツに於いてもこのように作用したようであり、「改革派的な」宗派[21]は、他の諸派と比較すると、他所と同様ヴッパータールに於いても、資本主義的精神の発展に対して促進的だったようである[22]。スコットランドについてはバックルが、またイギリスの詩人の中では特にキーツが、この関係を強調している[23]。よりセンセーショナルなのは、同様にこれも想起されるだけでよいのだが、「現世離れ的性格」とその富が共々語り草になっているまさにかの諸信団（ゼクテ）の総数の場合に、宗教的生活規制と営業的な感覚の非常な発展とが関連している、ということであり、とりわけ**クエイカー派とメノナイト派**がそれら信団（ゼクテ）である。クエイカー派がイングランドや北アメリカで演じた役割は、オランダやドイツではメノナイト派に帰せられる。プロイセン東部自体に於いてフリードリヒ・ヴィルヘルム１世がメノナイト派を、彼らが兵役を断固拒否したにもかかわらず、工業の不可欠な担い手として〔彼らが居続けるのを〕許容していたということは、一つの事実にすぎないが、とはいえこの王の特質に鑑みれば、このことを例証する数多くの周知の事実の中で最も強烈な事実の一つであるだろう。最後に、同様に**敬虔主義者**について、強度の信心と、やはり強度に発展した営業的な感覚・成功との、組み合わせが当てはまっていた[24]、とい

---

21) 周知のように、「改革派的な」宗派は、その諸形態のうちの大半においては、多かれ少なかれ**緩和された**カルヴァン派ないしツヴィングリ派である。

22) ほとんど純粋にルター派的であるハンブルクに於いて、17世紀にまでさかのぼる**唯一の**資産は、有名な**改革派**家族の資産である（A・ヴァール教授の好意的な指摘による）。

23) それゆえ「新しい」のは、ここでこの関連が主張されることではなく（この関連は、既にラヴレーやマシュー・アーノルドらが扱ってきた）、むしろ逆に、その関連が全く無根拠に疑われることである。肝心なのは当の関連を**説明すること**である。

24) もちろん、これによって排除されないのは次のこと、すなわち公式の敬虔主義が、他の諸々の宗教的傾向と同様に、資本主義的な経済制度の或る種の「進歩」——例えば家内工業から工場制度への移行——に対して家父長制的な感情からのちに抵抗した、ということである。我々がのちにさらにしばしば見るであろうように、一箇の宗教的傾向が理想として**目指した**ことと、その信徒たちの生活営為に対してその

うことは充分に知られている——ライン地方の状況やカルヴを想起するだけで充分である——。それゆえ、然り、この全く単に間に合わせの説明でしかないものの中では、さらに事例が積み上げられるべきではないだろう。なぜなら、これら僅かな事例は挙げて一つのことを示しているからである。すなわち、「労働の精神」「進歩の精神」或いはその他いかに称されようと、それの覚醒を人々がプロテスタンティズムに帰したがるところのもの、これは、(今日そう理解されるのが常であるように)「俗世的な喜び」として理解されたりなどしてはならず、また、他に何らか「啓蒙主義的な」意味で理解されたりしてもならないのである。ルター、カルヴァン、ノックス、フートの古プロテスタンティズムは、今日「進歩」と呼ばれるものと心情的にほとんど関係がなかった。今日最も極端な宗派者もそれなしで済ませたいともはや思わないであろうような、近代生活のあらゆる側面に対して、古プロテスタンティズムは端的に敵対的だった。したがって、古プロテスタンティズム的精神の特定の表出形態と、近代の資本主義的文化との間に、そもそも内的な親和性が見いだされるべきであるなら、それは、程度差はあれ(いわゆる)物質主義的な、或いは少なくとも反禁欲主義的な、「俗世的な喜び」のうちに求められるべきでは**なく**、むしろ、古プロテスタンティズムの純然たる**宗教的な**諸特徴のうちに求められるべきである。——モンテスキューがイギリス人について(『法の精神』第20編第7章で)語っていることによれば、彼らイギリス人は信心と商業と自由という三つの重要な物において、世界のあらゆる民族の中で最も成功しているという〔「この国民〔イギリス国民〕は次の三つのこと、すなわち、宗教、商業および自由を同時に利用するのを世界中で一番よく心得ている国民である」。モンテスキュー／野田他訳、209頁〕。営利の領域での彼らの卓越性——そして、他の関連に属することだが、自由な政治制度への彼らの適性——は、ひょっとすると、彼らのものとモンテスキューが認めているくだんの信心〔の世界〕記録と、関係ありだとする

当の傾向に由来する影響が実際に**もたらした**こととは、鋭く区別されるべきである。(敬虔主義的な労働力の独特な労働適性に関しては、〔私の〕論考「産業労働の心理物理学について」、263頁及び諸所において、ヴェストファーレンの或る工場で私が算出した諸事例が見いだされる。)

べきなのではないか。

考究の歩をどう進めるか
　我々がこう問いを立てるならば、ありうべき諸関係の総数が、おぼろげに感じ取られたまま我々の前にたちまち浮かんでくる。さて、まさに課題であらねばならないだろうこととは、ここで我々の前に不明確な仕方で浮かんでいるものを、いかなる史的現象にもつきものである汲み尽くしがたい多様性にもかかわらず、そもそも可能な限りで極力明確に**定式化すること**である。だが、これを為しうるには、我々がこれまで取り扱ってきた対象である漠然たる一般的諸表象の領域から、否応なく決別がなされねばならず、そして、キリスト教の様々な表出形態の中で我々に歴史的に与えられているところの、かの偉大なる諸々の宗教的思想世界の、特徴的な特質・様々な相違へと、考究の歩を進めることが試みられねばならない。
　しかし、先だってなおいくつかのコメントが必要である。まず、ここで歴史的説明を施すべき当の対象の特質に関して。次いで、これら研究の枠内でそのような説明がそもそもいかなる意味で可能なのかという、その意味に関して。

2　資本主義の「精神」

方法的序説
　本研究の表題の中には、「資本主義の**精神**」という、少々やかましく響く概念がある。この概念で何が理解されていると考えるべきなのか。その「定義」とでもいったものを与えようとする試みにおいては、当の研究目的の本質にかかわる或る種の困難がいくつか存在することがたちまち明らかになる。
　或る対象、すなわち、それについて当の呼称〔「資本主義の精神」〕の使用に何らかの意味が付与されうる、そういう対象がそもそも発見可能である場合、それは一箇の「**史的個体**」でしかありえない。すなわちそれは、諸関連の複合体であって、それを取り巻く歴史的現実を、我々がその**文化意義**の観点から概念的に一箇の全体へと結びつけようとする、そういう複合体なのである。

しかしそのような史的概念は、個別的な**特質**の点で有意味な一つの現象に内容的にかかわるので、「直近の類、種差（ゲヌス・プロクシムム　ディフェレンティア・スペツィフィカ）」という図式によって定義される（ドイツ語で言えば「境界画定される」）ことは可能でなく、むしろそのような史的概念は、歴史的現実から抽出されるべき個々の構成要素を基に、次第に**構成され**ねばならない。それゆえ、最終的な概念的把握は研究の冒頭でなく**結論部**において存在可能となる。換言すれば、我々がここで資本主義の「精神」という言い方で理解するものがいかに規定されるのが最良か——つまり、ここで我々に関連する諸観点から見て、最も適合的か——ということは、論究を踏まえて初めて、かつその論究の本質的な成果として、提示されねばならないだろう。さて、ひるがえってこれら諸観点は、我々が考察する当の史的諸現象の分析を可能にする唯一ありうべき観点なのでは決してない。いかなる史的現象の場合とも同様、ここで考察の観点が異なれば、異なる特徴が「本質的なもの」としてもたらされるだろう。——そのことから造作なく次のことが帰結する。すなわち、資本主義の「精神」という言い方の中に、**我々の目から見て我々の解釈にとって本質だと明らかになるであろうもの、そのものだけ**が必然的に含められうる或いは含められねばならない、などということは全くないのである。このことはまさに「史的概念形成」の本質にかかわる。史的概念形成が目指すのは、自らの方法的諸目的のために現実を、抽象的な類的概念の中に箱詰めにすることでなく、つねにそして不可避的に独特な**個別的**色彩を有する具体的な発生的諸関連の中に組み込んでいくこと、なのである。

資本主義の「精神」の例示

　それにもかかわらず、ここで分析及び史的解明が図られるべき当の対象が今確定されるべきであるなら、それは、したがって、ここで資本主義の「精神」という表現で意味されることの概念的な定義、などではなく、むしろ（さしあたり少なくとも）暫定的な**例示**、でしかありえない。さてそのような例示は、研究の対象〔が何か〕に関する合意という目的のためには実際不可欠であり、このために我々が依拠するのは、くだんの「精神」の或る文書である。この文書は、ここでさしあたり重要であるところのものをほとんど古典的に純粋な形で含んでおり、しかし同時に、宗教的なものへの**あらゆる**直接的な関連から切り

離されている、つまり——我々のテーマから見て——「前提欠如的」である、という有利さを呈してもいる。

　時はカネだということを覚えておきなさい。自分の労働によって1日に10シリング稼げる者が、半日の間戸外に行き、或いは何もせずに座っていて、自分の気晴らし或いは怠惰の最中に6ペンス〔6ペンス=0.5シリング〕しか費やしていなくても、彼はそれを唯一の出費だとみなしてはなりません。実際には彼はさらに5シリングを費やした、或いはむしろ捨てたのです。

　信用はカネだということを覚えておきなさい。人が自分のカネを、期限が来ても私の手の中にあることを許しているなら、その人は私に利子を、或いは、その期間中に私がそれを元に儲けられる限りのものを、与えているのです。人が良い大きな信用を得て、それを有効利用しているところでは、それは相当の金額になります。

　カネは**増殖的な、生む性質のもの**だということを覚えておきなさい。カネはカネを生むことができ、その子孫はもっと生むことができ、以下同様です。5シリングは回転すれば6シリングであり、今一度回転すれば7シリング3ペンスであり、以下同様で、ついには100ポンド〔1ポンド=20シリング〕になります。仔を産む雌豚を殺す者は、その子孫を千代に至るまでみな滅ぼします。5シリング銀貨を殺す者は、それが生産したかもしれないもの、何十ポンドをすら、みな**殺害するのです**（！）。

　「**良い支払主任は他人の財布の主人だ**」というこの言葉を覚えておきなさい。約束した時に時間どおりに正確に支払う人だと知られている者は、どんな時でも、そしてどんな機会にでも、自分の友人たちがとっておくことのできるカネをみな調達するかもしれません。

　これは時には大いに役立ちます。勤勉さと質素さに次いで、世に在る若者の**出世**に役だつものとして、あらゆる取引における時間厳守と公明正大さにまさるものはありません。それゆえ、落胆によって友人の財布が永久に閉ざされてしまうことのないよう、借用したカネを約束した時間よりも1時間でも多く自分のもとに置いていては決してなりません。

　人の**信用**に影響を及ぼす最も些細な行動も、重要視されるべきです。朝

5時或いは夜9時にあなたの金づちの音が債権者の耳に入るなら、その音は債権者を向こう6か月間安楽にします。しかしもし、あなたが仕事をしているべき時にビリヤード台に向かっているのを彼が目にし、或いは酒場であなたの声を耳にするなら、彼は翌日自分のカネのために使いをよこします。彼は、それを受け取れるよりも前に、全額まとめて要求します。

　このことがさらに示しているのは、あなたは自分が借りているものを忘れずにいるのだ、ということです。それはあなたを、注意深くまた**誠実な人だと人目に映る**ようにし、そしてそのことはあなたの**信用**をさらに増進します。

　自分が所有しているものをすべて自分のものだと考えて、その考えに従って生活する、などということのないようにしなさい。これは、信用を得ている多くの人々が陥る過ちです。これを防ぐために、しばらくの間出費と収入の両方について正確な記録をつけなさい。もしあなたが当初骨折り苦労して詳細に言及するなら、そのことはこの良い効果を持つでしょう。〔すなわち、〕驚くほど少額の些細な出費がつもりつもって巨額になることをあなたは発見し、そして、大きな不都合を生じさせることなしに過去に何が節約できたか、また将来のために何が節約できるかを、あなたは見極めるでしょう。……

　あなたが慎重さと誠実さの点で知られた人であるなら、年6ポンドと引き換えにあなたは100ポンドを使えることになるかもしれません。1日に1グロート〔4ペンス銀貨のこと〕を無駄に費やす者は、1年に6ポンド、つまり100ポンドを使うための対価である6ポンドより多くを無駄に費やすのです。日一日と、毎日自分の時間の1グロート相当分を無駄に費やす者は、100ポンド使う特権を日々浪費しています。時間の5シリング相当分を無駄に失う者は5シリングを失い、むしろ5シリングを海に投げ捨てるほうがまだしも慎重かもしれません。5シリングを失う者は、それだけの額を失うだけでなく、取引でそれを回転させることによって得られたかもしれないあらゆる有利さを失います。そしてその失われた有利さは、若者が老人になるまでには、相当な金額になっていることでしょう。

ベンジャミン・フランクリンの文章と「エートス」

　これらの文章[25]——フェルディナンド・キュルンベルガーが、才気と毒気をまき散らした彼の「アメリカ的文化像」[26]の中で、ヤンキー気質の信仰告白と称されるものだと嘲弄しているのと同じ文章である——で我々に説教を垂れているのは、**ベンジャミン・フランクリン**である。彼の中から特徴的な仕方で語っているのが「資本主義の精神」だということは、たとえ、例えばこの「精神」という語で理解可能な**全内容**がその中に含まれるという主張が為されるべきでないとしても、誰も疑わないだろう。今しばらくこの箇所——そこに含まれる人生知を、キュルンベルガーの『アメリカに飽きた人』は「牛からは獣脂を作り、人間からはカネを作る」とまとめている——にとどまることにして、この「ケチの哲学」で特有なこととして際だっているのは、**信用に値する紳士**という理想であり、そしてとりわけ、自分の資本を増大することへの、自己目的として前提された利害関心、その利害関心に対する個々人の**義務**〔感〕という思想である。実際、ここで説かれているのは単に生活技術でなくむしろ固有の「**倫理**」であり、それに対する違反は、愚昧さだけでなく一種の義務忘却として取り扱われるのだということ——すべてに優ってこのことが、事柄の本質(ザッヘ)を成している。ここで教えられているのは**単なる**「**商売上手**」だけでなく——そういうことなら他所でも充分頻繁に見いだされる——、表出されているのは一箇の**エートス**であり、まさに**この**資格でそれは我々の関心を惹くのである。

---

25) 最後の一段落は『金持ちになろうとする人々への必要なヒント』(1736年に書かれた)、その他は『若き職業人へのアドバイス』(1748年)。スパークス編『ベンジャミン・フランクリン著作集』、第2巻、87頁。

26) 『アメリカに飽きた人』(フランクフルト、1855年)、周知のように、**レーナウ**のアメリカ印象記の詩人的パラフレーズである。本書は、芸術作品としては今日では少々味わいにくいが、ドイツ的感情 対 アメリカ的感情(こうも言える。すなわち、中世のドイツ神秘主義以来、色々ありながらもドイツのカトリックとプロテスタントに**共通**であり続けたところの、かの内面生活、対、ピューリタン的・資本主義的な行動力そのもの)という対比(今日では疾うに色あせてしまった)を描いた文書としては、未だに凌駕されていない。——フランクリンの小冊子を少々自由に訳したキュルンベルガーの翻訳は、ここでは原典に即して修正されている。

フッガーらにおけるエートスの欠如

　ヤーコプ・フッガーが、隠居生活に入っていて彼にも同様にするよう（「今や彼〔フッガー〕は充分儲けたのだから、他人にも儲けさせるべきだ」と）勧めた商売同業者に対して、これを「無気力」として追い払い、「彼（フッガー）は大いに異なった考えを持っており、自分にできる間は儲けたいのだ」と答えた[27]とすると、〔フッガーの〕この意見表明に見られる「精神」は、フランクリンのとは明らかに**区別される**。すなわち、フッガーにおいて商人的な冒険心や道徳的に無関心な個人的な性向からの発露として表出されているところのもの[28]が、フランクリンにおいては、生活営為に関する**倫理的**色彩のついた格率という性格を帯びているのである。ここではこの独特な意味で「資本主義の精神」という概念が使用される[29]。もちろん**近代の資本主義**、ということで

---

27) ゾンバルトはこの引用を「資本主義の生成」に関する章の前に掲げている（『近代資本主義』初版、第1巻、193頁。同書390頁を参照）。

28) もちろんこのことは、ヤーコプ・フッガーは倫理的に無関心な或いは非宗教的な人間だったということを意味するのでもなければ、ベンジャミン・フランクリンの倫理**一般**が上記の文章で尽きているということを意味するのでもない。この有名な博愛主義者〔フッガー〕を、著しい誤解（ブレンターノは私にそのような誤解が見られると思っているようだ）から守るためには、ブレンターノの引用（同『近代資本主義の端緒』、150-151頁）はたぶん必要なかっただろう。確かにまさに問題は逆であって、すなわち、このような博愛主義者が**まさにこのような文章を**（ブレンターノはこの文章のとりわけ特徴的な成形を再現するのを怠っている）一箇の**モラリスト**の流儀で披露するなどということがどうしてありえたか、である。

29) このことに基づいているのが、ゾンバルトとの比較で異なるものとなっている、ここでの問題設定である。この相違の非常に相当程度実際的な意味は、のちほど姿を現すだろう。既にここで註記されるべきは、ゾンバルトは資本主義的事業家のこの倫理的な側面に注意を払わなかった、ということである。この倫理的側面はゾンバルトの思考連関の中では、資本主義によって惹起されたものとしてのみ現象するのだが、これに対して我々は我々の目的のために、ここで逆の仮説を考慮に入れねばならないのである。最終的には、〔特定の〕立場をとることは研究の結尾で初めて可能たりうる。ゾンバルトの解釈については前掲書、第1巻、357頁、380頁などを参照。彼の思考過程はここでジンメルの『貨幣の哲学』（終章）のきらめく数ページを引き合いに出している。ゾンバルトによって著書『ブルジョワ』の中で仕掛け

ある。なぜなら、この西欧的・アメリカ的な資本主義だけがここで話題となっていることは、〔本書冒頭での〕問題提起〔の仕方〕に鑑みれば自明だからである。「資本主義」は中国、インド、バビロン、古代、そして中世に存在した。**しかしながら、我々が見るであろうように、その資本主義にはまさにかの固有なエートスが欠如していたのである。**

フランクリンの「倫理」をどう解するか

さて、とはいうものの、フランクリンの道徳的叱責はすべて功利主義的な方向性を有する。すなわち、誠実さは**有益**だ、なぜならそれは信用をもたらすからであり、同様に、時間厳守、勤勉さ、節度を守ること〔も有益だ〕、そして**それゆえに**これらは徳**なのだ**、と。——このことから得られる帰結は、中でも次のようなものかもしれない。すなわち、例えば誠実さの**外観**が同じ役目を行なう場合にはそれで充分なのであって、この徳についての不要な余剰は、非生産的な浪費としてフランクリンの目には退けられるべきものと映ったに相違ない、と。そして実際、彼の自伝の中で、それら諸々の徳目への彼の「回心」の物語[30]やら、或いは全くもって謙遜の**外観**(一般に認められる達成についての自らの功績を故意に引っ込めること[31])の厳格な保持によって得られるとされる

られた私に対する論争には、追ってさらに言及する。今この箇所では、さしあたりいかなる立ち入った対質も見合わせねばならない。

30) ドイツ語訳によると「**我々の人生の幸福のためには**、人と人のつき合いの中で**真実と誠実さと率直さ**が極めて重要だ、と私はついに確信し、この瞬間以来決心し、そしてそれらを私の生涯の間実践するべく、**この決心を自分の日記に書きもした**。けれども、啓示それ自体は実際私にとって何の重みも持たなかった。むしろ私は、いくつかの行為が悪いのは、単に啓示の教えがそれを禁じている**から**、ではなく、また、いくつかの行為が善いのは、啓示の教えが同じ行為を指示している**から**、ではなくて、——あらゆる状況を勘案するなら——たぶんそれら行為はひたすら、本質上有害だから〔啓示によって〕禁じられており、或いは有益だから我々に薦められていたのだ、という考えだった」。〔ここではヴェーバーが掲げるドイツ語訳から訳出した。原文の日本語訳は松本慎一・西川正身訳『フランクリン自伝』、岩波文庫、1957年、94-95頁。〕

31)「私はできるだけ人目から身を引き、それ——つまり、彼〔フランクリン〕が提唱

益に関する長たらしい説明やらを、読まされる者は、必然的に次の結論へと至らざるをえない。すなわちフランクリンによれば、それら徳目は、また同様にすべての徳目も、それらが 具体的に 個々人にとって有益である**限りにおいてのみ**徳目なのであり、そして単なる外観の間に合わせは、それが同じ役目を果たす場合にはどこででも、それで充分なのだ、と。――実際、厳格な功利主義にとっては不可避の帰結である。アメリカ精神の諸徳目についてドイツ人がつねづね「偽善」として感じ取ってきたものが、ここでは匂い漂う現場で取り押さえられているように見える。――しかし本当は、物事は決してそれほど単純ではない。ベンジャミン・フランクリンの自伝のともかくも稀有な誠実さの中に現れている彼自身の性格が、それだけでなくまた、徳の「有益さ」へと彼の目が開かれたというこの事実自体を彼が神の啓示に帰着させている(これによって神は彼を徳へと運命づけようとしたのだ、と)ことが、〔両様相俟って〕示しているように、ここには、純粋に自己中心的な格率の婉曲表現などといったこととは異なる何かがなお存在する。むしろ、この「倫理」の特に「最高善」――すなわち、囚われなきあらゆる享楽を極めて厳格に回避しつつ、カネを、つねに一層多くのカネを、獲得すること――は、幸福主義的或いはそもそも快楽主義的な観点をかくも完全に脱ぎ捨て、かくも純粋に自己目的だと考えられており、その結果それは、各個人の「幸福」や「益」と対立する、ともあれ全く超越的な非合理的なもの自体である[32]何ものかに見えてくるのである。

した図書館創設――を、幾人かの友人たちの企てであって、彼らが、読書の友だとみなす人々の間を行き巡ってこの件を提案するよう私に願ったのだ、ということにした。この仕方で私の仕事はより円滑に進行したのであり、以後このような機会には私はいつもこのやり方を使っており、たび重なる成功に照らして率直にこれを薦めることができる。その際に一時的に生じる利己心の多少の犠牲は、あとで豊かに報いられるだろう。本来の功績が誰に帰せられるべきかが**一時の間**不明である場合、当人よりも虚栄心の強い誰かが、功績を自分のものだと主張するよう促されるだろう、するとその後、妬みすらが、思い上がった羽毛どもをむしり取ってそれらを正当な所有者に返還するという仕方で、最初の者を公正に扱うという傾向を呈するだろう」。〔ヴェーバーが掲げるドイツ語訳から訳出。原文の日本語訳は『自伝』、131頁。〕

[32] ブレンターノ(125頁、127頁註1)はこのコメントをきっかけとして、俗世内的

人間が、その生活の目的としての営利活動に関連づけられているのであって、営利活動が、人間の生活上の物質的必要を充足するという目的のための手段として人間に関連づけられているのではもはやない。囚われなき感覚自体〔の持ち主〕からすれば無意味な、(我々が言うであろうように)「自然的な」事態のこの顚倒は、資本主義の息吹に触れたことのない人にとってこれが異質である、その度合いと同じ程度に、今や全く明らかに無条件で資本主義のライトモチーフである。しかしながら、この顚倒は同時に、或る種の宗教的な諸表象と密接にかかわる一連の感覚を内に含んでいる。つまり、**なぜ**「人間からはカネが作られる」べきかと尋ねられれば、これに対してベンジャミン・フランクリンは、彼自身は宗派色のない理神論者だが、自伝の中で聖書の言葉で答える——この言葉は、彼の弁では、厳格なカルヴァン派だった父親から青年期に再三叩き込まれたものである。すなわち、「**自分の職業（ベルーフ）において盛んな１人の人を、お前は目にするならば、その人は王たちの前に立つべき人だ**」[33]。金銭獲得（エアヴェルプ）は——合法的な仕方で行なわれる限りでは——近代の経済秩序の内側では**職業**における有能さの結果にして表現であり、そして**この有能さ**は、今や造作なく認識されうるように、フランクリンの道徳——すなわち引用箇所で、また同様に彼のあらゆる著作の中で、例外なく我々に立ちはだかるところの彼の道徳——の、正真正銘アルファでありオメガなのである[34]。

禁欲が人間に対して及ぼしたという「合理化と規律化」に関する〔本論考の〕のちほどの詳論を、「したがってこれは『非合理的な生活営為』への『合理化』だ」として批判している。事実そういう話なのである。或るものが「非合理的」なのは、それ自体つねにそうだ、ということではなく、或る特定の「合理的な」**観点**から見ればそうだ、ということである。非宗教的な人にとってはいかなる宗教的な生活営為も「非合理的」であり、快楽主義者にとってはいかなる禁欲主義的な生活営為も「非合理的」である——そういった生活営為が、**それ自身**の最終的な価値に即して測るなら、一箇の「合理化」であるとしても。何かに貢献できるのであれば、本論考は、「合理的」という、見かけ上でのみ一義的な概念をその多様性において見いだすことに貢献したいのである。

33) 箴言 22 章 29 節。〔太字部分を〕ルターは「自分の商売（ビジネス）で」、比較的古い諸々の聖書英訳は「仕事」と訳している。これに関しては註 54 を参照。

34) 〔ブレンターノの〕誤解によれば私がその倫理的美質の点で誤解しているという当

職業義務という思想

　実際、今日我々にはかくもなじみだが、それでも本当はかくも自明でなどない、**職業義務**というかの特有な思想（職業義務とは、各人が自らの「職業的」活動——それ〔の意義〕が奈辺に存するか、また特に、その活動が囚われなき感覚〔の持ち主の目〕に、当人の労働力の純然たる活用として、或いはそもそも当人の物財所有のみの（「資本」としての）純然たる活用として、映じなければならないかどうか、などといったことにはおかまいなしに——の内容に対して、感得すべきであり現に感得しているところの、一箇の義務のことである）、この思想こそが、資本主義的な文化の「社会倫理」にとって特徴的なのであり、然り、或る意味ではこの社会倫理に対して本質構成的な意義を有する。この思想が資本主義という土壌の上で**のみ**成長したかのように言いたいわけではない。むしろ我々はのちに、この思想を過去に遡って跡づけようとするだろう。そしてもちろん、ましてここで主張されるべきでないのは次のこと、すなわち、**今日の資本主義にとって、例えば近代の資本主義的経営の企業家であれ労働者であれ、それら個々の〔資本主義の〕担い手によるこのような倫理的格率を主観的に我が物とするのは、生存継続の条件だ**、などといったことである。今日の資本主義的な経済秩序は途方もない一箇の秩序界（コスモス）であり、各人はその中へと生み込まれ、そしてこの秩序界は各人にとって、少なくとも個々人としての各人にとって、当人が否応なく生きる際の事実上変更不可能な外殻として与えられている。この秩序界は各人に対して、当人が市場との関連の中へと組み込まれている限りで、当人の経済的行為に対する諸規範を押しつける。これら規範に逆らい続ける製造業者は、これら規範に適合できない或いは適合しようとしない労働者と同様、誤りなく除去され、失業者として路頭に放り出される。

資本主義的精神は近代資本主義の成立以前に在り、金銭欲とは異なる

　のフランクリンに対する、ブレンターノ（前掲書、150-151頁）の詳細だが少々不正確な弁明に対しては、私は単にこのコメントの参照を指示しておく。私見によればこのコメントは、そのような弁明を不要とするのに充分なものとされてよかったはずだ。

したがって、経済生活において支配権を獲得した今日の資本主義は、経済的**淘汰**という道によって、自らが必要とする経済主体——企業家及び労働者——を教育し、かつ作り出す。しかるにまさにここで、史的現象の説明の手段としての「淘汰」概念の限度が明白となる。〔つまり、〕資本主義の特質に適合した、その種類の生活営為・職業解釈が「〔淘汰において〕選別される」こと、すなわち他に優越して勝利すること、が可能だったためには、その種の生活営為・職業解釈は明らかに真っ先に成立していなければならず、しかも、各々の孤立した個々人の中に成立していたというのでなく、人間**集団**によって抱懐された一箇の見方として成立していなければならないだろう。かくてこの成立自体がそもそも説明されるべきものである。このような「理念」は経済的状況の「反映」或いは「上部構造」として登場するのだ、といったナイーヴな史的唯物論の表象については、我々はより立ち入った仕方でのちほどこれを話題にすることになる。ここでは次のことを指摘すれば我々の目的にとっては充分だろう。それは、いずれにせよベンジャミン・フランクリンの生地(マサチューセッツ)に於いては、「資本主義的精神」(我々がここで解する意味での)は疑いなく「資本主義的発展」**より前**に存在した、ということであり(——アメリカの他の地域との対比で——ニューイングランドに於いて、利益追求的な計算高さに特有の諸現象に関して、既に1632年に苦情が述べられている)、そして、この「資本主義的精神」は例えば近隣の植民地(合衆国ののちの南部諸州)では遙かに未発達なままだったのであり、しかもこれら植民地が大資本家たちによって**商売**目的のために設立されたにもかかわらず、未発達だったのであり、ところがニューイングランド植民地は、説教者や学士たちによって、小市民や手工業者やヨーマンたちとの結びつきの中で、**宗教的**な理由から設立されたにもかかわらずそうだった〔すなわち「資本主義的精神」が厳然と存在した〕、ということである。したがって、**この**場合には因果関係は、いずれにせよ「唯物論的な」立場から〔想定されるもの〕とは逆であることが要請されることになろう。しかしながら、このような理念の青年期とは、一般に「上部構造」の理論家たちが推定するよりも遙かにいばらの多いものであり、それら理念の発展は、1本の花の成長開花のようには進まない。資本主義的精神、すなわち我々がここまでこの概念のために獲得してきた意味での資本主義的精神は、敵対的な諸力の世界

に対して困難な闘争を貫徹せねばならなかった。引用したベンジャミン・フランクリンの詳説において表現され一箇の国民全体の喝采を博したような〔くだんの〕信念は、古代においても同様に中世においても[35)]、不潔極まる吝嗇(ケチ)の表

---

35) この機会を使って、私はいくつかの「反批判的な」コメントを既にここで予め織り込んでおくことにする。――フランクリンのこの「倫理」はルネサンスの偉大な万能の天才レオン・バッティスタ・アルベルティの詳説の「全く逐語的な」反復だと、ゾンバルト(『ブルジョワ』、ミュンヒェン及びライプツィヒ、1913年)が時折確言しているのなら、それは維持不可能な主張である。(アルベルティは、数学や彫塑術や絵画や(特に)建築に関する、及び、愛に関する――彼本人は女ぎらいだった――理論的な著作のほかに、家政に関しても(『家族に関して』)4巻本の一書を著している――原稿執筆の時点ではマンチーニ版がなく、ボヌッチのより古い版だけが入手可能だった――。)フランクリンの箇所は実際逐語的に〔本論考〕上記で印刷されているが、さて、アルベルティの著作の中から一体どこに、対応する箇所が見られるだろうか。とりわけ、冒頭に出てくる「時はカネだ」という格率と、それに続く諸々の訓戒が〔どこに見られるだろうか〕。極めて遠くからでのみこれを想起させる唯一の箇所は、私の知る限りでは、『家族に関して』第1巻の結尾近くにある。そこでは――既にカトーの『農事について』において見られるのと同様に――家政の諸物の活力(ネルウス レールム)としての貨幣(それゆえこれを用いて、全く特に上手に切り盛りがなされねばならない)が全く一般的に話題になっている。フィレンツェの最も高貴な騎士家族の出であるということにあらゆる力点を置いているアルベルティ(「最も高貴な騎士たち(ノビリッシミー カヴァリエーリ)」。ボヌッチ版の『家族に関して』、213、228、247頁)、すなわち、「ごたまぜの血」を持つ男であり、自らの婚姻外の出産――これは彼を少しも零落させていない――のせいで貴族門閥から排除されたゆえに門閥に対するルサンティマンに満ちた一人の市民階級の者、に対する〔ゾンバルトの〕取り扱いは、根本的に誤っている。確かに、アルベルティにとって特徴的なのは、**大きな仕事**を彼が推奨していることであり、大きな仕事だけが、高貴にして由緒ある家族(ノービレ エ オネスタ ファミーリア)にとって、また、自由にして高貴な精神(リーベロ エ ノービレ アニモ)にとって、ふさわしいのだとされ(同版、209頁)、また、より少量の労働を要するのだという(『家族の統治について』、V〔MWG I/18, p. 165に従ってIVをVに修正〕、55頁を参照。同様にパンドルフィーニ家のための版、116頁において。つまり、**それゆえ**最良なのは羊毛や絹の問屋仕事なのだ!)。また、さらに〔彼が推奨しているのは〕秩序だった厳格な家政管理であり、すなわち収入に応じて支出を測ることである。したがって、これ、すなわち、第一義的に**家政**管理遂行の原理であるが(まさにゾンバルトが実に良く認識できたはずであるように)**営利**の原理でないところのもの――金銭の本質に関する議論(〔アル

ベルティ、上掲箇所〕)の際に、第一義的に問題になっているのが**財産**投資(金銭ま
ポッセッシオーニ
たは所有財産)であって**資本**活用でないのと全く同様——が、ジャノッツォのセリ
サンタ マッセリーツィア
フで擁護の対象となっている当の「聖なる家管理」なのである。「運命の女神」の
不確かさに対する自衛として推奨されるのは、偉大で広大なこと(192頁)〔原文の
イタリア語の読みを「アンプレ」から「アンピエ」に修正〕において、定常的な活
動に、またそれ以外にも(『家族に関して』、73-74頁)それだけを続けて健康を維持
できる活動に、早く慣れることであり、自らの地位の維持という点から見てつねに
危険である無為を避けることであり、それゆえまた、境遇の変化の場合のために身
オペラ メルチェナーリア
分相応の職を注意ぶかく学ぶことである(しかし、あらゆる 雇 わ れ 仕 事 は身分不
相応である。『家族に関して』、Ⅰ、同版209頁)。「精神の平穏」という彼の理想、
ヴィーヴェレ ア セ ステッソ
エピクロス派の「λάθε βιώσας」(自分自身に即して生きること。同版262頁)への彼
の強度の傾倒、特にあらゆる官職を、不穏や敵対の源泉として、不潔な仕事への関
与の源泉として、忌避すること(同版258頁)、田園の邸宅での生活という理想、祖
先への思いによって自尊心を保ち続けること、そして、決定的な尺度・目標として
の**家族の名誉**に対する取り扱い(それゆえ家族は自らの財産をフィレンツェ人に
倣って合わせ保つべきであり、分割するべきでない)——これらすべては、いかな
るピューリタンの目にも、罪ぶかい「被造物神格化」だっただろうし、しかしベン
パティーク
ジャミン・フランクリンの目には、彼自身は知りもしない貴族的な悲愴感だったろ
う。さらに注意されるべきは、文人層に対する高い評価である(というのも、
インドゥストリア
「 勤 勉 」はとりわけ文学的・学問的な仕事へと向けられているからである。こ
れが本来人間にふさわしいことであって、基本的には、無学文盲のジャノッツォの
みが、——他人から独立した生を営み惨状に陥らないための手段としての「合理的
マッセリーツィア
な家政」という意味での——家 管 理 を等価値のものとして擁護する役回りを担う
インドゥストリア
のであり、その際、修道者倫理(後述を参照)に由来する当の〔 勤 勉 〕概念の起源
が或る年老いた司祭に帰着させられている。249頁)。相違の深さを評価するには、
これらすべてが、ベンジャミン・フランクリンの倫理及び生活営為と、また一層、
彼のピューリタン的祖先の倫理及び生活営為と、並置され〔比較され〕るべきであり、
人文主義的な上流階級に向けたルネサンスの文人たちによる著作が、市民的中間層
——はっきり言えば、手代たち——の大衆に向けられたフランクリンの著作と、ま
た、ピューリタンたちのパンフレットや説教と、並置され〔比較され〕るべきである。
至るところで古代の著作家たちからの引用に基づいているアルベルティの経済的合
理主義は、クセノフォン(アルベルティは彼を知らなかった)やカトーやウァッロや
コルメッラ(アルベルティはこれらの人々を引用している)の著作の中の経済的題材
の取り扱いに、本質的に最も似ている——但し、特にカトーとウァッロにおいては
ファットーリ
営利活動は、アルベルティにおけるのと全く異なる仕方で、それ自体として前景に
立ち現れている。その他では、農地管理人の使用や、彼らの分業及び規律に関して、

また、農民が信用できないこと等に関して、アルベルティがもちろんごく時折にのみ述べている詳説は、実際のところ全く、カトー的な人生智を、奴隷賦役農場の領域から家内工業や小作における自由労働の領域へと転用したもののように見える。ゾンバルト（彼によるストア派の倫理への関連づけは断然誤りである）が、経済的合理主義が既にカトーにおいて「極限の帰結へと発展していた」と解するのなら、それは、正しく理解されるならば、全く正しくないわけではない。実際ローマ人の「善良な家長」はアルベルティの「家管理人」の理想と同じカテゴリーの中に含められうるだろう。特にカトーの場合に特徴的なのは、田舎領地が財産「投資」の対象として評価され判断されていることである。もっとも、「勤勉」の観念は〔アルベルティの場合には〕キリスト教的な影響の結果、別様に色づけられており、そしてまさに相違はそこに示されているのである。修道者禁欲に由来し、修道著作家たちによって発展させられたものであるこの「勤勉」の考え方の中には、一箇の「エートス」の芽がある。このエートスは、プロテスタント的な、もっぱら俗世内的な「禁欲」（後述を参照！）の中で十全な発展を遂げた（**それゆえ**、さらに何度も強調されることとなるであろうように、両者の親和性が〔存在するのであり〕、さらに、トマス主義という公式の教会的教説との〔両者の〕親和性は、フィレンツェやシエナの托鉢修道会士の倫理学者との親和性よりも**僅少**である）。カトーにおいては、また、アルベルティの独自の叙述の中でも、このエートスは欠如しているのであり、つまり両者の場合、問題となっているのは人生**智**の教えであって倫理ではない。フランクリンにおいても、問題となっているのは功利主義である。しかしながら、若い商人への説教の倫理的悲愴感は全く見まがうべくもなく、そして——ここが重要である——特徴的なものである。金銭への注意の欠如はフランクリンにとっては、人が——言うなれば——資本の胎児を「殺害する」ことを意味するのであり、それゆえ**倫理的な**欠陥でもあるのである。

　両者（アルベルティとフランクリン）の内的な親和性は、この場合単に事実上、次の点、すなわちアルベルティの場合には——ゾンバルトは彼を「信心ぶかい人物」だと称するけれども、しかし実際には彼は、多くの人文主義者たちと同様、確かに叙階とローマの教会禄とを有していたが、彼自身としては宗教的な動機を（二つの全く無色透明な箇所を除けば）自らの推奨する生活営為のための基準点として使うことを**そもそもしていない**——宗教的な観念が「経済性」の推奨と**未だ**関係づけられておらず、フランクリンの場合には**もはや**関係づけられて**いない**という点、に限って存在する。功利主義は——羊毛や絹の問屋経営を奨めるアルベルティの推奨の場合には、重商主義的な社会的功利主義（「大勢の人間が労働へと投入される」ということ。前掲書、292頁）も——、この領域では少なくとも形式的には、前者の場合でも後者の場合でも、言葉を言っているだけである。これにかかわるアルベルティの詳説は、——言わば——内在的な経済的合理主義のかの種類（〔すなわち〕実

際、経済的状況の「反映」として、純粋に「物事自体に」関心を寄せる著作家たちのもとで至るところであらゆる時代に——ルネサンス〔期〕や啓蒙時代において、またそれに劣らず、中国の古典主義〔の時代〕や〔西洋の〕古代において——見いだされてきた、そういう経済的合理主義)にとって、非常に適切な範例である。確かに、古代におけるカトー、ウァッロ、コルメッラの場合と同様、ここではアルベルティやその同類の場合に、とりわけ「勤勉（インドゥストリア）」についての教説の中で、経済的な理法（ラティオー）が大幅に発展させられている。しかしながら、そのような文人教説が、特定の(この場合には、方法的・合理的な)生活営為に対して**救済報奨**を設定する一箇の宗教的信仰のような仕方で、人生を変革する力を発展させることが可能だなどと、単に人が信じるだけであれ、どうしてそのようなことがありえようか。これに対して、**宗教的**指向を有する合理化によって生活営為を(そしてそれと共に、場合によっては、経済的な振る舞いをも)合理化することがどのような外観を呈するかは、あらゆる教派のピューリタンに基づく以外に、相互に極めて異なる意味で、ジャイナ教徒や、ユダヤ教徒や、中世のいくつかの禁欲主義的信団（ゼクテ）や、ウィクリフや、ボヘミア兄弟団(フス派の運動の残響)や、ロシアにおける去勢派（スコプツィ）及びシュトゥンダ教徒や、数多くの修道会に基づいて、看取することが可能である。相違の決定的なものとは(それを先どりしておくと)、宗教的に定着した一箇の倫理は、自らが惹起する行動に対して、全く特定の、そして当の宗教的信仰が活力あるものであり続ける間は極めて効果的な、**心理学的報奨**(経済的な性格のものでは**ない**)を設定するのであり、このような報奨は、アルベルティのそれのような単なる処世術教説が自由に取り扱えるものでは**ない**、ということである。このような報奨が作用している限り、また——特に——、それが作用する**方向**——この方向は、しばしば神学者たちの**教説**(これ自体確かに単に「教説」であるにすぎない)から大幅に逸脱したものとなる(これが決定的なことである)——において、その限りでのみ、くだんの〔宗教的に定着した〕倫理は、生活営為に対して、そしてそれを通じて経済に対して、固有法則的な影響を獲得する。これが、はっきり言うなら、本論考全体の眼目であり、これがかくも完璧に無視されるなどとは私は夢想だにしなかった。ゾンバルトによってもちろん同様に非常に強度に誤解されているところの、中世後期の比較的「資本友好的な」神学的倫理学者たち(フィレンツェのアントニーノとシエナのベルナルディーノ)には、私は別のところで言及することになる。いずれにせよL・B・アルベルティはこのサークルには全然属さない。アルベルティは「勤勉（インドゥストリア）」の概念だけを修道者的思考過程から、幾重もの媒介を経たにせよ、借用したのである。公式のあらゆる服従〔誓願〕にもかかわらず内面的には伝来の教会のあり方から既に解放されている、かつ、〔当時〕通用したキリスト教的倫理の全き拘束下にありながらも大幅に「異教的」古代を指向している、そういう信念を体現していたのが、アルベルティ、パンドルフィーニ、そしてその同類である。ブレンターノの考えによれ

現、まさしく品位を欠く信念の表現として、放逐されていただろう。このことは今日でも、独特に近代的な資本主義経済への巻き込まれ度が最も少ない、或いはそのような資本主義経済に最も適合しない、そういうあらゆる社会集団によって規則的に為されるとおりである。決して、「営利経営なるもの」が資本主義以前の諸時代に——往々そう語られてきたように——なお知られざるもの、未発達なものだったから、でもなければ、「忌まわしき黄金渇望」(アウリー サクラ ファメース)すなわち金銭欲が、当時——或いは今日でも——市民的資本主義の外側では、——近代のロマン主義者の幻想がこういうことを想像するように——独特に資本主義的な領域の中におけるよりも**僅少**だったから、でもない。資本主義的「精神」と資本主義以前的「精神」の相違はこの点に存するのではない。中国の官人(マンダリン)や古

ば、この信念を私は、近代の経済教説(及び加えて、近代の経済政策)の発展に対するその意義という点で「無視」したのだそうである。さて、私が**この因果系列をここで取り扱っていないという事実**は、もちろん完璧に正しい。つまり、「**プロテスタンティズムの倫理**と資本主義の精神」に関する論文の中には、この因果系列はまさに入ってこないのである。私は、——たぶん別の機会に示されることになるだろうが——その意義を否定するつもりは少しもなく、しかしもちろん、昔も今も、充分な理由があって、次のように考えている。すなわち、それの作用領域及び作用方向は、プロテスタンティズムの倫理の作用領域及び作用方向とは全く**異なっていた**のである(プロテスタンティズムの倫理の、実際的に決して全くどうでもよいわけでない先駆者だったのは、諸信団(ゼクテ)そしてウィクリフ゠フス派的な倫理である)。それ〔ブレンターノが指摘したくだんの信念〕が影響を及ぼしたのは、(成立しつつあった市民階級の)**生活営為**に対してでは**なく**、政治家や君侯の政策に対してであり、そして、部分的には収斂するが決して至るところで収斂するわけではないこの二つの因果系列は、さしあたりいったん、きちんと区別される必要がある。ベンジャミン・フランクリンに関しては、私経済に関する彼のパンフレット——当時アメリカでは学校の読み物として活用された——は**この**点で、学者サークルを超えて知られるようになることがほとんどなかったアルベルティの浩瀚な著作との対比で、生活**実践**に対して影響力の強いカテゴリーに実際属している。しかしながら、私ははっきり彼を、イギリスの「啓蒙主義」一般と同様に、そうこうするうちに色褪せたピューリタン的な生活規制の全く向こう側に〔つまり、宗教的な生活規制と無関係な地点に〕既に立っていた人物として引用している(イギリスの啓蒙主義とピューリタニズムの関係は、比較的頻繁に叙述されてきた)。

代ローマの貴族や近代〔特にプロイセンか〕の大地主の**所有欲**はいかなる比較にも堪える。そしてナポリの御者或いは船頭（バルカユオロ）の、或いは全くもって、同様の業種のアジアの代表者の、しかしまた同様に南欧或いはアジアの諸国の手工業者の、「忌まわしき黄金渇望」（アウリー・サクラ・ファメース）は、誰でもそれ自体経験できるように、同じ場合の例えばイギリス人の金銭欲よりも、加えて非常に遙かに**一層貫徹的な**、かつ特に一層厚顔無恥な、仕方で表出される[36]。金銭獲得（エアヴェルブ）の際に自分の利害関心を通用させるその**絶対的な**厚顔無恥の普遍的な支配は、市民的資本主義の展開が——西洋的な発展の諸尺度に照らして測って——「後進的」であり続けている諸国にまさに全く固有の特徴だった。いかなる製造業者にも既知なように、それら諸国（例えばドイツとの対比でイタリア）の労働者の「良心的な性格」（コシエンツィオジタ）の欠如[37]は、それら諸国の資本主義的展開に対する主要な阻害要因の一つだったのであり、或る程度は今日でも依然そうである。資本主義は規律を欠いた「自由意志」の実際的な代表者を労働者として使えず、同様に資本主義は、我々が

---

36) 残念ながらブレンターノの前掲書も、まず獲得（エアヴェルブ）のためのあらゆる種類の努力（戦争によるのであれ平和的にであれ無差別に）をいっしょくたにしてしまっており、しかるのちに（例えば封建制的な獲得（エアヴェルブ）努力との対比で）「資本主義的な」営利（エアヴェルブ）努力の特徴としてただ（土地でなく）**金銭**を目指す方向だけを設定し、しかしさらなる区別——そもそもそれによって初めて明確な諸概念に到達することが可能である、そういう区別——についてはこれを一切拒否し、のみならず（131頁）、ここでこの研究の目的のために形成された概念である（近代の！）資本主義の「精神」についても、この精神とやらは証明されるべきものを既に前提の中に取り込んでいるという、私には不可解な主張を提起している。

37) ゾンバルトの『19世紀のドイツ国民経済』、123頁上段の、あらゆる点で適切な諸々のコメントを参照。そもそも私は——〔本書の〕以下の諸研究がそのあらゆる決定的な観点においてずっと古い諸著作に遡るとしても——、それら諸研究が次の事実、すなわち、鋭い定式化を含んだゾンバルトの数々の大著が存在するという純然たる事実に、いかに多くを負っているか、しかも——**そしてまさに**——それら諸研究が〔ゾンバルトの著作と〕異なる道を進み行く時にも〔多くを負っているか〕、ということをとりたてて強調する必要はないだろう。ゾンバルトの諸見解によって繰り返し自分が決然たる異議申し立てへと促されていると感じ、〔ゾンバルトの〕いくつものテーゼを拒否する者であっても、その者は、このことを自覚しているべき義務を有する。

既にフランクリンから学びえたように、外的振る舞いの点でまさに厚顔無恥である商人を使えない。したがって相違は、金銭(カネ)に対する何らかの「衝動」の発展度の違いという点には存しない。忌まわしき黄金渇望(アウリ・サクラ・ファメース)は我々が知る人類史と同程度に古いものである。しかし、我々がのちに見るであろうように、——例えば「帆を多少焦がしたとしても、利潤のためなら地獄の中を航行しようとした」かのオランダの船長のように——**衝動**としての金銭欲に留保なしに身をささげた人々は、独特に近代的な資本主義的精神を**大量現象**——これが重要である——として中から噴出させたその当の信念の代表者などでは**決してなかった**。内面的にいかなる規範にも従わない傍若無人な営利活動は、事実上それがそもそも可能だったいかなるところに於いてであれ、いかなる仕方によってであれ、歴史のあらゆる時代に存在した。戦争や海賊行為と同様、部族外の者や非仲間との関係では、規範に縛られない自由な交易は妨げられなかったのであり、ここでは「外道徳(そと)」〔すなわち対外的な場面での「道徳」〕(これは「兄弟間の」関係では厳禁されていた)が許容された。そして外面的に見て、貨幣のような財産物を知っておりそれらを利潤増殖のために活用するチャンスを——コンメンダや、徴税請負や、国家への貸付や、戦争や君侯の宮廷や官吏の資金調達によって——提供したあらゆる経済体制において、「冒険」としての資本主義的営利(エアヴェルブ)がおなじみだったように、倫理による制限をものともしない内的な冒険家信念は至る所で見られた。利潤追求の絶対的かつ意図的な傍若無人さは、伝統による極めて厳格な拘束状況と、まさに全く接するばかりの近さでしばしば併存していた。そして伝統の破砕と共に、また、諸社会集団の内部へと自由な営利活動が(程度差はあるものの)根本的な侵入を進めるのにつれて、通常行なわれたのは、この新たなものに対する倫理的な是認や刻印づけではなく、この新たなものはむしろ、倫理的にどうでもよいものとしてか或いは喜ばしくないが不可避なものとしてか、単に事実上、**寛大な仕方**で取り扱われるのがつねだった。これが、資本主義以前の時代(合理的な**経営**的資本活用及び資本主義的**労働**組織が、経済的行為の方向づけのために支配的な勢力に未だなりおおせていないという意味での「資本主義以前」、である)における、あらゆる倫理教説の、だけでなく、——これこそが遙かに一層重要なのだが——平均的な人間の実際的な行動の、通常の立場だった。しかしまさにこの行動が、秩序だった

市民的資本主義経済の諸前提に人々が適応する際に至るところでぶち当たった、最も強固な内面的妨げの一つだった。

資本主義の「精神」の敵手としての(経済的)伝統主義

「倫理」という装いで登場する特定の、規範に縛られた生活様式という意味での資本主義の「精神」が、まずもって戦わねばならなかった敵手であり続けたものとは、**伝統主義**と称されてよい種類の感覚・振る舞いである。ここでも、結論的な「定義」を試みる一切の企ては中断されねばならず、むしろ我々は——もちろんここでも単に暫定的に——、いくつかの特殊ケースに照らして、この場合、下から、すなわち労働者から始めて、伝統主義という言葉で何が意味されているかを明らかにしよう。

経済的伝統主義と出来高賃金

近代の企業家が、「自分の」労働者たちから労働遂行の可能な限りの最大限を手に入れるべく、労働の集約度を高めるべく、よく使う技術的手段の一つが、**出来高賃金**である。例えば農業では、労働集約度の可能な限りの向上を否応なく必要とする一つのケースとは通常、収穫物の取り入れである。というのも、特に天候が不安定な場合には、取り入れ作業の可能な限りの最大限の加速〔ができるかどうか〕に、全く非常に高い利潤チャンスもしくは損失チャンスが往々かかっているからである。これに応じて、ここでは例外なく、出来高賃金システムが使われることがつねである。そして、収穫量や経営集約度の上昇と共に、収穫の加速化への企業家の関心は一般にどんどん増大するのがつねなので、当然ながら、出来高賃率の**上昇**によって、労働者(かくて彼らには、短い期間のうちに、彼らにとって度外れに高い稼ぎを成す機会が提供されたのである)に、自分たちの労働遂行の増大に対して関心をいだかせよう〔つまり、従来以上に働いてもらうように仕向けよう〕とする試みが、再三行なわれた。さて、しかしここで本来的な困難が姿を現した。すなわち、出来高賃率の引き上げが顕著な仕方で往々惹起した事態とは、同一期間における労働遂行の、増大などでなくむしろ減少、の達成だったのであり、なぜなら労働者たちは出来高の上昇に対して、日々の〔労働〕遂行の引き上げでなく引き下げによって、応答したからであ

る。例えば、穀物刈り取り1モルゲン〔＝30アール〕当たり1マルクで従来日々2.5モルゲン刈り取りをしており、かくて1日に2.5マルク稼いでいた男が、出来高賃率が1モルゲン当たり25プフェニヒ〔1マルク＝100プフェニヒ〕上昇した以後では、期待されたように、高率の稼ぎの機会に乗じて例えば3.75マルク稼ぐべく3モルゲンの刈り取りをしたのではなく——3モルゲンの刈り取りは全く充分可能なことだっただろうが——、むしろ1日に2モルゲンしか刈り取らなかった。なぜなら彼は、こうして従前と同様2.5マルクを稼ぎ、そしてそれを以て、聖書の言葉によれば「足れり」〔Ⅰテモテ6:8〕としたからである。彼の気をそそったのはより多い稼ぎよりもより少ない労働だったのであり、彼が問うたのは、最大限可能な労働を行なった場合に自分は一日にどれくらい稼げるか、ではなく、従来得ていて自分の**伝統的な**必要を充足させてきた金額——2.5マルク——を稼ぐのに自分はどれだけ働かねばならないか、だったのである。これがまさに「伝統主義」と称されるべき行動の一例であって、つまり人間は「生来」カネを、より多くのカネを、稼ぎたいのではなく、むしろ単純に生活して、慣れ親しんできた生き方のとおりに生活したい、そしてそのために必要な分だけを稼ぎたいのである。近代の資本主義は、人間労働の「生産性」の増大という自らの働きを労働集約度の増大によって開始したところではどこでも、資本主義以前的な経済労働のこのライトモチーフの果てしなくしぶとい抵抗にぶち当たったのであり、そして今日でも至るところで、自らが依拠することとなる労働者層が（資本主義的な立場から見て）「後進的」であればあるほど、一層強い抵抗にぶち当たっている。さて、——再び我々の例に戻ることにすると——賃率を高めることによって「営利感覚」に訴えかけることが失敗したのだから、同じことを真逆の手段によって試みるというのは、容易に思いつくことだった。真逆の手段とは、賃率の**引き下げ**によって、労働者をして、従来の稼ぎを維持するために労働を**より一層**提供させるよう強いることである。どのみち確かに、先入見なき観察者の目からすれば、低い賃金と高い利益は相関関係にあるように見え、より多く賃金として支払われたものはすべて、相当する額の利益の減少を意味するに違いないように見える——かつてそう見えたし、今日なおそう見えるのである。そもそも資本主義も最初から繰り返し再三再四その道を歩んできたのであり、そして、低賃金のほうが「生産的」だ、

つまり低賃金は労働遂行を増大させるのだということ、また既にピーター・ド・ラ・クールが——我々がのちに見るであろうように、この点では全く古カルヴァン派の精神で思考して——言っていたように、民衆はひとえに貧しいがゆえに働き、そして貧しい間だけ働くのだということ、これらは、何世紀もの間〔資本主義の〕教義とみなされてきた。

伝統主義と出来高賃金（続き）、伝統主義と労働者教育

　しかるに、かくて一見保証付きのように見えるこの手段の効果には限度がある[38]。確かに資本主義は自らの展開のために、労働市場で安価に賃借できる人口余剰の存在を必要とする。しかるに、「〔産業〕予備軍」の過剰は、なるほど状況次第ではその量的拡大を促進するが、その質的発展を、とりわけ、労働を集約的に使用する経営形態への移行を、阻害する。低賃金は安価な労働と決して同一でないのである。純粋に量的に見た場合、生理学的に不充分な賃金での労働遂行は、いかなる状況下であれ沈下するのであり、そのような賃金は長期的には往々まさに「最不適格者の選別」を意味する。今日の平均的なシュレージエン人は、同一時間で目いっぱい頑張っても、より良い賃金支払いを受けかつ栄養状態で優るポンメルン人或いはメクレンブルク人の３分の２を少し上回る土地しか刈り取らず、ポーランド人は生理的に、東方の出身であればあ

---

[38] 我々はもちろんここでは、これら限度が**どこ**に存するか、という問いにも、また、まずブラシーによって提起され、ブレンターノによって理論的に、シュルツェ＝ゲーヴァニッツによって史的にかつ同時に構成的に、定式化され代表されているところの、高賃金と高い労働遂行の間の関連に関する理論に対して、どういう態度をとるかということにも、立ち入らない。この〔理論に関する〕議論は、ハスバッハの掘り下げた諸研究（『シュモラーの年報』、1903年、385-391頁及び417-418頁）によって再び開始され、最終的に片づけられるには至っていない。我々にとってはここでは、低賃金と高利益とであれ、低賃金と工業的発展の好適なチャンスとであれ、いずれにせよ両者は単純には合致しないという、誰一人疑ったことがなくまた疑いようのない事実があれば充分である。〔この事実は、言い換えるなら、〕そもそも、機械的な金銭操作は、資本主義的文化のための「教育」を、またそれと同時に資本主義経済の可能性を、必ずしも単純には招来しない、ということである。選ばれた例はすべて純粋に説明用のものである。

るほど一層、ドイツ人に比べて少ない働きしかしない。そして純粋に商売的にも、低賃金は資本主義的発展の支えとしては、次のような場合には至るところで失敗している。その場合とは、何らか熟練の(本職の)労働が、或いは例えば、高価で容易に壊れうる機械の使用が、或いはそもそも相当程度の鋭敏な注意及び自発性が、そのために必要とされる、そういう生産物の製造が問題となっている場合である。ここでは低賃金は割に合わず、その作用の点で、意図されたものの反対物へと転化している。なぜならここでは、発達した責任感情そのものが不可欠だからであり、のみならず、「どうすれば、最大限の快適さと最小限の〔労働〕遂行とを以て、しかしながらいつもの賃金が獲得可能か」という不断の問いを少なくとも労働の最中には遮断して、労働を絶対的な自己目的——「天職(ベルーフ)」——であるかのように営む、そういう一箇の信念が不可欠だからである。だが、このような信念は生得的なものでなどない。それは、高賃金によっても低賃金によっても直接もたらされうるものでなく、むしろひたすら、長期にわたって続く教育過程の産物としてのみありうる。今日では、いったん鞍に座ってしまって安泰となっている資本主義は、あらゆる工業国に於いて、また個々の国の中のあらゆる工業地域で、自らの〔必要とする〕労働者を募集採用するのに比較的容易に成功する。過去においては、そのような募集採用は、いかなる個々の場合にも極めて困難な問題だった[39]。そして今日ですら、我々が

---

39) それゆえ、**資本主義的な**産業もまた、より古い文化の諸地域からの広範な移住運動なしには定着は可能でなかった。〔手工業者自身という〕人に結びついていた手工業者的「技能」及び産業秘密と、学問的に客観化された近代的技術との対比に関する**ゾンバルト**のコメントは実に正しいとはいえ、資本主義の成立の時代については相違はほとんど存在していない。然り、資本主義的労働者の——そして或る程度は、企業家も——(いわゆる)倫理的美質のほうが、何世紀にも及ぶ伝統主義の中で硬直化した手工業者的技能よりも、「稀少価値」の点でしばしば高いものだった。そして今日の工業ですら、立地の選定においては、集中的労働のための教育と長年の伝統とによって獲得されたところの、住民のそのような特質ということに全く左右されないというわけには、未だ必ずしもいかない。こういう依存関係がいったん観察されるところに於いて、人がこれを伝統や教育に淵源させるよりむしろ遺伝的な人種的特質に淵源させたがる、というのが今日の学問的な表象世界に合致しており、私見によれば、それが正しいかどうかは極めて疑わしい。

のちにさらに見るであろうように、資本主義の生成の時代にそれを助けた強力な助け手の支えなしには、資本主義は必ずしもつねに目標に到達しないのである。〔助け手という言葉で〕何が意味されているかを、再び一つの例に基づいて明確にすることが可能である。労働の後進的・伝統主義的形態の一つのイメージを今日成しているのは、往々とりわけ**女子**労働者であり、特に未婚の女子労働者である。特に、いったん教え込まれた伝来の働き方を他のもっと実際的な働き方のために放棄することや、新たな労働形態に適応することや、学習し理解力を集中させること、或いはそもそも理解力を駆使すること、といった点での彼女たちの能力・やる気の絶対的欠如は、少女たち(特にドイツの少女たち)を雇う雇い主たちのほとんど普遍的な不平〔の種〕である。労働をもっと容易なものに、また特にもっと儲かるものにする可能性に関する話し合いは、彼女たち〔との話し合い〕の場合、完全な無理解にぶち当たり、賃率の上昇は習慣の壁に突き当たって、効果なく撃退される。通常これと状況が規則的に異なっているのは──そして我々の考察にとってこれは、どうでもよいわけでない点である──独特に宗教的な教育を受けた少女たち、特に敬虔主義の出自の少女たちの場合である。経済教育の最も有利なチャンスは断然このカテゴリー〔すなわち、敬虔主義の出自の少女たち〕の場合に開けているのだという話は、しばしば耳にすることができるのであり、そしてこのことは、時折行なわれる計算上の再検査によって立証されている[40]。考えを集中させる能力、並びに、「労働に対して義務感を負っている」というふうに振る舞う絶対的に中心的な態度は、ここでは特にしばしば、厳格な経済性と一体化した形で見いだされる。この厳格な経済性は、稼ぎやその額の高さ自体や、かつまた、〔労働の〕遂行能力を異常に高める冷静な自己統御・節度を、**計算に入れている**。労働を自己目的として、「天職」として受け止めるというかの解釈(資本主義によって要求されているような)のための土壌はここにおいて最も有利なものとなっており、伝統主義的なだらだら仕事を克服するチャンスは、宗教的な教育**の結果**〔ここにおいて〕最大となっている。既に資本主義の現在からのこの観察[41]が繰り返し我々

---

40) 註24で引用した著作を見よ。
41) 先だつ諸々のコメントは誤解されることがありえよう。「民衆のためには宗教は

に示しているのは、次のように一度**問いを立てること**はともかくもやりがいのあることだ、ということである。すなわち、資本主義的な適応能力と様々な宗教的契機とのこのような諸関連は、いったい資本主義の青年期の時代にはどのような形をとりえたのか、と。なぜなら、それら諸関連が当時にも同様の仕方で存在したということは、多くの個別現象から推論可能だからである。例えば、メソジストの労働者が 18 世紀に同僚の労働者たちの側から受けた嫌悪や迫害は、彼らの作業工具が破壊されたということが諸々の報告の中で頻出していることが示唆しているように、決してひたすら、或いは主として、彼らの宗教的奇行と関連しているのではなく——そういうものはイギリスには多数見られ、もっと際だったものも見られた——、むしろ、今日の言い方で言えば、彼らの独特な「好労働性」と関連していた。

経済的伝統主義と企業家

しかしながら、我々はさしあたり現代に立ち戻り、しかも企業家の場合にも「伝統主義」の意義をはっきりさせるべく、今や企業家へと向かうことにしよう。

ゾンバルトは資本主義の生成に関する自らの論究[42]の中で、二つの大きな「ライトモチーフ」——この二つの間を経済史は動いてきたのだという——として「需要充足」と「営利」を区別した——経済的な活動の仕方及び方向にとって、人的な**需要**の程度が決定的となるか、それとも、人的な需要という限度に無関係な**利潤**追求と利潤達成の**可能性**とが決定的となるか、に応じて。彼

維持されねばならない」という命題を自分たち流に利用するという、実業家たちの一つの有名なタイプの傾向や、権威的なものに対する一般的な賛同に基づいて自分たちを「黒警察」として用だてる（その際重要だったのは、ストライキを罪だと、また労働組合を「強欲」の促進者だと、烙印を押すこと等々だった）という、以前には稀でなかった特にルター派聖職者層の広範な人々の傾向、——これらは、本書で話題となっている諸現象とは何の関係もない事物である。本書の本文で触れられた諸々の契機は、散発的な事実ではなく非常に頻発する事実であり、かつ我々がのちに見るであろうように、典型的な仕方で繰り返し生じる事実なのである。

[42]『近代資本主義』第 1 巻、第 1 版、62 頁。

が「需要充足経済のシステム」と名づけているところのものは、一見したところ、本書で「経済的な伝統主義」と規定されたものと重なっているように見える。実際それは、この「需要」という概念が「**伝統的な需要**」と同一視される**場合、その時には**そのとおり〔重なっているの〕である。ところがそうでない場合には、ゾンバルトが自著の別の箇所[43]で与えた「資本」の定義の意味でも「資本主義的」だとみなされうる諸々の経済の広範な大宗が、「営利」経済の領域の外へと落っこちて、「需要充足経済」の領域に属することになる。つまり、生産手段の購入と生産物の販売とを通して利潤目的のために資本（貨幣、または貨幣評価された財貨）の回転という形で、したがって疑いなく「資本主義的事業」として、統率される諸々の経済もまた、それにもかかわらず「伝統主義的な」性格を身に帯びることがありうるのである。これは近代の経済史の過程においても例外的でなく、むしろ――「資本主義的精神」のつねに新しいつねに一層強力な侵入によっていつも反復される中断を伴いながら――まさにこれこそが規則的に通例だった。或る経済の「資本主義的」形態と、その形態が営まれる際の精神とは、確かに一般的には「適合的な」関係に在るが、しかし両者は「法則的な」相互依存関係に在るのではない。そして我々が、それにもかかわらず、ベンジャミン・フランクリンの例で明らかにされたような仕方で、合法的な利潤を**職業**（ベルーフ）**において**体系的かつ合理的に追求するくだんの信念に対して、ここで暫定的に「（近代）**資本主義の精神**」[44]という表現を用いるとするならば、それが行なわれるのは、くだんの信念が最も適合的な形態を近代の資本主義的事業の中に見いだし、他方で資本主義的事業が最も適合的な精神的推進力をそのような信念の中に見いだしたという、史的な理由によっているのである。

　しかしながら、両者はそれ自体では、非常にばらばらになることがありうる。

---

43) 上掲書、195 頁。
44) もちろん、西洋に独特な**近代の**合理的な**経営の**資本主義、であって、中国、インド、バビロン、ギリシア、ローマ、フィレンツェなど世界で 3000 年このかた、現代に至るまで広まったところの、高利貸しや兵器納入業者や官職・徴税請負業者や大規模商業事業者や大金融業者の資本主義、ではない。緒言〔本訳書の巻頭に所収〕を参照。

ベンジャミン・フランクリンは、形態から見る限りで彼自身の印刷業経営がいかなる点でもどの手工業者経営とも異なっていなかったその時代に、「資本主義的な精神」に満たされていた。そしてそもそも近代の入り口においては、我々がここで「資本主義の精神」と称したところのかの信念の担い手だったのは、ひたすら或いはおもに商業的都市貴族〔の中〕の資本主義的事業家だったのでは決してなく、むしろ遙かに多くは、産業的中間層〔の中〕の興隆しつつある諸階層だった[45]。19世紀においても、そのような信念の古典的な体現者だったのは、リヴァプールやハンブルク在住で古来の商人的世襲財産を持ち合わせた高貴な紳士たちではなく、マンチェスター或いはラインラント・ヴェストファーレン在住でしばしば実に庶民的な境遇から出世してきた成り上がり者たちだった。そして既に16世紀において状況は同様だった。つまり当時新たに成立しつつあった**工業**は、その重心から言えばたいていの場合、成り上がり者によって創出されているのである[46]。

事業の形態と、その事業を営む精神との関係

　例えば銀行の、或いは輸出大規模商業の、或いは比較的大規模な小売業の、

---

[45] 一方で資本主義的事業の技術が、他方で、資本主義に拡張的エネルギーを通常付与するものである「職業労働」の精神が、同一の社会層のうちにその**本来的な**培養地を見いださねばならなかった、などという推定は、まさにアプリオリに全く必要でない——ここではこれだけが強調されるべきである——。宗教的意識内容の社会的諸関係に関して言えば、話は〔上で述べたことに〕照応している。〔すなわち〕カルヴァン派は史的に「資本主義的精神」のための教育の担い手のひとりだった。しかしながら、例えばオランダに於いてまさに大金持ちだったのは、後述されるであろう理由により、主として厳律のカルヴァン派の信徒ではなく、アルミニウス派だった。企業家へと興隆しつつあった**中間的**市民層及び**小**市民層は、ここでも他所でも、資本主義的倫理とカルヴァン派的教会との「典型的な」担い手だった。しかしながら、そのことはまさに、ここで述べられていること、すなわち大金持ちや大商人はあらゆる時代に存在したのだということと、実に良く合致する。ところが、中世から近代にかけての発展こそが初めて、産業的な市民的労働の合理的な資本主義的組織を知るに至ったのである。

[46] これに関してはチューリッヒのJ・マリニアクの良い学位論文(1913年)を参照。

また或いは家内工業的に製造された諸商品の大規模な問屋の、経営ということは、なるほど確かに資本主義的事業の形においてのみ可能である。それにもかかわらず、それらは厳密に伝統主義的な精神によって営まれうる。すなわち、大規模な発券銀行の取引は、そうでない仕方で営まれることは断じて**許容され**ない。すべての時代の海外貿易は、厳格に伝統的な性格の独占・規制に立脚してきた。小売業においては——そしてここで話題になっているのは、今日国家の援助を叫び求めている小規模かつ無資本の怠け者たちではない——、古来の伝統主義に終わりをもたらす革命は今なお全く進行中である——この革命とはすなわち、問屋制度（近代の家内労働はこれとの親和性を確かに形の上でのみ有するにすぎない）の古来の諸形態を破砕したあの同じ大変革のことである。この革命がどのように推移するか、そして何を意味するかということは、——これらのことは実に良く知られてはいるとはいえ——再び一つの特殊ケースによって具体的に説明されることが可能である。

繊維産業の或る業界における伝統主義的な経済

19世紀の中頃まで、少なくとも大陸の繊維産業のいくつもの業界においては[47]、一人の前貸問屋の生活は、今日の我々の考えによればかなりゆったりしたものだった。その経過を例えば次のように想像することができるかもしれない。すなわち農民たちは、織物——しばしば（亜麻布の場合には）依然基本的に、或いは全く、自家製の素材から製造された——を持参して問屋の住んでいる都市にやって来て、入念な、しばしば公けの、品質検査を受けたのち、それに対する通例の価格支払いを受けた。前貸問屋の顧客だったのは、比較的遠い距離全般への販売については卸売業者であり、彼らは同様に〔前貸問屋のところに〕やって来て、たいていの場合はなお見本によらずに従来どおりの品質に応

---

47) 以下の画像は、様々な場所での様々な個別業界の状況に基づいて「理想型的に」編集されたものである。この画像がここで用いられる所以たる例証という目的からすれば、出来事の経過が、念頭に置かれている〔実際の〕例のどれ一つにおいても、以下の叙述で描かれたまさに全くそのとおりの仕方では展開していない、ということはもちろんどうでもよいことである。

じてそして倉庫で買い付けるか、或いは(そしてこの場合にはずっと前に)注文するかし、場合によってはそこでそれを受けてさらに農民への注文が行なわれた。顧客自身による〔買い付けのための〕旅行は、そもそもあったとしても長期間の中で稀に一度行なわれた〔という程度であり〕、それ以外の場合には手紙でのやりとりや、ゆっくりと次第に増えてきたやり方として、見本の送付で事足りた。帳場の時間のほどほどの長さ——たぶん1日5〜6時間、時にはそれよりかなり短く、繁忙期には(そういう繁忙期なるものが存在したところでは)もっと長く——、まともな生活営為〔生活の営み〕のためと(好況期には)少額の財産の貯えのために充分なそこそこの稼ぎ、商売の原則の大まかな一致が見られた場合には競争相手同士の間で全般に折り合いの良さが比較的大きいこと、「クラブ」への日々盛んな訪問、それに加えて場合によってはさらに夕方の一杯ひっかけ、女たちの小会合、一般にゆったりした生活テンポ。

　事業者たちの純粋に商人的・商売的な性格や、資本の投入の不可避性(これら資本はその商売の中で回転させられることになった)という事実や、また同様に、経済的経過の客観的側面や或いは帳簿記録の仕方、こういったことへの着目がなされるなら、それは、あらゆる観点から見て組織の「**資本主義的な**」**形態**だった。しかしながら、事業者たちの中に吹き込まれていた**精神**が着目されるなら、それは「伝統主義的な」経済だった。すなわち、伝統的な生計維持、利益〔額〕の伝統的な高さ、労働の伝統的な量、商売遂行の伝統的な仕方、労働者との関係や本質的に伝統的な顧客層との関係における伝統的な仕方、顧客獲得や販売の仕方の伝統的な仕方、これらが当の商売経営を支配していたのであり、——まさにこう言うことが可能だが——事業者たちのこの層の「エートス」の根底にあったのである。

繊維産業の或る業界で「近代資本主義の精神」がもたらした変革

　さて、或る時突然この快適さが乱された、しかもその際、全くしばしば、組織**形態**の何らか原理的な変更——例えば閉鎖的な経営、機械織機、及びそのたぐいへの移行——が起こることなしに、である。起こったのはむしろ往々単に次のようなことだった。すなわち、関係する前貸問屋家族の出である一人の若者が、都市から農村にやって来て、自分の需要のために織布工たちを入念に選

び、彼らの依存関係と彼らに対する統制とを次第に尖鋭化し、かくて彼らを農民から労働者へと仕立て上げ、しかし他方で販売を、最終購買者になるべく直接アプローチすること(すなわち小売業)によって全く自らの掌中に収め、自分自身で顧客を集め、顧客たちのもとへ毎年定期的に旅行し、中でもとりわけ生産物の品質を、もっぱら彼ら顧客たちの必要及び願いに合致させたり、彼らにとって「口当たりの良いもの」にしたりするすべを知っており、そして同時に「安い価格、大きな売り上げ」という原則を実行し始めたのである。さて、しかるのちに繰り返されたのは、つねに至る所でこのような「合理化」過程の帰結であるところのことである。すなわち、よじ登らなかった者は、降りて行かざるをえなかったのである。田園詩は、始まった激しい競争の闘いの下で崩壊し、かなりの資産が獲得されて、利子付きで預けられるのでなく繰り返し商売の中で投資され、古来のゆっくりした快適な生計維持は、冷徹な沈着さに場を明け渡した——消費するのでなく獲得することを**欲した**がゆえに〔競争に〕参加して出世した人々の場合と、倹約することを**余儀なくされた**がゆえに古来の流儀にとどまった人々の場合と[48]。そして——ここでは特にこれが重要なのだが——そのような場合、この大変革をもたらしたのは通例、例えば新たな**カネ**の流入では**なく**——私が知っているいくつものケースでは、親戚から借用されたわずか数千何がしの資本によってこの革命プロセス全体は起動した——、むしろ、入り込んできた新たな**精神**、まさに「近代資本主義の精神」が、この大変革をもたらした。近代資本主義の拡張の推進力を問う問いとは、第一に、資本主義的に使用可能な備蓄金の出どころを問う問いではなく、資本主義的精神の発展を問う問いなのである。そういう精神が息づいて効果を現しうる所では、それは自らの活動の手段として備蓄金を**工面する**のであり、その逆ではない[49]。しかしながら、このような精神の流入は、決して平和的でないのがつ

---

48) この理由から見ても、始まりつつあった合理主義——例えば、ドイツの工業の最初の飛躍——のこの最初の時期が、日常生活の需要対象の様式の完全な衰退と並行している、ということは決して偶然でない。
49) これに関連して、貴金属の在庫の変動が経済的にどうでもよいことだなどと称されるべきでは決してない。

ねである。不信感の、時として憎悪の、そしてとりわけ道徳的憤慨の、奔流が、最初の革新者に対して通常押し寄せ、しばしば――私はこの種のケースを複数知っている――当の革新者のそれまでの生活における秘密の陰影に関するまさに伝説形成とでも言うべきことが始まった。次のようなことに気づくほどに囚われのない見方をする人が一人もいない、というのは実にありがちである。それはすなわち、まさに唯一、人並み外れて強固な性格だけが、「新スタイル」のこのような事業家を、冷静な自己統御の喪失からも道徳的及び経済的難破からも守れるのだ、ということであり、また、判断力及び行動力の明晰さのほかに、とりわけ全く特定のそして極めて顕著な「倫理的」美質こそが、そのような革新の際に顧客及び労働者からの信頼(そもそも不可欠なものである)を当の事業家に得させるのであり、無数の抵抗を乗り越えるための活力を彼に保たせるのであり、中でもとりわけ、果てしなく遙かに一層集約的な労働遂行(これが今や当の事業家が要求するものであり、そしてこれは、快適な生活を楽しむこととは両立不可能である)をそもそも可能ならしめたのだ、ということである――まさに、過去の伝統主義に適合的な美質とは独特に異なる**種類**の倫理的美質のみが。

　そして同様に、外面的には地味な変化だとはいえ、この新たな精神を有する経済生活の貫徹のために決定的だと言えるこの転回を創出したのは、――経済史のあらゆる時代に出てくるような――無鉄砲で恥知らずな投機家、経済的な冒険家野郎、或いは単に「大富豪」、といった人々ではなく、むしろ通常、人生の荒波の中で育って思慮深さと大胆さを兼ね備え、中でもとりわけ**冷静**かつ**沈着**で、厳格に市民的な考え方と「諸原則」を堅持して鋭く徹底的に事柄(ザッヘ)に専心する、といった人々だった。

資本主義の精神の非合理性・非人間性
　次のように考えたくなる人がいるだろう。すなわち、こういう**人的な**道徳的資質は、何らか倫理的な格率とも、或いはそもそも宗教思想それ自体とも、全く少しも関係がないのであって、こういう方向に対して本質的に否定的なもの、すなわち従来の伝統から**脱却する**能力、したがって最も簡単に言えばリベラルな「啓蒙主義」が、そのような商売的な生活営為にとって適合的な基礎なのだ、

と。そして実際**今日では**、一般に事情は全くそのとおりである。〔人々の〕生活営為は宗教的起点との関係を通常欠いており、のみならず、そういう関係が存在するところでは、それは少なくともドイツでは否定的な種類のものであることがつねである。「資本主義的精神」に満たされたそのような人士は**今日では**、教会に対してまさに敵対的でなくとも、ともあれ無関心である、というのがつねである。活動のうちに喜びを見いだす彼らの気性にとっては、パラダイスの信心ぶかい退屈さに思いを致すことはあまり魅力的でなく、彼らにとって宗教は、この地上での労働から人々を引き離す手段であるように見える。己の所有に決して喜び楽しまない（そしてそれゆえ、人生の純粋にこの世的な指向からすれば極めて無意味に映るに相違ない）彼らのたゆまぬ駆り立ての「意味」を、彼ら自身が問われたならば、彼らは、そもそも自ら答えを知っている場合には、時として「子らや孫たちのための配慮」と答えるだろうが、しかし、よりありふれた答え、かつ——子や孫のためというような動機は、確かに明らかに彼ら固有のものではなく、「伝統主義的な」人間の場合にも全く同様に作用していたのだから——より正しい答えとしては、全く単に、絶えざる労働を伴う商売が彼らにとって「人生に不可欠なもの」になったのだ、と答えるだろう。実際これが唯一、当の動機づけの的確な表現なのであり、そして同時に、この動機づけが言い表しているのは、人間が商売のために存在するのであってその逆ではないというこの生活営為の——人的幸福の観点から見た場合における——極めて**非合理的なもの**である。もちろんその際、所有という単なる事実が保証するものである声望や権力といったことに対する感覚が役割を演じてはいる。すなわち一国民全体の幻想が、合衆国におけるように、純粋に量的に大きなものを目指すという方向へと傾いているところでは、この数字ロマンチシズムは、抗しがたい魔力を以て商人たちの中の「詩人たち」に影響を及ぼすのである。しかしながら他所では、こういうものに魅せられる人々とは、全体として、本来的に指導的な事業家たちではなく、特に、持続的に成功する事業家たちではない。そして全く、家族世襲財産の所有と新貴族身分との港へと入り込むことは、大学や将校団において自らの立ち居振る舞いによって自分たちの出自を忘れさせようと努めるその子弟たちともども——ドイツの資本主義的な諸々の成り上がり家族の通常の人生経歴がそういうものであったように——、エピゴー

ネン的な退廃的産物〔の様相〕を呈している。今日でも我が国に於いていくつかの顕著な個別事例において体現されているような、資本主義的事業家の「理想型」[50] は、そのような比較的粗雑な、或いは比較的洗練された、思い上がりとはおよそ親和的でない。そのような資本主義的事業家〔の「理想型」〕は、見せびらかしも不必要な浪費も、また同様に自分の権力のこれ見よがしの享受も、彼が享受している社会的な尊重の外的な徴表を受け取ること(これは彼にとってはむしろ好ましくないことである)も、避けるのである。換言するなら、彼の生活営為はそれ自体或る種の禁欲主義的特徴を往々帯びているのであって——そして我々にとって重要であるこの現象の歴史的意義については、まさにのちほど立ち入ることになろう——、それは実際、上で引用したフランクリンの「説教」の中に明確に現れているとおりである。特に彼のもとでは、ベンジャミン・フランクリンが実に抜け目なく得々と推奨するあの控えめな態度よりもずっと誠実だと言える、冷静な慎ましさの度合いを目にすることは、決して稀でなく、むしろ実に頻繁である。彼は自分の富のうち、自分自身については「何も持っていない」のである——善良なる「天職の履行(ベルーフ)」という非合理的な感覚を別にすれば。

　ところがまさに**これ**こそが、資本主義以前的な人間の目には、実に捉えがたく謎めいていて、極めて汚らしく軽蔑すべきものに見える。自分のライフワークの目的として、いつの日かカネと財の非常な物質的重量を背負って墓に入ることをもっぱら思念できるような人がいる、などということは、資本主義以前的な人間の目にはひたすら、倒錯した衝動すなわち「忌まわしき黄金渇望(アウリ・サクラ・ファメース)」の産物としてしか説明できないように見えるのである。

全時代の道徳感覚に逆らう、自己目的としての金銭獲得という営み
　現代において、我々の政治的・私法上の諸制度及び交通諸制度のもとでは、

---

50) この言い方で言わんとしているのはただ、**我々が**ここで我々の考察の対象としているたぐいの事業家の型、であって、何らか経験的な平均〔像〕、ではない、ということである(「理想型」という概念に関しては『アルヒーフ』第19巻第1号所収の私の詳論を参照)。

そして我々の〔資本主義〕経済に固有な構造と経営諸形態においては、資本主義のこの「精神」は、既に述べたように、今や純粋に適応の産物として理解可能かもしれない。資本主義的な経済秩序は、カネ儲けという「天職(ベルーフ)」へのこのような専心を必要とする。すなわちこの専心は、外的な諸財に対する行動の一つのあり方であり、そしてそれは、かの〔経済〕構造に非常に適合的であって、経済的生存闘争における勝利の諸条件と非常に密接に結びついているので、その結果今日では、かの「貨殖的な」生活営為と何らか統一的な「世界観」との間の必然的な関連などといったことはもはや全く話にならない〔つまり、いかなる世界観のもとでも「貨殖的な」生活営為が必要とされる〕のである。特にカネ儲けへの専心は、何らかの宗教的勢力による是認〔があること〕によって〔初めて、人々によって〕引き受けられる、などといったことをもはや必要とせず、そして、教会的規範が経済生活に対して及ぼす影響を(そういう影響がそもそもなお感得可能である限りでだが)、経済生活に対する国家による規制と同様、障害だと感じる。そこで通常では、商業政策的・社会政策的な利害状況が「世界観」を規定する。生活営為の点で資本主義的成功の諸条件に合致しない者は、没落するか、さもなければ出世しない。しかしながらこれは、近代資本主義が勝利に到達して、古来の諸々の支えから自らを解放してしまった時代の現象である。かつて近代資本主義が生成途上の近代国家権力(ゲヴァルト)と結びつくことによってようやく、中世的な経済規制の古い諸形態を破砕したように、同じことは——ついでに我々はこう言っておきたい——宗教的諸権力(マハト)との関係についても妥当したかもしれない。例えば、それが妥当**した**のは事実そのとおりなのかどうか、そしてどういう意味でなのか——まさにこれが、ここで研究されるべきである。というのも、人間にとって義務的な自己目的としての金銭獲得(エアヴェルプ)というくだんの見解があらゆる時代の道徳感覚に逆らうということは、ほとんど証明不要だからである。当時(利子に関する福音書の箇所と同様[51])真正とみなされてお

---

51) たぶんここが、既に引用したF・ケラーの著作『企業と剰余価値』(ゲレス協会の叢書の第12冊)の中のコメントと、それに関連するゾンバルトの(『ブルジョワ』における)コメントとに対して、ここでそうするのが適当な限りにおいて、ごく短く立ち入るのに適切な場所だろう。或る著者が、教会法上の利子禁止に対して(つい

での一つのコメント——しかも、全体としての論証にいかなる意味でも関係していないコメント——を除いて)そもそも言及を行なっていない論考を、まさにこの利子禁止——とはいえこれは、地上のほとんどあらゆる宗教的倫理の中に並行例を見いだすものなのである！——こそが、ここでカトリックの倫理を宗教改革者的な倫理と区別するメルクマールとして求められたものなのだ、という前提のもとで批判する、というのは本来実にひどい話である。やはり、著作に対する批判が行なわれてよいのは、それら著作が実際に読まれた場合であり、或いは、読まれたのであれば、その叙述内容が再び忘れられていない場合である。高利貸の悪徳に対する闘いは、16世紀のユグノーの教会史や同様にオランダの教会史を貫いて存在している。「ロンバルディア人」つまり銀行家は、彼ら自身が往々聖餐から排除された(註13を参照)。カルヴァンの一層自由な見解(とはいってもこれは、教会規定の最初の草稿において、高利に関する規定が考慮されることを阻んでいなかった)は、サルマシウスによって初めて勝利に至っている。したがって、対立はここにはなかった。反対である。——しかしながら、一層劣悪なのは、これに関する著者自身の論証であり、この論証たるや、(私見によれば他の箇所でも功績に応じて彼によって引用されることが全くない)フンクの諸著作や他のカトリックの学者たちとの対比で、またエンデマンの、今日個別的な諸点では古びているがなお相変わらず基本的な諸研究との対比で、その浅薄さによって痛ましく際だっている。確かに、「信心ぶかい人々」(シエナのベルナルディーノとフィレンツェのアントニーノが基本的に念頭に置かれている)が「あらゆる手段でいかにして企業精神をたきつけようとしたか」——つまり、利子禁止と共に全世界で行なわれてきたように、(我々の用語で言う)「生産的な」資本投下は手つかずのままだ、という仕方で高利禁止が解釈されることによって——ということがまさに気づかれるべきだ、と述べるゾンバルトのコメント(前掲書、321頁)のような行き過ぎを、ケラーは免れている。(ゾンバルトにあっては、一方でローマ人たちは「英雄民族」の一つに属し、他方で——彼の場合にはさもなければこれは和解不可能な対立であるだろう——いわゆる経済的合理主義は既にカトーのもとで「極度の帰結へと」発展していた——267頁——、ということが、単についでに記録されておくべきである——ゾンバルトの著書がまさに語の悪い意味での「テーゼ本」である、ということの徴候として。)しかしながら、利子禁止(利子禁止は、周知のように——聖書的な根拠の存在にもかかわらず！——ようやく前世紀〔十九世紀〕に検邪聖省の訓令によって失効させられており、しかも〔その失効は〕単に時代に対する考慮がなされた結果にすぎず、そして間接的な仕方、つまり、〔利子禁止の〕再発効の場合についても告解者たちの服従が予期されうる場合に、高利貸の悪徳に関する調査によってその告解者たちを不安に陥れることに対する禁止、によっている)の意義(この意義は、ここでは個別的には叙述されないが、以前まず往々過大評価され、その後強度に過小評価され、

今ではカトリックの大富豪の時代にあっても——護教的な目的のために——まさに顛倒させられている)を、ケラーも完全に歪めている。なぜなら、高利に関する教会の教義の極めて錯綜した歴史に関して何らか突っ込んだ研究を行なった者は、例えば、年金売買や手形割引や他の極めて様々な契約が許されるか否かに関する果てしない論争(とりわけ、上で言及した検邪聖省の指令が或る**都市**公債をきっかけにして出されたこと)を目の当たりにして、貸付利子の禁止は緊急の貸付にのみかかわった(24頁)と、当の禁止は「資本維持」という目的を追求した、そして、その禁止が「資本主義的な事業に対して促進的だった」(25頁)などと、主張することは許されないからである。真実は次のとおりである。すなわち、

・教会はかなり後になってようやく再び利子禁止を意識した。

・そして、これが行なわれた時に通常の純粋に商売的な投資形態だったのは、確定利子付きの貸付金交付**ではなく**、海上消費貸借(フォエヌス ナウティクム)、コンメンダ、ソキエタース・マリス、海からの利益に応じた分与(ダレ アド プロフィクウム デー マリー)(利潤持ち分及び損失持ち分の高におけるリスク等級に従って料金が定められた貸付)だった(そして、事業家貸付利子という性格の場合には、そう**でなければならなかった**)のであり、これらすべてが〔利子禁止に〕該当したわけではなかった(或いは、ともかくも個々の厳格な教会法学者に従った場合にのみ該当した)。

・しかしそこで、確定利子付きの投資も割引も可能となり通例となった時に、これらにとって(のちにおいても)実にはっきり感じられるほどの困難が利子禁止の側で成長してきた。すなわちそれは、商人ギルドの様々な尖鋭的な規制(ブラックリスト！)へと行き着いた困難だった。

・しかしその場合、教会法学者たちによる利子禁止の取り扱いは通常純粋に法律家的・形式的であり、いずれにせよ、ケラーが彼ら教会法学者たちに帰している「資本保護的な」あらゆるいかなる傾向も存在していない。

・最後に、資本主義それ自体に対する立場がそもそもいったん確定されうる**限りでは**、一方で、資本の**非属人的な**——それゆえ、倫理化の受容が困難な——力に対する、たいていの場合ぼんやりと感知される伝統主義的な反感(フッガー家と金融業とに関するルターの発言が、然り、なおそれを反映している)が、他方で、適応の必要性が、決定的な作用を及ぼした。

——しかし、これはここでの問題ではない。なぜなら既に述べたように、我々にとって利子禁止とその運命は、最大限に見積もっても徴候的な意義を有するにすぎず、その意義も全く限られたものだからである。

スコトゥス学派の神学者や特に15世紀イタリアの托鉢修道会士の神学者たち、とりわけシエナのベルナルディーノとフィレンツェのアントニーノ、つまり独特に合理的に**禁欲主義的**な志向を有する修道者作家たち、の経済倫理は、疑いなく、特別な1ページ〔での取り扱い〕に値し、我々の関連ではついでに片づけることなどで

きない。さもなければ私は、カトリックの経済倫理が資本主義に対して有する**積極的な関係**を叙述する際にようやく述べねばならないことを、反批判という形でここで先どりせねばならないだろう。これら著作家たちは——そしてこの点で彼らは幾人ものイエズス会士たちの先駆者である——、**商人の事業者利潤をその商人自身の「勤　勉」（インドゥストリア）に対する対価として倫理的に許容されるもの**だと(もちろんケラーもこれ以上のことは主張できない)正当化するべく骨折っているのである。

「勤　勉」（インドゥストリア）という概念及びそれに対する〔高い〕評価はもちろん**究極的には**修道者禁欲に由来するが、「家管理」という(ジャノッツォのセリフの中に置かれたアルベルティ自身の申告によれば、司祭的な語法から彼自身の語法へと入ってきたという)概念も、たぶん〔修道者禁欲に由来するの〕だろう。プロテスタンティズムの中の俗世内的に禁欲主義的な諸教派の先駆けとしての修道者倫理に関しては、のちほど立ち入って論じることになる(古代ではキュニコス派のもとで、ヘレニズム後期の墓碑銘で、また、——全く異なる条件のもとでだが——エジプトに於いて、同様な観念の萌芽が見られる)。(アルベルティの場合と同様)ここで**完全に欠落しているもの**とは、まさに我々にとって決定的なものであって、すなわち、のちに我々が見るであろうように、職業における自らの救いの**確証**（ケルティトゥードー・サルーティス）（救いの確かさ）という、禁欲主義的プロテスタンティズムにとって特徴的な観念のことである。つまり〔それは言い換えれば〕、このような宗教心が「勤　勉」（インドゥストリア）に対して設定したところの心理的**報奨**であって、(救済手段がまさに別物であるゆえに)カトリシズムには必然的に欠如せざるをえなかったところのものである。これら著作家たちの場合には、問題だったのは、効果に即して言えば倫理的な**教説**であって、救済関心によって条件づけられた個々人の実際的な衝動ではなく、さらに言えば、〔彼らにとって問題だったのは〕**適応**であって(この点は非常に容易に看取されるとおりである)、中心的な宗教的立場からする論証(俗世内的禁欲の場合のような)ではないのである。(アントニーノやベルナルディーノはその他の点では、F・ケラーによるよりもましな取り扱いを既にずっと以前に受けている。)そしてこれら適応ですらが、現代に至るまで議論の的であり続けてきた。それにもかかわらず、この修道者倫理的な観念の意義は、**徴候的には**、イコールゼロとは決して評価できない。ところが、**近代の職業概念へと流れ込むことになる宗教的倫理の本当の「萌芽」**は、諸信団や異端のもとに、とりわけウィクリフのもとに、存在した——もっとも、ウィクリフの影響は非常に強力に作用し、その結果ピューリタニズムは為すべきことをもはや何も見いださなかった、と考えるブロードニッツ(『イギリス経済史』)によって、彼〔ウィクリフ〕の意義は非常に強度に過大評価されているが、これらすべてには、ここで立ち入ることはできず、また立ち入るべきでない。なぜなら、中世のキリスト教的倫理が資本主義の精神の前提条件の創出に**事実上**かかわっていた(また、どの程度かかわっていたか)ということを、ここでついでに分析するなどというのは不

り教会法の中にも入った「神に喜ばれることはほとんど可能でない」という命題(商人の活動について使われた)の中や、利潤追求に対するトマス〔・アクィナス〕による醜行(トゥルピトゥードー)という呼称(不可避的であってしたがって倫理的に許容される利潤稼得ですら、この呼称を付された)の中には、相当広範な人々の根底的に反貨殖的な見解(ラディカル)との対比で、教会と政治的に非常に密接に関連していたイタリア諸都市という貨幣権力の利害に対する非常な程度の、カトリック教会の教義〔の側から〕の譲歩が存在した52)。そして、なお教義がより一層順応していた所(特に例えばフィレンツェのアントニーノの場合のような)に於いても、営利を自己目的として志向する活動は結局のところ恥ずべきことだ(ブーデンドゥム)(実社会のともかくも現存する秩序によって、このような恥ずべきことを大目に見ることが余儀なくされたのである)という感覚は、決して完全には消滅しなかった。特に名目論派の当時の個々の倫理学者たちは、諸々の資本主義的な商売形態の萌芽の発展したものを所与として受け入れ、それらを許容されたものだと、とりわけ商業を必要なものだと、そしてその中で発展した「勤勉」(インドゥストリア)を合法的な利潤源泉であって倫理的に下卑たものではないのだと、論証しようとした――これに異議がないわけではなかった――が、支配的な教説は資本主義的な営利の「精神」を醜行(トゥルピトゥードー)として拒絶し、或いは少なくとも、それを倫理的に肯定的には評価できなかった。ベンジャミン・フランクリンがしたような「道徳的な」見方は、単に想像不可能だったろう。これはとりわけ、関与する資本主義者たちの諸グループ自体の見方だった。すなわち、それら事業家たちのライフワークは、もし彼らが教会的伝統の土壌の上に立っていたなら、好意的な評価の場合でもせいぜい、道徳的に中立的なもの、寛容の対象となってい

可能だからである。

52)「μηδὲν ἀπελπίζοντες」(ルカ 6：35)という言葉、及びウルガタの訳「それゆえ何も期待しないで」(ニヒル・インデ・スペーランテース)は、推測するに(A・メルクスによれば) μηδένα ἀπελπίζοντες(＝誰に対しても絶望しないで)(ネーミネム・デースペーランテース)から改変されたものであり、したがって、そもそも利子について語ることなしに、いかなる兄弟へも(貧しい兄弟へも)貸すことを命じたものである。「神に喜ばれることはほとんど可能でない」(デオー・プラケーレ・ウィクス・ポテスト)という命題については、今やアレイオス派起源が言いふらされている(そのことは、事柄として(ザッハリッヒ)、我々にとってはどうでもよいことである)。

るものであり、しかしそれでも、教会による高利禁止と衝突する可能性が絶えずあるという危険ゆえに、浄福のためには疾うからいかがわしいもの、だった。史料が示すように、富裕な人々の死の際に、全くもって相当な金額が「良心の金銭」として教会的諸施設へと流入し、事情の如何では以前の債務者へも、彼らから不当に奪取された「利息／ウースーラ」として流れ戻った。これと異なっていたのは——異端的な諸傾向、或いは、いかがわしいとみなされていた諸傾向のほかには——わずかに、内面的に疾うに伝統から分離していた都市貴族層だけだった。しかしながら、懐疑的な性格や非教会的な性格の持ち主たちもまた、死後の身分の不確実性に対する保障としてともあれそのほうがましだったので、また、確かに(少なくとも、非常に普及していたやや弛緩した見方によれば)教会の掟への外面的な服従だけで浄福のためには充分だったので、念のため一括概算額によって教会と折り合うのが通常だった[53]。まさにこの点で、関与した

---

53) その際、高利禁止との折り合いがどうつけられたかを、〔フィレンツェの〕カリマラの同職組合／アルテ・ディ・カリマラの規約の第1巻第65章が例えば教えてくれる(私の手には当座、エミリアーニ゠ジューディチ『イタリアのコムーネの歴史』、第3巻、246頁のイタリア語版だけがある)。「procurino i consoli con **quelli frati, che parrà loro**, che perdono si faccia e come fare si possa il meglio per l'amore di ciascuno, del dono, merito o guiderdono, ovvero interesse per l'anno presente e secondo che altra volta fatto fue」〔ラテン語原文は Giovanni Filippi, *L'arte dei mercanti di Calimala in Firenze*, Torino: Fratelli Bocca Editori, 1889, p. 83 (XXIII. De perdono usurarum fiendo) に収録されており(但し、上記のイタリア語版はこれの精確な翻訳では必ずしもない)、原文及び日本語訳は次のとおり。「〔市の〕最高行政官たちは、自分たちとの間に同意が得られると考えられるであろう兄弟たちと共に、〔自分たちが行政官を務めている〕当該年に、——何ぴとの魂のためにも可能な限り良い仕方で、別の時に行なわれたのと同様の仕方で——高利に対する赦免が行なわれるように、配慮せよ」。Procurent consules cum fratribus cum quibus eis videbitur convenire quod perdonum usurarum fiat in anno presenti sicut melius potest pro animabus quorumlibet sicut alias factum fuit.〕。したがってツンフトの側での、成員のための、職務上の、かつ入札方式による、贖宥状調達の一方式、である。資本利潤の道徳外的性格に関して極めて特徴的なのは、〔この第65章以後に〕さらに続く諸々の指示であり、同様に例えば、あらゆる利子や利益を「贈り物」として記帳することという、すぐ前(第63章)の規則である。差額への抗議を唱える人々に対する取引所の

人々自らの解釈によれば自分たちの行ないに付着していたところの、道徳外的なもの或いはまさに反道徳的なものが、明確に露呈するのである。さて、好都合な場合において〔すら〕道徳的に寛容の対象となっていた〔にすぎない〕このような振る舞いが、どのようにしてベンジャミン・フランクリンの意味での「職業〔天職〕」になったのか。当時の世界の資本主義的発展の中心、すなわち14・15世紀のフィレンツェ、すなわちあらゆる政治的強国の貨幣市場にして資本市場に於いて、〔のちの〕18世紀のペンシルヴェニアの未開地的・小市民的な状況（そこでは経済が、純然たる貨幣不足のゆえに瓦解して現物交換に戻る危険性がつねにあり、比較的規模の大きな産業的企業の痕跡すらほとんど見られず、銀行についてはその初期段階だけが見てとれた、そういう状況）に於いては道徳的に賞賛に値する望ましい生活営為の内容とみなされえたところのものが、道徳的にいかがわしいもの、或いはどうにか寛容の対象たりうるもの、とみなされていたということは、史的にどのように説明できるのか。――ここで「理念的な上部構造」における「物質的な」状況の「反映」ということを語ろうとするのは、全くのナンセンスだろう。――そこで、外面的に純粋に利潤を志向する活動を、個々人がそれに対して**義務感を感じる**当の対象だった「天職」というカテゴリーの中に組み込むことは、いかなる思考世界に由来したのだろうか。というのも、この思想こそが、「新スタイル」の事業家の生活営為に対して、倫理的下部構造と支えを保証したものだからである。

経済的合理主義を発展させた精神が含んでいた非合理的な要素とは？

「経済的合理主義」は近代経済一般の基本的モチーフだと称されてきた――例えば特にゾンバルトによって、往々適切かつ印象的な詳論の中で――。それは、当の表現において労働の生産性の拡大が理解されているのであれば、疑いなく正しい。生産性のこの拡大は、生身の人間という自然的に与えられている「有機体的」限度によって生産過程が受けている拘束性を、**科学的諸観点から**生産過程を編制することを通して除去した。さて、技術及び経済機構の領域で

今日のブラックリストに往々対応したのが、高利貸の悪徳の除外を宗教裁判所に頼み込んだ人々に対する悪評である。

のこの合理化過程は、疑いなく近代市民社会の諸々の「生活理想」の重要な一部を条件づけている。すなわち、人類に対する物質的財供給〔の方法〕の合理的成型のための労働ということは、疑いなく「資本主義的精神」の代表者たちの念頭に、彼らのライフワークの方向を指し示す様々な目的の中の一つとして、つねに浮かんでいただろう。この非常に自明な真実を明確に理解するには、例えばフィラデルフィアの自治体の改善のためのB・フランクリンの努力を描いた叙述を読みさえすればよい。そして、多くの人々に「仕事を与えた」、故郷の町の経済的「開花」(語の、人口数や取引数を指向した意味での——今やこのような意味を、資本主義は「開花」という語に結びつけているのである——)を他の人々と共に創出した、といった喜びや誇り——これらすべてはもちろん、近代の企業家層に固有な、そして疑いなく「理想主義的に」思念されている、人生歓喜の一部を成している。また同様に、資本主義的私経済の根本的な特徴の一つであるのはもちろん、当の経済が厳密な**計算上**の算出を基礎として合理化されており、目標たる経済的成功へと計画的かつ冷静な仕方で照準が合わせられているということであり、これは農民のその日暮らしとも、古いツンフト手工業者の特権的なだらだら仕事とも、政治的チャンスや非合理的投機を指向していた「冒険資本主義」とも対照を成している。

　したがって、「資本主義的精神」の発展は最も簡単には合理主義の発展全体の部分現象であると理解することが可能であるかのように、そして、この発展は最終的な諸々の人生問題に対する合理主義の原理的な立場から導出可能でなければならないかのように、一見したところでは見える。したがってその場合、プロテスタンティズムは、例えば純粋に合理主義的な人生観の「早生作物(わせ)」として一役を演じたという、その限りでのみ史的に考慮対象になるのだ、と。しかしながら、〔探究の〕真剣な試みが行なわれるや否や、そういう単純な問題設定は既に次の理由からうまく行かない、ということが明らかになる。その理由とは、合理主義の歴史は、個々の生活領域と**並行的**に進歩発展する展開を**全く**見せてい**ない**、ということである。例えば私法の合理化は、もしそれが法素材の概念的な単純化・区分として解釈されるのであれば、古代後期のローマ法においてこれまでの最高の形態に到達しており、〔これに対して、〕経済的に最も進展したいくつかの国家(特に、ローマ法のルネサンスが巨大な法律家ツンフト

の力の前に当時挫折した国であるイングランド)に於いては最も後進的な状態のままだったのであり、他方で、ローマ法の支配は南欧のカトリックの地域ではつねに存続していた。純粋にこの世的な合理的哲学は18世紀においては自らの〔発展の〕場所をひたすら、或いは主として、資本主義的に最も高度に発展した諸国家のうちにのみ見いだしたわけではなかった。ヴォルテールの哲学は今日なお、まさにロマンス語圏のカトリック諸国に於いて広範な上層及び——実際的により重要なこととして——中間層の共有財産である。もし、「実際的な合理主義」という言い方で全くもって次のような生活営為〔生活の営み〕、すなわち、世界を意図的に**個々の私**のこの世的な利害関心へと関係づけてその観点から判断する、といった種類の生活営為が理解されるのであれば、この生活様式は、「自由意志」の諸国民のますます典型的な特質(イタリア人やフランス人の血肉に染み込んでいるといったような)だったのであり、今日でもなおそうである。そしてこれは、資本主義によって必要とされるような、自らの「職業」——使命としての——に対する人間のあの関係が、好んで成長していった、そういう土壌では決してない、ということを我々は既に確信できた。まさに人生は、極めて様々な最終的な観点のもとで非常に様々な方向へと「合理化」されうる——しばしば失念されるこの単純な命題は、「合理主義」に取り組むいかなる研究においても、先頭に在るべきだろう——。「合理主義」とは、様々な対立の一世界を内に含んでいる史的な概念であり、そして我々がまさに研究せねばならないであろうこととは、どのような精神から生み出されたのが、かの「天職」思想と、職業**労働**へのかの——我々が見たように、純粋に幸福主義的な自己関心の立場からすれば極めて非合理的な——一意専心(これは我々の資本主義的文化の最も特徴的な構成要素の一つだったのであり、今なおそうである)とを成長させたところの、「合理的な」思考・生活のあの形態だったのか、ということである。ここで**我々の関心を惹く**のは、この「天職」概念の中に、同様にいかなる「職業」概念の中にも、存在するところの、まさにかの**非合理的な要素**の由来である。

3　ルターの天職観念。本研究の使命

ベルーフ(職業)＝天職

　さて、見まがうべくもないのは、既にドイツ語の**単語**「Beruf」の中に、また同様に、たぶん一層明確な仕方で英語の「calling」という単語の中に、宗教的な表象――神によって設定された使命(アウフガーベ)という――も、少なくとも響いている、ということであり、そして具体的な場合に我々がこの単語を力を込めて強調すればするほど、その宗教的な表象が一層はっきり感じられるようになる、ということである。さて、我々がこの単語を歴史的に、かつ諸々の文化言語を横断する形で、追究するならば、さしあたり明らかなのは、主としてカトリックの諸国民は古典古代と同様、我々が「天職(ベルーフ)」(実生活での立場、画定された労働領域、という意味での)と名づけるものに対して、同様の〔宗教的な〕色彩を有する表現を知っておらず[54]、他方でそれは、主としてプロテスタント的な

---

[54] 古代の諸言語の中では**ヘブル語だけ**が同様の〔宗教的な〕色彩を有する表現を持っている。まず מְלָאכָה という語の中で。この語が用いられているのは、**祭司的な**諸職能に対して(出エジプト 35：21、ネヘミヤ 11：22、歴代誌上 9：13、23：4、26：30)、王のための諸々の仕事(ゲシェフト)に対して(特にサムエル上 8：16、歴代誌上 4：23、29：6)、**王の官吏の**勤め(ディーンスト)に対して(エステル 3：9、9：3)、労働の**監督者**の勤めに対して(列王記下 12：12)、奴隷の勤めに対して(創世記 39：11)、**畑仕事**について(歴代誌上 27：26)、**手工業者**について(出エジプト 31：5、35：21、列王記上 7：14)、商人について(詩編 107：23)、そして、のちに論評される箇所であるシラ 11：20 においてすべての「職業労働」に対して、である。この מְלָאכָה という語は לח(＝送る、遣わす)という語幹〔むしろ語根〕から派生しており、したがって元来「使命(アウフガーベ)」を意味した。エジプトの賦役国家、及び、エジプトの手本に従って構築されたソロモンの賦役国家の、賦役官僚制・ライトゥルギー官僚制的概念世界にこの語が由来していることは、上で掲げた諸々の引用から見て明白である。思想的には、当時 A・メルクスが私に教えてくれたところによれば、既に古代にこの根幹的概念〔すなわち「使命」という意味〕は全く失われ、この語はいかなる「労働(アルバイト)」に対しても用いられ、実際我々の「職業(ベルーフ)」と全く同様、無色になった。この語は、第一義的に宗教的職能について用いられているという運命をも、我々の「職業(ベルーフ)」と共有している。同様にシラ 11：20 に出てきており七十人訳によって διαθήκη で訳

されている表現 קח（＝「指定されたもの」「配分されたもの」「課題」）は、דְּבָרִים（出エジプト 5：13。七十人訳が「課題」に対して同様に διαθήκη を使っている出エジプト 5：14 を参照。シラ 43：10 ではこの語は七十人訳で κρίμα〔正しくは κρίμα〕と訳されている）と同様、同じく賦役官僚制の言語に由来している。シラ 11：20 ではこの語はどうも**神の掟の実現**について使われているようであり、——したがって同様に我々の「職業(ベルーフ)」との親和性〔を示している〕。シラ書のこの箇所に関してここでは、イエス・シラに関するスメンドの有名な本（この節〔シラ 11：20〕について）と、彼の『イエス・シラの知恵の索引』（ベルリン、1907 年）（διαθήκη、ἔργον、πόνος といった語について）が参照されるべきである。（周知のようにシラ書のヘブル語本文は散逸したが、シェヒターによって再発見され、部分的にはタルムードの引用から補完されている。ヘブル語本文はルターのもとにはなく、**彼の語法に対しては**〔上述の〕二つのヘブル語概念は**何ら影響を及ぼしていない**。箴言 22：29 に関する後述を参照。）——ギリシア語では、倫理的色彩という点でくだんのドイツ語〔ベルーフ〕に対応する呼称はそもそも欠如している。ルターが我々の今日の語法に既に全く照応する仕方で（後述を参照）シラ 11：20 及び 11：21 で「汝の天職(ベルーフ)にとどまれ」と訳している箇所において、七十人訳は一方〔11：20〕では ἔργον としており、他方〔11：21〕では、どうやら完全に損なわれた箇所で（ヘブル語原文では神の助けの輝きが話題になっている！）πόνος としている。他の場合には古代では τὰ προσήκοντα が「義務」という一般的な意味で用いられている。ストア派の言語では κάματος が、言語的に不定の出自でありながら、類似した思想的色彩を帯びることが時折ある（この語のことは、当時アルブレヒト・ディーテリヒが私に指摘してくれた）。他のあらゆる表現（τάξις などといった）は〔どれも〕倫理的な色彩を帯びていない。——ラテン語では、我々が〔ドイツ語で〕「職業(ベルーフ)」と訳すところのこと、すなわち人間の分業的な持続的活動であって、人間にとって（通常）同時に収入源ともなり持続的な経済的生存基礎ともなるところのこと、これは、無色な「仕事(オプス)」のほかには、ドイツ語の単語の倫理的な内容に少なくとも似通った色彩を持っ〔た表現とし〕て、或いは「職務(オッフィキウム)(オピフィキウム)」（働くことから来ており、したがって元来は倫理的に無色であり、のちには例えば特にセネカ『恩恵について』、IV、18 において＝職業(ベルーフ)）によって、或いは「務め(ムーヌス)」——古い市民共処体(ゲマインデ)の賦役に由来している——によって、また或いは「専門職(プロフェッシオー)」によって表現されている。この後者の語〔専門職(プロフェッシオー)〕は、この意味では特徴的に、同様に諸々の公法的な義務（つまり市民による、古式な税申告）に由来しているのだろう、そして、のちには特に近代的な意味での「自由業」（例えば弁論術教師業(プロフェッシオー ベネ ディーケンディー)）に対して使われ、**この**比較的狭い領域では、あらゆる点から見て我々の職業(ベルーフ)という語にかなり類似した全体的意味を帯びている（語のより一層内面的な意味においても、であり、例えばキケロの著作で或る人が、彼は自分の本来の職業がわかっていないという意味で「彼は自分が何を公言しているか〔或い

は、自分を何だと称しているか〕を理解していない。non intelligit quid profiteatur」
と言われている場合が、それである）——但しもちろんこの語は全くこの世的で
あって、いかなる**宗教的な**色彩をも欠いた意味で理解されている。このことは、帝
政時代に「手工業」に対して使われた「技芸〈アルス〉」の場合にはもちろん一層妥当する。
——**ウルガタ**はイエス・シラの上記の箇所を一方では「仕事〈オプス〉」、他方〔11：21〕では
「場所〈ロクス〉」、と訳している（後者はこの場合例えば「社会的地位」を意味するのだろう）。
ヒエロニュムスのような**禁欲者**に由来するのが〔ウルガタのシラ書 11：21 の仕事と
いう語への〕「あなたに対する諸々の命令の〈マンダートールム・トゥオールム〉」という追加であり、これをブレン
ターノは全く正しく強調しているが、彼はここで——同様に他の所でも——、**これ
こそが当の概念の禁欲主義的な**——宗教改革以前では俗世外的な、以後では俗世内
的な——起源に特徴的なことなのだ、ということを指摘していない。その他では、
ヒエロニュムスの翻訳がいかなる本文に従って行なわれたかは不明である。מלאכה
の古いライトゥルギー的な名前の意味が影響を及ぼした可能性は排除されないよう
である。——ロマンス諸語ではスペイン語の「vocación」だけが、何かへの**内的な**
「召命」という意味で、宗教的な職務から転用されて、ドイツ語の単語〔ベルーフ〕
の意味に部分的に対応する色彩を有するが、外面的な意味で「職業」について用い
られることは決してない。ロマンス諸語の聖書翻訳の中ではスペイン語の「voca-
ción」、イタリア語の「vocazione」「chiamamento」が、他所で、新約聖書の κλῆσις
（福音による永遠の救いへの召し出し）の翻訳のために**のみ**、（ルター派やカルヴァ
ン派の語法に部分的に呼応する）すぐあとで論究されることになる意味で使われて
いる。ウルガタにはこの箇所では「vocatio」が見られる。（奇妙なことにブレン
ターノの前掲書では、私自身が自分の見方の**ために**引き合いに出したこの事情は、
宗教改革以後的な意味での「天職〈ベルーフ〉」概念がそれより以前にも既に存在したこと**を示
す**証拠となっている、と考えられている。しかしながら、そのようなことは全く話
題になっていない。すなわち、然り、κλῆσις は「vocatio」によって訳され**ねばな
らなかった**のであって——しかしどこでいつ、この語〔vocatio〕が中世において
我々の今日の意味〔すなわち「職業」という〕で用いられているのだろうか。この翻
訳という事実と、その翻訳**にもかかわらず俗世内的な語義が欠如している**こと、こ
れらがまさに〔事の真相がどうだったかを〕証明していることなのである。）この仕方
で「chiamamento」を使っているのは例えば 15 世紀のイタリア語の聖書翻訳で、
『未校訂・稀覯の諸著作の集成』（ボローニャ、1887 年）の中で印刷されており、
「vocazione」（近代のイタリア語の諸々の聖書翻訳ではこれが使われている）と共に
使われている。辞書的な材料からも、また、我が尊敬する友人であるバイスト教授
（フライブルク）の好意的な立ち入った叙述からも明らかなように、これに対してロ
マンス諸語において規則的な営利活動という**外面的**・俗世内的な意味で「職業」に
対して使われている諸々の単語は、それ自体全くいかなる宗教的刻印をも帯びてい

あらゆる国民のもとでは存在する、ということである。さらに明らかなのは、その際、該当する諸言語の何らか民族的に条件づけられた特質が、例えば「ゲルマン人の民族精神」の表現が、関与しているのではなく、むしろ、くだんの単語はその今日的な意味では**聖書翻訳**に由来し、しかも原文の精神で**なく**翻訳者の精神に由来する、ということである[55]。この語は、第一にルターの聖書

ない――それら単語が、「奉仕の務め(ミニステーリウム)」或いは「職務(オッフィキウム)」に由来する語のように、元来は何らか倫理的な色彩を持っていたのであれ、或いは、「技芸(アルス)」や「専門職(プロフェッシオー)」や「かかわること(インプリカーレ)」(伊 impiego)に由来する語のように、こういう色彩を最初から欠いていたのであれ。イエス・シラの書の中の、〔本註〕冒頭で言及された箇所(ルターに「天職(ベルーフ)」が見られる箇所)は、フランス語(カルヴァン派的翻訳)では office (20節)、labeur(21節)、スペイン語では、ウルガタに従った訳では obra(20節)、lugar(21節)、新たな翻訳(プロテスタント的)では posto(21節)と訳されている。ロマンス語諸国のプロテスタントたちは、彼らが少数派だった結果として、ドイツの(未だあまり学術的に合理化されていなかった)官房言語に対してルターが及ぼしえたような言語創造的な影響を、及ぼすことに成功しなかったか、もしくは彼らはそういう試みを全然しなかった。

55) これに対して**アウクスブルク信仰告白**はこの概念を、部分的に発展した形で暗示的にしか含んでいない。第16条(コルデの版の43頁を参照〔コルデ版が参照できなかったため、Paul TSCHACKERT, *Die unveränderte Augsburgische Konfession deutsch und lateinisch nach den besten Handschriften aus dem Besitze der Unterzeichner. Kritische Ausgabe mit den wichtigsten Varianten der Handschriften und dem Textus receptus*, Leipzig: Deichert, 1901, pp. 96-98(ドイツ語版)及び p. 97(ラテン語版)を参照した〕)が「なぜなら福音は……世俗の統治や警察や結婚状態をめぐって衝突するのではなく、むしろ人がそれらすべてを神の秩序として保つことを、そしてそのような状態の中でキリスト教的な愛や正しき善きわざを、各々**自らのベルーフに応じて**発揮することを、欲しているからである」と教えているとして(ラテン語では単に「そしてそのような使命状況の中で愛を実践すること et in talibus ordinationibus exercere caritatem」(同、42頁)としかなっていない)、その場合、そこから導き出される「人はお上に従うべきである」という帰結が示しているのは、ここでは少なくとも**第一には**Ⅰコリント7：20の箇所で言われる意味での**客観的な**秩序としての「職業」が考えられているのだ、ということである。そして第27条(コルデ版の83頁下方)は「天職(ベルーフ)」(ラテン語では「自分の召命の中で(インスアーウォカーティオーネ)」)について、神によって整えられた諸身分(すなわち、聖職者、お上、君侯身分、主君身分、及びそのたぐい)との関連でのみ語っており、そしてこれもドイツ語で信仰箇条書

翻訳の中でイエス・シラの箇所の一つ(シラ 11：20 と 11：21)に於いて、全く我々の今日の意味で使われているようである[56]。それからこの語は非常にほ

の版にのみ見られ、これに対してドイツ語の初版では該当する文は欠落している。
　第 26 条(コルデ版 81 頁〔前掲チャッカート(Tschackert)版では 164 頁〕)でのみ、「苦行〔ベルーフ〕は、それによって恩寵を獲得するのに役だつべきではなく、むしろ、各人が自らの職分に応じて(ラテン語では「自分の召命に従って〔ユクスタ ウォカーティオーネム スアム〕」)為すよう命じられていることを肉体が妨げないよう、肉体を適切な状態に保つのに役だつべきである」云々という言い回しの中で、――この語〔ベルーフ〕は、少なくとも我々の今日の〔職業〕概念をも含み込む意味で使われている。

56) ルターの聖書翻訳より以前には、様々な辞典が明らかにしているように、また、同僚のブラウネ氏やホープス氏が極めて好意的に私に確認してくれたように、この「ベルーフ」という単語(オランダ語では「beroep」、英語では「calling」、デンマーク語では「kald」、スウェーデン語では「kallelse」)は、今日この語を含んでいる**いかなる**言語においても、今日使われる**世俗的な内容**の意味では出てきていない。「ベルーフ」と同じ**音**の中高ドイツ語や中低ドイツ語や中世オランダ語の単語はすべて「Ruf」(この語の今日のドイツ語の意味での)を**意味し、特に**――中世後期においては――任用有資格者によって或る候補者が或る**聖職禄**へと任命されることを含んでいる――これはスカンディナヴィアの諸言語の場合でも辞書において強調されることがつねである特殊ケースである。この後者の意味でルターも時折この語を使っている。しかしながら、この語のこの特殊用法がのちに同様にこの語の改釈に役だったかもしれないとしても、それでも近代の「**職業**〔ベルーフ〕」概念の創造は言語的にも聖書翻訳に、しかも**プロテスタントの**聖書翻訳に、遡るのであり、それについてのちに言及されるべき萌芽は**タウラー**(1361 年没)のもとでのみ見いだされる。**プロテスタントの聖書翻訳によって支配的な影響を受けているすべての言語**はこの語〔ベルーフ〕を造り出しており、事情がそうなっていない(ロマンス諸語のような)**すべての言語**は、造り出さなかったか、或いは今日の意味では造り出さなかったのである。――
　ルターは「ベルーフ」という語によって、さしあたり全く異なる概念を 2 種類訳出している。**第一に**、神による永遠の救いへの召し出し〔ベルーフング〕という意味でのパウロ的な「κλῆσις」である。これに当たるのは I コリント 1：26、エフェソ 1：18、4：1、4：4、II テサロニケ 1：11、ヘブライ 3：1、II ペトロ 1：10 である。これらすべてのケースで問題となっているのは、使徒によって宣べ伝えられた福音を媒介として神によって為されるかの召し出しという**純粋に**宗教的な概念であり、この「κλῆσις」という概念は今日の意味での世俗的な「**職業**〔ベルーフ〕」とはほんの少しも関係がない。ルター以前の諸々のドイツ語聖書はこの場合に「ruffunge(ルッフンゲ)」と書いてお

り(ハイデルベルクの図書館のインキュナブラはすべてこうである)、たぶん「神によって召し出されて」の代わりにだろう、「神によって要求されて」〔ゲルッフェトという表現〕を使っている。――しかし第二に、ルターは――既に先に言及したように――前註で再現したイエス・シラの言葉(七十人訳の翻訳では ἐν τῷ ἔργῳ σου παλαιώθητι〔シラ11：20〕及び ἔμμενε τῷ πόνῳ σου〔シラ11：21〕)を「汝のベルーフに固執せよ」及び「汝のベルーフにとどまれ」(「汝の仕事〔アルバイト〕にとどまれ」、でなく)と訳しており、のちの(認可された)カトリックの聖書翻訳、例えばフライシュッツの翻訳(フルダ、1781年)は、ここで(新約聖書の諸々の箇所においてと同様)単にルターに従っている。シラ書のこの箇所のルター訳は、私が見る限りでは、「ベルーフ」というドイツ語が全くその今日の**純粋に**世俗的な意味で使われている**最初の**ケースである。(〔シラ書で〕直前(20節)に出てくる στῆθι ἐν διαθήκῃ σου という勧告を、ルターは「神の言葉のうちにとどまれ」と訳している――シラ14：1及び43：10が示しているように、〔11：20で〕シラが(タルムードの引用によれば)使った חק というヘブル語の表現に対応して διαθήκη は実際、我々の「ベルーフ」に類似したこと、つまり「運命」或いは「割り当てられた仕事」を意味するのでなければならなかったのだが。)既に上で言及したように、「ベルーフ」という語はのちの今日の意味では、ドイツ語ではこれより以前には存在しない。――私が見る限りでは――より古い聖書翻訳者や説教者の言葉の中にもない。ルター以前の複数のドイツ語聖書はくだんのシラ書の箇所で「業〔ヴェルク〕」と訳している。レーゲンスブルクのベルトルトは説教において、我々なら「職業」について語るであろう所で「労働〔アルバイト〕」という語を使っている。したがって、ここでは用語法は古代のと同じである。「ベルーフ」でなく「ルーフ」を(κλῆσις の訳語として)純粋に世俗的な仕事に対して適用している、私がこれまでに知りえた最初〔最古〕の箇所は、エフェソ4章に関するタウラーの美しい説教の中にある(バーゼル版 f. 117v)。すなわち、施肥しに行く農民たちについて、彼らは「本来自分の Ruff に従う限りでは、自分の Ruf を顧慮しない聖職者たちよりも」往々うまく行くものだ、と。この語はこの意味では世俗言語の中に入り込まなかった。そしてルターの用語法が当初(全集エアランゲン版第51巻、51頁)「ルーフ」と「ベルーフ」の間で揺れているにもかかわらず、タウラーからの直接の影響は全く不確かである――タウラーのこの説教との類似点はまさに例えば『キリスト者の自由』の中に見いだされるのだが。なぜならルターは当初、タウラーの上掲箇所のような純粋に**世俗的な**意味においては当の語を使わ**なかった**からである(デニフレ『ルター』、163頁の指摘に反して)。

さて、シラ書の助言は七十人訳の版では、神への信頼についての一般的な勧告を度外視すれば、世俗的な「職業」労働に対する独特な宗教的**評価**への関係を含んでいないようである(〔本文が〕損なわれている二つ目の箇所における πόνος すなわち苦労という表現は、もしこの読みが損なわれたものでなかったなら、このような表

現のむしろ反対だったろう)。神なき者たちのわざに幻惑されるな(貧しい者を豊かにすることは神にはたやすいのだから)という勧告(11：21)と組み合わせられていることによっても極めて明確に示されているように、イエス・シラが〔11：20で〕言っていることは、自分の地にとどまって**正直に暮らしを立てよ**、という詩編作者の勧告(詩編37：3)と単純に合致している。ph にとどまれという出だしの勧告(11：20)だけが福音書の κλῆσις と若干の親和性を有するが、まさにここでルターは(ギリシア語の διαθήκη に対して)「ベルーフ」という語を使わ**なかった**。この語のどうやら全く異質な二つの言い回しの間に橋を架けているのは、ルターの場合、コリントの信徒への手紙一の箇所とその翻訳である。

　ルターの場合(通常の近代の諸版においては)、この箇所が出てくる全体の関連は次のとおりである。Ⅰコリント7章、17節から。「……それゆえ各々は、主によって召されたように、生きてゆくべきである……。(18節)割礼を受けていて召されたなら、その者は包皮をこしらえるな。包皮がある状態で召されたなら、割礼を受けるな。(19節)割礼は無であり、包皮は無である。むしろ神の掟を守ることである。(20節)各々は自分が召されたその召命の中にとどまれ(ἐν τῇ κλήσει ᾗ ἐκλήθη——枢密顧問官メルクスが私に語ったように、これはまごうかたなきヘブル語法である。——ウルガタでは「(その者が)召されたその召命の中に in qua vocatione vocatus est」)。(21節)あなたが奴隷として召されたのなら、そのことを気にするな。しかしもし自由になれるのなら、むしろ遙かにそれを享受せよ。(22節)なぜなら、奴隷として召された者は主によって解放された者だからである。同様に自由人として召された者はキリストの奴隷である。(23節)あなたがたは高い値で買い取られている。人間の奴隷にはなるな。(24節)愛する兄弟たち、各々は自分が召されたその状態の中に、神にあってとどまるべきである」。それからそのあとに29節で、時は「短い」という指摘が続き、そのあとに、終末論的な期待によって動機づけられた、「妻を持っていないかのように妻を持ち、買った物を所有していないかのように買うこと」といった周知の指示が続く。20節でルターはそれ以前の諸々のドイツ語訳に連なる形で、1523年にはなお、この章に関する自らの釈義の中で κλῆσις を「召命」と訳しており(エアランゲン版第51巻、51頁)、そして当時これを「身分」と解釈している。

　実際、この κλῆσις という語がこの箇所で——そしてこの箇所で**のみ**——ラテン語の 地位 や我々の「 身分 」(婚姻状態、奴隷の 身分 、等々)にかなりの程度対応していることは明らかである。(しかしながらそれでも、ブレンターノ前掲書、137頁が推定しているような、今日の意味での「職業」の意味なのでは確かにない。ブレンターノはたぶん、これに関して私が言っているようには、精確に読むことが難しかったのだろう。)少なくともこういった語〔上述のラテン語やドイツ語の単語〕を想起させる意味では、この〔ギリシア〕語——語根から言えば ἐκκλησία〔キリスト教

的な文脈ではふつう「教会」を表すギリシア語〕、すなわち「招集された集会」に似ている——はギリシア文学の中で、辞書的な材料が提示している限りでは、ハリカルナッソスのディオニュシオスの一つの箇所で一度だけ出てきており、その箇所でこの語はラテン語の 等級〈クラッシス〉——ギリシア語からの借用語で、＝「召集された」動員された市民区分——に対応している。テオフュラクトス(11／12世紀)はIコリント 7：20 を「ἐν οἵῳ τάγματι〈タグマ〉 καὶ πολιτεύματι〈ポリテウマ〉 ὧν ἐπίστευσεν〔訳すと「自分が信じた〔時に〕いたその身分及びその市民権の中に在って」〕と解釈している(同僚のダイスマン氏がこの箇所を私に指摘してくれた)。——ともあれ、この箇所でも κλῆσις〈ベルーフ〉 は我々の今日の「職業」には対応していない。しかしながら、各々は現在の身分にとどまるべきであるという、終末論的に動機づけられた勧告の中で κλῆσις を「ベルーフ」と訳したルターは、のちに外典を訳した時に、各々はその孜々たる仕事にとどまるべきであるという、伝統主義と反貨殖主義によって動機づけられたイエス・シラの助言の中で、当の助言が〔「各々は現在の身分にとどまるべきである」という上記の内容と〕事柄として似ている〈ザッハリッヒ〉という理由だけで、πόνος を同様に「ベルーフ」と訳したのである。(これが決定的なことであり特徴的なことである。Iコリント 7：17 という箇所は κλῆσις を、既に述べたように、そもそも「職業」(＝働きの局限された領域)の意味では用いていない。)その間に(或いはほぼ同時期に)1530 年、アウクスブルク信仰告白において、俗世内的道徳に対する〔修道誓願などによる〕カトリック的凌駕が無益であることに関するプロテスタント的教義が確定され、その際に「各々自らのベルーフに応じて」という言い回しが使われた(前註を参照)。このこと、及び、まさに 1530 年代初頭に、個々人がその中に置かれているところの秩序の聖性に対する評価が〔それ以前よりも〕遙かに高くなったこと(この聖性は、人生のディテールに対しても神の全く特別な摂理〔が働くのだ〕ということへの、いよいよ以て精確かつ尖鋭的な信仰の発露だった)、しかし同時に、世俗的な諸秩序を、神によって変更不可能な仕方で欲せられた物だと受け止める傾向をルターが強めていったこと、これらが、ここでルターの翻訳の中で現れている。「vocatio」は、伝統的なラテン語では聖なる生活(特に修道院での、或いは聖職者としての)への神による召し出しとまさに同義で使われており、そして今やかの〔プロテスタント的〕教義の圧力のもとで、ルターにとって俗世内的「職業」〈ベルーフ〉労働がこの色彩を帯びたのである。なぜなら、ルターは今や、イエス・シラの書の πόνος や ἔργον を「ベルーフ」と訳しており、これについてそれ以前では修道者的翻訳に由来する(ラテン語の)類似だけが存在していたのだが、そのルターは数年前にはなお、箴言 22：29 において מְלָאכָה というヘブル語(イエス・シラの書のギリシア語本文の ἔργον のもとにあった語であり、かつ——ドイツ語のベルーフや北欧語の kald や kallelse と全く同様に——特に宗教的な「召命」に由来する)を他の諸箇所(〔例えば〕創世記 39：11)と同様に「仕事」〈ゲシェフト〉と訳していたからである(七十人訳では ἔργον、

ウルガタでは仕事、英語聖書では仕事、北欧諸語訳や、私の手許にあるその他あらゆる翻訳も〔これに〕対応している）。今やルターによって完遂された、我々の今日の意味での「職業」という語の創造は、さしあたり全く**ルター派的**たるにとどまった。カルヴァン派たちには外典〔シラ書を含む〕は非正典的だとみなされた。彼らは、「確証」関心を前景へと押し出すこととなった発展の結果ようやく、このルター派的な天職**概念**を受け入れ、今や鋭く強調した。ところが最初の（ロマンス諸語の）翻訳では彼らは、〔天職概念に〕対応する**単語**を駆使せず、また、既に型にはまってしまっている言語の中で、用語上そういう単語を創造するための力を持ってもいなかった。

そののち、既に 16 世紀の中でこの「ベルーフ」概念は教会外的な文学において今日的な意味で定着した。ルター**より前の**聖書翻訳者たちは κλῆσις に対して「召し出し」という語を使っており（例えば 1462/1466 年や 1485 年のハイデルベルクのインキュナブラに見られるように）、1537 年のエックのインゴルシュタット訳は「各々が召されたその召しの中で」と言っている。のちのカトリックの諸々の翻訳はたいていの場合直接ルターに従っている。イングランドでは――あらゆる翻訳の中の最初の翻訳として――ウィクリフの聖書翻訳（1382 年）がここで「cleping」（古英語の単語であり、のちに「calling」という借用語によって置き換えられた）を有しており――したがって、これはロラード派の倫理のあり方において確かに特徴的であり、すなわち、のちの宗教改革的な用語に既に呼応している単語である――、これに対して 1534 年のティンダルの翻訳は「彼が召された同じ**身分**において」と、考えを身分的な方向に向けたものとなっており、1557 年のジュネーヴ聖書も同様である。1539 年の**クランマー**の公式〔聖書英〕訳は「**身分**」を「**召命**」によって置き換えており、他方（カトリックの）1582 年のランス聖書や同様にエリザベス朝時代の宮廷の国教会の聖書は、特徴的なことに、ウルガタに依拠しつつ再び「**召命**」に戻っている。イングランドにとってクランマーの聖書翻訳がピューリタンの（職業 = trade の意味での）「calling」概念の源泉であるということは、既に〔*Oxford English Dictionary* の編者の一人〕マリー（Murray）が「calling」の項で適切にも認識している。既に 16 世紀の半ばには calling はそのような意味で使われていることが知られており、既に 1588 年には「不法な callings」ということ、1603 年には「より大きな callings」（「より高度な」職業の意味）ということ、等々が語られている（マリーの「calling」の項を参照）。（極めて奇妙なのはブレンターノ――前掲書、139 頁――の次のような表象である。それによると、中世の人は「vocatio」を「職業」とは訳さず、そして中世の人はこの〔職業という〕概念を知らなかった、というのも、**自由人**だけが「職業」に従事することができたのであり、そして当時自由な人々は――市民的な諸々の職業においては――**欠如していた**からだ、というのである。中世の産業の社会的編制全体は古代とは反対に自由な労働に基づ

どなくしてあらゆるプロテスタント諸国民の世俗言語において今日の意味を帯びるようになったが、それ以前には、それら諸国民のうちの**どの国民**の非教会的な文学においても、そのような語義へと成り行くような同じ何らかの萌しは確認できない。また、説教文学においても、明らかな限りでは、ルターに対して及ぼした影響が周知である一人のドイツ神秘主義者〔すなわちタウラー〕のもとでのみ〔確認できる〕。

新しい思想内容——職業遂行に対する高い道徳的評価

そしてこの語義と同様、——このことは全体として周知だろう——この**思想**も新しいものであり、宗教改革の産物である。この職業概念の中に在るところの、世俗的日常労働に対するくだんの〔肯定的な〕評価について、或る種の萌芽が中世に、然り、(ヘレニズム**後期**の)古代にすら、既に存在していなかったかのように言っているのではない——この点についてはのちに語ることになろう。いずれにせよ、無条件に新しいのはさしあたり一つのことだった。すなわち、世俗的な職業の中での義務遂行を、道徳的自己活動がそもそも受け止めることのできる最高の内容だとする評価が、それである。これが、世俗的日常労働の宗教的意義に関する表象が不可避的な帰結として有したものであり、この意味での職業概念を初めて生み出したものである。したがって、「ベルーフ」という概念の中では、あらゆるプロテスタント諸教派のかの中心的教義が表現されているのであり、その教義とは、キリスト教的な道徳命令を「掟」(プラエケプタ)と「勧告」(コンシリア)に分けるカトリック的な区分を拒絶し、神に喜ばれる生活を営む唯一の手段として、俗世内的な道徳を修道者的禁欲によって凌駕することを、でなく、個々人の生の立場から明らかになるであろうような俗世内的な諸義務を遂行すること(この「生の立場」がこれによってまさにその人の「天職」(ベルーフ)となる)を、もっぱら認める、というものである。

いており、とりわけ商人はほとんど全く自由人だったのだから、私にはこの主張が本当に良くわからない。)

ルターと天職思想

　ルターの場合[57]、この思想が発展したのは彼が宗教改革者として活動した最初の十年間の過程においてである。彼にとって当初、世俗的な労働は、例えばトマス・アクィナスによって代表されているおもに中世的な伝統[58]の意味

---

57) 以下については、K・**エゲル**『職業についてのルターの見方』(ギーセン、1900年)の教示的な叙述を参照。この叙述のたぶん唯一の欠陥は、彼の場合、他のほとんどすべての神学著作家の場合と同様、「自然法」の概念の分析が充分に明確でない、というところに存するのだろう(これについては、ゼーベルク『教義史』に対するE・トレルチの書評(『ゲッティンゲン学術公報』、1902年)における〔彼の論述〕を、及び今やとりわけトレルチの(キリスト教諸教会の)『社会教説』の該当箇所における〔彼の論述〕を参照)。

58) なぜなら、トマス・アクィナスが人間たちの身分的・職業的編制を神の**摂理**のわざだと称する場合、その〔「摂理」という〕言い方によって意味されているのは社会の客観的な**秩序界**(コスモス)だからである。しかし、**個々人**が特定の具体的な「職業」(我々の言い方によれば、トマスは「**奉仕の務め**(ミニステーリウム)」或いは「**職　務**(オッフィキウム)」と言っている)に従事する、ということは、「**自然的諸原因**(カウサエ・ナートゥーラーレース)」のうちにその原因を有する。トマス・アクィナス『雑多な諸問題』、VII、第17項：結論部「ところで、相異なる職務への人々のこのような分化は、第一に、人々の**諸身分**をそのように**配分**したところの神の摂理に偶因しており、……さらに第二に、**自然的諸原因**に偶因している。それら自然的諸原因に**偶因しているの**が、相異なる人々の中には**相異なる職務への**相異なる**傾き**が存在する、ということである Haec autem diversificatio hominum in diversis officiis contingit primo ex divina providentia, quae ita hominum **status distribuit**, ... secundo etiam ex **causis naturalibus**, ex quibus **contingit**, quod in diversis hominibus sunt diversae **inclinationes ad diversa officia** ....」。全く同様に、「職業」に対する例えばパスカルの評価も、職業選択を決定するのは**偶然**だという命題から発している(パスカルに関してはA・ケスター『パスカルの倫理』、1907年を参照)。この点から見て、諸々の「有機体的な」宗教倫理の中では、あらゆる宗教倫理の中で最も閉鎖的なものすなわちインドの宗教倫理だけが、別様である。トマス主義的な職業概念と、プロテスタント的な職業概念(他の点では摂理的なるものの強調という点でとりわけ似通っている後期のルター派的な職業概念をも含む)との対比は非常に明確なので、当座は上記の引用だけでよい——カトリック的な見方の評価ということには、のちに立ち返ることになりもするので。トマスに関しては**マウレンブレッヒャー**『当時の経済生活についてのトマス・アクィナスの立場』、1898年を参照。その他で、ルターが個別具体的な点でトマスと一致してい

に全く即した形で、神によって欲せられた営みではあるとはいえ、被造物的なものの一つ〔だったの〕であって、それは信仰生活の不可欠な自然的基礎であり、それ自体道徳的には飲食と同様良くも悪くもないものである[59)]。しかしながら、「信仰のみ」という思想がその諸々の帰結という点で明確な展開を繰り広げる中で、また、それによってもたらされたことだが、修道制のカトリック的な「福音的勧告」（これは「悪魔によって口述されたものである」）に抗う対立がいよいよ尖鋭的に強調される中で、職業の意義が増大する。修道者的な生活営

るように見えるところでは、特にトマスがというよりむしろ、そもそもスコラ学の一般的な教説が、ルターに影響を及ぼしたのだろう。なぜならデニフレの論証によればルターはトマスを実際不充分にしか知らなかったようだからである（**デニフレ『ルターとルター派』**、1903年、501頁、及びこれについて〔ヴァルター・〕**ケーラー『デニフレのルターへの一言』**、1904年、25-26頁を参照）。
59) 『キリスト者の自由』ではさしあたり、
  1. 諸々の俗世内的義務の構成のために、人間の「二重の本性」〔という言い方〕が**自　然　法**（レクス　ナートゥーラエ）（ここでは＝世界の自然的秩序）の意味で用いられており、この「二重の本性」とは、人間が**事実上**自分の肉体と社会的**共同体**（ゲマインシャフト）とに結びつけられているということからの帰結である（エアランゲン版第27巻188頁）。——
  2. この状況で人間は（196頁）——これがそれに結びつく**第2の根拠である**——、信仰者たるキリスト者である**ならば**、純粋な愛から為された神の恩恵の決断に対して隣人愛によって**報いる**という決断をするだろう。「信仰」と「愛」のこの非常に緩やかな結びつきと交錯するのが
  3. （190頁）肉体に対する支配を「内なる」人に付与する手段としての労働という古来の禁欲主義的な根拠づけである。——
  4. それゆえ、労働することは——このように、この点に結びついてさらに言われており、ここで再び「**自　然　法**」（レクス　ナートゥーラエ）（ここでは＝自然的な道徳）の思想が別の言い回しで効果を発揮する——、既に（堕罪以前の）**アダム**に固有な、神が彼に植え付けた**本能**だったのであり、「ただ神に喜ばれるために」彼はこの本能に従ったのだ、と。——最後に、
  5. （161及び199頁）マタイ7：17-18と関連して登場するのが、職業における（ベルーフ）きちんとした労働は信仰によって惹起された新たな生の結果であり、またそうでなければならない、という思想である（だが、そこから「確証」という決定的なカルヴァン派的な思想が発展したわけではないが）。——当の著作を支えている強力な気分が、異質な諸々の概念的要素の使用を説明している。

為は今や、神の前での義認のためにもちろん全く無価値であるばかりでなく、ルターにとっては、世の様々な義務を逃れようという利己主義的な愛情欠如状態の産物であるともみなされる。これとの対照で、世俗的な職業労働が隣人愛の外的表現であるように見えてくるのであり、そしてこれは、もちろん極めて世離れした仕方で、かつアダム・スミスの有名な諸命題[60]とのほとんどグロテスクな対比の中で、特に「分業は、いかなる個々人をも**他の人々**のために働くよう強制するのだ」という点の指摘によって、基礎づけられていく。しかし、見られるように本質的にスコラ学的なこの基礎づけはほどなく再び消え去り、そして残るのは、いっそう力を込めて強調されてだが、次の指摘である。すなわち、俗世内的な諸義務の遂行は、いかなる状況においても神に喜ばれるための唯一の道である、と。そのこと〔諸義務の遂行〕が、そしてそれだけが、神の御心なのである、と。そしてそれゆえ、神の前で許容されているいかなる職業も、全く等しく重んじられるのだ、と[61]。

---

60)「われわれが食事ができるのは、肉屋や酒屋やパン屋の主人が博愛心を発揮するからではなく、自分の利益を追求するからである。人は相手の善意に訴えるのではなく、利己心に訴えるのであり、自分が何を必要としているのかではなく、相手にとって何が利益になるのかを説明するのだ」(『国富論』、第1編第2章〔アダム・スミス/山岡洋一訳『国富論』上、日本経済新聞出版社、2007年、17頁〕)。

61)「というのも、(神は)あなたを通してすべての業をなさるからである。あなたを通して雌牛の搾乳をなさり、最も卑しい各々の業をなさるのであり、最大の業も最小の業もご自身には同様に感謝に値するものなのである。Omnia enim per te operabitur (Deus), mulgebit per te vaccam et servilissima quaeque opera faciet, ac maxima pariter et minima〔ルターの原文ではここに omnia が入る〕ipsi grata erunt」(「創世記釈義」、エルスペルガー校訂『マルティン・ルターのラテン語釈義著作集』第7巻213頁〔第8巻12頁が正〕)。この思想はルター以前では、宗教的「召命(ルーフ)」と世俗的「召命(ルーフ)」を価値の点で原理的に同等とみなしたタウラーにおいて見いだされる。トマス主義との対立は、ドイツ神秘主義とルターに共通している。定式の中では対立は、次の点において表現されている。すなわちトマスは――特に観照の道徳的価値を固守しうるために、しかし、托鉢修道会士の立場からも――、「働かない者は食べてもならない」というパウロ的命題を、労働(確かに自然法(レクス ナートゥーラエ)によって不可欠なものである)が課されているのはあらゆる個々人に対してでなく類としての人間に対してである、という仕方で解釈することを余儀なくされたのである。農

世俗的な職業生活に対してこのように道徳的資格が付与されたことが、宗教改革の、そしてしたがって特にルターの、最も重大な帰結をはらむ達成の中の一つだった、ということは、事実疑いのないところであり、全く決まり文句とみなされていると言ってよい[62]。この見解は、**パスカル**の観照的な気分が俗世の中での活動に対する〔高い〕評価(彼の最深の確信によれば、このような評価は、虚栄心か抜け目のなさのみからでしか、そもそも説明できない)を拒絶した際にいだいていた深甚な憎悪からは、幾世界もの隔たりがある[63]——もちろん、イエズス会的な蓋然説によって完遂された俗世への寛大な功利主義的**適応**からも、さらに一層隔たっている。しかしながら、プロテスタンティズムのかの達成の実際的意義が今や個別具体的にどのように思い描かれるべきかは、一般的には、明確な仕方で認識されているというよりむしろ、曖昧な仕方で感

民たちの「卑しい仕事(オペラ・セルウィーリア)」から上向するところの、労働に対する評価におけるそのグラデーションは、物質的理由から居所としての都市に結びついていた托鉢修道制の独特な性格と関係しており、これは、諸々の職業を互いに同等なものと評価したにもかかわらず身分的な編制を神の御心として強調したドイツ神秘主義者たちにも、「農民の子」ルターにも、等しく縁遠いものだった。——トマスの決定的な箇所をマウレンブレッヒャー『当時の経済生活についてのトマス・アクィナスの立場』、ライプツィヒ、1898年、65-66頁で参照。

62) それだけに一層驚くべきは、このような新創造が人々の**行動**に痕跡を残さずに過ぎ去ることがありうるなどと、個々の研究者たちが信じていることである。これは理解できないと、私は告白する。

63) 「虚栄はかくも深く人間の心に錨をおろしているので、兵士も、従卒も、料理人も、人足も、それぞれ自慢し、自分に感心してくれる人たちを得ようとする。……」(フォージェール版、第1巻、208頁〔日本語訳の引用元は前田陽一・由木康訳『パンセ』、中公文庫、1973年、106頁。但し、ヴェーバーの引用では「兵士も」が欠けている〕。ケスター『パスカルの倫理』、17頁、136頁以下を参照)。「職業」についてのポール・ロワイヤル及びジャンセニスムの原理的な立場(これについてはのちほどなお短く立ち戻ることになる)に関しては、今や**パウル・ホーニヒスハイム**博士の優れた著作『17世紀におけるフランスのジャンセニストたちの国家教説及び社会教説』(ハイデルベルクの歴史学博士論文、1914年。『フランス啓蒙主義の前史』に関する包括的な著作からの部分印刷である)を参照(特にその部分印刷の138頁以下を参照)。

じられているだろう。

ルター自身は「資本主義的精神」とは全く無関係

さしあたり、ほとんど確認が必要ない〔ほどに自明な〕のは、ルターは「資本主義的精神」(我々がこれまでこの語に結びつけてきた意味での)と、——或いはさらにそもそも、いかなる意味での「資本主義的精神」とも——内的に親和的だなどと称されては決してならない、ということである。宗教改革というかの「所業」を最も熱心に賞賛するのがつねであるところの教会関係の人々にしてからが、全般的に言って、今日いかなる意味でも資本主義の友では決してない。ところが、ましてなおさらルター自身は、〔もし尋ねられたなら〕いかなる疑いもなしに、フランクリンにおいて表出されているような信念との〔自らの〕一切の親和性を、言下に拒絶しただろう。もちろんここで、フッガー家[64]及びそのたぐいといった大商人たちに関するルターの不平不満が、徴候として引き合いに出されてよいわけではない。なぜなら、16・17世紀の個々の大規模な商事会社の法的な、或いは事実上の、**特権的**地位に対する闘争は、近代の反トラストキャンペーンに最も容易に比較されうるのであり、後者〔反トラストキャンペーン〕と同様、既にそれ自体は伝統主義的な信念の表現ではないからである。こういった人々に対して、ロンバルディア人に対して、「両替屋」に対して、英国国教会やイングランドやフランスの国王や議会によって厚遇されていた独占業者たちに対して、そして大投機家や銀行家に対して、ピューリタンたちも、また同様にユグノーたちも、激しい闘いを行なった[65]。ダンバーの

---

[64] フッガー家に関してルターが考えていたのは、「1人の人間の人生でかくも巨大な王的な財産がまとまってもたらされることになっていたなら、そのような成り行きは、正しいことでもすばらしいことでも」ありえ「ない」、ということである。同様に彼にとっては(高利についての大説教、エアランゲン版第20巻109頁)不労所得(レンテ)〔にかかわる〕売買は道徳的に憂慮すべきものであり、なぜならそれは「巧妙に考案された新しいもの」だから、——したがってそれは、ルターにとって経済的に**見通しの利かないもの**だからである——近代の聖職者にとって、例えば先物取引が見通しの利かないものであるのと同様に——。

[65] この対立はH・レヴィによって(『イギリス国民経済の歴史における経済的自由

戦い(1650年9月)のあとクロムウェルは長期議会に次のように書き送った[66]。「あらゆる職業(プロフェッション)に対する虐待を改革することを良しとせられよ。そしてもし、少数を富ませるために大勢を貧しくするものが一つでもあれば、それは共和国(コモンウェルス)にふさわしくない」——これに対して、クロムウェルが他面で、独特に「資本主義的な」思考様式によって全く満たされていたことを、人は見いだすだろう[67]。これに対して、高利や利子取得一般に反対するルターの多くの

　主義の諸基礎』に関する彼の著作(イェナ、1912年)の中で)適切に展開されている。例えば、クロムウェルの軍隊の中の平等派(レヴェラーズ)による、独占や諸々の会社に反対する1653年〔MWG I/18, p. 235 no. 45 によれば1652年1月28日が正〕の請願をも参照(ガーディナー『イングランド共和国と護国卿政治の歴史　1649-1660年』、第2巻、179頁)。これに対して、〔ウィリアム・〕ロードの体制は王と教会によって指導される「キリスト教的 - 社会的な」経済組織を目指しており、この経済組織から王は政治的及び財政的 - 独占的な利得を期待していた。まさにこれに対して、ピューリタンたちの闘争は向けられていた。

66)〔1650年9月4日の手紙。以下 S. C. LOMAS (ed.), *The Letters and Speeches of Oliver Cromwell with Elucidations by Thomas Carlyle*, vol. 2, New York: G. P. Putnam's Sons, London: Methuen & Co., 1904, p. 108 (Letter CXL, 4th September 1650) から訳出。〕

67) ここでこの言い方によって意味していることは、クロムウェルが1650年1月にアイルランド人たちに対する彼の絶滅戦争を開始した時の対アイルランド人の声明(これはアイルランドの(カトリックの)聖職者たちによる1649年12月4日及び13日のクロンマクノイズでの声明に対する返答を成していた)を例に説明できるかもしれない。中核となる文章は次のようになっている〔以下上掲 LOMAS (ed.), *The Letters and Speeches of Oliver Cromwell*, p. 8 からヴェーバーの引用に従って訳出(強調はヴェーバーによる。強調の前半については、創世記23章のアブラハムによる土地購入のエピソードを想起させる仕方で強調が付されているようである)。なお、今井宏『クロムウェルとピューリタン革命』、清水新書、1984年、158-159頁に同じ箇所からの、部分的に重なる翻訳が掲載されており、これを参照した〕。「イングランド人たちは、多くの者たちが**自分の金を出して購入したところの良い相続財産**を(つまりアイルランドに〔ヴェーバーによる補記〕)持っていた。……彼らは永い将来に向かってアイルランド人から土地を借り受けていた。**そこには家畜の大群**もいた。家や農場は**自分たちの費用**で建てたものなのだ。……君たちがこの結びつきを破ってしまった。アイルランドが完全に平和だった時において、かつ、**イングランド人たちの勤労の手本**を通して、**交易や交通**を通して、現地人〔natives、

発言の中では、資本主義的営利の本質についての彼の、後期スコラ学と比べて端的に(資本主義的観点から見て)「後進的な」表象様式が明らかに目だっている[68]。特に、例えばフィレンツェのアントニーノにおいて既に克服されていたところの、貨幣の非生産性についての〔ルターの〕議論はもちろんその一つである。しかしながら、我々はここでディテールに立ち入る必要は全くない――なぜならとりわけ、**宗教的**な意味での「天職(ベルーフ)」という思想は、俗世内的な生活営為に対するその帰結という点で、非常に様々な成型が可能だったからである。――宗教改革それ自体の達成は、さしあたり次の点にのみ存した。すなわち、カトリック的な見解との対照で、職業的に整えられた俗世内的な労働に対する道徳的な強調と宗教的な**報奨**が力づよく膨張したということ、これである。このことを言い表したものである「天職(ベルーフ)」思想がさらにいかに発展したかは、宗教改革を牽引した個々の教会においてこれ以降展開発展していった信心の、より立ち入った表出形態〔の如何〕にかかっていた。さて、ルターが天職(ベルーフ)思想を抽

ヴェーバーの引用では「国民」nations となっている〕が手にしていたものは彼らにとって、アイルランド全体が自分たちの所有にあった場合よりもより良いものだった。……**神は君たちと共におられるだろうか、今後もいますだろうか。そうではない**と私は確信する」。ボーア戦争の時代のイギリスの論説を想起させるこの声明は、ここでイングランド人たちの資本主義的な「利害」が戦争の法的根拠だと称されているがゆえに特徴的であるわけではない――そういうことはもちろん、例えば東方(オリエント)における利害領域の範囲に関するヴェネツィアとジェノヴァの間の交渉の際に、論拠として同様に使われることが充分ありえただろう(ということを――私がここで強調しておいたのに――ブレンターノ、前掲書、142頁が、奇妙にも私に対して反論として差し出している)。むしろ、上の文書断片の独特なものはまさに次の点にある。すなわちクロムウェルは――彼の性格を知っている人には誰にでも周知のように、極めて深甚なる主観的確信と共に――アイルランド人自身に対して、**神への嘆願**と共に、彼らを征圧することの**道徳的根拠**を、イングランド人の**資本**がアイルランド人たちを**労働**へと向かうべくしつけたという事情に基づかせているのである。――(当の声明は、カーライルによる以外では、抜粋でガーディナー『イングランド共和国と護国卿政治の歴史』、第1巻、163-164頁で印刷・分析されており、ドイツ語訳ではヘーニヒ『クロムウェル』の中にも見いだせる。)

68) ここはなお、このことをより詳しく論じる場所ではない。次の次の註で引用されている著作家たちを参照。

出した(と彼が思った)源泉たる聖書の権威はそれ自体、全体としては、伝統主義的な言い回しのほうにこそ有利だった。特に旧約聖書(旧約聖書は、真正の預言においては俗世内的道徳の凌駕などということを全く知らず、他の箇所でも、ごく散発的な原基形態及び萌芽でのみ、そういうものを知っているにすぎなかった)は、厳密に「各人は自分の『なりわい』にとどまれ、そして神なき者たちをして利潤を追求せしめよ」という意味で、〔伝統主義と〕全く同様な宗教的思想を成型した。世俗的な孜々たる仕事を端的に取り扱っているすべての箇所の、これがその意味なのである。この点ではようやくタルムードが部分的に——しかも原理的にではなく——異なる土壌に立脚している。**イエス本人**の立場はというと、「我々の日々のパンを我々に**今日**与えたまえ」という典型的に古代オリエント的な願望によって古典的な純粋さで特徴づけられており、そして「μαμωνᾶς τῆς ἀδικίας〔訳すと「不義の**富**マモン」。ルカ 16：9 を参照〕」という言い方においてイエスが表現するに至ったような根底的な俗世拒否の特徴は、近代の天職ベルーフ思想をイエス本人に**直接**結びつけるいかなる企てをも不可能にしている[69]。新約聖書において描かれているキリスト教の使徒時代は、特にパウロも、キリスト者の最初の数世代を満たしていた終末論的な期待の結果として、世俗的な職業生活に対しては無関心な仕方で、或いは同様に本質的に伝統主義的な仕方で、向き合っている。すなわち、万物が主の到来を待望しているのだから、各人は、主の召しによって自分が置かれた場たる当の身分、当の世俗的な孜々たる仕事に、従前同様とどまっているがよい、そうすれば彼は貧者として兄弟たちの荷厄介にならないのだ、と——そして、然り、もう間もなくなのである。ルターは聖書を、自らのそのつどの全体感情という眼鏡を通して読んでおり、そしてこの全体感情は、1518 年ごろから 1530 年ごろまでの彼の発展の過程では、単に伝統主義的であり続けただけでなく、ますます伝統主義的になっていったのである[70]。

---

69) 『イエスのたとえ話』に関する**ユーリッヒャー**の美麗な書物の第 2 巻、636 頁、108-109 頁のコメントを参照。
70) 以下については再び**エゲル**、前掲書の叙述をとりわけ参照。既にここで、**シュネッケンブルガー**の今日でもなお古びていない美麗な著作(『ルター派と改革派の教

実際、ルターは次第に伝統主義へと傾いていった

　ルターの場合、宗教改革者としての活動の初期においては、俗世内的な活動の**あり方**に関しては、職業に対する本質的に被造物的な評価の結果として、パウロ的な終末論的無関心（Ⅰコリント7章で表明されているような）に内面的に似かよった見方が支配的だった[71]。すなわち、人はいかなる身分でも浄福に与りうるのであり、人生という短い巡礼行の途上では、職業の**あり方**に重きを置くことは無意味だ、というのがそれである。そしてそれゆえ、自らの必要を超える物質的利潤を追求することは恩恵身分の欠如の徴候だと、また、他人の犠牲の上にのみ可能なように思われるので全く拒絶されるべきことだと、みな

義概念の比較叙述』、ギューダー編、シュトゥットガルト、1855年）へも参照指示が為されてよいかもしれない。（**ルータルト**『**ルターの倫理**』、初版（これだけが私の手に入った）の84頁は、**発展の実際の描写を何ら提示していない**。）さらに**ゼーベルク**『**教義史**』、第2巻、262頁下方を参照。――『プロテスタント神学・教会大事典』の「職業(ベルーフ)」の項目記事は、当の概念とその生成についての学問的分析の代わりに、ありうべきあらゆること（女性問題及びそのたぐい）に関する様々な、相当浅薄なコメントを含んでおり、無価値である。――ルターに関する国民経済学的文献の中からここでは、シュモラーの諸労作（「宗教改革時代のドイツにおける国民経済に関する諸見解の歴史」『国家学雑誌』16(1860)）、ヴィスケマンの懸賞論文(1861年)、そしてフランク・G・ウォードの労作（『国家及びその経済的諸課題についてのルターの諸見解の叙述及び評価』、コンラート編論叢第21巻、イェナ、1898年）だけを挙げておきたい。宗教改革400周年に際しての、部分的に優れているルター文献は、私が見る限り、**この特別な点に関しては決定的に新しいものを何らもたらしていない**。ルターの（及びルター派の）社会倫理に関してはもちろん**トレルチの**『**社会教説**』の該当部分がとりわけ参照されるべきである。

71) コリントの信徒への手紙一の7章の解釈(1523年、エアランゲン版第51巻1-2頁)。ここでルターは神の前での「あらゆる召命」（この箇所の意味での）の自由という思想をなお次のような方向に向けている。すなわち、これによって

　1. **人間の取り決め**（修道誓願、〔異民族との〕通婚の禁止等）は退けられるべきである、と。

　2. 隣人に対する伝統的・俗世内的な（それ自体としては神の前で**良くも悪くもない**）諸義務は**隣人愛の掟**として銘記されるべきである、と。

　本当はもちろん、例えば55、56頁の特徴的な詳述において問題となっているのは、神の前での義との対比での、**自然法**(レクス　ナートゥーラエ)の二元論なのである。

されねばならない[72]。俗世のもめごとに絡めとられる度合いが増せば増すほど、職業(ベルーフ)労働の意義に対する評価が随伴して高まっていく。ところが今やそれと同時に、ルターにとって個々人の具体的な天職(ベルーフ・フーゲング)は、神の摂理によって当人がそこへと割り当てられた**その当の**具体的な地位〔の職務〕を充足〔遂行〕せよという、当人への神の個別的命令へと、次第に化していく。そして「熱狂的宗教家たち」や農民騒擾との闘い以後、客観的な史的秩序(個々人は神によってこの中へと組み込まれている)がルターにとってますます一層神の御心の直接の現れとなるにつれて[73]、人生の個別事象においても摂理的なものの強調を今や一層強めることが行なわれ、そのことが、「天命(シッキング)」思想に合致する伝統主義的な色彩へと行き着くのである。すなわち〔今やルターの考えによれば〕、個々人は原則的に、神によっていったんその中へと据えられたその当の職業及び身分に**とどまる**べきであり、そして自らの地上的な努力を、当人に与えられたこの人生地位の限度内に保つべきである、と。経済的伝統主義が、当初パウロ的な無関心の産物だったとして、したがってそれはのちには、いっそう強まっていった摂理信仰の現れなのであって[74]、そしてこの摂理信仰は、神への無条

---

72) ゾンバルトによって〔ルターの〕「売買行為と高利について」(1524年)の中から、「手工業精神」(=伝統主義)についての彼の叙述の前に題詞として正しくも据えられた次の箇所を参照。「それゆえあなたは、そのような商売の中で自分の相応な生計の資以外の何ものも追求しないように定めねばならず、しかるのちに費用、労苦、労働及び危険を計算し見積もらねばならず、そしてそののち商品自体を、あなたがそのような労働と労苦との報いをそこから得られるよう、〔価格を〕上げたり下げたりして定めねばならない」。この原則は全くトマス主義的な意味で定式化されている。

73) ルターがH・フォン・シュテルンベルクに1530年に詩編117篇の釈義を献呈した時に付した手紙の中で既に、(下級)貴族の「身分」は、その道徳的零落にもかかわらず、神によって定められたものとみなされている(エアランゲン版第40巻282頁下方)。この解釈の発展にとってミュンツァーの騒擾が有した決定的な意味は、手紙(282頁上方)からはっきりわかる。エゲル、前掲書、150頁をも参照。

74) 詩編111篇5節及び6節の解釈(エアランゲン版第40巻215頁及び216頁)においても、修道院などによる世俗的秩序の凌駕〔という見方〕に反対する〔立場からの〕論争が出発点となっている。しかしながら今や、自然法(レクス・ナートゥーラエ)は(皇帝たちや法律家

件的服従[75]と、所与の状況への無条件的はめ込み(フューグング)とを、同一視している。このような次第でルターは、そもそも原理的な(或いは決定的に新たな)根本状況に起因するところの、職業労働と**宗教的**諸原理との絡み合いということには、そもそも到達しなかった[76]。教会の唯一誤りなき基準としての**教説**(1520 年代の様々な闘争のあと、ルターのもとでは一層変動不可能な形で確定した)の純粋性がそれ自体既に、新たな観点が倫理的領域において発展することを妨げたのである。

たちが製造するような実定法との対比で)直接に「神の義」と**同一**である。すなわちそれは神による設立物であり、特に民族の**身分的**編制を包括している(215 頁末尾)。その際、**神**の前での諸身分の等価性が鋭く強調されている。

75) このこと〔すなわち無条件的服従〕は特に『公会議と教会』(1539 年)や『聖礼典についての簡潔な知識』(1545 年)といった著作で教えられているとおりである。

76) 特に、キリスト者は自らの**天職**労働と生活営為において**確証**を得るのだという、カルヴァン派を支配していた(我々にとってかくも重要な)思想が、ルターの場合いかに非常に後景に退いたままか、ということは、『教会会議と教会について』(1539 年。エアランゲン版第 25 巻 376 頁下方)の次の箇所に示されている。「これら 7 つの信仰箇条(それらを基に人は正しい教会を認識するのである)に関して」「さて、それらが在る場合に人がキリスト教の聖なる教会を認識するところの、そういう**一層外面的なしるし**が存在する……〔すなわち〕我々が、ふしだらでなく、大酒飲みでなく、高慢でなく、横柄でなく、贅沢でなく、むしろ純潔で、慎みぶかく、酔っておらず、……である場合」。それゆえルターによればこれらのしるしは「上のもの」(純粋な教説や祈り等)ほどには確かでない。「なぜなら異教徒の中には、こういう業に熟達しており時としてキリスト者より聖なる者に見えるだろう人々も、存在するからである」。——カルヴァン自身、さらに論究されるであろうように、これとほとんど異ならない立場だっただろうが、たぶんピューリタニズムは異なる立場だったろう。ともあれルターの場合、キリスト者はただ「召命の中で」(イン ウォカーティオーネ)神に仕えるのであり、「召命**を通じて**」(ペル ウォカーティオーネム)仕えるのではない(エゲル、117 頁以下)。——これに対してドイツの神秘主義者たちのもとでは、まさに**確証**思想(もっとも、カルヴァン的な言い回しというよりむしろ、敬虔主義的な言い回しにおける、だが)について、少なくとも個別的な萌芽が、純粋に心理学的な方向性を有するとはいえ、見受けられる(例えばゼーベルク『教義史』、195 頁〔MWG I/18, p. 245 によれば 165 頁が正〕によって上で引用したズゾの箇所、同様に先に引用したタウラーの発言を参照)。

ルターと天職概念

　かくて、したがってルターのもとでは、天職(ベルーフ)概念は伝統主義的な拘束を受けたものであり続けた[77]。天職(ベルーフ)とは、人間が、神の摂理としてそれを**甘受する**

---

[77] そして彼の最終的な立場はたぶん創世記釈義のいくつかの詳論(エルスペルガー校訂の『マルティン・ルターのラテン語釈義著作集』所収)の中で書き記されているのだろう。
　第4巻109頁「また、自分の召命に対して熱心であって他の諸々の事柄について詮索しないでいるということは、軽微な**試練**でなかった……。自らの運命に満足して生きるというような人々は非常に少ないのである……Neque haec fuit leyis **tentatio**, intentum esse suae vocationi et de aliis non esse curiosum .... Paucissimi sunt, qui sua sorte vivant contenti ...」。同111頁「他方で我々の務めは、お召しになる**神に従うことである**……Nostrum autem est, ut vocanti **Deo pareamus** ...」。同112頁「それゆえ、各々が**自分の召命の中にとどまり**、〔神から受けた〕**自分の賜物に満足して生き**、他の諸々の事柄について詮索しないでいる、というこの原則が守られるべきである。Regula igitur haec servanda est, ut unusquisque **maneat in sua vocatione et suo dono contentus vivat**, de aliis autem non sit curiosus.」。これはその**結果**において全く、トマス・アクィナス(『神学大全』第2-2部第118問題第1項〔この典拠表示はMWG I/18, p. 245に従って修正したもの〕)における伝統主義の定式に呼応している〔このあとヴェーバーはここでラテン語原文をそのまま引用している。以下、訳文はトマス・アクィナス／稲垣良典訳『神学大全』20、創文社、1994年、248-249頁による。但し、強調はヴェーバーによる〕。「したがって、それらに関するかぎりでの人間の善は何らかの度合に存するのでなくてはならない——すなわち、それは人間が、**かれ自身の地位・境遇にてらしてその生活のために必要である**という風に、何らかの度合にもとづいて外的な富を追求することである。ここからして、罪はこのような度合を超過することに存するのであって、それはすなわち、或る者が然るべき限度modusをこえてそれらを獲得もしくは保持しようと欲する場合である。そのことが貪欲の本質側面に属する」〔この稲垣訳の最後の1文は原文ではquod pertinet ad rationem avaritiaeとなるが、この部分はヴェーバー自身の引用ではquod pertinet ad avaritiamとなっており、これを訳すと「そのことが貪欲に属する」となる〕。自らの身分相応の必要によって与えられた程度を**獲得**(エアヴェルプ)衝動の中で踏み越えることの罪ぶかさを、トマスは、諸々の外的財の**目的**(理法)(ラティオー)に現れているような**自然法**(レクス・ナートゥーラエ)によって根拠づけており、ルターは、神の定めによって根拠づけている。ルターにおける信仰と天職(ベルーフ)の関係に関してはさらにエルスペルガー版第7巻222頁〔MWG I/18, p. 246に従って典拠表示を修正〕を参照。

ことを、またそれへと「適応すること」を、必要とする、そういうものなのである。――この色彩は、職業労働は神によって課された使命の一つである或いはむしろ**唯一無二**の使命であるという、これまた存在する別の思想を圧倒している[78]。そして正統的ルター派の発展は、この特徴を一層強調した。したがってここ〔すなわちルター派〕では、消極的なもの、すなわち、禁欲主義的な諸義務による俗世内的諸義務の凌駕ということの脱落――しかしこの脱落は、お上に対する服従と、所与の人生状況への適応とを説く説教に結びついていた――が、さしあたり唯一の倫理的収穫だった[79]。――この消極的なものは、

「……あなたが信仰者である時、その時には、自然本性的な諸々のこと、諸々の肉的なこと、諸々の動物的なこと、諸々の務め、すなわちあなたが食べるのであれ飲むのであれ寝ずにいるのであれ眠るのであれ――それらは単に身体的かつ動物的な事柄である――、それらは神に喜ばれる。**信仰とはこのようなものなのである**……。もちろん、**不敬な者たちの中においてすら、務めにおける熱心さや勤勉さは神に喜ばれることだ**、というのは真実である。... quando es fidelis tum placent Deo etiam physica, carnalia, animalia, officia, sive edas, sive bibas, sive vigiles, sive dormias, quae mere corporalia et animalia sunt. **Tanta res est fides** ... Verum est quidem, placere **Deo etiam in impiis sedulitatem et industriam in officio**. (職業生活におけるこの**行動**は、自 然 法〔レクス ナートゥーラエ〕による一つの徳である。)しかし彼ら〔不敬な者たち〕が自分たちの業を神の栄光へと帰することができないよう、不信仰と虚栄が妨げとなる。Sed obstat incredulitas et vana gloria, ne possint opera sua referre ad gloriam Dei.(カルヴァン派的な言い回しの響きがする。)……それゆえ、不敬な者たちの諸々の善い行ないですら、確かに現世ではその報酬を**報われる**が、... **Merentur igitur etiam impiorum bona opera in hac quidem vita praemia sua**(アウグスティヌスの「vitia specie virtutum palliata」との対比)しかしそれらは数え上げられず、もう一方のものにおいては集められることがない。sed non numerantur, non colliguntur in altero.〔最後の部分は上記エルスペルガー版第7巻によれば non colliguntur in utre. となっている〕」

78) 教会説教(エアランゲン版第10巻、233、235-236頁)には次のようにある。「誰もが何らかの**天職〔ベルーフ〕**へと召し出されている」。この**天職**(236頁ではまさに「命令」と言われている)を人は待望するべきであり、その天職において神に仕えるべきである。その天職による達成をでなく、その天職の中に存する**服従**を、神は喜ぶのである。

79) これに呼応しているのが、近代の企業家たちによって時として主張されること

中世の宗教倫理へのコメントの際にさらに論究することとなるであろうように、このようなルター的刻印を帯びた天職(ベルーフ)思想のために、既に相当程度下ごしらえされていた。下ごしらえが行なわれたのはドイツの神秘主義者たちのもとにおいてであり、特に、タウラーのもとで聖職の召命(ベルーフ)と世俗的な職業(ベルーフ)が原理的に等価に扱われたことによっており、また、魂によって神の霊が忘我的・観照的に受容されるということの唯一決定的な意義〔をタウラーが強調したこと〕の結果として、禁欲主義的な行為功績の伝統的な諸形態の意義が**低下したこと**[80)]にもよっている。さらにルター派は、或る特定の意味では、神秘主義者たちに比べて後退を意味している。その後退とはすなわち、ルターの場合——そして彼の教会の場合にはさらに一層——、合理的な職業倫理のための心理学的な土台が、神秘主義者たち〔の場合〕に比して(この点に関する神秘主義者たちの見方は、場合によっては敬虔主義者、場合によってはクエイカー派、の信仰心理学をしばしば想起させる[81)])、かなり不安定になったということ、しかものちに示されるであろうように、不安定になった理由がまさに、禁欲主義的な自己規律化への志向がルターの目から見て行為聖性だとの疑いをかけられた**ので**、そしてそれゆえに、彼の教会においてはそういう志向が一層後景へと退かざるをえなかった**ので**、というものだったこと、その限りにおいてである。

——女子労働者の経済性に対する敬虔主義の影響に関して上で述べられたことと**反対の**、対立像——であり、すなわち例えば、厳格にルター派教会に属する家内工業者たちが**今日**例えばヴェストファーレンにおいて、非常に高い程度で伝統主義的な思考をし、労働様式の変形に対して——工場制度への移行なしであっても——、稼ぎの増加をほのめかされても気乗りせず、理由づけとして、来世ではどのみちすべては清算されるのだとする、といったことである。ここで示されているのは、**教会的であること**、信仰的であること、といった単なる事実は、生活営為全体にとってはなお何らか本質的意義を有するわけではない、ということである。資本主義の生成の時代において影響を及ぼすことで役割を果たしてきたのは、そして——より限定的な程度においてだが——今なお果たしているのは、遙かに具体的な宗教的生活内容なのである。

80) タウラー、バーゼル版、fol. 161f. を参照。
81) タウラー、前掲書の、特有な情緒豊かな説教を、及び fol. 17、18v、20 を、参照。

新たな思想の担い手としてのカルヴァン派、他

　したがって、ルター的な意味での天職(ベルーフ)という思想——このことだけがこの段階で既に確認されねばならなかったことである[82]——、ただそれだけでは、我々がこれまでに理解しうる限りでは、**我々が**〔本論考で〕探求している当のことのためには、いずれにせよ問題ぶくみの射程しか有していない。さて、このような言い方によって、宗教生活の新秩序のルター派的形態もまた、我々の考察の諸々の対象にとっては実際的な意義を有しなかった、などということが言われているわけでは少しもない。全くその反対である。但しどうやら、その新秩序なるものは、世俗的な職業に対する**ルター及び彼の教会の立場からは直接には**導出できず、そもそもそれほど容易には把握できず、むしろそのような把握はたぶん、プロテスタンティズムの別の諸々の表出形態〔つまり、ルター派以外の諸派〕においてのほうがより容易に可能かもしれない。それゆえ我々にとってお薦めなのは、さしあたり、生活実践とその宗教的起点との関連がルター派の場合よりも容易に究明可能である、というようなプロテスタンティズムの諸形態を考察することである。さて、既に〔本論考で〕以前に、資本主義的発展の歴史における**カルヴァン派**の、及びプロテスタントの**諸信団**(ゼクテ)の、際だった役割への言及がなされていた。ルターがツヴィングリのうちに自分自身の場合と「異なる精神」が息づいているのを見てとったように、ルターの精神的子孫たちは特にカルヴァン派のうちに〔「異なる精神」が息づいているのを見てとった〕。そしてなおさらカトリシズムは昔から、そして現在に至るまで、カルヴァン派を自らの本来的な敵とみなしてきた。さて、そのことにはさしあたり確かに純粋に政治的な理由がある。すなわち宗教改革が、ルター本人の全く宗教的な発展を抜きにしては想像可能でなく、精神的に長い間ルターという人格によって規定を受けてきたとして、それでも彼の事業は、カルヴァン派がなければ外的な持続性を有しなかっただろう。——しかしながら、カトリックとル

---

82) なぜならこの箇所ではこれが、ルターに関するこれらコメントの唯一の目的であるので、それらコメントは、かくも貧相なさしあたりのスケッチ(もちろんこれは、ルターを評価するという観点からは、いかなる意味でも満足の行くものではありえない)に甘んずることとなる。

ター派に共通の〔カルヴァン派に対する〕嫌悪の理由は、やはりカルヴァン派の倫理的特質のうちにも根拠があって存在しているのであって、極めて皮相的な瞥見が既に教えてくれるのは、ここ〔カルヴァン派〕ではカトリシズムにおけるのともルター派におけるのとも全く別様の関係が、宗教生活と地上的な行為との間に作り出されている、ということである。このことは、すぐれて宗教的なモチーフだけを用いている文学においてすら、目だっている。例えば、パラダイスで神の神秘のこの上ない観照が行なわれる中で詩人が言葉をうまく紡げずにいるという、〔ダンテの〕『神曲』の末尾をとってみるがよい。そしてそのわきに、「ピューリタニズムの神曲」と言い慣わされるようになったかの詩の末尾を当てがってみるがよい。〔すなわち〕ミルトンは、パラダイスからの**追放**の描写のあとで『失楽園』の最後の歌を次のように締めくくっているのである。

「彼らは、ふりかえり、ほんの今先まで
自分たち二人の幸福な住処(すまい)の地であった楽園(パラダイス)の東にあたる
あたりをじっと見つめた。その一帯の上方では、神のあの焔の
剣がふられており、門には天使たちの恐ろしい顔や燃えさかる
武器の類が、みちみちていた。彼らの眼からはおのずから
涙があふれ落ちた。しかし、すぐにそれを拭った。
世界が、——そうだ、安住の地を求め選ぶべき世界が、今や
彼らの眼前に広々と横たわっていた。そして、摂理が彼らの
導き手であった。二人は手に手をとって、漂泊(さすらい)の足どりも
緩(ゆる)やかに、エデンを通って二人だけの寂しい路を辿(たど)っていった。」[83)]

そして少し前にミカエルはアダムに次のように言っていた。
「必要なことは、ただひたすらお前の
知識に、それにふさわしい行為を加え、信仰を加え、美徳と
忍耐と節制を加え、さらに、やがて聖き愛(チャリティ)という名称で呼ばれる
はずの、そして——他の一切のものの魂でもある愛を、加えることだ。
そうなれば、お前もこの楽園(パラダイス)**から出てゆくことを嫌とは**

---

83)〔ミルトン／平井正穂訳『失楽園』(下)、岩波文庫、308-309 頁。強調はヴェーバーにより、ルビは平井による。〕

思わないであろう。自分の内なる楽園を、遙かに幸多き楽園を、
お前はもつことができるからだ。」[84]

使命としての俗世内的生活

　誰しもが直ちに感得するのは、真剣なピューリタン的俗世志向性、すなわち俗世内的生活を使命(アウフガーベ)だと評価する態度、の表出として極めて強力なこのような表現は、〔例えばダンテのような〕中世の一著作家の語りえなかったものだろう、ということである。しかしながらこの表現は、例えばルターの、またパウル・ゲルハルトの、コラールにおいて表出されているようなルター派とも、同様に全く合致していない。さて、ここで重要なのは、この定かでない感覚の代わりに、多少はより精確な思念上の定式化を据えることであり、これら相違の内的諸理由を問うことである。「国民性」を引き合いに出すことは、そもそも単に無知の告白であるだけでなく、我々の場合には全く無用なことでもある。17世紀のイギリス人たちに統一的な「国民性」を付与することは単に史的に正しくないだろう。「王党派」と「円頭派」は自分たちを単に二つの党派でなくむしろ根底的に異なる人間種類だと感じていたのであり、そして事態を注視する者はこの点で彼らの言い分が正しいと認めねばならない[85]。そして他方で、イギリスの冒険商人(マーチャント・アドヴェンチャラーズ)と昔のハンザ同盟商人との間の性格学上の相違などというものは発見不可能なのであって、それは、中世末期においてイギリス的特質とドイツ的特質との深甚なる相違なるものがそもそも、相異なる政治的運命によって直接に説明可能である場合[86]以外には、確認不可能であ

---

84)〔同上、305頁。上と同様、強調はヴェーバーにより、ルビは平井による。〕
85) もちろん、平等派(レヴェラー)の歴史構築を共有した者は、幸便にこれをも再び人種差へと還元することができるだろう。彼ら平等派(レヴェラー)は、アングロサクソンの代表として、ウィリアム征服王及びノルマン人たちの末裔に抗って自分たちの「生得権」を擁護しているのだと思っていたのである。今までのところまだ誰も我々に対して、平民的な「円頭派」を人体測定上の「丸頭」と解釈してくれていないのは、充分に驚きだ！
86) 特に、マグナ・カルタ及び諸々の大戦争の結果としての、国民としての誇り。外国の少女の美しさを目にした際の「彼女はイギリスの女の子のように見える」という、今日かくも典型的な言い方は、同様に既に15世紀にも見られたことが報告さ

る、ということと同様である。諸々の宗教運動の力が――それだけが、ではないが、最初にそれが――ようやく、我々が今日感得するかの諸々の相違をここで作り出したのである[87]。

以下で解明される対象は、宗教者たちの意図せざる産物だった

　かくて我々が、古プロテスタンティズムの倫理と資本主義の精神の発展との間の諸関係を研究する際に、カルヴァンやカルヴァン派や他の「ピューリタン的」諸信団(ゼクテ)の生み出したものから始めることにするとして、しかしさて、このようにすることは、次のような意味だと理解されてはならない。すなわち我々は、ここで「資本主義的精神」と呼んでいるところのものに対する――何らかの意味での、自らのライフワークの**目標**としての――目覚めを、これら諸々の宗教共同体(ゲマインシャフト)の創立者たち或いは代表者のうちの誰か一人のもとででも発見することを期待しているかのように、思われてはならない[88]。世俗的財の追求（自己目的として思念されたところの）が彼らのうちの誰か一人によってまさに倫理的価値とみなされた、などということを、たぶん我々は信じることができないだろう。そしてそもそも次の一事は最初で最後として確認されねばならないが、すなわち、宗教改革者――その中に我々は、我々の考察のために、メノー〔・シモンズ〕、ジョージ・フォックス、〔ジョン・〕ウェズリーといった人々を数え入れねばならないだろう――のうちのいかなる人のもとにおいても、倫理的な改革プログラムがかつて中心的な観点だったことはない。彼らは「倫理的な文化」のための協会の創立者でもなければ、人道的な社会改良事業や文

　　れている。
87)　この相違はもちろんイギリスにおいても存続した。特に「地主階級(スクワイアラールキー)」は現代に至るまで「古き愉快なイングランド」の担い手であり続けたのであり、宗教改革以後の全時代は、イギリス人気質の二つの型の間での闘争だと解釈されうる。この点で私は、イギリスの帝国主義に関するフォン・シュルツェ＝ゲーヴァニッツの美麗な著作に対する M・J・ボンの(『フランクフルト新聞(フランクフルター ツァイトゥング)』における)コメントを正しいと認める。『アルヒーフ』46(1918/1919)所収の H・レヴィ〔の論考〕を参照。
88)〔MWG I/18, p. 253 に従って、原文の als erwarteten wir, のあとの接続詞 daß は削除。〕

化理想の代表者でもなかった。魂の救いが、そしてこれだけが、彼らの生涯そして活動の中心点だった。彼らの倫理的諸目標や、彼らの教説の実際的影響は、みなここにかかっていたのであり、純粋に宗教的な諸動機の単なる**帰結**でしかなかった。そしてそれゆえ我々は、宗教改革の文化影響は、相当程度——のみならず、我々の特殊な観点にとってはたぶん主として——、宗教改革者たちの仕事の予測されざる、そしてまさに**意図されざる**、帰結——彼ら自身の念頭に浮かんでいたすべてのことに対して、しばしば遠く隔たっていたもの、或いはまさに対立的な仕方で存在したものとして——だったのだ、ということを受け止める用意ができていなければならないだろう。

研究を進めるに当たっての諸注意

かくて、以下の研究は、もちろんそれ自体の慎ましい寄与分においてだが、そもそも諸々の「理念」が歴史の中で作用するその仕方を具体的に説明するために、一つの貢献を成しうるだろう。しかし、既に最初から、純粋に理念的な諸動機の作用発現ということがここで主張される場合のその意味に関して、誤解が生じることのないよう、これに関してこの序論的論究の末尾としてなお若干の暗示を行なうことを許されたい。

このような研究は——とりわけはっきりと言い添えられてよいだろうが——、宗教改革の思想内実を何らかの意味で、社会政策的にであれ宗教的にであれ、**評価**しようとする試みなどでは決してない。本来的な宗教意識から見れば周縁的、そしてまさに外面的、と映るほかないであろう、宗教改革におけるそのような諸側面に、我々はつねに我々の目的のためにかかずらう。なぜなら、無数の史的な個別動機から生成発展したものである我々の近代的な、独特に「この世」志向的な文化が発展する、その発展の網目の中に宗教的な諸動機が織り込んだところの緯糸(よこいと)を、多少とも一層はっきりさせることが、然り、ここで単に企てられるべきことだからである。したがって我々が問うのは単に、この文化の確かに特徴的な諸内容のうちのどれが、例えば史的原因としての宗教改革の影響に**帰属**させられてもよいか、ということである。その際もちろん我々は、経済的変動から説き起こして宗教改革を「発展史的に必然的なもの」として演繹することが可能だなどとする見解からは、自らを解き放たねばならない。新

たに創造された〔プロテスタント〕諸教会がそもそも存続しうるためには、どのような「経済的法則」にも当てはまらず、のみならずそもそも何らかの種類のどのような経済的観点にも当てはまらない、そのような史的な配置状況〔コンステラツィオーン〕——特に、純粋に政治的な諸事象——が、無数に協働せねばならなかった。しかしながら他方で、例えば、「資本主義的精神」(つねにこの語の、暫定的にここで使われている意味における)は宗教改革の特定の諸影響の発露として**のみ**成立することが**可能**だったのだ、とか、或いはそもそも、**経済システム**としての資本主義は宗教改革の産物だ、などといった極めてアホな教条的なテーゼ[89) が擁護されるべきでは全くない。資本主義的な商売経営のいくつかの重要な**形態**は、周知のとおり、宗教改革よりもかなり**古い**ものである、ということが既に、このような見解にとってははっきり邪魔ものであるだろう。むしろここで確認されるべきはただ次の点、すなわち、かの「精神」の質的形成と全世界への量的拡大との際に宗教的な影響が関与したのかどうか、関与したのであればどの程度関与したのか、また、資本主義的基礎に基づく**諸文化**のどのような具体的**諸側面**がそれら宗教的影響に起因するのか、という点である。さてその際、宗教改革の諸々の文化時期の精神的内実と、物質的基礎や社会的・政治的な諸々の組織形態との間の、相互影響関係の途方もない絡み合いを勘案するなら、研究の歩を進めることは次のようにしてのみ可能だろう。すなわちまず、宗教的信仰のいくつかの形態と職業倫理との間の特定の「選択親和性」はそもそも認識可能かどうか、またいかなる点において認識可能か、ということがまず研究される。これと共に同時に、そのような選択親和性の結果として、宗教運動が物質文化の発展に対して作用したその仕方と一般的な**方向**とが、可能な限り明らかにされる。その**のち**にようやく、これが何とか一義的に確定すれば、次の問い〔に対する答え〕を見定める試みが行なわれうるだろう。その問いとはすなわち、近代の文化内容はその歴史的成立〔の経過〕の中でどの程度、かの宗教的諸動機に帰属させられうるか、そしてどの程度、他の諸動機に帰属させられう

---

89) まさにこのようなテーゼが、——このコメントや以下の(変更されておらず、私見によれば充分に明確な)諸々のコメントにもかかわらず——奇妙なことに再三再四、私になすりつけられてきた。

るか、である。

II 禁欲主義的プロテスタンティズムの天職倫理

1 俗世内的禁欲の宗教的諸基礎

本書が扱う禁欲主義的プロテスタンティズムとは

　禁欲主義的プロテスタンティズム（この表現のここで使われる意味での）の歴史的担い手は主に4種類、すなわち、①カルヴァン派──特に、17世紀が経過する中で西欧の同派支配の主要地域で同派が呈するに至った**その形姿における**──、②敬虔主義、③メソジスト派、④洗礼派運動から発して成立した諸信団(ゼクテ)、である[90]。これら運動のどれ一つとして、他の運動と全く別個なものとして〔互いに〕対峙していたわけではなく、禁欲主義的でない諸々の宗教改革教会からの分離も、厳格に遂行されたものでは決してない。メソジスト派は、18世紀中葉になってイギリスの国家教会の内部で成立しており、創立者たちの意図からすれば新たな教会たらんとしたものではなく、むしろ古い教会の内部での禁欲主義的な精神の新覚醒たらんとしたものだったのであり、そしてようやくその発展の過程で、特にアメリカへの波及の際に、英国国教会から切り離された。敬虔主義は、イギリスそして特にオランダのカルヴァン派の土壌で

---

90) ツヴィングリ派は、短期間の巨大な権力地位のあとに速やかに意義が減退したので、我々はとりたてて扱わない。──予定の教義を峻険な定式で拒絶している点を自らの**教義上の**特徴とし、かつ「俗世内的禁欲」を拒絶した「アルミニウス派」は、信団としてはオランダ（と合衆国）でのみ確認されており、本章においては我々にとって関心の対象でないか、或いは、同派はオランダにおいて商人的都市貴族の宗派だった（これに関しては後述を参照）という意味で、消極的な関心の対象でしかない。アルミニウス派の教義は英国国教会とメソジスト派の大半の教派において有効だった。しかしながら、その「エラストゥス主義的な」（すなわち、教会マターにおいても国家の主権を擁護する）立場は、イングランドにおける長期議会の立場であり、全く同様にエリザベス1世の立場であり、オランダの議会とりわけオルデンバルネフェルトの立場であり、〔つまり〕純粋に政治的な関心を有する**あらゆる**審級機関の立場だった。

まず生育し、全くほとんど知覚不能な諸々の移行段階の間じゅう正統派と結びついたままでおり、そののち 17 世紀末ごろにシュペーナーの働きにおいてルター派への参入を成し遂げた——教義上、部分的に基礎づけが変更された上で。敬虔主義は教会内の運動であり続けており、モラヴィア兄弟団におけるフス派的・カルヴァン派的な影響の残響によっても規定されていたツィンツェンドルフ関連の方向性(「ヘルンフート派」)だけが、メソジスト派と同様、自分たちの意志に反して特有な仕方での信団(ゼクテ)形成へと追いやられた。カルヴァン派と洗礼派は、その発展の初期においては険しく分離された形で互いに対峙していたが、17 世紀後半のバプテスト派においては両者は緊密に接触しており、そして 17 世紀初頭のイギリス及びオランダの独立派諸信団において、〔禁欲主義的な精神への〕移行は既に段階的なものだった。敬虔主義が示しているように、ルター派への移行も漸進的であり、カルヴァン派と英国国教会(その外面的性格と、最も首尾一貫した信仰告白者たちの精神とにおいて、英国国教会はカトリシズムに似かよってくる)の間〔の関係〕も同様である。「ピューリタニズム」(この多義的な語の最も広い意味において)と称された[91] かの禁欲主義的な運動は、その信徒大衆において、そして特にその徹底した擁護者たちにおいて、英国国教会の基礎に対して攻撃を加えたのだが、ここでも諸々の対立は闘争の中でようやく徐々に尖鋭化していった。そして制度や組織の問題といった、我々がここで関心を寄せない諸問題を予め全くわきによけることにするとしても、——然り、そうしたとして、なおさら一層——事態は同じものであり続ける。教義上の相違も、予定説や義認教説に関する相違のような最も重要な相違ですらが、極めて多様な組み合わせの中で互いに入り組んでいたのであり、それらは既に 17 世紀初頭に教会共同体(ゲマインシャフト)の維持を規則的に——しかし、例外なしにではな

---

91)「ピューリタニズム」という概念の発展に関しては、余人でなく、サンフォードの『大反乱についての研究及び省察(リフレクションズ)〔正しくは「例証(イラストレーションズ)」〕』、65-66 頁を参照。我々はここでこの表現を、そもそもこれを適用するところでは、この表現が 17 世紀の民衆の言語で有したその意味でつねに用いる。その意味とはすなわち、教会体制プログラムや諸教義の相違にかかわりなく、オランダ及びイギリスにおいて禁欲主義的志向を有した諸々の宗教運動というものであり、したがって「独立派」、組合教会派、バプテスト派、メノナイト派、クエイカー派を含む。

かったが——阻害していた。そしてとりわけ、**道徳的な**生活営為の諸現象（我々にとって重要なものである）は、上述の四つの源泉の中の一つ（或いはそれらの複数のものの組み合わせ）に由来する極めて多様な諸教派において、その信徒たちのもとで、同様な仕方で見いだされている。同様な倫理的格率が相異なる教義的土台と結びつくことがありえた、ということを我々はのちに見るだろう。司牧経営のために用いられた影響力甚大な諸々の文学的補助手段（とりわけ、様々な宗派の決疑論ハンドブック）も時の経過の中で互いに影響を及ぼし合っており、それらの中では、生活営為の実践の（周知のとおり）非常な相違にもかかわらず、大いなる類似性が種々見いだされる。したがって、我々がなすべき最善のことは、教義的土台も同様に倫理理論も全く無視して、純粋に道徳的実践にのみかかずらうこと——それが確定可能な限りにおいて——だ、というふうにほとんど見えてくるかもしれない。——しかし、まさにそれにもかかわらず、そうはなっていない。もちろん、禁欲主義的な道徳の教義上互いに異なる諸々の根は、諸々の恐るべき闘争のあと死滅した。しかしながら、〔道徳が〕そういう教義にもともと結びつけられていたということは、後代の「非教義的な」倫理の中に強力な痕跡を残しており、それだけでなく、もともとの思想内実を知ることによって**のみ**、かの道徳が、当時の最も内面的な人々を絶対的に支配していた**来世**への思いとどう結びついていたかを、理解できるようになる（すべてを凌ぐこの思いの力がなければ、当時、生活実践に対して深刻な影響を及ぼすこととなった道徳的刷新は、起動することが**決してなかった**のである）。なぜなら自明なように、我々にとって重要なのは、例えば当時の倫理ハンドブックの中で理論的・公的に教えられたこと〔の内容〕——これもまた、教会規律や司牧や説教を通じて実際的な意義を確かに有してはいたが——ではなく[92]、全く別なこと、すなわち、宗教的信仰と宗教生活の実践と

---

[92] このことは、これらの問いに対する論究において非常にまずく誤解されてきた。特にゾンバルトが、しかしブレンターノも、倫理的な著作家（たいていは、彼らが私から聞いて知った人々）や生活規則の法典編纂〔集〕をつねに引用するのだが、その際**一度も**、これら〔著作家や法典集成〕によって、心理学的に唯一効果的である**救済**報奨がどんな人々に与えられたか、ということを問うていない。

を通じて創出されたかの諸々の心理学的**推進力**(この推進力が、当の生活営為に〔進み行くべき〕方向を指し示したのであり、またその生活営為の中で<ruby>個　体<rt>インディヴィードゥウム</rt></ruby>を固く保持したのである)を究明することだからである。さて、ところがこれら推進力は、非常な程度でいったん、宗教的な信仰表象の特質からも出てきたところのものである。当時の人間は一見抽象的な諸々の教義に関してあれこれ思い悩んだが、その度合いたるや、それと実際的・宗教的な利害関心の関連を我々が見通して初めて、再び理解可能になる、というほどなのである。若干の教義的考察を踏んで進む道[93)]（この道は、神学的でない読者には厄

---

93) このスケッチが、純粋に教義的な領域で展開する限りにおいて、至る所で教会史的・教義史的文献の定式に(したがって「人手」に)依拠しており、その限りで全くいかなる独自性をも主張していない、ということを私はことさら強調する必要はほとんどないだろう。もちろん私は、能力の限りで宗教改革史の史料の中に沈潜するべく努めた。しかしながらその際に、何十年もの集中的かつ鋭敏な神学的労作を無視しようなどとすること——そういった労作によって史料の理解へと**導かれる**の(が全く不可避である、そのとおりに)でなく——は、非常な思い上がりだったろう。このスケッチのやむをえない短さから不正確な定式化が帰結しなかったことを、また、少なくとも私が事柄に即して著しい誤解を回避しえたことを、私としては希望するほかない。この叙述が、最も重要な神学文献を熟知しているいかなる人にとっても「新しいもの」を含んでいるとすれば、それは確かに、もちろんすべてのことが**我々**にとって重要な諸観点へと引き寄せられていること、その限りにおいてなのであり、それら諸観点のうちのまさに決定的に重要ないくつもの観点——例えば、**禁欲の合理的な性格**や、近代の「生活様式」に対するその意義、といったような——は、当然ながら神学的叙述家たちからは縁遠いものだった。事柄のこの側面、そしてそもそもその社会学的な側面は、〔ヴェーバーの〕本稿が発表されて以来、既に上で引用したE・トレルチの著作——彼の『ゲルハルトとメランヒトン』並びに『ゲッティンゲン学術公報』での多数の書評は、彼の大作の前身を成すものを既にいくつも含んでいる——によって系統的に立ち入った取り扱いを受けた。紙幅の制約という理由からも、使ったすべてのものでなく、本文の当該部分が依拠し或いは引き合いに出している、そういった労作**だけ**がそのつど引用されている。これは、ここでの観点の関心に比較的近い著者がいる場合には、まさにそういう比較的古い著者たち〔が引用の対象〕であることが稀でない。ドイツの図書館の全く不充分な金銭的装備がもたらしているのは、「地方」では最重要の史料著作や労作を短期間、借用の形でしかベルリン或いは他の大図書館から持ってこれない、という事態であ

介に思われるに違いなく、神学的な教養を有する人には性急かつ表面的なものと映じるに違いない)は不可避である。その際我々はもちろん、諸々の宗教思想を「理想型的に」編集された形(史的現実においては稀にのみ目にされたであろう、そういう論理的帰結)において提示する、という仕方でのみ前進できる。なぜなら我々は、史的現実の中でシャープな境界線を引くことが不可能であるという、まさにその不可能性**ゆえに**、それらの**最も首尾一貫した**〔換言すれば、理想型的な〕諸形態の研究においてのみそれらの独特な作用に行き当ることが期待できるのだから。――

A. カルヴァン派

カルヴァン派の特徴的な教義としての「恩恵の選び」の教説

　さて、資本主義的に最も高度に発展した諸々の文化国家(すなわちオランダ、イギリス、フランス)において、16・17世紀に大いなる政治的・文化〔的〕闘争が行なわれた際の争点となり、それゆえ我々が〔研究上〕まず第一にそれへと向かうことになる、そういう信仰[94]であったのは、**カルヴァン派**である[95]。そ

る。例えばフート、バクスター、タイアーマンの『ウェズリー』、メソジスト派やバプテスト派やクエイカー派の著作家すべて、そしてそもそも最初の時代の著作家で『宗教改革者集成』に含まれていない多くの人々がそれである。いかなる**立ち入った**研究のためにも、イギリスや特にアメリカの図書館への訪問は必須である。もちろん、以下のスケッチのためには一般にドイツで手に入るもので満足せねばならなかった(し、満足することもできた)。――アメリカでは少し前から、自らの「分派的な」過去が諸々の大学によって特徴的かつ意図的に否認されるということに端を発して、図書館がこの種の文献の新しいものをわずかしか、或いはしばしば全く何も、入手しないという事態が生じている――これは、アメリカ的生活の「世俗化」へと向かうかの一般的な傾向に由来する個別的特徴であり、この世俗化はそう遠くない時期に、史的に伝承されてきた国民性を溶解して、この国の基礎的ないくつもの制度の意味を完全かつ最終的に変えてしまうだろう。〔文献参照のためには〕人は地方所在の正統派の小さな信団単科大学(ゼクテ カレッジ)へ赴かねばならない。

94) さしあたり我々は以下では、禁欲主義的な諸志向の由来や先行例や発展史に対しては全く関心を持たず、むしろ、それらの思想内実(それが十全に発展して存在し

たその様(さま)での)を所与の大きさとして受け止めることにする。

95) カルヴァンとカルヴァン派一般に関して、カンプシュルテの基本的な労作と並んで、最良の教示をもたらしてくれるのは、エーリヒ・マルクスの叙述(彼の『コリニー〔のガスパール〕』における)である。キャンベル『オランダ、イングランド、アメリカにおけるピューリタン』(2巻本)は必ずしも至る所で批判的であるわけでもなく、傾向性を全く免れているわけでも必ずしもない。オランダでの展開についてはモトゥリー〔MGW I/18, p. 264によれば、ヴェーバーはここでも、またこれ以後でも、この著者の著作を具体的に挙げていない由〕と並んで、オランダの古典著作家たち、特に**フルーン・ファン・プリンステラー**『父祖の国〔オランダ〕の歴史』、『オランダ、そしてカルヴァンの影響』(1864年)、『オランダの教会における反革命的・宗派的な党派』(1860年、**近代の**オランダについて)、さらにとりわけ**フラウン**『80年戦争の中の10年間』、そして特に**ナーベル**『カルヴァン派か自由思想家か』が参照されるべきであり、これと並んでW・J・F・**ナウエンス**『〔ネーデルラント〕連邦共和国における教会的・政治的争いの歴史』(アムステルダム、1886年)、19世紀についてはA・**ケーラー**『オランダの改革派教会』(エアランゲン、1856年)。フランスについてはポーレンツと並んで今や**ベアード**『ユグノーの興隆』、イングランドについてはカーライル、マコーリー、マッソン及び——最後だが劣後でなく——ランケと並んで、今やとりわけ、ガーディナーとファースの、のちに引用されることになる様々な労作、さらに例えば**テイラー**『イングランドにおける宗教生活の回顧』(1854年)、そして『イギリスの諸革命教会』に関する**ヴァインガルテン**の卓越した著書、加えてイギリスの「モラリスト」に関する『プロテスタント神学・教会大事典』第3版の**トレルチ**の論考、さらに——もちろん——彼の『キリスト教の諸教会及び諸集団の社会教説』、そしてEd・**ベルンシュタイン**『社会主義の歴史』の中の卓抜な小論(シュトゥットガルト、1895年、第1巻、506頁以下)。最良の文献目録(文献数7000超)は**デクスター**『最近300年の会衆派教会』に見られる(もちろんおもに——とはいえ、それだけ、ではないが——教会**制度**の問題)。同書はプライス(非国教主義[正しくは「非国教徒(ノンコンフォーミティー)」]の歴史)、スキーツや他の叙述よりも全く遙かに高みに在る。スコットランドについては例えば**ザック**『スコットランドの教会』(1844年)やジョン・ノックスに関する文献。アメリカの植民地については多くの個別文献の中で**ドイル**『アメリカに於けるイギリス人』が傑出している。さらにダニエル・ウェイト・**ハウ**『ピューリタン共和国』(インディアナポリス:ボウエン=メリル出版社)、J・**ブラウン**『ニューイングランドのピルグリム・ファーザーたち、及び彼らの後継者たるピューリタンたち』(第3版、レヴェル編)。さらなる引用は当該箇所で。教説の相違については、以下の叙述は**シュネッケンブルガー**の既に上で引用した講演シリーズに全く特に負っている。——リッチュルの基礎的な著作『義認と和解についてのキリスト教の教説』(3巻本、ここでは第3版

のカルヴァン派の最も特徴的な教義だと当時みなされ、今日でも一般にそうみなされているのは、**恩恵の選び**の教説である。確かに、これが改革派教会の「最も本質的な」教義なのかそれとも「付録」なのか、という点は争われてきた。さて、ところが、一箇の史的現象の何が本質かに関する判断は、価値判断であるか、または信仰判断である——つまり、〔何が本質かという〕このような言い方によって、当の現象だけへの関心を惹起させるものが、或いは唯一持続的に価値あるものが、念頭に置かれている場合には。さもなければ、他の史的諸経過への影響ゆえに**因果的**に有意味なものが念頭に置かれているのであって、その際問題なのは史的な〔因果〕帰属判断である。さて、ここでそうならねばならないように、人がこの後者の観点から出発して、かの教義がどれほどの意義を、その文化史的な**諸影響**に応じて付与されるべきかを問うならば、この意義は確かに非常に高く見積もられねばならない[96]。オルデンバルネフェルトが

によって引用)は、史的叙述と価値判断との強度の混淆という点で著者のはっきりした特質を示しており、この特質は、思想的な鋭さの全的な雄大さにもかかわらず、利用者に必ずしもつねには「客観性」の十全な確かさをもたらしていない。例えば彼がシュネッケンブルガーの叙述を拒否しているところでは、その正しさは私にはしばしば疑いが残るものだった——その他の点で私はあえて自分自身の判断を行なわないが。さらに例えば、宗教的な思想や気分の非常な多様性の中で、既にルター自身の場合に「ルター派的な」教説だとリッチュルの目から見てみなされるところのものは、しばしば価値判断によってそのように確定されているように見える。つまり、ルター派においてリッチュルの目から見て**持続的に価値あるもの**であるものが、ルター派的なものだとされているのである。これは、**かつてそうであったところ**の〔つまり、現実の〕ルター派では必ずしもなく、(リッチュルの考えによれば)**かつてそうであるべきだったところ**の〔つまり、何らか理想化された〕ルター派、なのである。カール・ミュラー、ゼーベルク、その他の著作が**至るところ**で使われている、ということについては特段の言及はたぶん必要ないだろう。——私が以下で読者に対して、**私自身に対してと同様**、脚註の悪性腫瘍という懺悔の苦行(ペニテンツッ)を課したとして、それについてはまさに已むに已まれぬ欲求が、すなわち、このスケッチの諸思想の少なくとも暫定的な再検査が、さらにそれと接続するいくつもの観点が示唆されることによって、とりわけ**非神学者**たる読者に可能となるようであってほしいという欲求が、決定的だった。

96) 以下のスケッチのために、強調を込めて予め指摘されねばならないが、ここでは

遂行した文化闘争はこの教義に衝突して粉砕しており、英国の教会における分裂は、王冠とピューリタニズムが教義上でも——まさにこの教説に関して——食い違って以来、ジェームズ1世治下で架橋不可能となり、そしてそもそもこの教説がまず第一にカルヴァン派における国家騒擾的なものとして把握され、お上による制圧の対象とされた[97]。17世紀の諸々の大規模な教会会議(とりわけドルドレヒトとウェストミンスター〔の教会会議〕、並びに多数のより小規模な教会会議)は、この教説を教会法的通用力を有するものへと高めることを会議自体の課題の中心に据えており、「戦う教会(エックレーシア ミーリタンス)」の英雄たちの無数の人々に対してこの教説は、確かな拠りどころとしての機能を果たしており、そして18世紀及び同様に19世紀においてこの教説は教会分裂を招来し、大規模な新覚醒の際には鬨(とき)の声となった。我々はこの教説を無視して通り過ぎることはできず、まずはその内容を——今日ではこの内容は、教養ある誰もが知っているとみなしてよいとはもはや言えないので——、真正に1647年の「ウェストミンスター信仰告白」の諸々の命題によって学ぶことにする。これら諸命題はこの点では、独立派の信仰告白によってもバプテスト派の信仰告白によっても、単に〔そのまま〕繰り返されている[98]。

カルヴァン本人の見解でなくカルヴァン派が考察されるのであり、しかも、16世紀末及び17世紀にカルヴァン派が、支配的な影響を及ぼした諸々の大地域(同時にこれら諸地域は資本主義的な文化の担い手だった)に於いて、発展の結果、とるに至った**その形姿**において考察が行われる。ドイツはさしあたり**全く考慮外**に置かれる、というのも、純粋なカルヴァン派はドイツのいかなるところでも大きな領域を**支配**したことがなかったからである。もちろん、「改革派」は「カルヴァン派」と決して同一でない。

97) カンタベリー大主教とケンブリッジ大学によって取り決められた、英国国教会信仰告白第17条の宣言、1595年の諸々のいわゆるランベス条項(これは、公式版との対比で、死への予定をも明確に教えていた)は、既に女王によって批准されなかった。死への明確な予定(より穏やかな諸々の教説が欲したように、断罪の「容認」だけでなく)に対して、根底的な(ラディカル)人々はまさに、決定的な重みを置いていた(例えばハンサード・ノウルズの信仰告白)。

98) ここで、及びのちほど、引用されるカルヴァン派の信仰箇条の文言は、カール・ミュラー『改革派教会の信仰告白文書』、ライプツィヒ、1903年において参照。

第9章(自由意志について)第3項　人は、罪の状態への堕落により、救いに随伴するいかなる霊的な善に対しても意志能力を全面的に失った。それゆえ、善から全く離反しており罪において死んでいる自然人として、人は、自分自身の力では、自らを回心させることも、そのために自らを備えることもできない。

　第3章(神の永遠の決定について)第3項　神の決定によって、ご自身の栄光の顕現のために、幾人かの人及び天使が永遠の生命へと予定され、そして他の者たちは永遠の死へと予定されている。……第5項　人類のうち生命へと予定されているかの者たちを、神は、ご自身の永遠かつ不動なる目的に従い、ご自身の意志の密かなる計画と御意とによって、キリストにあって永遠の栄光へとお選びになったのであって、それはご自身の単なる無対価なる恩恵と愛とにのみよっており、信仰のいかなる先見にもよらず、善い行ないにもよらず、いずれの点での堅忍にもよらず、被造物におけるその他いかなることにもよっていないのであり、それらは神をしてそのような方向へと動かしめる条件とも原因ともなっていないのであって、そしてすべては、神の栄光ある恩恵が讃えられるためである。第7項　人類の残余の者たちを、神は、ご自身の意志の探りがたい計画に従って――この計画によって神は、御意のままに、慈悲をお広げになり、或いは縮減なさったりするのである――、被造物に対するご自身の至上権の栄光のために、見過ごされることを良しとされ、その者たちを自分たちの罪ゆえの不名誉及び怒りへとお定めになることを良しとされたのであり、それは、神の栄光ある義が讃えられるためである。

　第10章(有効な召命について)第1項　神が生命へと予定なさった人々

さらなる引用は当該箇所で。〔ここでは *The Humble Advice of the Assembly of Divines, Now by Authority of Parliament sitting at Westminster, concerning a Confession of Faith: With the Quotations and Texts of Scripture annexed. Presented by them lately to both Houses of Parliament*, London & Edinburgh: Evan Tyler, 1647 所収の英文から訳出し、但し省略など引用の仕方については基本的に(但し、完全にではないが)ヴェーバーの引用に従った。以下の引用箇所の原文は順番に pp. 20 (ch. 9.3), 7 (ch. 3.3 & 5), 8 (ch. 3.7), 21 (ch. 10.1), 11 (ch. 5.6)。〕

すべてを、そしてその人々のみを、神は、ご自身のお定めになりお受け入れになった時に、ご自身の言葉(ロゴス)及び霊によって、その人々が生来存在する場である罪と死との状態の中から、イエス・キリストによる恩恵と救いへと、有効な仕方で召命なさるのであり、それは……その人々の石の心を取り去り肉の心をお与えになることによってであり、また、善であるところのものへとその人々をお定めになる神の全能の力によってであり……。

第5章(摂理について)第6項 邪悪にして不敬なる人々、すなわち、義なる裁き主である神が、その人々の以前の罪ゆえに〔霊的に〕盲目になさり頑なになさるところのかの人々、に関しては、神は、その人々からご自身の恩恵をお引き上げになり――この恩恵があれば、その人々も自分たちの理解力の中で照明を受けたかもしれず、自分たちの心において取り扱いを受けたかもしれないのだが――、それだけでなく時には、その人々が〔以前に〕得ていた賜物をもお引き上げになり、その人々を、自分たちの堕落ゆえに罪の機会となるような事物へと曝(さら)すようになさるのであり、かく以て、その人々を、自分たちの欲望や世の誘惑やサタンの力へとお委ねになるのである。これによって起こるのが、他の人々を柔らかにするために神がお用いになる手段を以てしても、その人々は自分たちを頑なにする、ということである[99]。

予定説の教義の史的位置――特にルターとカルヴァンに即して

「私が地獄に行くのなら行くがよい、しかし、このような神は私から敬意をもぎとることには決してなるまい」とは、周知のようにこの教説に関するミルトンの判断だった[100]。しかしながら、ここで我々に重要なのは価値評価でな

---

99) サヴォイ宣言及びハンサード・ノウルズの(アメリカの)宣言を参照。ユグノーたちの予定説に関してはとりわけポーレンツ、第1巻、545頁以下を参照。

100) ミルトンの神学に関しては『神学研究・評論』(1879年)におけるアイバッハの論考を参照(これに関して、1823年に再発見された『Doctrina Christiana』(タウフニッツ版、185〔MWG I/18, p. 272によれば「Collection of British Authors, vol. 185」とのこと〕、1頁以下)のスムナーによる翻訳をきっかけとしたマコーリーの小論は皮相的である)。もちろん、詳細なことすべてについては、やや過度に図式的に区

く当の教義の歴史的位置である。この教説がいかにして成立し、そしてカルヴァン派の神学の中でどのような思想連関にはめ込まれたのかという問いには、我々はごく短く立ちどまることができる。この教説へと至る2つの道がありえた。アウグスティヌス以来キリスト教の歴史が再三目にしてきたかの偉大なる祈禱者たちのうち最も活動的かつ最も熱情的な人々のもとでは、宗教的救済感情の現象は、「すべては客観的な力の専一的な働きへと帰されねばならず、ごくわずかでも自らの価値へは帰してはならない」という確かな感覚とまさに結びついている。すなわちそういった人々の場合には、罪責感情のものすごい痙攣が行き着く先となる喜ばしき確かさの強力な感情が、どうやら全く無媒介に彼らの上に射し込んでくるらしく、そしてそれは、この前代未聞の恩恵の贈り物が自らの何らかの協働のおかげでもありうるのだとか、自らの信仰或いは意志の功績或いは良質性と結びつきうるのだ、などといった表象をいだく可能性を一切根絶するのである。ルターが『キリスト者の自由』を書きえた、彼の宗教的天才の最高潮期には、自らの宗教的恩恵身分についての、理由なしの唯一の源泉としての、神の「密かなる決定」は、彼の目から見ても最も確固たるものとして存在した[101]。ルターはのちにもこの思想を正式には捨てなかった

分されているマッソンの英語の主要著作6巻本と、それに基づいたシュテルンによるドイツ語のミルトン伝。――二重の決定という形での予定説に関しては、ミルトンは〔そこから〕早くにはみ出し始めており、ついには老年期の全く自由なキリスト者状態へと至った。自分の時代に縛られるということから全く〔自らを〕切り離したという点で、或る意味で彼はゼバスティアン・フランクと比較されうる。但し、ミルトンは実際的・積極的な性格で、フランクは本質的に批判的な性格だった。ミルトンが「ピューリタン」であるのは単に、〔彼が〕俗世内での生活を神の意志へと**合理的に**方向づけたという広い意味においてでしかない（この合理的な指向が、後世に対するカルヴァン派の永続的な遺産を成したのである）。全く同様な意味でフランクは「ピューリタン」と称されうるだろう。両者とも「一匹狼（アインシュペナー）」として、我々にとって個別的には考察の対象外にとどまる。

101)「信仰の最高の段階はこれである。すなわち、かくも少数の人々を救いたもう神を慈悲ぶかき方と信じ、ご自身の意志によって我々を断罪されるべき者と為したもう神を義なる方と信じること。Hic est fidei summus gradus: credere Deum esse clementem, qui tam paucos salvat, — justum, qui sua voluntate nos damnabiles

——が、この思想は彼のもとでは中心的位置を得ず、それだけでなくルターが責任ある教会政治家として一層「現実政治的」たることを余儀なくされればされるほど、この思想はどんどん後景へと退いていった。メランヒトンは、この「危険で曖昧な」教説をアウクスブルク信仰告白の中に受け入れることを全く意図的に回避しており、そしてルター派の教父たちにとっては、恩恵が喪失可能であること（アーミッシビリス）、そして改悛の情に基づく謙遜と神の言葉への信仰による信頼と聖礼典とによって再獲得可能なものであることは、教義上確立していた。カルヴァンの場合には[102] この過程は全く逆に、教義上の敵対者たちとの論争での対決の中で〔恩恵の選びの〕教説の意義が目に見える仕方で高まる、という形で推移した。この教説は彼の『キリスト教綱要』の第3版で初めて十全な形で展開され、中心的な地位を得たのはようやく彼の死後、諸々の大規模な文化闘争の中においてで、これら闘争をドルドレヒトやウェストミンスターの教会会議は終結させようとした。カルヴァンの場合この「恐るべき決定（デークレートゥム・ホッリビレ）」〔としての「恩恵の選び」〕は、ルターの場合のように**体験された**ものでは**なく、考え出された**ものであり、それゆえ、人間たちにでなく神にのみ向けられているその宗教的関心の方向で思想的帰結がさらに昂進していくそのたびごとに、意義が高まっていった[103]。神が人間のために存在するのではなく人間が神のために

---

facit」——と、『奴隷意志論』中の有名な箇所にはある。

102) ルターとカルヴァンは両者とも、結局のところまさに——『敬虔主義の歴史』におけるリッチュルのコメント、及び、『プロテスタント神学・教会大事典』第3版のケストリン執筆「神」の項目記事を参照——二重の神を、すなわち〔一方で〕新約聖書の、啓示された、恵みふかき善なる父——というのも、この神が『キリスト教綱要』の最初の諸巻を支配しているので——を、〔他方で〕その背後に、恣意的に取り仕切る専制君主としての「隠れたる神（デウス・アブスコンディトゥス）」を、知っていたのである。ルターの場合には、新約聖書の神が全く優勢を保っていた。なぜなら彼は、形而上学的なことに関する**省察**を、無益にして危険だとして次第に避けるようになったからである。カルヴァンの場合には、超越的な神格を思念する思想が〔人間の〕生に対する力を獲得した。もちろん、カルヴァン派の民衆的発展の中では、超越的な神格〔という思想〕は保たれえなかったが、しかし今や、新約聖書の天の父でなく、代わりに旧約聖書のイェホヴァが登場した。

103) 以下については**シャイベ**『カルヴァンの予定説』、ハレ、1897年を参照。カル

存在するのであり、そしてあらゆる出来事は——それゆえまた、人間たちのうちの小さな一部分だけが浄福へと召し出されているのだという、カルヴァンにとって疑う余地のない事実も——、もっぱら神の威厳の自己賛美という目的のための手段として〔のみ〕意味を持ちうる。神による主権行使に対して地上的な「正義」の尺度を当てがうことは無意味であり、神の尊厳をそこなうことである[104]——神が、そして神だけが、**自由**である(すなわち、いかなる法則にも服さない)からであり、そして神の決定たるや、我々には、神がそれを我々に伝えることをよしとした限りでのみ理解されうるのであり、そもそも知られうるのだから。永遠の真理のこれら断片にのみ我々は依拠できるのであり、他のすべて——我々個々人の運命の**意味**——は諸々の暗い秘密によって取り巻かれていて、それらを究明することは不可能であり、不遜である。例えば、〔恩恵の選びから〕斥けられた者たちが自分たちの運命について不当だという非難をしようとする場合、それはあたかも、動物たちが人間として生まれなかったことを非難するかのようなことに似ているのだ、と。なぜなら、あらゆる被造物は架橋不可能な溝によって神から隔てられており、神が自らの威厳の賛美のために別の運命を決定しない限り、あらゆる被造物は神の前で単に永遠の死にしか値しないからである。我々が知っているのは、人間たちの一部分は浄福に与り、他の部分は断罪されたままだ、ということのみである。人間の功績或いは罪過がこの運命の決定に関与しうると推定することは、永遠〔の昔〕以来確定している神の絶対的に自由な決定を、人間の影響行使によって変更可能だとみなすことであり、ありえない考えだ、と。なくした小銭を見つけて喜ぶ女のように罪
人の帰還を喜ぶという、新約聖書の人間的に理解可能な「天にまします父」が、ここでは、いかなる人間的理解も及ばない超越的な存在となった。この超越的存在たるや、永遠〔の昔〕以来、全く究めがたい決定に従って、あらゆる個々人に各自の運命を割り振り、秩序界(コスモス)においていかなる極小のことをも意のままにしてきたのである[105]。神の恩恵は、神自身の決定が変更不可能なものとして

ヴァン派的な神学一般についてはヘッペ『プロテスタント改革派教会の教義』、エルバーフェルト、1861年。

104)『宗教改革者集成』、第77巻、186頁以下。

確立しているゆえに、それを与えられている者たちにとって喪失不可能であり、同様に、それを与えられないでいる者たちにとって到達不可能である。

予定説の帰結――個々人の内的孤立化、そして告解の消滅

さてこの教説は、その悲愴な非人間性の中で、その壮大な帰結へと身を委ねた一世代の〔人々が有した〕感情に対して、とりわけ一箇の帰結を有さざるをえなかった。それは、**個々の個人**の前代未聞の内的な**孤立化**の感情である[106]。宗教改革時代の人々にとって、人生における最も決定的な関心事である永遠の浄福という点で、人間は、永遠〔の昔〕から確立した運命に向かって自分の道を孤独に進むようにと追いやられた。誰もその人間を助けられなかった。説教者は、助けられない――なぜなら、選ばれた者だけが神の言葉を霊によって理解できるから。聖礼典は、助けられない――なぜなら聖礼典は、確かに神によって神自身の名声の増進のために指示されており、それゆえ破棄不能なものとして保たれるべきだが、しかしそれは、神の恩恵を獲得する手段でなどなく、むしろ主観的に単に信仰の「外面的な補助」でしかないから。教会は、助けられない――なぜなら、確かに「教会の外に救いなし」という命題は、真の教会から離れている者は神によって選ばれた者たちのうちには在りえない、

---

105) カルヴァン派の教義概念についての以上の叙述は、相当程度ここで提示された形で例えばホールンベーク『実践神学』(ユトレヒト、1663 年)、第 2 部 第 1 章〔MWG I/18, p. 277 によれば第 2 章が正〕「予定について」(この部分は、特徴的なことに、「神について」という表題の**すぐあと**に在る)の中で読み返すことができる。ホールンベークの場合、聖書的根拠はおもにエフェソの信徒への手紙の第 1 章である。――神の摂理や予定と個人の有責性とを組み合わせて、〔人間個人の〕意志の経験的「自由」を救い出そうとする、首尾一貫しない様々な試み――既にアウグスティヌスにおいて、予定説が最初に構築された際に始まっていた場合のと同様な試み――を、我々はここで分析する必要はない。

106)「(神との)最も深いつながりは、制度や団体や教会の中にではなく、たった一人の心の内奥において見いだされる」と、ダウデンはその美麗な著書『ピューリタンと英国国教会信徒』(234 頁)の中でこの決定的な点を定式化している。個人の内的な深い孤立化は全く同様に、〔やはり〕予定説信奉者だったポール・ロワイヤルのジャンセニストたちの中にも入り込んだ。

という意味で有効だが[107]、しかし(外面的な)教会へは、斥けられた者たちも所属しており、然り、彼らはそれに所属してその教会の懲戒手段に服せしめられる**べき**だから——それは、それによって彼らが浄福へと到達するためではなく(それは不可能である)、彼らもまた神の名声のために神の諸々の掟を守ることを強いられねばならない、という理由によっている——。最後に神も、助けられない——なぜなら、キリストも選ばれた者たちのためだけに死んだのであり[108]、神はキリストの犠牲の死を彼らへと帰属させることを永遠〔の昔〕以来決定しているのだから。このこと、すなわち、教会的‐**聖礼典的な**救いの絶対的脱落(これはルター派においては、そのあらゆる帰結という面でまだ完遂されていなかった)が、カトリシズムとの対比で絶対的に決定的なことだった。古代ユダヤ教の預言と共に始まり、ギリシア的な科学的思考との連携のもと救済追求のあらゆる**呪術的な**手段を迷信・悪業として拒絶したところの、世界の**脱魔術化**というかの大いなる宗教史的な過程[109]は、ここでその終結を見いだ

---

107)「このような集会(つまり、純粋な教え、聖礼典、教会規律が存在する場である教会)を軽蔑する者たちに対して……彼らは自らの救いを確信することはありえない。そして、この軽蔑の中にとどまる者は選ばれた者でない。Contra qui hujusmodi coetum contemnunt ... salutis suae certi esse non possunt; et qui in illo contemtu perseverat electus non est.」オレヴィアーヌス『契約の実体について』、222頁。
108)「神が御子を遣わしたのは人類を救済するためだ、ということが語られよう——しかしそれは神の目的ではなかったのであり、神は幾人かを堕落から助け起こしたかっただけなのであって、……そして私はあなたがたに言うが、神は選ばれた者たちのためだけに死んだのである……」(1609年にブルークで行なわれた説教(ロッゲ『アウテンボハールとその時代』、第2部、9頁。ナウエンス、前掲書、第2巻、232頁を参照)。ハンサード・ノウルズの信仰告白においてもキリストの仲介者性の根拠づけは入り組んでいる。元来至るところで前提されているのは、本来なら神はこの手段を全く必要としなかっただろう、ということである。
109) この過程に関しては「諸々の世界宗教の経済倫理」に関する諸論考を参照。それら論考において示されるであろうように、古代イスラエルの倫理が、内容的に似かよっている〔古代〕エジプトや〔古代〕バビロニアの倫理との対比で、占めている特別な位置は、及び、預言者時代以来のその〔すなわち、古代イスラエルの倫理の〕発展は、全くもってこの基本的事態に、すなわち救いの方途としての秘跡的な呪術を拒絶するということに、疾うから基づいていたのである。

した。然り、真のピューリタンはさらに墓でも宗教的儀式のいかなる痕跡をも拒絶し、自分に最も近しい人々を歌も〔鐘の〕響きもなしに埋葬したのであり、それはひたすら、いかなる「迷信」をも生じさせない(つまり、呪術的・聖礼典〔秘跡〕的な仕方の救済効果を当てにしない)ためだった[110]。神が恩恵を与えないと決定したその当の者に対して神の恩恵を振り向ける、そのための呪術的手段が存在しなかっただけでなく、そもそもそのような手段は一切存在しなかった。純粋に被造物的なあらゆるものの無価値さ、神の無条件的な遠さというこの峻険な教説と結びついて、人間のこの内的孤立化が一方で内包しているのは、文化におけるあらゆる感覚的 - **感情**的な要素や主観的宗教心についてのピューリタニズムの絶対的に否定的な立場〔の擁護〕のための理由であり——なぜならそれら諸要素は救いのために無用であり、感傷的な幻想と被造物神格化的な迷信とを促進するものだから——、またそれと同時に、あらゆる感覚文化一般からの原則的な離反についての理由である[111]。しかし他方、人間のこの内的孤立化は、悲観論に彩られた幻想欠如的なかの個人主義[112](この個人主

---

110) 同様に、最も首尾一貫した見解によれば、洗礼は、実定的な規定によってのみ拘束力を有したのであり、しかし救済のために必要なものではなかった。**それゆえ、**スコットランドやイングランドの厳格なピューリタンの独立派の人々は、明らかに**劫罰に定められている人々**の子ら(例えば酒飲みの子ら)は洗礼を受けるべきではないとされた。洗礼を欲しているが聖餐には未だ「熟して」いない成人には、1586年のエダムの教会会議(条項 32.1)は、当の成人の生き方が責められるところのないものであり、かつ彼が〔受洗〕希望を「迷信なしに」提出しているという場合にのみ、洗礼を授けるよう薦めている。
111)「感覚文化」に対するこの否定的な関係は、ダウデン、前掲書、が見事に詳述したように、まさにピューリタニズムの本質構成的な要素の一つである。
112)「個人主義」という表現は、考えられる限りで最も異質なものを包含する。**ここ**でこの表現で理解されているものは、望むらくは、さらに続く示唆を通じて明らかになるだろう。ルター派が、禁欲主義的な生活規制を知ら**ない**という理由で、——語の別の意味において——「個人主義的」だと称されたことがある。さらに全く別の意味で、例えばディートリヒ・シェーファーは「ヴォルムスの政教条約の判断について」の著作(ベルリン学士院論集、1905 年)の中で**中世**を「はっきりした個性」の時代と称する際に(なぜなら当時では、歴史家にとって**重要な出来事**について、非合理的な契機が、今日もはや有しないような意義を有していたからである)、こ

義は、ピューリタン的過去を有する諸国民の「国民性」や諸制度の中で今日なお作用している)の根の一つを成しており、――〔この点で、〕のちに「啓蒙主義」が人間を観じた時の全く別様の眼鏡〔すなわち、ものの見方〕と顕著に対照的である113)。我々は恩恵の選びの教説のこの影響を、我々が取り組んでいる時代においては、生活営為及び人生観の基本的な諸現象のうちに明確に再認するのであり、しかも、当の教説の教義としての通用力が既に後退しつつあった所に於いても、である。然り、この教説はまさにひたすら神への信頼のかの**排他性**の**最も極端な**形態でもあったのであり、それの分析がここでは重要なのである。かくて例えば、人間の助けや人間の友情へのいかなる信頼に対しても警戒せよと訴える、特にイギリスのピューリタン文学で顕著に頻出する警告の中に114)〔、恩恵の選びの教説の影響が再認される〕。最も近しい友人に対しても深い不信の念を持つようにと、温和なバクスターすらが勧告しており、そしてベイリーは直截に、誰も信頼するな、自分の信用を落とすようなことは誰にも知らしめるな、と薦めている。すなわち、神だけが信頼できる者たるべきなのである115)。ルター派との間に極めて顕著な対照を成して、この生活気分とも関連

の語を必要としている。シェーファーは正しいが、彼の見解を突きつけられた相手たる人々も、ひょっとすると正しいだろう、というのも両者は、「個性」や「個人主義」について語る場合に、全く異なったものを念頭に置いているからである。――〔個人主義に関する〕ヤーコプ・ブルクハルトの天才的な定式は今日では部分的に古臭くなっているのであって、史的指向を有する徹底的な概念分析が行なわれるならば、まさに今日再び学問的に極めて価値あるものとなるだろう。もちろんその正反対とは、遊戯衝動が或る種の歴史家たちをしてこの概念を、それを或る一歴史時代にレッテルとして貼れるよう、掲示物流（ポスター）に「定義」せしめるように促す場合である。

113) そして同様に、のちのカトリックの教説とも対照的に――もちろん、さほど尖鋭的な対照ではないが――。これに対して、同様に恩恵の選びの教説に基づくところの、パスカルの深甚な悲観論は、ジャンセニスムに由来しており、そこから生じるところの彼の俗世逃避的な個人主義はカトリックの公式の立場と決して合致していない。これに関しては註63で引用された、フランスのジャンセニストに関するホーニヒスハイムの著作を参照。

114) ジャンセニストたちも全く同様である。

115) ベイリー『敬虔の実践』（ドイツ語版、ライプツィヒ、1724年）187頁。Ph・J・

して、カルヴァン派が十全に発展した地域に於いては、個人的告解(これに対しては、カルヴァン自身は、聖礼典〔秘跡〕についてのありうべき誤解のゆえにのみ懸念を有していた)が暗黙裡に消滅してしまった。これは極めて射程遠大な事象である——さしあたり、この宗教心の作用の仕方についての徴候として。しかし次に、彼らの倫理的な態度のための心理学的発展刺激としても。情緒強調的な罪責意識の周期的な「緊張解除」のための手段[116]が除去されたのであ

シュペーナーも著書『神学的考察』(ここでは第3版、ハレ、1712年により引用)で同様な立脚点に立っている。すなわち、友人は神の名誉を考慮して忠告を与えることは稀で、たいていは肉的な(利己的な、では必ずしもないが)見解から忠告を与えるのだ、と。——「彼」——すなわち「もののわかった人」——「は、誰の主張に対しても目を閉ざしていないが、しかし自分の主張に対して最も見通しが利いている。彼は自らを自分自身の事柄の圏内に局限し、自分の指を無用な火へと差し伸べない。……彼はそれ(俗世)の虚偽をわかっており、それゆえつねに自分自身を信頼し、他人たちは、彼らに対する落胆によって被害を受けないその限りにおいて信頼するのである」と、Th・アダムズは哲学的考察を行なっている(『ピューリタン神学者たちの著作』、LI頁)。——ベイリー(『敬虔の実践』、前掲書、176頁)はさらに、毎朝人々の中に出て行く前に、人は危険がいっぱいの野生の森の中に向かうのだとイメージするように、そして、神に「**慎重さと義との外套**」を乞い願うように、と奨めている。——この奨励はまさにあらゆる禁欲主義的教派に行きわたっており、幾人もの敬虔主義者の場合は端的に、俗世内での一種の隠遁者生活へと行き着いた。シュパンゲンベルクですら、(ヘルンフート的な)『兄弟たちの信仰のイデア』、382頁においてエレミヤ17:5「人間に信頼する人は呪われている」を、強調を込めて想起させている。——この人生観に特有な人間ぎらい的立場を推し量るべく、例えば**愛敵の義務**に関するホールンベーク『実践神学』、第1巻、882頁の次の説明にも注目されたい。「つまり隣人を、我々から復讐を受けないまま、**復讐者たる神に我々が委ねる**ならばそれだけ、そのことによって我々は一層復讐しているのである……。より多く自ら復讐する者は、そうすればするほど、その者自身のために神はより少なく行動なさる。Denique hoc magis nos ulciscimur, quo proximum, inultum nobis, **tradimus ultori Deo** ... Quo quis plus se ulciscitur, eo minus id pro ipso agit Deus」。旧約聖書の捕囚期以降の部分に見られるのと同じ「復讐の横すべり」であり、古来の「目には目を」に対する、復讐感情の洗練された昇華及び内面化である。「隣人愛」に関してはさらに後述註124を参照。

116) もちろん、告解場はそのようなものとして機能した**だけ**では全くなかった。例えばムートマン、『宗教心理学雑誌』1(1907)、65頁の定式化は、告解の極めて複

る。道徳的な日常実践のためのその帰結については、のちになお語られることになるだろうが、人間の宗教的全体状況に対するその帰結は明白である。カルヴァン派の場合、神との交流は、真の教会に所属することの救済〔上の〕必要性にもかかわらず[117]、深甚なる内面的孤立の中で行なわれた。この特有な空気の独特な諸作用[118]を感得したい者は、ピューリタン文学全体の中で飛び抜けて最も読まれた書物、すなわちバニヤンの『天路歴程』[119]の中で、「クリスチャン」が、自分が「滅びの都市」の中にとどまっているという意識が念頭に上り、天の都への巡礼行を遅滞なく始めよとの呼び声によって急かされた時に、とった行動の描写を眺めるがよい。妻と子どもたちは彼に取りすがる——が、彼は野原を横切って、指を耳に突っ込み「いのちを、永遠のいのちを!」と叫びながら慌ただしく走り去るのであり、結局のところひとり自分自身とかかわり合い、ひとり自分自身の救いのことを思う、ピューリタン的な信仰者のそういう気分を、捕囚の身にあって著作を行なったこの鋳掛屋(彼はその際に信仰者世界の喝采を博した)のナイーヴな感覚以上に良く再現することは、いかなる洗練を以てしても不可能だろう。同様にこの気分は、ゴットフリート・ケ

雑な心理学的問題に対して、あまりにも単純である。

117) まさに**この**組み合わせが、カルヴァン派的な諸々の社会的**組織**の心理学的基礎に対する評価のためには極めて重要である。それらは**みな**、内面的に「個人主義的な」「目的合理的な」或いは「価値合理的な」動機に基づいているのである。個人は**感情**的にはそれら組織の中に決して入り込まない。「神の名声」と**自己の救い**とが、つねに「意識閾」**の上**に在り続ける。このことが、ピューリタン的な過去を有する諸国民のもとでは、社会的組織の特質に対して今日なお、特定の特徴的な特性を刻印している。

118) 〔予定説という〕教説の**反権威主義的な**根本特徴(これが、然り、結局のところ、倫理や魂の救いに対する教会・国家によるいかなるあらゆる配慮をも無意味だとして無価値化したのである)はつねに新たに、特にオランダの議会によって、当の教説に対する禁止を帰結した。その結果はつねに秘密集会の形成ということだった(1614年以降にそうなっている)。

119) バニヤンに関しては、モーリーの叢書(「イギリスの文人たち」)の中の〔ジェームズ・アンソニー・〕フルードによる伝記と、さらにマコーリーの(皮相的な)スケッチ(『雑録』、第2巻、227頁)を参照。——バニヤンは、カルヴァン派内部の教派的相違に対しては無関心だが、自身は厳格なカルヴァン派的なバプテスト派だった。

ラーの『正しき櫛職人』をいささか想起させるもったいぶった会話(彼が道すがら、同じ努力をしている人と交わしている会話である)にも表現されている。自分自身が救出されて初めて、さて家族も一緒なら良いだろうな、という考えが芽生える。ここで見られるのは、デリンガーによって我々の前に描き出されたアルフォンソ・デ・リゴリにおいて我々が、至る所でかくも鋭く感じ取るところの、死とそのあととに対する、苦悩に満ちた同じ不安なのであって、これは、マキアヴェッリがかのフィレンツェ市民たちの栄誉の中で言い表したところの誇らしげな現世肯定主義のかの精神(彼らフィレンツェ市民にとっては——教皇や禁止令との闘いの中で——「故郷の都市への愛は、自分たちの魂の救いをめぐる不安よりもいっそう高価なものだった」)とは世界大の隔たりがあり、そしてもちろん、リヒャルト・ワーグナーがジークムントに死の戦いの前に語らせているような感覚(「ヴォータンに私からよろしく、ヴァルハラに私からよろしく。……でも、ヴァルハラのつれない歓喜のことなど、どうか私に話さないでください」)からは、さらに一層隔たっている。但しもちろん、この不安の**作用**はまさにバニヤンとリゴリの場合ではかくも特徴的に異なっている。すなわち後者〔リゴリ〕を、考えられる限りでのあらゆる自己卑下へと駆り立てているその同じ不安が、前者〔バニヤン〕を、人生とのたゆまぬ体 系 的な^{ズュステマーティッシュ}闘いへと鼓舞しているのである。この相違はどこから来るのか。

カルヴァン派における個々人の内的孤立化と社会性との関係の秘密

　世界が個人を包摂したままに保つための手段である非常に緊密な様々な縄目から、当の個人を内面的に解放するというかの傾向と、社会的組織における疑う余地のないカルヴァン派の卓越性は、いかにして結びつきえたのか——これはさしあたり一箇の謎に見える[120]。しかしまさにそれは、さしあたりいかに

---

120) 容易に思いつくのは、「キリストのからだへと合わさること」(カルヴァン『キリスト教綱要』、第3篇第11章10節)が要求されることから帰結する思想であるところの、諸々の神的な規定に合致する**共同体**〔ゲマインシャフト〕への加入許可が救済上必要だとするカルヴァン派的な思想が、改革派的キリスト教の**社会的な**性格にとって疑いなく非常に重要だ、という指摘である。ところが**我々の特殊な観点にとっては**、問題の

重点は少々異なっている。くだんの教義上の思想は、教会の性格が純粋に 機関(アンシュタルト)的である場合にも形成されえただろう、そして周知のように、実際にもそうなっている。 共同体(ゲマインシャフト) 形成的な 主導性(イニシアティヴ) を目覚めさせ、そしてそれに、カルヴァン派が有していたような力を全くもって付与する、というような心理学的な力を、思想それ自体は持っていないのである。「俗世」の中で、神的に規定された教会的な 教区(ゲマインデ) 図式の外側でも、まさにカルヴァン派の 共同体(ゲマインシャフト) 形成的な傾向は作用を及ぼした。ここでは、キリスト者は「神のより一層の栄光のため(イン マヨーレム グローリアム デイー)」の行ないを通じて自らの恩恵身分を確証するのだ(後述を参照)、という信仰がまさに決定的であり、そして被造物神格化と、人間への属人的な関係に対するあらゆる執着とを鋭く忌み嫌うことが、(気づかれない仕方で)このエネルギーを事物的な(ザッハリッヒ)(非属人的な)活動の諸軌道へと向けずにはいなかったのである。自分の恩恵身分の確証が気がかりとなっていたキリスト者は、**神の諸目的のために働く**のであり、そしてこれら諸目的は**非属人的**でしかありえない。人間同士の純粋に感情的な――したがって、合理的に条件づけられていない――いかなる**人的な**関係も、いかなる禁欲主義的な倫理におけるのとも同様まさにピューリタン的な倫理においては、実に容易に、被造物神格化なのではないかとの嫌疑の対象となる。**友情**についてこのことを――先に既に述べられたことと並んで――例えば次の警告は、明確に示している。「**理性**が我々に許容するより以上にいかなる人をも愛することは、非理性的な行為であり、理性的な被造物にとってふさわしくない……。そのような愛は非常にしばしば、**神への愛を妨げる**べく、人々の心を占めるのである」(バクスター『キリスト教指針』、IV、253頁)。我々はこのような論拠に繰り返し出くわすこととなる。カルヴァン派の人間を熱狂させる思想とは、神は自らの名声の賛美の手段として**事柄に即して(ザッハリッヒ)合目的的なもの**を――つまり、被造物をそれ自体のためにではなく、被造物的なものを自らの意志の下に**秩序づけること**を――、世界成型においては(社会的秩序〔整備〕においても)欲するほかないはずだ、というものである。それゆえ、恩恵の選びの教説によって解き放たれたところの、聖徒たちの行為衝迫(ドランク)は挙げて、俗世の合理化を求める努力へと流れ込む。特に次の思想、すなわち、「**公的な**」益、或いは、バクスターが(『キリスト教指針』、IV、262頁、ローマ9：3のややこじつけの引用と共に)後代のリベラルな合理主義の意味で定式化しているような「**大勢に対する**〔或いは「**大勢にとっての**」〕善」が、個々人の「個人的な」或いは「私的な」安寧よりも先に置かれるべきである、という思想もまた、――それ自体としては全然新しくなかったが――ピューリタニズムにとっては被造物神格化の拒否からの帰結だった。人的な**サービス**給付に対するアメリカ人の伝統的な嫌悪は、「民主主義的な」感覚から帰結する他のずっしりした諸理由と並んでたぶんかの伝統とも、ともかく(間接的な仕方で)関連しているだろう。しかし同様に、カエサル主義に対して、ピューリタン的だった諸国民が有する**比較的**大きな免疫性や、そしてそもそも次のような態度

奇妙に見えようとも、カルヴァン派的信仰によってもたらされた個々人の内的孤立化という圧力のもとでキリスト教的な「隣人愛」が帯びるほかなかったところの、独特な色彩から来る帰結なのである。さしあたり、この帰結は教義的なものである[121]。世界は神の自己賛美に奉仕するために——そしてそのためだけに——〔存在すると〕定められており、選ばれたキリスト者は、神の掟の執行によってこの世界での神の名声を自らの分において増進するために——そしてそのためだけに——存在する。ところが神はキリスト者による社会的な達成を欲している、**なぜなら**神は、生の社会的成型〔のあり方〕が自らの掟に従って整えられ、かつその形象が〔神の自己賛美という〕かの目的に合致する仕方で整えられることを、欲しているからである。この世界におけるカルヴァン派の人間の社会的な[122]労働は単に「**神のより一層の栄光のため**(イン マヨーレム グローリアム デイ)」の労働である。それゆえ**天職**(ベルーフ)労働もこの性格を担うのであり、それは全体のこの世的な生活の

——すなわち、どちらかと言えばむしろ大人物たちを認める方向に一方で傾き、しかし他方で、人が誰かに「感謝」から政治的服従を義務づけられることがありうる〔など〕といったナイーヴな思想への、また、そういった大人物たちへの、ヒステリー的な偏愛を他方で拒否するという、イギリス人が大政治家たちに対して示すそういう内面的に比較的自由な態度——もまた〔、かの伝統とも関連しているだろう〕——1878 年以降我々がドイツで、積極的にも消極的にも、体験したことにかかわっている幾人もの大政治家たちとの対比で言えば。権威信仰(これはまさに、聖書の内容を志向した**非属人的**なものとしてのみ許容されるのである)の罪ぶかさに関して、また同様に、最も聖にして最も卓越した人々についてすら、彼らを過大に評価することの罪ぶかさ——なぜならこの過大評価を通じて、場合によっては、**神への服従**が危うくなるので——に関しては、バクスター『キリスト教指針』(第2版、1678 年)、I、56 頁を参照。「被造物神格化」の拒否と、さしあたり教会の中では(しかし究極的には生活一般において)神だけが「支配する」べきだという原理とが、政治的に何を意味したか、ということは我々〔の議論〕の関連には入ってこない。

121) 教義的な帰結と実際的・心理学的な帰結との間の関係に関しては、さらにしばしば論じられることとなる。両者が同一のものでないということは、たぶんほとんどコメントを要しないだろう。

122)「社会的」とはもちろん、語の近代的な意味のいかなる響きをも含んではおらず、政治的・教会的・その他の 共同体(ゲマインシャフト) 組織の内部での活動という意味において、である。

ために在る。既にルターのもとで、分業的な職業労働が「隣人愛」（ベルーフ）から導き出されるのを我々は見いだした。しかしながら、ルターの場合に純粋に構成上・思考上の不確かな萌芽にとどまったものが、カルヴァン派のもとでは今や彼らの倫理体系の特徴的な一部分となった。「隣人愛」は——**被造物の**でなく**神の**[123]、名声への奉仕でしかあってはならないので[124]——**第一**に、**自然法**（レクス・ナートゥーラエ）によって与えられた**天職使命**の遂行において表出されるのであり、

---

123) **神の名誉以外の**何らかの目的のために行なわれる善い行ないは**罪ぶかい**。ハンサード・ノウルズの信仰告白、第 16 章。

124) 生活がただ神とのみ関係することによって「もたらされる」ところの、「隣人愛」の「非属人性」が、宗教的な共同体（ゲマインシャフト）生活という固有な領域において何を意味するかを、人は例えば「中国内地会」（チャイナ・インランド・ミッション）と「国際宣教師同盟」（インターナショナル・ミッショナリーズ・アライアンス）の振る舞いを手がかりに実に良く思い描くことができる（これに関してはヴァルネック『プロテスタントの宣教の歴史』、第 5 版、99、111 頁を参照）。すなわち、巨大な費用を以て宣教師たちの強力な群れ（例えば中国のためだけでほぼ 1000 人）が装備を整えられたのであり、その目的は、巡回説教を通じて福音をあらゆる異邦人たちに（語の厳格に字義どおりの意味で）「提供する」ためだった。なぜならキリストが、このことを命じたのであり、そして自らの再臨をそれ〔すなわち、あらゆる異邦人への福音の「提供」〕に依存することとしたからである。このようにして説教を説かれた側の人々がキリスト教の味方にされるかどうか、したがって浄福に与る者となるかどうか、然り、彼らが宣教師の言語をすら単に文法的にであっても**理解するかどうか**——ということは、原理的には全く副次的であって神の関心事なのである（然り、神だけがこれを意のままに取り計らうのである）。ハドソン・テイラーの考えによれば（ヴァルネック、前掲書を参照）、中国には約 5 千万世帯があり、千人の宣教師たちは毎日（！）50 世帯に「到達する」ことが可能だろう、かくて福音は千日で、つまり 3 年足らずで、すべての中国人に「提供され」おおせることが可能だろう、と。——まさにこれが、カルヴァン派が例えば教会規律を営むに当たって従った図式なのであって、すなわち〔宣教師から接触されたあとで〕検閲を受けた者たちの魂の救いで**なく**——彼らの魂の救いは単に神の（そして実践上（イン・プラークシー）では、彼ら自身の）事柄（ザッヘ）だったのであり、然り、それは教会の規律手段による影響を受けることが全く不可能だったのである——、神の名声の増進が目的だったのである。——近代の諸々の宣教業績は教派横断的な基礎に基づいているので、それらに対してカルヴァン派自体が責任を有するわけではない。（カルヴァン自身は、教会のさらなる拡大は「神ただおひとりの業」（ウーニーウス・デイー・オプス）だとして、異邦人宣教の義務を否定している。）しかしながらもちろん、それら諸業績は明らかに、ピューリタン的な倫理に行きわたっ

そしてその際それは、特有に事物的-非属人的な性格、すなわち我々を取り巻く社会的な秩序界の合理的成型に資する奉仕という性格、を帯びる。なぜなら、この秩序界を驚くべく目的に役だつ仕方で成型・整備すること(然り、この秩序界は聖書の啓示によれば、また同様に、自然的な洞察によれば、どうも人類の「益」に奉仕するべく整えられているようである)は、この非属人的な社会的益に奉仕するものたる労働を、神の名声を促進するもの、したがって神の意志に叶うものとして、認識させるからである。神義論問題や、世界・人生の「意味」を問うかのあらゆる問いが、完全に遮断されること(このことのゆえに他の人々は身を擦り減らした)は、ピューリタンにとっては、——全く別な理由から——ユダヤ人にとってと同様、全く当然である。そしてさらに或る意味では、非神秘主義的なキリスト教的宗教心一般にとって〔全く当然である〕。この諸力節約に、カルヴァン派の場合、同方向に作用するさらなる特徴がなお加わった。カルヴァン派は諸々の宗教的な物において個々人を自立させ

ているかの表象圏(それによれば、人が神の掟を神の名声のために遂行するなら、隣人愛のために充分なことが為されたことになるのだという)に由来しているだろう。これによって、隣人にもその当人にふさわしいものが与えられるのであり、その先は今や、神自身の関心事、である。——「隣人」との諸々の関係の「人間味」は、言うなれば死滅したのである。このことは極めて様々な状況の中に表れている。かくて例えば——かの生活雰囲気のそのような残滓の一つをさらに引き合いに出すことにすると——、或る種の観点からすると正当にも有名である改革派的な慈善事業の領域において、20世紀においてもなお、まっすぐ縦に黒・赤或いは赤・緑という半々に色分けされた上着及びズボンを身につけさせられて——一種の道化の衣装——、行列で教会へと連れていかれたアムステルダムの孤児たちは、過去の感覚〔人々〕にとっては確実に、極めて建徳的な見世物だったのだろう。そして、あらゆる個人的・「人間的」な感覚がこれに接して感情を害したに違いないであろう、まさにその程度において、彼ら孤児たちは神の名声に資したのである。そして——我々はこの点をさらに目にするだろう——私的な職業活動のあらゆるディテールに至るまで、これと同様である。——もちろん、このこと全体は一つの**傾向**を特徴づけているにすぎず、我々はのちに自ら或る程度の限定を行なわねばならないだろう。しかしながら、この禁欲主義的宗教心の一つの——しかも非常に重要な——**傾向**として、これはここで確認されねばならなかった。

ていたにもかかわらず、そのカルヴァン派には「個々人」と「倫理」の間の分裂（セーレン・キルケゴールの意味での）は存在しなかったのである。その理由と、カルヴァン派の政治的・経済的合理主義にとってのこの観点の意義とを分析するための、ここは場所ではない。カルヴァン派的倫理の**功利主義的な**性格の源泉はこの点にあり、同様に、カルヴァン派的職業観念のいくつもの重要な独自性はここに発している[125]。——ここではしかし、我々はさしあたり今一度、特に予定説の考察に立ち返ろう。

恩恵身分の認識可能性という問題

なぜなら、我々にとって決定的な問題とはまず、この教説はこの時代、すなわちこの世的な生活のあらゆる利害関心よりも来世のほうが、重要であるだけでなく多くの観点から見て一層確かでもあった[126]、そういう一時代に、〔人々によって〕どのようにして**受忍された**のか、だからである[127]。然り、一つの問いが、個々のいかなる信仰者の念頭にもほどなく上り、そして他のあらゆる関

---

125) これらすべての観点において、予定説によって規定されたポール・ロワイヤルの倫理は、その神秘主義的及び俗世**外**的な、したがって（そうである限りにおいて）カトリック的な、指向性の結果として、全く異なっている（ホーニヒスハイム、前掲書を参照）。

126) このことが、ひるがえって圧倒的な仕方でなおバニヤンの『天路歴程』において基本的な気分を成している、そのごとくに。

127) フンデスハーゲン（『教会制度史及び教会政策への寄与』、I、1864年、37頁）が代表しているのは、予定の教義は神学者教説であり民衆教説ではなかったという——爾来しばしば繰り返された——立場である。しかしながら、これが正しいのは、「民衆」という概念が無教養な下層の**大衆**と同一視される場合に限られ、そしてその場合ですら、その妥当性は非常に限定的である。〔アウグスト・〕ケーラー（前掲書）は19世紀の40年代に、まさに「大衆」（念頭に置かれていたのはオランダにおける小市民層である）が厳格に予定説的な考え方を持っていたことを見いだした。すなわち彼ら〔大衆〕にとっては、二重の決定を否認した者はみな異端者であり斥けられた者だったのである。ケーラー自身、自分の（予定説的な解釈による）再生の**時点**を尋ねられた。〔イサーク・〕ダ・コスタも〔ヘンドリク・〕ドゥ・コックの分離も、このことによっても条件づけられていた。クロムウェル——クロムウェルについては既にツェラー（『ツヴィングリの神学体系』、17頁）が彼を一つの範例として〔予定

の〕教義の作用を例証している——だけでなくその聖徒たちもみな、何が問題となっていたかを非常に良く知っており、かの〔予定の〕教説に関するドルドレヒトやウェストミンスターの教会会議の教会法規はスケールの大きな国民的関心事だったのである。クロムウェルの聖職者審査委員会(トライアーズ)や聖職資格剝奪委員会(イジェクターズ)は予定説信奉者だけを許容したのであり、バクスター(『生涯』、第1部、72頁)は、その他の点では敵対者であるにもかかわらず、聖職者層の質に対する予定説の影響を相当なものだと評価している。イギリスやオランダの秘密集会の参加者だった改革派的な敬虔主義者たちが、〔予定の〕教説に関して態度が未決定だったなどということは全くありえないのであって、然り、まさにこの教説こそが、救いの確かさ(ケルティトゥードー・サルーティス)を追求するべく彼らを参集させたのである。予定〔説〕が神学者教説だった場合に何を意味したか、或いは意味しなかったか、を示してくれるのは、教会的に正しいカトリシズムである——カトリシズムにとって予定〔説〕は、然り、秘教的な教説として不安定な形において〔だが〕、決して無縁であり続けてはいなかった。(その際決定的だったのは、**個々人は自分が選ばれているとみなすこと**及びそれを確証することが必要だ、という見方がつねに退けられた、ということである。例えばAd・ファン・ウェイク『予定についての論考』(ケルン、1708年〔MWG I/18, p. 296によれば1706年のみが刊行年として確認可能とのこと〕)に見られるカトリックの教説を参照。パスカルの予定信仰がどれほど正確だったかは、ここでは論究されない。)——予定説に共鳴していないフンデスハーゲンは明らかに、自分の印象をおもにドイツの状況から得ている。彼のかの反感は、予定説は道徳的宿命論及び反律法主義に行き着かざるをえないという、純粋に演繹的に得られた考えを根拠としており、この考えは既にツェラー、前掲書によって論駁されている。他方で、そのような言い方が**可能だった**ことは否定できず、メランヒトンもウェズリーもそのような言い方をしている。しかしながら特徴的なのは、両方のケースで問題となっていたのは**感情的な「信仰」**宗教心の組み合わせだった、ということである。合理的な**確証**思想(ザッヘ)を欠いていたこのような宗教心にとっては、実際この帰結は事柄の本質に根ざしている。——**イスラム教**ではこれら宿命論的な帰結が登場した。しかしながら、何ゆえにか。なぜならイスラム教の予定(フォアヘアベシュティムング)は事前決定的(プレデテルミニスティッシュ)であって予定説的(プレデスティナティアニッシュ)でなく、**来世の救いにでなく現世**の運命にかかわるものだったからであり、その結果として、倫理的に決定的だったものすなわち予定された者としての「確証」が、イスラム教では何の役割をも演じず、したがって、そこから生じえたのが単に(「モイラ」の場合のように)**戦士的(いさましき)な無恐怖心**でしかなく、生活**方法的な諸帰結**ではなかった(然り、そのような諸帰結のための宗教的「報奨」が欠如していた)からである。F・ウルリヒの(ハイデルベルクの)神学学位論文『イスラム教とキリスト教における予定説』、1912年を参照。——実践——例えばバクスター〔の司牧実践〕——によってこの教説に対してもたらされた様々な弱化は、**具体的な個々の個人に関する神による**

心を後景へと押しやらざるをえなかったのである。すなわち、いったい**私は**選ばれているのか、と。そしていかにして**私は**この選びを確信できるのか、と[128]。――カルヴァン自身にはこれは全く問題でなかった。彼は自らを「武具」だと感じており、自らの恩恵身分を確信していたのである。それに応じて彼は、いかにして個々人は自分の選びを確信できるのかという問いに対して、結局次の答えしか持っていなかった。すなわち我々は、神の決断についての知識と、真の信仰によって惹起されたキリストへの粘りづよい信頼とに満足するべきだ、と。他者の場合にはその人々の行動から、彼らが選ばれているか斥けられているかが認識可能だ、との推定を、神の秘密に入り込もうとする不遜な試みだとして、カルヴァンは原理的に拒絶する。この現世では、選ばれた者た

選びの決定という思想やその〔すなわち、選ばれているかどうかの〕**検査**ということが影響を受けなかった限りでは、それほど長い間、予定説の本質を損なうことにはならなかった。――最後に、しかしとりわけ、ピューリタニズム(語の最広義における)の偉大な人物たちはみな、この教説(その陰鬱な深刻さは彼らの青年期の発展に影響を及ぼした)から出発していたのであり、ミルトンも、また同様に――もちろん、次第に弱まっていく度合いで――バクスターも、さらに後には非常に自由思想家的になったフランクリンも〔そうだった〕。彼らがのちに自分たちの厳格な解釈から解放されたということは、個別的には、宗教運動が全体として同じ方向性で成し遂げた発展と全く合致している。しかし、少なくともオランダにおける大いなる教会リバイバルは**すべて**、そしてイングランドにおいても大いなる教会リバイバルの大部分は、つねに再三まさにこの予定説と結びついていたのである。

128) この**問いは**既にエピゴーネン時代のルター派の人間にとっては、予定の教義を度外視するとしても、カルヴァン派の人間にとってよりも遠く隔たっていた。それは、ルター派の人間が自分の魂の救いに関心を寄せる程度が低かったからではなく、むしろ、ルター派の教会がたどった発展の際に教会の**救済機関**的性格が前景に出てきており、したがって個々人が自らを教会の活動の対象だと、教会の中にかくまわれていると、感じるようになったからである。ようやく敬虔主義が――特徴的なことに――、ルター派の中でも問題を呼び覚ました。しかし、救いの確かさを問う問い**自体**は、秘跡的でないいかなる救拯宗教にとってみても――仏教であれジャイナ教であれ何であれ――それ自体中心的なものだったのであり、このことが見誤られてはならない。純粋に**宗教的な**性格のあらゆる心理学的推進力は**ここに**源を発するのである。

ちは斥けられた者たちと外面的に何ら区別されず[129)]、選ばれた者たちのあらゆる主観的な経験も、――「聖霊の嘲り」(ルーディブリア スピーリトゥース サンクティー)として――斥けられた者たちの場合にも可能である――「最後まで」(フィナリテル)持続する信仰的な信頼を唯一の例外として。したがって、選ばれた者たちは神の不可視的な教会であり、そうあり続けるのである。当然ながら、エピゴーネンたちは――ベザですら――〔カルヴァン自身と〕全く異なり、特に凡人たちの広範な層はそうである。彼らにとっては、恩恵身分の認識可能性という意味での「救いの確かさ」(ケルティトゥードー サルーティス)は、絶対的に卓絶した意義へと高まらざるをえず[130)]、そこでそもそも、予定説が固守された所ではいかなるところでも、人が「選ばれた者たち」(エーレクティー)への所属の如何を認識できる鍵となる確かなメルクマールが存在するか否かが、問われずにはいなかった。改革派教会の土壌で当初成長した敬虔主義の発展の中で、この問いは持続的に中心的意義を有しただけでなく、一時期敬虔主義にとって或る意味でこの問いはまさに〔自らの宗教運動にとって〕本質構成的なものだったが、それだけでなく我々は、〔のちに〕改革派の聖餐教説及び聖餐実践の政治的・社会的に非常に射程遠大な意義を考察する場合に、次のことについてさらに論じなければなるまい。それはすなわち、敬虔主義以外でも、17世紀全体を通じて、個々人の恩恵身分の確認可能性ということが、例えば聖餐――参加者の社会的地位にとって中心的・決定的な祭儀行為――への参加許可の問題に対して、いかなる役割を演じたか、という問いである。

---

129)〔マルティン・〕ブーツァーへの手紙(『宗教改革者集成』、第29巻、883-884頁)において実に明確に〔述べられている〕。これについてはひるがえってシャイベ、前掲書、30頁を参照。

130) 果たしてウェストミンスター信仰告白は、我々は自らのいかなる行動を以てしても「ふつつかなしもべ」〔ルカ17:10〕にとどまるのであって(第16章第2項〔第5項が正〕)悪との闘いは生涯続く(第18章第3項)のだが、それでもやはり、選ばれた者たちに恩恵の間違いようのない確かさを与える約束をしている(第18章第2項)。但し、選ばれた者も、確かさ(ケルティトゥードー)を得るためにはしばしば長く闘わねばならないのであり、そしてその確かさは、選ばれた者に義務達成の意識を与え、信仰者は以後この意識を完全に奪われることは決してないのである。

恩恵の選びの問題への2通りの答え――鋼鉄の信仰と職業労働

　恩恵によって人間の中にもたらされる粘りづよい信仰――その信仰の自己証言に思いを致すようにとの、カルヴァンの〔上述の〕教え（これは、少なくとも原理上、正統派の教義によって正式には決して放棄されなかった[131]）にとどまることは、少なくとも**自分自身**の恩恵身分の問題が念頭にあった限りでは、不可能だった[132]。とりわけ、至る所で〔予定の〕教説によって作り出された苦悶に対処せねばならなかった司牧の実践は、カルヴァンの教えにとどまることができず、様々な仕方でこれら困難との折り合いをつけた[133]。その際、恩恵の選びが改釈されたり緩和されたり根底的に放棄されたりしなかった限りでは[134]、司牧上の勧告の2つの互いに結びつくタイプが、特徴的なものとして

---

[131] 例えばオレウィアーヌス『神と選ばれた者たちとの間の無償の契約の実体について』(1585年)、257頁を参照。――ハイデッガー『キリスト教神学の本体（コルプス）』、XXIV、87-88頁、及び、他の諸箇所についてはヘッペ『プロテスタント改革派教会の教義』、1861年、425頁を参照。

[132] 真正のカルヴァン派的な教説は、**信仰**と、聖礼典における神との交わりの意識とへの、参照指示を行なっており、「霊の他の果実」にはついでにのみ言及していた。ヘッペ『プロテスタント改革派教会の教義』、425頁に見られる諸箇所を参照。カルヴァン自身は非常に強調を込めて、諸々の行ないを、――それら行ないは彼にとってみてもルター派にとってみても、信仰の果実なのだが――神の前での有効性の**メルクマール**としては拒絶した（『キリスト教綱要』、第3篇第2章37、38節）。行ないにおける信仰の確証への実際的な転回（この転回がまさに**禁欲**を特徴づけているのである）は、（ルターの場合と同様）真の教会のしるしとなるのは**第一**に純粋な教説と聖礼典だとしていたカルヴァンの教説が漸次的に、両者がメルクマールとして「規律（ディスキプリーナ）」と同等視されることへと変化した、ということと並行している。この発展は例えばヘッペ、前掲書、194-195頁に上げられている諸箇所によって跡づけられるかもしれない――同様に、既に16世紀末にオランダで共同体（ゲマインデ）への参加資格が獲得されたその仕方（**規律**への契約上の明示的な服従が中心的な条件とされている）という点においても。

[133] これに関してはとりわけシュネッケンブルガー、前掲書、48頁の諸々のコメントを参照。

[134] かくてバクスターの場合、例えば「大罪」と「軽微な罪」との間の相違が――全くカトリック的な仕方で――再び前面に出てきている。前者は恩恵身分の欠如の、もしくは現在恩恵身分にないことの、しるしであって、人間全体の「回心」だけが

特に目だっていた。すなわち一方では、自分を選ばれた者と**みなすこと**、そしてあらゆる疑念を、「然り、自己確信の不足は不充分な信仰の結果であり、したがって恩恵の不充分な作用の結果なのだ」とささやく悪魔による誘惑として撃退すること[135]、これらがそもそも義務とされるのである。したがってここでは、自分自身の召命を「堅固にすること」を促す使徒の勧告が、自分は選ばれ義とされているのだという主観的な確信を日々の闘いの中で戦い取るべきだという義務として、解釈される。かくて、ルターが恩恵を約束した対象たる謙遜な罪人たち(つみびと)（悔恨的な信仰の中で彼らが神に信頼するならば、だが）に代わって、我々が資本主義のかの英雄的な時代の鋼鉄的に硬いピューリタン商人たちの中に、また個々の事例では現在に至るまでも、再認するような、かの自己確信的な「聖徒たち」が育成される[136]。そして他方では、かの自己確信を**獲得するために最も卓越した手段として、たゆまぬ職業労働**(ベルーフ)が銘記された[137]。す

そこで恩恵身分の所有の保証をもたらしうる。後者は恩恵身分と両立不可能でない。

[135] バクスター、〔L・〕ベイリー、セジウィック、ホールンベークが——様々なニュアンスでだが——このとおりである。さらにシュネッケンブルガー、前掲書、262頁の諸例を参照。

[136] 一種の**身分的な**質として「恩恵身分」が解釈されることはしばしば見られ、とりわけスホルティングハウスの場合（『内奥のキリスト教』、1740年——オランダ議会によって**禁止された**！）になお見られた。

[137] バクスターの『キリスト教指針』の無数の箇所において——のちに論究されるであろうように——、及びその末尾の箇所においてこのとおりである。自らの道徳的至らなさに対する不安から気をそらすための職業労働というこの奨励は、自らの道徳的無価値性に関する自己欺瞞のためにでっち上げられた手段としての金銭欲求・職業禁欲(ベルーフ)というパスカルの心理学的な解釈を想起させる。パスカルの場合、予定信仰はまさに、被造物全体の原罪的無価値についての確信と共に、罪責圧力の緩和と救済確信の獲得との唯一の手段としての、俗世放棄と観照の奨励と〔を行なうことのため〕に役だてられている。——天職概念の正確にカトリック的な、及びジャンセニスト的な、表出形態に関しては、パウル・**ホーニヒスハイム**博士は、既に引用された学位論文（継続することが希望される一層大きな著作の一部）の中で突っ込んだコメントを行なっている。ジャンセニストたちの場合には、救済確信と俗世内的**行為**との結びつきの形跡が全く欠如している。彼らの「天職」観念は、ルター的な天職観念よりも、また、真正にカトリック的な天職概念すらよりも遙かに

なわち職業労働が、そしてそれだけが、宗教的疑念を振り払い、恩恵身分の確かさを与えるのだ、と。

　さて、世俗的な職業労働が**このような達成のために有効だとされたこと**、——職業労働が、言うなれば、宗教的不安効果に対する「緊張解除」のための好適な手段として取り扱われえたこと——、このことはしかし、改革派教会の中で涵養された宗教的感覚の底に在る独自性のうちにその理由を有するのであり、これら独自性は、ルター派との対比で、義認をもたらす信仰の性質についての教説の中で最もはっきりあらわになっている。これら相違はシュネッケンブルガーの一連の美麗な講演において精緻に、かつあらゆる価値判断をわきによけつつ純粋に事柄に即して(ザッハリッヒ)、分析されているので[138]、以下の短いコメントは本質的に単に彼の叙述を引き合いに出すことができる。

ルター派的信心とカルヴァン派的信心の違い
　特に17世紀の過程で発展したルター派的信心が追求した最高の宗教的体験とは、神格との「神秘的合一(ウーニオー・ミュスティカ)」である[139]。既にこの呼称(このヴァージョン

強力に、所与の人生状況への**適応**という意味を有している——この適応は、カトリシズムにおけるのと同様に、社会的秩序によって命じられており、それだけでなく良心の自らの声によっても命じられている(ホーニヒスハイム、前掲書、139-140頁)。

138) シュネッケンブルガーの観点とも結びつくのは、H・ホルツマン記念論文集におけるロープシュタインの非常に洞察豊かに描かれた素描であり、以下ではこれも同様に参照されるべきである。この素描に対しては、「救いの確かさ(ケルテイトゥードー・サルーティス)」というライトモチーフの強調が尖鋭的すぎるとの非難がなされた。しかしながら、ここでまさにカルヴァンの神学は**カルヴァン派**と、そして神学的体系は司牧の必要と、それぞれ区別されるべきである。「どのようにすれば私は自分の浄福を**確信できる**ようになるのか」という問いから、比較的広範な階層を捉えた**あらゆる**宗教的運動は出発したのであり、この問いは、既述のように、この場合においてだけでなく、宗教史一般において、例えばインドの宗教史においても、中心的な役割を演じている。そしていかにして、それがそれ以外でもありうるだろうか。

139) もちろん、この**概念の十全な**発展はようやくルター派**後期**(プレトリウス、ニコライ、マイスナー)において為された、ということはたぶん否定できないだろう。(この概念はヨハネス・ゲルハルトにおいても**存在しており**、しかも全く、ここで

では改革派の教説には見られない)が暗示しているように、ここで問題になっているのは実質的な神感情である。すなわち、信仰者の魂の中に神的なものが

論究される意味においてである。)それゆえリッチュルは彼の『敬虔主義の歴史』の第4部(第2巻、3-4頁)において、この概念がルター派的宗教心の中に導入されたことを、カトリック的信心の復興ないしは継受だと主張している。リッチュルは、個人の救済確信の問題がルターの場合とカトリックの神秘主義者の場合とでは同じだったという点は争っておらず(10頁)、しかし、両方の側では解決の仕方は正反対だと思っている。確かに私はこれに関して独自の判断を下す能力が自分にあるとは思えない。『キリスト者の自由』の中で流れている空気が、一方で、後代の文献の「愛らしい幼きイエス様」を伴う甘ったるいあやし言葉とは別物であり、他方で、タウラーの宗教的気分とも別物である、ということはもちろん誰もが感得する。そして同様に、ルター派的な聖餐教説における神秘主義的・呪術的な要素の固守は、かの「ベルナール的な」信心——「雅歌的な気分」——(これをリッチュルは、キリストとの「花嫁としての」交わりの涵養の源泉だとして繰り返し引き合いに出している)と確かに異なる宗教的な動機を有する。しかしながら、それにもかかわらずとりわけ、聖餐教説もまた、神秘主義的な気分宗教心の再覚醒を促進する**一因となる**ことになっていたのではないだろうか。——さらに、このことをここで直ちに指摘することにすると、(前掲書、11頁)神秘主義者の自由がまさに俗世からの**離隔状態**に存したのだ、という考えは決して的確でない。特にタウラーは、宗教心理学的に非常に興味深い詳論の中で、**秩序**(によってこの秩序〔表象〕が、世俗的な職業労働を志向した思想の中に持ち込まれたのである)を、とりわけ不眠の際に彼が奨めているかの夜の観照の**実際的な**効果だと称したのである。すなわち「これ(睡眠前の夜における神との神秘主義的な一体化)によってのみ、**理性は浄化され、そして脳髄はそれによって強められ**、そして人間は日々、自分は真に神と一体化したのだと、内面的な訓練によって一層平和に一層神的に捉えられるのである。それから、彼のすべての行ないは**整えられる**。そしてそれゆえに、人間が自らを自分の行ないに対して予告した(=準備した)場合、そしてしたがって自らを**徳**の上に打ち立てた場合、——それから彼が現実へと赴く場合、その行ないは**有徳にして神的**となるのである」(説教、fol. 318)。いずれにせよ理解されるのは——我々はこの点にさらに立ち返ることになる——、神秘主義的な観照と合理的な天職解釈はそれ自体**互いを排除してはいない**、ということである。宗教心が端的にヒステリー的な性格を帯びる場合にようやく、その反対が生じるのであり、そのようになることは、あらゆる神秘主義者の場合にも、さらにはあらゆる敬虔主義者の場合にも、事実でなかった。

現実に入り込むという感覚であり、この入り込みは、質的にはドイツ神秘主義者たちの観照の諸作用と同種であり、そして、神に在る**休息**への憧れの充足を志向する**受動的な**性格によって、及び、純粋に気分的なものである内面性によって、特徴づけられている。さてそれ自体としては、神秘主義的方向性を有する宗教心は、——哲学史から既知であるように——経験の所与の領域において顕著に現実主義的な現実感覚と非常に良く折り合えるだけでなく、然り、諸々の弁証法的な教義に対する拒否の結果として、しばしばそのような感覚の直接の支えである。さらに同様に神秘主義はまさに、合理的な生活営為に間接的にも役だちうる。ともかく、俗世に対する神秘主義の関係では、当然ながら、外的活動に対する肯定的な評価が欠如している。さて、しかしルター派ではさらに、「神秘的合一（ウーニオー　ミュスティカ）」が〔人間の〕原罪的不相応性〔すなわち、人間が原罪を有するがゆえに神に不相応な存在であること〕についてのかの深甚な感情と組み合わさっており、この感情は、罪の赦しに不可欠な謙遜・真率さの維持を志向するべくルター派の信仰者の〔営んだ〕「日々の悔い改め（ポエニテンティア　クォティーディアーナ）」によって入念に保たれるべきだった。これに対して、独特に改革派的な宗教心は、パスカルの静寂主義的な俗世逃避とも、同様にこの純粋に内面志向的なルター派的気分信心とも、最初から拒否的な対立関係にあった。人間の魂に神的なものが現実に入り込むことは、あらゆる被造物的なものに対する神の絶対的な超越によって不可能とされていた。「有限は無限を収容しえない（フィーニートゥム　ノーン　エスト　カパクス　インフィーニーティー）」のである。恩恵を受けた者たちとの神の共同性はむしろ、神が彼らのうちで**働いた**（「**働く**（オペラートゥル）」）ということ、及び、彼らがそれを自覚したということ、——したがって、彼らの**行為**が神の恩恵によってもたらされた信仰に由来し、そしてこの信仰がひるがえって当の行為の質（神によってもたらされた行為としての）によって正当性を認められるということ、これらによってのみ生じうるのであり、かつ意識に上りえた。あらゆる実際的宗教心の分類のためにそもそも妥当する、諸々の決定的な救済状態についての深甚な相違[140]が諸々ここで表現されている。すなわち、宗教的達人が自らの恩恵身分を確認できるのは、当人が自らを、或いは神

---

[140] これに関しては「諸々の世界宗教の経済倫理」に関する以下の諸論考、序論〔を参照〕。

的な力の器と感じることによってであり、**または**神的な力の道具と感じることによってなのである。前者の場合には当人の宗教生活は神秘主義的な感情文化へと傾き、後者の場合には禁欲主義的な**行為**へと傾く。ルターは前者の型に近く在り、カルヴァン派は後者の型に属した。改革派の人も「信仰のみによって」(ソーラー フィデー)浄福たらんとした。しかしながら、既にカルヴァンの見解によれば、あらゆる単なる感情や気分は、それがどれほど崇高に見えても欺瞞的なのだから[141]、信仰は、確かな基礎として救いの確かさ(ケルティトゥードー サルーティス)に資するためには、自らの客観的な**諸作用**において確証されねばならない。信仰は「有効な信仰」(フィデース エッフィカクス)でなければならず[142]、救いへの召命は「有効な召命」(エフェクテュアル コーリング)(サヴォイ宣言の表現)でなけ

---

[141] この前提において、カルヴァン派は公式のカトリシズムと接点を有する。しかしながらカトリックにとっては、そこから生じたのは改悛の秘跡の必要性であり、改革派にとっては、俗世内部での行ないによる実際的な**確証**の必要性だった。

[142] 例えば既にベザ(『予定の教説について。ローマ書9章の講解に基づく。ラファエル・エグリヌス筆記』、1584年〔MWG I/18, p. 309によれば1582年が正〕)、133頁を参照。「……真に善い行ないから聖化の賜物へと、聖化から信仰へと、我々が登っていくように、かくて我々は、かの確実な結果から、召命ならどんなものでもというのではなく、有効な召命を〔獲得し〕、そしてこの召命から選びを〔獲得し〕、そして選びから、キリストにあって予定の賜物を、〔すなわち〕神の御座が不動であるのと同じほどに確固たる〔予定〕を、結果と原因との極めて確かな連結によって、獲得するのである……。... sicut ex operibus vere bonis ad sanctificationis donum, a sanctificatione ad fidem ... ascendimus: ita ex certis illis effectis non quamvis vocationem, sed efficacem illam, et ex hac vocatione electionem et ex electione donum praedestinationis in Christo tam firmam quam immotus est Dei thronus certissima connexione effectorum et causarum colligimus ...」。但し、**排斥**のしるしに関しては、それが**最終状態**にかかわることなので、人は慎重でなければならない。(この点でようやくピューリタニズムは別な考えをした。)——これに関してはさらに、シュネッケンブルガー、前掲書の立ち入った論究を参照(シュネッケンブルガーはもちろん、文献の限られた一つのカテゴリーだけを引用している)。ピューリタン文学全体の中ではこの特徴は繰り返し前面に出てきている。「語られるであろうことは、あなたは信じたか、ではなく、あなたは行動する人だったかそれとも語るだけの人だったか、である」とバニヤンは言っている。信仰とは、予定の最も穏健な形を教えるバクスターによれば(『聖徒の永遠の憩い』、12章)、心をキリストに服従させること、しかも**行ない**と共に服従させることである。意志は不自由で

ればならないのである。さて、いったい**いかなる**実によって、改革派の人は正しい信仰を疑念の余地なく認識できるのか、という問いがさらに立てられるならば、答えは次のようになる。すなわちキリスト者の、**神の名声の増進に資する生活営為**〔生活の営み〕によって、と。何がそれに資するかは、神の意志(直接的には聖書の中に啓示されており、或いは間接的には、神によって創造された世界の有目的的な諸秩序(自 然 法)〔レクス ナートゥーラエ〕[143]から読み取れる)から取り出せる。

あって神だけが聖化のための能力をご自身に留保しておられる、という抗議に対してバクスターは、「あなたにできることをまずしなさい、そしてそれから、もし**あなたが理由を持っている**のなら、自分には恩恵が閉ざされていると神に文句を言いなさい」と答えた(『ピューリタン神学者たちの著作』、第4巻、155頁)。フラー(教会史家)の吟味は、実際的な確証と、生き方における自分の恩恵身分に対する自己証言とを、問う一つの問いに限られていた。別のところで既に引用した箇所において、〔ジョン・〕ハウもこれと異なっていない。『ピューリタン神学者たちの著作』に対するいかなる詳細な調査も、至るところで様々な典拠をもたらす。**ピューリタニズム**への「回心」をもたらしたのが直接に**カトリック**の禁欲主義的著作だったということは珍しくなかった――例えばバクスターの場合にはイエズス会の小冊子がそれだった。――カルヴァン自身の教説との対比で、これら観念は完全な刷新ではなかった(『キリスト教綱要』、初版、1536年、第1章、97、112頁を参照)。但し、カルヴァン自身のもとにおいては、恩恵の確信はこのような仕方では確かに獲得されうるものではなかった(同、147頁)。通例Ιヨハネ3:5及び類似の諸箇所が引き合いに出された。有 効 な 信 仰〔フィデース エッフィカクス〕を求める欲求は――このことをここで先どりしておくと――、狭義でのカルヴァン派の人々には限られていない。**バプテスト派の**信仰箇条は予定に関する項で全く同様に信仰の果実を扱っている(「そして、その」――すなわち再生の――「本来の証左は悔い改めと信仰と**生の新しさ**との聖なる果実のうちに現れている」――『バプテスト教会便覧』に印刷された信仰箇条の第7項)。同様に、**メノナイト派**の影響を受けた小冊子、すなわち『オリーヴの枝』〔オレイフ タクスケン〕(1649年のハーレム教会会議がこれを承認した)の1頁は、神の子は何によって**認識される**か、という問いで始まっており、そして答え(10頁)は次のとおり。「さて、神の恩恵の新しい契約を信じる者たちの良心を**確かなものにする**ためには、**実を結ぶ信仰**だけが、確実に根本的なしるしだ、ということがすべてである」。

143) 社会倫理の物質的な内容に対する**これ**〔すなわち自然法〕の意義に関しては、既に上で若干のことが示唆された。ここでは、我々に重要なのは**内容**でなく、むしろ、道徳的行為へと向かう**推進力**である。

特に、自分の魂の状態を、聖書によれば選ばれた人々(例えば族長たち)に特有だとされる魂の状態と比較することによって、人は自分の恩恵身分をコントロールできる144)。有効な信仰(フィデース・エッフィカクス)は、選ばれた者だけが真に持っており145)、選ばれた者だけが、再生(レゲネラーティオー)と、そこから帰結するところの自らの生活全体の聖化(サンクティフィカーティオー)とによって、神の名声を、見せかけだけでなく真に善い行ないによって増進することができる。そして選ばれた者は、自らの行状が——少なくとも根本性格と変わらざる企図(従順の志(プロポシトゥム・オボエディエンティアエ))とによれば——神の名声の増進のために自らのうちで活きている力146)に基づいているのだ、従って単に神の意志によるだけでなくとりわけ神の働きによるのだ147)、と自覚することによって、恩恵確信という、この宗教心が目指す最高善を獲得する148)。これが獲得可能であることはⅡコリント13：5から裏づけられた149)。したがって、善い行ないは、聖性の獲得のための手段として役だつにはかくも絶対的に不相応であり——なぜなら、選ばれた者も相変わらず被造物であり、そして選ばれた者が行なうすべてのことは、神の要求に対して、果てしなく隔たって足りないものだからである——、選びのしるしとしてはかくも不可欠な

---

144) この表象がピューリタニズムにおいて旧約聖書的・ユダヤ的精神の浸透をいかに促進するほかなかったかは明白である。
145) サヴォイ宣言は純粋な教会(エックレーシア・プーラ)のメンバーについて次のように言っている。すなわちそのメンバーたちは「**有効な召命による聖徒たち**であり、それは彼らの信仰告白と**歩み**とによって**可視的に現れている**」のだと。
146) 「善さの原理」、『ピューリタン神学者たちの著作』におけるチャーノック〔の巻、すなわち第6巻〕、175頁。
147) 回心とは、セジウィックが時折表現しているように、「恩恵の選びの決定と同一の文言の写し」である。——そして、選ばれている者は、従順へも召されており、**そしてそうする能力があるのだ**、と〔L・〕ベイリーは教えている。——神が(生き方の中で表現されるところの)信仰へと召している人々だけが真の信仰者なのであり、単なる「一時的な信仰者」はそうでない、と(バプテスト派の)ハンサード・ノウルズの信仰告白は教えている。
148) バクスターの『キリスト教指針』の例えば末尾を参照されたい。
149) 例えばチャーノック、「自己吟味」、183頁〔MWG I/18, p. 314によれば163頁〕において、「疑念(ドゥビターティオー)」についてのカトリックの教義に対する反駁のために、このようにある。

のである[150]。善い行ないは、浄福を買い取るための、ではなく、浄福に関する不安を免れるための、技術的手段なのである。この意味で、善い行ないが時折端的に「浄福のために不可欠だ」と称されたり[151]、「救いの所有(ポセッシオー・サルーティス)」が善い行ないに結びつけられたりする[152]。さてしかし、このことが実際的に意味するのは、結局のところ、神は自分を助ける者を助ける、ということであり[153]、それゆえカルヴァン派の人間は、時折そのように表現されるように、自分の浄福——正確には「浄福の確かさ」というふうに称されねばならないだろう——を自ら「創り出す」のだ、ということであり[154]、しかしこの創出は、カトリシズムにおけるように、功業たる個別業績の漸増的な蓄積に存することは**できず**、むしろ、選ばれているか斥けられているかという二者択一の前に**常時立つ体系的な**自己統制に存するのだ、ということである。これによって我々は我々の考察の非常に重要な点に到達する。

「行為聖性」の実際的な意義

周知のように、改革派の教会や信団(ゼクテ)の中で明確さを増しつつ[155]浮き彫りに

---

150) この論法は例えばJ・ホールンベーク『実践神学』においては繰り返し出てくる。例えば第2巻、70、72、182頁、第1巻、160頁。
151) 例えばスイス信条〔MWG I/18, p. 315 によれば第 2 スイス 信 条(コンフェッシオー・ヘルウェーティカ・ポステリオル)〕第16章は「そして不適切にも行ないへと**救いが帰せられている** et improprie his salus adtribuitur」と言っている。
152) 以上すべてについてシュネッケンブルガー、80-81頁を参照。
153)「もしあなたが予定されていないのなら、予定されるようになるようにせよ Si non es praedestinatus fac ut praedestineris」と、既にアウグスティヌスが言ったとされている。
154) 本質から見て同じ意味であるゲーテの言葉が想起される。「いかにすればおのれ自身を識ることができるか。観察によるだけではけっしてできないが、行動を通じてならば可能となる。きみの義務を果たすことを試みるがよい。きみがいかなる人間であるかがすぐにわかるはずだ。しかしきみの義務とは何か。日々の要求」〔岩崎英二郎・関楠生訳「箴言と省察」、小岸昭・芦津丈夫・岩崎・関訳『ゲーテ全集』13、潮出版社、1980年、372頁。同じ文章は登張正實訳「ヴィルヘルム・マイスターの遍歴時代」、登張訳『ゲーテ全集』8、潮出版社、1981年、241頁にも見られる〕。

なってきたかの思考過程に対して、ルター派の側からは「行為聖性」〔すなわち、人間の行ないによって聖性は獲得可能だとする見方〕との非難が再三再四行なわれた[156]。そして、――自分たちの**教義的な**立場がカトリックの教説と同一視さ

---

[155] というのも、確かにカルヴァン自身のもとでは、「聖性」は**現れ**もするのでなければならない、ということは確定しているのだが、聖徒と聖徒ならざる者との間の境界は人間の知力にとっては究明不可能だからである。神の律法に従って組織され取り仕切られる教会に於いて神の言葉が純粋に宣べられる場合、そこには、選ばれた者たちも――我々にとっては認識不可能だとしても――現存しているのだ、と我々は信じなければならないのである。

[156] カルヴァン派的な信心は、特定の宗教的な**思想**から**論理的に**、及び**心理学的に**、もたらされた帰結が実践的・宗教的な**行動**に対して有する関係について、宗教史の中で見いだされる数多くの事例の中の一例である。**論理的には**もちろん宿命論が、予定の帰結としては演繹可能だろう。しかし、「確証」思想が挟まった結果、**心理学的作用**は全く逆だった。（原理的に同種の理由から、周知のようにニーチェの信奉者たちは、永遠回帰の思想について積極的な倫理的意義があるのだと主張する。但しニーチェの思想の場合、問題となっているのは、いかなる意識連続性によっても行為者と結びついていない将来の生に対する有責性ということであり、――これに対してピューリタンの場合に言われていたのは、あなたのことが争われている〔トゥア・レース・アギトゥル〕、だった。）恩恵の選びと行為の関係を既に――当時の言葉で――ホールンベーク（『実践神学』、第1巻、159頁）は見事に説明している。すなわち、選ばれた者たちはまさに選びのゆえに、宿命論から接近を受けることが不可能であり、まさに宿命論的帰結に対する**拒絶**という形で**自己を確証する**のであり、「その彼らを選び自体が注意ぶかい者とし、務めに対して細心な者とするのだ quos ipsa electio sollicitos reddit et diligentes officiorum」と。**論理的には**推定されるべき（その他の点では、それにもかかわらず、事実**時折**生じてもいる）宿命論的な帰結を、**実際的な**利害錯綜が切断したのである。――しかし他方で、一箇の宗教の思想内実は――まさにカルヴァン派が示しているように――、例えばウィリアム・ジェームズ（『宗教的経験の諸相』、1902年、444-445頁）が認めたいと思っているよりも**遙かに一層大きな**意義を有する。宗教的形而上学における合理的なものの意義はまさに、古典的な仕方では、カルヴァン派的な神概念の特に**思想的構造**が〔その信徒たちの〕生活に対して及ぼした壮大な影響のうちに示されている。ピューリタンの神が歴史の中で、自分より前或いは後にどうにかひとりいた〔かどうか〕という程度の影響を及ぼしたとして、その場合、その神にそのような能力を与えたのはおもに、思想の力が当の神に装備として与えたところの諸々の属性だった。（宗教的な諸理念の意義を生活にお

れることに対する、攻撃を受けた側の抗弁がいかに正当であっても——、その言い方で改革派の平均的キリスト者の日常生活に対する**実際的な**帰結が念頭に置かれているのであれば即、確かにその非難は正しい[157]。なぜならたぶん、

けるそれらの確証の程度に従って評価するという、ジェームズの「プラグマティズム的な」評価は、その他の点では、然りそれ自体、この卓越した学者のピューリタン的故郷のかの思想世界の真正な子どもなのである。）宗教的体験それ自体は、**あらゆる体験と同様**、もちろん非合理的である。その最高度の神秘主義的な形態においては、それはまさに比類なき（κατ᾽ ἐξοχήν）体験そのものであり、そして——ジェームズが実に見事に詳述したように——その絶対的な伝達不可能性によって特徴づけられている。すなわち、それは**独特な**性格を有し、**認識**として立ち現れ、しかし我々の言語装置・概念装置という手段を以てしては適合的に再現できないのである。そしてさらに正しいのは、**あらゆる**宗教的体験は、**合理的な**定式化の試みの際には内容が直ちに損なわれるのだということであり、それは、概念的な定式化がさらに前進すればするほど、一層そうなのである。洗礼派の諸信団が既に 17 世紀に知っていたように、この点に、あらゆる合理的な神学の悲劇的な諸々の紛争の理由が存する。——しかしながら、かの非合理性——これは、然り、**宗教的な「体験」**だけに固有なのでは**決してなく**、むしろ（様々な**意味**と程度において）**あらゆる**体験に固有である——によって妨げられていないのは次のことであり、すなわち、まさに実際上極めて高い重要性を有することとは、当の**思想体系**——この思想が、直接的に宗教的に「体験されたもの」を今や自らのために言わば差し押さえて、自らの軌道へと導き入れる——がどういう**種類**のものか、なのである。というのも、**それに従って**発展するのが——教会が生活に対して強度の影響を及ぼした時代、教会の中で教義的関心が強力に発展した時代においては——、地上の様々な宗教の間で存在するような、倫理的帰結における実際的に非常に重要な諸々の相違、のうちの大部分だからである。諸々の大いなる宗教戦争の時代において、在俗信者ですら、教義に対するその関心が——今日の尺度で測るなら——いかに全く信じがたいほど強度だったか、ということは、史料を知っている者なら誰もが知っている。これと並置されうるのは、「科学」が達成でき立証できるとされることについて今日のプロレタリアートが持っている、結局迷信的でもある表象である。

157) バクスター『聖徒の永遠の憩い』、I、6 は、救いを我々の目的とするのは欲得ずくだろうか、それとも合法的だろうか、という問いに次のように答えている。——「我々がそれを為された行ないに対する**報酬**として期待する時には、それはまさしく欲得ずくだ……。さもなければ、それは単に、キリストがお命じになっておられるたぐいの欲得ずくであり、……そしてもし、キリストを探求することが欲得

道徳的**行為**に対する宗教的な評価の形態として、カルヴァン派がその信徒たちのうちに作り出したのよりも一層強烈な形態は、一度として存在したためしがなかっただろうからである。しかしながら、この種の「行為聖性」の実際的な意義にとって決定的なのは、それに呼応する生活営為を特徴づけかつそれを中世の平均的キリスト者の日常生活から区別したところの、**諸々の質**の認識である。それら諸々の質を、例えば人は、次のように定式化しようと試みることができるだろう。すなわち、中世の通常のカトリックの在俗信者[158]は、倫理的観点から見れば或る程度「その日暮らし」で生きていた。さしあたり在俗信者は、諸々の伝統的な義務を良心的に遂行した。しかし、それを超えての在俗信

ずくなら、私は大いに欲得ずくでありたい……」。その他の点では、正統的とみなされる幾人ものカルヴァン派の場合には、全く極端な行為聖性への頽落もないわけでない。ベイリー『敬虔の実践』、262頁によれば、喜捨は〔永遠との対比で〕**一時的な罰を回避するための手段**である。**斥けられた者たち**に他の神学者たちが善い行ないを奨めたのは、そうすればひょっとすると劫罰が多少は耐えやすくなるかもしれない、という動機によっており、しかし、**選ばれた者たち**に奨めたのは、そうすれば神は彼らを単に無根拠にだけでなく〔現に在る〕理由のゆえに愛することになるだろうから、そしてそのこと〔理由が存在するゆえに神が愛するということ〕は早くも何らかその報い〔すなわち、選ばれた者たちによる善い行ない〕を見いだすことになるだろうから、ということによっている。とはいえ護教論も、浄福の程度に対する善い行ないの意義に関して若干の軽微な譲歩を行なってはいる（シュネッケンブルガー、前掲書、101頁）。

158) ここでも、さしあたり特徴的な差異を際だたせるために、やむをえず「理想型的な」概念言語によって語ることがなされ**ねばならない**。史的現実に対してこの概念言語は或る意味で暴力を揮うが、そのことなしでは、留保条件をやかましく付与する以前にそもそも、明快な定式化が不可能であるだろう。ここで可能な限り尖鋭的に描かれた対立がどれほど相対的なものでしかないか、ということは別途論究されるべきだろう。自明なのは、カトリックの公式の**教説**は既に中世において、それ自体としても、**生活全体**の体系的な聖化という理想を掲げていた、ということである。しかしながら、同様に疑いのないことであるのは、①教会の日常実践は、まさにその極めて有効な規律手段である告解によって、本文で引き合いに出される「非体系的な」生活営為を**より容易**にした、ということであり、さらに②カルヴァン派の人々の厳格に冷静な基本的気分内容と、全く自立的な孤立性とは、中世の在俗信者カトリシズムには長い間欠如するほかなかった、ということである。

者の「善い行ない」は通常、必然的に一つの生活**体系**へと合理化されるのでもなければ、必然的に連関があるのでも必ずしもない、**個々の諸行為のそういう連なり**にとどまっており、それら諸行為を在俗信者はそのつど機会に応じて、例えば具体的な罪の相殺のために、或いは司牧の影響のもとで、或いは人生の終わりごろに言わば保険料として、遂行した。もちろん、カトリックの倫理は「信念」倫理だった。しかしながら、**個々の行為の具体的な「意図〔インテンティオー〕」**がその価値を決定した。そして**個々の行為は**——良い行為であれ悪い行為であれ——行為する者の勘定に付けられ、彼の一時的及び永遠的な運命に影響を及ぼした。全く現実主義的に教会が考慮に入れていたのは、人間は、絶対的に一義的に決定された、そして絶対的に一義的に評価されるべき、などといった単位では**なく**、むしろ、人間の道徳的生活とは(通常)、諸々の相争う動機によって影響された、往々非常に矛盾に満ちた行動だ、ということである。確かに教会も人間から、理想として、生活の**原理的な**変化を要求した。しかしながらまさにこの要求を、教会は(平均のために)自らの極めて重要な権力手段にして教育手段によって再び弱めた。すなわち改悛の秘跡によってであり、この秘跡の機能はカトリック的な宗教心の最も内面的な特質と深く結びついていた。

カルヴァン派がその信徒に求めたこと——生活の合理化

世界の「脱魔術化」、すなわち救済手段としての**呪術**を排除すること[159]、は、カトリック的な信心においては、ピューリタン的な宗教心(及びそれ以前では唯一、ユダヤ教的な宗教心)におけるのと異なり、〔論理的〕帰結に至るほどまでには貫徹されていなかった。カトリックの人間には[160]、自らの教会の**秘跡恩恵**が、自分自身の不充分さの相殺手段として用だてられていた。司祭とは、その手に鍵権力〔すなわち教導権〕が置かれており、〔聖〕変化の奇跡をもたらしてくれるところの、呪術者だった。悔恨と改悛覚悟を以て、人は司祭のもとに

---

159) **この契機の絶対的に中心的な意義は**、既に一度言及されているように、「諸々の世界宗教の経済倫理」に関する諸論考の中でようやく次第に前面に出てくるだろう。
160) そして或る程度はルター派の人間にも。ルターは聖礼典〔秘跡〕的呪術のこの最後の残滓を根絶しないことを**欲した**。

赴くことができ、司祭は、贖いと恩恵期待と赦しの確実さとを授与し、それによってかの巨大な**緊張状態**に対する**負担軽減**をもたらした。〔これに対して、〕この緊張状態の中で生きることが、カルヴァン派の人間の、何によっても緩和不可能で免除不可能な運命だった。カルヴァン派の人間にとっては、かの諸々の親切かつ人間的な慰藉などといったものは存在せず、カルヴァン派の人間は、弱さや軽はずみの時を別の時における一層の善意によって埋め合わせることを、カトリックの人間やルター派の人間のように期待できなかった。カルヴァン派の神が自分の〔信奉〕者たちに要求したのは、個々の「善い行ない」ではなく、**体系**へと高められた行為聖性だったのである[161]。罪、悔恨、改悛、負担軽減、新たな罪といったものの間でのカトリック的な、真に人間的な浮き沈みといったことや、一時的な罰によって償われるべき、また、教会的な恩恵手段によって清算されるべき、人生全体の差引残高といったことは、話にならなかった。凡人の倫理的実践はその無計画性・無体系性をはぎとられ、生活営為全体の首尾一貫した**方法**へと作り上げられた。然り、「**方法**派（メソジスト）」という名が、18世紀に

[161) 例えばセジウィック『改悛と恩恵に関する教説』（レッシャーによるドイツ語版、1689年）を参照。すなわち、改悛覚悟を有する者は、自らがそれに精確に依拠する〔べき〕、そしてそれに従って当人が生活全体を整えて生きていく〔べき〕、そういう「**確固たる規則**」を有する（591頁）。彼は――賢明に、目ざめていて、慎重に――律法に従って生きる（596頁）。当の人間**全体**の持続的な変容だけが、それが恩恵の選びの結果であるがゆえに、このこと〔律法に従った生き方〕を惹起しうる（852頁）。真の改悛はつねに生き方の中で表現されるのである（361頁）。――例えばホールンベック、前掲書、第9部第2章が詳述しているように、「道徳的に」のみ善い行ないと「霊的な行ない」との間の相違は、それら行ないが再生された**生**の結果であるということ（前掲書第1巻、160頁）、絶えざる進歩（神の恩恵の超自然的な働きによってのみ（前掲書、150頁）達成可能であるような、そういう進歩）がその生において知覚可能であるということ、にまさに存している。聖性は神の恩恵による当の人間**全体**の変貌である（同、190-191頁）。然り、〔これらは〕プロテスタンティズム全体に共通し、もちろん同様にカトリシズムの最高の理想の中にも見いだされる、そういう思想である。**しかし**〔これらの思想は〕、俗世**内**的な禁欲へと固定されたピューリタン的な方向性においてまさにようやく、自らの帰結を俗世に対して示すことができたのであり、そしてとりわけ、そのような方向性においてのみ、充分に強力な心理学的**報奨**を受けた、そういう思想だったのである。

おけるピューリタン的思想の最後の大規模な再生の担い手に付着したままだったのは、意味から見て全く等価の名称である「精確派〔プレツィジスト〕」が彼ら〔メソジスト〕の17世紀における精神的祖先に対して適用されていたのと同様、偶然でない162)。なぜなら、あらゆる時・行為における生活全体の意味の根本的な変化においてのみ163)、恩恵の働き（人間を自然の地位〔スタトゥス・ナートゥーラエ〕から恩恵の地位〔スタトゥス・グラーティアエ〕へと引き上げるという）は確証されえたからである。「聖徒」の生活はもっぱら浄福という超越的な目標を志向し、しかし**まさにそれゆえに**、生活のこの世的な経過においては全く**合理化され**、地上における神の名声を増進するという専一的な観点によって支配されていた。――そしてこの「すべては神のより一層の栄光のために omnia in majorem dei gloriam」という観点がこれほど苛烈に実行されたことは未だかつてなかった164)。しかし、絶えざる反省によって導かれた生活だけが自然的な地位〔スタトゥス・ナートゥーラーリス〕の克服とみなされえたのであり、つまりデカルトの「我思う〔コーギトー〕、ゆえに我有り〔エルゴー・スム〕」は同時代のピューリタンたちによって、このような倫理的改釈において引き継がれたのである165)。さて、この合理化は、独特

---

162) もっとも、後者の名はオランダにおいては特に、**聖書**の諸規定に精確に従って〔プレツィース〕営まれたところの、「洗練された者たち〔フェインネン〕」による生活から導き出されている（フートにおいてはそうである）。――それ以外では、17世紀のピューリタンに対しても散発的に「方法派〔メソジスト〕」という名前が見られる。

163) なぜなら――ピューリタンたる説教者たちが（例えばバニヤン「ファリサイ派と徴税人」『ピューリタン神学者たちの著作』、126頁において）強調しているように――、いかなる個々の罪も、人生全体の経過の中で「善い行ない」による「功績」として積み上げられることが可能だったかもしれないものを**すべて無にする**からである――もし、そもそも人間が、（考えられない話だが）自ら、神が当の人間の功績として**算入する**ことを余儀なくされるような何がしかのことを行なう能力を有するならば、或いはそもそも、完璧な生活を持続的に営むことができるのならば。カトリシズムにおけるように残高・差し引きを伴う一種の当座勘定なるものはまさに行なわれず――このイメージは既に古代にもなじみだった――、むしろ**人生全体**に対して、峻険なあれかこれか、すなわち恩恵身分か排斥か、が当てはまるのである。――当座勘定解釈を想起させるものについては、註192を参照。

164) この点に存するのが、単なる「合法性〔リーガリティー〕」や「礼儀正しさ〔シヴィリティー〕」との相違であり、これらはバニヤンにおいては、「世故に長けた人〔ワールドリー・ワイズマン〕」氏の仲間として、「道徳〔モラリティー〕」と称される都市に住んでいる。

に**禁欲主義的な**特徴を改革派の信心に付与し、カトリシズムに対する内的な親和性[166]と、カトリシズムに対する独特な対立とを両様基礎づけた。なぜならもちろん、同様のものはカトリシズムにとっては決して無縁でなかったからである。

生活の合理化の西洋的起源

疑いなく、キリスト教的な禁欲は、外面的現象から見ても意味から見ても、極めて多様なものを自らのうちに含んでいる。しかし西洋ではそれは、その最高度の諸形態において、既に中世においては全くもって、またいくつもの現象〔形態〕においては早くも古代に、**合理的な**性格を帯びていた。東洋の修道制――その全体でなく、その一般的な型――との対比における、西洋の修道者的生活営為の世界史的意義は、この点に基づいている。それ〔西洋の修道者的生活営為〕は、原理においては既に聖ベネディクトゥスの戒律の中にあり、クリュニー修道院の中にはさらに一層あり、ひるがえってシトー会の中にさらにあり、最後に決定的な仕方では、無計画的な俗世逃避と達人的な自虐性から解放されたイエズス会の中にあった。それは合理的な生活営為の、体系的に作り上げられた方法となったのであり、その目標は、自然的な地位(スタトゥス ナートゥーラーリス)を克服すること、人間を非理性的な衝動の力から、また俗世・自然への依存から、逃れさせること、計画的な意志行為の至上性に服さしめること[167]、人間の諸々の行為を常

---

165) チャーノック「自己吟味」(『ピューリタン神学者たちの著作』、272頁)によると、自己についての知識と**省察**とは**理性的な**本性の有する特権である。それに付された脚註:「我思う(コーギトー)、ゆえに我有り(エルゴー スム)」はこの新しい哲学の第一原理である、と。

166) 禁欲主義的プロテスタンティズムの或る種の思考過程とドゥンス・スコトゥスの神学――決して支配的な地位には到達せず、つねにひたすら黙認され、時には単に異端扱いされた――との、ここは親和性を論究するための場所では未だない。アリストテレス哲学に対する敬虔主義者たちの後代の独特な反感は、ルターによっても――やや別の意味で――共有されていたのと同様、カルヴァンによっても、カトリシズムとの意識的な対立の中で共有されていた(『キリスト教綱要』第2篇第2章4節、第4篇第17章24節を参照)。「意志の首位性」――〔ヴィルヘルム・〕カールがこれをそう称したように――はこれらすべての方向性に共通している。

167) 例えばカトリックの『教会事典』の「禁欲(アスツェーゼ)」という項目記事は、禁欲の意味

なる自己**統制**と、それら諸行為の倫理的射程に対する**考量**とに従属させること、かくて修道者を——客観的に——神の王国に奉仕する労働者へと教育すること、そしてそれによってひるがえって——主観的に——自身の魂の救いを保証すること、だった。この——**行動的な**——自己支配が、今日のイグナティウス〔・デ・ロヨラ〕の霊操(エクセルキティア)にとって、またそもそも、合理的な修道者的徳目の最高度の諸形態にとって目標だったのと同様に[168)]、ピューリタニズムの決定的な実際的生活理想でもあった[169)]。ピューリタンたる殉教者たちに対する審問に関する記録の中で、高貴なる高位聖職者たちや官吏たちの取り乱した騒々しさがピューリタンたる信仰告白者たちのクールな控えめな平静さと対比されている[170)]、その対比に見られる深甚な軽蔑の念において既に、控えめな自己統制へのかの〔高い〕評価(これは今日のイギリス人或いは英国系アメリカ人の「紳士(ジェントルマン)」の最良の諸類型においてなお体現されている)が目だっている[171)]。

　を全くこのように定義しており、それは禁欲の最高度の史的現象形態と全く一致している。『プロテスタント神学・教会大事典』のゼーベルクも同様である。この概念を本論考の目的のために、ここで為されているような仕方で使うことが許容されねばならない。この概念は別様に——より広義にもより狭義にも——解釈されることが可能であり、通常そのように解釈されている、ということを私は良く知っている。

168)　『ヒューディブラス』においてはピューリタンたちは (1: Gesang 18. 19) 跣足(せんそく)〔すなわち、はだしの〕修道者になぞらえられた。ジェノヴァの使者フィエスキの報告はクロムウェルの軍隊を「修道者たち」の集まりと称している。

169)　俗世外的な修道者禁欲と俗世内的な天職(ベルーフ)禁欲との間の内面的なこの連続性を私が全く明確な仕方で主張したことに鑑みて、私は、ブレンターノ(前掲書、134頁及び他所)によって**修道者たち**の労働禁欲とその奨励とが私**に反対する**仕方で引き合いに出されているのを目にして驚かされる。私に反対する彼の「補説」全体はこの点で極まっている。しかしまさにかの連続性が、誰もが理解できるように、私の論考全体の根本前提である。すなわち宗教改革は、合理的なキリスト教的禁欲及び生活方法論を、修道院の中から引っ張り出して世俗的な職業生活の中へと運び込んだのである。以下の、変更しないままである詳論を参照。

170)　ピューリタン的な異端者たちに対する審問に関して、ニールの『ピューリタンの歴史』やクロスビーの『イギリスのバプテスト派』の中で再現されている多くの報告において、こうなっている。

我々になじみの言い方で言えば[172]、いかなる「合理的な」禁欲とも同様、ピューリタン的な禁欲が労したその労苦の目標とは、諸々の「情動(アフェクト)」との対比で、人間の「不変の動機」、特に禁欲それ自体が人間に教え込んだ諸動機、を主張し通用させる能力を人間に付与することであり、——それゆえ人間を、一箇の「人格」(語の形式 - 心理学的な**この**意味における)へと育て上げることだった。数多くの大衆的な表象との対比で言えば、覚醒した自覚的な晴朗な人生を営めるようになることが、禁欲の目標だったのであり、——衝動的な人生享楽の無邪気さを絶滅することが、禁欲の最も緊急な課題だったのであり、——禁欲に固着する人々の生活営為の中に**秩序**をもたらすことが、禁欲の最も重要な**手段**だったのである。これら決定的な諸観点はみな、カトリックの修道制の諸々の戒律の中に、また全く同様に[173] カルヴァン派の生活営為の諸原則の中に、見いだされる[174]。人間全体のこの方法的把握ということに基づいて

---

171) 既にサンフォード、前掲書(及び、彼より以前・以後の他の多くの人々)が、「控えめな態度(リザーヴ)」という理想の成立をピューリタニズムから導き出している。かの理想に関しては例えば、ジェームズ・ブライスの『アメリカ国家(コモンウェルス)』、第2巻の中の、アメリカのカレッジに関する彼の諸々のコメントをも参照。——「自己統御」という禁欲主義的な原理は、ピューリタニズムを近代の**軍隊規律**の父にすることにも与っている。(近代の軍隊制度の創設者としてのオラニエ公マウリッツに関しては、ロロフ『プロイセン年報』、1903年、第3冊、255頁を参照。)撃鉄を起こした銃を手に、発射しないまま、馬の鋭い駆け足で敵に近づくクロムウェルの「鉄騎隊兵士たち」が「王党派の騎士たち」を凌いでいたのは、デルヴィーシュ的な熱情によってではなく、むしろ逆に彼らの冷静な自己統御によってだった(この自己統御が彼らをして、つねに指導者によって掌握された状態にあらしめたのである)。〔これに対して、〕王党派の騎士たちによる嵐のような騎士的攻撃は、毎度毎度、自分たちの部隊を〔ばらばらの〕原子の状態へと変じさせた。これに関してはファース『クロムウェルの軍隊』に幾多のことが記されている。

172) これについては特にヴィンデルバント『意志の自由に関して』、77-78頁を参照。

173) 但し、それほど混淆のない状態ではなかった。感情的性格と時折結びつけられた観照は、合理的なこれら諸要素としばしば食い違っている。しかしながらそのために、ひるがえって観照もまた、**方法的な**規制を受けているのである。

174) リチャード・バクスターによれば、生得的なものとして神から我々に与えられた規範付与的なものである「理性」に反するものは**すべて**罪ぶかい。例えば、内容

プロテスタンティズムの倫理と資本主義の精神　153

いるのが、両者〔カトリックの修道制とカルヴァン派〕の場合、それらのものすごい俗世超克的な力であり、特にルター派との対比でカルヴァン派の場合には、「戦う教会〔エックレーシア　ミーリタンス〕」としてプロテスタンティズムの存立を確保するその能力である。

中世的な禁欲とカルヴァン派的な禁欲（俗世内的禁欲）の対立点

　他方で、中世的な禁欲に対するカルヴァン派的な禁欲の**対立点**が奈辺に存したかは明白である。すなわち「福音的勧告〔コンシリア　エヴァンゲリカ〕」の脱落がそれであり、したがって禁欲が、純粋に俗世**内**的な禁欲へと成型し直されたことがそれ〔対立点〕だった。カトリシズムの中では「方法的な」生活は修道院の僧房に限られていた、かのごとくに言っているわけではない。理論的にそのようなことは決してなく、実際にもそれは事実でなかった。むしろ、既に強調されたことだが、カトリシズムの道徳的節制の度合いが比較的大きいにもかかわらず、倫理的に無

的に罪ぶかい熱情だけでなく、無意味或いは無際限なあらゆる何らかの情動**それ自体**がそうなのであり、なぜならそれらは「顔色〔おちつき〕」をなからしめ、純粋に被造物的な事象として我々を神との合理的な関係（あらゆる行為・感情における）から引き離し、神を侮辱するからである。例えば、不機嫌さの罪ぶかさに関して語られていることを参照（『キリスト教指針』第2版、1678年、第1巻、285頁。加えて287頁ではタウラーが引用されている）。**不安**の罪ぶかさに関しては同書、287頁、第2欄。我々の**食欲**が食事の規則ないし尺度である場合、それは被造物神格化（偶像崇拝）である、ということが、同書、第1巻、310頁、316頁、第1欄で、また再々、非常な強調と共に述べられている。そのような詳論の機会には、至る所で第一に在るソロモンの箴言と並んで、プルタルコスの『精神の静穏について』も、しかし中世の禁欲主義的著作（聖ベルナール、ボナヴェントゥーラ他）もしばしば、引用される。──「酒と女と歌を愛さぬ者は……」との対立がこれ以上なく鋭く定式化されえたのは、偶像崇拝の概念が罪ぶかき**あらゆる**喜びへと拡張されることによってだった──それら喜びが**衛生的な**〔或いは「健康上の」〕理由で正当化されない**限りで**。そういう正当化が為される場合には、それら喜びは（これらの限界の枠内で、スポーツが、しかし他の「気晴らし〔レクリエーション〕」も）許容される（これに関してはさらに後述）。ここで、また他の箇所で、引用されている史料が、教義的な著作でも建徳的な著作でもなく、むしろ司牧の実践から生じたものであり、したがって、この司牧実践が機能した方向性の良い画像なのだ、ということに〔読者は〕注目されたい。

体系的な生活は、カトリシズムが——俗世内的生活に対しても——もたらした最高度の諸理想に手が届いて**ない**のである[175]。聖フランシスコの第三会は例えば日常生活の禁欲主義的浸透の方向における強力な試みだったのであり、そして周知のようにこれは決して唯一の試みではなかった。もちろん『キリストに倣いて』のような諸々の著作は、それら諸著作で説かれた生活営為のあり方が、ミニマムとして充分である日常道徳との対比で**より高度なもの**だと感得されたという、その強力な影響の及ぼし方**を通じて**まさに、後者〔すなわち日常道徳〕が〔カトリシズムの場合〕、ピューリタニズムが用意周到に有したような尺度ではまさに測られてい**なかった**、ということを示している。そしていくつかの教会的制度、とりわけ贖宥(それゆえこれは宗教改革の時代にも、周縁的な濫用でなく根本的毀損そのものと感得された)、の**実践**は、体系的な俗世内的禁欲の萌芽を再三再四妨げるほかなかった。しかし決定的だったのは、**それでもまさに修道者だけが**、宗教的な意味で方法的に生きる人間だった、そしてそうあり続けた、ということであり、したがって禁欲は、それが個々人をより一層強度に捉えれば捉えるほど、当の個々人を**一層**日常生活から**外へと押し出し**た(なぜならまさに、俗世内的道徳の**凌駕**[176]にこそ、独特に聖なる生活〔の聖なる生活たる所以〕は存したから)、ということである。〔俗世内的禁欲の実践に対して阻害的に作用した〕この状況をルターがまず除去し——しかも、何らかの「発展傾向」の執行者としてでなく全く個人的な経験に由来してそうしたのであり、しかも最初はその実際的帰結の点でなお揺れが見られ、そののち**政治的な状況**によって一層押しやられたのである——、そしてカルヴァン派は単にこれをルターから受け継いだ[177]。ゼバスティアン・フランクが早くも宗教改革

---

175) ついでに言っておくと、以上の叙述から、宗教心の或る形態に対してであれ他の形態に対してであれ、何らかの**価値評価**が読みとられるならば、私はそれを遺憾とするだろう。価値評価はここでは全く無縁である。重要なのはひたすら、純粋な宗教的評価のためにはたぶん比較的周縁的であるだろうがしかし実践的な行動にとっては重要である、そのような特定の諸特徴の**影響**、それだけなのである。

176) これについては特に、『プロテスタント神学・教会大事典』第3版所収のE・トレルチによる「モラリスト(イギリスの)」という項目記事を参照。

177) 「史的偶然」として現象する**全く具体的な**諸々の宗教的意識内容や諸状況がいか

の意義を、今やすべてのキリスト者は一生涯の間ずっと修道者でなければならないということだ、と理解した時、実際その理解はこの種の宗教心にとって、事柄の核心を射抜くものだったのである。世俗的日常生活から禁欲が〔俗世〕外へと流れ出ることに対して予め堤防が設けられ、そして、それまでであれば修道制の最良の代表者となるべく仕向けられてきていた熱情的に真剣な内面的な性格の人々が、今や、世俗的な職業生活の内部で禁欲主義的な理想を追求するようにとの方向づけを与えられた。しかしカルヴァン派は、その発展の経過で積極的なもの、すなわち世俗的な職業生活における**信仰の確証**の必要性という思想[178]、を付加したのであり、それによって、宗教的指向を有する性格の人々の広範な層に対して、禁欲への**積極的な推進力**を与え、そして、その倫理が予定説へとつながれ固定されたことにより、俗世の外そして上に存在した修道者という宗教的貴族の代わりに、神によって永遠〔の昔〕から予定されている聖徒たちという宗教的貴族が、かくて俗世**の中**に出現したのである[179]。この貴族たるや、自らの消去不可能な焼き印(カラクテール インデーレービリス)を帯びていて、永遠〔の昔〕から斥けられている残余の人類とは、俗世から外面的に隔てられていた中世の修道者たちとの間でよりも原理的に一層架橋不可能な、そしてその不可視性〔中世の修道者

に大きな影響を及ぼしたかということは、以下の点において、すなわち、改革派的な基礎の上に成立した敬虔主義の圏内で例えば修道院の欠如が時折直接的に**残念なことだ**とされたという点において、また、ラバディーその他の「共産主義的な」実験が、然り、単に修道院生活の代用物だったという点において、特にはっきり示されている。

178) しかも既に、宗教改革時代自体のいくつもの信仰箇条においてである。リッチュルも(『敬虔主義』、第1巻、258-259頁)、後代の発展を宗教改革者的な思想の退廃だとみなしていたにもかかわらず、例えばフランス信条(コンフェッシオー ガッリカーナ)第25及び26条、ベルギー信条(コンフェッシオー ベルギカ)第29条、第2スイス信条第17章が「全く経験的なメルクマールによって改革派の〔恩恵〕特殊主義的な教会の範囲を限定しているということ、及び、信仰者たちは**道徳的な活動のメルクマールなしには**この真の教会の中には数え入れられ**ない、ということ**」に対して異論を唱えていない。(これについては135頁註132を参照。)

179)「神をほめたたえよ、我々は大勢の中にはいない」(Th・アダムズ『ピューリタン神学者たちの著作』、138頁)。

たちとの隔たりの場合と異なり、修道院の外壁のような外面的・可視的な区別が存在しないという意味での〕において一層不気味な、溝によって隔てられていた[180]——苛烈な鋭さを以て**あらゆる**社会的感覚の中へと切り込んでいった、これはそういう一箇の溝である。なぜなら、選ばれた者たちのこの神からの恩恵身分（ゴッテスグナーデントゥーム）（それゆえ、選ばれた者たちは聖徒である）にとっては、隣人の罪に直面した場合、自らの弱さを意識しつつ〔相手を〕いつでも助けるとの寛大な姿勢〔を示すこと〕でなく、当人を神の敵（永遠の排斥のしるし自体を身に帯びた者）として憎み軽蔑することが、適合的だったからである[181]。このような感覚様式は、事

---

180) 史的に非常に重要な「生得権」思想はイングランドではこれによって相当程度支えられた。すなわち、「天に記されている初子（ういご）……。初子が相続において打ち負かされることがなく、書き記された名が消去されることが決してないように、そのごとく、彼らは確かに永遠の生命を相続するであろう」(Th・アダムズ『ピューリタン神学者たちの著作』、XIV 頁）。

181) 改悛覚悟のある**悔恨**というルター派的な感情は、禁欲主義的に発展したカルヴァン派には、なるほど理論においては内面的に縁遠いものではないが、しかし実践においてはたぶん、内面的に縁遠いものだろう。すなわちこのような感情は、然り、カルヴァン派にとっては倫理的に無価値であり、斥けられた者たちのためには何の益にもならず、そして自らの選びを確信している者にとっては、例えば自分が告白する自己の罪などというものは、発展の遅れと聖化の不完全さとの徴候なのであり、そのような罪を当人は、悔いるのでなく、神の名声のために行為によって克服しようとし、そして**憎む**のである。〔ジョン・〕ハウ（1656-1658 年にクロムウェルのチャプレンだった）の「神に対する人間たちの敵意について、及び、神と人間の和解について」（『イギリスのピューリタン神学者たちの著作』、237 頁）における次の詳述を参照。「肉の心は神に対する**敵対**である。それゆえ、新たにされねばならないのは、単なる思弁的なものとしてのではなく、実際的かつ活動的なものとしての心である」。(同、246 頁)「和解は、1) 自分のかつての**敵対**についての……深い得心において始まらねばならず、……私は神から**離反していた**……2) (251 頁) それがものすごい不法にして邪悪であることの明確かつ痛切な把握において始まらねばならない」。ここでは、罪人（つみびと）に対する憎悪でなく、罪に対する憎悪だけが語られている。しかしながら、既にカルヴァンへのエステのルネ侯爵夫人（「レオノーレ」の母）の有名な手紙——この中で彼女は、自分の父や夫が斥けられた者〔の側〕に属していると確信せざるをえない**場合に**、自分が彼らに対していだくであろう「**憎悪**」についてとりわけ語っている——が、人間への転用を示しており、そして同時

情の如何では信団(ゼクテ)形成を帰結しうるような昂進をもたらしえた。これが実際に起こったのは次の場合である。すなわち、──17世紀の「独立派」的な諸方向の場合と同様──神の名声は、斥けられた者たちを教会を通じて〔つまり、可視的な教会に所属させて〕法規範に服従させることを要求しているのだ、とする真にカルヴァン派的な信仰を、非再生者が群れの中にいて聖礼典に参与する或いは聖礼典を──任用された司祭として──執り行ないすらするなどということがあれば、それは神に恥辱を加えることだ、とする信念が凌駕した場合であり[182)]、したがって一言で言えば、カルヴァン派的なバプテスト派の場合に見られたように、確証思想の帰結としてドナトゥス派的な教会概念が姿を現した場合である。そして、再生した者として確証された人々の共同体(ゲマインシャフト)として「純粋な」教会であることを求める要求の十全な帰結、すなわち信団(ゼクテ)形成という帰結が、導出されなかったところに於いても、教会制度の様々な成型の営みが見受けられ、そしてそれら営みは、再生したキリスト者と、再生していない（聖礼典に与るべく成熟していない）キリスト者を区別し、教会の統治を前者にのみ留保するか、もしくはさもなくとも前者に特別な地位を留保し、そして再生した説教者だけを許容する、という試みから発していたのである[183)]。──

禁欲主義的生活営為における旧約聖書の重要性

さて、このような禁欲主義的な生活営為は、自らを不断にそれに即して方向

にこれは、恩恵の選びの教説のゆえに個々人が（「自然的な」感情によって結び合わされた）共同体(ゲマインシャフト)の紐帯から内的に切り離されていくことについて上（125頁）で述べられたことについての、一つの実例である。

182)「**再生した者或いは聖なる者**であるという証拠を提示する人々以外のいかなる者も、受け入れられたり可視的な教会のふさわしいメンバーだと算入されたりしてはならない。これが欠けているところでは、**教会のまさに本質が失われている**のである」と、クロムウェルのもとでオックスフォードの独立派的・カルヴァン派的な副学長だったオーエンは、原則を定式化している（「福音的教会の起源についての調査〔ヴェーバーは Inv.（= Investigation、すなわち「調査」だろう）と書いているが、MWG I/18, p. 645 によれば正しくは Enquiry〕」）。さらに〔本書の〕次の〔「信団」〕論文を参照。

183) 次の〔「信団」〕論文を参照。

づけることができるところの確固たる規範(確かにどうやらこれが必要だったらしい)を、もちろん聖書を通して受け取った。しかも、往々描写されるカルヴァン派の「聖書支配」において我々にとって重要なのは、**旧約**聖書が、新約と全く同様に霊感を受けているがゆえに、その道徳的諸規定において(それら諸規定が明らかにユダヤ教の史的状況のためにのみ規定されたものでない限り、或いはキリストによって明示的に廃棄されたものでない限り)、威厳の点で新約聖書と全く**同等**の地位を有する、ということである。まさに**信仰者たち**にとって、律法は、理想的で決して完全には達成されえないがそれでも通用する規範として、与えられていた[184]——これに対して、ルターは逆に——元来——律法隷従からの**自由**を信仰者たちの神与の特権として讃えていた[185]。ピューリタンたちによって最も読まれたソロモンの箴言や幾多の詩編といった諸書の中に沈殿しているヘブル的な知恵、すなわち、神に密接しているが完全に冷静である、そういう知恵の作用を、人は彼らの生活気分全体の中に感じる。特に、**合理的な性格**という点、すなわち宗教心の神秘主義的な、そもそも**感情的な**、側面に対する抑圧という点は、既にサンフォードによって[186]正しくも旧約聖書の影響へと帰着させられていた。ともかく、この旧約聖書的な合理主義自体は、それ自体本質的には小市民的な伝統主義の性格を有しており、そこでは預言者たちや多くの詩編の強力な情念(パトス)だけでなく、既に中世の独特な感情

---

184) ジュネーヴ教理問答 149〔この出典表示は、MWG I/18, p. 335 によれば正しくは、H. A. Niemeyer (ed.), *Collectio confessionum in ecclesiis reformatis publicatarum*, Lipsiae: sumptibus Iulii Klinckhardti, 1840, p. 149。なお、MWG I/18, ibid. の誤記を一部修正〕。ベイリー『敬虔の実践』、125 頁にはこうある。「生活において我々は、モーセ以外の何ぴとも我々を支配してはならないかのように行動するべきである」。
185)「改革派の人間の念頭には律法は理想的な規範として浮かんでおり、〔他方で〕その律法はルター派の人間を到達不可能な規範として打ちのめす」。ルター派の教理教育においては律法は、必要な**謙遜**を目覚めさせるために**先**に立ち、改革派の教理教育では通例、福音の**あと**に来る。ルター派は「聖となることに対して真の恐れを持っている」と、ルター派に対して改革派は非難を加えており、ルター派は改革派に対して「不自由な律法隷従」であり高慢であるという非難を加えている。
186)〔サンフォード〕『大反乱の研究及び省察(リフレクションズ)〔正しくは「例証(イラストレーションズ)」〕』、79-80 頁。

的宗教心の発展に対してきっかけをもたらした諸々の構成要素もまた、並存していた[187]。したがって究極的には、カルヴァン派自身の**固有な**、しかもまさに禁欲主義的なその根本性格が、旧約聖書的信心の中で自らの性(しょう)に合う諸々の構成要素を選び出し、それらを自らのものとしたのである。——

ほとんど事業経営の性格を帯びるに至った「人生の聖化」

さて、カルヴァン派的プロテスタンティズムの禁欲がカトリックの修道会生活の合理的諸形態と共有していたもの、すなわち倫理的生活営為のかの体系化ということは、「精確な」ピューリタン的キリスト者が自らの恩恵身分を継続的に**統制した**その仕方において、既に純粋に外面的に明らかになっている[188]。確かに、宗教的な日記(その中には、諸々の罪や誘惑や、恩恵の中で為された諸々の進歩が、継続的に、或いは表形式によっても、書き入れられた)は、第一にイエズス会士たちによって創出された近代カトリック的な信心(特にフランスの)と、教会的に最も熱心な改革派の人々の信心とに[189]、共通していた。しかしながら、この日記はカトリシズムでは、告解の完璧さという目的に資しており、或いは一人の、或いは(たいていは)複数の、キリスト者への権威主義的な指導のための基礎を「魂の導き手(ディレクトゥール・ドゥ・ラーム)」に提供したが、これに対して改革派のキリスト者は、日記の助けによって**自ら**「自分の脈拍を感じていた」。この日記はあらゆる著名な道徳神学者たちによって言及されており、個々の徳目における自らの進歩に関するベンジャミン・フランクリンの表形式の統計的な記帳は今なお一箇の古典的な例を提供している[190]。そして他方で、神の記

---

187) それらの中でこの際特に、——ピューリタンたちはたいてい単に無視した——**雅歌**が忘れられてはならない。雅歌の東洋的なエロティシズムは、然り、例えば聖ベルナールの信心型の発展を規定する要因の一つだった。

188) この自己統制の必要性に関しては、IIコリント13:5に関する、既に引用されたチャーノックの説教(『ピューリタン神学者たちの著作』、161-162頁)を例えば参照。

189) 大多数の道徳神学者たちがこの日記を勧めていた。例えばバクスター『キリスト教指針』、77頁以下がそうである。しかしながら、彼は「危険」を隠蔽していない。

帳についての古い中世的な(そして既に古代的な)画像は、バニヤンにあっては特徴的な悪趣味にまで高められており、その結果、神と罪人(つみびと)の関係は、商店主と顧客の関係になぞらえられている。つまり、いったん借金を背負い込んだ者は、自分自身のあらゆる功績の成果を以てしても、膨れ上がる利子を支払えるのがせいぜいなのであって、ところが元金を支払うことは決してできまい、と[191]。しかし後代のピューリタンは、自分自身の行動と同様、神の行動をもコントロールしており、人生の個々の巡り合わせすべての中に神の指を見てとった。そしてそれゆえ、カルヴァンの真正の教説とは反対に彼は、なぜ神がこういう命令やああいう命令を行なったかを知っていた。かくて人生の聖化は、ほとんど一箇の商売経営の性格を帯びることになりえた[192]。暮らし全体の貫徹的なキリスト教化が、倫理的生活営為のこの**方法論**の帰結であり、これをカルヴァン派は、ルター派とは反対に強要したのである。この**方法論**が生活に対する影響にとって決定的なものだったということを、人は、カルヴァン派の作用の仕方を正しく理解するためにつねに明確に理解していなければならない。

---

190) 道徳記帳はもちろん他の仕方でも広く普及していた。しかしながら、永遠〔の昔〕から決定された選び或いは排斥の唯一の**認識手段**であるという点に置かれた**強調**が〔他の場合では〕欠落しており、それと共に、この「計算」に対する入念さ及び顧慮といったことに対する決定的な心理学的**報奨**が欠落している。

191) **これ**が、外面的に類似した他の諸々の行動様式との決定的な相違だった。

192) バクスターも(『聖徒の永遠の憩い』、第12章)で神の**不可視性**を次の指摘によって説明している。すなわち、会ったことのない異国人との間で、利益をもたらす商取引(ハンデル)を通信によって営むことが可能であるように、人は、目に見えない神との「聖なる商取引」によって「高価な真珠」〔マタイ13:46〕を獲得することができるのだ、と。――この(古いモラリストたちの場合やルター派において通常見られる法廷的なたとえ話に代わっての)商業的なたとえ話は、まさに結果として人間に自らの聖性を「商取引で獲得する(エアハンデルン)」ことを得させているピューリタニズムにとって実に特徴的である。――さらに例えば次の説教箇所を参照。「我々はものの価値を、それを知らないわけでもなく必要に迫られているわけでもない賢者がそれの対価として与えるものによって、計算する。神の知恵であるキリストは、魂を贖うためにご自身を、ご自身の貴重な血を、お与えになった。そしてキリストは、それら魂が何物であるかを知っておられ、それらを必要としておられなかった」(マシュー・ヘンリー「魂の価値」『ピューリタン神学者たちの著作』、313頁)。

ここから帰結するのが、一方で、まさに**この**表出形態こそがようやくかの影響を及ぼしえたのだということであり、しかし他方で、他の諸信条〔すなわち諸宗派〕も、それらの倫理的推進力が確証思想というこの決定的な点において同じだったなら、同じ方向に作用したに相違ない、ということである。

まず最初にカルヴァン派の予定説に注目した理由

　これまで我々はカルヴァン派的宗教心という土壌の上で動いてきており、それに応じて、ピューリタン的道徳(方法的に合理化された倫理的生活営為という意味での)の教義的背景として予定説を前提としてきた。このようにした理由はというと、かの教義〔すなわち予定説〕が、あらゆる点から見てカルヴァンの土壌の上に厳格にとどまり続けたかの宗教的党派すなわち「長老派」のグループを事実上遙かに超えて、改革派的教説の隅石として固守されたからである。すなわち、1658年の独立派のサヴォイ宣言だけでなく、ハンサード・ノウルズの1689年のバプテスト派の信仰告白〔すなわち第二ロンドン信仰告白〕も予定説を含んでおり、そしてメソジスト派内部でも、確かにジョン・ウェズリーは、彼自身の運動の偉大な組織者的才能の持ち主であり恩恵の普遍性の信奉者だったが、メソジスト派の最初の世代の偉大なアジテーターでありこの世代の最も首尾一貫した思索家だったホイットフィールドは、ハンティンドン伯爵夫人の周囲に参集し一時相当に影響力の強かった人々と同様、「恩恵特殊主義」の信奉者だった。17世紀の有為転変の最も激しかった時代に、神の武具たらん、神の摂理的な定めの執行者たらんとする思想[193]を「聖なる生活」の擁護者たる闘士たちの間で保たせたのは、また、ひたすらこの世的な指向しか有しない純粋に功利主義的な行為聖性(然り、このような行為聖性では、非合理的・理想的な諸目標のためにかくも前代未聞の犠牲をなすことなど、決してありえなかっただろう)への時期尚早な崩壊を妨げたのは、この教説〔すなわち予定説〕——その壮大なまとまりにおける——だった。そして、予定説がその独自な仕方において独創的な形で作り出したところの、無条件に通用する諸規

---

[193] これに対して、既にルター自身は「嘆きは行ないに先だち、そして苦しみはあらゆる行為をしのぐ」と言っていた。

範への信仰の結びつけ(これは絶対的な決定論と、超感性的なものの完全な超越とを具備していた)は、然り、同時に——原理的には——、もっと感情に訴えかける一層穏健な(神をも道徳律の下に置くような)教説よりも遙かに非常に**「より近代的」**だった。中でもとりわけ、再三示されるであろうように我々の考察にとって根本的なものである**確証**思想(方法的道徳の心理学的起点としての)は、まさに恩恵の選びの教説と、日常生活に対するその意義とに即して、非常な程度で「純粋培養されたもの(ラインクルトゥーア)」として研究されるべきだったのであり、その結果我々は、信仰と道徳の結合の図式としてのこの思想が、以下でさらに考察されるべき諸教派の場合に非常に均質な仕方で繰り返し出てくるゆえに、最も首尾一貫した形態としてかの教説〔すなわち予定説自体〕から出発せねばならなかったのである。プロテスタンティズムの内部では、**かの教説**がその最初の信奉者たちのもとで生活営為の禁欲主義的な成型のために有さざるをえなかった諸々の帰結は、ルター派の(相対的な)道徳的無力に対する**最も原理的な**アンチテーゼを成した。ルター派的な「喪失可能な恩恵(グラーティア アーミッシビリス)」(これは、改悛覚悟を有する者の悔恨によっていつでも再獲得可能だった)は**それ自体**では、禁欲主義的なプロテスタンティズムの産物としてここで我々にとって重要であるもの、すなわち倫理生活全体の体系的な合理的成型、への推進力を明らかに全く蔵していなかった[194]。それに応じて、ルター派的信心は、衝動的な行為やナ

---

[194] ルター派の倫理理論の発展の中でもこのことは極めて明瞭に示されている。この発展に関してはヘニケ『古プロテスタントの倫理に関する研究』、ベルリン、1902年を参照。加えて『ゲッティンゲン学術公報』、1902年、Nr. 8のE・トレルチの教示豊かな書評を参照。その際、ルター派の教義による、特に、より古い**正統的な**カルヴァン派的教義への接近は、理解の点では相当踏み込んだものだった。しかしながら、別種の宗教的指向が繰り返し自己を貫徹した。信仰への道徳の結びつけのための手がかりを得るために、メランヒトンによって**改悛**概念が前景へと押し立てられた。律法によって惹起された改悛は信仰に先だたねばならず、しかし、善い行ないが信仰のあとに続かねばならず、さもないと信仰は——ほとんどピューリタン的に定式化されて——義認をもたらす真の信仰たりえないのである。真の信仰にとって、相対的な完全性の或る程度のところは地上でも到達可能とみなされた。然り、メランヒトンは元来次のように教えてすらいた。すなわち、義認が行なわれるのは、人間をして善い行ないに対して有能たらしめるためであり、そして少なく

とも、既にこの世での浄福のかの度合い——信仰によって保証されうるほどの度合い——は、〔善い行ないへの有能性によってもたらされるところの〕完全性のこの増大に存するのだ、と。後代のルター派の教義学者たちの場合にも、善い行ないは信仰の必然的な**果実**なのだという思想、及び信仰は新たな生をもたらすのだという思想は、外面的には改革派の人々の場合と全く同様な仕方で説明された。「善い行ない」とは何かという問いに対して既にメランヒトンは、律法の参照を指示することによって答えており、後代のルター派の人々はさらに一層、参照の度合いを強める形で答えている。ルターの元来の思想を想起させるものとしては今や、聖書支配(特に旧約聖書の個々の規範へと〔信徒自身を〕方向づけること)の現実化の度合いの低さしか残っていなかった。本質的に十戒は——**自然的な**道徳律の最も重要な諸原則の法典化として——人間の行為に対する規範であり続けた。**しかしながらそのこと**は、十戒の規則としての有効性から、義認にとっての**信仰の専一的意義**(このことが再三再四銘記された)へと到達するような、確かな架橋(はしわたし)を何らもたらさなかったのであり、なぜなら、この信仰がまさに——上述を参照——カルヴァン派的な信仰とは全く別の心理学的性格を有していた、ということが既にあったからである。最初の時代の真正にルター的な立場は捨て去られており、自らを救済機関とみなした教会によって、捨て去られざるをえず、しかし別の立場は獲得されなかった。特に人は、既に教義的基礎(ソーラー・フィデー「「信仰のみによって」」!)を失うことに対する不安感から、全生活の禁欲主義的合理化(個々人の道徳的使命としての)へと立ち至ることができなかった。というのも、**確証思想**を、それがカルヴァン派の場合に恩恵の選びの教説によって付与されたほどの重要性へと〔すなわち、確証思想をそれほどに重要な思想へと〕成長させるためには、推進力がまさに欠如していたからである。聖礼典〔秘跡〕の呪術的な——この〔恩恵の選びの〕**教説**の脱落と関連している——解釈もまた、そして特に再生(レゲネラーティオー)——或いは少なくともその端緒——と**洗礼**との重ね合わせは、恩恵**普遍主義**が受容される状況のもとでは、方法的道徳の発展に対して阻害的に作用せざるをえなかった。なぜなら、そのような解釈や重ね合わせは、原罪の意義を強調するルター派の場合には特に、自然の地位から恩恵身分までの隔たりを弱めるように〔人々の〕感じ方に作用したからである。義認行為が**もっぱら法廷的に**解釈されることもまた、これに劣らず〔弱めるように作用した〕——この法廷的な解釈は、回心した罪人(つみびと)の**具体的な**改悛行為の作用によって神の決定が変化しうるということを前提していたのである。しかし、まさにそれはメランヒトンによって強調されたのであり、その強調の度合いは次第に強まった。彼の教説のかの変化全体(それは**改悛**の重要性の増大に現れている)はまさに、彼が「意志の自由」を認めることとも内面的に関連していた。これらすべてが、ルター派的な生活営為の**非方法的な性格**を決定づけた。自分の救いの確かさを自己自身で創り出す聖徒貴族身分の発展でなく、具体的な罪に対する**具体的な**恩恵行為こそが、平均的なルター派信徒

イーヴな感情生活といったものの伸びやかな活力を比較的たわめずにいた。つまり〔ルター派においては〕、不断の自己統制や、それゆえそもそも自己の生活の**計画**的な規制（カルヴァン派の不気味な教説が含んでいたような）への、かの推進力が欠落していたのである。ルターのような宗教的天才は、自由な対世界開放性のこの空気の中で伸びやかに、そして――彼の振動の力が充分だった限りでは！――「自然的な地位（スタトゥス ナートゥーラーリス）」への沈没の危険なしに、生きていた。そして、ルター派の最高の典型と言える幾人もの人々を飾ったかの簡素な、繊細で独特に情緒豊かな形態の信心は、律法フリーなその道徳ともども、真正のピューリタニズムの土壌の上では稀にしか並行例を見いださず、これに対して、むしろ遙かに例えばフッカー、チリングワースといった人々の穏健な英国国教会（主義）のうちに並行例を見いだした。しかしながら、ルター派的凡人――ちゃんとした人でも――にとっては、「自然的な地位（スタトゥス ナートゥーラーリス）」から自分が引き上げられるのは一時的――個々の告解或いは説教の影響が及んでいる限りの間――でしかなかった、ということ以上に確かなことはなかった。然り、周知なのは、

の表象の中では――既に告解が継続された結果――救いの内容を成すほかなかった。かくてそれは、律法**フリー**な道徳にも、律法を指向した合理的な禁欲にも、行き着くことができず、むしろ律法は、「信仰」のかたわらで非有機的に規則及び理想的要求として存続し続け、のみならず人々が、厳格な聖書支配に対して、行為聖性とみなして尻ごみしたので、律法は、実に不確かかつ不正確であり続け、とりわけその詳細な内容において非体系的であり続けた。――しかし、まさにトレルチ（前掲書）が倫理理論について言っていたように、人生は、「個々の不確かな指示の細分化の中につなぎとめられているところの」、そして、「連関のある人生全体における成し遂げ」を志向するのでなくむしろ本質的に――既にルター自身が（上述を参照）推し進めた発展に従って――小事においても大事においても所与の人生状況への適応を成していたところの、そういう「全く成功裡に進展など決してするわけでない諸々の〔成し遂げ、でなく〕単なるやり始め、の総計」であり続けた。――異なる様々な文化へのドイツ人の「適応」（これは非常に批判されてきた）、彼らの速やかな国籍変更は、――当の〔ドイツ〕国民の特定の政治的運命**と並**んで――実に本質的には、我々のあらゆる生活諸関係において今日なお影響を及ぼしている〔ルター派の〕この発展にも原因を求められるべきである。文化の主観的な領有（かくとく）は微弱であり続けた。**なぜなら**それは本質的に、「権威主義的に」提示されたものの受動的な受け入れという仕方で行なわれた**から**である。

改革派の君侯の宮廷の倫理的水準と、極めてしばしば飲酒と粗暴に沈み込んでいたルター派の君侯の宮廷との間の、同時代人たちにとって極めて顕著な相違であり[195]、同様に、洗礼派の禁欲主義的な運動に対するに純粋に信仰を説く説教を以てするルター派の聖職者層の頼りなさである。「自然的な地位(スタトゥス・ナートゥーラーリス)」の伸びやかさを徹底的に根絶したことの余波のもとに今日なおあり続けている英国系アメリカ人的な生活雰囲気——人々の相貌にまで及んでいる——との対比で、ドイツ人たちに接して〔彼らの〕「気だての良さ(ゲミュートリッヒカイト)」や「素直さ(ナテューアリッヒカイト)」として感得されること、また、英国系アメリカ人的な生活雰囲気に接して、狭隘さ・不自由さ・内面的被拘束性などとしてドイツ人たちの側でつねに規則的に生じる違和感、——これは生活営為をめぐる諸々の対立なのであって、それら対立は全く本質的に、カルヴァン派との対比で、ルター派による生活の禁欲主義的浸透の**度合いの低さ**に由来している。禁欲主義的なものに対する伸びやかな「俗世人(ヴェルトキント)」の反感は、〔狭隘さ・不自由さなどといった〕かの諸々の感覚の中に表現されている。ルター派に欠けていたのはまさに、生活営為における体系的なものへの心理学的推進力(これが生活営為の方法的な合理化を強要するのである)であり、しかもそれはルター派の恩恵教説の結果としてだった。信心の禁欲主義的性格を惹起するこの推進力はそれ自体としては、我々がほどなく見るであろうように、疑いなく、様々な宗教的動機によって生み出されることが**ありえた**。つまり、カルヴァン派の予定説は様々な可能性の**一つ**でしかなかったのである。しかしながらもちろん、予定説がその独自の仕方で比類なく首尾一貫していたことを、それだけでなく、全く卓越した心理学的効果を有してもいたことを、我々は既に得心した[196]。これに従って、**非**カルヴァン派的な諸々の運動は、純粋にそれら運動における禁欲の宗教的動機づけという観点から見た場合には、カルヴァン派の内的首尾一貫性の**弱化したもの**として立ち

---

195) これらの事物に関しては例えばトールックの雑談本(『合理主義の前史』)を参照。
196) **イスラム教**の予定説(より正確には事前**決定**説)の全く異なる影響及びそれの諸理由に関しては、先に引用されたF・**ウルリヒ**の(ハイデルベルクの神学)学位論文『イスラム教とキリスト教における予定説』、1912年を参照。ジャンセニストの予定説に関してはP・**ホーニヒスハイム**、前掲書を参照。

現れることになる。

　しかも歴史的発展の現実の中では、状況は、例外なしにではないがともあれたいていの場合には、次のようになっていた。すなわち禁欲の改革派的形態は、他の諸々の禁欲主義的運動によって、或いは模倣され、或いは、それから逸脱しまたはそれを超越する諸原則の発展の際に、比較対象として、また補完物として、引き合いに出された。信仰の基礎づけ方が別様であるにもかかわらず同じ禁欲主義的な帰結が生じたところでは、通常これは**教会制度**の結果だったのであり、教会制度は別の関連で話題となる[197]。

B. 敬 虔 主 義

オランダにおける「敬虔主義」

　史的には、通常「**敬虔主義**」と称される禁欲主義的方向性にとって、恩恵の選びの思想はともあれ起点を成していた。この運動が改革派教会の内部にとどまっていた限りでは、敬虔主義的なカルヴァン派と非敬虔主義的なカルヴァン派の間に明確な境界線を引くことはほぼ不可能である[198]。ピューリタニズム

---

[197] これに関してはこの〔宗教社会学〕論集の次の〔「信団」〕論文を参照。
[198] リッチュル『敬虔主義の歴史』、I、152 頁がラバディー以前の時代について（それ以外では、オランダ的標本の基礎の上でのみ）この運動〔すなわち敬虔主義〕を探求する際のポイントは次のとおりであり、すなわち敬虔主義者たちの場合、I. 秘密集会が形成され、II. 「被造物的存在の無価値性」の思想が「福音的な浄福関心と矛盾する仕方」で涵養され、III. 「恩恵の保証が主イエスとのねんごろなつき合いという形で」非宗教改革者的な仕方で追求された、ということである。この最後のメルクマールはこの初期については、リッチュルが扱った代表者たちのうちの 1 人にだけ当てはまる。「被造物の無価値性」の思想はそれ自体、カルヴァン派的精神の真正の子だったのであり、そしてそれが実際的な俗世逃避を帰結した場合にようやく、それは通常のプロテスタンティズムの軌道から逸れた。最後に、秘密集会は、ドルドレヒトの教会会議自体が一定の程度で（特に教理教育的な目的で）〔これを組織するようにと〕指示していた。──これに先だつリッチュルの叙述において分析された〈敬虔主義的な信心のメルクマール〉の中で、考察対象となるのは例えば次のようなことだろう。①生活の**外面的な事柄**万般において相当の強度で聖書の

字句に隷従した意味での「精確派」(ヒスベルト・フートが時としてこれを代表している)。②たぶんローデンステインの場合に見られるであろうように、しかし例えばメランヒトンのもとでも示唆されている(註194)ように、義認及び神との和解が、自己目的としてでなく禁欲主義的な聖なる生活のための単なる**手段**として、取り扱われること。③W・テールリンクが最初に教えたように、真の再生のメルクマールとして「改悛闘争」が高く評価されること。④再生者でない人々が聖餐に参加する場合、その聖餐を忌避すること(これについては他の関連でさらに語られることになるだろう)、そしてそのことと関連して、ドルドレヒトの教会法規の制限に収まらない形での秘密集会形成——この秘密集会形成には、「預言」、すなわち非神学者(アンナ・マリア・シュールマンといった女性たちすらをも含む)によっても行なわれた聖書釈義、の復興が伴った——。これらすべては、宗教改革者たちの教説・実践からの——部分的には相当程度の——逸脱を成している事物である。しかしながら、リッチュルによって叙述の中に含められなかった諸々の方向性、特にイギリスのピューリタンたち、との対比で言えば、これらは、上記Ⅲ**を除けば**、この信心の発展全体の中に存在した諸傾向の高揚を成しているにすぎない。リッチュルの叙述の中で先入見によって損なわれているところを指摘すると、この偉大な学者は教会政治的指向——たぶん、より良い言い方では宗教政策的指向——を有する彼自身の価値判断を持ち込んでおり、そして独特に**禁欲主義的な**宗教心万般に対する反感の中で、そういう宗教心への展開が行なわれるところではどこでも、「カトリシズム」への逆戻りという解釈を持ち込んでいる。しかしながら、カトリシズムと同様、古プロテスタンティズムそれ自体も「あらゆる種類・身分の人々」を含んでおり、**そしてそれにもかかわらず**、カトリック**教会**は俗世内的禁欲の厳格主義をジャンセニスムの形では拒否した——敬虔主義が17世紀の独特にカトリック的な静寂主義を拒絶したのと同様に。——我々の特殊な考察にとっては、いずれにせよ敬虔主義が、漸進的にでなく質的に別な作用をするものへと急変するのは、ようやく次の場合、すなわち「俗世」に対する不安の高まりが、私経済的な職業生活からの逃避を帰結し、したがって、修道院的・共産主義的な基礎に基づく秘密集会形成(ラバディー)を帰結した場合においてであり、或いは、個々の極端な敬虔主義者たちに対して同時代人からこのような陰口が叩かれたように、観照のために世俗的な職業労働を意図的に**なおざりにすること**を帰結した場合においてである。もちろんこの結果は、リッチュルが言うところの「ベルナール主義」(というのは、この特徴は聖ベルナールによる「雅歌」講解において初めて感得されるからである)という特徴——すなわち、隠れ性愛的な色彩を帯びた「神秘的合一」を追求する神秘主義的な気分宗教心——を観照が帯び始めたところでは往々生じた。この結果は、既に純粋に宗教心理学的には、改革派的な信心との対比で、しかしフートのような人々のもとでの改革派的な信心の**禁欲主義的**表出形態との対比でも、疑う余地なく

の擁護者たることを公言したほぼすべての人は時として敬虔主義者に算入されているのであり、そして、予定と確証思想の間のかのあらゆる関連を、主観的な「救いの確かさ」（ケルティトゥードー・サルーティス）の（上述されたような仕方での）獲得への関心（この関心がそれら諸関連の基礎に在る）と共に、カルヴァンの真正な教説の敬虔主義的な継続形成物だと既にみなす、といった解釈は全く許容される。特にオランダでは、諸々の改革派的な共同体（ゲマインシャフト）の内部での禁欲主義的なリバイバルの成立は、一時的に忘れられ或いは弱化していた恩恵の選びの教説の再燃と全く規則的に結びついていた。それゆえイングランドについてはたいてい「敬虔主義」という概念は全く使われないのがつねである[199]。しかしながら、大陸の（オランダ～ライン下流の）改革派的な敬虔主義も、少なくとも重心に即して言えば、例えばベイリーの宗教心と全く同様、さしあたり単に改革派的な禁欲の高揚

「別物」（アリウド）を成している。さて、しかしリッチュルは、この静寂主義を至る所で敬虔主義的な**禁欲**と結合しようとし、かくて後者に対して同じ断罪を下そうとしており、そして彼は、敬虔主義的な文献の中で見いだされたカトリック的神秘主義或いは禁欲主義からのあらゆる引用を暴き立てる。しかし、全く「嫌疑のかからない」イギリスやオランダの道徳神学者たちも、ベルナールやボナヴェントゥーラやトマス・ア・ケンピスを引用しているのである。――カトリック的な過去との関係は、あらゆる宗教改革教会の場合に極めて複雑だったのであり、前景に押し出される観点の如何に応じて、こちらでは或る宗教改革教会が、あちらでは他の宗教改革教会が、カトリシズムに（もしくは、カトリシズムの特定の諸側面に）一層近いものとして立ち現れるのである。

199)『プロテスタント神学・教会大事典』第3版の中のミルプトによる「敬虔主義」という実に教示豊かな項目記事は、改革派的な先行事例を完全に除外しつつ、敬虔主義の成立を単にシュペーナーの個人的な宗教体験として扱っており、これは若干違和感を生じさせる。――敬虔主義への導入のために読む価値があるのは、今でもなお、『ドイツの過去からの画像』におけるグスタフ・フライタークの描写である。同時代の文献に見るイギリスの敬虔主義の端緒について、参照されるべきは例えばW・ホイッティカー『敬神の最初の教育・訓練』（1570年）である〔教理教育用の著作であるこの表題の書物を書いた人物として通常知られるのはウィリアム・ホイッティカーのおじに当たるアレクサンダー・ノウエル Alexander Nowell である。MWG I/18, p. 349 によれば、ホイッティカーはラテン語で書かれた同書を単にギリシア語に翻訳した由〕。

だった。決定的な強調点が極めて強度に「敬虔の実践（プラークシス ピエターティス）」へと移動したので、その結果、それに関する教義的正統信仰〔の問題〕は後景へと退き、時には直接的にはどうでもよいことのように映じた。諸々の教義的な誤謬が時として、然り、予定された人々の上に他の諸々の罪と同様降りかかることはありえたのであり、そして経験が教えていたのは、机上の神学の手ほどきを全く受けていない多くのキリスト者たちが信仰の最も歴然たる果実をもたらしたということであり、他方、他面で明らかだったのは、単なる神学的知識は生き方における信仰の確証の確かさを決してもたらさなかった、ということである[200]。した

---

[200] この見方は、周知のように、敬虔主義が**寛容**思想の主要な担い手の一つとなることを可能にした。この機会にこの思想に関して若干のことが挿入されるべきである。史的にこの思想は西洋では、我々がここで人文主義的・啓蒙主義的な**無関心**をいったん度外視すると——それ自体だけではこの無関心はいかなるところでも大きな実際的な影響を及ぼさなかった——次の〔四つの〕主要な源泉に由来している。①純粋に政治的な国家理性から（原型はオラニエ公ウィリアム）。——②重商主義から（例えば特にはっきり見られるのは都市アムステルダムの場合であり、また、分派者たちを経済的進歩の貴重な担い手として受け入れていた多くの都市、土地領主、土侯たちの場合である）。——③カルヴァン派的信心の根底的な（ラディカル）転回から。然り、国家が不寛容によって現実に宗教を促進することを、予定〔説〕は根本的に不可能にしていた。然り、そうしたところで国家は、それでもいかなる魂を救うこともできなかったのである。**神の名誉**を思う思想だけが、異端抑圧のために国家の助力を要求するきっかけを教会に与えた。さてしかし、説教者とあらゆる聖餐参加者とが選ばれた者に属しているということ〔の重要性〕が強く強調されればされるほど、説教職への任用に対するいかなる国家的介入も、また、たぶん再生者でないであろう大学の学生〔上がりの者〕たちへの、（彼らが神学的教育を受けたという理由だけによるところの）牧師職（聖職禄としての）のいかなる授与も、〔また〕そもそも、生き方の点で問題ありの政治的権力保持者たちによる、教区（ゲマインデ）の用件へのいかなる介入も、ますます我慢できないこととなった。改革派的な敬虔主義はこの見方を、教義的正確さの無価値化と、「教会の外に救いなし（エクストラ エックレーシアム ヌッラ サルース）」という命題を次第に骨抜きにすることとによって強化した。**カルヴァン**は、斥けられた者たちも教会という神的な設立物へと**服せしめられる**ことを、神の名声と唯一折り合い可能なことだとみなしていた。ニューイングランドでは人々は教会を、確証を得た聖徒たちの貴族身分として構成しようとした。しかし既に、根底的な（ラディカル）独立派たちは、市民的な権力や同様に何らかヒエラルヒー的な権力が、**個別**共処体（ゲマインデ）の内部でのみ可能な「確証」の審査に

対していかなる仕方によってであれ介入することを、拒絶した。斥けられた者たちをも教会の規律の下へと導き入れることを神の名声が要求しているのだ、とする思想は、聖餐を共にする者の中に神によって斥けられた者が1人でもいることは神の名声を損なうことだ、とする思想——これも同様に最初から存在したが、次第に一層熱情的に強調されるようになった——によって駆逐されたのである。これは主意主義(ヴォランタリズム)を帰結せざるをえなかった。というのもこれは、「信仰者たちの教会」(ビリーヴァーズ・チャーチ)、すなわち再生者たちのみを含む宗教的共同体(ゲマインシャフト)を、帰結したからである。カルヴァン派的なバプテスト派(これの一員だったのが例えば「聖徒たちの議会」のリーダーだったプレイズゴッド・ベアボーンである)は、この思想系列から最も決定的に帰結を導き出した。クロムウェルの軍隊は良心の自由を支持し、さらに「聖徒たち」の議会は国家と教会の分離を支持した(それに属する人々は信仰篤い敬虔主義者だった、というのが**その理由**である)——したがって、**積極的に**宗教的な理由からである。④のちほど論究されることになる**洗礼派の諸信団**(セクテ)であり、彼らこそが飛び抜けて最も強度に、かつ内面的に最も首尾一貫した仕方で、その存在の当初から、再生した者たち本人だけが教会の交わりの中へと受け入れられうるのだという原則に固執しており、それゆえ、教会のいかなる「〔救済〕機関」的性格をも、また、世俗の権力のいかなる介入をも、忌み嫌った。したがってここでも、無条件の寛容の要求を生み出したのは**積極的に**宗教的な理由だったのである。——このような理由により、無条件的な寛容**及び**国家と教会の分離を支持した最初の人——バプテスト派のほぼ一世代前、ロジャー・ウィリアムズの二世代前——だったのはたぶんジョン・ブラウンだろう。教会共同体(ゲマインシャフト)によるこの意味での最初の宣言だったように思われるのは、1612年ないし1613年のアムステルダムでのイギリスのバプテスト派の決議である。すなわち、「為政者は宗教或いは良心の問題に口を挟まないこと……なぜならキリストが教会と良心の王にして立法者なのだから」。国家による良心の自由に対する**積極的な保護**を**権利**として要求した、教会共同体(ゲマインシャフト)による最初の公式の文書だったのは、たぶん1644年の(恩恵特殊主義)バプテスト派の信仰告白の第44条だろう。——今一度強調と共に指摘されるべきだが、寛容は**それ自体として**資本主義の役に立ったという、時折表明される見解は、もちろん完全に誤りである。宗教的な寛容は独特に近代的なものでも西洋的なものでもない。中国で、インドで、ヘレニズム時代の小アジアの諸々の巨大な王国で、ローマ帝国で、イスラム教の諸王国で、長い間、**国家理性**の諸理由によってのみ限定された(こういった諸理由は今日でも限度を成している!)非常に広範な範囲で、宗教的な寛容は支配的だったのであり、それほどの程度では16・17世紀の世界のいかなるところに於いても見られず、他方、ピューリタニズムが**支配した**諸地域(例えば政治的・経済的興隆の時代におけるオランダやシェラン、或いはピューリタン的なオールドイングランド或いはニューイングランド)に於いては、宗教的な寛容の支配の程度は

がって、神学的知識を基にしてはそもそも選びは確証されえなかったのである[201]。それゆえ敬虔主義は神学者たちの教会に対する深甚な不信のうちに始まり[202]、それにもかかわらず敬虔主義は——これが敬虔主義のメルクマールの一つだが——、俗世からの離別において「敬虔の実践(プラークシス ピエターティス)」の信奉者たちを「秘密集会」へと集めるべく、公式には神学者たちの教会に所属し続けた[203]。

最も低かった。まさに西洋にとっては——宗教改革の前でも後でも——、例えばサン朝の帝国にとってと同様に、**宗派的不寛容**が特徴的だった。宗派的不寛容が中国、日本、インドに於いても個々の時代に、しかしたいていの場合には政治的な諸理由から、支配的だったのと同様に、である。結果として、寛容は**それ自体として**は資本主義とは確かに少しも関係がない。重要だったのは、**寛容が誰の役に立ったか**、である。——「信仰者たち」の教会の要求の場合における帰結に関しては、次の〔「信団」〕論文でさらに語られることになる。

201) 例えばクロムウェルの「聖職者審査委員会」すなわち説教職候補の審問者(トライアーズ)たちの場合に、この思想はその実際的適用においてあらわになる。彼らが確認しようとしたのは、専門的・神学的な教養でなく候補者の主観的な恩恵身分だったのである。次の〔「信団」〕論文をも参照。

202) そもそも敬虔主義にとって特徴的な、アリストテレスや古典古代の哲学に対する不信の念は、既にカルヴァンの場合に予め形づくられていたのが見いだせる(『キリスト教綱要』第2篇第2章4節、第3篇第23章5節、第4篇第17章24節)。不信の念はルターの場合には、周知のように当初は劣らないものだったが、しかし(とりわけメランヒトンの)人文主義的な影響によって、また、訓練や教説擁護(アポロゲティーク)といったことの逃れられない必要によって、そののち再び抑圧された。浄福のために**必要なこと**は無学な人々のためにも充分にはっきりと〔わかるように〕聖書の中に含まれているのだ、ということを、もちろんウェストミンスター信仰告白も(c. I, 7)プロテスタント的伝統に一致する形で教えた。

203) 諸々の公式の教会からの抗議はこの点に向けられた。例えば1648年のスコットランドの長老派教会の(短い)教理問答VII頁にもなお見られ、すなわち、同一の家族に属**さない**人々が家庭内での礼拝に参加することは、職務の権限に対する侵害として禁じられている〔MWG I/18, pp. 354-355 によれば、ヴェーバーがここで引き合いに出しているのは「スコットランドの長老派教会の小教理問答」ではなく、Sack, *Die Kirche von Schottland*, pt. 2, pp. 217-229 の「家庭礼拝のための指導」であり、ここで該当する箇所はp. 224 とのこと〕。敬虔主義もまた、禁欲主義的なあらゆる共処体(ゲマインデ)形成と同様、〔聖〕職威信の利害と結びついた家・家父長制(ハウスパトリアルカリスムス)の束縛から個人を解き放った。

敬虔主義は聖徒たちの不可視的な教会を可視的に地上へと引きずり降ろそうとしたのであり、しかしながら信団形成という帰結を導かずに、この 共同体 (ゲマインシャフト) の中で身を隠しつつ、俗世の諸々の影響に対して死んだ生活、あらゆるディテールにおいて神の御心を指向する生活を、営もうとしたのであり、それによって自らの再生を、生活営為の日常的な諸々の外面的メルクマールの中においても確信し続けようとしたのである。かくて、真に回心した者たちの「小教会 (エックレーシオラ)」は——このことも同様に、あらゆる独特な敬虔主義に共通していた——既にこの世において自らの浄福の中で神との共同性を味わいたいのである。さて、この後者の努力は、ルター派の「神秘的合一 (ウーニオー ミュスティカ)」と内面的に親和的なものを若干有しており、そしてそれは非常にしばしば、〔敬虔主義が〕宗教の**感情**面を、改革派的な平均的キリスト者にとって相応な程度よりも一層強度に、涵養することへと行き着いた。そこで、改革派教会の土壌の上では**このことが**、**我々の観点が問題となる限りでは**、「敬虔主義」の決定的なメルクマールと称されるべきだろう。というのも、カルヴァン派的信心にとって全体として元来無縁な、しかし他方で中世的宗教心の若干の形態と内面的に親和的な、そういう感情契機は、〔敬虔主義の信奉者たちの〕実際的な宗教心を、来世という将来のための浄福確保を目指す禁欲主義的闘争という軌道でなく、当の浄福をこの世で享受するという軌道へと、振り向けたからである。そしてその際、感情が非常に昂じて、その結果、宗教心が端的にヒステリー的な性格を帯びることが**ありえた**のであり、また、それから宗教的恍惚の半感覚的状態と神経的弛緩の期間(この期間〔の状態〕は「神からの遠さ」だと感得された)とのあの交替——無数の事例によって知られ、神経病理学的に根拠づけられている——によって、**結果**として、冷静かつ厳格な規律(このような規律の中へと、ピューリタンの体系化された聖なる生活は人間を導き入れていた)の正反対が獲得される、ということが**ありえた**。つまり〔その場合獲得されたのは〕、「情動 (アフェクト)」に対してカルヴァン派の人間の合理的な人格を支えたものであるかの諸々の「障害」の、弱まりである[204]。その際同様に、被造物的なものが排斥された状態を思念する

---

[204] 充分な理由からここでは、この宗教的意識内容の——語の**専門**科学的な意味における——「心理学的な」諸関係へと立ち入ることが意図的に差し控えられており、

カルヴァン派的な思想が**感情**的に把握され——例えばいわゆる「蛆虫感情」の形で——、職業生活における行動力の圧殺を帰結することが**ありえた**[205]。また、予定思想も、それが——カルヴァン派的な合理的宗教心の真正な諸傾向とは反対に——気分的・**感情**的な領有の対象となった場合には、宿命論へと変じることが**ありえた**[206]。そして最後に、聖徒たちが俗世からの隔離状態へと〔衝動的に〕突き動かされることは、強力な**感情**的高揚の際には、敬虔主義が改革派教会の中においても繰り返しもたらしたように、半共産主義的性格の一種の修道院的な 共同体(ゲマインシャフト) 組織を帰結することが**ありえた**[207]。しかしながら、**感情**的性格のそのような涵養を前提とするこのような極端な結果が得られなかった限り、したがって、改革派的な敬虔主義が世俗的な**職業**生活の中で自らの浄福

それに呼応した用語の使用ですらが極力回避されている。心理学(**精神分析**を含む)の真に確保された概念ストックは、〔それら諸概念が〕我々の諸問題の領域における史的研究の諸目的のために、しかも史的判断の非偏向性が曇らされることなしに、直接的に使用可能とされるには、さしあたりなお充分でない。直接に理解可能でかつしばしば全く些末な諸々の事情の上に、ディレッタント的な外来語学識のベールをかけよう、かくて、より高度の概念的な正確さという偽りの外観を生じさせよう——これが例えば、残念ながら、ランプレヒトについて典型的だったのと同様に——、といった誘惑を、心理学の用語の使用は単に惹起することになるだろう。——いくつかの史的な大量現象の解釈のために精神病理学的な諸概念を使用しようという、より真剣に受け止められるべき試みを、W・ヘルパッハ『ヒステリーの心理学のための(マ)概要』、第12章において、並びに彼の『神経過敏と文化』において参照。ここでは私は、非常に多面的指向を有するこの著作家にも、私見によればランプレヒトのいくつかの理論による影響が害を及ぼしているということを、詳しく説明することができない。(『ドイツ史』、第7巻における)敬虔主義に関するランプレヒトの図式的なコメントが、それ以前の文献に比していかに完全に無価値かは、現在流布している文献だけでも知っている者なら誰にでもわかるだろう。

205) 例えばスホルティングハウスの『内奥のキリスト教』の信奉者たちの場合にこうである。——宗教史的にはこれは第2イザヤの神の〔苦難の〕しもべペリコーペ及び詩編22篇に遡る。

206) これはオランダの敬虔主義者たちの場合には散発的に生じ、そしてのちには**スピノザ哲学的な**影響のもとで生じた。

207) ラバディー、テルステーヘンなど。

を確保しようと努力した限りでは、敬虔主義的な諸原則の実際的な結果とは単に、職業における生活営為の**より一層**厳格な禁欲主義的統制だったのであり、また、通常の改革派的キリスト者の単なる世俗的な「実直さ」(これは、「洗練された」敬虔主義者たちによって二流のキリスト教とみなされた)が発展させることのできた職業道徳〔の場合〕よりも一層強固な、職業道徳の宗教的定着化だった。しかるのちに聖徒たちの宗教的貴族身分(これは、然り、いかなる改革派的な禁欲の発展においても、より一層真摯に受け止められれば受け止められるほど、より一層確信に満ちたものとして立ち現れてきた)は、──オランダに於いて起こったように──教会の内部で主意主義的(ヴォランタリズム)に秘密集会形成という形で組織され、他方それはイギリスのピューリタニズムにおいては、一部では、教会の**制度**の中で能動的キリスト者と受動的キリスト者をまさに区別することへと突き進み、一部では、──既に先に述べられたことに呼応して──信団形成へと突き進んだ。

ドイツ敬虔主義──特にシュペーナー、フランケ

さて、ルター派の土壌の上に在ってシュペーナー、フランケ、ツィンツェンドルフといった名と結びつけられる**ドイツ敬虔主義**の発展は、我々を予定説から引き離す。しかしながら〔それは〕、同時に必然的にかの思考過程(それの帰結的掉尾を予定説は成していた)の領域から〔の離脱〕だったわけでは決してなく、〔そのことは、〕そもそもシュペーナーが特にイギリス・オランダの敬虔主義から影響を受けたことが彼自身によって証言されているように、また、彼の最初期の秘密集会において例えば〔L・〕ベイリーが読まれていたことであらわになっているように〔、明らかである〕[208]。いずれにせよ我々の特殊な観点にとっ

---

208) 彼──シュペーナーのことだと理解されたい!──が、乱脈や悪用の場合以外では、秘密集会に対する統制の権能をお上が有することに対して、その〔権能の有無が問われる〕際に問題となっているのは使徒的秩序によって保証されたキリスト者たちの**基本権**だとして、異議を唱えている(『神学的考察』、II、81-82 頁)時に、〔ドイツ敬虔主義に対する〕シュペーナーの影響はたぶん最も明確に前面に出ているだろう。これは──原理的には──、神的な権利から帰結しそれゆえ譲渡不可能であるところの個々人の権利、その諸関係及び通用範囲に関する、まさにピューリタ

ては、敬虔主義が意味したのは単に、方法的に育成され統制されたところの、つまりしたがって**禁欲主義的な生活営為**が、非カルヴァン派的な宗教心の領域の中にも入り込んでいった、ということである[209]。しかしルター派は、この合理的な禁欲を異物だと感じないわけにいかず、そしてそこから生じた諸々の困難の結果が、ドイツ敬虔主義の教義の首尾一貫性の欠如である。体系的な宗教的生活営為を教義的に基礎づけるために、シュペーナーにおいては、ルター

ン的な立場である。そもそもリッチュルにはこの異端(『敬虔主義の歴史』、第2巻、157頁)も、さらに本文で言及されている〔別の〕異端(同、115頁)も見落とされていない。特に「基本権」思想に対してリッチュルが行なっている実証主義的(俗物的、と言わないことにすると)な批判がいかに非歴史的だとしても——要するにともあれ我々は、今日「最も反動的な輩」もまた自分の個人的な自由領域の最小限度として思い浮かべるところのもの**すべて**、よりも遙かに小さいわけではないものを、この基本権思想に負っているのである——、2つの場合ではシュペーナーのルター派的立場への有機的な組み込みが欠如している、という点で、リッチュルにはもちろん全面的な賛意が表されるべきである。

シュペーナーの有名な『敬虔なる願望』によって理論的に基礎づけられ、その彼が実際に生じさせたものである秘密集会(collegia pietatis)自体は、本質においてイギリスの「聖書解釈集会」〔プロフェサイイング〕〔16・17世紀において、預言者的な説教や聖書釈義に耳を傾ける会合がこう称された〕に全く合致していた(この「聖書解釈集会」は、ヨハネス・ア・ラスコのロンドンでのバイブルクラス〔ビーベルシュトゥンデ〕(1547年)において初めて見られ、爾来、教会的権威に対する反抗として迫害の対象となったピューリタン的信心の諸形態の常備在庫の一部を成した〔つまり、教会当局側による迫害の際にこの「聖書解釈集会」が何かにつけて狙われた、ということ〕)。最後に、ジュネーヴの教会規律に対する拒否は、周知のとおり彼〔シュペーナー〕の場合、同規律〔によるところ〕の召された担い手、すなわち「第三身分」〔スタトゥス オエコノミクス〕(執事の地位、つまり、キリスト者たる在俗信者たち)は、ルター派の教会では教会組織にはまらない、という言い分によって基礎づけられている。他方で、——破門の検討の際に——役員会の世俗的成員〔の中〕に領邦君主から派遣された者を「第三身分」の代表として〔含めることを〕認めるということは、弱々しくルター派的である。

209) ルター派の領域において最初に登場した**名前**である「敬虔主義〔イスムス〕」は、然り、既に次のことを意味している。すなわち、同時代人たちの見解によれば特徴的だったこと、それは、ここ〔敬虔主義〕においては「敬虔〔ピエタース〕」から方法的な**経営**が生じさせられているということだった、というのである。

派的な思考過程が、「神の**名誉**を企図」して行なわれる諸々の善い行ないそれ自体[210] という独特に改革派的なメルクマールと組み合わせられ、また〔同様に〕、再生者たちがキリスト教的完全性の相対的な程度に到達する可能性を信じる信仰という、同様に改革派的に聞こえる信仰と組み合わせられている[211]。但し、まさに理論の帰結が欠如していた。すなわち、神秘主義者たちから強度の影響を受けた[212] シュペーナーにおいては、キリスト教的な生活営為の体系的性格(シュペーナーの敬虔主義にとってみても本質的な事柄である)は、かなり不明確ではあるが本質的にルター派的な仕方で、基礎づけられるというよりむしろ記述されることが試みられており、救いの確かさ(ケルティトゥードー サルーティス)は聖化から導出されず、むしろそのために、確証思想に代わって、信仰とのルター派的な緩やかな結びつきという、先に言及されたことが選ばれた[213]。しかしながら、敬虔

---

210) もちろん、認められねばならないのは、この動機づけは特にカルヴァン派に特有なものだが、カルヴァン派だけに固有なものなのではない、ということである。まさに**最古**のルター派的な教会秩序の中には、この動機づけは特にしばしば見られてもいるのである。

211) ヘブル5:13-14の意味で。シュペーナー『神学的考察』、I、306頁を参照。

212) 〔L・〕ベイリーやバクスターと並んで(『神学的助言』、III、6, 1, dist. 1, 47、同 dist. 3, 6を参照)、シュペーナーは特にトマス・ア・ケンピスを評価しており、また特にタウラーを評価していた(シュペーナーはタウラーについてすべてを理解したわけでは必ずしもなかった。『神学的助言』、III、6, 1 dist. 1, 1〔を参照〕。)タウラーに関して立ち入っているのは特に『神学的助言』、I、1, 1 Nr. 7。シュペーナーにとって、ルターはタウラーから出てきた存在だった。

213) リッチュル、前掲書〔『敬虔主義の歴史』〕、第2巻、113頁を参照。後代の敬虔主義者たち(及びルター)の「改悛闘争」をシュペーナーは、真の回心の**唯一**決定的なるしとしては拒否した(『神学的考察』、III、476頁)。和解信仰に由来する感謝の念の果実としての聖化——独特にルター派的な定式化である(本書註59を参照)——に関しては、リッチュル、前掲書、115頁註2で引用されている諸々の箇所を参照。一方で、救いの確かさ(ケルティトゥードー サルーティス)に関して、『神学的考察』、I、324頁、すなわち、真の信仰は**感情的には感得されず**、むしろその**果実**(愛、そして神への服従)によって**認識される**——他方で、『神学的考察』、I、335-336頁、すなわち「しかし、心配に関して——これに関してあなたは、自分の救済身分・恩恵身分を確信しているべきです——は、より確かな仕方では、イギリスの三文文士たち」からよりも、

主義における合理的・禁欲主義的な要素が感情面に対して優位を保った限りでは、我々の観点にとって決定的な諸表象が、再三再四自らを強引に正当化した。その諸表象とはつまり、①自らの聖性が、**律法**によって統制されるべきいよいよ高い強固さ・完全さへと方法的に発展することは、恩恵身分の**しるし**である、というものであり[214]、そして②我慢強い待望と**方法的な熟慮**〔が見られる人々〕の場合に彼らに対して神が合図を与えるという仕方で、かく完全にされた者たちの中で**働いているのは、神の摂理なのだ**、というものである[215]。A・H・フ

「我々の」——つまりルター派の——「書物から、汲むことが可能です」。しかし聖化の本質に関しては、シュペーナーはイギリス人たちに賛意を表している。

214) ここでも、A・H・フランケが奨めた宗教的日記が、これについての外的なしるしだった。——聖化の方法的な訓練及び**習慣**は、聖化の成長と、善悪の**識別**とを生じさせるという。——例えばこれが、フランケの書物『キリスト者の完全について』の基本テーマである。

215) 摂理信仰の正統的な解釈からの、敬虔主義のこの合理的な摂理信仰の逸脱ということは、ハレの敬虔主義者たちと、ルター派的な正統信仰の代弁者だった**レッシャー**との間の有名な争いの際に、特徴的な仕方で目だった。レッシャーは自著『ティモテウス・ウェリヌス』の中で、**人間**の行為によって達成されるものを何でも、非常に広範に、摂理の定めと対置している。これに対して、**フランケ**がつねに固守したのは、起こるべきことに関する明晰さのかの閃光(これは、決断を静かに**待つこと**によってもたらされるものである)を「神の合図」とみなすという立場だった——合理的な**方法論**は神に近づくための道であるという、一般的な禁欲主義的表象に呼応した、かつクエイカー派の心理学と全く同様な、そういう立場である。——もちろん、最も決定的な決断の一つの際に自らの共処体形成(ゲマインデ)の運命を**くじ**に委ねた御仁であるツィンツェンドルフは、摂理信仰のフランケ的形態からは遠く隔たっている。——シュペーナー『神学的考察』、I、314頁は、キリスト教的な「沈着さ」(この態度をとる中で、人は神の様々な働きに身を委ねるべきなのであり、性急な身勝手な行為によってこの沈着さを妨げてはならないのである)の性格づけについて——本質的にこれはフランケの立場でもあるが——**タウラー**を引き合いに出していた。ともあれ敬虔主義的信心の、ピューリタニズムとの対比で相当程度弱められた、(この世的な)平安を追求する活動は、至る所で明確に出てきている。これとの対比で1904年になお、或る指導的なバプテスト派の人物(G・ホワイト。さらに引用されることになる演説において)は自分の教派の倫理的プログラムを「平和よりもまず義」と定式化した(『バプテスト・ハンドブック』、1904年、107頁)。

ランケにとってみても、職業労働はすぐれて禁欲主義的な手段だったのであり[216]、神自身が、労働の成功を通してご自身の者たちを祝福するのだということは、我々がこのことをのちにピューリタンたちの場合に見るであろうように、フランケにとってやはり確固たることだった。そして「二重の決定」の代用品として敬虔主義は諸々の表象を作り出し、それら諸表象はかの教説〔すなわち予定説〕と本質的に同じ(但し冴えない)仕方によって、神の特別な恩恵に基づくところの再生者たちの貴族身分[217]を、上でカルヴァン派について描き出されたあらゆる心理学的な帰結もろとも、確立したのである。それら諸表象に属するのは、例えば、敬虔主義に対する敵対者たちによって敬虔主義に(もちろん不当に)一般的な仕方で押しつけられたいわゆる「恩恵有期説」[218]、すなわち、確かに恩恵は普遍的に提供されるが、いかなる人に対しても人生の全く特定の瞬間に一度だけ、或いはともあれいつか一度きりなのだ、という説である[219]。したがって、この瞬間を徒過した者には、恩恵の普遍主義はもはや助けとならない。つまりその者は、カルヴァン派の教説における、神によって見捨てられた者の状況の中に在ったのである。この理論にかなり接近したものとしては、例えば、フランケによって個人的体験から抽象化され敬虔主義の中で非常に広く普及した——支配的な、たぶん言えるだろう——推定、すなわち恩恵は、独特な一回的・唯一的な現象のもとでのみ、つまりそれに先だつ

---

216)〔A・フランケ〕『奨励的聖書日課』、IV、271頁。

217) とりわけリッチュルの批判は、つねに繰り返し出てくるこの表象に対して向けられている。——この教説を含んでいるフランケの著作(3つ前の註で引用された)を参照。

218) 恩恵有期説は、予定説信奉者で**ない**イギリスの敬虔主義者(例えばグッドウィン)のもとでも見いだされる。グッドウィンや他の人々に関して、ヘッペ『改革派教会における敬虔主義の歴史』、ライデン、1879年を参照。この書物は、リッチュルの標準的著作以後でも依然として、イギリスについて、またここかしこでオランダについても、不要になっていない。19世紀になお〔アウグスト・〕ケーラーは(次の〔「信団」〕論文で引用される書物によれば)オランダで、自らの再生の**時点**についてしばしば尋ねられたという。

219) これによって、恩恵の再獲得可能性(特に臨終時のよくある「回心」)についてのルター派的教説のゆるゆるの帰結に対する闘いが追求されたのである。

「改悛闘争」のあとでのみ、「突破」へと至りうるのだ、という推定もある[220]。敬虔主義者自身の見解によれば、かの体験を受容する用意を誰もが有するわけでは必ずしもないので、敬虔主義的な指導に従ってくだんの体験の招来のために用いられるべき禁欲主義的方法〔を使用した〕にもかかわらず体験それ自体を経験しなかった者は、再生者たちの目から見て一種の受動的キリスト者たるにとどまった。他方、結果としての「改悛闘争」の招来のために一箇の**方法**が作り出されることによって、神的な恩恵の獲得もまた、人間の**合理的な**営為の目的となった。個人的告解に対して、すべてではないが(例えばフランケは含まれない)それでも多くの敬虔主義者たちによって、しかしとりわけ——シュペーナーに対して再三繰り返された問い合わせが示しているように——まさに敬虔主義の**司牧者たち**によって、提起された懸念(それら懸念は、ルター派においても、個人的告解の根を掘り除くのに貢献した)もまた、この恩恵貴族主義から発していた。すなわち、然り、改悛によって獲得された恩恵が聖徒の**生き方**の中で可視的な仕方で**働く**ということが、罪の赦しの信頼性〔の如何〕に関して断を下さねばならなかったのであり、したがって、恩恵が与えられるということについて、単なる悔恨(コントリーティオー)だけで事足れりとするのは不可能だったのである[221]。——

ツィンツェンドルフの敬虔主義

ツィンツェンドルフの宗教的**自己**判定は、正統信仰の様々な攻撃に対して揺れ動きつつも、繰り返し「〔神の〕武具」表象へと落ち着いた。しかしながらも

---

220) これと結びつくこととして、「回心」の真正性の**無条件的な**メルクマールとしてその「回心」の日時を知ることの必要性、に抗しているのが、シュペーナー『神学的考察』(テッローレース コンスキエンティアエ)、II、6, 1、197頁。ルターの**良心の恐慌**がメランヒトンに知られていなかったのと同様に、まさにシュペーナーには「改悛闘争」が知られていなかったのである。

221) これと並んでもちろん、「万人祭司」の反権威主義的な解釈(あらゆる禁欲に固有な解釈である)も共に作用した。——牧師には時折、真の悔恨の「確証」までの間、罪の赦しを先延ばしにすることが奨められた(これをリッチュルは、原理においてカルヴァン派的だと正しく特徴づけている)。

ちろんその他の点では、この風変わりな「宗教的ディレッタント」（リッチュルが彼をこう呼んでいる）の思想的な立場は、我々にとって重要な諸点では一義的な把握がほとんど不可能なように思える[222]。ツィンツェンドルフ自身は自らを再三、**律法**に固着する「敬虔主義的・ヤコブ的 流儀(トゥロポス)」との**対比**で「パウロ的・ルター的 流儀(トゥロポス)」の代表だと称した。しかし兄弟団自体、及びその実践（ツィンツェンドルフはこれを、自らのつねに強調したルター主義にもかかわらず[223]、許容し支援した）は、1729 年 8 月 12 日付けの公証の記録において既に、多くの点でカルヴァン派的な聖徒貴族身分に全く呼応する立場に立脚していた[224]。1741 年 11 月 12 日付けのキリストへの長老職の委任（盛んな論究の対象となった）も、同様のことを外面的に表現したものだった。その上、兄弟

---

[222] 我々にとって本質的な諸点は、最も好都合な形ではプリット『ツィンツェンドルフの神学』（3 巻本、ゴータ、1869-1870 年）、第 1 巻、325、345、381、412、429、433-434、444、448 頁；第 2 巻、372、381、385、409-410 頁；第 3 巻、131、167、176 頁に見られる。――B・ベッカー『ツィンツェンドルフと彼のキリスト教』（ライプツィヒ、1900 年）、第 3 部第 3 章をも参照。――

[223] もちろん、ツィンツェンドルフがアウクスブルク信仰告白をルター派的・キリスト教的信仰生活のためのふさわしい文書だとみなしたのは次の場合、すなわち、人が――彼が独特の不快極まる用語法で表現しているように――それに関して「傷の肉汁」を注ぎ出した場合、だけである。彼の文章を読むのは懺悔(ペニテンツ)の苦行であって、なぜなら彼の言語は、思想の柔弱な溶解状態の中で、フリードリヒ・テオドール・フィッシャーにとって（ミュンヒェンの「キリストのテレビン」との論争の際に）恐るべきものであったかの「キリストのテレビン油」よりも、一層邪悪な印象を与えるからである。

[224]「我々はいかなる宗教においても、キリストの血の注ぎによって洗われ**全く変わって**霊の聖化へと**進み続ける**のでない人々を兄弟と認めない。神の言葉が純粋かつ清らかに教えられているところであってしかも彼ら**も**神の子らとして**それに従って聖く生活している**ところ、それ以外には、我々はキリストのいかなる明らかな（＝可視的な(ゲマインデ)）共処体をも認めない」。確かにこの最後の文はルターの小教理問答から抜き出されているが、――既にリッチュルが強調したように――**小教理問答では**この文は、神の名はいかにして聖とされるか、という問いへの答えとして用いられており、それに対して**ここでは**この文は**聖徒たちの教会の局限**のために用いられている。

団の三つの「流儀(トゥロポス)」のうちカルヴァン派的流儀とモラヴィア的流儀は最初から、本質的に改革派的な職業倫理を指向していた。ツィンツェンドルフも、全くピューリタン的な仕方でジョン・ウェズリーに対して、義認された者自身が、では必ずしもないとしても、ともあれ**他の人々は**、当人の生き様のあり方によってその者の義認を**認識する**ことができるのだ、という見解を表明した[225]。しかしながら他方で、独特にヘルンフート的な信心の中では感情契機が非常に強度に前景に出てきており、特にツィンツェンドルフ自身は、自らの共処体(ゲマインデ)内のピューリタン的な意味での禁欲主義的聖化への傾向を再三まさに妨害しようとし[226]、行為聖性をルター派的に歪めようとした[227]。秘密集会の拒絶と告解実践の維持とに影響されて、聖礼典〔秘跡〕的な救済伝達に(本質的にルター派的に思念された形で)拘束される、ということも発展した。それから宗教的感情の**子どもらしさ**がその真正さのメルクマールだとする独特にツィンツェンドルフ的な原則も、同様に例えば神の意志の啓示の手段としての**くじ**の使用も、生活営為の合理主義をともあれ非常に強度に阻害し、その結果、全体として、ツィンツェンドルフ伯爵の影響が及んだ限りで[228]、ヘルンフート派の信心に

---

225) プリット、第1巻、346頁を参照。——プリット、第1巻、381頁で引用されている「善い行ないは浄福のために必要かどうか」という問いへの答えは、一層断固たるものである。「浄福の獲得のためには不要であり有害だが、しかし浄福の獲得以後においては、善い行ないをしない者は浄福な者でもない、というほどに必要である」。したがってここでも、〔浄福の〕実体的根拠ではなく、しかし——**唯一の！**——認識根拠なのである。

226) **例えば**「キリスト教的自由」のかの戯画化によって(これがリッチュル、前掲書、第3巻、381頁で糾弾されている)。

227) とりわけ、救済論における〈刑罰による償い(シュトラーフサティスファクツィオーン)〉思想の一層尖鋭的な強調によって。ツィンツェンドルフはこの思想を、自らの宣教(ゼクテ)アプローチの試みがアメリカの諸信団によって拒否されたのち、諸々の聖化方法の基礎に据えもした。**子どもらしさ**を、また、謙遜に慎ましくするという徳を、維持することは、以来彼によって、ヘルンフート的な禁欲の目標として前景へと押し出された——共処体(ゲマインデ)内に見られた、ピューリタン的禁欲に全く類似した諸傾向と尖鋭的に対立する形で。

228) しかし、この影響にはまさに限界があった。既にこの理由からして誤りだと言えるのは、ランプレヒトの場合に見られるように、ツィンツェンドルフの宗教心を一箇の「**社会心理的な**」発展段階の中に入れ込もうとすることである。しかしさら

おける反合理的・**感情**的な要素は敬虔主義の〔普及した〕他所におけるよりも遙かに一層支配的だった[229]。〔アウグスト・ゴットリープ・〕シュパンゲンベルク〔(1704-1792)〕の『兄弟たちの信仰のイデア』(イデア フィデイー フラトルム)における道徳と罪の赦しとの結びつきは、ルター派一般におけるのと同様、緩やかである[230]。メソジスト的な完全性〔追求〕努力に対するツィンツェンドルフの拒否は——ここでも、また同様にどこででも——、結局のところ幸福主義的な彼の理想、すなわち、合理的に労働すること自体を通じて**来世**のために浄福を確かにするようにと人々を指導するのでなく、既に**現在**において[231]浄福(彼自身は「至福」と言っている)を人々に**感情**的に感得させるのだ、という理想、に呼応している[232]。他方で、

に、彼の宗教心全体に対してこの上なく強度に影響を及ぼしているのは、彼ツィンツェンドルフが、結局のところ封建制的な本能を持ち合わせた**伯爵**だった、という事情である。さらに、まさに彼の宗教心の**感情面**は「社会心理的」には、騎士道の感傷的退廃の時代にも、また全く同様に「感傷主義」の時代にも、当てはまるだろう。この感情面は、西ヨーロッパの合理主義との対比で、そもそも「社会心理的」にというのであればその場合にはドイツ東部の家父長制的拘束状態によって、最も容易に理解可能とされることになる。

229) ツィンツェンドルフの〔ヨハン・コンラート・〕ディッペルとの論争がこのことを明らかにしており、同様に、——彼の死後——1764 年の教会会議の声明がヘルンフート共処体(ゲマインデ)の救済**機関**的な性格を明確に表現している。これに対するリッチュル、前掲書、第 3 巻、443-444 頁の批判を参照。

230) 例えば § 151、153、160 を参照。真の悔恨及び罪の赦し**にもかかわらず**聖化が起こらないことがありうるということは、特に 331 頁のコメントから明らかであって、ルター派の救済論に合致しており、それと同程度に、カルヴァン派の(及びメソジスト派の)救済論と相容れない。

231) プリット、第 2 巻、343 頁で引用されているツィンツェンドルフの発言を参照。同様にシュパンゲンベルク『兄弟たちの信仰のイデア』、325 頁。

232) プリット、第 3 巻、131 頁で引用されているツィンツェンドルフのマタイ 20：28 についての発言を例えば参照。「もし私が、上等な賜物を神から与えられた人を目にするなら、私は嬉しく思い、そして喜んでその賜物を使う。しかしもし、その人が自分のものに満足しておらず、一層上等なものを引き出したいと思っていることに私が気づくなら、私はそれを、そのような人物の破滅の始まりとみなす」。——まさにツィンツェンドルフは成果における**進歩**を否定したのであり——特に 1743 年のジョン・ウェズリーとの対話の際に——、なぜなら彼は、聖化を義認と

プロテスタンティズムの倫理と資本主義の精神　183

他の諸教会との対比で兄弟団の決定的な価値は、キリスト教的生活の能動性、宣教、そして――それと関連づけられたことだが――職業労働^(ベルーフ)233)、に存するのだ、という思想はここでも生き続けた。さらに、ともあれ**有益さ**という観点から見た生活の実際的合理化は、ツィンツェンドルフの人生観においても全く本質的な構成要素だった234)。生活の実際的合理化〔の重視〕は、彼にとっては――敬虔主義の他の代表者たちにとってと同様――一方で、信仰にとって危険な諸々の哲学的思弁に対する断固たる忌避から、及び、経験的個別知識への偏愛(この偏愛は哲学に対する忌避の態度に呼応している)235)から、帰結して

同一視し、そして聖化を**ただただ**、キリストとの間で**感情**的に獲得された関係だと理解したからである。プリット、第1巻、413頁。「道具」感情の代わりに、神的なものの「所有」が現れている。つまり、禁欲でなく神秘主義、である(のちの諸論考への序論の中で論評される意味で)。――もちろん、(同所に論究されるであろうように)ピューリタンにとってみても、現在的・**この世的**な　気質^(ハビトゥス)　は、当人が**実際**に追求するところのものである。しかしながら、救いの確かさだと解釈された^(ケルティトゥードー・サルーティス)この　気質^(ハビトゥス)　とは、ピューリタンの場合には、行動的な**道具感情**のことなのである。

233) しかしまさにこの導き出し方ゆえに、〔敬虔主義においては〕職業労働^(ベルーフ)は首尾一貫した仕方で倫理的に基礎づけられることはなかった。ツィンツェンドルフは、職業忠実^(ベルーフ)にとって**決定的な観点としての職業〔或いは天職〕**における「礼拝」ということ、についてのルターの理念を拒絶している。職業忠実はむしろ「救い主の手仕事忠実」に対する**対価**なのだ、と(プリット、第2巻、411頁)。

234) 彼の次の言葉は有名である。「理性的な人間は不信仰的であってはならず、信仰者たる人間は非理性的であってはならない」。彼の『ソクラテス、すなわち、知られていないというよりむしろ衰退してしまった様々な主要真理の率直な公告』(1725年)に所収。さらに、〔ピエール・〕ベールのような著作家への彼の偏愛。

235) 数学的な基礎づけによって合理化された経験論に対するプロテスタント的禁欲の顕著な偏愛は周知であり、ここでは未だ詳細には論究されない。諸々の学問の、数学的に合理化された「精確な」研究への転回に関して、その哲学的動機に関して、そしてそのような転回の、ベーコンの諸観点に対する対立に関しては、ヴィンデルバント『哲学の歴史』、305-307頁、特に305頁下方のコメントを参照。それらコメントは、近代の自然科学は物質的・技術的関心の**所産**として把握されるべきだとする思想を、適切にも否定している。もちろん、極めて重要な諸関係は存在しているが、事は遙かに複雑なのである。さらにヴィンデルバント『近代の哲学の歴史』、第1巻、40-41頁を参照。――プロテスタント的禁欲の態度決定にとって決定的な

おり、他方で、職業上の宣教者の世渡り上手な感覚から帰結している。兄弟団は宣教中心点として同時に仕事事業体だったのであり、かくてその成員たちを俗世内的禁欲——生活においても至るところで第一に「使命」を問い、そしてそれら使命との関連で生活を冷静に計画的に形づくる、そういう禁欲——の軌道へと導いた。但し、障害として再び、神によって「恩恵の選び」を通じて選ばれた「弟子たち」のもとでの使徒的無所有のカリスマに対する賞賛(使徒た

観点(たぶん最も明確には、シュペーナーの『神学的考察』、I、232 頁、III、260 頁に立ち現れているであろうような)だったのは、然り、次のものである。すなわち、人がキリスト者を当人の信仰の**果実**によって認識するように、同様に神の、及び神の意図の、認識は、その業に対する認識からのみ促進されうるのだ、これである。これに応じて、ピューリタン的キリスト教や洗礼派的キリスト教や敬虔主義的キリスト教がみな優遇した分野とは**物理学**であり、それに続いて、同種の方法で仕事をする他の数学的・自然科学的な諸分野である。自然における神的な諸法則の経験的な把握から、世界の「意味」を知ることへと上昇することが可能だ、ということがまさに信じられたのであり、この「意味」なるものは、神的な啓示の断片的な性格という状況のもとでは——カルヴァン派的な思想である——、概念的な思弁という方途では少なくとも決して把握されることにならないのだ、と〔信じられたのである〕。17 世紀の経験論は、禁欲にとっては、「自然の中で神を」探求する手段だった。**経験論**は神へと導くのだ、哲学的思弁は神から引き離すのだ、と見えたのである。特にアリストテレス哲学は、シュペーナーによれば、キリスト教に対する根本的な害悪だった。それ以外のものは**みな**、特に「**プラトン**」哲学は、ましである、と(『神学的助言』、III、6, 1, Dist. 2, Nr. 13)。さらに次の特徴的な箇所を参照。「そこで、デカルトのために私は何か言うことを持っていない(シュペーナーはデカルトを読んでいなかった〔——ヴェーバーによる註記〕)。しかしながら、私がつねに願ってきており今願っているのは、**いかなる人間の権威も差し出さないで**、ただひたすら**師**〔＝アリストテレス？〕の**知らない健全な理法**だけを差し出す真の哲学に、ともあれついに目を留める人々を、神が起こしてくださるように、ということだ Unde pro Cartesio quid dicam non habeo, semper tamen optavi et opto, ut Deus viros excitet, qui veram philosophiam vel tandem oculis sisterent, **in qua nullius hominis attenderetur** auctoritas, sed sana tantum **magistri nescia ratio**」、シュペーナー『神学的助言』、II、5, Nr. 2。——禁欲主義的プロテスタンティズムのかの見解が、**教育**(特に**実科**教育)の発展に対していかなる意義を有していたかは、周知である。「**黙示の信仰**」(フィデース インプリキタ)に対する立場と組み合わさって、それら見解は禁欲主義的プロテスタンティズム〔独自〕の教育プログラムをもたらした。

ちの宣教生活という手本から導き出されたものである)[236] ということが存在し、この障害はまさに、ともあれ結果として「福音的勧告（コンシリア エウァンゲリカ）」の部分的復旧を意味した。これによって少なくとも、カルヴァン派的な職業倫理のように合理的職業倫理（ベルーフ倫理）が創出されることが妨げられたが、——洗礼派運動の変形の例が示しているように——遮断されたわけではなく、むしろ**単に**「**天職（ベルーフ）のための**」労働という思想によって、内面的に強力な準備が行なわれた。

ドイツ敬虔主義に関するまとめ

全体として見ると、我々は、**我々にとってここで問題となる観点から**ドイツ敬虔主義を考察するなら、その禁欲の宗教的定着化において揺れと不確かさを確認せねばならないだろう。これはカルヴァン派の鉄壁の首尾一貫性に比して相当劣っており、部分的にはルター派の影響によって、部分的にはその宗教心の**感情的**性格によってもたらされている。というのも確かに、この感情的な要素を**ルター派**との対比で敬虔主義に特有なものだと評価するのは大いなる一面的理解だからである[237]。しかしながらもちろん、**カルヴァン派**との比較では、

---

236)「自分たちの至福をおおよそ４つの部分の中へと置く、或る種の人々がそれである。〔その４つの部分とはすなわち、〕①価値が乏しい者となり、軽蔑され、侮蔑されること……②自分たちの主のために必要としないあらゆる感覚をないがしろにすること……③或いは何も持たず、或いは、自分たちが得るものを再び手放すこと……④稼ぎのためにでなく、むしろ**天職（ベルーフ）のために**、そして主の事柄（ザッヘ）のために、また自分たちの隣人の事柄のために、**日雇い労働者（ザッヘ）的に仕事をすること**……」（『宗教的論説』、II、180頁〔MWG I/18, p. 375 によればこの箇所表示は誤りで、正しくは Zinzendorf, *Büdingische Sammlung*, vol. 1, pp. 326-327〕。プリット、第１巻、445頁）。**すべての人**が「弟子」になれるわけでもなってよいわけでも**必ずしもなく**、むしろ、主によって召された者たちだけが〔弟子になるべき〕、なのである——しかしツィンツェンドルフ自身の告白によれば、その時それでも困難が残る。というのも、山上の説教は形式上**すべての人々**に向けられているからである。この「愛の自由な無世界論（アコスミスムス）」の、古い洗礼派的な理想との親和性は目を惹く。

237) なぜなら、信心の感情的な内面化は、エピゴーネン時代のルター派にとっても決して単に無縁なものではなかったからである。**禁欲主義的なもの**、すなわち、ルター派の目には「行為聖性」の気味があるように見える生活規制、が**ここでは**〔すなわち敬虔主義では〕むしろ本質構成的な相違だった。

生活の合理化の強度は必然的に低くならざるをえなかった。なぜなら、つねに新たに確証されるべき恩恵身分(これによって永遠の**将来**が保証される)を思うことという内的な推進力が、感情的に**現在**へと方向変更され、自己確信(予定された者はこれを、たゆまぬ成功裡の職業労働の中でつねに新たに獲得しようとした)の代わりに、人間存在のあの謙遜・心砕かれた状態[238](これは部分的には、内面的体験を純粋に志向した感情励起の結果であり、部分的には、ルター派的な告解制度——確かに敬虔主義はしばしば告解制度を重大な懸念を以て観じたが、ともあれ大抵の場合には黙認した——の結果だった[239])が据えられたからである。というのも、万事において現れているのはまさに、救いを追求する独特にルター派的な仕方、すなわち実際的な「聖化」でなく「罪の赦し」が決定的なものとされている、そういう〔救済追求の〕仕方だからである。生来の(来世の)浄福についての確かな**知識**を獲得し保持するための計画的・合理的な努力の代わりに、ここでは神との和解・交わりを今(この世で)**感じる**ことの必要性が立ち現れている。しかし経済生活においては、現在享受の性向は「経済」の合理的成型(これはまさに、将来に対する配慮へとつなぎ留められている)と衝突するように、——或る意味では宗教生活の領域においても状況はそのようである。したがって全く明らかに、〔敬虔主義に見られるように〕宗教的必要が現在の内面的な**感情**愛着へと方向づけられることは、俗世内的**行為**の合理化への推進力という点で、改革派の「聖徒たち」の(ひたすら来世へと方向づけられていた)確証必要に比して、一箇の**マイナス**を含んでいたのであり、他方それはもちろん、正統的なルター派信徒の、伝統主義的に言葉と聖礼典に

---

238) 恩恵のしるしとして「確かさ」より優っているのは「心の不安」だと、シュペーナー『神学的考察』、I、324頁は考えている。もちろん、ピューリタン的な著作家たちのもとでも我々は「偽りの確かさ」に対する力の入った警告を見いだすが、しかし少なくとも予定説の作用は、その影響が司牧を規定した限りでは、つねに反対の方向に働いた。

239) なぜなら、告解の存在の**心理学的な**効果とは、至るところで、自らの生き方に対する主体の自己帰責の**低減化**だったのであり、——然り、それゆえに告解は求められたのである——そしてそれと共に、禁欲主義的な要求の厳格な帰結の**低減化**だった。

固着する信仰性に比して、少なくとも生活営為への**方法的**・宗教的貫通という点でより一層の発展をもたらすのに適していた。全体として敬虔主義は、フランケとシュペーナーからツィンツェンドルフへと、感情的性格の強調が**増し加わる**形で動いた。しかしその過程で表出したのは、敬虔主義に何らか内在していた「発展傾向」などというものではなかった。むしろ、かの相違は、指導的な代表者たちの出自たる宗教的(そして社会的)環境(ミリュー)の諸々の対立・対照に由来していた。これについてこの箇所で立ち入ることはできない。同様にまた、ドイツ敬虔主義の特質がその社会的・地理的**広がり**の中でどのように表現されているか、ということに関説することもできない[240]。ここで我々は今一度想起するべきだが、ピューリタンの聖徒たちの宗教的な生活営為との対比で、この感情的敬虔主義の濃淡の色づけは、全く漸次的な諸々の移行段階の中で行なわれる。相違の実際的帰結が少なくとも暫定的に特徴づけられるべきであるなら、敬虔主義が育成した諸々の徳目は、一方で、「職業忠実な」官吏や被傭者や労働者や家内工業従事者が[241]、他方でおもに、家父長制的な気分の雇用主が、神に嘉されるたぐいの(ツィンツェンドルフ流の)**謙譲**において展開することのできた徳目だと言える。これとの比較でカルヴァン派は、市民的・資本主義的事業家の厳格・遵法的・行動的な感覚とより一層、選択親和的に見える[242]。最後に、**純粋な**感情的敬虔主義は──既にリッチュル[243]が強調したように

---

240) その際どれほど強度に──敬虔主義的な信心の**あり方**に対しても──純粋に**政治的な**契機も作用したかということを、リッチュルはヴュルテンベルクの敬虔主義についての叙述(しばしば引用された著作の第3巻)の中で既に示唆している。
241) 註236で引用したツィンツェンドルフの言葉を参照。
242) 自明なようにカルヴァン派も、少なくとも真正のカルヴァン派は、「家父長制的」である。そして例えばバクスターの活動の成功と、キダーミンスターの産業の家内工業的性格との関連は、バクスターの自伝の中で明確に立ち現れている。『ピューリタン神学者たちの著作』、XXXVIII頁で引用されている次の箇所を参照。「町はキダーミンスター製の素材の織物で生計を立てており、そして彼らが織機の中に立つ時、彼らは自分たちの前に書を据えることができ、或いはお互いの徳を高めることができる……」。しかしそれでも、改革派的倫理の、そしてなおさら洗礼派的倫理の、土壌に立脚する家父長制は、敬虔主義の土壌に立脚するのとでは別様な性質を帯びている。この問題は別の関連においてのみ論究されうる。

——「有閑階級」のための宗教的遊戯である。この特徴づけがいかに浅薄だとしても、それに今日なお呼応しているのが、これら2つの禁欲主義的方向性のうちの一方または他方の影響下にあった諸国民の経済的特質の中にも見られるところの、若干の相違である。——

C. メソジスト派

メソジスト派における感情的要素（聖化など）の重要性

さて、感情的であるにもかかわらずともあれ禁欲主義的である、といった宗教心と、カルヴァン派的な禁欲の教義的基礎に対する一層の無関心或いは拒絶とが、結合するということによって特徴づけられるのが、大陸の敬虔主義に対するイギリス・アメリカ側の対応物、すなわち**メソジスト派**である[244]。既にその名が示しているのは、その信奉者たちの特質として同時代人たちの目から見て際だっていたこと、すなわち救いの確かさ（ケルティトゥードー　サルーティス）の達成という目的のための、生活営為の「方法的な」（メトーディッシェ）体系づけであり、というのも、ここでも最初から問題

---

243)『義認及び和解についての教説』、第3版、第1巻、598頁。——フリードリヒ・ヴィルヘルム1世がそもそも敬虔主義を不労所得生活者（レンテ）にとって好適な用件だと称した時、これはもちろん、シュペーナーやフランケの敬虔主義にとって特徴的というよりむしろ、この王にとって特徴的なのであり、そして王もたぶん、なぜ自分が寛容令によって自分の諸国を敬虔主義に対して開放したかを、わかっていただろう。

244) メソジスト派を知るためのオリエンテーション的な導入のためには、『プロテスタント神学・教会大事典』第3版のローフスの優れた項目記事「メソジスト派」が全く特に好適である。ヤコービ（特に『メソジスト派ハンドブック』）、コルデ、ユングスト、サウジーの労作も使える。ウェズリーに関してはタイアーマン『ジョン・ウェズリーの生涯と時代』ロンドン、1870-1871年。ワトソンの書物（『ウェズリーの生涯』、ドイツ語訳もある）は通俗的である。——メソジスト派の歴史のための最良の図書館の一つを持っているのはシカゴ近郊のエヴァンストンのノースウェスタン大学である。古典的なピューリタニズムとメソジスト派をつなぐ一種の鎖を成したのは宗教的詩人アイザック・ワッツで、彼はオリヴァー・クロムウェルのチャプレン（〔だったジョン・〕ハウ）の友人であり、それからリチャード・クロムウェルの友人であり、ホイットフィールドは彼の助言を求めたとされる（スキーツ、254-255頁を参照）。

なのがこれであり、そしてこれが宗教的努力の核心であり続けたからである。さて、あらゆる相違にもかかわらずドイツ敬虔主義のいくつかの方向性との間に見られる疑うべくもない親和性[245]は、とりわけ次の点に示されている。すなわち、この方法体系は特に、「回心」の感情的な行為を招来することへも転用されたのである。しかも、ここで感情性——これはウェズリーの場合、ヘルンフート的なルター派の影響によって覚醒させられた——は、メソジスト派が最初から大衆への宣教に照準を合わせていたので、特にアメリカの土壌に於いて、強度に情緒的な性格を帯びた。事情の如何では極めて恐るべき恍惚にまで昂進しえた改悛闘争——アメリカでは好んで「悩める人の席(アンクシャス ベンチ)」で行なわれた——は、神からの無功績の恩恵を信じる信仰へと行き着き、またそれと共に同時に直接、義認及び〔神との〕和解の意識へと行き着いた。さて、〔メソジスト派の〕この情緒的な宗教心は、少なからぬ内的な困難さのもとで、断然ピューリタニズムによって合理的との刻印を押された禁欲主義的な倫理との間に、特有な結合を取り結んだ。さしあたり、感情的でしかないあらゆるものを欺瞞の疑いありとみなしたカルヴァン派との対比で、原理的に、霊の証言の直接性から流れ出てきて純粋に感じられたところの、恩恵を受けた者の絶対的な確かさ——この確かさが生じた日時は、少なくとも通常、確固たるものでなければならなかった——が、救いの確かさ(ケルティトゥードー サルーティス)の唯一疑いなき土台だとみなされた。さて、こうして再生した者は、ウェズリーの教説(これは聖化の教理の首尾一貫した高揚を成すが、その教理の正統信仰版からの明確な偏倚を呈している)によれば、既にこの〔世での〕生活において自らの中での恩恵の働きによって、第

---

245) この親和性は——ウェズリーの属人的な影響力を度外視するなら——史的には、一方で予定教義の死滅によって、他方でメソジスト派の創立者たちのもとでの「信仰のみによって(ソーラー フィデ)」の重厚な再覚醒によって、惹起されており、しかしとりわけその独特な宣教的性格によって動機づけられている。この性格は、「覚醒」説教の或る種中世的な方法の(改造的な)復旧を招来しており、これ〔すなわち「覚醒」説教〕を敬虔主義的な諸形態と組み合わせた。この現象——これは、〔主観主義と関連づけられる〕観点から見た場合には、敬虔主義より劣っているだけでなく、中世のベルナール的信心よりも劣っている——は、「主観主義」へと至る一般的な発展の線には確かに属さない。

二の出来事である「聖化」(通常、〔再生とは〕別に生じ、そして往々突然の内的な出来事である)を通じて、罪なき状態という意味の**完全性**へと到達することができる。この目標の達成はかくも困難だが——たいてい人生の終わりごろにようやく達成される——、それはかくも無条件に目指されるべきものであり——なぜならそれが、救いの確かさ_{ケルティトゥードー サルーティス}を最終的に保証し、カルヴァン派の「不機嫌な」不安の代わりに喜ばしき確かさを据えるからである[246]——、そしていずれにせよ、真に回心した者自身は、自分と他者との前で、少なくとも罪は「その者に対してもはや力を持たない」ということを自ら証明せねばならない。それゆえ、**感情**の自己証言が決定的な意義を有するにもかかわらず、それでも当然、〔メソジスト派では〕**律法**を指向する聖なる生き方が固守された。ウェズリーは、当時の行為義認に対して戦ったところでは、古ピューリタニズム的な思想——すなわち、行ないは恩恵身分の実体的根拠でなく認識根拠にすぎず、しかもそうであるのはそれら行ないがもっぱら神の名声のために為される場合のみである、という——を単に再生させていたのである。正確な生き方が**それだけで**これをしたのではなく——彼自身がこれ自体を経験したように——、これに加えて恩恵身分の**感情**が登場せねばならなかったのである。ウェズリー自身は時折、行ないを恩恵の「条件」と称し、1771 年 8 月 9 日の宣言[247]の中でも、善い行ないを行なわない者は真の信仰者ではないと強調しており、そしてメソジスト派の人々がつねに力説したのは、彼らが公式の教会から区別されるのは教説においてでなく信心のあり方によってなのだ、ということだった。信仰の「果実」の意義はたいていⅠヨハネ3：9によって基礎づけられ、そして生き方が再生の明白な**しるし**だと評された。こういった諸々すべてにもかかわらず、様々な困難が生じた[248]。メソジスト派の中で予定説の信奉者だった人々にとっては、救いの確かさ_{ケルティトゥードー サルーティス}が、禁欲主義的な生活営為自体

---

246) ウェズリー自身がメソジスト派の信仰の効果を時折このように特徴づけていた。ツィンツェンドルフ的な「至福」との親和性は明白である。

247) これ自体を例えばワトソンの『ウェズリーの生涯』(ドイツ語版)331 頁で参照。

248) M・シュネッケンブルガー『小規模のプロテスタント教会諸党派の諸々の教説概念に関する講演』、フンデスハーゲン編、フランクフルト、1863 年、147 頁。

からつねに新たな確証の中で帰結するところの恩恵意識へと〔根拠づけられるの〕でなく、恩恵・完全性の直接的な**感情**へと〔その根拠づけが〕移されること249)は——なぜなら、然り、その場合にこそ、**一回的な**改悛闘争に「　堅　　　忍　」の確かさが結びついたからである——、次の２つのうちの１つを意味した。すなわち或いは、弱い性格の人々の場合には、「キリスト教的自由」の反律法主義的解釈、したがって、方法的な生活営為の崩壊であり、——或いは、このような帰結が拒否されたところでは、目が眩むほどの高さにまで登りつめる聖徒たちの自己確信250)、すなわち、ピューリタン的な型の**感情**的な高揚である。敵対者たちからの攻撃に直面して、〔メソジスト派における〕これらの帰結に対しては、一方で、聖書の規範的通用力と確証の不可欠性とをいよいよ強調することによって対抗することが目指されたのであり251)、しかし他方で、これら帰結は結果的に、〔メソジスト派〕運動内部でのウェズリーの、恩恵の喪失可能性を説く反カルヴァン派的な方向性を強めた。兄弟団を媒介にしてウェズリーが受けていたルター派の強力な影響252)は、この〔後者の、つまり恩恵の喪失可能性を説く〕発展を強化し、メソジスト派的道徳の宗教的指向の**不確定性**を増

---

249) ホイットフィールド、すなわち予定説信奉者グループ（このグループは、組織されていなかったので、ホイットフィールドの死後崩壊した）の指導者は、ウェズリーの「完全性教説」を本質的に拒否した。然り、実際この教説は、カルヴァン派の確証思想の**代用品**でしかない。
250) シュネッケンブルガー、前掲書、145 頁。ロープス、前掲論文は若干異なっている。二つの帰結とも、同様な種類のいかなる宗教心にも典型的である。
251) 1770 年の会議が例えばそうである。既に 1744 年の最初の会議は、聖書の言葉は一方でカルヴァン派に、他方で反律法主義に、「髪の毛一本の幅で」〔つまり、ほとんど〕かするばかりである、ということを認めていた。その曖昧さにもかかわらず、**実践的な**規範としての聖書の通用力が固守され続けている限りでは、人は教義的相違のためにお互い同士と袂を分かつべきではないのだ、と。
252) ヘルンフート派からメソジスト派を**分けた**のは、罪なき完全性の可能性についてのメソジスト派の教説であり、特にツィンツェンドルフもこれを拒絶した。他方でウェズリーは、ヘルンフート的な宗教心の**感情**的なものを「神秘主義」だと感じており、「律法」に関するルターの見解を「冒瀆的」だと称していた。ここで示されているのは、**合理的な**宗教的生活営為のあらゆる種類とルター派との間に不可避的に存在し続けたところの、限度である。

し加えた[253])。最後に、結果的に首尾一貫して維持されたのは、不可欠な基礎としての「再生(リジェネレーション)」——信仰の果実として直接生じるところの、救い出されたという感情的な確かさ——の概念と、聖化——この「聖化」は、罪の権力からの(少なくとも実際上の)自由(この自由が、恩恵身分についての、聖化から帰結する立証を成したのである)という帰結を伴う——の概念のみであり、これに呼応して、外的な恩恵手段(特に聖礼典)の意義は希薄化した。そしていずれにせよ、メソジスト派による「一般的覚醒(ジェネラル アウェイクニング)」は至る所で、例えばニューイングランドに於いても、恩恵と選びの教説の高揚を意味した[254])。

メソジスト派における方法的生活の重要性

　以上によれば、**我々の考察にとってメソジスト派は、敬虔主義と同様、その倫理において基礎づけが揺れ動いた形象として立ち現れる**。しかもメソジスト派にとって、「より高次の生(ハイアー ライフ)」「第二の祝福」を目指す努力は或る種予定説の代用品としての機能を果たしており、そしてイギリスという土壌で成長して、メソジスト派の倫理の実践は全く同地の改革派的なキリスト教のそれを指向していた(然り、メソジスト派はこの改革派的なキリスト教の「リバイバル」たらんと欲したのである)。回心の情緒的な行為は**方法的**に招来された。そしてその行為が達成されたあとに起こったのは、ツィンツェンドルフの感情的な敬虔主義のように神との交わりを信心ぶかく享受すること、ではなく、覚醒された感情はむしろ直ちに、合理的な完全性努力の軌道へと導かれた。それゆえ、〔メソジスト派の〕宗教心の情緒的な性格は、ドイツ敬虔主義のように内面的な感情的キリスト教には行き着かなかった。このことが**罪責**感情の発展度の低さ(部分的にはまさに、回心の情緒的な進展の結果として)と関連していたことを既にシュネッケンブルガーは指摘しており、そしてこれは、メソジスト派に対

---

253) ジョン・ウェズリーは時折、クエイカー派においても長老派においても高教会派においても、至る所で人は**教義**を信じなければならず、但しメソジスト派の場合にはそうでない、という主張を強調している。——以上に関してはスキーツ『イギリスの諸々の自由教会の歴史　1688-1851年』のもちろん要約的な叙述をも参照。
254) 例えばデクスター『会衆派教会』、455-456頁を参照。

する批判における常套句であり続けた。メソジスト派においては、その宗教的感覚が根本的に**改革派的な**性格を有したことは、決定的であり続けた。感情励起は熱狂の性格を帯び(時折にのみだが、しかしその場合には「コリュバント風に」掻き立てられた)、この熱狂的性格は他の点では生活営為の合理的な性格を決して損なわなかった[255]。かくてメソジスト派の「再生(リジェネレーション)」が創り出したのは単に、純粋な行為聖性の**補完物**、すなわち、予定〔説〕が放棄された以後における禁欲主義的な生活営為の宗教的定着化、である。生き方のしるし(これは真の回心の統制として、──ウェズリーが時折言っていたように──その「条件」として、不可欠である)は、事柄としてカルヴァン派(ザッヘ)におけるのと全く同じだった。以下で天職理念(ベルーフ)(この展開に対してメソジスト派は新たなものを何らもたらさなかった[256])を論究する際には、我々はメソジスト派を、遅れて来たものとして[257] 基本的に度外視することができる。

---

255) しかしもちろん、損なうことは**可能である**──熱狂的性格がアメリカの黒人たちのもとで今日このことをしているのと同様に。──その他では、敬虔主義の比較的穏やかな感情的性格との対比で、メソジスト派的な情緒のしばしば顕著に病理学的な性格は、たぶん──純粋に史的な諸々の理由や当の事象が公知であることのほかに──ひょっとすると、メソジスト派の普及地域において生活への**禁欲主義的な**浸透の度合いが比較的強度であることとも、より詳細に関連しているかもしれない。しかしこのことを判定するのは、神経科医の事柄だろう。

256) しかし、ジョン・ウェズリーからの箇所(下記 254-255 頁)が示しているように、メソジスト派は、他の禁欲主義的な諸派と全く同様に天職理念(ベルーフ)を、まさに同じ作用を伴って発展させた。

257) ローフス、前掲論文、750 頁が力を込めて強調しているところによれば、メソジスト派が他の諸々の禁欲主義的な運動から区別されるのは、メソジスト派がイギリスの啓蒙主義時代の**あとに**位置しているという点によってであり、そしてローフスはメソジスト派を、我が国におけるこの世紀の最初の〔四半世紀ならぬ〕三分世紀における敬虔主義の(もちろん遙かにずっと微弱な)ルネサンスと並置している。──しかしながらともかく、リッチュル『義認及び和解についての教説』、第1巻、568-569 頁に倣って、敬虔主義のツィンツェンドルフ的変種との並置化もまた──然り、これは(シュペーナーやフランケとは反対に)啓蒙主義に対する既に反動でもあったのである──、許容され続けるだろう。但し、我々が見たようにまさにメソジスト派におけるこの反動が、ヘルンフート派の場合(少なくともツィンツェンド

D. 洗礼派及び諸信団

洗礼派、バプテスト派、メノナイト派、クエイカー派。教会と信団
　ヨーロッパ大陸の敬虔主義、アングロサクソン諸国民のメソジスト派は、思想内実から見ても歴史的展開から見ても、考察対象として二次的な現象である[258]。これに対して、カルヴァン派と並び、プロテスタント的禁欲の第2の**自立的な**担い手として**洗礼派**が存在し、また16・17世紀の経過の中で、直接に洗礼派から出たか、或いはその宗教的思考形態を受容して登場したかした、**バプテスト派、メノナイト派、及びとりわけクエイカー派**といった諸信団(ゼクテ)[259]

　ルフに影響されていた限りで)とは非常に異なる方向を採ったのである。
258) そして——上で示されたように——ピューリタニズムの首尾一貫した禁欲主義的な倫理の**様々な弱化**である。他方で、もし人が任意の仕方でこれら宗教的諸観念〔としての敬虔主義やメソジスト派〕を資本主義的発展の「唱道者」ないし「反映」と解釈したいのなら、然り、それでも**まさに逆**が始まっていなければならないだろう。
259) バプテスト派の中ではいわゆる「ジェネラル・バプティスト」だけが古い洗礼派に遡る。「特定バプテスト」は——既に先に述べられたように——、教会所属を再生者或いは少なくとも信仰告白者**本人**に原理的に限った、それゆえ原理的な主意主義者たちであって国家教会に対する敵である——もちろん実践においては、クロムウェル治下では必ずしも首尾一貫していない——、そういうカルヴァン派だった。彼ら特定バプテストは、のみならずジェネラル・バプティストも、洗礼派の伝統の担い手として史的には非常に重要だが、我々にとっては、ここで特別の教義的分析を〔我々に〕行なわせるきっかけをもたらさない。形式的にはジョージ・フォックス及びその仲間たちによって新たに設立されたクエイカー派が、その根本思想においては単に洗礼派的な伝統の継続者だった、ということは疑いの余地のないことである。クエイカー派の歴史への最良の導入(同時にバプテスト派やメノナイト派との関係をもありありと描いている)は、ロバート・バークリー『コモンウェルスの諸々の宗教的団体の内面生活』(1876年)が与えている。バプテスト派の歴史についてはとりわけH・M・デクスター『本人自身及び同時代人が語った、自己洗礼者(セーバプティスト)ジョン・スマイスの本当の物語』、ボストン、1881年(これについてはJ・C・ラング〔「ロング」が正〕『バプテスト・クォータリー・レヴュー』、1883年、1頁以下)を参照。J・マーチ『イングランド西部の長老派及びジェネラル・バプティストの

が存在する[260]。彼らによって我々は、改革派的な教説との対比で原理的に異

歴史』、ロンドン、1835 年。A・H・**ニューマン**『合衆国におけるバプテスト教会の歴史』、ニューヨーク、1894 年(アメリカ教会史叢書、第 2 巻)；**ヴェッダー**『バプテスト派小史』、ロンドン、1897 年；E・B・**バックス**『再洗礼派の興隆と衰退』、ニューヨーク、1902 年；G・**ロリマー**『歴史におけるバプテスト派』、1902 年；J・A・**サイス**『バプテスト派の体系の検討』、1902 年；さらなる材料は『バプテスト・ハンドブック』、ロンドン、1896 年以降；『バプテスト派 便覧(マニュアル)』、パリ、1891/3；『バプテスト・クォータリー・レヴュー』〔誌〕；『ビブリオテカ・サクラ』〔誌〕(オバーリン、1900 年)に見られる。**バプテスト派**の最良の図書館はニューヨーク州のコルゲイト・カレッジに見られるようである。クエイカー派の歴史について最良の蔵書とみなされているのはロンドンのデヴォンシャー・ハウスのコレクションである(私は使っていない)。〔クエイカー派の〕正統派の近代の公式機関誌はジョーンズ教授編集の『アメリカン・フレンド』であり、クエイカー派についての最良の歴史はラウントリーのである。その他、ルーファス・B・**ジョーンズ**『ジョージ・フォックス。自伝』、フィラデルフィア、1903 年；オールトン〔アレンが正〕・C・**トーマス**『アメリカにおけるフレンド会の歴史』、フィラデルフィア、1895 年；エードゥアルト・**グラッブ**『クエイカー派の信仰の社会的側面』、ロンドン、1899 年。これに加えて、大規模かつ非常に良質の**伝記的**文献がある。——

260) カール・ミュラー『教会史』の多くの功績の中の一つは、独自な仕方で大がかりな(外面的には地味だとはいえ)洗礼派運動に対して、叙述の中でふさわしい場所を与えた、ということである。洗礼派運動は比類のない仕方で**あらゆる教会**の側から容赦ない迫害を受けた——それは、この運動がまさに語の独特な意味での**信団**(ゼクテ)たらんと**欲した**からである。洗礼派運動は、自らの中から生じたミュンスターでの終末論的な方向性の破局によって、5 世代ののちになお全世界(例えばイングランド)で不評を買っていた。そしてそれは、再三押し潰され隅へと追いやられて、とりわけ成立後長年ののちにようやく、自らの宗教的思想内実をまとまった仕方で定式化するに至った。かくて洗礼派運動が生み出したのは、神への信仰を「学問」として専門的に営む経営〔すなわち、通常の神学という学問的営為〕に対してそれ自体敵対的である自分たちの諸原則と一致可能であるであろうような「神学」〔すなわち、通常の神学の立場から見れば「神学」の名に値しないようなレベルの、——しかしながら、洗礼派運動が努力すれば到達可能である、そういうレベルの——言わば括弧つきの「神学」〕よりも、**なお**程度の劣るものだった。このことは、比較的古い専門神学——既に彼ら自身の時代の——の側でシンパシーをほとんど惹起せず、感銘をもほとんど与えなかった。しかしながら、より最近の人々の場合においてすら、状況は異なっていない。リッチュル『敬虔主義』、第 1 巻、22-23 頁においては「再洗

礼派」は、偏見なしとは言いがたい仕方で、然り、まさに下劣な仕方で取り扱われており、人はこれを神学的「ブルジョワ的立場」と言いたい気に駆られる。この場合、コルネリウスの美麗な著作(ミュンスター蜂起の歴史)は既に数十年来存在していたのである。リッチュルはここでも至るところで、「カトリック的なもの」への崩落——彼の立場から見ての——をでっち上げており、聖霊派及びフランシスコ会原始会則派の直接的影響を嗅ぎつけている。そのようなものが散発的に立証可能だとしても、それでもそれらの糸は非常に細いものだろう。そしてとりわけ、史的事情はたぶん次のようなものである。すなわち、公式のカトリック教会は在俗信者たちの俗世**内**的禁欲を、それがいかなる所で秘密集会形成にまで至ったにせよ、極度の不信を以て取り扱い、修道会形成の軌道へ——したがって、俗世から**外へ**——と導こうとし、或いはわざと二流の禁欲として〔扱って〕十全な修道会に編入し、或いはその統制下に置いた。これが成功しなかったところでは、カトリック教会は全く同様に、主観主義的な禁欲主義的道徳の育成は権威否定及び異端へと行き着く、との危険を嗅ぎつけた。これは、——〔カトリック教会の場合と〕同じ正当さを以て——エリザベス〔1世治下〕の〔英国国〕教会が「聖書解釈集会」、すなわち半敬虔主義的な聖書秘密集会、に対して(それが国教会への帰順に関して全く正しかった場合でも)行なったのと同様であり、またステュアート朝が娯 楽 教 書——これに関してはのちほど——においてそれを表明したのと同様である。多くの異端運動、しかしまた例えば謙 遜派やベギン会、の歴史は、また同様に聖フランチェスコの運命は、これについての証拠である。托鉢修道会士(特にフランシスコ会士)の説教は、改革派的・洗礼派的なプロテスタンティズムの禁欲主義的在俗信者道徳のために、しばしば土壌を用意する手助けをしただろう。しかしながら、西洋の修道制の内部での禁欲と、プロテスタンティズムの内部での禁欲主義的生活営為との間の親和性——これはまさに我々の関連で、非常に教示的なこととして、再三再四強調されることになるだろう——の大量の特徴は、その最後的な理由を次の点に有する。すなわち、聖書的キリスト教の土壌に立脚する**いかなる**禁欲も、もちろんまさに必然的に、いくつかの重要な共通の特徴を持た**ざるをえない**、というのがそれであり、またさらに、そもそも何らかの宗派の**いかなる**禁欲も、肉の「圧殺」のために、有効性が立証済みの特定の手段を必要とする、というのがそれである。——以下のスケッチについてなお指摘すべきこととして、このスケッチの短さの所以は次の事情に在る。すなわち、**本論考**において特に論究されるべき問題、すなわち「市民的な」天職理念の宗教的基礎の発展、については、洗礼派的な倫理は非常に限られた意義しか有しない、というのがそれである。洗礼派的な倫理は、無条件で新しいものをこの理念に何ら付け加えなかったのである。洗礼派運動の遙かに一層重要な社会的側面は、ここではさしあたりなお度外視される。問題設定の結果として、**比較的古い時代**の洗礼派運動の史的内実のうちここで叙述対象となるのは、我々にとって

質な基礎に基づく倫理を有する宗教共同体(ゲマインシャフト)に行き着く。然り、ここで我々にとって重要なことだけを際だたせているものである以下のスケッチは、この運動の多型性を理解させることが全くできない。もちろん、我々は再び、古資本主義的な諸国における発展に重きを置く。——これらすべての共同体(ゲマインシャフト)(文化発展に対してそれら共同体(ゲマインシャフト)が有する射程は、もちろん別の関連でこそ初めて全く明らかにされうる)の史的及び原理的に最も重要な思想は、既にその萌芽段階において我々に立ち現れており、すなわちそれは「信仰者たちの教会(ビリーヴァーズ チャーチ)」である261)。つまり、その宗教共同体(ゲマインシャフト)——諸々の宗教改革教会の語法によれば「可視的な教会」262)——は、超地上的な目的のための一種の信託遺贈財団——つまり必然的に義人も義人でない者も含む、一箇の機関(アンシュタルト)(カルヴァン派が考えるような、神の名声の増進のための機関であれ、カトリックやルター派が考えるような、人間への救済財の伝達のための機関であれ)——だとはもはや解釈されず、むしろもっぱら、**信仰者であってかつ再生者である者たち本人**——そしてこういう人々だけ——の共同体(ゲマインシャフト)だ、換言すれば「教会(キルヒェ)」でなく「信団(ゼクテ)」だ、と解釈された263)。然り、自ら信仰を内面的に獲得して告白した成

ここで前景に在る諸信団(ゼクテ)、すなわちバプテスト派、クエイカー派、そして(一層副次的にだが)メノナイト派、の特質に対して影響を及ぼしたもの**だけ**である。
261) 上記註 182 を参照。
262) これの起源及び変化に関しては A・リッチュルの『論考集成』69-70 頁を参照。
263) もちろん洗礼派は「信団(セクト)」という名称をつねに拒否した。彼らはエフェソ書(5:27)の意味での教会そのものなのである。しかしながら洗礼派は、**我々の**用語法にとっては**単に**「信団」である(なぜなら国家とのあらゆる関係を欠いているからである)**だけ**でない。もちろん、キリスト教の最初の時代における教会と国家の関係は、クエイカー派の場合になお(バークリー)、彼らの理想だった。というのも、彼らにとって、また同様に幾人もの敬虔主義者にとって(テルステーヘン)、十字架のもとでの教会の純粋さだけが疑わしくないものだったからである。しかしながら、**不信仰的な国家**のもとでは、或いはそもそも十字架のもとでは、カルヴァン派も、よりましな方策(フォート・ドゥ・ミュー)がないので——同じ場合におけるカトリック教会自身と同様に——国家と教会の分離に対して肯定的たらざるをえなかった。教会成員身分への受け入れが**事実上(デ・ファクト)**、共処体(ゲマインデ)と洗礼志願者の間の受け入れ契約によって行なわれたがゆえに、彼らは「信団(セクト)」である、というのでも**ない**。なぜならこれは**形式的には**、例え

人たちだけにもっぱら洗礼を授けるという、それ自体純粋に外面的な原理もまた、このこと〔当の共同体が信仰者たちだけから成るということ〕だけを象徴するのでなければならなかった[264]。さて、この信仰を通じた「義認」は、洗礼派の場合——彼らがあらゆる宗教対話の際に頑として繰り返したように——、キリストの功績の「法廷的な」帰属という思想(古プロテスタンティズムの正統教義を支配していたような)とは根底的に異なっていた[265]。それはむしろ、キリストの救済の業の**内面的な領有**に存していたが、しかしこれは個別的な**啓示**によって、すなわち個々人の中での神の霊の作用によって、そしてそれ**のみ**によって、為されることだった。義認は誰に対しても提供されており、そして霊

ばオランダの改革派共処体(ゲマインデ)においても(本来的な政治的状況の結果として)、古い教会制度によれば通例だったからである(これに関してはフォン・ホフマン『オランダの改革派の教会制度〔関係〕法』、ライプツィヒ、1902年を参照)。——〔単に「信団」であるだけでなく——という、十数行上の表現を想起！——〕むしろ、〔洗礼派の〕宗教的 共同体(ゲマインシャフト)自体が、機関(アンシュタルト)的に教会としてでなく、主意主義(ヴォランタリズム)的に信団としてのみ、組織されることが**許された**がゆえに、それは自らの内に非再生者を含めてはならなかったのであり、そしてしたがって、古代キリスト教的な手本から逸脱してはならなかったのである。改革派の場合に事実上の状態として生起したことが、洗礼派的な 共同体(ゲマインシャフト)の場合には「教会」という**概念**の中に存したのである。もちろん**改革派**の場合でも、全く特定の宗教的動機が「信仰者たちの教会(ビリーヴァーズ チャーチ)」への道を突き進んだ〔ということがあった〕、ということは既に示唆されている。「教会」と「信団(ゼクテ)」に関して、より詳しくは次の論考〔「信団」〕を参照。ここで用いられている「信団(ゼクテ)」という概念をほぼ同時期に、そして私と無関係に——だと私は推測する——カッテンブッシュも『プロテスタント神学・教会大事典』の中(「信団」という項目記事)で用いている。自著『キリスト教の諸教会及び諸集団の社会教説』におけるトレルチはこの概念を受け入れ、これに関して一層立ち入って語っている。下記「諸々の世界宗教の経済倫理」に関する諸論考の序論をも参照。

264) この象徴が諸教会の 交 わ り の保存のために歴史的にいかに重要だったか——なぜならこの象徴はその交わりのために、曖昧さがなく見間違えようのないメルクマールを創り出したからである——、ということをコルネリウス、前掲書は非常に明確に詳述している。

265) メノナイト派の義認教説におけるこの点に関するいくつかのアプローチは、ここでは考察の対象外にとどめておくことができる。

を待望すれば、また俗世への罪ぶかき執着によって霊の到来に抗わなければ、それで充分だった。これに対して、教会的教説を知ることという意味での信仰、しかも神の恩恵を改悛覚悟を以て摑み取るという意味での信仰、の意義は、結果として全く後退し、そして原始キリスト教的なプネウマ的宗教的思想の復興(ルネサンス)が——もちろん強度の変形を伴いながらだが——起こった。例を挙げると、メノー・シモンスがその著『キリスト教の教説の根本』（1539年）〔ヴェーバーは同書を「Fondamentboek(こんぽんしょ)」と略称で呼んでいる〕の中で一応まとまった教説を初めて作り出して与えた、その当の信団〔メノナイト派〕は、他の洗礼派的諸信団と同様、原始教会と同じく神によって覚醒させられた者・召し出された者たち本人のみから成る(ウアゲマインデ)、責められるところのない、キリストの真の教会の決定版たらんとした。再生者たちが、そして彼らだけが、キリストの兄弟なのであり、なぜなら彼らは、キリストと同様、神によって直接に霊的に生み出されたからである[266]。最初の諸々の洗礼派共同体(ゲマインシャフト)にとって、ここから生じたのが、最初のキリスト者世代の生活を手本とするという意味での極めて厳格な聖書支配と結びつく形で、「俗世」を、すなわち、俗世人たちとの無条件的に必要でないあらゆる交流を、厳密に回避するということであり、俗世回避のこの原則は、古い精神が生き続けた限り、決して完全には消滅しなかった[267]。洗礼派の諸信団が、自らの初期段階を支配していたこれら諸動機の中で持続的な所有物として携行したのは、我々が既にカルヴァン派のもとで——やや異なった基

---

[266] ひょっとするとこの思想に基づいているかもしれないのが、次のような問い（キリストの受肉や、処女マリアとのキリストの関係は、どう考えられるべきか、といった）の討究への宗教的な関心である。これらの問いは往々、純粋に教義的な唯一の構成要素として、洗礼派の最古の諸文書（例えばコルネリウス、前掲書、第2巻への補遺で印刷された諸々の「信仰告白」）において既に非常に奇妙な様相を呈している（これに関しては特にK・ミュラー『教会史』II、1、330頁を参照）。然り、改革派のキリスト論とルター派のキリスト論の相違（いわゆる属性の交流(コンムーニカーティオー・イディオーマートゥム)についての教説における）の基礎には、同様の宗教的関心が存在した。

[267] この原則は特に、市民的なつきあいにおいても破門者を元来厳格に避けたということにおいて表現されていた——この点ではカルヴァン派ですら、市民的な諸関係は宗教的な検閲によっては原則的に影響を受けない、という見解に対して大幅に譲歩した〔のだが〕。次の論考〔「信団」〕を参照。

礎づけによってだが——知るに至ったかの原理(その根本的な重要性は今後も繰り返し目だつだろう)、すなわち、**あらゆる**「**被造物神格化**」を、神にのみ負うべき畏敬の念を貶めることとして、無条件に**拒絶すること**、だった[268]。スイス・ドイツ南部の最初の洗礼派世代のもとでは、聖書的な生活営為は、元来聖フランチェスコにおけるのと同様に根底的な(ラディカル)仕方で、つまり、あらゆる俗世的な喜びとの峻険な断絶として、そして厳格に使徒たちの手本に従った生活として、思念された。そして現実に、その世代の最初の大勢いる代表者たちの生活は、聖アエギディウスの生活を想起させる。しかしながら、この極めて厳格な聖書遵守[269]は、当の宗教心のプネウマ的性格との対比で、全く堅固な基盤の上に立脚しているわけでは必ずしもなかった。神が預言者たちや使徒たちに啓示したことは、然り、神が啓示できることや啓示したかったことのすべてではなかったのである。反対に、書き記された文書としてのではなく、信仰者の日常生活の中で働く聖霊(聖霊は、自分に聞こうとする者の各々に直接語りかける)の力としての、言葉——そのような言葉の持続が、——既にシュヴェ

---

[268] この原則がクエイカー派の場合にいかに一見些末な外面的な事柄において表現されたか(脱帽、ひざかがめ、お辞儀、また同様に、複数形での呼びかけ、といったことの拒否)は、周知である。しかしながら、**根本**思想はそれ自体、或る程度は**あらゆる**禁欲に特有であり、それゆえ禁欲はその**真正な**形姿ではつねに「権威敵対的」なのである。カルヴァン派ではこの思想は、**教会**では**キリスト**だけが支配するべきだ、という原理において表明された。敬虔主義に関しては、**様々な**称号を聖書的に正当化しようとしたシュペーナーの労苦が想起されるべきである。——**カトリック的**禁欲は、**教会**当局(おかみ)が考慮される限りでは、この〔権威敵対的な〕特徴を**従順**誓願を通じて(服従〔すなわち従順〕自体が禁欲主義的に解釈されたことによって)打ち砕いた。プロテスタント的禁欲においてこの原理〔すなわち、権威敵対的性格に対する従順の優越〕が「顚倒されたこと」は、ピューリタンの影響を受けた諸国民の今日の**民主主義**の特質の、及び、その民主主義と「ラテン的精神」の民主主義との間の相違の、史的基礎をなお成している。この顚倒はまた、アメリカ人のあの「態度のデカさ」(レスペクトローズィヒカイト)の史的基礎を成してもおり、これは——それぞれの場合に——或る人には反感を起こさせ、他の人にはさわやかさを感じさせる。

[269] もちろんこれは洗礼派の場合には最初から本質的に**新約**聖書にのみ当てはまり、同じ仕方では旧約聖書には当てはまらなかった。特に山上の説教は、あらゆる教派のもとで社会倫理的プログラムとして独特な〔高い〕評価を受けた。

ンクフェルトがルターに抗って説き、のちにフォックスが長老派に抗って説いたように——原始教会の証言によれば、真の教会の唯一の目じるしだった。持続する啓示というこの思想から生じたのが、理性及び良心における霊の内面的な証言が終審において〔すなわち究極的に〕有する決定的な意義についての周知の教説(のちにクエイカー派が首尾一貫した仕方で発展させた教説)である。これによって除去されたのは、聖書の通用力ではなくたぶんその単独支配だったのであり、そして同時にもたらされたのは、最終的にはクエイカー派のもとで、教会的な救済論のあらゆる残滓を——洗礼や聖餐をも——根底的に除去することとなった一箇の発展である[270]。洗礼派的な諸教派は、予定説を奉じる人々(とりわけ、厳格なカルヴァン派たち)と並んで、救済手段としてのあらゆる聖礼典〔秘跡〕の価値を極めて根底的に低めることを完遂し、かくて世界の宗教的「脱魔術化」をその最終的な帰結において遂行した。持続する啓示の「内なる光」だけがそもそも、神による聖書の啓示についても、その真の理解のための能力を与えた[271]。その働きは他方で、ここで十全な帰結を導出したクエイ

---

[270] 既にシュヴェンクフェルトが聖礼典の外的な執行をどちらでも良いこと(アディアフォロン)とみなしており、他方で「ジェネラル・バプティスト」やメノナイト派は洗礼や聖餐を、メノナイト派はその他に洗足を、固守した。しかし、価値低下は非常に強度に進展しており、然り、人は聖餐を例外としてすべてについて、予定説信奉者たちの場合のように、まさに聖礼典の**いかがわしさ**を語ることができる。次の論考〔「信団」〕を参照。

[271] これについて洗礼派的諸教派、特にクエイカー派(バークリー『真のキリスト教的神格のための弁明』、第4版、ロンドン、1701年。——Ed・ベルンシュタインの好意によって私に用だてられた)は、『キリスト教綱要』第3篇第2章におけるカルヴァンの発言を引き合いに出した(その箇所では実際、洗礼派的教説への全く見まがうべくもない接近が見受けられる)。「神の言葉」——神が族長たちや預言者たちや使徒たちに啓示されたものとしての——の威厳と「聖書」——彼らが神の言葉のうちで**書き留めた**ものとしての——の威厳との間の、やや古い**区別**もまた、たぶん歴史的な関連は存在しないだろうがそれでも内面的には、啓示の本質についての洗礼派の解釈に接するところがあった。機械的な霊感説、そしてそれと共に、カルヴァン派の場合の厳格な聖書支配は、16世紀の経過の中で或る一つの方向への発展がようやく生み出した所産だったのであり、それは、洗礼派的基礎に基づくクエイカー派の教説の中で「内なる光」についての教説が、まさに反対方向に向かって

カー派の教えによれば少なくとも、啓示の聖書的形態に接したことが一度もない人々にも及びえた。「教会の外に救いなし」という命題は、霊によって照明を与えられた人々から成るこの**不可視的な教会**にのみ妥当したのである。内なる光**なしには**、自然的な人間は、また自然的な理性によって導かれる人間も[272]、純粋に被造物的な存在であり続けたのであり、神からのそのような存

いた発展の結果だったというのと同様である。ここでは尖鋭的な区別は、部分的にはたぶん、絶えざる対決の結果でもあったのだろう。

272) このことはソッツィーニ主義の或る種の傾向に抗して鋭く強調された。「自然的な」理性は神について**全く何も知らない**（バークリー、前掲書、102 頁）。それによって、「自然法」がそれ以外でプロテスタンティズムの中で占めている位置が、再びずらされた。原理的にはいかなる「一般的規則」もいかなる道徳**法典**も存在しえなかった。というのも、誰もが有するものであり、誰にとってみても**個人的なもの**である「天職」を、**良心**を通じて当人に示したのは神だからである。「善いこと」——「自然的な」理性という一般化的な概念での——**ではなく神の意志**——新約〔すなわち新しい契約〕において我々の心の中に書き込まれており、良心において表されている、そういう神の意志——を、我々は行なうべきである（バークリー、73-74、76 頁）。道徳的なるもののこの——神的なものと被造物的なものとの間の高められた対立から帰結するところの——**非合理性**は、クエイカー派の倫理にとって基礎的な次の文において表現されている。すなわち、「人が自分の信仰に反してすることは、**その信仰が間違っているかもしれないにせよ**、神には決して受け入れられない……**当のことが他の人にとっては合法的だったかもしれないにせよ**」（バークリー、487 頁）。この非合理性は実践においてはもちろん固守されえなかった。例えばバークリーの場合、「すべてのキリスト者によって認められた道徳的・恒久的な諸法規」は**寛容**の限度ですらある。実際的には、同時代人たちはクエイカー派の倫理を——いくつか特別な事情を伴いつつ——改革派的な敬虔主義者の倫理と同種だと感じた。「教会におけるあらゆる善いことはクエイカー派だとの疑いをかけられる」と、シュペーナーは繰り返し強調している。それゆえシュペーナーはクエイカー派のこの評判を羨みたいのである。『神学的助言』〔MWG I/18, p. 401 に従って原文の Cas. を Cons. に修正〕、III, 6, 1, Dist. 2 (N. 64). ——聖書の一節ゆえの誓約拒否は、聖書の言葉からの現実的な解放がいかに進展していなかったかを既に示している。幾人ものクエイカー派によってキリスト教的倫理**全体**の精華だとみなされた文、すなわち「他の人々にはひたすら、あなたがたが自分たちにしてもらいたいことをせよ」〔マタイ 7：12 の自由引用〕、の**社会倫理的意義**に我々はここで取り組む必要はない。

在の遠さを、洗礼派は、またクエイカー派も、カルヴァン派よりもほとんどさらに一層険しい仕方で感得していた。他方で、もし我々が霊を**待望**して自分自身を内面的に霊に献げるならば、霊によってもたらされるものである再生は、罪の権力の完全な克服の状態へと行き着くことが**可能であり**(なぜなら神が働くから)[273]、その結果、逆戻りや、或いはそもそも恩恵身分の喪失は、事実上不可能となる——もっとも、のちにメソジスト派に見られるように、当の状態の獲得は通則とはみなされず、むしろ個々人の完全性の度合いは〔さらなる〕発展に服するとみなされたのだが。しかし**あらゆる**洗礼派的な 共 同 体(ゲマインシャフト)は、その成員たちの咎(とが)なき生き方という意味で「**純粋な**」共処体(ゲマインデ)たらんとした。俗世及びその利害からの内的な隔離と、良心において我々に語りかける神の支配に無条件に服することとが、真の再生の唯一偽りなきメルクマールでもあったのであり、したがって、それに応じた生き方が浄福の必要条件だった。再生は自力で獲得できるものではなく、神からの恩恵の贈り物だったのであり、しかし、自分の良心に従って生きる者だけが、再生した者とみなされえた。この意味で「善い行ない」は「必　要　原　因(カウサ　シネ　クワー　ノーン)」〔或いは必要条件〕だった。見られるように、我々が依拠してきたバークリーのこのあとのほうの思想系列は、実際上ともあれ再び改革派の教説も同然であり、そして確かに、カルヴァン派的禁欲の影響をなお受けつつ発展しただろう。カルヴァン派的禁欲はイングランドやオランダの洗礼派諸信団が目のあたりにしたものであり、G・フォックスの宣教活動の全く最初の時代は、カルヴァン派的禁欲を真剣かつ内面的に自分のものとするよう説き勧める説教によって満たされていた。

これら信団による禁欲(主義的な生き方)の獲得の仕方

しかし心理学的には——予定〔説〕が退けられていたので——、洗礼派の道徳

---

273) この**可能性**を受容することの必要性をバークリーは次のように根拠づけている。すなわち、それがなければ、「聖徒たちが疑いも絶望もなしで過ごす場所、聖徒たちによって知られるそういう場所は決して存在してはならないのであり、それは**極めて馬鹿げている**(ケルティトゥードー　サルーティス)」からだ、と。救いの確かさがこの点にかかっていることがわかる。バークリー、前掲書、20頁がそうなっている。

の独特に**方法的な**性格が自らの基礎としていたのは、とりわけ霊の作用に対する「**待望**」の思想である。この思想は今日でもクエイカー派の「集会ミーティング」にその特徴を刻印しており、バークリーによって見事に分析されている。すなわち、この沈黙しつつ待望することの目的は、「自然的な」人間の主観性・熱情・非合理的なもの・衝動的なものの克服であり、すなわち**人間**は、神だけがその中で言葉を発しうる、そういう深い沈黙を魂のうちに作り出すべく、沈黙するべきなのである。もちろん、この「待望」の作用は、ヒステリー的状態や預言に、また（終末論的期待が存続した限りでは、事情の如何によって）熱狂的な千年王国論の噴出にすら、なりおおせることが**ありえた**——このことが、同様な根拠づけを有するあらゆる種類の信心の場合に可能であり、ミュンスターに於いて絶滅された方向性の場合に実際に生じた、そのとおりにである。しかしながら、洗礼派が通常の世俗的な職業生活の中に流入することによって、被造物が沈黙するところで神だけが語るのだという当の思想はどうも、行為について落ち着いて**考量すること**と、その考量が個々人の入念な**良心探索**を指向するようにすることとを目的とする、教育を意味したようである[274)]。この落ち着いた冷静な、顕著に**良心**的な性格を、のちの洗礼派的な諸共同体ゲマインシャフトの生活実践は自らのものとし、また、全く独特な程度でクエイカー派の生活実践もこれを自らのものとした。世界の根底的な脱魔術化は、俗世内的禁欲以外の道を内面的に許容しなかったのである。諸々の政治権力とも、またそういう権力による行為とも、一切かかわりたくなかった諸々の共同体ゲマインシャフトにとっては、外面的にも、ここから帰結したのが、職業労働へのこれら禁欲主義的徳目の流入である。最古の洗礼派運動の指導者たちはその俗世離反状態において容赦なく**根底的**ラディカルだったが、もちろん既に最初の世代において、厳格に使徒的な生活営為は、**すべての人**の場

---

274) したがって、生活のカルヴァン派的な合理化とクエイカー派的な合理化との間の音調の相違は存在し続ける。しかしながら、バクスターがこの相違〔MWG I/18, p. 403 に従って原文の diesen を diese〔Differenz〕と修正〕を定式化して、クエイカー派にとっては「霊」は死体に対するように魂に対して作用するべきであり、これに対して（特徴的に定式化された）改革派的な原則とは「理性と霊は連結した原理だ」（『キリスト教指針』、II、76 頁）と言う場合、対立は**この**仕方では、バクスターの時代については、実際上もはや有効でなかった〔つまり、存在しなかった〕。

合に再生の証明のために必要なものとして無条件に固守されたわけでは必ずし
も**なかった**。この世代の中には裕福な市民的〔或いは「ブルジョワ的」〕分子が既
に存在したのであり、そして、俗世内的な職業徳目と私有制秩序との土壌の上
に全く立っていたメノー〔・シモンズ〕より前に既に、洗礼派の真剣な道徳的厳
格さは実際に、改革派的な倫理によって掘られたこの寝床へと向かってい
た275)。まさに禁欲の俗世**外**的・修道者的な形態への発展は、ルター以来(この
点では洗礼派もルターに従っていた)、非聖書的・行為聖性的として排除され
ていた**から**である。少なくとも――ここで論究しない初期の半共産主義的な諸
 共同体(ゲマインシャフト)を度外視すると――、或る洗礼派的信団――いわゆる「ダンカー派」
(dompelaers、dunckards)――は現在に至るまで、教育に対する、及び、露命
をつなぐのに不可欠なものを超えるあらゆる所有に対する、拒絶を固守してき
ており、それだけでなく例えばバークリーの場合にも、職業忠実は、カルヴァ
ン派的な仕方においてでなく、或いはルター派的な仕方においてですらもなく、
むしろトマス〔・アクィナス〕的な仕方で、信仰者たちが俗世に絡めとられてい
ることの「自然の理法による(ナートゥーラーリー ラティオーネ)」不可避的な**帰結**として解釈されている276)。

---

275) 『プロテスタント神学・教会大事典』中のクラーメルの非常に綿密な項目記事
「メノー〔・シモンズ〕」及び「メノナイト派」、特に604頁を参照。これら項目記事
は非常に良いが、同事典の項目記事「バプテスト派」は、あまり立ち入ったもので
なく、部分的には端的に不正確である。例えばこの記事の著者はバプテスト派の歴
史にとって不可欠である「ハンサード・ノウルズ協会刊行物」を知らない。
276) かくてバークリー、前掲書、404頁によって詳述されているのは、食べること、
飲むこと、そして 営利(エアヴェルプ) は、霊的な行為でなく**自然的な**行為であり、神の特別な召
しなしにでも行なわれうる、ということである。――この詳述は、クエイカー派が
教えるように特別な「霊の動き」なしには祈ることが許されないのならば、人は神
のそのような特別な推進力なしには耕すことも許されないだろうという、(特徴的(ありがち)
な)抗議に対する答えである。――クエイカー派の教会会議の近代の決定において
も、充分な財産を 獲得(エアヴェルプ) したのちには、俗世の雑踏を免れて静穏の中で神の王国
のために生きることができるよう、営利生活から隠退するようにという勧めが出てく
る、というのはもちろん特徴的なことでもある――そのような思想は確かに他の諸
教派でも、カルヴァン派的な教派でも、時折見受けられるが。このことにおいても
表現されているのは次のこと、すなわち、市民的な天職(ベルーフ)倫理がその担い手たちに
よって受容されたということは、本来的には俗世**逃避的な**禁欲〔だったもの〕の俗世

シュペーナーやドイツ敬虔主義者たちの多くの発言に見られるのと同様な、カルヴァン派的天職観念の弱化〔の原因〕が、これらの見方に存しているのだとして、他方で洗礼派諸信団(ゼクテ)の場合、経済的な職業関心の強度は様々な契機によって遙かに高まった。国家の官職を引き受けるのを拒否したこと(元来は俗世からの隔離の帰結としての宗教的な義務だと解釈された)によってである——この拒否は、原理として放棄されたあとでも少なくともメノナイト派とクエイカー派の場合には、武器使用・誓約に対する厳格な拒否の結果として実際上持続した、というのも、〔誓約などの〕拒否の結果、公職に対する資格喪失が生じたからである。〔国家官職に対する〕この拒否に相伴ったのは、あらゆる洗礼派的諸教派の場合に、あらゆる種類の貴族的生活様式に対する克服しがたい敵対意識であり、これは部分的には、カルヴァン派の場合と同様、被造物賛美に対する禁止の結果であり、部分的には同様に、かの非政治的な、或いはまさに反政治的な、諸原則の帰結である。洗礼派的な生活営為の冷静かつ良心的な方法論全体は、これによって非政治的な職業生活の軌道へと押しやられた。さてその際に、神からの個別的な啓示としての良心によって職業生活における自分たちの振る舞いを統制するということに対して、洗礼派の救済論が付与した巨大な意味が、或る性格を刻印づけた——この性格が資本主義的精神の重要な諸側面の展開に対して有した巨大な意義を、我々はようやくのちほど、一層詳細に学び知ることになる。そしてその時にもそれは、プロテスタント的禁欲の政治的・社会的倫理の全体をここで論究することなしに可能な、その限りにおいてである。そののち我々は見ることになるのだが——少なくともこのことを先どりしておくと——、すなわち洗礼派の場合、特にクエイカー派の場合に、かの俗世内的禁欲がとった独特な形態[277]は、既に17世紀〔の人々〕の判断によれば、資本主義的「倫理」のかの重要な原理(この原理は「正直は最良の策であ

内的な転回だったのだ、ということである。
277) 既にここで今一度力を込めて、E・ベルンシュタイン、前掲書の適切な詳述が参照されるべきである。再洗礼派運動についてのカウツキーの極度に図式的な叙述と、そもそも彼の「異端的共産主義」という理論(同じ著作の第1巻における)とには、別の機会があれば一度立ち入ることになるだろう。

る」[278]という方向で定式化されるのがつねであり、然り、先に引用したフランクリンの論考はこの原理の古典的文書だと解された)の実際的な確証〔として、そういった人々の生活〕の中で表現されていた。これに対してカルヴァン派の諸作用を我々はむしろ一層、営利の私経済的エネルギーの解放という方向で予想することになる。なぜなら、「聖徒たち」のあらゆる形式的な合法性にもかかわらず、それでも成果〔或いは結果〕においては次のゲーテの命題が、カルヴァン派にも充分にしばしば妥当したからである。「行動者はつねに無良心である。観察者以外のだれも良心をもたない」[279]。

以上見てきた議論の進め方に関する註記

　洗礼派的諸教派の俗世内的禁欲の徹底性に資したさらなる重要な要素は、その十全な意義においては同様に別の関連でのみ、論究の対象となりうる。とはいえこれに関しても若干のコメントが、このような進め方で叙述するのを選んだことを正当化するべく、先に述べられるべきだろう。ここではさしあたり全く意図的に、古プロテスタント諸教会の客観的・社会的な諸制度及びそれら諸

---

278)　『企業の理論』という刺激的な著書でのヴェブレン(シカゴ)の見解は、この標語は単に「初期資本主義的」だ、である。しかし今日の「大物実業家(キャプテン オヴ インダストリー)」たちと同様、善悪の彼岸に立つ経済的「超人」たちはつねに存在したのであり、資本主義的な振る舞いのそれ以下〔つまり、超人たち以外〕の広範な階層の中では、かの命題は今日なお妥当する。

279)　〔引用は岩崎英二郎・関楠生訳「箴言と省察」、小岸昭・芦津丈夫・岩崎・関訳『ゲーテ全集』13、潮出版社、1980年、241頁。〕例えばTh・アダムズは「市民的な活動では**多くの人々のよう**であるのが良く、宗教的な活動では最良の人々のようであるのが良い」と考えている(『ピューリタン神学者たちの著作』、138頁)。——もちろんこれは、ここで意味されているよりも射程が若干長い。それが意味するのは、ピューリタン的な**正直(レートリッヒカイト)**さとは**形式主義的な**合法性だということであり、それは、かつてピューリタン的だった諸国民によって好んで国民的徳目だと主張される「**真率(ヴァールハフティヒカイト)**さ」或いは「**実直(アップライトネス)**さ」が、ドイツ的な「**誠実(エーアリッヒカイト)**さ」との対比で、独特に異なるもの、形式主義的かつ省察的に改造されたものだ、ということと同様である。これに関して或る教育家の良いコメントが『プロイセン年報』112(1903)、226頁に見られる。ピューリタン的な倫理の**形式主義**はそれ自体、**律法**への結びつきの全く適合的な結果である。

制度の倫理的影響をも、また特に、非常に重要なものである**教会規律**をも、出発点とし**ないで**、むしろ、**個々人の側での禁欲主義的宗教心の主観的**な領有(かくとく)が生活営為に対して及ぼした(及ぼすのが相応だった)諸作用を、出発点とした。このようにした理由は単に、事柄(ザッヘ)のこの側面がこれまで〔他の諸側面よりも〕遙かに重視されてこなかったから、だけでなく、教会規律の作用はつねに同一方向に向かったわけでは決してないから、でもある。個々人の生活に対する、(カルヴァン派的国家教会の地域ではほとんど異端審問すれすれのところにまで推し進められた、そのような)教会警察的な統制は、個々人の諸力の放出(これは、方法的な救済領有(かくとく)を目指す禁欲主義的な努力によってもたらされていた)に対してまさに**阻害的**に作用することが**ありえた**のであり、事情の如何では事実そのように作用した。国家の重商主義的規制が確かに工業〔或いは産業〕を育成できても、しかしそれだけでは資本主義的「精神」を育成できないのとまさに同様に——それは、警察的・権威主義的な性格を帯びた場合には、むしろ資本主義的「精神」を往々端的に萎えさせた——、同じ作用は、禁欲に対する教会的規制から発することもありえた——その規制の警察的発展があまりにも優勢な場合には。つまりその場合、当の規制は特定の外的な行動を強要し、しかし事情の如何では、方法的な生活営為へと向かう主観的な推進力を萎えさせたのである。この点を論究する[280]際にはつねに、諸々の国家**教会**の権威主義的な風紀警察の作用と、自発的な服属に基づくところの諸**信団**の風紀警察の作用との間に存在した大きな相違に対して、注意が払われねばならない。洗礼派運動がそのあらゆる教派において原則的に「教会」でなく「信団」を創出したことは、いずれにせよその運動の禁欲の徹底性に資することだった。これは——強さの程度は様々だが——、主意主義的(ヴォランタリズム)な 共 同 体(ゲマインシャフト) 形成の軌道へと**事実上**追いやられたかのカルヴァン派・敬虔主義・メソジスト派の諸 共 同 体(ゲマインシャフト) の場合に事実そのようだったということと、同様である[281]。

---

280) これに関して若干のことはすぐ次の論考〔「信団」〕で。
281) (禁欲主義的な)プロテスタントの**少数派**の貫徹的な経済的作用の理由は**ここに**存する(しかし、カトリックの少数派には〔この説明は妥当し〕ない)。

以上見てきた、天職理念の宗教的基礎づけに関するまとめ

　ピューリタンの天職理念の宗教的基礎づけを繰り広げるべく、以上のスケッチが努めてきたあとで、我々は今やこの天職理念を、**営利生活**に対するその作用の点で跡づけねばならない。個々の点でのあらゆる偏差にもかかわらず、また、様々な禁欲主義的宗教 共同体(ゲマインシャフト) が、我々にとって決定的な諸観点に対する力点の置き方という点で呈しているあらゆる相違にもかかわらず、それでも我々のこれら観点は、それら 共同体(ゲマインシャフト) すべての場合に〔有意味な観点として〕あり、有効であるということが示された[282]。しかし我々の考察にとって決定的だったのは、再三再四――要約を示すと――、身分(スタトゥス)(地位)としての宗教的「恩恵身分」についての、あらゆる教派のもとで繰り返し出てくる解釈であって、この身分が人間を、被造物の排斥状態から、すなわち「俗世」から、隔離するのであり[283]、しかしこの身分の所有は(その身分が、当該教派の教義に従っていかにして獲得されたにせよ)、いかなる呪術的・聖礼典的手段によっても、告解における負担軽減によっても、個々の信心ぶかい業績〔達成〕によっても、保証されえ**なかった**のであり、むしろひたすら、独特な仕方で生きられ、「自然的な」人間の生活様式とはっきり異なる、そういう生き方における**確証**によってのみ、保証されえた。個々人にとって、このことから帰結したのが、生活営為の中での自らの恩恵身分の**方法的統制**へと向かう、また同時に、それの**禁欲主義的な**貫徹へと向かう、そういう**推進力**である。ところがこの禁欲主義的な生活様式は、我々が見たように、神の意志を指向するところの、暮らし全体の**合理的な**成型をまさに意味した。そしてこの禁欲は 余　徳　の　業(オプス・スペレーロガーティオーニス) ではもは**やなく**、むしろ、自らの浄福を確実にしたいと思ったいかなる者にも要求された達成だった。「自然的な」生活と異なる、聖徒たちの(宗教的に求め

---

282) 教義的な基礎づけの多様性が、決定的な〔ものだった〕「確証」関心のはめ込みと一致可能だったということは、キリスト教自体の宗教史的な特質のうちに、その**最終的な**(ここではまだ論究されえない)理由を有する。

283)「神が我々を、一箇の民たるべくお集めになったので」……と、例えばバークリー、前掲書、357頁も言っており、私自身なお、ハヴァーフォード・カレッジでクエイカー派の説教を耳にした。その説教は「聖徒たち(セインツ)」=「分かたれた者たち(セパラティー)」だという解釈の上にすべての力点を置いていた。

られた)特別生活は、――これが決定的なことだが――もはや俗世の外の修道者 共同体(ゲマインシャフト)においてでなく、俗世と俗世の諸秩序との**内部**で、繰り広げられた。来世を顧慮しつつ俗世の内部で生活営為がこのように**合理化されること**が、禁欲主義的プロテスタンティズムの天職観念(ベルーフ)の作用だったのである。

当初俗世から荒れ野へと逃避して、キリスト教的禁欲は、俗世を放棄したことによって既に修道院から、俗世を教会によって支配していた。しかしながらその際、全体としてキリスト教的禁欲は、世俗的な日常生活にその生来伸びやかな性格を残しておいた。今やキリスト教的禁欲は生活の市場に踏み込み、自らの背後で修道院の扉をバタンと閉め、そしてまさに世俗的な**日常**生活に自らの方法論を染み渡らせることと、その日常生活を俗世**の中で**――しかも、この俗世**に属して**でもこの俗世**のために**でもなく――合理的な生活へと作り変えることとを、企てたのである。どのような結果を伴ってなのか、これを、我々のさらなる叙述は示すべく努めたい。

2 禁欲と資本主義的精神

以下でおもに依拠する史料――特にリチャード・バクスター

禁欲主義的プロテスタンティズムの諸々の宗教的根本表象が経済的日常生活の諸々の格率との間に有した様々な関連を見通すために必要なのは、とりわけ、司牧実践の中から出てきたと認識されうる諸々の神学的著作を引き合いに出すことである。なぜなら、来世がすべてだった時代、キリスト者たちの社会的地位が聖餐への参加許可〔の如何〕にかかっていた時代、そして、司牧・教会規律・説教における聖職者の働きかけが、(「勧告」(コンシリア)「良心問題」(カースース コンスキエンティアエ)等々の集成へのいかなる瞥見からも明白となるであろうように)我々現代人が**単にもはや全く想像できない**であろうような影響を及ぼした時代――そういう一時代においては、**この実践**において影響力を有した諸々の宗教的権力が、「国民性」の決定的な造形者だからである。――

さて我々は、のちの諸論究との対比で**この部分の論究のためには**、禁欲主義的プロテスタンティズムを**一つの**かたまり(ゲザームトマッセ)として扱うことが可能である。ところが、カルヴァン派から成長して出てきたイギリスのピューリタニズムが、

天職理念の最も首尾一貫した基礎づけを示しているので、我々は、自らの原理に従って、ピューリタニズムの代表者の1人を中心に据えることにする。その人、リチャード・バクスターは、その顕著に実際的かつ協調的な立場によって、また同時に、繰り返し出版され翻訳された彼の諸著作が普遍的に認知されていることによって、ピューリタン的倫理を文学的に代表している他の大勢にもまして傑出している。長老派にしてウェストミンスター教会会議の擁護者であり、しかしその際――当時の最良の精神の持ち主だった非常に多くの人々と同様――教義的には次第に高カルヴァン派から抜け出しつつあり、(いかなる革命も分派性(ゼクテントゥーム)も「聖徒たち」の狂信的熱心さも彼は嫌いなので)内面的にはクロムウェルの簒奪に対する敵対者であり、しかし外面的な特殊事情に対しては非常な心の広さを持っており、敵に対しては客観的である――そのような彼は、基本的に全く、教会的・道徳的な生活の実際的支援という方向に自分の仕事の領域を求めており、そして――歴史が知る限りで最も成功した司牧者の一人として――この仕事のために彼は、議会の統治にも、同様にクロムウェルにも、また王政復古〔体制〕にも、自らを用だて[284]、ついに王政復古〔体制〕のもとで――既に「聖バルトロマイの日」より前に――職を辞した。彼の『キリスト教指針』はピューリタン的道徳神学の最も包括的な概説書であり、その中の至るところで彼自身の司牧の実際的な経験を指向(ふまえ)している。――ドイツ敬虔主義の代表となるのはシュペーナーの『神学的考察』であり、クエイカー派についてはバークリーの『弁明』が、並びに禁欲主義的倫理の他の代表者たちが[285]、

---

284) ダウデン、前掲書の見事な性格描写を参照。――「二重の決定」を厳格に信じる信仰から離反していった以降のバクスターの神学に関しては、『ピューリタン神学者たちの著作』に印刷された彼の様々な著作への序論(ジェンキンによる)がまずまず導入を与えてくれる。――「普遍的救贖(ユニヴァーサル・レデンプション)」と「個人的な選び(パーソナル・エレクション)」を組み合わせようという彼の試みは誰をも満足させなかった。我々にとって単に本質的なのは、まさに彼はそれでも当時でも**個人的な**選びを、すなわち予定説の倫理的に決定的な点を、固守していた**ということ**である。他方で、義認の**法廷的な**解釈を彼が弱めていることは、洗礼派への或る種のアプローチとして重要である。

285) Th・アダムズ、ジョン・ハウ、マシュー・ヘンリー、J・ジェーンウェイ、St・チャーノック、バクスター、バニヤンの小冊子や説教が『ピューリタン神学者たち

紙幅節約を図るべくなるべく線の下〔すなわち脚註〕で、比較のために引き合いに出される[286]。

富と所有に対するバクスターの否定的な評価——但しその真意は

　さて、人がバクスターの『聖徒の永遠の憩い』や『キリスト教指針』或いは他の人々の似かよった著作[287] を手にするなら、一見して際だっているのは、富やその 獲得（エアヴェルブ）に関する判断において[288]、新約聖書の宣教のエビオン派〔「エ

　の著作』（ロンドン、1845-1848 年。10 巻から成る）に、しばしば少々恣意的な選び方で集成されている。〔L・〕ベイリー、セジウィック、ホールンベークの著作の刊本は、既に上でそのつど最初の引用の際に書誌情報を記してある。

286) フート或いは俗世内的禁欲の他のヨーロッパ大陸〔側〕の代表者たちを引き合いに出すことも同様に可能だったろう。この発展が「アングロサクソン的でのみ」あったとするブレンターノの見解は完全に誤りである。〔本論考での〕選択は、もっぱらではないがしかしそれでも可能な限り、17 世紀後半の、すなわち功利主義の中での激変の直前の、禁欲主義的な運動に発言させたいとの願望に基づいている。禁欲主義的プロテスタンティズムの生活様式を伝記的文献からありありと描く——特にここでは、我が国でなお比較的知られていないクエイカー派の文献が引き合いに出されるべきだろう——という魅力的な課題は、このスケッチの枠内では残念ながら断念せざるをえなかった。

287) というのも、ヒスベルト・フートの諸著作、或いはユグノーの教会会議の討論〔記録〕、或いはオランダのバプテスト派文献を、手に取ることも同様に可能だったろうからである。極めて不幸な仕方でゾンバルトやブレンターノはまさに、私自身が大いに強調した「エビオン派的な」構成要素をバクスターの中から取り出し、以て彼の**教説**の疑うべくもない（資本主義的な）「後進性」を私に突きつけている。しかし、①この文献全体が正しく用いられるためには、それを真に徹底的に**知ること**が必要なのであり、②私が、然り、まさに立証しようとしていたのは、この禁欲主義的**宗教心**の精神が、「反拝金主義的な」**教説**にもかかわらず、修道院経済におけるのと全く同様に、いかにして経済的合理主義を生み出したか——というのもこの宗教心が、決定的なものに対して、すなわち、禁欲主義的に条件づけられた合理的な**推進力**に対して、報奨を与えたからである——、ということだ、という点が見過ごされてはならない。然り、全くこれだけが重要なのであり、まさにこのことが、然り、ここで提示されたことの要点なのである。

288) 市民的富裕の愛好者でなど全くなかったカルヴァンの場合に同様である（『イザ

ビオン」は「貧しい（人）」という意味のヘブル語〕的な要素がまさに強調されていることである[289]。富それ自体は深刻な危険であり、その誘惑は不断に存在し、富〔の獲得〕のための努力[290]は、神の国の卓越した意義との対比で無意味であ

ヤ書註解』（全集第3巻）、140a, 308a における、ヴェネツィアやアントウェルペンに対する激しい攻撃を見よ〕。

[289]『聖徒の永遠の憩い』第10, 12章。――ベイリー『敬虔の実践』、182頁或いは例えばマシュー・ヘンリー（『ピューリタン神学者たちの著作』、319頁：「魂の価値」）。「世的な富の追求に熱心な者たちは自分たちの魂をないがしろにしている、なぜなら魂がおろそかにされ、身体が魂より優先されているからであり、それだけでなく、魂がこれらの追求に用いられているからである。詩編127：2」。（しかし**同じページ**に、あらゆる種類の時間浪費の、そして特にレクリエーションによる時間浪費の、罪ぶかさに関するコメント――のちに引用される――が出てきている。）イギリス・オランダのピューリタニズムの宗教的文献全体においてもたぶん同様だろう。例えばホールンベーク（前掲書、第10部第18及び19章〔MWG I/18, p. 415 に従って、二つ目の18を19へと修正〕）の、貪　欲（アヴァーリティア）に対する弾劾演説を参照。（これら著作家たちの場合、加えて、感傷的・敬虔主義的な影響も作用している。この俗世への気づかい（ソッリキトゥードー）との対比で神に嘉される精神の平穏（トランクィリターズ・アニミー）に対する賞賛を参照。）「富者は容易には浄福にならない」と――周知の聖書箇所〔マタイ19：24〕を引き合いに出して――〔L・〕ベイリーも考えている（前掲書、182頁）。**メソジスト派**の教理問答も、「地上で宝を積むこと」を思いとどまらせようとしている。敬虔主義の場合、これは全く自明である。そしてクエイカー派の場合、事情は別様でない。バークリー、前掲書、517頁を参照。「……そしてそれゆえ、自分たちの天職（コーリング）と道具とを使って**もっと富裕になろう**といった誘惑には用心せよ」。

[290] なぜなら、富だけでなく、**衝動的な利潤追求**（或いはそれだとみなされたこと）が、同様に鋭く断罪されたからである。オランダでは1574年の南ホラントの教会会議によって照会に対する回答として、「質　屋（ロンバルディーアラー）」は、その仕事が、然り、法律上許容されるとしても、聖餐への参加は許可されない、ということが宣言された。1598年のデーフェンテルの地方教会会議（第24条）はこれを「ロンバルディア人」の雇い人へと広げており、1606年のホルクムの教会会議は「高利貸したち」の**妻たちが**参加を許可されてよい際の苛烈かつ屈辱的な諸条件を定めており、そして1644年及び1657年にはなお、ロンバルディア人が聖餐への参加を許可されてよいかどうかが討議されており（これは特に、自分のカトリックの祖先を引き合いに出している、〔イタリア系の名前を持つ〕ブレンターノに対して――外国生まれの商人や銀行家は数千年来、ヨーロッパ・アジア世界の全体でともかくも存在してきてい

るだけでなく、道徳的にいかがわしくもある。聖職者たちの富を、彼らの活動にとって何ら障害でなく逆に彼らの声望を高める望ましいことになると考えて、つまずきを避けるとの条件のもとで、彼らの財産が利益をもたらす投資に投下されることを許容したカルヴァンの場合よりも遙かに尖鋭的に、バクスターの場合には禁欲は、現世的な財の　獲得（エアヴェルプ）　のためのあらゆる努力に**反対する**方向に向けられているように見える。ピューリタン的な諸々の著作から全く任意に、カネや財〔の獲得〕を目指す努力に対する断罪の例を積み上げることも、それらの例を、この点で遙かに一層囚われのない中世後期の倫理文献と対比させることも、可能である。そしてこの懸念は全く真剣に考えられてもいる——但し、その決定的な倫理的意味・関連を指摘するためには、少々立ち入った検討が必要である。つまり、道徳的に真に退けられるべきなのは、所有の上に**休らうこと**であり[291]、また、無為や肉の楽しみや、とりわけ「聖なる」生活のための努力からの離反、といった帰結を伴うところの富の**享受**である。そして所有は、この休らうことという危険を伴うという**ただそれだけの理由で**、いかがわしい。なぜなら、「聖徒たちの永遠の憩い」は来世に存し、しかし地上では人間も、自らの恩恵身分を確かにするべく、「自分を遣わした方の業を、まだ日のあるうちに行なう」〔ヨハネ9：4〕のでなければならないからである。閑暇と享楽でなくむしろ**行為だけ**が、明確に啓示された神の意志によれば、神の名声の増進

るのだが）、そしてヒスベルト・フート（Disp. theol. IV Anst. 1667 de usuris S. 665）は「両替屋たち」（ロンバルディア人、ピエモント人）を聖餐式（コムニオーン）からなお除外したがっている。ユグノーの教会会議では事情は別様でない。資本主義的階層の**この種類は、ここ〔本論考〕で問題となっている信念・生活営為の典型的な担い手では全くない人々**だった。彼らは、古代や中世と比較して、**新しいものでもなかった**。

291）『聖徒の永遠の憩い』第10章で立ち入って展開されている。すなわち「宿屋」（神は所有をこういうものとして与えている）の中で長々と休らいたがった者を、神はこの〔今の〕生においても撃つのであり、獲得された富の上での飽き足りた休息はほとんどつねに破滅の前ぶれなのである。——我々が、世において持つことが**できるであろう**すべてのものを持っていたなら、これが既に、我々が持つことを期待するすべてでもあるのだろうか。**何の不足もない状態**は地上では到達されえない境地である——なぜなら、神の意志によれば、そのようなことはまさに在る**べきでない**からである。

に資するのである[292]。したがって**時間浪費**が、あらゆる罪の中で第一の、かつ原理的に最も重い罪である。自らの召命を「確固たるものにする」ためには、人生の期間は果てしなく短く、かけがえがない。社交や「下卑たおしゃべり」[293]や奢侈[294]によって、また、健康に必要な――6時間、多くても8時間――以上の睡眠[295]によってすら、時間を喪失することは道徳的に絶対に退けられるべきである[296]。フランクリンの場合のような「時はカネだ」というこ

---

292) 『キリスト教指針』、I、375-376頁。「神が我々を、及び我々の活動を、保っておられるのは、**行動**のためである。仕事は**力**の精神的な、また同様に自然的な、**目的**であり……神が最も多く奉仕を受け最も敬われる、そのための手段は**行動**である……。**公共の福祉、或いは多くの人々の善**は我々自身のよりも高く評価されるべきである」。神の意志から、後代の自由主義の理論の純粋に功利主義的な観点への転化の端緒が、ここには示されている。功利主義の宗教的源泉に関してはさらに下記本文で〔の論述を〕、及び既出の註235を参照。

293) 沈黙せよとの掟は、然り、――「あらゆる無益な言葉」〔マタイ12：36〕に対する聖書的な処罰威嚇から始まって――特にクリュニー修道院以来、自己統制のための教育の、確証済みの禁欲主義的手段である。バクスターも、無益な話をすることの罪に関して、立ち入って長広舌をふるっている。性格学上の意義の評価は既にサンフォード、前掲書、90-91頁が行なっている。同時代人たちに深い印象を与えたピューリタンたちの「陰鬱さ」や「気難しさ」はまさに、「自然的な地位」の伸びやかさが破砕された結果だったのであり、そしてこれら目的のために、無思慮な話をすることに対する厳禁もあったのである。ワシントン・アーヴィング(「ブレイスブリッジ・ホール」、第30章)が、理由を部分的に資本主義の「計算的な精神」に、部分的に政治的自由(自己責任へと行き着くところの)の作用のうちに、求めているとして、これについて語られるべきは次のことである。すなわち、ロマンス語の諸国民にとっては同じ結果は存在しなかったのであり、そしてイングランドにとっては、事情はたぶん次のようなものだったろう。①ピューリタニズムはその信仰告白者をして、自由な諸制度を創出せしめることと、それでも世界的強国たらしめることとを、可能にした。②ピューリタニズムはかの「計算高さ」(ゾンバルトがかの「精神」をこう名づけたように)――実際これは資本主義にとって本質構成的である――を、経済の一手段から**生活営為**全体の一**原理**へと変換した。

294) 前掲書、I、111頁。
295) 前掲書、I、383-384頁。
296) 時間の貴重さに関して同様にバークリー、前掲書、14頁。

とはまだ言われていないが、〔「時はカネだ」という〕この命題は、霊的な意味では或る程度当てはまっている。すなわち、時は果てしなく価値あるものであり、なぜなら、失われた1時間1時間はどれも、神の名声のための労働から抜け落ちてしまったものだからである[297]。それゆえ、無価値であってひょっとすると端的に退けられるべきかもしれないこととして、無為なる観照もある――少なくとも、それが職業〔すなわち天職〕労働を犠牲にして行なわれているのであれば[298]。なぜなら、そのような観照は、職業における神の意志の行動的実行

---

[297] バクスター、前掲書、79頁。「時間を大いに尊重することを続けなさい、そして毎日、あなたが現在自分の金銀を寸分も失わずにいることに対してより以上に、あなたが自分の時間を寸分も失わずにいることに対して、一層注意するようでありなさい〔MWG I/18, p. 419 に従って、原文の then を than に修正〕。そしてもし、空しいレクリエーションや、服装や、ごちそうや、無益なおしゃべりや、ためにならないつき合いや、睡眠が、そのどれであれ、あなたから自分の時間を奪い去る誘惑であるなら、それに応じて自分の見張りの度合いを高めなさい」。――「自分の時間を浪費する人々は自分自身の魂をないがしろにしています」と、マシュー・ヘンリーは考えている(「魂の価値」『ピューリタン神学者たちの著作』、315頁)。ここでもプロテスタント的禁欲は古来確証済みの軌道の中で動いている。我々は、近代の職業人が自分には「時間がないのだ」、ということを、近代の職業人に特有だとみなすのに慣れており、そして例えば――既にゲーテがその『遍歴時代』においてそうであるように――資本主義的発展の程度を、**時計**が毎15分を打ち鳴らすということに基づいて、測っている(ゾンバルトもその著『資本主義』でそうであるように)。――しかし我々は、そうは言っても忘れたくないのだが、(中世において)**分割された時間**を生きた最初の人とは**修道者**だったのであり、教会の鐘はまず第一に、時間分割に関する**修道者**の必要に役だつものでなければならなかったのである。

[298] バクスター、前掲書、I、108-109頁による職業の検討を参照。その中に次の箇所がある。「問い：しかし私は、自分の救いのことだけを考えるために、世を捨ててはいけないのでしょうか。答え：あなたは、霊的な事柄において自分を不必要に妨げているような、世的な配慮や仕事のそういうあらゆる過剰を捨ててよいのです。しかしあなたは、それに従事することで**自分が公益に奉仕できる**、身体のそういう使用やそういう精神的労働のすべてを捨て去ってはなりません。誰もが、教会或いは国家の一員として、自分の四肢を教会と国家の善のために、できる限り用いなければなりません。これをおろそかにして、私は祈りかつ瞑想しますと言うことは、あたかもあなたのしもべがあなたの**最大の仕事**を拒否して自分自身をより重要

よりも、神に喜ばれるところが**より少ない**からである[299]。その上、それのためには日曜日があるのであり、そしてバクスターによれば、職業において無為な人々はつねに、神のためにも時間を持たない(そのための時間が現に存在しても)、そういう人々なのである[300]。

でない一層安易な部分に縛りつけるようなものです。そして**神は**あなたに、何らかの方法で**自分の日々のパンのために労するように、そして雄蜂のように他人の労苦のみによって生きることのないように、とお命じになりました**」。アダムへの神の「額に汗して」という掟……そしてパウロの「働こうとしない者は、食べることもしてはならない」という指示が、これに加えて引用されている。クエイカー派について古来知られていたのは、彼らの最も富裕な人々もまた自分の息子たちに、職業を学ぶよう促していた(倫理的な理由からであり、功利的な理由——アルベルティが奨めているように——からではない)、ということである。

299) 敬虔主義がその**感情的性格**のゆえに逸脱を呈している、そういう諸点はここに存しているのである。シュペーナー(『神学的考察』、III、445 頁を参照)にとって確固たることであるのは、彼が全くルター的な意味で天職労働は**礼拝**だと強調しているにもかかわらず、とはいえ——これもルター的である——職業仕事の**騒がしさ**は〔人を〕神から引き離すものなのだ、ということなのである——〔これは、〕ピューリタニズムに対する極めて特徴的なアンチテーゼである。

300) 前掲書、242 頁「聖なる義務のために時間を見いだせない人々が、自らの天職において怠惰な人々なのです」。それゆえ、**都市**——合理的な営利へと向かう市民層の居所——がすぐれて諸々の禁欲主義的徳目の所在地なのだ、という見解〔が出てくる〕。かくてバクスターはキダーミンスターの手織業者たちについて自伝の中で言っている(『ピューリタン神学者たちの著作』、XXXVIII 頁に見られる抜粋)。「そして**ロンドンとの彼らのつね日ごろの交流や取引**は、職人たちの間で教養と敬虔さを増進するのに大いに役だっている」。首都への近さが徳の強化に資するそうだという話は、今日の——少なくともドイツの——宗教者たちを驚かせるだろう。しかしながら敬虔主義も、同様な見方を呈している。例えばシュペーナーは時折、或る若い同職者にこう書き送っている。「少なくとも明らかなこととして、都市では相当数の人々のうち、確かに大部分は全く極悪非道ですが、それでもつねになおこれに対して若干の善良な魂が、善いことが為されるべく、見いだされます。気づかわしいことに村落に於いては、真面目に善良なものが、時として 教区(ゲマインデ) 全体の中でほとんど見いだされません」(『神学的考察』、I、66、303 頁)。——農民も、禁欲主義的な合理的生活営為のためには同様に有資格者でない。農民が**倫理的に**賛美されるのは非常に近代的なことなのである。禁欲の**階級**関連性という問題についての

バクスターによる労働の勧め

これに応じて、バクスターの主要著作を通じて貫いているのは、身体的であれ知的であれ不断の苛烈な**労働**を勧める、つねに繰り返され、時としてほとんど情熱的な説教である[301]。ここでは2つの動機が協働している[302]。さしあたり労働は、西欧の教会では（東洋とだけでなく、全世界のほとんどすべての修道者規則とも、尖鋭的な対比を成して）[303]、昔から高く評価されたものとして、古来定評ある**禁欲主義的な手段**である[304]。特に労働は、ピューリタニズムが「不潔な生活」という概念のもとにまとめているかのあらゆる誘惑に対する特

こういった発言や類似の発言の意義については、我々はここでは立ち入らない。

301) 例えば、次の箇所が取り上げられるべきである（前掲書、336-337頁）。「あなたが神に対する一層直接的な奉仕において訓練を受けていないのなら、あなたは自分の合法的な 天職(コーリング) の勤勉な仕事に全く没頭していなさい」。――「自分の天職において懸命に働きなさい」。――「神に対する直接の奉仕〔＝礼拝〕をしたあとに残る時間全体の間、営まれることになる天職が、あなたにはあるのだ、ということを理解しなさい」。〔(追記)この最後の一文は、訳者が参照しえた R. BAXTER, *A Christian Directory, or a Body of Practical Divinity, and Cases of Conscience*, vol. 2 (in 5 vols.), London: Printed for Richard Edwards, 1825, p. 467 では次のようになっている。"See that thou have a calling which will find thee employment for all thy time, which God's immediate service spareth."〕

302) 労働とその「尊厳」とに対する独特な倫理的な〔高い〕評価は、キリスト教に**本来的に**固有な、或いはそもそも特有な、思想でなど決してなかった、ということを、なお最近再びハルナックが鋭く強調している（『社会的福音主義会議の報告』、第14シリーズ、1905年、第3/4号、48頁）。

303) ベネディクト会の〔修道〕規則以来明らかに存在する**この重要な対比**が何に基づいているかは、遙かに一層包括的な考察によって初めて解明されうる。

304) 例えば敬虔主義においてもそうである（シュペーナー、前掲書、III、429、430頁）。特徴的に敬虔主義的な言い回しとは、堕罪ゆえに罰として我々に課された職業忠実(ベルーフ)は自己の**意志の圧殺**に役だつ、というものである。職業労働は、隣人への愛の奉仕として、神の恩恵に対する感謝の念から来る義務であり（ルター派的な表象！）、そしてそれゆえ、もし職業労働が意志に反して嫌気と共に為されるなら、それは神の意に沿わない（前掲書、III、272頁）。したがって、キリスト者は「俗世の人のように自分の労働において熱心さを示す」だろう（III、278頁）。これは明らかにピューリタン的な見方より劣っている。

有の予防〔薬〕であり、——そしてその役割は決して小さなものでない。然り、性的な禁欲はピューリタニズムにおいては、基礎を成す原理においてでなく程度においてのみ、修道者的な禁欲と異なっており、そして、それ〔ピューリタニズムにおける性的禁欲〕が結婚生活をも掌握していることの結果、修道者的な禁欲よりも射程遠大なものとなっている。なぜなら性交は、結婚**においても**、「生めよ増えよ」という掟に従って神が自らの名声の増進のために欲する手段として**のみ**、許容されるからである305)。宗教的疑念や小心翼々たる自虐に

---

305)「しらふでの子づくり」が、バクスターによれば性交の目的である。シュペーナーも同様だが、但しルター派のがさつな見解(それによれば、さもなければ抑圧不可能な不道徳を回避することが、〔性交の〕副次的な目的である)に対する譲歩を伴っている。色欲(コンクピスツェンツ)は、性交の随伴現象として、婚姻においても罪ぶかいことであり、例えばシュペーナーの解釈によればともあれ堕罪の**結果**なのである(堕罪は、かくも自然で神の意に沿う事象〔たる性交〕を、罪ぶかい感情と不可避的に結びついたものへと変化させ、それによって、一箇の恥ずべきこと(プデンドゥム)へと変化させた)。敬虔主義的な幾多の方向性の解釈によっても、キリスト教的な婚姻の最高度の形態は、処女性・童貞性を保持した婚姻であり、その次に高度な形態は、性交がもっぱら子づくりに資するという形の婚姻であり、以下続いて、〔ついには、〕純粋に性愛的或いは純粋に外的な諸理由から取り結ばれるものであって倫理的に見て同棲とみなされる、という形態にまで至る。その際、これら諸々の下位段階においては、純粋に外面的な理由から取り結ばれた婚姻は(ともあれ、**合理的な**考量から出てきているので)性愛的にもたらされた婚姻よりも優遇される。ヘルンフート派の理論及び実践はここでは考察の対象外に置いておいてよい。合理主義的な哲学(Chr・ヴォルフ)は禁欲主義的な理論を、「目的のための**手段**として処方されていること、すなわち色欲及びその鎮静化、が**自己**目的とされてはならない」という形で受け継いだ。——衛生的な指向を有する純粋な功利主義への転換は、既にフランクリンの場合に完遂されており、彼は例えば近代の医師の倫理的な立場に立ち、「純潔」という言葉で、性交を**健康的**に望ましい程度に制限することを理解し、「どのようにして？」という問いに関して周知のように理論的な意見を表明してもいる。そもそもこれらのことが**合理的な**考量の対象とされるや否や、この展開はさらに至る所で生じた。ピューリタン的な、また衛生的な、性合理主義者は非常に異なる道を行くが、ここでだけは「彼らは直ちにお互いを理解し合う」。すなわち或る講演で、「衛生的売春」の熱心な擁護者が——問題となっていたのは売春宿の新設と規制の新設だった——、(**衛生的に**有用とみなされた)「婚外交渉」が道徳的に許容されるとい

抗ってと同様、あらゆる性的な誘惑にも抗うべく——アルコール抜きの食事、菜食、冷水浴と並んで——処方されるのは、「あなたの職業(ベルーフ)において精力的に働け」である[306]。

しかしながら労働はこれ以上に、そしてとりわけ、神から処方された人生の**自己目的**そのものである[307]。「働こうとしない者は、食べることもしてはなら

うことを、**ファウストとグレートヒェン**による婚外交渉の詩的栄化を引き合いに出すことによって根拠づけていた。グレートヒェンを売春婦と扱うこと、及び、人間の熱情に対する強力な支配を健康のための性交と等価に扱うこと、——この二つはピューリタン的な立場と**全く**合致している。例えば、性的 節 制(アプスティネンツ)の意義というような、極めて繊細な人格問題・文化問題に大いに入り込む問いが、「もっぱら」(**専門家**としての)医師の議論の場にかけられるべきだ、といった真に専門人的な見解(非常に優れた医師たちによって時折擁護される)も同様に〔ピューリタン的な立場と合致している〕。ピューリタンの場合には「専門家」とはモラリスト的な理論家であり、この場合には「専門家」とは衛生に関する理論家であり〔と異なっているが〕、これに対して、問題を片づけるための「資格能力(コンペテンツ)」という、我々に容易に通俗的との印象を与える原理は——もちろん正負の符号が逆だが——同一である。しかし、ピューリタン的な見方の強力な理想主義(あらゆるとりすましを伴っての)が、人種保存的な観点からも、また純粋に「衛生的に」見て、積極的な成果を提示せざるをえなかったのに対して、近代の性衛生学は、「無偏見性」への(衛生学として)避けがたい訴えのゆえに、衛生学が汲み出しに用いる当の樽を同時に地面に打ちつけるという危険に陥っている。——最後に、ピューリタン的影響を受けた諸国民のもとでの、性的諸関係のかの合理的な解釈の際に、婚姻関係の精神的・倫理的な浸透や、かの洗練化や、婚姻的騎士道のかの開花が、いかにして生じたか——我が国〔ドイツ〕では、なおしばしば非常に歴然と遅れた状態で、知的貴族層の人々の中に至るまで存在する家父長制的な蒸気との対比で——、この問いは、ここではもちろん論究の対象外であり続ける。(洗礼派的な影響は女性の「解放」にも関与している。女性の**良心の自由**の保護や、「万人祭司」の思想が女性へと拡張されたことは、ここでも家父長制における最初の破れ穴を成した。)

306) バクスターの場合には再三再四出てくる。聖書的基礎は通例、フランクリン以来我々に知られている箇所(箴言 22：29)か、或いは箴言 31：16 における労働に対する賞讃である。前掲書、I、382、377 頁などを参照。

307) ツィンツェンドルフですら時折こう言っている。「人は、生きるために働くだけでなく、労働のために生きるのであり、そしてもし人は、もはや仕事をするべき何物もなければ、苦しむか眠りに就くかする」(プリット、I、428 頁)。

ない」〔IIテサロニケ3：10〕というパウロの命題は、無条件に、かつ万人に、妥当する[308]。労働に対する嫌気は恩恵身分の欠如の徴候なのである[309]。

中世的な（カトリックの）労働・職業観
　ここで明示されているのは、中世的な姿勢からの逸脱である。トマス・アクィナスもかの〔パウロの〕命題を解釈している。しかしながら、彼によれば[310]労働は個々人と全体との生命の維持のために「自然の理法によって」(ナートゥーラーリー ラティオーネ)のみ必要である。この目的が脱落するところでは、当の指令〔すなわちパウロの命題〕の通用力も停止する。この指令は個々人一人一人にではなく〔人〕類に向けられているのである。労働なしに所有によって生きることができる者には当の指令は関係せず、同様にもちろん、神の国における活動の霊的な形態としての観照は、かの掟〔すなわちパウロの命題〕（その字義的な解釈における）に優越して存在する。然り、通俗神学にとっては、修道者的な「生産性」の最高度の形態は、全くもって、祈りと〔聖務日課での〕共誦奉仕によるところの「教　会　の　宝」(テーサウルス　エックレーシアエ)の増進に存したのである。しかしバクスターの場合、倫理的な労働義務のこれら割れ目は無論消滅しており、それだけでなく、富もまた〔人間をして〕かの無条件的な指令を免れさせはしないのだ、との原則を彼はこの上ない強調を以て銘記している[311]。所有する者も労働せずに食べるべきではない、というのも、

---

308) **モルモン教**の或る信条も（引用ののち）次の言葉で終わっている。「しかし、無精な者や怠惰な者はキリスト者たることができず、浄福たりえない。そういう者は、刺し殺されてミツバチの巣箱から放り出されることが確定している」。ともあれここでは、何といってもおもに、修道院とマニュファクチャーの間で中庸を守る壮大な**規律**が、個々人を労働か殺処分かという選択の前に立たせたのであり、そして――もちろん宗教的熱狂と**結びついて**、そして**それによってのみ**可能とされて――この信団(ゼクテ)の驚くべき経済的業績を産出したのである。
309) それゆえこれは〔バクスター、〕前掲書、I、380頁において念入りにその諸徴候において分析されている。――「ものぐさ」(スロッス)や「怠　惰」(アイドルネス)がかくも顕著な重い罪であるのは、それらが**継続的**な性格を有する**からである**。それらはバクスターによってまさに「恩恵身分の破壊者」だとみなされている（前掲書、I、279-280頁）。それらはまさに**方法的**な生活に対するアンチテーゼなのである。
310) 上記註58を参照。

もしその者が自分の必要の充足のために労働を必要としなくとも、それでも神の掟は在り、それにその者は、貧しい者と同様、従わねばならないからである[312]。というのも、神の摂理は万人のために区別なしに天職(ベルーフ)(calling)を用意しており、誰もがそれを認めてその天職の中で働くべきだからである。そしてこの天職は、ルター派におけるように[313] 人がその中へとはめ込まれて慎ましくするべき天命なのではなく、むしろ、神の名誉のために働くようにという、個々人への神の命令なのである。一見して軽いこのニュアンスは、射程遠大な心理学的帰結を有しており、既にスコラ学になじみだったところの、経済的な秩序界(コスモス)の**摂理的な**解釈の発展との間に、関連を有していた。

中世的な職業観(続き)、そしてピューリタン的な職業(天職)観

社会の職業編制や分業という現象を、他の人々と同様、トマス・アクィナス

---

311) バクスター、前掲書、I、108 頁以下。特に次の箇所が目を惹く。「問い:しかし富は私たちを免除しないのでしょうか。――答え:富はあなたを、別の仕事へともっと役だてることによって、或る種のきたならしい仕事からは免除するかもしれませんが、しかしあなたは、最も貧しい人よりも、……仕事の奉仕から一層免除されることには決してなりません。……」。これに加えて前掲書、I、376 頁。「彼ら(富める者たち)は、自分たちを〔仕事へと〕促す外的な必要を持っていないとしても、……と同程度に大きな、神への服従の必要性を有するのである。神は厳格に、すべての人々にそれ(労働)をお命じになった」。註 137 を参照〔註のこの箇所表示については大塚訳 307 頁の記述(「一八〇頁注(7)をみよ」という)を参照した。原著でヴェーバーが記している「Anm. 1 f. S. 105/6」に従えば、この箇所表示は「註 138」とせねばならないが、それは明らかにおかしい。つまり、要するにヴェーバーのこの記述は誤っている〕。

312) シュペーナー(前掲書、III、338、425 頁)も同様で、彼はこの理由から特に、早まって年金生活に入ろうとする傾向に対して、これを道徳的にいかがわしいものとして闘い、そして――利子享受は怠惰へと行き着くという、利子取得の法適合性に対する抗議をはねつける中で――、利子で生活できる者は、それにもかかわらず、神の命令によれば労働をすることを**義務づけられている**のだ、と強調している。

313) 敬虔主義を含む。シュペーナーは、職業変更の問題が問われる場合にはつねに、いったん特定の職業が得られた**あとでは**、その職業にとどまり適応することが神の摂理に対する服従の義務だ、という取り扱いを行なっている。

——を話の糸口にするのが、我々には最も好都合である——は既に、神の世界計画の直接的な流出だと解釈していた。しかしながら、この秩序界(コスモス)の中へと人々が組み入れられることは、自然的な諸原因(エクス カウシース ナートゥーラーリブス)に基づいて行なわれており、偶然的(ツーフェリッヒ)(スコラ学の語法によれば「偶然的(コンティンゲント)」)である。我々が既に見たようにルターにとっては、(客観的・史的な秩序からの帰結として)人々が所与の身分・職業へと組み入れられることは、神の意志の直接的な流出となり、したがって、個々人が神によって割り当てられた限度・立場の中に**とどまること**は、宗教的な義務となった[314]。このことは、ルター派的信心と「俗世」との関係がそもそも最初から不確かで、また不確かであり続けたがために、なおさらそうだった。パウロ的な俗世無関心を決して完全には脱ぎ捨てていないルターの思想圏からは、俗世の成型のために倫理的諸原則が獲得されることはありえず、それゆえ、俗世はまさにそれが現に在ったその状態で受け取られねばならず、そして**これに**宗教的義務という刻印が押されることだけが可能だった。——これに対して、ピューリタン的なものの見方においては、私経済的な利害関心の関与の摂理的性格は、別なニュアンスを帯びている。すなわち、職業編制の摂理的な目的がどのようなものであるかは、——プラグマティズム的な解釈のピューリタン的図式に忠実に——当の職業〔階層化〕の**果実によって**〔マタイ7：20他を参照〕認識されるのである。さて、この職業編制に関してバクスターは、複数に及ぶ点でアダム・スミスによる有名な分業礼賛(アポテオーゼ)を端的に想起させる詳述によって、自らの考えを述べている[315]。諸々の職業の専門分化は、労働者

---

314) インドの救済論が職業伝統主義を再生チャンスと結びつけるのに、生活営為全体を支配するいかなる極度の悲愴感を以てしているか、ということは、「諸々の世界宗教の経済倫理」に関する諸論考の中で詳述されている。まさにこの点で、人は単なる倫理的な**教説**概念と、宗教による特定の種類の心理学的な**推進力**の創出との相違を、学ぶことができるのである。信心ぶかいヒンドゥー教徒は、自分の出生カーストの諸義務を厳格に**伝統的に**遂行することによって**のみ**、有利な再生チャンスを獲得できた。これは伝統主義を、考えられる限りで最も強固に宗教的につなぎとめたものである。インドの倫理は実際この点で、ピューリタン的な倫理に対する最も首尾一貫したアンチテーゼであり、また同様にそれは、他の観点(身分的な伝統主義)において、ユダヤ教に対する最も首尾一貫したアンチテーゼである。

の熟練(skill)を可能にするので労働遂行の量的・質的向上を帰結し、したがって、一般的幸福(common best——これは、最大多数の幸福と同一である)に資する。動機づけが、当時の世俗的な文献の中で既によく見られた幾多の観点と、純粋に功利主義的に全く似かよっている、その限りでならば[316]、バクスターが自らの議論の冒頭で動機を次のように措定するや否や直ちに、特徴的にピューリタン的な性格が目だつ。すなわち〔バクスターの原文が入手不可能なため、やむをえず、以下ヴェーバーのドイツ語文から訳出した〕、「確固たる職業の外側では、人間の労働遂行は不安定な臨時仕事でしかなく、当の人間は、労働の中でよりも怠惰の中で一層多くの時間を過ごす」。そしてバクスターが議論を次のように終結させているところにおいて。すなわち、「そして彼(職業労働者)は自分の労働を**秩序の中で**成し遂げる。これに対して他方の者は永遠の混

---

315) バクスター、前掲書、I、377 頁。
316) しかしながらそれゆえに、それら〔諸観点〕から史的には決して導き出せない。むしろ、そこで作用しているのは、「俗世」の秩序界(コスモス)は神の名声・自己賛美に、奉仕しているのだという、全く真正なカルヴァン派的な表象である。経済的秩序界(コスモス)は万人の露命つなぎ(多くの人々の善、公益(コモングッド)、等々)という目的に奉仕するべきだ、とする功利主義的な転回は、「他のいかなる解釈も(貴族的な)被造物神格化に行き着く、或いはともあれ神の名声にでなく被造物的な『文化目的』に奉仕する」とする思想の帰結だった。しかし神の意志は、経済的秩序界の合目的的な成型において表れているように、その際そもそも**この**世的な諸目的が考慮に入る限りでは、「全体」の福祉、すなわち**非属人的**な「有用性」、でしかありえない。したがって功利主義は、既述のように、「隣人愛」の非属人的な成型と、ピューリタン的な「神のより一層の栄光のため(イン マヨーレム ディー グローリアム)」の排他性によるところの、あらゆる俗世賛美に対する拒否との、帰結なのである。というのも、「いかなる被造物賛美も神の名声の取り壊しを行なうことであり、それゆえ無条件に退けられるべきである」とするこの思想が禁欲主義的プロテスタンティズム全体をいかに強度に支配していたかは、数多くの問い合わせに対して**称号**の使用を $αδιαφορον$(どちらでも良いこと)として維持し続けるためにシュペーナー(彼は、ともあれ本当のところは、「民主主義」に染まっていなかった)が支払った考慮と労苦のうちに、明確に示されているからである。最終的に彼は、聖書においてすら総督フェストゥスが使徒によって $κράτιστος$(貴顕なる)との称号を付されている、ということによって安んじている。——この事柄の**政治的**側面(ザッヘ)は〔本論考の〕この関連には入ってこない。

乱の中にはまっており、そして彼の仕事には〔確たる〕場所も時間もない[317]……それゆえ、確固たる職業(「certain calling」、別の箇所では「stated calling」と言われる)は誰にとってみても最良なのである」。通常の日雇い労働者が行なうことを余儀なくされるものである不安定な労働は、しばしば不可避的な、しかしつねに望ましくない、中間状態である。まさに「無職の人」の生活に欠けているのは体系的・方法的な性格であり、これを、我々が既に見たように、俗世内的禁欲は求めているのである。クエイカー派の倫理によっても、人間の職業生活は、首尾一貫した禁欲主義的な徳目実践たるべきであり、自分が**良心**的であるということに照らしての、自らの恩恵身分の確証たるべきであって、そしてこの良心的性格なるものは、当人が自らの職業に従事する際の綿密さ[318]と方法においてもたらされる。労働それ自体でなく合理的な職業労働(ベルーフ)が、まさに神によって求められていることなのである。ピューリタン的天職(ベルーフ)理念の場合つねに、職業禁欲のこの方法的性格が強調されるのであり、ルターの場合のように、いったん神によって測り与えられた運命に満足するということが強調されるのではない[319]。それゆえ、人は複数の職業を組み合わせてよいか否か、という問いへの答えは、無条件で然りとなる——もしそれが一般的幸福或いは自らの幸福[320]に資するのならば、そしてその他に誰に対しても害を

---

317)「**不安定な者**は、自分自身の家の中でよそ者である」と、Th・アダムズも言っている(『ピューリタン神学者たちの著作』、77頁)。
318) 特にこれに関してはジョージ・フォックスの The Friends' Library での発言 (W・エヴァンズ及び Th・エヴァンズ編、フィラデルフィア、1837年以降)、第1巻、130頁を参照。
319) もちろん完全に、宗教的倫理のこの転回は、事実上の経済的状況の反映とはみなされえない。イタリアの中世においてはもちろん、その時代のイングランドにおけるよりもむしろ広範に、職業専門分化が進展していた。
320) なぜなら神は——ピューリタン文学で非常にしばしば強調されているように——どこででも、人は隣人を自分自身より**以上に**、では決してなく、むしろ自分自**身と同様に**、愛するべきだ、と命じているからである。したがって、人は自己愛という**義務**をも有するのである。例えば自分自身が自分の財産を、隣人が為しうるであろう以上に合目的的に、したがってより一層神の名誉のために、使うとわかっている者は、自分の財産の中から隣人に引き渡すことを隣人愛によって義務づけられ

もたらさないのならば、またもし、組み合わさった職業において人が非良心的(「不信仰的(アンフェイスフル)」)となる、という帰結がもたらされるのでなければ。それだけでなく、職業の**変更**もまた、それ自体として退けられるべきものとは決してみなされない——もし当の変更が、軽はずみにでなく、神に一層喜ばれる[321]——すなわち、一般的な原理に即するなら、より有益な——職業を得るために、行なわれるのならば。そしてとりわけ、或る職業の有益さと、それに応じて当の職業が神に喜ばれる〔か否かという〕こととは、確かに第1には道徳的な規準を志向しており、またそれに応じて〔第2に〕、そこで生産される財が「全体」に対して有する重要性という規準を志向しているが、その次に第3の、そしてもちろん実際的には最も重要な、観点として続くのが、私経済的な「**利益性**」である[322]。なぜなら、かの神(この神が人生のあらゆる定めにおいて働いているのを、ピューリタンは目にするのである)が自らの者たちのうちの一人に一つの利潤チャンスを示す場合、その際神は、自らの意図を有しているからである。そしてしたがって、信仰者たるキリスト者はこの召しに対して、それを自らの

ていない。

321) シュペーナーもこの立場にほぼ等しい。しかしながら、それでも彼は、(道徳的に特に危険な)商人職業から神学への移行が問題となる場合にですら、極めて慎重でむしろ思いとどまらせる姿勢を保っている(III、435、443頁;I、524頁)。まさに**この**問い(職業変更が許されるかどうかを問う)に対する回答が、当然ながら非常に吟味されているシュペーナーの所見の中で頻繁に繰り返し出てきていることは、——ついでにコメントしておくと——Iコリント7章の解釈の様々な仕方が日常生活でいかに顕著に**実際的**だったか、ということを示している。

322) このようなことは少なくとも大陸の指導的な敬虔主義者たちの著作の中には見られ**ない**。「利潤」に対するシュペーナーの立場は、ルター派(「生計の」立場)と、「商業の繁栄」等々の有用性についての重商主義的な議論(前掲書、III、330、332頁。I、418頁を参照——すなわち、**タバコ栽培**は領邦にカネをもたらし、**それゆえ有用であり、したがって罪ぶかくない！**)との間で、あれこれと揺れている(III、426、427、429、434頁を参照)が、抜かりなく次の点を指摘している。すなわち、クエイカー派やメノナイト派の例が示しているように、人は利益を成し、それでも信心ぶかくあり続けることができるのであり、然り、特に高利益ですら——これに関しては我々はのちにさらに語らねばならないだろう——信心ぶかい正直さの直接的な**所産**たりうるのだ、と(前掲書、435頁)。

利益のために利用することによって、従わねばならないのである[323)]。〔バクスターの原文が入手不可能なため、やむをえず、以下ヴェーバーのドイツ語文から訳出した〕「**あなたがたが、自分たちの魂のためにも他の人々のためにも害をもたらさずに、法律に即した仕方で、他の方途におけるよりも多くを獲得することができる**、そういう方途を、もし神があなたがたにお示しになり、そしてあなたがたがこれを退けて、より少ない利潤をもたらす方途を追求するなら、その場合にはあなたがたは、**自分たちの召命**(calling)**の目的の一つを妨げている**のであって、**あなたがたは、自分たちが神の管理者**(stewart)**たることを、及び神の賜物を、それを神のために使えるようにするために受領することを**──神がそれを望んでおいでなら──、**拒絶していることになる**。もちろん肉欲や罪といった目的のためにでなく、**むしろ神のために、あなたがたは金持ちになるために仕事をしてよいのだ**」[324)]。富はまさに、怠惰な休息や罪ぶかい人生享

---

323) これら見解はバクスターの場合、彼が生きた経済的環境（ミリュー）の反映では決して**ない**。**反対**に、彼の自伝で強調されていることだが、彼の国内の宣教の成功のために決定的だったことの一つは、キダーミンスターに居住した商人たちが富裕で**なかった**こと、むしろ「食物と衣服（フード アンド レイマント）」だけを稼いでいたこと、そして手工業の親方たちが自分のところで働く人々よりもましでなく、「その日暮らし（フロム ハンド トゥー マウス）」をせねばならなかったことだ、と。「福音の喜ばしい音信を受け取るのは**貧しい人々**なのである」。──Th・アダムズは、利潤追求に関して次のようにコメントしている。「彼（もののわかった人）が知っているように、……カネは人をより富裕にするかもしれないが、ましにはしないのであり、そこで、もののわかった人は、パンパンに張った財布と共によりもむしろ、善い良心と共に、睡眠に就くほうを選ぶ。……それゆえ、**正直な人が勝ち取ってよい以上に富を求めないのであって**」──しかし、**彼はまさにそれでもそれだけを欲することもするのであり**(Th・アダムズ『ピューリタン神学者たちの著作』、LI頁)、すなわち、形式的に**正直な稼ぎはみな正当なもの**でもあるのだ。

324) バクスター、前掲書、I ch. X tit. 1 Dis. 9 (§ 24) vol. I、378頁第2欄にこうある。箴言23：4「金持ちになるために仕事をするな」が意味するのは単に、富が究極的に我々の肉的な目的へと向けられることがあってはならない、ということだ、と。その**使用**の封建制的・領主的形態における所有が、まさに不愉快なものなのであり（ジェントリーの放蕩な一部分に関して、前掲書、I、380頁を参照）、所有**自体**が不愉快なものなのではない。──『イギリス国民のための弁護第1』におけるミル

楽への誘惑としてのみいかがわしいものであり、そして富を追求する努力は、その努力が、のちに心配なく愉快に生きられるようにするという目的で行なわれる場合にのみ、いかがわしいものである。しかし職業義務の実行としては、富を追求する努力は道徳的に許容されているだけでなく、まさに必要なのである[325]。自分に託されたカネを利用しなかったゆえに退けられたかのしもべのたとえ話〔マタイ25：14-30 他〕は、然り、これを直接的に表現しているように

トンは、「中間身分」だけが**徳行**の担い手たりうるという周知の理論を有する——その際「中間身分」は、「贅沢」も「窮乏」も徳目実践を妨げるのだという理由づけが示しているように、「貴族」との対比で「市民階級」と思念されている。

325) **これが決定的なことである。**——これについて今一度、一般的なコメント。ここで我々にとって重要なのはもちろん、神学的・倫理的な理論が概念上何を発展させたかではなく、むしろ、信仰者たちの実際的な生活において**通用する**モラルが何だったか、したがって、実際上どのように職業倫理の宗教的指向が**作用したか**、である。少なくとも時折、カトリシズムの(特にイエズス会の)決疑論文献の中では、——例えば利子が許されるかどうかという問いに関して(これには我々はここでは立ち入らない)——プロテスタントの多くの決疑論者の著作に似たような響きを有する論究、然り、何が「許容される」或いは「ありそうである」とみなされるかという点ではそれら〔プロテスタンティズムの決疑論文献〕を超え出ているように見えるそういった論究を、人は読むことができる(ピューリタンたちには、のちにはかなり頻繁にイエズス会的倫理が、結局のところ自分たちの倫理と全く同種だとして、突きつけられた)。カルヴァン派がカトリックの道徳神学者を、トマス・アクィナス、クレルヴォーのベルナール、ボナヴェントゥーラだけでなく同時代の人々をもよく引用したように、カトリックの決疑論者たちは通例、異端の倫理を気に留めていた。しかし、**在俗信者**にとっての禁欲主義的生活に対する宗教的**報奨付与**という決定的な事情を全く度外視するとしても、既に理論における強力な相違とはまさに、カトリシズムにおけるこのような 広 教 会 派 的(ラティトゥーディナリッシュ)な見解は、独特に**弛緩した**倫理教説の生み出した、教会的権威によって認可されていない産物だった、ということであり、他方逆に、プロテスタント的な天職(ベルーフ)理念はまさに、結果から見て、禁欲主義的生活の**最も真摯な**信奉者たちを資本主義的な営利生活の役に立てた、ということである。これはカトリシズムでは条件つきで**許容される**ことが可能だったのであり、〔これに対して〕プロテスタンティズムでは積極的に道徳的に**善いこと**とみなされたのである。双方の倫理〔間〕の実際的に非常に重要な基礎的な相違は、近代についてもジャンセニズム〔をめぐる〕争い及び回勅「ウーニジェニトゥス」以来最終的に確定された。

も思われた[326]。貧しくあることを**欲すること**は、しばしば論じられたように、病気であることを欲することと同じであり[327]、それは行為聖性として退けられるべきであり、神の名声を損なうことだ、と。そして全くもって、労働能力のある人による乞食(こつじき)は、怠惰として罪ぶかいだけでなく、使徒の言葉によっても隣人愛に反するのである[328]。

旧約聖書(ユダヤ教)の伝統主義と、ピューリタン的な旧約聖書解釈

　固定した職業の禁欲主義的意義の銘記が近代の**専門人集団**を倫理的に栄化しているように、利益チャンスの摂理的な解釈は**実業人**を倫理的に栄化している[329]。領主の高貴な鷹揚さと、いばり屋の成り上がり者(パルヴニュ)的な見せびらかしは、

---

[326]「あなたは、自分の成功と合法的な利得とに最も資する仕方で労してよい。あなたは自分のあらゆる賜物(タレント)をより良くすることを**義務づけられている**……」。これに続くのが、上で本文で訳出された箇所である。――神の国における富の追求と、地上的な職業における成功追求とを端的に並行視することは、例えばジェーンウェイ『地上の天』(『ピューリタン神学者たちの著作』、275頁下方)に〔見られる〕。

[327] 既に、トリエント公会議に提出されたヴュルテンベルク侯爵クリストフの(ルター派的な)信仰告白の中で、清貧の**誓願**に反対して次のようなことが主張されている。すなわち、身分から見て貧しくある者は、それを耐えるべきだが、当人が貧しくあり**続ける**ことを誓うなら、それはあたかも、**病気**であり続けること或いは**悪い評判**を持つことを誓うのと同じだ、と。

[328] バクスターの場合に、また例えばクリストフ侯爵の信仰告白の中で、こうなっている。さらに次のような箇所を参照。「生き方が無軌道な進路以外の何ものでもない、放浪のならず者たち。まず何よりも物乞い」等(Th・アダムズ『ピューリタン神学者たちの著作』、259頁)。既にカルヴァンが物乞いを厳格に禁じており、オランダの諸々の教会会議は、物乞い目的のための無心状や認証書に対して熱心に反対している。ステュアート朝時代、特にチャールズ1世治下の〔ウィリアム・〕ロードの体制が、当局による貧民支援と無職者〔失業者〕への職業割り当てとの原理を作り上げていたのに対して、ピューリタンたちの合言葉は「喜捨を与えるのは少しも慈愛(チャリティー)でない」(デフォーののちの有名な著作の表題)だったのであり、そして17世紀末ごろに無職者のための「労役所(ワークハウス)」の威嚇システムが始まった(レナード『イギリスの救貧の初期の歴史』、ケンブリッジ、1900年及びH・レヴィ『イギリス国民経済の歴史における経済的自由主義の諸基礎』、イェナ、1912年、69頁以下を参照)。

禁欲にとってどちらも嫌悪の対象であり、これに対して、倫理的是認の十全なる光輝は、冷静沈着な市民的「独立独行人(たたきあげ)」(selfmademan)に向けられる[330]。すなわち、「神が彼の商売(トレード)を祝福している」は、神のかの諸々の定めに従って成功したあの聖徒たちについての常套句であり[331]、そして、ご自身の者たちにまさにこの現世で信心に対する報いを与える**旧約聖書の神**[332]の全重量は、

---

329) 大英〔帝国〕及びアイルランド・バプテスト派連盟の会長 G・ホワイトが 1903 年のロンドンでの集会のための開会演説の中で強調して次のように言っていた(『バプテスト・ハンドブック』、1904 年、104 頁)。「我々のピューリタン諸教会の名簿の中の最良の人々だったのは、宗教は生活全体に浸透するべきだと信じていた**実業家たち**だった」。

330) まさに**ここに**、あらゆる封建制的な解釈との対立の特徴的な点が存する。封建制的な解釈によれば、(政治的或いは社会的な)成り上がり者(パルヴニュ)の成功と血統の聖別とが役だちうるのは、ようやくその**子孫**に対してなのである(スペイン語のイダルゴ = hijo d'algo(イホ ダルゴ)、すなわち何がしかの物からの息子(フィーリウス デー アリクォー)——この場合「何がしかの物」とはまさに、祖先から相続された**財産**のことである——において特徴的に表現されている)。これら相違は今日、アメリカの「国民性」の急速な変化及びヨーロッパ化につれて色褪せつつあるが、それでもアメリカでは今日なお時折、**まさに正反対のものの見方**——商売上の**成功**や**営利**を精神的**業績**の徴候だとして讃美し、これに対して単なる(世襲の)**所有**には何らの敬意も示さないという、ものの見方——を〔一部の人々が〕体現しており、他方でヨーロッパでは(既にジェームズ・ブライスが一度指摘したように)、結果としてかなりどのような社会的名誉もカネで買える——所有者が**自ら**店のカウンターの後ろに立ったことがなく、自分の財産の必要な変形(家族世襲財産設定)を完遂してさえいる**ならば**。**血統**の名誉に抗して、例えば Th・アダムズ『ピューリタン神学者たちの著作』、216 頁を参照。

331) 既に例えば愛の家族信団(ファミリスト)の創立者ヘンドリック・ニクラース(彼は商人だった)についてこうである。(バークリー『コモンウェルスの諸々の宗教的団体の内面生活』、34 頁。)

332) マタイ 5：5 や I テモテ 4：8 は聖徒たちのための純粋に地上的な約束だとされているので、これは例えばホールンベークには全く確かなことである(前掲書、I、193 頁)。すべては神の摂理の所産であり、しかし特に神はご自身の者たちのために配慮する。前掲書、192 頁「しかし他の人々に優って至高の配慮が、また極めて独特な仕方で神の摂理が、**信徒たちの周りには**在る。Super alios autem summa cura et modis singularissimis versatur Dei providentia **circa fideles**.」次に続くのは、或る幸運なケースが「共通の摂理(コンムーニス プローウィデンティア)」からで**なく**かの特殊配慮から由来

然り、ピューリタンにとっては——すなわち、バクスターの助言に従って自らの恩恵身分を聖書〔の中〕の英雄たちの魂の状態との比較によって統制し³³³⁾、またその際聖書の諸々の金言を「法令集の章句（パラグラフ）のように」解釈したピューリタンにとっては——同じ方向で作用せざるをえなかった。——然り、旧約聖書の諸々の金言は、それ自体では全く一義的というわけでは必ずしもなかった。ルターは言語的には、世俗的な意味での「職業（ベルーフ）」〔すなわち「天職（ベルーフ）」〕という概念を最初にシラ書の翻訳において用いた、ということを我々は上で見た。しかしイエス・シラの書は、その書物に見られる気分全体によれば、ヘレニズムの影響にもかかわらず、（拡張された）旧約聖書の中の、伝統主義的な印象を与える構成要素の一つである。ルター派のドイツ人農民たちのもとで、この書が現在

するのだということを、人は何によって認識しうるか、に関する論究である。〔L・〕ベイリー（前掲書、191頁）も職業労働の成功について神の摂理を引き合いに出している。「しばしば」繁栄は信心ぶかい生活に対する報いである、というのは**クエイカー派**の著作の中では全くの常套句である（例えば1848年のSelection from the Christian Advices issued by the general meeting of the S. of Fr. in London、第6版、ロンドン、1851年、209頁を参照）。クエイカー派倫理との関連には我々はさらに立ち戻る。

333) 族長たちへのこの指向の例として——これは同時に、ピューリタン的な人生解釈にとって特徴的である——挙げられるのがトーマス・アダムズによるヤコブとエサウの間の争いの分析である（『ピューリタン神学者たちの著作』、235頁）。「エサウが愚かであるということは、生得権に対する卑しい評価から論じることができるかもしれない」（この箇所は生得権思想の発展にとっても重要であり、これについてはのちほど）、「すなわち彼はかくも軽薄にそれから離れてしまうのであり、しかも、一杯の羹（あつもの）という**かくも安易な条件**によってなのである」。しかし、彼がそののち詐欺のゆえに売買を承認しようとしなかったことは、**卑劣**なのだった。エサウはまさに「狡猾な狩人、野の人」、非合理的な生活を送る無教養であり、——他方ヤコブは、「天幕の中に住む平凡な人」として「恩恵の人」を代表している。ルーズヴェルトの有名な書状の中になお現れているような、ユダヤ教との内的な親和性の感情が、オランダでも農民のもとで広範に広がっているということを〔アウグスト・〕ケーラー（前掲書）は発見している。——しかし他方でピューリタニズムは、ユダヤ教の倫理（その実際的な教義における）との**対立**を良く知っていた。これは、ユダヤ人に反対するプリンの著作（クロムウェルの寛容計画をきっかけとしている）が明確に示しているとおりである。下記註341末尾を参照。

に至るまでなおしばしば特段の愛好を得ているように見受けられる334)、ということは特徴的であり、それは、ドイツ敬虔主義の中の広範な諸潮流の、ルター派に結びついた性格が、通常イエス・シラへの偏愛という形で表出されるのと同様である335)。ピューリタンたちは外典を、神的なものと被造物的なものの間での彼らの峻険な二者択一に従って、〔神の〕霊感を受けていない〔書物だ〕として斥けた336)。それだけに、正典の諸書の中でヨブ記はなおさら強力に作用した。〔すなわちヨブ記では〕一方で、人間の尺度で測れない神の絶対的主権者としての尊厳の壮大な賛美(これは、然り、カルヴァン派的なものの見方と極めて高度に合致した)と、しかし〔他方で、〕結論において繰り返し噴出するところの、カルヴァン〔個人〕にとって二次的であるのと同程度に〔反対に〕ピューリタニズムにとっては重要な、かの確信、すなわち、神はご自身の者たちをまさにこの現世でも――ヨブ記においては、この現世でのみ!――、そして物質的観点からも、祝福するのがつねだ、という確信、との間の組み合わせが見られるのである337)。詩編やソロモンの箴言の情感あふれる幾多の節の中に見られる東洋的な静寂主義は、バクスターが、コリントの信徒への手紙一の中で天職(ベルーフ)概念にとって本質構成的な意義を有する箇所の持つ伝統主義的な色彩

---

334) 『農民的な信仰・風習の教説について。テューリンゲンの田舎牧師の著』、第2版、ゴータ、1890年、16頁。ここで描かれている農民たちは、特徴的な仕方で**ルター派的**教会の所産である。私は、この優れた著者が一般的な「農民の」宗教心を推定しているところで繰り返し繰り返し欄外に「ルター派的」と書き込んだ。

335) 例えばリッチュル『敬虔主義』、II、158頁に見られる引用を参照。シュペーナーは職業変更や利潤追求に対する自らの懸念を、同様にイエス・シラの箴言にも基づいて根拠づけている。『神学的考察』、III、426頁。

336) もちろん、それにもかかわらず例えば〔L・〕ベイリーは、外典を読むことを奨めており、外典からの引用は少なくとも所々で出てくるが、それでも当然ながら稀である。私は(ひょっとするとたまたま、かもしれないが)イエス・シラからのいかなる引用をも覚えていない。

337) 明らかに斥けられている者たちに外面的な成功が授けられている場合には、カルヴァン派の人間(かくて例えばホールンベーク)は、「頑迷化理論」に従って、神が彼らにそのようなものを与えるのは、彼らを頑なにして一層確かに堕落させるためなのだ、という確信によって安んじている。

について行なったのと同様な仕方で〔つまり、静寂主義や伝統主義的色彩を十全に評価しない仕方で〕、解釈し去られた。これに代わり、**形式的な遵法性**(レヒトリッヒカイト)を神に喜ばれる生き方のしるしだと賞賛している、旧約聖書のそれら箇所に対して、より一層の力点が置かれた。モーセの律法は、それがユダヤ人にとっての儀礼的諸規定や歴史的に条件づけられた諸規定を含むその限りでは、新しい契約〔すなわち新約、の登場〕によって通用力を剥奪されているが、その他の点では「自然法」(レクス ナートゥーラエ)の表現として通用力を古来有し、それゆえ〔今に至るまでも〕保ってきたのだ[338]、という理論は、一方で、近代の生活に全くはまらない諸々の規定の除去を可能にし、しかし〔他方で〕、自己正当化的かつ冷静な合法性のかの精神(これが、このプロテスタンティズムの俗世内的禁欲に特有なものだった)の強力な強化のために、旧約聖書的道徳に似かよった数多くの特徴によって、障害物のない道を残した[339]。したがって、既に同時代人たちがしばしば、また同様に後代の著作家たちも、特にイギリスのピューリタニズムの倫理的な根本気分を「イギリスのヘブライズム」と称したとして[340]、正確に理解されるなら、これは全く妥当である。但し、その際想起されてよいのは、旧約聖書の諸文書の成立の時期のパレスティナのユダヤ教ではなく、幾世紀にもわたる形式主義的・律法的かつタルムード的な教育の影響のもとで次第に生成していった〔いわゆるラビ的〕ユダヤ教であり、その場合にも比較は極めて慎重に為されねばならない。全体として人生それ自体に対する伸びやかな評価を志向していた、古代ユダヤ教の気分は、ピューリタニズムの独特な特性からは遙かに隔たっていた。同様にこの〔ピューリタニズムの〕特質からは——そして

---

338) この関連で我々はこの点をより一層立ち入って話題にすることはしない。ここで〔我々の〕関心を惹くのはただ「遵法性」(レヒトリッヒカイト)の形式主義的な性格のみである。自然法(レクス ナートゥーラエ)にとっての旧約聖書的な倫理の意義については、トレルチの『社会教説』の中に多くのことがある。

339) 聖書の倫理的な諸規範の拘束力は、バクスターによれば(『キリスト教指針』、III、173-174頁)、それら規範が①自然法の「写し」でしかないか、或いは②「普遍性と永続性との明白な性格」自体を帯びているかする、というほどに広範に及んでいる。

340) 例えばダウデン、前掲書、39頁(バニヤンを引き合いに出している)。

このことも看過されてはならない——中世・近代のユダヤ教も、資本主義的**エートス**の発展の中でのユダヤ教・ピューリタニズム双方の位置にとって決定的だった諸特徴という点において、遠く隔たっていた。すなわちユダヤ教は、政治的ないし投機的な指向を有する「冒険家」資本主義の側に立っており、そのエートスは、一言で言えば**賤民**資本主義のエートスだったのであり、——〔これに対して〕ピューリタニズムは、合理的・市民的な**経営**と、**労働**の合理的な組織とのエートスを担っていた。〔そして〕この枠に適合したものだけを、ピューリタニズムはユダヤ教の倫理から取り出したのである。

　生活の中に旧約聖書的な諸規範を浸透させることの性格学的な様々な結果を指摘すること——刺激的な課題だが、これまでユダヤ教についてすら、決して真には解決されていない課題である[341]——は、このスケッチの枠内では不可

---

341) これに関して一層詳しくは「諸々の世界宗教の経済倫理」に関する諸論考で。例えば特に〔十戒の〕**第2戒**（「あなたは自分のためにいかなる像をも」云々）が、ユダヤ教の性格学的発展や、感覚文化と無縁なその合理的な性格に対して、有してきた巨大な影響は、ここでは分析されえない。それでもたぶん特徴的だとして言及されてよいだろうこととして、合衆国の「教　育　同　盟」（エデュケーショナル　アライアンス）（ユダヤ人移民のアメリカ化を大がかりな手段で驚くべく成功裡に営んでいる一組織である）の指導者の一人が私に、「第2戒からの解放」を、あらゆる種類の芸術的・社交的な授業を通じて目指されるべき、文化人づくりの第1の目標だと称していた。——ピューリタニズムの場合、あらゆる神人間化（失　礼　！）（シット　ウェニア　ウェルボー）に対するイスラエル的厳禁に呼応しているのは、いささか別様の印象を与えるがしかし似かよった方向に作用しているところの、被造物神格化に対する禁止である。——タルムード的ユダヤ教に関して言えば、ピューリタン的な道徳のいくつかの原理的な特徴は確かにタルムード的ユダヤ教に似かよっている。例えばタルムードにおいて（ヴュンシェ『バビロニア・タルムード』、II、34頁において）、「人は善いことを**義務**から行なうほうが、律法によって義務とされてい**ない**善い行ないをするよりも、より良いのであり、そのほうが、神によって一層豊かな報いを受ける」ということが銘記されているとして——換言すれば、愛のない義務遂行のほうが感情的な博愛よりも倫理的な高みにあるとして、ピューリタン的な倫理はこれを、その本質に従えば、**カント**と同様受け入れるだろう——スコットランド人の子孫で、教育において敬虔主義の影響を強度に受け、結果として上の文に接近しているカントと同様に（そもそも、ここでは論究されえないことだが、彼のいくつもの定式が直接に禁欲主義的プロテスタン

能だろう。既に示唆された諸関係と並んで、ピューリタンの内的な気質〔ハビトゥス〕全体については、ピューリタンにおいては〔自分たちが〕神の選民だという信仰が壮大なルネサンスを体験した、ということもまたとりわけ考察に含まれる[342]。

ティズムの思想と結びついているのである)。しかしながら、タルムード的な倫理はいったん東洋的な伝統主義に深く浸っている。「ラビ・タンクム・ベン・カニライは言った。『人は決して習慣を変えるな』(ミシュナ7、1へのゲマラ、Fol. 86b、ヴュンシェでは第93番。問題となっているのは日雇い労働者の食事である)」。よそ者に対してだけは、この拘束は当てはまらない。——しかしそこで、**確証として**の「**適法性**」に対するピューリタン的な解釈は、掟の遵守というユダヤ教的な解釈との対比で明らかに、積極的な**行動**への遙かに強力な動機をもたらした。成功は神の祝福を示しているのだという思想は、もちろんユダヤ教にも決して無縁でない。しかしこの思想が、二重倫理(内倫理と外倫理という)の結果としてユダヤ教において獲得したところの、基底顛倒的なほどに逸脱的な宗教的・倫理的な意義は、まさにこの決定的な点で作用のいかなる類似性をも不可能にしている。つまり「兄弟」に対して**禁じられ**ていたことが、「よそ者」に対しては**許容され**ていたのである。(既にこのゆえに、)この「命じられたこと」でなく「許容されたこと」の領域における成功が、ピューリタンにおけるような意味での方法的な生活成型〔のため〕の**宗教的な確証・推進力**のメルクマールたることは、不可能だった。ゾンバルトによって著書『**ユダヤ人と経済生活**』の中でしばしば正しく取り扱われていないこの問題全体に関しては、上で引用された〔『諸々の世界宗教の経済倫理』の〕諸論考を参照。個別的なことはここにはふさわしくない。ユダヤ教の倫理は非常に強度に伝統主義的であり続けた——さしあたりその言い方がいかにいぶかしく聞こえようとも。**新たな**発展可能性をつねに特有な仕方で自らの内に蔵するところの、「恩恵」と「救済」についての思想のキリスト教版によって、俗世に対する内的な立場が蒙った強力な変位に対しても、同様にここではまだ立ち入れない。旧約聖書的な「適法性」に関しては例えばリッチュル『**義認と和解**』、II、265頁をも参照。

　イギリスのピューリタンたちにとって、同時代のユダヤ人は、戦争や国家納入や、国家独占や創業投機や、君侯による建設・資金調達のプロジェクトを指向していた資本主義(ピューリタン自身はこれを忌み嫌った)の代表者だった。実際、全体として対立は、つねに避けられない諸々の留保を伴いつつ、次のように定式化できるだろう。すなわちユダヤ教的な資本主義は、投機的な**賤民**〔パーリア〕**資本主義**だったのであり、ピューリタン的な資本主義は、市民的な労働組織だったのである。

[342] バクスターにとって、聖書の**真理**〔性〕の根拠となっているのは、終審においては、「敬虔な者たちと不敬な者たちとの見事な相違」、「再生した者」が他の人々と

穏健なバクスターすらが、神が他所でなくイングランドに於いて、かつ真の教会の中で、自分に生を得させたことについて神に感謝しているように、神の恩恵によってもたらされた自らの〈責められるところのない状態〉〔フィリピ2：15、コロサイ1：22他〕についてのこのような感謝は、ピューリタン的な市民層の人生気分[343]に浸透しており、資本主義のかの英雄的時代の代表者たちに特有であったような、かの形式主義的に正しい苛烈な性格をもたらしたのである。

ピューリタニズム 対 娯楽

さて我々は、天職のピューリタン的解釈と禁欲主義的な生活営為の要求とが資本主義的な生活様式の発展に対して**端的に**影響を与えたに相違ない、そういう諸点を特にはっきりと思い描くよう、なお努めることにする。我々が見たように、禁欲が全実力を以て抗い立ち向かった相手とは、とりわけ、暮らしと、

絶対的に異なること、そして、ご自身の者たちの魂の救いのために神が行なう明白な全く特別な配慮（これはもちろん「**試練**」において表現されることも**ありうる**）、である。『キリスト教指針』、I、165頁、第2欄欄外。

343) これについての特徴としては、バニヤン——彼のもとではルターの『キリスト者の自由』の気分への接近が時折見られる（例えば「律法とキリスト者について」『ピューリタン神学者たちの著作』、254頁下方において）——がいかに迂遠な仕方でファリサイ派と徴税人についてのたとえ〔ルカ18：9-14〕に対して折り合いをつけているか、を読みさえすればよい（前掲書、100-101頁、「ファリサイ派と徴税人」という説教を参照）。ファリサイ派はなぜ退けられるのか。——真実には彼は神の掟を守っていない、なぜなら——彼は明らかに、外的な些事や儀礼のことばかり考慮する **分派者**（ゼクティーラー）だからである（107頁）。しかしとりわけ、ファリサイ派は功績を自分自身に帰しており、それにもかかわらず「クエイカー派たちがするように」、神の名の誤用のもと自分の徳行のことで神に感謝しており、そして彼自身は自分の徳行の価値を罪ぶかい仕方で当てにし、それによって、黙示的なものである**神の恩恵の選び**に異議を唱えているのである（139-140頁）。したがって、彼の祈りは被造物神格化であり、これがその罪ぶかさである。——これに対して徴税人は、彼の信仰告白の率直さが示しているように、内面的に再生している、なぜなら——ルター派的な罪責感情の特徴的にピューリタン的な弱化という形で〔ここで〕言われているように——「罪に対する正しきかつ率直な確信には、恩恵の**蓋然性**の確信が伴わねばならない」（209頁）からである。

その当の暮らしが喜びの面でもたらすものとを、**伸びやかに享受すること**〔という敵〕だった。この特色が最も特徴的な仕方で表現されているのはたぶん、「娯楽教書」[344]（ブック オヴ スポーツ）（これをジェームズ１世とチャールズ１世は、ピューリタニズムに対する闘争という明白な目的のために法律へと格上げし、チャールズ１世はこれがあらゆる説教壇から朗読されるよう命じた）をめぐる闘いにおいてだろう。日曜日には教会の〔礼拝の〕時間のほかに若干の民衆的な楽しみが法律上許容されているべきだ、という王の指令に対して、ピューリタンたちが半狂乱同然になって闘争したとして、彼らをひどく怒らせたこととは、安息日の休息に対する攪乱ということだけでは**なく**、むしろ、聖徒〔たるピューリタン〕の秩序だった生活営為からの全く意図的な逸脱誘導だったのである。そして、かの娯楽（スポーツ）の適法性に対するいかなる襲撃をも重罰で罰すると王が威嚇したとして、その目的はまさに、国家にとって危険な（というのも、**反権威主義的**だからである）**禁欲主義的な**特徴を打ち砕くことだった。資本主義社会が今日通常、労働者の階級道徳と、権威敵対的な労働組合とに抗して、「労働を好む者たち」を保護するのと同様に、君主政的・封建制的な社会は、成立しつつあった市民的道徳と、権威敵対的な禁欲主義的秘密集会とに抗して、「享楽を好む者たち」を保護したのである。これに対してピューリタンたちが擁護していたのは、彼らの最も決定的な特質、すなわち、禁欲主義的な生活営為の原理だった。なぜなら他の点では、娯楽（スポーツ）に対するピューリタニズムの嫌悪は、クエイカー派の場合にすら、原則的な嫌悪でなど全くなかったからである。但し娯楽（スポーツ）は、身体的な作業能力のために必要な休養、という合理的な目的に資するものでなければならなかった。これに対して、無制御な衝動の純粋に囚われなき放縦生活の手段としては、娯楽（スポーツ）はピューリタニズムにとって疑わしいものだったのであり、そしてそれが純粋な享楽手段となるか、或いはそもそも、〔古代ギリシアの〕アゴーン的な〔「アゴーン」は「体育競技」の意〕功名心或いは粗暴な本能或いは賭け事への非合理的な欲望を惹起させるかする限り、娯楽（スポーツ）はもちろん端的に退け

---

344) 例えばガーディナーの『体制制定的諸文書（コンスティトゥーショナル）』の中で印刷されている。（権威敵対的な）禁欲に対するこの闘争を、人はルイ14世によるポール・ロワイヤル及びジャンセニストたちに対する迫害と比較することができる。

られるべきものだった。天職労働からも信心からも離反させるものである**衝動的な人生享楽**は、まさにそれ自体、合理的な禁欲に対する敵だった——それが「領主的な」娯楽(スポーツ)として描かれたのであれ、庶民がダンスや飲み屋へ行くこととして描かれたのであれ[345]。

ピューリタニズムと文化(学問、及び文学・芸術など)の関係

　これに応じて、必ずしも端的に宗教的でないと評価される諸々の文化財についての立場も、不信感が強く、しばしば敵対的である。文化を軽蔑する暗愚な俗物根性がピューリタニズムの生活理想の中に含まれていた、かのごとくに言いたいわけではない。少なくとも学問については、——忌み嫌われたスコラ学を除けば——正反対が正しい。そしてその上、ピューリタニズム運動の最も偉大な代表者たちはルネサンスの教養に深く沈潜しており、すなわち運動の長老派ウィングの諸々の説教は〔水びたしならぬ〕古典主義びたしになっており[346]、根底的(ラディカル)な人々の説教ですら、このような学殖を——もちろん彼らはそれをまさに不快に思いはしたが——神学論争においてははねのけていない。ひょっとし

---

[345] **カルヴァン**の立場はこの点ではなお、少なくとも人生享楽の比較的上等な貴族的生活形態が考慮の対象となった限りでは、遙かに一層穏健だった。聖書だけが限度なのであり、聖書を固守しつつ善い良心を保つ者は、人生享楽へと向かう気持ちのいかなる動きそれ自体に対しても、小心翼々と不信の目を向ける必要は必ずしもないのである。これに合致する『キリスト教綱要』〔第3篇〕第10章における詳論(例えば「また我々は、必要にというよりむしろ享楽に、奉仕するように見えることどもをも避けることができない。nec fugere ea quoque possumus quae videntur oblectationi magis quam necessitati inservire」)はそれ自体では、非常に弛緩した実践に対して戸を開け放つことが〔事と次第によっては〕ありえただろう。ここではまさに、エピゴーネンたちの間で救いの確かさ(ケルティトゥードー・サルーティス)をめぐる不安が増大したことと並んで、「戦う教会(エックレーシア・ミーリタンス)」の領域においてカルヴァン派の倫理的発展の担い手だったのが**小市民**だったという事情が、効果を発揮したのである。

[346] 例えばTh・アダムズ(『ピューリタン神学者たちの著作』、3頁)は、「3人の神的な姉妹たち」に関する或る説教(「〔信仰と、希望と、愛、この3つ〔3つとも女性名詞〕は、いつまでも残る。〕しかし、その中で最も大いなるものは、愛である」〔Ⅰコリント13:13〕)を、パリスもアフロディテにりんごを渡したという指摘で始めている。

て、その成立の最初の世代におけるニューイングランドほどに「学士たち(グラデュエイツ)」の
あふれかえった地は全くなかったかもしれない。例えばバトラーの『ヒュー
ディブラス』のような、敵対者たちによる諷刺は、同様にまさにピューリタン
たちの訓練された弁証法や書斎派的学識から〔諷刺を〕始めており、このことは
部分的には、知識に対する宗教的な評価〔の高さ〕(そのような評価〔の高さ〕)はカ
トリック的な「盲信(フィデース インプリキタ)」に対する立場からの帰結だった)と関係してい
た。――学問的でない文献・文学347)やさらに感覚芸術といったものの領域に
人が足を踏み入れるや否や、既に事情は異なっている。ここではもちろん禁欲
は、霜のように、古き愉快なイングランドの生活の上に降りた。そしてこれに
よって世俗的な諸々の祭が打撃を受けただけではない。「迷信」の臭いがする
ものすべてに対する、〔また、〕呪術的・聖祭的な恩恵授与のあらゆる記憶に対
する、ピューリタンたちの怒りの憎悪は、キリスト教のクリスマスの祭をも、
全く同様にメイポール348)をも、また、教会の伸びやかな芸術実践をも、迫害
した。オランダに於いて偉大な、往々無骨にリアリズム的な、芸術のために余
地が残った349)、ということが証明しているのは単に次のことである。すなわ

---

347) 小説及びそのたぐいは「時間の無駄」であり、読まれるべきでない(バクスター
『キリスト教指針』、I、51頁 第2欄)。――エリザベス朝時代以降のイングラン
ドにおける、戯曲だけでなく抒情詩や民謡の旱魃状態は、周知である。造形芸術に
対しては、ピューリタニズムはひょっとすると過度に抑圧するべきものとは思わな
かったかもしれない。しかし顕著なのは、見たところ全く良い音楽的素質(音楽史
におけるイングランドの役割は些末なものでなかった)からの、絶対的な無への瓦
解であり、これを我々は、この点ではアングロサクソン諸民族のもとでのちに、今
日なお、目にしている。黒人教会――そして、教会が今や「呼び物(アトラクションズ)」として
(1904年、ボストンのトリニティー教会では年8000ドルで)雇っている職業歌手
――以外では、人はアメリカでもたいていの場合、「会衆賛美」としては、ドイツ
人の耳にとって耐えがたい金切り声しか耳にしない。(**部分**的には類似の事象がオ
ランダでも見られる。)
348) 教会会議の討議録が知らしめているようにオランダにおいても全く同様だった。
(メイポールに関する決議をライツマの集成、VI、78. 139 他で参照。)
349) 容易に思いつくのは次のことである。すなわち、芸術的対象として**醜悪なもの**
がより一層ありうべきものとなるについて貢献したのは、「旧約聖書のルネサンス」

ち、カルヴァン派の神政政治の短期間の支配が冷静な国家教会制へと溶解し、それによってカルヴァン派が禁欲主義的宣伝力を顕著に失ったあとになって〔なお〕、宮廷や統治者身分(**不労所得生活者**(レンテ))層)の影響に抗って、しかし、豊かになった小市民たちの生の喜びにも抗って、オランダでこのような〔芸術破壊的な〕諸方向で権威主義的に適用された風紀規制が、排他的な作用をいかに及ぼしえなかったか、これである[350]。ピューリタンにとって、劇場は退けられ

であり、また、究極的には第2イザヤや詩編22篇に遡るところの〈美に対する敵視〉的な或る種のキリスト教的感覚を芸術において指向する敬虔主義的な指向である、ということであり、またその際、被造物神格化に対するピューリタン的拒否も作用した、ということである。しかしながら、個別的なことはなおすべて不確かである。ローマ教会では全く別の(デマゴーグ的な)動機が、外面的に似かよった諸現象を惹起した——もっともしかし、芸術的には全く別の結果をもたらして、だが。(マウリッツハウス美術館で)レンブラントの「サウルとダビデ」の前に立つ者は、自分はピューリタン的な感情の強力な作用を直接に感じているのだと思う。カール・ノイマンの『レンブラント』におけるオランダの文化影響の才気あふれる分析は、芸術を豊かにする肯定的な作用が禁欲主義的なプロテスタンティズムにどれほど帰せられうるかに関して、人が現在知ることが**できる**ことの限度をたぶん示しているだろう。

350)〔オランダに於いて〕カルヴァン派的倫理が生活実践に浸透する度合いが比較的低かったことについて、また、既に17世紀初頭において、しかし完全には総督フレデリク・ヘンドリクの治下で、禁欲主義的精神が弱まったことについて(1608年にオランダに逃れたイギリスの組合教会派の人々にとって、オランダの安息日の不充分な休息は不快なものだった)、そしてそもそもオランダのピューリタニズムの拡張力が比較的小さかったことについては、ここでは詳論が不可能な極めて多様な原因が決定的だった。それら原因は一部は政治体制に存し(分立主義的な都市同盟や州同盟)、また、防備力の度合いが遙かに低いことに存した(ほどなく独立戦争は基本的にアムステルダムの**カネ**と傭兵部隊とを使って営まれることとなり、イギリスの説教者たちは、オランダの軍隊を引き合いに出すことによってバベルの言語混乱の例示としていた)。これによって信仰闘争の深刻さは相当程度他人へと押しつけられ、しかしそれと共に、政治**権力**(マハト)への参加も失われた。これに対してクロムウェルの軍隊は、——部分的には強要されてだが——自らを**市民軍**だと感じていた。(もちろんその際、より一層特徴的なのは、**まさにこの軍隊は**防衛**義務**の除去を自らの綱領の中に組み入れた、ということであり——なぜならまさに人は、神の名声

るべきものだった³⁵¹⁾。そして、可能なものの圏内から性愛的なものや裸体

のためだけを思って、良心において善いことだと認識されたことのために（しかし君侯のご機嫌のためにではなく）、戦うことが許されるからである。ドイツの伝統的な諸概念によれば「非道徳的」であるイギリスの軍隊制度は、**史的には**当初、非常に「道徳的な」動機を有しており、決して負かされなかった兵士たちの要求したものだったのであり、これが王政復古以後にようやく、王冠の利害に役だてさせられたのである。）大戦争〔すなわちオランダ独立戦争、いわゆる80年戦争〕の時期にカルヴァン派の担い手だったオランダの市警備隊（スフッテライ）が、ドルドレヒト教会会議の半世代後に既に、〔フランス・〕ハルスの諸々の絵画で〔見られるように〕実にほとんど「禁欲主義的」でない振る舞いをしているのを、人は目にする。彼らの生活営為に反対する諸々の教会会議の抗議は再三見受けられる。〔ドイツ語で「野卑さ」を意味する〕「デフティヒカイト」というオランダ語の概念〔「〜カイト」は、オランダ語でなくドイツ語の抽象名詞の語尾〕は、市民的・合理的な「立派さ（エーアバールカイト）」と都市貴族的な身分意識の混合物である〔英語の「贈り物（ギフト）」と同じ発音のドイツ語が「毒（ギフト）」を意味し、ドイツ語の「尊崇の念（アンダハト）」と同じ発音のオランダ語が単に「注意（アンダハト）」を意味する、といったたぐいと同種の話〕。オランダの諸教会における教会座席の階級区別は、この教会の貴族的性格を今日なお示している。都市経済の存続は工業を阻害した。工業が興隆したのはほとんど亡命者（ユグノー）たちのみによっており、それゆえつねに一時的でしかなかった。しかしオランダでも、他所に於けるのと全く同様の方向性で、カルヴァン派や敬虔主義の俗世内的禁欲は有効だった（直ちに言及される「禁欲主義的節約強制」の意味においても——註369で引用した箇所でフルーン・ファン・プリンステラーが証言しているように、である。カルヴァン派的オランダにおける文学のほぼ完全な欠如は、もちろん偶然でない。オランダに関しては例えばブスケン - フーエト『レンブラントの国』（フォン・デア・ロップによってドイツ語でも編集されている）を参照。「禁欲主義的節約強制」としてのオランダ的宗教心の意義は18世紀になお、例えばアルベルトゥス・ハラー〔すなわちアルブレヒト・フォン・ハラー〕の書いたものの中で、明確に立ち現れている。オランダ的芸術判断及びその動機の特徴的な特質について、参照されるべきは例えば、1891年刊の『古き（オウド）オランダ（ホランド）』誌に見られるコンスタンティン・ホイヘンスの自伝的な書きつけ(1629-1631年に書かれた)である。（既に引き合いに出されたフルーン・ファン・プリンステラーの著作『オランダ、そしてカルヴァンの影響』(1864年)は、**我々の**諸問題については、決定的なものを何らもたらしていない。）——アメリカにおけるニューネザーランド植民地は社会的には「パトロンたち」——すなわち、資本を前払いした商人たち——の半封建制的な支配地だったのであり、ニューイングランドとは反対に、「庶民」を同地への移住へと誘うことは困難だった。

画が厳格に排除されたにもかかわらず、より根底的な見解は文学でも芸術でも立ち止まっていなかった。「無益なおしゃべり(アイドル トーク)」、「余計なものの数々(スーパーフリュイティーズ)」[352]、「空しい見せびらかし(ヴェイン オステンテイション)」といった諸概念——いずれも、非合理的・無目標的な、それゆえ非禁欲主義的で、神のでなく人間の名声に資する、そういう一箇の振る舞いに対する名称である——、これらは、芸術家的な諸々の動機のいかなる利用にも抗って断固として冷静な合目的性のほうを優遇するべく、〔使用のために〕速やかに〔ピューリタンたちの〕手元に在った。個人の直接的な装い、すなわち服装[353]、が問題となった所ではこれは完全に妥当した。生活様式の均質化へと向かうかの強力な傾向(今日においては、この傾向には生産の「標準化」

---

351) ピューリタン的な市当局がストラトフォード・アポン・エイヴォンの劇場を、なおシェークスピアの在世中、かつ彼の晩年における同地での滞在の際に、どのように閉鎖したか、ということが想起されるべきである。(然り、ピューリタンたちに対するシェークスピアの憎悪・侮蔑は機会あるごとに立ち現れている。)1777 年になお、バーミンガム市は劇場の開設許可を、「怠惰」を助長し商業に有害だとして拒否した(アシュリー、註 378 所引の著作、7、8 頁)。

352) ここでも決定的なのは、ピューリタンにとっては、神の意志か被造物的な虚栄か、の二者択一しか存在しなかった、ということである。それゆえピューリタンにとって「どちらでも良いことども(アディアフォラ)」は存在しえなかった。既述のように、この関連では**カルヴァン**は異なっていた。すなわち〔彼にとっては、〕人が何を食べるか、何を着るか等々といったことは——その帰結が、魂が欲望の権力へと隷従するということでさえなければ——どちらでも良いのである。「俗世」からの自由は——イエズス会の場合と同様——無関心において表現されるべきであり、但しカルヴァンの場合には、地が提供する諸々の財の無差別的かつ無欲な使用において、表現されるべきなのである(『キリスト教綱要』初版の 409 頁以下)——〔カルヴァンの〕この立場は、エピゴーネンの精確派によりもむしろ、明らかに結果としてルター派的な立場に近かった。

353) この点に関するクエイカー派の行動は周知である。しかしながら既に 17 世紀初頭、或る牧師夫人の流行の帽子と服装のゆえに、十年の長きにわたって極めて深刻な嵐が、アムステルダムの亡命者共処体(ゲマインデ)に吹き荒れている。(デクスターの『最近 300 年の会衆派教会』において面白おかしく描かれている。)——サンフォード、前掲書は、今日の男の「髪型」は盛んに嘲られた「円頭派」のそれであり、また、ピューリタンたちの男の同様に嘲られた**服装**は、ともあれその基礎にある**原理**において、今日の服装と本質的に同じである、ということを既に指摘している。

への資本主義的利害関心354) が味方している〕は、「被造物神格化」の拒絶のうちに自らの理念的基礎を有した355)。確かに、その際忘れられるべきでないのは、ピューリタニズムは自らのうちに諸々の対立の世界を含んでいたということであり、その指導者たちのもとでははっきりと、芸術における時間超越的な偉大なものに対する本能的な感覚は、「王党派」の生活雰囲気における〔同種の感覚〕より一層の高みに位置していた356)、ということであり、そしてレンブラ

---

354) これに関してはまたもや、既に引用したヴェブレンの著作『企業の理論』を参照。

355) この観点には我々はつねに立ち戻る。この観点によって説明されるのが、例えば次のような言葉である。「自分自身や自分の子どもたちや友人たちのことで支出される一銭一銭は、神ご自身の指示によるかのごとくに為されねばならず、神に奉仕し神を喜ばせるために為されねばなりません。綿密に見張りなさい、さもないと、盗人のごときかの肉的自己は神のために何も残さないでしょう」(バクスター、前掲書、I、108頁下方右)。これが決定的なのであり、すなわち、人が**属人的な**目的のために振り向けるものは、神の名声のための奉仕から**取り去られている**のである。

356) 正当にも例えば次の点がよく想起される(例えばダウデン、前掲書において)。すなわち、クロムウェルはラファエロの下絵やマンテーニャの「カエサルの勝利」を没落から救い、チャールズ2世はそれらを売却しようとした、と。イギリスの国民文学に対して、周知のように王政復古時代の社会は同様に全く冷ややかで、或いは端的に拒否的だった。宮廷ではまさに至る所でヴェルサイユの影響がオールマイティーだった。――熟慮なしに日常生活を享受することからの方向変更を、(ピューリタニズムの最良の人々の精神への、また、ピューリタニズムの学校をくぐり抜けた人々の精神への、その〔方向変更がもたらす〕影響から見て)個別的に分析することは、ともあれこのスケッチの枠内では解決されえない一箇の課題である。ワシントン・アーヴィング(「ブレイスブリッジ・ホール」、前掲箇所)は、いつものイギリス的用語法でその影響を次のように定式化している。「それ(「それ」は「政治的自由」のことだとアーヴィングは思っており、我々は「それ」は「ピューリタニズム」のことだと言う)は、**空想**の作用をあまり引き出さないが、**想像**のより一層の力を引き出す」。少々狭すぎる仕方で定式化されたこのコメントがほぼ正しいということを感得するのに人は、学問、文学、技術的発明やイギリスの実業生活における**スコットランド人たち**の立場を思うだけでよい。――技術や経験的な諸学問の発展に対する意義には、我々はここでは言及しないことにする。関係自体は日常生活の中でも至る所で立ち現れている。例えばクエイカー派にとって、許容された

ントのような比類なき天才は、彼の「生き方」がピューリタンの神の目から見ていかに全く恩恵を見いださなかったとしても、それでも創作の方向において彼自身の信団的(ゼクティーレリッシュ)な環境によっても全く本質的に規定されていた、ということである357)。しかしながら、全体像においては、以上述べられたことはいかなる変更をももたらしていない。とはつまり、人格の強力な内面化（これは、ピューリタン的な生活雰囲気がさらに引き続き形づくられたことによってもたらされ、かつその形成が事実上これの規定要因の１つだった）は、とはいえ〔わずかに〕おもに文学に役だち、そしてその文学の領域においてものちの諸世代にようやく役だったという、その限りにおいて〔、いかなる変更をももたらしていないの〕である。

文化の享受に対するピューリタニズムによる制約

　ピューリタニズムのこれらあらゆる方向への諸々の影響を、ここではより詳細に論究することができないので、我々はただ次のことだけを念頭に置くことにしよう。すなわち、美学的或いは娯楽的な享楽に純粋に資する諸々の文化財を喜び楽しむことへの許容には、いずれにせよつねに、それら文化財には**一銭もかかってはならない**、という**一箇**の特徴的な制限がはめられているのである。然り、人間は、神の恩恵によって自らに割り当てられた諸財の管理者にすぎず、聖書の〔たとえ話の〕しもべのように、託されたすべての金銭について説明をせねばならないのであって358)、そしてその一部を、神の名声にでなく自分の享楽に向けられた目的のために支出することは、少なく見積もってもいかがわしいのである359)。両の眼を見開いている者ならば、現在に至るまで、このよう

　　「レクリエーション」とは（バークリーによれば）、友人を訪問すること、史的な著作の読書、**数学・物理学的な実験**、庭仕事、世における社会的及びその他の諸事象に対する論評、その他である。──その理由は、先に論究されたことである。

357) カール・ノイマンの『レンブラント』において既に見事に分析されている。同書はそもそも上記の諸々のコメントと比較対照されるべきである。

358) 上で引用した箇所 I、108 頁下方でバクスターがこう言っている。

359) ハッチンソン大佐について、その未亡人によって著された伝記における有名な描写（しばしば、例えばサンフォード、前掲書、57 頁で引用されている）を例えば

な見解の代表者に遭遇しなかったはずがあろうか³⁶⁰⁾。自分に託された所有物に対する**義務を**人間に**課する**という思想(当人は自分自身を、奉仕する管理者或いはまさに「営利機械」として、この所有物よりも下位に位置づけるのである)が、冷却をもたらすその重みと共に、人生の上に降った。所有〔の規模〕が大きくなればなるほど、——禁欲主義的な生活気分がテストに合格している**ならば**——その所有を神の名声のために減らさずに保つことや、たゆまぬ労働によって増やすことへの、責任の感情は一層重くなる。この生活様式の生成も、個々の根について見れば、近代の資本主義的精神の実(じつ)に多くの構成要素と同様、中世にまで遡るが³⁶¹⁾、この生活様式は禁欲主義的なプロテスタンティズムの中でようやく、その首尾一貫した倫理的土台を見いだした。資本主義の発展に対するこの生活様式の意義は明白である³⁶²⁾。

参照。彼の騎士的なあらゆる徳や、明朗な人生歓喜へと傾く彼の性質が叙述されたあとにこうある。「彼は素晴らしくさっぱりしていて、習慣から見てきれい好きで品が良く、その点での趣味の良さがありました。ですが、彼は非常に早くに、**高価なものを何であれ着ることをやめたのです**」。……——全く同様な仕方で、世の中のことに関心を持ち良質の教養を持ったピューリタン女性(しかしこの女性は、①時間、及び②「華美」や楽しみのための支出、という２つのことを節約している)の理想が、バクスターの「メアリー・ハマーの葬送演説」(『ピューリタン神学者たちの著作』、533頁)において描かれている。

360) 私が——他の**多くの**例と並んで——特に思い出すのは、実業生活において並外れて成功し、老年期には非常な金持ちだった製造業者のことである。彼は、執拗な消化機能減退の状況で医師から牡蠣を毎日いくつか味わうことを勧められた時に、非常な困難を経てようやくその気になったのである。彼が既に存命中に取り組んでいた、慈善目的のための非常に相当な額の寄付が他方で示しているように、ここで〔すなわち、しぶしぶ牡蠣を食べるに至ったことにおいて〕問題だったのは**単に**、所有〔財産〕を自ら**享受する**ことを道徳的にいかがわしいとみなすかの「禁欲主義的な」感覚の残滓ということであり、決して何らか「吝嗇」と似かよったものではなかった。

361) 作業場、帳場、一般に「仕事」と私的住居との——会社と〔個人〕名との——、営業資本と私的財産との、**分離**は、すなわち「商売」(さしあたり少なくとも会社財産)を一箇の「神秘的な体(コルプス ミュスティクム)」としようとする傾向は、みなこの方向性の中に在った。これに関しては私の『中世における商事会社』を参照。

俗世内的プロテスタント的禁欲の帰結――消費に対する制約

したがって、俗世内的なプロテスタント的禁欲は――と、これまで述べられたことを我々はまとめることができよう――、所有〔物〕の囚われなき享受に対して全力で抗う仕方で作用し、**消費**、特に奢侈消費、を制約したのであり、これに対して**財 獲得**（エアヴェルプ）を、その心理学的効果の点で、伝統主義的な倫理の〔もたらす〕諸々の障害から**解放した**のであり、それは、単に利潤追求を合法化するだけでなく、それを（上述の意味で）神が欲しているのだと端的にみなすことによって、利潤追求に対する諸々の枷を破砕するのである。ピューリタンたちのほかに、クエイカー派の偉大なる擁護者であるバークリーがはっきり証言して

---

362) 適切にも既にゾンバルトがその著『資本主義』（第1版）でこの特徴的な現象を時折指摘していた。但し注意すべきは、財産蓄積は非常に異なる二つの心理学的源泉から由来する、ということである。一つの源泉は、その有効性という点で、遙かかなた、極めて昔の古代にまで遡り、寄付や氏族世襲財産や信託財産等といった形で表現される――この願望は、いつの日か、非常な物質的自重を担いながら死に就くようにしよう、そしてとりわけ、「商売」の存続を確保しよう（共同で相続する子らの大多数の気持ちを傷つけるのであっても）、といった同種の努力においても、全く同様に表現されているが、むしろ寄付や氏族世襲財産等々といった場合においてこそ、遙かに非常に純粋かつ明快な仕方で表現されている。**これらのケース**で問題になっているのは、自分の創造物において死を超えて理念的な生を営みたいという願望と並んで、「家族の光輝」（スプレンドル ファミリアエ）を保ちたいということであり、したがって、創立者の拡大された人格を志向した虚栄であり、ともあれ結局のところ自己中心的な目標である。**我々が**ここでかかわっているかの「市民的な」動機の場合には、事情はそうなっていない。この場合には「あなたは放棄するべきなら、放棄するべきだ」という禁欲の命題が、「あなたは 獲得（エアヴェルプ） するべきなら、 獲得（エアヴェルプ） するべきだ」という肯定的・資本主義的なものへと変じられて、その非合理性において簡明かつ純粋に一種の定言的命令として我々の前に在る。人間の虚栄でなく、神の名声と人間自身の義務だけが、ここでピューリタンたちにとっては動機なのであり、そして**今日では**、「職業」に対する義務だけが動機である。一箇の思想をその極端な帰結の形で例示することを喜びとする者は、例えば或る種のアメリカの億万長者の理論、すなわち自分の子どもたちから、自ら労働して儲けねばならないのだという道徳的善行が取り去られることのないよう、子どもたちには、自分が儲けた億万のカネを遺すべきでは**ない**のだ、という理論を想起するべきである。もちろん**今日では**、これはたぶん「理論的な」シャボン玉でしかないだろうが。

いるように、外的諸財への執着や肉欲に対する闘いは、合理的な**営利**に対する闘いで**なく**所有〔物〕の非合理的な使用に対する闘いだった。しかしこの後者〔すなわち所有の非合理的な使用が問題とされる所以〕は、特にそれが、個々人や全体の種々の生活目的のための、神の意志に従った合理的・功利主義的な〔所有の〕使用をでなく、(被造物神格化として断罪されるべき[363])奢侈の**見せびらかし的な諸形態**——封建制的な感覚にとってはごく自然に思えた諸形態——を、高く評価することに存したのである。俗世内的なプロテスタント的禁欲が、所有する者に対して強制したかったのは**苦行ではなく**[364]、当人が自らの所有を必要な、かつ**実際的に有益**な、物事のために使うことを、強制したかったのである。「**安らぎ**」(コンフォート)という概念は、倫理的に許容される諸々の使用目的の範囲を特徴的な仕方で包含しており、そして、かの〔安らぎという〕概念に付着している生活様式の発展が、この人生観全体の最も首尾一貫した代表者、すなわちまさにクエイカー派のもとで、最も早くに最も明瞭な仕方で観察されたということは、もちろん偶然でない。不安定な経済的基礎を基盤に、擦り切れた優美さを簡素な単純さよりも優先させるものである騎士道的な華美の金ぴかと光沢に対して、クエイカー派たちは、市民的な「**家庭**」(ホーム)の清潔な、安定した安楽を理想として対置したのである[365]。

---

363) **これが**——再三再四強調されるべきことであるように——最終的な決定的な宗教的動機であり(肉の圧殺という純粋に禁欲主義的な諸観点と並んで)、これはクエイカー派の場合に全く特にはっきりと立ち現れている。
364) バクスター(『聖徒の永遠の憩い』12)は苦行を、肉体には必要なものが確保されるべきだ(さもないと人は肉体の下僕になる)という、イエズス会の場合によく見られる動機によって、否定している。
365) この理想は、特にクエイカー派においては、既にその発展の最初の時期に明確に存在している。これは、重要な諸点において既にヴァインガルテンがその著『イギリスの諸々の革命教会』の中で展開しているとおりである。バークリー、前掲書、519頁以下、533頁の立ち入った説明も、これを極めて明快に描き出している。避けられるべきは①被造物的虚栄、したがって、あらゆる見せびらかし、けばけばしさ、**実際的**な目的を有しない物や或いは稀少性のゆえに(したがって、虚栄から)高く評価されているような物を使うこと、であり——②所有物の非良心的な使用(必要な生活需要や、将来のための準備的配慮との対比で、必要度が低い需要への**不釣**

俗世内的プロテスタント的禁欲の帰結——節約強制を通じた資本形成

　私経済的な富の**生産の面**では、禁欲は非遵法性に対して、また同様に純粋に**衝動**的な強欲に対して、闘った——なぜならこれが、「強欲さ〔カヴェタスネス〕」「拝金主義〔マモニスムス〕」などとして、つまり、豊か**である**という最終目的のための富の追求だとして、禁欲が退けたところのものだからであり、というのも、所有それ自体は誘惑だったからである。さて、しかしながらここで、禁欲は、「善いことをつねに欲し、そして悪いことを」——ここでの意味での悪いこととは、所有及びその諸々の誘惑である——「つねに作り出す」〔ローマ7：19を参照〕力だった。なぜなら確かに禁欲は、旧約聖書と共に、また「善い行ない」に対する倫理的評価との十全な類比の中で、**目的**としての富の追求を、退けられるべきことの極みとしたが、しかし、職業労働の**果実**〔ベルーフ〕としての富の獲得を、神の祝福としたからである。それだけでなく、より一層重要だったこととして、それ自体最高度の禁欲主義的手段としての、また同時に、再生した人間の（また、当人の信仰の真正性の）最も確かで最も可視的な確証としての、不断のたゆまぬ体系的な世俗的職業労働〔ベルーフ〕、に対する宗教的な〔高い〕価値評価は、然り、我々がここで資本主義の「精神」と称してきたかの人生解釈の拡大〔のため〕の、考えられる限りで最も強力な梃子であるほかなかった[366]。そして今我々が、消費に対する制

　り合いな支出に存するような、そういう使用）、である。したがってクエイカー派の人間は、言うなれば、歩く「限界効用法則」だったのである。「被造物の節度ある使用」は全く許容されるが、しかし人は**特**に、素材の質・丈夫さ等に重きを置くことを、それが「虚　栄〔ヴァニティー〕」を帰結しない限りにおいて、許されたのである。これらすべてに関して、『教養ある読者のための朝刊紙』、1846年、第216号以下を参照（特にクエイカー派の場合の、素材の快適さ及び丈夫さについて、シュネッケンブルガー『講演』、96-97頁を参照）。

366）既に先に述べられたことだが、諸々の宗教的運動が階級〔の如何〕によって制約を受けるという問題には我々は**ここでは**立ち入らない（これに関しては「諸々の世界宗教の経済倫理」に関する諸論考を参照）。しかし、例えばここで特に使っているバクスターが、当時の「ブルジョワジー」の眼鏡でものを見ていたわけでは決してなかった、ということがわかるためには、次のことを念頭に置いておけば充分である。すなわちバクスターの場合にも、諸々の職業の神意適合性の順番において、学者的な職業のあとにまず第一に農　夫〔ハズバンドマン〕が来ており、**次いで**ようやく水夫〔マリナー〕、

約と、営利努力に対するこの束縛解除をなお**合わせて**持つなら、その外的な結果は容易に想像できる。すなわち、**禁欲主義的な節約強制**を通じた**資本形成**がそれである[367]。獲得されたものの消費的な費消を妨げた諸々の障害は、然り、当の獲得されたものが**投下**資本として生産的に使用されることに役だつほかなかった。この作用がどれほど強力だったかということは、もちろん数的には、

織物仕上げ工(クロージアー)、書籍商(ブックセラー)、仕立屋(テイラー)等々が、ごたまぜ状態で来ている。(充分に特徴的な仕方で)言及されている「水夫」も、ひょっとすると、少なくとも漁夫と船乗りの両方が考えられているのかもしれない。――タルムードのいくつもの言葉は、既にこの点で異なっている。例えばヴュンシェ『バビロニア・タルムード』、II[1]、20、21 頁において、ラビ・エレアザルの、すべて「通商は農耕よりも良い」という意味で語られている、もちろん反駁を受けていないわけでない諸々の言葉を参照。(より調停的に、ヴュンシェ『バビロニア・タルムード』、II 2、68 頁では賢明な資本投下に関して、3 分の 1 は地所に、3 分の 1 は商品に、3 分の 1 は手持ち現金として、とある。)

　経済的(「唯物論的」と〔も〕、残念ながら未だに言われる)解釈なしには自分の因果的良心が安んじない、という人々のためにここでコメントしておきたい。私は、宗教的な思想形成物の運命に対する経済的な発展の影響を、非常に重要なものだとみなしており、のちほど、我々のケースで〔経済と宗教という〕両者の諸関係や相互的な適応経過がどのように成型されたかについて、叙述を試みるだろう。但し、かの宗教的な思想内容は、ともあれ全く、「経済的」には演繹されえないのであり、それら内容は――この点では何も変化しえない――まさに**それ自体**、諸々の「国民性」の最も強力な具象的な要素であり、固有法則性を担っており、自らのうちに純粋に強制力をも担っている。そしてその上、**最も重要な諸々の相違**――ルター派とカルヴァン派の間の相違――は、宗教外的な契機が入り込んでくる限りでは、おもに**政治的**に条件づけられている。

367) Ed・ベルンシュタインが「禁欲は市民的な徳目である」と、既に先に引用された論考(681 頁及び 625 頁)で言っている時、彼はこのことを考えているのである。前掲書での彼の詳述は、そもそもこの重要な諸関連を示唆した**最初のものである**。但し、当の関連は、彼が推定しているよりも遙かに包括的なものである。というのも、単なる資本蓄積でなく職業生活全体の禁欲主義的な合理化が、決定的なものだったからである。――アメリカの諸々の植民地については、ピューリタン的な北部(ここでは「禁欲主義的な節約強制」の結果として、投資先を待っている資本がつねに存在していた)と南部の状況との対比が、既にドイルにおいて明確に強調されている。

いかなる正確な規定も不可能である。ニューイングランドではこの関連は目に見えるほどに目だっており、その結果それは既にドイルのような優れた歴史家の目に留まらずにはいなかった[368]。しかし、厳格なカルヴァン派によって現実には7年間しか支配されなかったオランダに於いても、宗教的に比較的真剣な人々の間で支配的だったところの、生活の比較的強度な簡素さは、富が巨大な場合には、過剰な資本蓄積熱を帰結した[369]。さらに、市民的財産の「貴族化」への傾向——いついかなる所にも存在し、今日ドイツでも実際に作用している傾向である——が、諸々の封建制的な生活形態に対するピューリタニズムの嫌悪によって、はっきりわかる形で阻害されずにいなかった、ということは明白である。すなわち、17世紀のイギリスの重商主義的な著作家たちは、イングランドに対するオランダの資本力の卓越性の原因として、イングランドに於けるのと異なりオランダでは、新たに獲得された財産が規則的に、土地への投下によって、及び——というのも、土地購入だけでなくそれも重要なので——封建制的生活習慣への移行によって、貴族化を追求したり、それによって資本主義的活用から引き離されたりすること、がない、と指摘している[370]。

---

368) ドイル『アメリカに於けるイギリス人』、第2巻、第1章。植民地創設後の第1世代におけるニューイングランドでの鉄工所会社（1643年）や、市場のための織布業（1659年）は（そしてその他に、手工業の高度の開花も）、純粋に経済的に考えれば時代錯誤であり、南部の状況とも、また、カルヴァン派的でなく十全な良心の自由を享受していたロードアイランドとも、極めて顕著な対照を成している。ロードアイランドでは、有利な港〔の存在〕にもかかわらず、1686年になお、総督及び協議会の報告は次のように言っていた。「貿易に関する巨大な障害は、相当な地所の持ち主と商人が我々の中に不足しているということである」（アーノルド『ロードアイランド州の歴史』、第1巻、490頁）。節約された資本をつねに再び新たに投資するという強制（ピューリタン的消費制限がこれを実施したのである）もその際に作用していた、ということは事実ほとんど疑う余地がない。これに付け加わったのが、ここではまだ論究されえない、教会規律の役割である。

369) この人々はオランダではもちろん急速に減っていった、ということはブスケン-フーエトの叙述が示している（前掲書、第2巻、第3・4章）。ともあれ、**フルーン・ファン・プリンステラー**（『父祖の国〔オランダ〕の歴史』、第3版、§303 Anm.、254頁）はウェストファリアの講和**以後**の時代についてなお、「オランダ人は多く売り、少なく消費する」と言っている。

ピューリタンたちの間でもないわけでなかった、農業(特別に重要な、信心のためにも特別に有用な、営利部門としての)に対する〔高い〕評価は、(例えばバクスターの場合には) 地　主(ランドロード)でなく自作農(ヨーマン)や農業者(ファーマー)に向けられており、18世紀においては、ユンカーでなく「効率的な」農業経営者³⁷¹⁾ に向けられていた。「古き愉快なイングランド」の担い手たる「地 主 階 級(スクワイアーアーキー)」と、社会的勢力という点で強度に変動していたピューリタン的な人々との間の〔イングランド内部での〕分裂は、17世紀以降の時代のイギリス社会を貫いて走っている³⁷²⁾。2つの特徴、すなわち、不撓不屈にナイーヴに人生を喜ぶという特徴と、厳格に規制された控えめな自己統御及び習律的な倫理的拘束という特徴は、今日なおイギリス人の「国民性」のイメージの中で並び立って存在している³⁷³⁾。同様に、

---

370) イングランドについては、ランケ『イギリス史』、第4巻、197頁によって引用されている、チャールズ2世のロンドン入城以降における或る王党派貴族の請願が、市民の資本によって田舎領地が 獲得(エアヴェルプ) されることに対する、法律による禁止を支持している(それによって当の資本は、商業にのみ向かうことを余儀なくされるべきだ、というわけである)。——オランダの〔市民的な〕「統治者(レヘント)」たちの身分は、都市の市民的貴族から出てきた「身分」として、古来の騎士領地の購入によって自らを区別した。(これに関しては、フラウン『80年戦争の中の10年間』で引用されている「統治者たち(レヘント)は不労所得生活者(レンテ)であり、もはや商人でない」という1652年の訴えを参照。)この人々はもちろん内面的には真剣にカルヴァン派的な考えを持っていたことなど決してなかった。そして17世紀後半におけるオランダの市民層の広範な層における悪名高い貴族熱・称号熱は、既にそれだけで、人はいずれにせよこの時期については、オランダの状況とイギリスの状況の対置を慎重さを以てのみ受け入れねばならないのだ、ということを示している。ここでは、相続された貨幣所有の優位が禁欲主義的な精神を破砕したのである。
371) 市民的な資本によるイギリスの田舎領地の大幅な購入に続いたのが、イギリス農業の偉大な時代だった。
372) 国教会派の地主は、今世紀に至るまでなお、非国教徒を小作人として受け入れるのを拒否することが稀でなかった。(現在、両方の教会の党派は数でほぼ同じであり、以前には非国教徒はつねに少数派だった。)
373) H・レヴィが(『アルヒーフ』46、605-606頁でちょうど刊行されたばかりの論考において)正当にも次のことに注意を促している。すなわち、数多くの特徴から推論されるべき、イギリス国民の「性格素質」によれば、この国民は禁欲主義的エートスや市民的諸徳目の受容ということについて、他の諸国民よりも素質を持っ

年季奉公契約で縛られた使用人たち(インデンティッド・サーヴァンツ)の労働力によって大農園(プランテーション)を設立して領主的な生活を送ろうとした「冒険家たち(アドヴェンチャラーズ)」と、ピューリタンたちの独特に市民的な信念との間の、尖鋭的な対立は、北アメリカの植民の最初期の歴史を貫いて走っている³⁷⁴⁾。

禁欲が内包する矛盾を見事に表現したウェズリーの言葉

　ピューリタン的な人生解釈の力が及んだ限りでは、それは、いかなる事情のもとでも——そしてもちろんこのことは、資本形成の単なる促進よりも遙かに重要である——経済的に**合理的な**市民的生活営為へと向かう傾向〔の促進〕に役だったのであり、これが、このような生活営為の最も本質的な、かつ特に唯一首尾一貫的な、担い手だった。ピューリタン的な人生解釈は、近代の「経済人」の揺籃のかたわらに在ったのである。確かに、これらピューリタン的な生活理想は、然り、彼ら自身が良く知っていた富の「誘惑」によって、あまりにも強度の負荷試験に失敗した。非常に規則的に我々は、小市民や農民といった**ようやく興隆に向かいつつあった諸階層**³⁷⁵⁾ の列の中にいたピューリタン的精

ていなかった(野卑で粗雑な人生悦楽が、この国民の存在の基本的特徴だったのであり、今もそうである)、というのである。ピューリタン的な禁欲が、それが支配した時代に及ぼした力は、この性格特徴がピューリタンの信徒たちのもとで**調節された**、その〔調節の〕驚くべき度合いのうちにまさに示されているのである。

374) ドイルの叙述の中でも再三再四繰り返されている。ピューリタンの態度決定においては宗教的な動機もつねに決定的に(もちろん、**それだけが**決定的に、では必ずしもないが)作用している。マサチューセッツへのジェントルマンたち(世襲貴族身分を有する貴院議員ですら)の移住を、(ウィンスロップの指導下の)植民地は、ジェントルマンたちが**教会**に加入しさえすれば、許可する意向だった。**教会規律**のために、**閉鎖的な**集落が重視されたのである。(ニューハンプシャーやメインの植民は、大規模な家畜プランテーションに投資した国教会派の大商人によって行なわれ、ここでは社会的な連関は非常に低い程度で存在した。)ニューイングランドの人々の強力な「利益欲」に関しては、既に1632年に苦情が申し立てられた(例えばウィーデンの『ニューイングランドの経済・社会史』、第1巻、125頁を参照)。

375) このことは既にペティ、前掲書が強調しており、同時代のあらゆる史料は例外なしに、特にピューリタン的な信団成員たち、すなわちバプテスト派やクエイカー派やメノナイト派(ゼクティーラー)について、一部は無資産な、一部は小資本家の、階層だと言っ

神の最も真正な信奉者たちが、そして「幸いなる所有する者たち」が、クエイカー派の場合ですら、実にしばしば古来の理想を否認する用意ができていたのを、目の当たりにする376)。然り、これは、俗世内的禁欲の先駆形態たる中世の修道院的禁欲が再三再四屈服させられた時のと同じ運命だった。すなわち、効率的な経済営為がここ〔すなわち修道院〕で、厳格に規制された生活と阻害された消費との場所において、自らの作用を十全に展開したならば、その場合には或いは、獲得された所有〔財産〕は直接に——信仰分裂より前の時代におけるように——貴族化へと堕し、或いは、修道院の規律は粉みじんに壊れる危険があり、そして数多くの「〔修道院〕改革」の一つが介入せざるをえなかった。修道会規則の歴史全体は或る意味では、所有の世俗化作用の問題とのつねに新たな格闘なのである。同じことが壮大な規模でピューリタニズムの俗世内的禁欲についても当てはまる。18世紀末ごろのイギリスの工業の開花に先だったメソジスト派の強力な「リバイバル」は、このような修道院改革の一つと実に比較が可能だろう。さて、ジョン・ウェズリー自身による或る箇所377)をここで

ており、そして彼らを大商人貴族とも金融冒険家とも対置している。しかし、西洋の資本主義にとって**特徴的**だったもの、すなわち、産業労働の市民的・私経済的な組織、が出てきたのは、大金融業者(独占資本家、国家納入業者、国家貸付業者、植民地事業者、発起人等)の手からでは決して**なく**、まさにこの**小資本家層**からだった。(例えば**アンウィン**『16・17世紀における産業組織』、ロンドン、1914年〔1904年が正〕、196頁以下を参照。)この対比が既に同時代人自身に精確に知られていたということ、これについては、1641年の〔ヘンリー・〕**パーカーの**「ピューリタンに関する演説」を参照。その中では同様に、企画屋たちや廷臣たちとの対比が強調されている。

376) これが18世紀にペンシルヴェニアの政治で、特に独立戦争においても、表明されたその仕方に関しては、シャープレス『政府におけるクエイカー派の実験』、フィラデルフィア、1902年を参照。

377) サウジーの『ウェズリー伝』第29章の当の箇所を参照。〔ここではヴェーバーが挙げるサウジーの箇所、すなわち Robert Southey, *The Life of Wesley; and Rise and Progress of Methodism*, 2nd American edition, vol. 2, New York: Harper & Brothers, Publishers, 1847, p. 308 で引用されている英文から訳出した。〕典拠を——私は当の箇所を知らなかったのだが——私はアシュリー教授の手紙(1913年)によって得た。E・トレルチ(私は彼にこの箇所をこの目的で伝えた)は既に時折この

引き合いに出すのを諒とされたい。その箇所はたぶん、如上述べられたすべてのことの上に標語としてあるのにふさわしいだろう。というのもその箇所は、諸々の禁欲主義的方向性の頭目(リーダー)たち自身が、本書で提示された一見して極めて逆説的な諸関連を、完全に、しかも全く本書で展開された意味において、はっきり認識していたことを示しているからである[378]。彼はこう書いている。

「私は恐れているのだが、富が増し加わったところではどこででも、宗教の本質が同じ比率で減少した。それゆえ、物事の本質において、真の宗教のリバイバルが長続きすることがいかにして可能なのかが、私にはわからない。というのも、宗教は**必然的に**勤勉と倹約の両方を生み出**さざるをえず**、そしてこれらは富を生み出さずにはいないからだ。しかし、富が増し加わるにつれて、高慢と、怒りと、この世への、そのあらゆる部門における愛とが、増し加わる。そこで、どうすれば、メソジスト、すなわち心の宗教は、今は青々とした月桂樹として繁茂しているけれども、この状態であり続けることが可能だろうか。というのも、メソジストたちは至るところで勤勉になり倹約家になり、結果として彼らは財において増し加わるからだ。そこでそれに比例して彼らは、高慢

箇所を引用している。

378) この箇所は、これら事物に関して今日、これら諸々の運動の指導者及び同時代人たち**自身**(おわかりのように彼らは、自分たちが何をしていたか、何を——危うくしていたかを、非常に精確に知っていたのである)よりも情報を得て、より賢明になりたいと思っているすべての人々に、一読のために推奨されるべきである。かくて、全く争いの余地のない、そしてこれまで誰によっても争われてこなかった、そういう事実(私は単にその内的な推進力を多少深く研究したにすぎない)に対して、(残念ながら行なわれたように)かくも軽薄に——私を批判する人々の各々がしたように——異議を唱えることが、本当に重要なことなのではない。いかなる人間も17世紀にはこれら諸関連をかつて疑ったためしがなかった(さらにマンリー『6%の高利が検討され〔云々〕』(1669年)、137頁を参照)。既に先に言及された近代の著作家たちのほかに、H・ハイネやキーツといった詩人たち、また全く同様にマコーリー、カニンガム、ロジャーズといった学問の代表者たち、或いはマシュー・アーノルドのような著作家たちが、これら諸関連を自明なこととして取り扱っている。最も新しい文献からは、**アシュリー**『バーミンガムの工業と商業』(1913年)を参照。著者は当時私に、書簡によっても自らの完全な同意を表明した。問題全体について今や註373で引用したH・**レヴィ**の論考を参照。

において、怒りにおいて、肉の欲において、目の欲において、人生の高慢において、増し加わる。そこで、宗教の形式は残るけれども、精神(スピリット)は速やかに消え去っていく。これを——純粋な宗教のこの絶えざる腐敗を、妨げる道はないのか。我々は、人々が勤勉になり倹約家になるのを妨げるべきではない。**我々はすべてのキリスト者が、自分たちが獲得できるものすべてを獲得するように、節約できるものすべてを節約するように、とはすなわち、結果として金持ちになるように、奨励せねばならない**」。(これに続くのは、「自分たちが獲得できるものすべてを獲得し、節約できるものすべてを節約する」人々は、「与えることができるものすべてを与える」べきだ、そしてそれは、かくて恩恵において成長し、天に宝を積み上げるためだ、という勧告である。)——見られるようにこれが、そのあらゆるディテールに至るまで、ここで解明されたところの関連である[379]。

経済人の登場、市民的(ブルジョワ的)職業エートスの成立
　ここでウェズリーが言っているのと全く同様、かの強力な諸々の宗教的運動(経済的発展に対するそれら運動の意義は、然り、第一にその禁欲主義的な諸々の**教育作用**のうちに存した)が十全な**経済的**作用を展開したのは、通例、**純粋**に宗教的な熱狂の絶頂が既に超克され、神の国を求める探求の痙攣が冷静な職業徳目へと次第に溶解し始めて、宗教的な根がゆっくり死滅して功利主義的な現世肯定主義へと場所を明け渡した、ようやくその後においてであり、——つまり、ダウデンと共に語るなら、「虚栄の市」を抜けて天国を求める内面的に孤独な努力の中で急ぐバニヤンの「巡礼者」に代わって、民衆的な空想物語たる「ロビンソン・クルーソー」の中で**孤立的な経済人**(ついでに宣教労働をも営む[380])が登場した時においてである。それからさらに、「**両方の世界**

---

[379] まさに同じ諸関連が既に古典期のピューリタンたちにとって自明だったということは、ひょっとすると、バニヤンにおいて「金銭愛」氏がまさに論じている次のことによって最も明確に証せられるかもしれない。「人は**金持ちになるために**、例えば顧客を増やすために、宗教的になってよいのです」、なぜなら、人が何ゆえに宗教的になったかということはどうでもよいことなのだから、と(タウフニッツ版の 114 頁)。

を最大限利用すること」という原則が支配的になった時ついに、——同様に既にダウデンが指摘したように——善良な良心は、安楽な市民的生活の諸手段の中へと単に組み込まれた。このことを、然り、「柔らかい枕」についてのドイツの諺〔「善良な良心は柔らかい枕である」(アイン グーテス ゲヴィッセン イスト アイン ザンフテス ルーエキッセン)、つまり、心に疚しいところがなければ安眠できる〕もまた、実にかわいらしく表現しているとおりである。しかし、17世紀の宗教的に活発だったかの時代が自らの功利主義的な相続人たる〔のちの〕時代に遺したものとは、まさにとりわけ、金銭 獲得(エアヴェルブ)における、ものすごく善良な——**ファリサイ派的に**善良な、と我々は言ってかまわない——良心だった(当の金銭獲得が他の点で、合法的な形式において完遂されさえしたならば)。「神に喜ばれることはほとんど可能でない」(デオー ブラケーレ ウィクス ポテスト)のいかなる残滓も疾うに消え失せており[381]、一箇の独特に**市民的な職業エートス**が成立していた。神の十全な恩恵の中に在りかつ神によって可視的に祝福を受けているとの意識を持って、市民的な事業家は、もし形式的な正しさの限度内にとどまっているならば、もしその道徳的な生き方が責められるところのないものならば、そしてもし、富を使う自分のその使い方がつまずきを与えるものでないならば、自

---

380) デフォーは熱烈な非国教徒だった。

381) 確かにシュペーナー(『神学的考察』、前掲書、426-427頁、429頁、432頁以下)も、商人の職業は誘惑と陥穽に満ちていると思っているが、しかし彼は、或る照会に対してこう言明している。「愛する友人が、商人のなりわい自体に関して何ら良心の呵責を覚えず、むしろそれを一つの生き方——人類全体に多くの益がもたらされ、したがって神の御心に従って**愛**が実践される、そのための生き方——だと(それが実際そういうものでもある、そのとおりに)認めるのを目の当たりにするのは、私にとって好ましいことだ」。このことは、他の様々な箇所において重商主義的な論拠によって一層詳細に動機づけられている。シュペーナーが時折全くルター的に、富むことを欲する欲求を、Iテモテ6：8-9に従いかつイエス・シラを引き合いに出しつつ——上述を参照！——、主たる陥穽であり無条件に廃棄されるべきだと称して、「生計の立場」を採っているとして(『神学的考察』、III、435頁上方)、他方で彼はこれを、繁栄しつつそれでも信心ぶかく生きる信団成員(ゼクティーラー)たちを引き合いに出すことによって(S. 175 A. 4)、再度弱めている。熱心な職業労働の**結果**としては、彼にも富はいかがわしくないものなのである。その立場は、ルター派的な混入物の結果、バクスターのよりも首尾一貫の度合いが低い。

らの営利関心を追求することができ、そしてそうするべきだった。その上、宗教的禁欲の力は当の事業家のために、冷静で良心的で並外れて仕事ができる、そして神の欲する人生目的としての労働に固着する、そういう労働者たちを用だてた[382]。加えてそれは事業家に、この俗世の諸財の不均等な分配は神の摂理の全く特殊な業なのだ、神はこれら相違によって、また同様に、一部にしかかかわらない恩恵によって、我々の知らないご自身の秘密の諸目標を追求しているのだという、心安らかならしむる保証を与えた[383]。既にカルヴァンは、「民」すなわち労働者・手工業者の大衆は、貧しい状態に保たれる場合にのみ神に対して従順であり続けるのだという、しばしば引用された発言を行なっていた[384]。これをオランダ人たち（ピーター・ド・ラ・クールや他の人々）は、

---

[382] バクスター、前掲書、II、16頁が、「重たく粘液質でのろく肉的で怠惰な人々」を「使用人」として雇うことに警戒するよう、「信心ぶかい」使用人を優遇するよう奨める理由は、「不信心な」使用人は単なる「主人の目の前でだけ働く使用人」であるだろうから、だけでなく、特に「真に信心ぶかい使用人はあなたのすべての用役を**神への従順において、神ご自身が彼にそれをするようお命じになったかのごとくに、為すだろうから**」、である。これに対して他の人々は、「それを**良心の大いなる重大事**とは全く考えない」という傾向なのだ、と。そして逆に労働者の場合には、宗教に対する外面的な信仰告白でなく、むしろ自らの義務を行なう良心が、聖性のメルクマールなのだ、と。見られるように、神の関心と雇用主の関心とが、ここではいかがわしくも混じり合っている。他所では、神を思うことのために**時間**をとっておくよう強く勧めているシュペーナーも、次のことは自明だと前提している（『神学的考察』、III、272頁）。すなわち、労働者は、（日曜日ですら）自由な時間の極度の最小限度で満足せねばならないのだ、と。――正当にもイギリスの著作家たちは、プロテスタントの移民たちを「熟練労働のパイオニア」と呼んだ。H・レヴィ『経済的自由主義の諸基礎』、53頁に見られる論証をも参照。

[383] 人間的な尺度によれば「不公正な」、少数の人々だけに対する予定と、同様に不公正な、しかし同様に神の意志によるところの、財分配との間の、類比――然り、この類比は極めて容易に念頭に浮かんだ――。例えばホールンベーク、前掲書、第1巻、153頁に見られる。その上、然り、――例えばバクスター、前掲書、I、380頁――貧困は非常にしばしば、罪ぶかき怠惰の徴候なのである。

[384] 推測するに――とTh・アダムズも考えている（『ピューリタン神学者たちの著作』、158頁）――、神がかくも多くの人々を貧しいままにしている理由は特に、神の知るところによれば、彼らは富がもたらす誘惑に耐えられないだろう、というこ

人間大衆は必要によって駆り立てられる場合にのみ労働するものだ、という方向へと「世俗化」しており、しかるのちに、資本主義経済のライトモチーフのこのような定式化は、さらに低賃金の「生産性」についての理論という川の中へと流れ込んだ。ここでも、功利主義的な言い回しは、当の思想の宗教的根の死滅によってその思想の下へと、気づかれずに忍び込んだ——我々が繰り返し観察してきた当の発展図式に全く従って、である。中世の倫理は物乞いを黙認していただけでなく、それを托鉢修道会においてまさに賛美していた。世俗の乞食たちも、然り、〔持たざる者である〕彼らは持てる者に、喜捨による善い行ないの機会を与えたのだから、時にはまさに「身分」と称され評価された。ステュアート朝の英国国教会的な社会倫理はなお、この態度に内面的に非常に近かった。この点で根本的な変化を作り出したかの苛烈なイギリスの救貧立法との協働は、ピューリタン的禁欲のためにとっておかれていた。そしてピューリタン的禁欲がその協働を為しえたのは、プロテスタント諸信団やそもそも厳格にピューリタン的な共同体(ゲマインシャフト)が、実際自らの只中に物乞い〔の存在〕を知らなかったからである[385]。

職業義務の成立

　なぜなら他方で、もう一方の側すなわち労働者の側から見た場合、例えば敬虔主義のツィンツェンドルフ的変種は、営利(エアヴェルプ)を追求しない職業忠実(ベルーフ)な労働者を、使徒たちの手本に従って生きておりしたがって弟子身分のカリスマを授けられた者だとして、賛美したからである[386]。同様なものの見方は、洗礼派たちのもとでは当初一層根底的(ラディカル)な仕方で普及していた。さてもちろん、人生からその他にチャンスを与えられなかった人の低賃金の場合についても、ほとんど

　　となのだろう、と。というのも、富はあまりにもしばしば、宗教を人間の中から追い出すからである。
385)　上記註 328 と、そこで引用した H・レヴィの労作とを参照。全く同じことがあらゆる描写によって強調されている(例えばマンリーによってユグノーについて)。
386)　同様のことはイングランドにおいてもないわけでなかった。例えば、〔ウィリアム・〕ローの『真摯な呼びかけ』(1728 年)に結びつく形で貧困と純潔を、そして——元来——俗世からの孤立をも説いたかの敬虔主義も、これに属している。

あらゆる宗派の禁欲主義的文学全体は、忠実な労働は神に極めて喜ばれることだという見方で貫かれている。**この点では、プロテスタント的禁欲はそれ自体いかなる刷新をももたらさなかった**。しかしながらそれは、この観点を極めて強力に掘り下げただけでなく、かの規範のために、然り、最終的にその規範の作用のために**唯一重要だったところ**のものを、すなわちこの労働を天職――恩恵身分を確かにするための最も優れた手段、然り、究極的にはしばしば**唯一の手段**、としての天職――とする解釈によるところの心理学的な**推進力**を、創造した[387]。そしてそれは他面で、事業家の金銭　獲得　をも「天職」と解釈したことによって、この独特な好労働性に対する搾取を合法化した[388]。神の国を求める**専一的な**努力が、天職としての労働義務の遂行によって、そしてまさに無所有の諸階級に対して教会規律から当然に押しつけられた厳格な禁欲によっ

---

[387] バクスターが来た時には全く零落していたキダーミンスターの教区における彼の活動――その成功の程度という点で、司牧の歴史の中でほとんど類例のないものである――は同時に、**いかに禁欲が大衆を労働へと**、マルクス主義的な言い方をすれば「剰余価値」生産へと、育て上げたか、かくて資本主義的な労働関係(家内工業、織布業)の中での彼らの使用を**そもそも初めて可能に**したか、ということについての典型例である。因果関係は全く一般にこのようになっている。――バクスターの側から見れば、彼は、自らの司牧対象たる人々が資本主義の駆動装置の中に組み込まれることを、自らの宗教的・倫理的な関心の中へとはめ込んだのであり、資本主義の発展の側から見れば、それらの人々は資本主義的な「精神」の発展のために役だてられたのである。

[388] そしてもう一つのこと。すなわち、中世の手工業者が自分の創り出した物に対していだいた喜び(この喜びは非常に多く扱われている)が、心理学的な原動力としてどれほど強力に重きを成したかということを、然り、人は疑うことができる。それでも、疑いなく何がしかのものはそれに存しただろう。しかしいずれにせよ、今や禁欲は労働から、この世的・世俗的なこのような刺激を**剝ぎ取った**のであり、そして労働を来世へと向け直した。職業的な労働**それ自体**が神の欲するものなのである。今日の労働の非人間性、すなわち個々人の観点から見た場合のその、喜びに乏しい無意味さは、ここではなお宗教的に栄化されている。成立期における資本主義は、**良心のために**経済的な徹底的使用へと用だてられる労働者たちを必要とした。今日では資本主義は鞍にしっかりと座しており〔つまり安泰であり〕、来世的報奨なしに彼ら労働者の好労働性をもぎ取ることができるのである。

て、語の資本主義的な意味での労働の「生産性」をいかに強力に増進せずにいなかったかは明白である。近代の労働者にとって、労働の「天職(ベルーフ)」扱いが特徴的だったのは、事業家にとって、営利についてのこれに呼応した解釈が特徴的だったのと同じである。当時としては新しかったこの事実を描き出したのが、英国国教会に属するウィリアム・ペティ卿のような鋭敏な観察者によって、17世紀のオランダの経済力の原因として挙げられたところの、同地に特別多い「非国教徒たち」(カルヴァン派やバプテスト派の人々)は**「労働や生業精励を神に対する自分たちの義務だと」**考えた人々だ、という指摘である。ステュアート朝期の英国国教会において特に〔ウィリアム・〕ロードの構想の中で採用されたところの、財政的・独占的転回における「有機体的な」社会体制——すなわち国家・教会が、キリスト教社会主義的な下部構造という土壌の上で「独占業者たち」と結んだ同盟関係——に対して、ピューリタニズム(全く以てその代表者たちは、国家からの特権を受けた商人資本主義・問屋資本主義・植民地的資本主義のこの種類に対する熱烈な反対者に属していた)は、自らの有能さとイニシアティヴによって合理的な合法的営利を推し進める個人主義的な**推進力**を対置したのであり、この推進力は、——国家からの特権を受けた諸々の独占産業がイングランドでほどなく再びすべて消滅していった間に——お上の権力(ゲヴァルト)なしに(部分的にはそれら権力にもかかわらず、それら権力に抗して)成立しつつあった諸々の産業の構築に、決定的な仕方で関与した[389]。ピューリタンたち(〔ウィリアム・〕プリン、〔ヘンリー・〕パーカー)は、自分たちの卓越し

---

389) これら諸々の対比や発展に関しては先に引用したH・レヴィの著書を参照。イングランドにとって特徴的な、世論の独占敵対的な強力な態度は、歴史的には、王冠に対する**政治的**権力闘争——長期議会は独占業者たちを議会から排除した——と、ピューリタニズムの倫理的諸動機との、また、17世紀における市民的な小規模・中規模の資本主義が金融的大立者に抗う仕方で有した経済的諸利害との、結びつきから成立した。1652年8月2日の軍隊の宣言(デクラレーション オヴ ジ アーミー)や、同様に1653年1月28日の平等派(レヴェラー)の請願は、内国関税・関税・間接税の撤廃や、土地に対する単一税の導入と並んで、とりわけ「自由営利(フリートレイド)」、すなわち、営利(trade)に対するあらゆる独占的な対内的・対外的制限——これを人権に対する侵害だとして——の撤廃、を要求している。既に「大諫議書(グランド リモンストランス)」が同様の要求を行なっている。

た市民的な商売道徳に対する誇り（彼らによればこれが、自分たちがかの人々から受けていた諸々の迫害の真の理由なのである）に基づいて、大資本主義的な特徴を帯びた「廷臣たちや企画屋たち」を倫理的に疑わしい階級だとして、彼らとの一切の交流を拒絶した。〔非国教徒たる〕デフォーはなお、銀行手形のボイコットと預金解約告知によって、非国教徒に対する闘争に打ち勝とうと提案した。資本主義的な振る舞いのこれら2種類の対立は非常に大幅に、宗教的な諸々の対立と並行していた。18世紀においても、非国教徒に対する敵対者たちは繰り返し非国教徒たちを「商店主精神（スピリット オヴ ショップキーパーズ）」の担い手だと嘲弄し、古イギリス的な理想の腐敗だとして迫害した。ユダヤ的な経済エートスとピューリタン的な経済エートスの対立も**ここ**につなぎ留められていたのであり、既に同時代人(プリン)らは、前者(ユダヤ的)でなく後者(ピューリタン的)が**市民的な**経済エートスだ、と知っていた[390]。

天職理念に基づく合理的な生活営為はキリスト教的禁欲から生まれた

　近代の資本主義的精神の、そしてこれだけでなく近代の文化の、本質構成的な構成要素の一つ、すなわち、**天職理念（ベルーフ）**を基礎とする合理的な生活営為、は——以上の叙述はこれを論証するべきものだった——**キリスト教的禁欲**の精神から生まれた。今やもう一度、本論考の冒頭で引用されたフランクリンの小冊子が読み返されるべきである。その目的は、その箇所で「資本主義の精神」と称された信念の本質的な諸要素がまさに、我々が如上でピューリタン的天職禁欲（ベルーフ）の内容だと究明したところのものであり[391]、但し宗教的基礎づけが欠如し

---

390) これについてはH・レヴィ『経済的自由主義』、51-52頁を参照。

391) ここでなおその宗教的根へと帰着させられなかった諸々の構成要素、特に「正直は最良の策である」(**信用**に関するフランクリンの論及)もまた、ピューリタン的起源を有するのだ、ということは、やや別の関連で論じられるのがふさわしい。(これについては次の論考を参照。)ここではこれに関してJ・A・ラウントリーの次のコメントだけが再現されるように(『クエイカー派、過去と現在』、95-96頁。Ed・ベルンシュタインがこれに私の注意を向けさせてくれた)。すなわち、「フレンド会の人々によって行なわれる霊性の高遠な告白〔すなわち、加入のための信仰告白〕が、俗世の事柄の取引における抜け目なさや術策と、手を携えて進んでいる

ている(この基礎づけは、まさにフランクリンの場合には疾うに死滅していたのである)、ということが理解されることである。近代の職業労働が**禁欲主義的な特徴を帯びている**、という考えは、然り、新しいものでもない。人間存在のファウスト的全面性に対する断念(この断念は専門労働によってもたらされる)を伴うところの、専門労働への限定は、今日の世界においては価値ある行為一般の前提であるということ、したがって「行為」と「諦念」は今日不可避的にお互いを条件としているということ——市民的な生活様式(それがまさに様式欠如でなく様式たらんとするのであれば)のこの禁欲主義的な根本モチーフを、**ゲーテ**もまた彼の人生知の高みにおいて、『遍歴時代』の中で、また彼が自らのファウストに与えた人生の終期の中で、我々に教えたかったのである[392]。ゲーテにとってこの認識は、十全にして美麗なる人間存在の一時代に対する、諦念を伴う暇乞いを意味したのであり、この時代は、我々の文化発展の過程の中では、古代におけるアテネの全盛の時代と同様、将来繰り返されることはないだろう。ピューリタンは天職人であり**たかった**——我々は職業人であら**ねばならない**。なぜなら禁欲は、修道者の僧房から職業生活の中へと移されて俗世内的な道徳を支配し始めたことによって、近代の(機械的生産の技術的・経済的諸前提へと結び合わされているところの)経済秩序のかの強力な秩序界を建て上げることについて、自らの寄与分をもたらしたからである。この秩序界は今日、この駆動装置の中へと生まれ落ちたすべての個々人——直接

のは、単に**偶然**のことなのか、それとも**当然**のことなのか。真の敬虔さは、商人の人格的一体性を確かなものにすること、及び、慎重と先見との習慣を育成することによって、当の商人の成功に有利に働く。商業世界において、富の着実な蓄積のために必要であるかの立場や信用を得るのに、〔これらのことは〕重要な項目である」と。(次の論考を参照。)「ユグノーのように誠実な」は17世紀において、W・テンプル卿を驚かせたオランダ人たちの違法性と同様に諺のようになっており、そして——1世紀後には——この倫理的学校を修了していなかった大陸人たちとの比較で、イギリス人たちの違法性が諺のようになっていた。

392)〔アルベルト・〕ビールショフスキーの『ゲーテ』、第2巻第18章において良く分析されている。——学知的な「秩序界」の発展に対して、例えばヴィンデルバントもその『ドイツ哲学の開花期』(『近代哲学の歴史』の第2巻)の末尾で、似かよった思想に表現を与えている。

に経済的な営利活動を行なう者だけ、ではない——の生活様式を、圧倒的な強制力を以て規定しており、そしてたぶん将来にわたって規定するだろう——化石燃料の最後の分量が燃え尽きるまで。バクスターの見解によれば、外物に対する配慮は聖徒たちの両肩に、ただひたすら「いつでもかなぐり捨てることができるような薄い外套」のようにかかっているべきだった[393]。しかしながら運命はこの外套を、鋼鉄のように硬い外殻たらしめた。俗世を改造することと、俗世の中で作用を発揮することとを禁欲が企てたことによって、この俗世の外的な諸々の財は、歴史においてかつて決してなかったほどに、人間に対して、増し加わってついには回避不可能となる力を獲得した。今日その〔すなわちプロテスタント的禁欲の〕精神は——最終的にかどうか、誰が知っていようか？——この外殻から抜け落ちた。いずれにせよ、勝ち行く資本主義は、それが機械的基礎に基づくようになって以来、この支えを必要としていない。禁欲の縁薄き〔ラッペンド〕〔つまり、自分の思いがけない相続を知って笑うという意味で、縁薄き〕相続人たる啓蒙主義のバラ色の気分もまた、最終的には色褪せてしまっているようであり、そしてかつての宗教的信仰内容の亡霊として、「職業義務〔ベルーフ〕」の思想が我々の世を徘徊している。「職業遂行〔ベルーフ〕」が諸々の最高の精神的文化価値に直接に関係づけられえないところでは——或いは逆に、それが主観的にも単に経済的強制だと感得されてはならないところでは——、個々人は今日たいていの場合、「職業遂行」〔の意味〕について説明を受けること自体を諦める。営利努力が最高度に解放された地域、すなわち合衆国に於いては、宗教的・倫理的意味を脱ぎ捨てたこの営利努力は今日、純粋に〔古代ギリシアの〕アゴーン的な熱情（この熱情は営利努力に対して、まさにスポーツの性格を刻印することが稀でない）と結びつけられる傾向を有する[394]。まだ誰も知らないのだ——誰が将来この外殻

---

393)『聖徒の永遠の憩い』第12章。
394)「この老人は年収7万5000ドルと共に退職できないのだろうか。できない！今や百貨店の前面は400フィートへと拡張されねばならない。なぜか？——それ〔ザット〕がすべて〔エヴリシング〕を負かす〔ビーツ〕、と彼は考えるのだ。——夕方、妻と娘たちが一緒に本を読んでいる時、彼は寝床に行きたくてたまらず、日曜日には彼は、いつ一日が終わるかと、5分ごとに時計へと目をやる。——かくも間違った存在〔やから〕だ！」。——オハイオの一都市の指導的な衣料業者の（ドイツから移住してきた）娘婿は、義父に関する自分の

の中に住むことになるのか、そしてこのものすごい発展の終わりに、全く新しい預言者たちが立ち現れることになるのか、或いは、古い思想・理想の強力な再生が立ち現れることになるのか、さもなければ(そのどちらでもなければ)、機械化された化石化が、一種の痙攣的な尊大にくるまれて立ち現れることになるのかを。もっともその時には、この文化発展の「末人たち」にとっては、「精神のない専門人、心のない享楽人──この 無(ニヒツ) は、人間存在の、かつて決して到達されたことのない段階に登りつめたと、うぬぼれる」という言葉が真理となるかもしれないのだが。──

残る諸課題

　しかしながら、これによって我々は価値判断・信仰判断の領域に入ってしまうのであり、〔本書の〕この純粋に史的な叙述は〔価値判断という〕そのような荷を負わされるべきではない。課題であるのはむしろ、以上のスケッチにおいて、然り、単に持ち出されただけであるところの、禁欲主義的合理主義の意義を、今や**社会政策的な**倫理の内容に対する意義としても、したがって、秘密集会から国家に至るまでの諸々の社会的 共同体(ゲマインシャフト) の組織・機能の仕方に対する意義としても、指摘することだろう。その次には禁欲主義的合理主義の、人文主義的合理主義に対する関係[395]や、その生活理想や諸々の文化影響に対する関係、さらには哲学的・科学的経験論に対する関係、また技術的発展に対する関係、そして諸々の知的文化財に対する関係が、分析されねばならないだろう。そして最後には、俗世内的禁欲の中世的萌芽から始まって、純然たる功利主義へと解消されるまでの、禁欲主義的な合理主義の歴史的生成発展が、**史的に跡づけ**

　　判断をこのようにまとめていた──「老人」自身から見れば、疑いなく全く不可解であってドイツ人の精力のなさの徴候と映じるであろう、これはそのような判断である。

[395] 既にこの(ここで変わらないままとなっている)コメントが、私が人文主義的な合理主義の**自立的な**意義を決して疑ってなどいなかったということを、ブレンターノ(前掲書)に対して示すことができていたはずである。人文主義もまた**純粋な**「合理主義」ではなかったということを、最近ボリンスキーがミュンヒェンの学士院の論集(1919年)の中で再び強く力説している。

られるべきだろう、そしてその跡づけは、禁欲主義的宗教心の個々の普及地域全体に及ぶべきだろう。それらがあって初めて、近代の文化の他の具象的な諸要素との関係での、禁欲主義的なプロテスタンティズムの文化意義の**程度**がわかるかもしれない。ここでは、然り、禁欲主義的なプロテスタンティズムの影響の事実及び**あり方**が(重要であるとはいえ)一つの点において、その諸々の動機へと遡及される、ということがようやく試みられたにすぎない。しかしさらに次には、その生成において、またその特質において、プロテスタント的禁欲が諸々の社会的文化条件(特に**経済的な**文化条件を含む)から影響を受けていたその仕方が、明らかにならねばならないだろう[396]。というのも、近代人は全体として、最良の意志をもってしても、生活営為や文化や諸々の国民性に対して宗教的意識内容が有した意義を(それが実際そうであった**程度の**)大きさで想像することができないのが常なのだが、それにもかかわらずもちろん、一面的に「唯物論的な」因果的な文化解釈・歴史解釈の代わりに、同様に一面的に唯心論的な因果的な文化解釈・歴史解釈を据えるなどということは、〔本研究の〕意図ではありえないからである。**両者とも等しく可能**だが[397]、両者は、もし

---

[396] **フォン・ベロウ**の学術講演『宗教改革の諸原因』(フライブルク、1916 年)が取り扱っているのはこの問題ではなく、宗教改革一般の(特にルターの)問題である。ここで扱われたテーマについて、特にこの研究に接続した諸々の論争については、最後に**ヘルメリンク**の著作『宗教改革と対抗宗教改革』が挙げられねばならない(もっともこの著作は、第一に別の諸問題へと向けられているが)。

[397] なぜなら熟慮の上で、以上のスケッチは、「物質的な」文化生活に対して宗教的意識内容が作用を及ぼしたことが現実的に疑いない、そういう諸関係だけを取り上げたからである。これを超えて、近代文化における「特徴的なもの」**すべて**をプロテスタント的な合理主義から論理的に**演繹した**形式的な「構成〈つくりごと〉」〈プシューヒュー〉へと歩を進めることは、容易だったろう。しかしながらそういうことは、「社会心理」の「統一性」と、それが**一箇の**定式へと還元されうることとを信じるような、ディレッタントたちのかのタイプに任せておくほうが良い。――さらにこのことだけコメントするとして、我々が考察した発展**より前**に位置する資本主義的発展の時期は、もちろん**至る所で**、キリスト教的な影響(阻害的な影響であれ、また**同様に促進的な**影響であれ)によって**も**条件づけられていた。これら影響がどのような種類のものだったかは、後段の章で述べられるのがふさわしい。そのほか、上で輪郭を示したさらなる諸問題のうちのどれが、**この雑誌の枠内でなお**論究されうるかということは、

それらが研究の、準備作業でなく掉尾たることを、要求するのなら、史的真実には等しく役だたない[398]）。

この雑誌の課題の範囲に照らすなら不確かである。しかし、他人の（神学的な、また、史的な）労作に非常に強度に依拠せねばならないような——ここでもそうなっているであろうように——、そういう分厚い本を何冊も書くことは、私はあまり好きでない。（これらの文を私はここで変えないままにしておく。）——宗教改革以前の「初期資本主義」時代における生活理想と現実の間の**緊張状態**については今や**シュトリーダー**『資本主義的な諸々の組織形態の歴史についての研究』（1914 年）第 2 巻がある（ゾンバルトが使った〔フランツ・〕**ケラー**の、〔本論考で〕先に引用した著作に対しても反対の立場）。

398）この文や、その直前のコメント及び註は、本論考が成し遂げようと**欲した**ことに対するあらゆる誤解を排除するのに充分だとみなされえたはずだ、と私は理解しており、**いかなる追加をするきっかけをも見いださない**。元来意図されていた直接的な継続（さらに上に在るようなプログラムの意味での）を行なう代わりに私は、部分的には偶然の理由で、特に E・トレルチの『キリスト教の諸教会及び諸集団の社会教説』の刊行のゆえに（彼は、私が論究すべきいくつものことを、非神学者である私がやってもできなかったであろうような仕方で片づけてくれた）、しかし部分的には、〔本論考の〕これら詳説を孤立から剥奪して文化発展の全体の中へと据えるという目的もあって、その当時決意して、まずは宗教と社会との間の**普遍**史的な諸関連に関する比較研究の諸成果を書き記すことにした。これらがここで後に続く。それらの前に置かれているのは単に、上で使用された「信団」概念の解明のために、同時に、ピューリタン的な**教会観念**が近代の資本主義的精神にとって有した意義の説明のために、或る機会に書いた短い論考である。

プロテスタント諸信団と資本主義の精神[1]

アメリカ合衆国における教会所属の巨大な意義

　〔アメリカ〕合衆国はかなり前から、「国家と教会の分離」という原理を持っている。この原理は非常に厳格に実施されており、その結果、国家の立場から市民に各自の宗派についてただ尋ねるだけでも法律違反とみなされるだろう、という理由で、宗派帰属の公式統計すら存在しない。諸々の教会 共同体(ゲマインシャフト) が国家に対してとる立場について、この原則が有している実際的な意義[2]は、ここでは論究されるべきでない。我々の関心を惹くのはむしろ、さしあたり次の事情である。すなわち約25年前のことだが、〔上述のように〕国家が宗派について全く関知しないにもかかわらず、また、大部分のヨーロッパの国家が当時いくつかの特権的な教会への所属に対して設定していた極めて効果的な報奨が〔合衆国では〕欠如しているにもかかわらず、合衆国における「宗派なし」の(当時の)数は、巨大な移民流入にもかかわらず、なおわずかに約6％と見積もられていたのである[3]。さて、しかしその際、或る教会 共同体(ゲマインシャフト) への所属が意味し

---

1) 〔本論考は、〕「教会と信団」という題で『フランクフルト新聞(フランクフルター ツァイトゥング)』の1906年のイースター号にまず公刊され、次いで若干拡張の上、『キリスト教世界』1906年、558頁以下、577頁以下で公刊された論考の、新たな、かつ大いに拡張された原稿であり、これを直前の論考〔「プロテスタンティズムの倫理と資本主義の精神」〕への補完として私は繰り返し引き合いに出した。改稿の動機についてだが、私が展開した信団(ゼクテ)概念(「教会」という概念に対する対立項として)がこの間に、喜ばしいことにトレルチによってその著『キリスト教の諸教会及び諸集団の社会教説』の中で受容され、立ち入って取り扱われており、その結果、これら概念的な論究はここでは不要たりうる。前の論考〔「プロテスタンティズムの倫理と資本主義の精神」〕の註263で必要なことが既に語られたのでなおさらである。本論考は前の論考の補完としてぎりぎり必要なデータだけを含んでいる。
2) この観点ではこの一文はしばしば——選挙〔権〕者としてのカトリックの意義という理由から——机上の空論でしかない(宗派学校への補助金は存在する)。

たのは、我が国のいずれかのところに於けるよりも全く遙かに高度の負担(資力の劣る者にとってはとりわけ)、である。発表された家計予算がこれを証しており、また私は個人的に特に、ほぼ完全にドイツ人の未熟練の木工労働者の移民から成りエリー湖畔の一都市に在る〔教会〕共処体(ゲマインデ)を知っていたが、そこでは、年間約1000ドルという労働者の平均的な稼ぎの場合に、教会目的の定期的な支出はほぼ80ドルという額に達していた――誰もが知っているように、我が国でなら、この金銭的要求のごく一部で既に教会からの大量脱会という帰結をもたらしただろう。しかしながら、これを全く度外視するとして、この地を15～20年前、すなわち合衆国の最近の尖鋭的なヨーロッパ化が始まる前に、訪れたいかなる人も、当時ですらなお非常に強度の教会所属(キルヒリッヒカイト)〔つまり、非常に多くの人が教会に所属しているという事実〕(この状況は、ヨーロッパの移民によって全く直接的にあふれかえっていたわけでは必ずしもなかったいかなる地域においても、支配的な状況として見られた)に気づかずにはいられなかった[4]。もっと古いいかなる旅行記からも明らかなように、このことは以前には、最近の数十年におけるよりもさらに遙かに一層強度で、かつ一層自明だった。さて、ここで我々の関心を惹くのはとりわけこの事情の或る側面である。ニューヨークの姉妹都市ブルックリンに於いてすら――しかしごく最近までは、より古い伝統をはっきりもっと強固に維持するという姿勢を伴って――、しかし、移民の影響にさらされる程度がより低い他の諸所に於いてはましてなおさら、一世代前にならないほどの過去でも、新たに渡ってきた実業人たちはつねに、社会的関係を取り結ぶ際に控えめな仕方で、一見したところついでに、しかし明らかに決して偶然にでなく、次のような問いを尋ねられるのに出くわすことが通例だった。「どの教会に属しておいでですか」。これは、例えばスコットランドの典型的なホテル(ターブル・ドット)での定食の際に、毎日曜日、25年前にでもなおほ

---

3) 詳細はここでは一切関係してこない。『アメリカ教会史シリーズ』の各巻(もちろん、〔巻によって〕価値が実に様々である!)が参照されるべきである。
4) もちろん、合衆国の最高裁のいかなる会議も、それだけでなくいかなる政党の「大会」も、祈禱によって開始されたということは、厄介な決まり文句に既になってしまっていた。

ぽつねに、一婦人の次のような問いがヨーロッパ大陸の人間を威嚇したのと同様である。「今日はどの礼拝にお越しになりましたか」[5]。そして、より仔細に眺めて容易に得心できたのだが、つまり既述のように、アメリカの当局自体が、宗派所属を問う問いを決して尋ねなかった一方で、私的・社会的(ゲゼルシャフトリッヒ)な交際や、また、長期や信用供与を念頭に置いた社会的(ゼルシャフトリッヒ)な交際も、くだんの問いを——近似的にこう言ってよいだろう——つねに尋ねたのである。なぜか。まずは一連のささやかな個人的な観察(1904年)によって、このことを具体的に説明しようと試みることが許されよう。

著者ヴェーバーによるアメリカ旅行記
　本文章の著者は、(当時の)〔アメリカン・〕インディアン特別保護区で「葬儀屋の金属製品」(鉄製の墓碑銘)の出張販売員と共に車室で長旅をして、(何かのついでに)相変わらずなお〔合衆国の人々は〕顕著に強力に教会的だと述べた際、同人から次の指摘を受けた。「あなた、私としてはですね、誰が自分に合うどんなことを信じていようがいまいが、かまわないのです。ですがねえ、そもそもどんな教会にも属していない農民だか商人だかを私が目にしたとして、その人は私には50セントの価値もありませんね。——何も信じていないとして、その人が、何がきっかけとなって私に支払ってくれるものですかね(why pay me, if he doesn't believe in anything?)」。さてこれは、ともあれ少々漠然とした動機づけだった。事情がもう少しはっきりしたのは、ドイツ生まれの耳鼻咽喉の専門家の話を聞いてからで、彼はオハイオ河畔の或る大都市に定住しており、自分の最初の患者の訪問のことを語ってくれた。鼻鏡で診てもらえる

---

5) 或いは彼が、たまさか食卓の上座に最年長の客として座っていたなら、スープが食卓に出される時にボーイからお願いが来る、「旦那様、お祈りをお願いでございます」。——本文で挙げた典型的な問いに対して私は、或るすばらしい日曜日にポートゥリー(スカイ島の)で、次のように言って切り抜けるほかになすすべを知らなかった、「私はバーデンの領邦教会の教会員でしてね、この教会の礼拝堂はポートゥリーには、探しても見つからなかっただろうと思いますよ」——これはご婦人がたによって、真剣かつ好意的に受け止められた(「おや、この方はご自分の教派以外の礼拝にはおいでにならないんですって!」)。

よう、医師の求めに従ってソファに横になったこの患者の男性は、最初に今一度起き上がって、威儀を正して力を込めて次のようなコメントを述べたのである。「あの、私は○○通りにあるバプテスト教会の会員なんです」。この事実が鼻の病気のために、またその扱いのために、どのような意味を持ちうるのか、ということがわからず、彼（医師）は知り合いのアメリカ人の同僚に内々にこれに関して問い合わせ、微笑する相手の回答を得たのだそうである。つまりそれは、「謝礼のことではご心配なく」という、それだけの意味なのだ、と。さて、しかし**なぜ**、まさにこれがそういう意味になるのか。ひょっとするとこのことは、3つ目の出来事から一層明らかになるかもしれない。

旅行記（続き）──教会所属と経済的信用の関係

10月初頭、或る晴れた美しい日曜日の午後、私は幾人かの親戚──彼らはノースカロライナのM（或る郡の主要村落）から数マイルの原生林で農民をしている──と共に、或る池（この池を貫いて、遠くに見えるブルーリッジ山脈から来る小川が流れていた）のほとりで、バプテスト派の或る洗礼式に参列した。寒い気候で、夜には多少氷が張っていた。丘の斜面に輪になって、農民家族が何家族か、大勢立っていた。彼らは近隣から、しかし一部は遠くからも、軽装備の二輪馬車でやって来ていた。池の中には、腹まで浸かって説教者が黒服で立っていた。池の中へと──様々な仕方での準備のあと──よそ行きの（ゲゼルシャフトリッヒ）服を着た男女約10人が次々に入って行き、信仰を守ることを約束させられ、それから彼らは（女たちは説教者の腕につかまったまま）全く水の中へと沈み、はあはあ言いながら浮上し、服が体にぴったり付いた状態で震えながら池から上がり、四方から「おめでとう」を言われ、同時にすかさず格子縞の毛布にくるまれて、そこから立ち去って家路に就いた[6]。私の隣に一人の親戚──ドイツの伝統に従って、非教会的である──立って、軽蔑した様子でつばを吐いて眺めていたが[7]、若者の一人が沈んでいく際にはっとした様子になった。

---

6)「信仰」は間違いなく鼻風邪からも守ってくれるんだって、と親戚の一人がコメントしていた。

7) 彼は洗礼を受けた一人に話しかけた、「やあ、ビル、水はかなり冷たくなかっ

「あの男をご覧——言ったとおりだろ！」。（儀式が終わったあとで）「なぜ君は、自分が言ったように、それを想定していたんだね」と尋ねたのに対して、答えはこうだった。「だって、あの男はMに銀行を開きたがっているんだから」。この地方に、それで食べていけるよう、そんなに大勢のバプテスト派がいるのかね？——「全然そうでないけれど、あの男は今や洗礼を受けたからなあ、このあたりの地域全体の顧客を獲得して、何もかも競争で負かしていくだろうよ」。なぜ、とか、どういう方法によって、とか反問してわかったのだが、同地のバプテスト派の共処体(ゲマインデ)（なお厳格に宗教的伝統を固守している）に受け入れられること——この受け入れは、極めて入念な「テスト」や、子ども時代の幼い頃にまで遡る極めて綿密な「行状」調査（「風紀紊乱行為」があったか、飲み屋通い、ダンス、劇場、カード遊びはどうか、債務の弁済が遅れていないか、その他軽佻浮薄な行為があったか）のあとで、ようやく行なわれた——は、一人のジェントルマンの倫理的な質、またとりわけ、社会的な質、の絶対的な保証とみなされるとのことで、その結果、当人にはこのあたりの地域全体の預金と、無際限な信用とが、競争なしで確実なのだ、というのだ。彼は「成功者」なのだ、と。さらなる観察でわかったのだが、この現象、或いはともあれ非常に似た現象は、極めて様々な地方で同様に繰り返されていた。メソジスト派、或いはバプテスト派、或いは他の諸信団(ゼクテ)（或いは信団的な秘密集会）に所属する人々が（そして一般にそういう人々だけが）、社会的に浮上(しゅっせ)したのである。信団のメンバーが別の所に転居した場合、或いは出張販売員だった場合、彼は自分の共処体(ゲマインデ)の証明書を携行し、それによって信団仲間とのつながりを有しただけでなく、とりわけ全世界での信用を有した。彼が（自分に責任がなくて）経済的困難に陥ったなら、信団は彼の状況を取り計らい、債権者たちに保証し、あらゆる仕方で、往々なお聖書的原理「あなたがたはそのことで何も期待しないで貸せ　mutuum date nihil inde sperantes」に従って、彼を助けた。しかしながら、彼〔当の信団メンバー〕のチャンスにとって究極的に決定的だったのは、信団は自らの威信のためには我々に損をさせることなどするまいという、債権者

かい？」。そして非常に真面目な次のような答えを得た、「ジェフ、僕はかなり熱い場所（地獄！）のことを考えていてね、だから水の冷たさは気にならなかったよ」。

たちのこのような期待ではなく、むしろ次の事実、すなわち、或る程度評判の良い信団へは、その「行状」からして疑いなく倫理的に**有資格者**だとみなされた者**だけ**が受け入れられたのだ、という事実であり、したがって、信団（ゼクテ）のメンバーたることは――一箇の「教会」のメンバーたること（人は教会の中へと「生まれ入る」のであり、義なる者の上にも不義なる者の上にも〔マタイ5：45〕教会は自らの恩恵を輝かせるのである）との対比で――、**人格**に対する倫理的な、特に社会倫理的でもある、そういう資格証明書を意味したのだ、という事実なのである。〔つまり、〕一箇の「教会」とは、信託遺贈財団を管理するように宗教的救済財を管理し、そしてそこへの所属が（理念によれば！）義務的である（それゆえ、当の所属は所属者の質について何ら立証力を有しない）、そういうまさに一箇の恩恵**機関**なのであり、これに対して一箇の「信団」とは、もっぱら（理念によれば）宗教倫理上の有資格者たちだけから成り、宗教的**確証**によって自発的に受け入れが行なわれる[8]場合に人が自発的に加入する、そういう主意主義的（ヴォランタリズム）な団体なのである。倫理違反を理由として信団から追放されることは、経済的には信用供与適格性（クレディートヴュルディヒカイト）の喪失と社会的格下げとを意味した。それ以降数か月間におけるたび重なる観察が立証したのは、確かにどうも、教会的であることはそれ自体としては速やかに意義を縮小しつつあるようだが、しかし（当時は）依然として実に重要な意義を有するということであり[9]、それだけ

---

[8] 諸信団（ゼクテ）による信徒獲得の競争――説教者たちの物質的な利害も、これを惹起する強力な一因である――が、まさにアメリカに於いて、厳格な選抜というこのことに往々**非常に**強力に阻害的に作用したというのは、もちろん確かである。それゆえしばしば、この信徒獲得を制限するべく（かくて例えば、――宗教的な諸原則に照らして――充分な理由なしに離婚した者が〔再婚の〕お手軽な結婚式――〔結婚式自体は〕人々を引き寄せる強い引力を有する――を行なうのを不可能にするべく）、競合する諸教間でのカルテルがよく見られた。この点で世評では、いくつかのバプテスト派 共同体（ゲマインシャフト） が一時弛緩していたとされ、他方でカトリック教会や、また同様に（ミズーリの）ルター派教会は、その正しき厳格さが褒めそやされたが、しかしそれら教会は、どちらの場合も教会員数を減らした（と、世評では言われている）。

[9] 大都市における複数の場合に私に（先方から進んで）語られた話によると、建設用土地を対象とする投機家は通例まず、（往々極めて慎ましい）「教会堂」を建て、様々な神学校の1つの学生1人を500〜600ドルの給料で雇い、そして、当の神学

でなくまた、観察はまさにこの特に重要な特徴の意義を立証してもいた。すなわち、信仰箇条の種類は今日ではかなりの程度、どうでもよくなっていた[10]。フリーメーソンか[11]、クリスチャンサイエンスか、アドヴェンティストか、クエイカー派か、それとも何であれ、そういったことはどうでもよかった。決定的なもの、すなわち——プロテスタンティズムの俗世内的禁欲(したがって、古ピューリタン的な伝統)が報奨を与えた当の対象だった諸徳目、の確証とい

　　生が自分を中心とする共処体(ゲマインデ)を形成して彼〔投機家〕のために建設の場所を「充分宣教する」なら、神学生には説教者としての輝かしい人生地位を約束するのだ、とのことである。荒廃した教会風の建物もいくつも見られ、それらは不成功のしるしだったわけだが、しかしたいていは、そういう建物は成功するのだそうである。近隣のつながり、日曜学校等々は、まさにそういったところでは新入植者には不可欠だが、しかしとりわけ不可欠なのは、「倫理的に」信頼できる隣人たちにつながることなのだ、と。
10) 教区(ゲマインデ)の夜の茶会の際の物質的・知的な催し物によって、また、上流の教会では歌の催し物によっても(ボストンのトリニティー教会の或るテノールは、話によれば日曜日にだけ歌う義務があり、当時8000ドルを受け取っていた由)、〔信徒獲得のための〕競争が行なわれたのだが、そういった尖鋭的な競争にもかかわらず、諸々の信団は、お互いに対して往々実(ゼケ)に良い関係にあった。例のバプテスト派の洗礼のことが、私が列席した礼拝においてメソジスト派の教会の中で引き合いに出され、誰に対しても建徳的な光景として引き合いに出された。「区別の手がかりとなる教説」、一般に教義を、耳にすることを諸々の共処体(ゲマインデ)はたいてい完全に拒否した。倫理だけが、話に持ち出されてよいものだった。この倫理とは、私が中産階級のための説教をいくつか聞いた場合では、典型的な、市民に相応な立派な道徳であり、もちろん極めて月並みで極めて味気ない種類のものなのだが、しかし、見てそれとわかるような内面的な確信——往々、感動——を以て語られていた。
11) 東部の或る大学のセム語の「助教(アシスタント)」が私に言ったところによると、彼は「フリーメーソンの支部長」にならなかったことを残念がっていた。というのも、そうなれば彼は実業生活に戻ることになるだろうから、と。そうなることが彼にどういうふうに役だちうるのか、と尋ねたのに対しては、こういう答えがあった。すなわち彼は、セールスマンないし販売員として自分を認めさせることができれば、人も知るほどの堅実な者として、あらゆる競争に打ち勝ち、金(きん)で買える者になる〔「金(きん)で買えない(ほどにかけがえのない)」という慣用表現をひねった諧謔的な言い方〕だろうから、と。

う意味での——倫理的な**確証**と事前の**審査**とを経た上での、受け入れ（「**投票**」〔バロット〕によるのであれ）ということ、がありさえしたなら、そこから先では同じ作用が確認されえたのである。より立ち入って眺めてみてわかったことだが、近代において宗教的諸観念から生じたこのような諸現象の場合に至る所で見られる「世俗化」という特徴的な過程は、つねに進展しつつある。この作用を展開していたのは、一層多くの宗教的団体、したがって信団〔ゼクテ〕、**だけ**だったのではない。むしろ、これら信団はつねに低下しつつある割合において〔この作用を展開していた〕。多少注意すれば、（15年前〔の1904年〕になお）目を惹いたのは次のことである。すなわち、アメリカの市民的中産階級の中では（つねに、全く近代的な大都市や移民の中心的な諸拠点以外では、である）、顕著に多くの男たちが、ボタン穴に小さな記章（様々な色の——これは例えばレジオン・ドヌールの薔薇飾りを最もたやすく思い出させた）を着けていたのである。これは何ですか、との問いには通例、時にとっぴな空想的〔ファンタジー〕な名前を持つ団体の名が挙げられた。そして当の団体の意味・目的として明らかになったのだが、その団体はほぼつねに葬祭互助会の機能を提供し、並びに非常に様々な他の給付を提供しており、しかも往々、そしてまさに、近代的な分解による影響を受けることが最少だった地域で、自分の責任に因らない経済的危機の場合にあらゆる富裕な団体メンバーから兄弟〔きょうだい〕的な援助を求める（倫理的）請求権を団体メンバーに付与し、しかも当時私が聞いて知った複数のケースではまさに、なお「あなたがたはそのことで何も期待しないで貸せ　mutuum date nihil inde sperantes」という原則に従って、或いは非常に低い利子率で、そうしていた。この請求権〔に基づく要求〕は見たところどうも、団体メンバー〔きょうだい〕たちが喜んで履行しているらしかった。ところがその上——そしてこれがここでの主要事でもあったのだが——、ひるがえってメンバーシップは、まさに事前の調査と倫理的確証の確認とを経た上での投票に基づいていた。したがって、ボタン穴に着けられた例の薔薇飾りが意味していたのは、「私は、調査と確証を経て特許状を与えられ、自らのメンバーシップによって保証された、ジェントルマンです」ということであり、——とりわけ再び、試験済みの**信用供与適格性**〔クレディートヴュルディヒカイト〕という商売上の意味でのジェントルマン、ということだったのである。ここでも確認できたのは、商売的なチャンスはこの身分証明〔レギティミールング〕によって往々全く決定的な影響を受けた、

ということである。

市民的中産階級と「経済的超人」は区別されるべき

　かなり速やかな衰退のうちにあるように見えたこれらすべての——少なくとも、宗教的な——現象[12]は、基本的に市民的中産階級に限られていた。それらは特に、中産的な市民的企業家層という人々の中への上昇〔のため〕の典型的な手段であり、また、この中産的な市民層(農民を含む)の広範な人々の中での、市民的な資本主義的商売エートスの普及・維持〔のため〕の典型的な手段だった。確かに、周知のようにアメリカの「発起人(プロモーター)」や「大物実業家(キャプテン オヴ インダストリー)」や億万長者や、またトラストの大立者たちも、——こういった人々のうち必ずしも全く少ないわけでない人々(古い世代であれば、たぶん多数)は、正式には信団、特にバプテスト派、に所属していた。けれども我が国〔ドイツ〕においてと同様、この人々が所属していたのは当然、往々単に習律的な理由からでしかなく、また、商売的な資格証明のためでなく一身上の社交的(ゲゼルシャフトリッヒ)な資格証明のためでしかなかった。なぜなら、既にピューリタンの時代においてと同様、当然ながらこのような「経済的超人」はこの種の杖を必要とせず、もちろん**彼らの**「宗教心」は往々、率直さが疑わしいどころでない代物だったからである。中産階級、すなわち特に、その中産階級の中で(或いはその中から)上昇していった諸層は、17・18世紀においてと全く同様に、かの独特に宗教的な指向の担い手だった(彼らの場合にこの指向を、**単に機会主義的に**のみ規定された〔つまり、この宗教的な指向は時と場合によっては容易に変わりうる〕ものだとみなさないよう、人は大いに用心しなければならない[13])。しかしながら、まさに決して看過され

---

12) この事情を、教養ある幾人ものアメリカ人はしばしば、腹立たしさの若干混じった侮蔑の念を見せながら、「くだらん」とか時代遅れの話だとして手ばやく片づけるか、或いは全く否定していた。それらは、現実に多くの人々が——ウィリアム・ジェームズが私に確認させてくれたように——全く知らないことでもあった。しかしこれら残骸は、極めて様々な領域で、時としてグロテスクに見える諸形態でなお生きていたのである。

13) これらの事物における「信心偽装(ねこかぶり)」や習律的な機会主義(ひより)は、あちらでは我が国〔ドイツ〕におけるよりも強度に発展していたわけではまずなかっただろう——とど

てはならないのは、方法的な生活営為のかの諸々の質・諸々の原理の普遍的な普及(これはこれら宗教的 共同体(ゲマインシャフト) によって支えられたのである)なしには、資本主義は今日アメリカに於いてすら、現に存在しているようなものでは未だなかっただろう、ということである。地上のいかなる経済地域の歴史においても、ピアポント・モルガンやロックフェラーやジェイ・グールドなどといったたぐいの資本主義的人物がいなかったであろうなどといった、完全に厳格に封建制的或いは家産制的な拘束を受けていたわけで必ずしもないそのような時期は、存在しないのであって、単に、彼らが用いた営利技術的な**手段**だけが(もちろん！)変化したにすぎない。**こういった人々**はかつて「善悪の彼岸に」存在し、今も存在するのだが、それ以外に彼らの経済転覆的な意義がいかに高く評価されるにせよ、彼らは、どのような経済**精神**が或る一時期に或る一地域で**支配的**だったかについて、かつて決定打をもたらしたことはなかった。とりわけ彼らは、独特に西洋的な**市民的**な「精神」の創造者ではなく、そしてその担い手にはならなかった。

今のアメリカにおける、クラブへの所属と社会的上昇の関係

　さてここでは、アメリカにおけるこれら諸々の(そして非常に多くの同様に排他的な、投票によって〔人員〕補充が行なわれるような)団体やクラブの政治的・社会的な意義に立ち入るべきではない。学校での少年向けクラブから始まって、運動クラブやギリシア文字(グリークレター)クラブに至るまで、或いは他の学生向けクラブ(どのような種類のであれ)に至るまで、次いで実業人や市民層の数多くの名士(ホノーラーティオーレン)クラブの一つに至るまで、或いは最後に大都市の 富豪階級(プルートクラティー) のクラブに至るまで、一連のそのような排他的な社交団体(ゲゼルシャフト)は、生涯を通じて、最近の世代の典型的なヤンキーになお随伴した。そういった諸々の社交団体への加入

のつまりドイツでは、「無宗派の」将校或いは官吏などといったものは不可能事でもあったのであり、ベルリンの或る(「アレイオス派的な」！)市長は、子どもに洗礼を受けさせなかったという理由で追認されなかった。この習律的な「信心偽装(ねこかぶり)」が向かっていた**方向**が異なっていただけである。すなわち我が国では官吏昇進、かの地では商売チャンス、というわけである。

を達成することは上昇のための切符と同義だったのであり、とりわけ、〔当の ヤンキー〕自身の自己感情の法廷（フォルム）における、「確証」を受けたことの証明書と同義だった。カレッジで、どういう種類のであれ何らクラブ（或いはクラブ風の社交団体）に加入していない学生は、通例一種の賤民（パーリア）だったのであり（〔加入を〕受け入れられないことを理由とする自殺が複数件あったことを私は知らされた）、同じ運命を持っていた実業人や店員や技師や医師はたいてい、使い物になるかどうかが疑わしいたぐいの人々だった。今日ではこの種の数多くのクラブは、むき出しの金権支配（プルートクラティー）と並んで、及び——注目されるべきだろうが——部分的にはそれに対立して、現代のアメリカ的発展に特徴的であるかの身分的な貴族化傾向の担い手となっている[14]。しかしながら過去において、そして現代に至るまで、独特にアメリカ的な民主主義の一つのメルクマールだったのは、この民主主義が、個人たちの無定形な砂山ではなく、厳格に排他的だが主意主義的（ヴォランタリズム）な諸々の団体の入り乱れだった、ということである。それら団体が、さほど昔でない頃まで、出生や相続された富や官職や修了証書付きの教育といったものの威信を認めないか、或いはさもなくともごくわずかな程度でしか

---

[14] 単なる「カネ」自体で買う〔ことができる〕のはアメリカに於いても権力であって、しかし社会的名誉ではない。もちろん、カネはそのための手段ではある。我が国でも至る所ででも同様である。但し、我が国の場合にはお決まりの道とは、騎士領地の購入、信託遺贈財団の設定、爵位記貴族（これが、孫が貴族「社会」へ受け入れられることを可能にした）、である。かの地では、古い伝統が重視したのは相続人よりもむしろ、自分で稼ぎ出した男であり、そして社会的名誉へと至る道（ゼクテ）とは、高級なカレッジにおける高級な〔人間〕関係であり、以前においては高級な信団であり（例えば長老派であり、ニューヨークの長老派の教会では教会の座席に柔らかいクッションと扇が見られた）、今ではとりわけ、高級なクラブである。それと並んで今では、居住の仕方（中規模都市にはほとんどつねに存在する「何とか」ストリートに住むこと）、服装の着こなし、スポーツの仕方である。ようやく最近になって、ピルグリム・ファーザーズの末裔、ポカホンタスの末裔、或いは他の〔アメリカ・〕インディアンの女性の末裔、等々である。ここでこの点にこれ以上立ち入ることはできない。富豪階級の血統の究明に従事するあらゆる種類の代理店や通訳事務所は大量に存在する。往々にして極めてグロテスクなこれらすべての現象は、アメリカ「社会」のヨーロッパ化の広範な領域に属している。

認めなかったとして——というようなことは、〔アメリカ以外の〕世界の他所ではごくまれにしか見られなかったし、今でも見られないのだが——、とはいえそれら団体は[15]、任意のあらゆる人を同等者として両手(もろて)をあげて受け入れる、などといったことからはほど遠かった。確かにアメリカ人農夫であれば、(15年前〔の1904年〕にはなお)畑で自分の客を連れて、犂を使う(その土地の生まれの！)労働者のそばを通り過ぎる際には、型どおりの紹介をした後に客をこの労働者と「手を大きく振って握手させる」ことを、しないではいなかっただろう。また確かに、アメリカの典型的なクラブにおいては、例えば一緒にビリヤードをしている2人のメンバーが例えば店長と店員の関係にあったというようないかなる記憶も、かつては絶対に無効だった。すなわちクラブでは、ジェントルマンの平等が支配していたのである[16]。また確かに、ランチの相手たる労働組合員が連れてきたアメリカ人労働者の妻は、——いささか単純素朴にぎこちなく、ではあったが——市民的な淑女の服装・仕草に全く適応していた。しかしながら、いかなる地位の者であれ、この〔アメリカ的〕民主主義の中で十全な資格を有するとみなされたかった者は、市民社会(ソサイエティ)の諸々の習律(非常に厳格な紳士モードを含む)に適合せねばならなかっただけでなく、彼は、充分に正統的と認められた信団かクラブか社交団体(ゲゼルシャフト)の一つに(どのような種類のであれかまわない)、投票の結果加入し、その中で、ジェントルマンだとの確証によって自らの地位の確立に成功したのだ、ということを自らあらゆる規則に

---

15) 〔原文は Wenn sie ... anerkannten, と来たあとで so war sie となっているが、so war sie の sie は Wenn 節の主語たる sie と同じものを指す(つまり複数の sie である)はずであり、したがって原文は so waren sie と修正されるべきである(MWG I/18, p. 506 にはこの点の指摘は見られないが)。〕

16) ドイツ系アメリカ人のクラブでは必ずしもつねにこうではない。ニューヨークの若いドイツ人商人たち(ハンザ〔同盟〕の〔伝統に属する〕最良の名前が複数見られる)に、なぜみんな——実に小ぎれいな設備を持つドイツのクラブでなく——アメリカのクラブへの加入を目指すのかと尋ねたのに対して、答えはこうだった。すなわち、確かに自分たちの(ドイツ系アメリカ人の)事業主たちも時々自分たちとビリヤードをプレーしたが、彼らはこれ自体が「実にいやだ」と思っている、と感じられることがなくもないのだ、と。

徴して立証できるのでも**なければならなかったのである**[17]。これに成功しなかった者はジェントルマンでなかったのであり、これを——たいていドイツ人がしたように[18]——拒んだ者には困難な道が、とりわけ商売的にも待ち受けていた。

世俗化の結果、かつて信団が有した意義をクラブが担うに至った

けれども既述のように、今深甚な再編の過程にあるこれら状況の社会的意義は、ここで探究されるべきでない。さしあたり我々の関心を惹くのは次のことである。すなわち、投票で補充が為される世俗的なクラブや社交団体(ゲゼルシャフト)の近代的な地位、それは相当程度、これら諸々の主意主義的(ヴォランタリズム)な団体の原型——すなわち諸々の**信団**(ゼクテ)——がかつて有した遙かに一層専一的な意義が**世俗化**過程の中でもたらした産物なのだ、ということである。しかもまさに、真のヤンキー気質の故郷たる地域、すなわち北部の大西洋岸諸州に於いてである。我々はさしあたりいったん想起しよう。すなわち、アメリカ的民主主義の内部では、普通平等選挙権(有色人種でない人々の！——というのも、黒人やあらゆる混血の人々には、然り、選挙権は今日でも事実上(デー・ファクトー)存在しないからである)や同様に「国家と教会の分離」は近い過去(基本的には19世紀初頭に始まるところの)にようやく獲得されたものなのであり、そして、植民地時代、ニューイングランドの中心地域、とりわけマサチューセッツに於いて、国家における完全市民権の前提だったのは、(他のいくつかの条件と並んでとりわけ)**教会共処体**(ゲマインデ)(これ自体が加入の許可・不許可を意のままにしていた)における完全市民権だったのである[19]。しかも教会共処体(ゲマインデ)は、すべての(語の広義での)ピューリタン的

---

17) 我が国の場合でこれに並行的なのは、商取引(コンメルキウム)〔MWG I/18, p. 507に従って原文のcommuniumをcommercium に修正〕や婚姻(コンヌービウム)に対して学生組合や予備役将校辞令の有する意義、また、「決闘要求・応諾資格(サティスファクツィオーンスフェーイヒカイト)」の高い身分的意義である。事柄は同じである。しかしながら、**方向性**と実質的な**影響**は特徴的に異なっている。
18) しかし直前の註を参照。アメリカのクラブへの(学校段階での、或いは後の段階での)加入はつねに、ドイツ人気質の喪失の決定的な瞬間である。
19) 教会共処体(ゲマインデ)の形成は、ニューイングランドへの移住の場合には往々、(ピルグリム・ファーザーズの有名な盟約の仕方での)政治的な社会形成(フェアゲゼルシャフトゥング)に先だっていた。

信団と同様、そのつど**行状**による宗教的質の**確証**に従ってこの点〔加入の許可・不許可〕を意のままにしていた。これに劣らず、ペンシルヴェニアでは独立戦争の少し前までクエイカー派が、**正式**には唯一の政治的完全市民ではなかったものの、(自派に有利になるような選挙区割りの力によってのみ)州の支配者だった。信団共処体(ゲマインデ)の諸権利を十全に享受することに対する許可、特に**聖餐**への参加許可、が有した巨大な社会的意義は、諸々の信団の場合には、かの禁欲主義的な職業倫理(これが、成立期における近代資本主義に適合的なものだった)を涵養するという方向に作用した。というのも、アメリカについて〔本論考の著者の〕個人的な体験を基に例証されたのと全く同様な仕方で、至るところで――ヨーロッパに於いても――、禁欲主義的諸信団の宗教心は数世紀の長きにわたって明らかに影響を及ぼしたからである。

信団と、そのメンバーの生活営為のあり方との関係

つまり、これらプロテスタント諸信団の教会的前史を瞥見するなら[20]、そ

かくて1619年のドーチェスターの移民はまず――移住への出発の**前に**――一箇の**教会**共処体(ゲマインデ)へと結合し、牧師(パスター)と教師を選んだ。マサチューセッツ植民地では教会は正式に完全に自立的な 社 団(コルポラツィオーン) だったのであり、それはもちろん市民だけをメンバーとして受け入れており、他方でそのメンバーたることが市民権の前提条件だった。同様にニューヘーヴンでは当初(抵抗に抗う仕方で行なわれたコネティカットへの併合より前には)、教会のメンバーたることと良い行状(＝聖餐への参加許可)が市民権〔のため〕の先決条件だった。これに対してコネティカットでは(1650年)、町区(タウンシップ)住民は教会を維持する義務を課された(独立派の厳格な原理から長老派的な原理への離反である)。このことは直ちに、多少とも一層弛緩的な実践を意味した。すなわちニューヘーヴンの併合以後、同地では教会〔の務め〕は、当該人物が宗教的に下品でなく充分な資産を有する、ということに関する証明書を発行することに限定されたのである。マサチューセッツは既に17世紀、メインとニューハンプシャーの併合の際に、宗教的資格の十全な厳格さから〔離れて〕政治的諸権利を利する方向へと移行せざるをえなかった。そして教会のメンバーシップの問題においても妥協が締結されねばならず、その最も有名なものが1657年の 道半ば契約(ハーフウェイカヴェナント) である。再生者だと立証できない者たちもメンバーシップを許された。しかし、――18世紀初頭に至るまでは――**聖餐**への参加は許されなかった。

20) ドイツではあまり良く知られていない比較的古い文献の中から、なおいくつかが

れら諸信団の諸々の文書の中で、特にクエイカー派やバプテスト派の場合に、17世紀全体に至るまで(そしてまさに当時)、我々が繰り返し目にするのは、次のような歓声である。すなわち、罪ぶかい「俗世の子ら」は自らお互いに対して商売上不信の念をいだき、これに対して彼らは、信心ぶかい人々の宗教的動機に基づく遵法性(レヒトリッヒカイト)に信頼の念を寄せており[21]、それゆえ彼ら信心ぶかい

引き合いに出されるべきである。**バプテスト派**の歴史の梗概を提供してくれるのはヴェッダー『バプテスト派小史』(第2版、ロンドン、1897年)。ハンサード・ノウルズに関してはカルロス『ハンサード・ノウルズ』(『バプテスト派便覧(マニュアル)』の第2巻、ロンドン、1891年)。洗礼派の歴史についてはE・B・**バックス**『再洗礼派の興隆と衰退』、ニューヨーク、1902年。スマイスに関してはヘンリー・M・**デクスター**『本人自身及び同時代人が語った、自己洗礼者(セーバプテスト)ジョン・スマイスの本当の物語』、ボストン、1881年。重要なシリーズ「ハンサード・ノウルズ協会刊行物」(協会のためにJ・ハッデンによって、キャッスル通り、フィンズベリーで1846-1854年に印刷された)は既に引用した。さらなる公式文書群はJ・ニュートン・ブラウン『バプテスト教会便覧(マニュアル)』、フィラデルフィア:アメリカ・バプテスト派刊行会、で見られる。クエイカー派に関しては先に引用したシャープレスの著作のほかに、A・C・アップルガース『ペンシルヴェニアにおけるクエイカー派』(ジョンズ・ホプキンズ大学歴史・政治科学研究、第10シリーズ、第8・9巻)。G・ロリマー『歴史におけるバプテスト派』、ニューヨーク、1902年。J・A・**サイス**『バプテスト派の体系の検討』(ルター派刊行会、1902年)。ニューイングランドに関しては(ドイル以外では)「マサチューセッツ歴史集成」、さらに**ウィーデン**『ニューイングランドの経済・社会史 1620-1789』(2巻本)、ダニエル・W・**ハウ**『ピューリタン共和国』(インディアナポリス:ボウエン=メリル出版社)。——より古い長老派における「契約(カヴェナント)」思想の発展、その教会規律について、そして一方で、公式の教会とのその関係について、他方で、会衆派教会の人々や諸々の信団成員(ゼクティーラー)とのその関係については、**バリッジ**『教会契約理念』(1904年)、同『初期のイギリスの非国教徒』(1912年)、さらにW・M・**マクフェイル**『長老派教会』(1918年)、J・**ブラウン**『イギリスのピューリタン』(1910年)。重要な文書群は**アッシャー**『長老派運動1582-89年』(1905年)に見られる〔MWG I/18の書誌情報に従って一部修正。詳しくは巻末「文献の一覧」を参照〕。ここでは、**我々**にとって本質的なことの極度に暫定的な確認のみが提示されている。

21) このことは17世紀にはかくも完全に自明なこととみなされていたので、——既に先に言及したように——バニヤン(『天路歴程』、タウフニッツ版、124頁)は「金銭愛」氏にまさに次のように論じさせている。すなわち、人は金持ちになる**ために**、

人々に、そして彼らだけに、信用を与え、自分たちのカネを預け、彼らの店で購入を行なう、なぜなら、彼らの店において、そして彼らの店においてのみ、実勢〔価格〕でかつ**固定した**価格で、自分たちはサービスを受けるのだから、と――周知のように、以前からバプテスト派が、自分たちがこれを最初に原理へと高めたのだと主張していた[22]。さてもちろん、神々は、犠牲によるのであれ自らの生活の営み方によるのであれ〔とにかく何らかの仕方で〕神々に喜ばれる者を、富によって祝福するのだというのは、全世界に広まった表象だった。けれどもこれが、「正直は最良の策である」という初期資本主義的な原理に従って宗教的生活営為のこの**種類**と意識的に関連づけられたのは、絶対にここでしか見られなかったわけでは必ずしもなかったかもしれないが、しかしこの連続性・帰結においては、これらプロテスタント諸信団のもとで**のみ**見られた[23]。しかしながら、この倫理(これについては、然り、既に直前の論考で詳

特に自分の顧客を増やすために、信心ぶかくなってよいのだ、なぜなら、然り、人が何ゆえに信心ぶかくなったかということはどうでもよいことに違いないのだから、と。

22) 彼ら以外では、次の箇所(当時私にE・ベルンシュタイン氏が示してくれた)が証しているように、クエイカー派もである。「しかし、草創期のメンバーが自分たちの言葉や約束を神聖なものとして守ったのは、自分たちがいた国の法に関する事柄においてだけではなかった。この特徴は商売における事柄において彼らに当てはまっている、ということが指摘されている。〔フレンド〕会としての初登場の時には彼らは職業人として辛苦を嘗めた、なぜなら他の人々が、彼らの流儀の独特さが気に入らず、彼らの店から自分たちの取引関係を引っ込めたからである。しかし時が少し経つと、彼らに対する大変な抗議としてあったのは、彼らがこの国の商売を掌中に収めたというものだった。この抗議は部分的には、彼らと他の人々との間での商業上のあらゆる取り決めが厳格に執行されたこと〔MWG I/18, p. 512 に従って原文の exemtion を execution に修正〕に発しており、また、**彼らが自分たちの売った商品について決して2つの価格を要求しなかったからである**」。トーマス・クラークソン『フレンド会のキリスト教的信仰告白及び実践の一肖像画』、第3版、ロンドン、1867年、276頁(初版は1830年ごろに刊行された)。

23) あらゆる禁欲主義的な信団や秘密集会の場合に、典型的に市民的な倫理の全体は最初から共通であり、現在に至るまでアメリカでそれら信団や秘密集会が涵養したものと同一だった。例えばメソジスト派にとって、禁止されたこととみなされてい

しく論じられた)だけでなく、とりわけプロテスタントの信団制の、社会的報奨や規律手段や、そもそも組織的基礎全体が、それらのあらゆる作用ともども、禁欲主義的な信団形成の端緒にまで遡る。アメリカにおける今日のかの残滓は、教会的な生活規制の組織(かつて飛び抜けて貫徹的な影響を及ぼした、そういう組織)の末裔なのである。我々はそれの種類、作用様式、作用方向を簡潔な概観で明確にしてみよう。

信団(「信仰者たちの教会」)という原理、聖餐への参加の意義

「信仰者たちの教会」という、すなわち厳格に「真の」キリスト者に限定された(それゆえ主意主義的な)、俗世から隔離された、真に聖なる民の共同体という、原理がプロテスタンティズムの内部で最初に登場したのは、1523〜1524年のチューリッヒの洗礼派においてであり[24]、彼ら洗礼派は1525年、Th・ミュンツァー(彼は幼児洗礼を退けたが、その最終的な帰結、すなわち子どもとして洗礼を受けた成人たちからの今一度の洗礼(すなわち再洗礼)、を要求することはしなかった)に接続する形で、成人の洗礼(場合によっては再洗礼

たのは、①売買の際に多弁を弄すること(「値切ること」)、②関税未納の商品を商うこと、③国法が許容するよりも高い利子、④地上に宝を集積すること(=資本を「**財産**」へと変換すること)、⑤返済できるという確かさなしに信用供与を受けること、⑥あらゆる種類の浪費、である。

24) 典拠はツヴィングリの発言であり(フュスリ、第1巻、228頁。243、253、263頁を参照)、彼の『異なる洗礼を行なう人々に対する駁論』(著作集、III、357、362頁)である。特徴的なことに、ツヴィングリは自分の共処体の中で非常にしばしば幼児洗礼反対論者たちとかかわっており、この人々自身は洗礼派的な「分離」を、したがって主意主義を、聖書に照らして**斥けられるべきもの**だと考えた。国王ジェームズ1世に対する1603年のブラウン主義的請願が要求したのは、あらゆる「邪悪な嘘つき」を教会から排除すること、そして「信仰ある者」及びその子ら**だけ**の加入を許可することだった。しかしながら、(たぶん)1584年(A・F・スコット・ピアソンのハイデルベルクの学位論文で初めて公刊されたオリジナルによれば)の(長老派的な)「教会統治の指針」第37条でも、規律に服した人々、或いは「適切な証明書を他所から持ってきた〔人々〕literas testimoniales idoneas aliunde attulerint」だけが聖餐へと参加することが要求されている。

を含む)を導入した。洗礼派運動の主要な担い手だった遍歴手工業徒弟たちはこの成人洗礼を、弾圧があるたびに新たな地域へと持ち込んだ。この主意主義的な俗世内的禁欲の表出形態たる古い洗礼派やメノナイト派やバプテスト派やクエイカー派には、ここで個別的に立ち入るべきでなく、また、あらゆる禁欲主義的な教派が(カルヴァン派[25]やメソジスト派も)再三再四同じ軌道——同

---

25) 信団原理を否定する(カルヴァン派的)改革派教会に対して、純粋な教会(エックレーシア プーラ)を求める要求からの論理的帰結である分派的・主意主義的な原理によってもたらされた問題群が、近代において教義上特にはっきり立ち現れているのは、A・カイパー(のちの有名な首相)の場合においてであり、特に彼の締めくくり的な綱領的著作である『分離と悲嘆(ドレアンツィー)』(アムステルダム、1890年)においてである。彼にとって当の問題は、カトリック的でないキリスト教における無謬の教導職の欠如から来る帰結だとみなされたのであり、〔そこで、カイパーによれば、〕この欠如がもたらしているのが、可視的な教会の「身体」が古い改革派の意味での「キリストのからだ(コルプス クリスティー)」たりえないということ、なのであり、むしろこの「身体」は必然的に、時空によって分かたれたまま、人間的欠陥が付着したまま、であらざるをえないのだ、と。可視的な教会は単に、信仰者たちの意志的行為を通じて、キリストによって彼らに与えられた権限によって成立するのであり、それゆえ教会の権限(ポテスタース エックレーシアスティカ)は、キリスト自身のもとにでも聖職者(ミニステル)のもとにでもなく、信仰者の共処体(ゲマインデ)のもとにのみ存するのだ、と(フートとの接点)。諸共処体(ゲマインデ)が法的に自発的に参集することによって——しかし、この参集は宗教的な義務なのである——、より大きな共同体(ゲマインシャフト)が成立するのだ、と。教会員である者はそのこと自体によって自分の居所の共処体(ゲマインデ)〔すなわち教区〕の構成員でもあるのだ、というローマ〔・カトリック〕的な原則は否定されるべきである、と。洗礼は〔受洗者を〕消極的な「不完全な肢体(メンブルム インコンプレートゥム)」にしかしないのであり、いかなる権利をも与えていないのだ、と。既に洗礼が、ではなく、「告白と規約」がようやく、〔当人を〕法的な意味での積極的な共処体(ゲマインデ)成員にするのであり、そして共処体(ゲマインデ)メンバーシップ(そしてそれだけ)が、教会の規律(ディスキプリーナ エックレーシアエ)に服することと同一なのだ、と(またもやフートとの接点)。教会法が取り扱っているのはまさに、可視的な教会の定款であって、そしてその定款は、確かに神の諸秩序に拘束されてはいるものが、しかしそれ自体を成しているわけではなく、人間たちによって創出されたものなのだ、と(フート『教会政治』、第1巻、1及び11頁を参照)。このすべては、〔メンバーの〕受容の際に共処体(ゲマインデ)が(したがって在俗信者が)積極的に協働するという意味で、(リーカーによって特に良く叙述されているように)真正の改革派的教会制度法の独立派的な変更である。ニューイングランドでも共処体(ゲマインデ)全体のこの協働は、「支配する長老たち」の教会支配を代表する「ジョンソン主義〔MWG

じ軌道とは、或いは、教会の中での模範的なキリスト者たちの秘密集会のことであり（敬虔主義の場合）、さもなければ、とがのない者として教会に対する主人だと認められた教会的完全市民たちの共同体(ゲマインシャフト)のことである（独立派の場合。その他の人々は、この教会に、規律に服せしめられる受動的な劣等キリスト者身分としてのみ所属した）——へといかに追いやられたかも、改めて叙述されるべきでない。恩恵機関としての「教会」か、宗教的有資格者たちの結社としての「信団」か、というこの２つの構造原理の外的・内的な衝突は、プロテスタンティズムにおいてツヴィングリから〔アブラハム・〕カイパーや〔アドルフ・〕シュテッカーに至るまでの諸世紀を貫いている。しかしここで我々がしたいのは単に、主意主義的(ヴォランタリズム)な原理が生活営為の影響波及のために有する実際的に重要

I/18, p. 516 によれば、フランシス・ジョンソン（1563-1618）に因むとのこと〕的な」方向性（成功裡に浸透していった）との絶えざる闘いの中で再三再四固守されたプログラム（当初はブラウン主義的な独立派の）だった。「再生者」だけが受容されるべきだ（〔ロバート・〕ベイリーによれば「40 人中 1 人だけ」）、ということは当然だった。19 世紀においてスコットランドの独立派の教会論も同様であり（ザック、前掲書）、特別の受容決定を要求してもいた。しかしその他の点では、カイパーの教会論自体はもちろん「会衆派的」でない。彼によって定められたところの、個別共処体(ゲマインデ)に対して課された、全体教会に加入しそれに所属するようにとの宗教的義務が、消滅するのは、かつ、「分離」への義務が生じる——というのも、法適合的な教会は１つの場所に１つだけしか存在しえないからである——のは、次の場合においてのみである。それはすなわち、「悲嘆(ドレアンツィー)」、つまり、堕落した全体教会を積極的な抗議と消極的な妨害とによって改善しようとする試み（嘆き悲しむ＝抗議する、は既に 17 世紀に用語として登場している）が、あらゆる手段を使い尽くしたあとに最終的に徒労にとどまり、権力に屈することが不可避である場合、である。その場合にはもちろん、教会の中には「臣下」は存在しないのであってむしろ信仰者たち自身が神与の職を管理しているのだから、自立的な〔教会〕設立は義務なのである。なぜなら、諸々の革命は神に対する義務である**かもしれない**からである（カイパー『争い来たれり』、30-31 頁）。――カイパーも（フートと同様）独立派的な古い立場に立脚している。すなわち、許可によって**聖餐**に参加する者だけが教会の十全な構成員であり、そういう人々だけが、洗礼の際に子どものために保証を引き受けることができるのだ、というのがその立場であり、信仰者とは、**宗教的**な意味では内面的な回心者であり、**法的**な意味では聖餐への**参加を許された者**だけなのである。

な諸帰結を眼前に描き出すことである。次のことだけをなお想起しよう。すなわち、聖ならざる者たちの参加〔による不浄〕から**聖餐**を清く守るというこの決定的な思想——キリスト教の諸 共同体(ゲマインシャフト)にとっての聖餐の中心的な社会的意義は、この点に現れている——は、信団(ゼクテ)形成という帰結を導き出していなかった諸教派においても、特に予定説信奉者たるピューリタンたちのもとで、或る種教会規律の取り扱いといったことを帰結した(これは結果として諸信団の規律にほぼ等しいものだった)のであり[26]、しかしこの思想は、諸信団自体のもと

---

[26] カイパー(『差し迫った争い』、1886 年)にとってみても根本的前提なのは、不信仰者たちから聖餐を清く保つことをしないのは罪だ、というものである(41 頁。Ⅰコリント 11：26、27、29；Ⅰテモテ 5：22；黙示録 18：4 が引き合いに出されている)。確かに教会は「神の前で」の恩恵身分に関しては——「ラバディー主義者」(ラディカル)(根底的な敬虔主義者)とは対照的に——決して判断を下さなかったが、しかしながら聖餐への参加のために決定的なのは信仰と**行状だけ**なのだ、と。16・17 世紀のオランダの教会会議の討議録は、聖餐への参加許可の先決条件に関する討究であふれかえっている。すなわち、1574 年の南ホラントの教会会議：ふさわしくない者が参加を許可されないよう長老及び執事が配慮する、といった組織だった共処体(ゲマインデ)が存在しないところでは聖餐が与えられるべきでないこと。1575 年のロッテルダムの教会会議：明らかにつまずきの生活を営んでいるらしいすべての人々が参加を許可されないようにすること(許可は、一方的に説教者によってではなく、共処体(ゲマインデ)の**長老**によって行なわれ、そして、——説教者による比較的緩やかな取り扱いに往々反対して——懸念を提起するのはほつねに共処体(ゲマインデ)の側である；例えばライツマ、第 2 巻、231 頁のケースを参照)。再洗礼派である女性を妻とする男が聖餐への参加を許可されてよいかどうかという問い：1619 年のライデンでの教会会議、第 114 条。「ロンバルディア人」の使用人が参加を許可されてよいかどうか：1595 年のデーフェンテルでの地方教会会議、第 24 条。「破産者」(1599 年のアルクマールの教会会議、第 11 条、1605 年の同所での教会会議、第 28 条)や、〔債権をめぐる〕和議を取り結んだ人々(1618 年のエンクハウゼンでのオランダ北部の教会会議、アムステルダムの集団の係争事(グラヴァーミナ クラッシス アムステロダメンシス)、第 16〔MWG I/18, p. 518 によれば正しくは「第 12」〕)が参加を許可されるべきかどうか。最後の問いに対する答えが肯定的なのは、〔教会の〕役員会が、財産証明を充分なものだとみなし、その際に衣食について為された留保を債務者自身及びその家族にとって相応なものだとみなす場合であり、しかし特に、**債権者たち**が当の和議に満足していると言明し、かつ債務者が罪の告白〔或いは「債務約束」〕をする場合である。「抵当貸しをする人々(ロンバルディーラー)」の参加が許可され

では、まさにそれら信団の成立当初において直接的に決定的なものだった[27]）。

ないことに関しては上述を参照。夫婦を〔両者が互いに対して〕折り合いの良くない場合に〔聖餐から〕排除すること：ライツマ、第3部、91頁。参加許可の前に訴訟相手との和解が要求されること、争いが続いている間は〔参加を〕控えること、名誉棄損の訴訟で負けて上訴した者の条件付き参加許可：ライツマ、第3部、176頁。——相応性の審査の満足の行く結果が欠如した場合に聖餐から排除されるということ（しかしながら当時はなお、共処体(ゲマインデ)でなく**司牧者**による排除だった）を、カルヴァンは最初にはたぶんシュトラースブルクのフランス人移民共処体(ゲマインデ)に於いて実施しただろう。破門は、彼の真正の教説によれば（『キリスト教綱要』第4篇第12章4節。この箇所では破門は**神的な**判決の発布だと称されている）、法的には本来、斥けられた者たちの上にのみ科されるべきものだったろうが、しかし（同5節）それでも「改善」の手段だと扱われてもいる。アメリカでは今日正式な破門は、少なくともバプテスト派の場合には、諸々の大都市では実に稀であり、実際においては「除　籍(ドロッピング)」、つまり単なる暗黙裡の削除、によって代替されている。諸信団や独立派の場合にはつねに**在俗信者**が教会規律の典型的な担い手だった。これに対して、元来カルヴァン派的・長老派的な教会規律は、国家と教会に対するはっきり計画的な支配を目指した。ともあれ1584年のイギリスの長老派の「指　針(ディレクトリ)」（註24〔を参照〕）は既に聖職者と同数の在俗信者長老を、集団(クラッシス)の中、そして教会統治の上級審の中へと、招じ入れている。

しかしその際、時として、長老たちの立場と共処体(ゲマインデ)の立場は、互いに異なる仕方で規制されていた。（長老派的な）長期議会が1645年に主の晩餐からの排除を（在俗信者の）長老たちの手に委ねたように、ニューイングランドでは1647年ごろの「ケンブリッジ・プラットフォーム」が同様のことを行なった。しかしスコットランドの独立派は、19世紀中葉になお、悪しき生活行状ゆえの通告を委員会に伝えており、その報告を受けて共処体(ゲマインデ)全体が、すべての個々人の連帯責任という一層厳格な解釈に従って、排除に関する決議を行なっていた。これは、1603年に国王ジェームズ1世に提出された、既に上で引用したブラウン主義的な信仰告白と、全く合致していたのであり（デクスター、前掲書、308頁）、他方で「ジョンソン主義者たち」は（選ばれた）長老たちが至上権を有することを聖書的だとみなした。彼ら長老たちは、共処体(ゲマインデ)の決定に逆らってでも破門を行なうことができるべきだったのである（〔ヘンリー・〕エーンズワースの離脱のきっかけ）。初期イギリスの長老派の場合の対応する状況に関しては、註20末尾で引用した文献を、及び註24で引用したピアソンの学位論文を、参照。

27) 同じ原則を、その他の点ではオランダの敬虔主義者たちも支持している。例えばローデンステインは、人は非再生者——そしてこれは彼の場合はっきりしているの

首尾一貫した最初の主意主義者〔ヴォランタリスト〕〔ロバート・〕ブラウンは直ちに、著書『遅滞なき改革〔リフォーメーション〕についての論考』（たぶん 1582 年）の中で、監督制主義・長老教会主義に対する拒否の主たる動機として、「邪悪な者たち」と聖餐を共にすることの強要ということを強調している[28]。長老派教会ではこの問題を片づけるべく努力が払われたが、無駄だった。既にエリザベス治下において（ウォンズワースの会議）、このことは決定的な点だった[29]。こののちイギリスの革命議会においては、誰が聖餐から排除されてよいかという問いはつねに新たに一役を演じた。まず（1645 年）教役者と長老（したがって在俗信者）がこれに関して自由裁量を持つべきだとされた。その際議会は、排除が許可されるべきであるいくつかのケースを確定しようとし、他のすべてのケースを議会の同意へと結びつけようとした——これは「エラストゥス主義」であり、これに対してウェストミンスター〔教会〕会議は鋭く抵抗した。独立派の党派は、地元民であって宗教的に十全な資格を有すると認められた共処体〔ゲマインデ〕成員以外に、証明書（チケット）を有する人々だけに聖餐への参加を許可したことによって、抜きんでていた。よその人々は、有資格者による推薦があった場合にのみチケッ

だが、すなわち再生の**しるし**を身に帯びていない人々——と聖餐を共にすることは許されていない、という立場だったのであり、然り、彼は、**主の祈り**が**子どもたち**と共に祈られることにも反対する（というのも、子どもたちはともあれ未だ「神の子」になっていないのだから、と）助言を行なうにまで及んだ。オランダに於いてケーラーはなお、再生者はそもそも罪を犯さないのだ、という見解が時々表明されるのを目にした。カルヴァン派的な正統教義〔オルトドクシー〕、そして驚くべき聖書固守は、まさに小市民的大衆の中で支持されていたのである。ここでもまさに正統教義だったのは、——神学教育に対する不信の念と共に——（充分に厳格な「道徳の評価〔ケンズーラ モールム〕」が欠如していることと並んで）1852 年の教会規定に反対して、教会会議において**在俗信者**の代表者が少なすぎることに対して不平を言うことだった。——確かにこれは当時ドイツに於けるルター派的ないかなる正統的〔オルトドクス〕教会党派であっても、思いつかなかったことだろう。

28) デクスター『文学において見た最近 300 年の会衆派教会』（ニューヨーク、1880 年）、97 頁で引用されている。

29) 英国国教会の 39 箇条は（第 34 条〜第 36 条——ここでは関係してこない——に関する留保付きで）エリザベスの治下でイギリスの長老派を認めようとした。

トを交付された。他の場所への引越や旅行の際に発行された資格証明（推薦状《レターズ オヴ レコメンデーション》）は同様に既に17世紀に見られた[30]。公式の教会の内部では、1657年に16の州で導入されたバクスターの秘密集会（アソシエーション）が、一種の自発的な検閲当局（〔聖餐参加〕資格の確定の際や、「外聞の悪い人々」を聖餐から排除する際に、牧師を援助しようとしたのである）として自らを確立しようとしていた[31]。同様のことを既に意図していたのは、ウェストミンスター〔教会〕会議の「英国国教会に反対する5人の兄弟たち」——上流階級の出でオランダにいた亡命者たち——であり、彼らは、教区《パリッシュ》と並んで主意主義的《ヴォランタリズム》な会衆集会《コングレガツィオーン》を許容せよ、そしてそれらにも教会会議への選挙権を認めよ、という提案を有していた。ニューイングランドでは教会史全体は、誰が（例えば代父としても）聖礼典への参加を許可されるべきか、参加を許可されていない人々の子どもは受洗させられてよいかどうか[32]、そしてどういう留保条項を付してか等々、といった問いをめぐる闘争で満たされている。然り、困難は次の点に存した。すなわちいったん、ふさわしい者だけが聖餐を受けてよいとされたのだが、この者は聖餐を受けることを義務づけられたのでもあ

---

30) 地元のバプテスト派共処体《ゲマインデ》のメンバーでない人が聖餐への参加を許可されるためには、よそのバプテスト派信徒の場合には、推薦状が必要だった。非バプテスト派の人々は審査と共処体《ゲマインデ》の決定とのあとでのみ参加を許可されることが可能だった（1689年のハンサード・ノウルズの信仰告白の出版への補遺、ウェストチャーチ〔MWG I/18, p. 522 によれば正しくはウェストチェスター〕、ペンシルヴェニア、1817年〔MWG I/18, p. 522 によれば正しくは1827年〕）。有資格者に対しては、彼らの場合にも教義上の聖餐強制が存在した。すなわち、自分の居所で有効な仕方で構成された共処体《ゲマインデ》に加わらないことは教会分裂《シスマ》的行動だったのである。他の共処体《ゲマインデ》との義務的な交わりに関しては、確かに立場はカイパーの場合と同様だったが（上記註25を参照）、けれども個々の教会に対するいかなる管轄権も拒否された。盟約者《カヴェナンター》たちや初期イギリスの長老派たちの場合の証明書《リッテラエ テスティモニアーレス》に関しては上記註24及び註20で引用した文献を参照。
31) ショー『共和国《コモンウェルス》時代の教会史』、第2巻、152-165頁、ガーディナー『共和国《コモンウェルス》』、第3巻、231頁。
32) これに対しては既に1603年の国王ジェームズ1世宛てのブラウン主義者たちの請願が抗議を行なっている。

り[33]、したがって、自分のふさわしさへの疑念がある場合には〔聖餐を〕控えることを罪なしとせず[34]、他方で共処体(ゲマインデ)は、ふさわしくない者たち——特に、斥けられた者たち[35]——〔の参加〕から聖餐を清く保つことについて、神に対して連帯**責任を負っていた**のである。したがって共処体(ゲマインデ)は特に、ふさわしい(すなわち、恩恵のうちに在る)教役者による聖餐が授けられることについて責任を負っていた。これと共に太古からの教会制度問題〔つまり ex opere operantis か ex opere operato かという問題〕が再び浮上した。ふさわしくない(すなわち、行状の点で論議の余地のある)教役者からの受領も少なくとも緊急の場合には許可されるべきだ[36]というバクスターの妥協提案は、調停を試みて失敗に終わったのだが、つまり、ドナトゥス派的な〈個人的カリスマの原理〉と、カトリック教会において司祭の〈消去不可能な焼き印(カラクテール・インデーレービリス)〉〔についての教説〕によって根底的に確立され、しかも諸々の公式の宗教改革教会を支配していたところの〈機関恩恵の原理〉とが、初期キリスト教の時代においてと同様に、容赦なくぶつかり合ったのである[37]。教役者並びに聖餐仲間のふさわしさに対して

---

33) この原則を例えば表明しているのは、1585年のエダムの教会会議の決定(ライツマの集成の139頁)のような諸々の決定である〔MWG I/18, p. 524 によれば「1585年」でなくたぶん「1598年」、そしてライツマの集成の139頁は正しくは「第1部、254頁」だとのこと〕。
34) 疑念を持つ共処体(ゲマインデ)構成員たちが(英国国教会の第25条のゆえに)聖餐を**忌避する**ということが、バクスター『教会〔正しくは「キリスト教」〕指針』、II、108頁において立ち入って論究されている。
35) 予定説がここでもいかに非常に最も純粋な型を成しているか、そしてその実際的意義(不当にも再三再四大いに疑問視された)がいかに大きかったか、ということをこの上なくはっきり示しているのは、次の問い、すなわち——生活行状についての証明ののちに——斥けられた者たちの子どもらは、洗礼を許可されてよいかどうかという問い、に関する苛烈な争いである。アムステルダムの4つの亡命者共処体(ゲマインデ)のうちの3つが(17世紀初頭に)許可するとの意見だった。しかしニューイングランドではようやく1657年の「道半ば契約(ハーフウェイカヴェナント)」がこの点で譲歩を行なった。オランダについては註26をも参照。
36) 前掲書、II、110頁。
37) 既に17世紀初頭、オランダに於ける秘密集会(ぬかるみ乞食たち(スレイクフーゼン)〔アルミニウス派と対立した人々に対する蔑称〕)に対する禁止は、一般的な文化闘争を惹起した。

共処体が宗教的に責任を負うという、**共処体**(ゲマインデ)**の宗教的有責性**に立脚しているのが、独立派の思想世界の非妥協的なラディカリズムである。そしてその際、それは原理において存続し続けた。周知のように、最近の数十年においてなお、オランダにおけるカイパーの教会分裂（非常に射程遠大な政治的帰結を伴った）が生じた所以はというと、オランダ改革派教会の教会会議的な教会統治(ズュノダール)〔に基づくところ〕の諸要求に対して、**在俗信者**だったアムステルダムの一教会の**共処体**(ゲマインデ)長老たちが、のちの首相カイパー（こちらも単なる在俗信者長老だった）を先頭に立てて、（彼らの観点から見てふさわしくないか信仰的でない）よその説教者の堅信証明書を聖餐への参加許可のために信頼に値するものだと認めるのを、拒否したのである[38]。本質においてこれはまさに、16世紀における長

恐るべき尖鋭さを以て（1593年には死刑による威嚇）エリザベスは諸々の秘密集会に対して反対の態度をとった。禁欲主義的宗教心の**反権威主義的な**性格、或いはこの場合にはより正しくは、**世俗的権威**に対する宗教的権威の競合的関係（カートライトは、諸侯に対しても破門〔を行なうこと〕が許容されることをはっきり求めていた）が、その理由だった。実際、長老派の教会規律と、国王**に反対する**聖職者支配との、古典的な地盤である**スコットランド**の例は、〔世俗的な支配者たちを〕威嚇する作用を有した。

38) アムステルダムのリベラルな市民たちは、正統的な説教者の信仰圧力を免れるべく、自分たちの子らを堅信教育のために近隣のリベラルな説教者たちのもとへ送っていた。アムステルダムの該当する諸共処体(ゲマインデ)の教会協議会(ケルクラート)は、聖餐(コンムニカント)〔初〕参加者たちについて、そのような聖職者によって発行された〔当の聖餐参加者の〕道徳的営為に関する証明書を承認することを拒絶し（1886年）、聖餐は清く在り続けねばならず、人は人間によりも神に従うべきであるから、という理由で、これらの聖餐〔初〕参加者たちを聖餐から排除した。この逸脱に対する抗議の言い分が教会会議委員会によって認められた時、教会協議会は、服従を拒否しつつ、新たな規定（停止(ススペンシオーン)の場合に、現存の教会協議会にだけ、諸教会に対する権限を与えるものだった）を採択して交わりを拒絶し、今や資格を停止された(ススペンディールト)（在俗信者である）長老だったラトガースとカイパーは、雇われの番人がいたにもかかわらず、策略によって新教会を占拠した（ホーヘルフェイル〔MWG I/18, p. 527 によれば正しくはホーヘルゼイル〕『アムステルダムでの教会闘争』、1886年、及びカイパーの〔既に〕引用した諸著作を参照）。既に〔19世紀の〕20年代にビルダーデイク及びその弟子イザーク・ダ・コスタとアブラハム・カパドーセ（2人は洗礼を受けたユダヤ人だった）との指導のもとで、予定説の運動（**それゆえ**例えば、黒人奴隷の廃止を「摂理への干渉」だとし

老派と独立派の対立〔そのもの〕だった。なぜなら、共処体(ゲマインデ)のかの有責性から出てきたのが、決定的に重要な諸々の帰結だからである。〔すなわち、〕共処体(ゲマインデ)成員としてふさわしい者たち——そしてそういった人々だけ——にもたらされるところの自由な加入許可という主意主義的(ヴォランタリズム)な原理に次いで、個々の**局地的な**聖餐共処体(ゲマインデ)の至上権という原理である。或るメンバーが有資格者かどうかを個人的な面識と審査によって判断できたのは、然り、局地的な共処体(ゲマインデ)であって、局地間的な 共同体(ゲマインシャフト) の教会統治(それがいかに自由な選挙によるものだったにせよ)ではなかったのである。そして共処体は、限られたメンバー数の場合にのみこれを為しえた。つまり、比較的小規模な共処体(ゲマインデ)だけが、当の原理にとって適当なものだったのである[39)]。それゆえ、そのことのために 共同体(ゲマインシャフト) が大き

て、また同様に予防接種を、〔そのどちらをも〕拒否する運動なのである!)、かつ、教会規律の不足と、不相応者への聖礼典の施与とに、熱狂的に反対する運動、が始まっており、それは分離という帰結をもたらしていた。1840年、アムステルダムでの「分離した改革派的諸共処体」の教会会議(ヘメーンテ)は、ドルドレヒト教会会議の諸法規(カノーネース)を受容しつつ、「教会の中での、或いは教会に対する」いかなる種類の支配(gezag)をも拒絶した。——ビルダーデイクの弟子の1人がフルーン・ファン・プリンステラーだった。

39) 既に1611年の「アムステルダム信仰告白」(ハンサード・ノウルズ協会刊行物、第10巻所収)、第16条に古典的定式が見られる。「あらゆる教会、あらゆる集会の**メンバーはお互いと知り合うべきである**……それゆえ教会は、お互いを実際的に知りえないほどの大勢から構成されるべきではない」。それゆえいかなる教会会議的統治も、教会中央当局のいかなる創設も、既に究極的に原理からの逸脱だとみなされた。マサチューセッツに於いて、また同様にクロムウェル治下のイングランドに於いて、このようになっていた(クロムウェル治下のイングランドでは当時、正統的な聖職者を確保することと、説教(レクチャー)が行なわれるようにすることとを、いかなる個々の共処体(ゲマインデ)にも許可する1641年の議会の指令が、バプテスト派と根底的(ラディカル)な独立派との流入のための合図をもたらしたのだった)。教会規律の担い手としての**個別共処体**(ゲマインデ)(当時ではたぶん実際にはなお、個別の**聖職者**、だっただろう)は、アッシャーが刊行した初期長老派のデダム〔地名〕の議定書においても前提されている。参加許可のための**投票**については1582年10月22日の議定書:「誰も、全体の一般的同意なしにこの仲間の一員として導き入れられてはならないこと」。しかしながら既に1586年に、これらピューリタンたちは、会衆派的帰結を導出したブラウン主義者たちに対する自分たちの反対〔の立場〕を言明した。

くなりすぎた場合には、敬虔主義におけるように秘密集会形成が起こるか、さもなければ、メソジスト派におけるように、メンバーたちがグループへとまとめられることが起こった——このグループが**教会規律**の担い手だった[40]。なぜなら、これ、すなわち非常に峻険な風紀規律[41]、しかも共処体(ゲマインデ)の**自己管理**

---

40) メソジスト派の「クラス」は、彼らの協同組合的な司牧の基礎として、組織全体の支柱だった。12人ごとに一つの「クラス」へとまとめられねばならず、クラスのリーダーは、家或いはクラスのミーティングで(このミーティングではとりわけ罪の一般的告解が通例だった)、毎週全メンバーに会わねばならなかった。リーダーはメンバーの行状に関して記帳をしなければならず、この記帳はとりわけ、メンバーの引っ越しの際、証明書発行の基礎としても役だった。——この組織は今ではたぶんすべての地域で、合衆国に於いても、疾うに衰退のうちにあるだろう。初期のピューリタニズムにおいて教会規律がどのような仕方で機能したかは、上で引用されたデダムの議定書中のコメントから推し測れるかもしれない。それによると、秘密集会では「もし兄弟たちによって何かが観察されるか**或いは偵察発見されるか**したなら」、「訓 戒(アドモニション)」が行なわれるべきだ、と。

41) 教会規律はルター派の地域では、特にドイツのルター派の地域では、悪名高くも非常に未発展だったか、もしくは早くに完全な衰退を遂げてしまっていた。このような環境の影響のもと、**また、自律的な教権制的諸権力の競合に対する国家(マハト)権力(ゲヴァルト)**の、どこにでも存在するがドイツでは優勢であり続けた、そういう嫉妬心の影響のもと、教会規律はドイツの改革派教会に於いても、ユーリヒ-クレーフェや他のライン川流域以外では、あまり効力がなかった(とはいえ、規律の痕跡は19世紀に至るまで見いだされる。すなわち、1563年の教会秩序がもちろん既に早くに実際において(イン・ブラークシー)エラストゥス主義的に取り扱われた場所であるプファルツにおける最後の破門は、1855年に行なわれた)。メノナイト派とのちに敬虔主義者とだけが、効果的な規律手段・規律組織を創出した。(メノー〔・シモンズ〕にとっては「可視的な教会」は教会規律が存在する場所に**のみ**存在したのであって、悪い行状や異宗婚ゆえの破門は自明な構成要素だった。レインスブルクのコレギアントたち〔アルミニウス派の流れを汲む一派〕は全く無教義で、ただ「行状」だけを評価していた。)ユグノーの場合には、それ自体非常に厳しい教会規律は、同地で政治的に不可欠な存在である貴族への不可避的な顧慮によって、時として繰り返し麻痺させられた。イングランドでは、ピューリタン的教会規律の信奉者は特に市民的・資本家的な中産階級だった——例えばロンドンのシティーがそうだった。シティーは聖職者層の支配を恐れておらず、これに対して教会規律を大衆馴致の一手段にするつもりだった。しかしながら、手工業者層も教会規律に対して非常に忠実だった。比較的

による規律が、聖餐 共同体（ゲマインシャフト）（或いはクエイカー派の場合には祈禱 共同体（ゲマインシャフト））の清浄保持への関心によって求められた不可避的な第3の原理だったからである。実際、諸々の禁欲主義的な信団（ゼクテ）の規律は――この点では修道院の規律に似て――、いかなる教会の規律よりも遙かに厳格だったのであり、修練期の原則を立てている[42]。〔また、この規律は、〕公式のプロテスタントの諸教会の諸原則との対比で、倫理上の違反を理由として追放された人々に対して、共処体成員（ゲマインデ）たちとのあらゆる交流を往々拒んでおり、したがってこの場合には商売的にも、それら追放された人々に対して[43]絶対的なボイコットを科したのであり、時として、兄弟にあらざる者たちとのあらゆる関係を、無条件的な必要の場合以外では回避した[44]。そしてこの規律は、重点から見るに、自分たちのしつけ

に見てさほどでもないのはもちろん貴族と農民である。敵対者だったのは**政治的諸権力**（ゲヴァルト）であり、それゆえイングランドでは議会も敵対者だった。しかしながら、諸文書をどう眺めても明らかなように、「階級利害」でなく宗教的な、並びに政治的な、利益及び信念が、これらの問いの際には**第一義的に**機能していた。ニューイングランドの教会規律の厳格さは、しかしヨーロッパに於ける真正にピューリタン的な教会規律の厳格さも、周知である。教会規律のためにクロムウェルの器官となった彼の主要な 将軍（ジェネラル） たちや 委員（コミッショナー） たちのもとでは、「怠け者で放蕩で不敬な人々」全員を**追放する**という提案が再々浮上している。――メソジスト派の場合、見習期間中の修練者が悪い行状のゆえにあっさりと〔修練者のリストから〕抹消されることや、十全なメンバーの場合には委員会の調査のあとで抹消されることは、認められていた。**ユグノー**（彼らは、然り、長い間「信団」としての存在を営んできた）の教会規律については、教会会議の議定書が示しているのはとりわけ、商品偽造や〔営業上の〕不堅実さに対する検閲（第6教会会議。一般的警告、第14番）であり、衣服規定は頻出しており、奴隷所有や売買は**許容される**（第27教会会議）。財政的要求との対比でかなり弛緩した実践――国庫は僭主である――（第6教会会議、良心問題、決定第14番）、高利（同第15番）（第2〔MWG I/18, p. 531によれば正しくは第3〕教会会議、一般的事項第17番、第11教会会議、一般的問題第42番）。初期イギリスの長老派は16世紀末ごろ公的な通信の中では「規律者たち（ディシプリナリアン）」と称された（ピアソン、前掲書〔MWG I/18, p. 531によれば48頁〕に引用）。

42) たぶんあらゆる信団の場合に見習期間は存在しただろう。例えばメソジスト派の場合には6か月間だった。

43) 〔MWG I/18, p. 531に従って、「in diesem Fall über ihn」を「in diesem Fall über sie」に修正。〕

を**在俗信者たち**に委ねた。然り、いかなる宗教的権威も、神に対する連帯的有責性を共処体(ゲマインデ)から取り去ることはできなかったのである。既に長老派の場合に、在俗信者長老の比重は非常に大きかった。しかし独立派は、そしてなおのことバプテスト派は、まさに共処体(ゲマインデ)への神学者支配に対して抗う闘争を意味した[45]——そしてもちろん、これに精確に呼応して、自己管理と訓戒と(そして場合によっては)破門とによる風紀統制の職務を今や自らのものとしつつあった在俗信者身分を聖職者化すること〔を意味した〕[46]。教会における在俗信者〔による〕支配は、部分的には、ルター派の官職概念にとってだけでなく長老派の神的秩序にとってみても極めて抵触的であるところの、在俗信者説教の自由(liberty of prophesying)を求める願望という形で表現されており[47]——このこ

---

44) ウェストミンスター教会会議の5人の(独立派的な)「英国国教会に反対する兄弟たち」の「弁明的な語り」の中では、「時たまの形式的なキリスト者」からの分離ということが前景へと押し出されている。これが意味したのはさしあたり主意主義(ヴォランタリズム)的分離主義にすぎず、交流(コンムニケイシオ)の拒否ではなかった。しかしながら、厳格なカルヴァン派でドルドレヒト教会会議の擁護者だったロビンソン(彼に関してはデクスター『会衆派教会』、402頁を参照)の元来の見解(のちに緩和された)はもちろん、独立派的な分離主義者たちは他の人々と——その人々が選ばれた者たち(エーレクトゥス)であっても(ということは考えられる、とみなされていた)——交流してはならない、というものだった。もっとも大部分の信団は、この原則を公然と告白することを回避しており、いくつもの信団はこれを——少なくとも原則としては——明確に拒否した。バクスター(『キリスト教指針』、II、100頁、第2欄下方)は、人は、自分が家長か牧師であってしたがって自らそれについて責任を負っているわけでない場合には、不敬者と共に祈らねばならないことにも安んじていることができるのだ、と考えてすらいる。しかしこれは非ピューリタン的である。「回避(メイディング)」ということは、17世紀オランダの根底的(ラディカル)な洗礼派的諸信団の場合には非常に重要な役割を演じた。

45) これは17世紀初頭、アムステルダムの亡命者共処体(ゲマインデ)の内部で既に、討議や闘争の中でこの上なく大きな鋭さで立ち現れた。同様にランカシャーでは、**聖職者的な教会規律に対する拒否と、教会の中で在俗信者〔による〕統治を求める要求と、在俗信者による教会規律**とが、クロムウェル時代の教会内的な諸々の闘争における態度決定のためには決定的〔に重要〕だった。

46) 独立派やバプテスト派の共同体(ゲマインシャフト)の内部では、長老の任命は長時間に及ぶ論争(これはここでは我々の関心事となるべきでない)の対象だった。

47) 1646年12月31日の長期議会の布告はこれに反対する方向性を有し、この布告

とのために原始キリスト者共処体(ゲマインデ)の状態が引き合いに出された——、部分的には、神学的職業説教者身分一般に対する反対という形で表現されていた。つまり、訓練や官職でなくカリスマだけが価値を有さねばならなかったのである[48]。礼拝の集会では誰もが語るべきであり、しかもまさに自らの上に「霊」が来た者だけが、語るべきであるという原則を有するクエイカー派のように根底的(ラディカル)な帰結(したがって〔クエイカー派では〕職業聖職者はそもそも一人もいない[49])を、他の諸信団(ゼクテ)はもちろん導き出さなかったか、或いは少なくとも持続的には導き出さなかった。しかしながら、或いは聖職者は、原則的に「雇われ人」としてでなく[50]、むしろ単に名誉職にあって、ないしは名誉表彰の贈り

は独立派に対する一撃たらんとした。他方で、在俗信者説教の自由(リバティー・オヴ・プロフェサイイング)の原則は既に〔ジョン・〕ロビンソン〔(1575?-1625)〕によって文学的にも擁護された。監督制主義の立場からはジェレミー・テイラー(『在俗信者説教の自由(リバティー・オヴ・プロフェサイイング)』、1647年)がこの自由に対して譲歩した。クロムウェルの「聖職者審査委員会(トライアーズ)」は許可のために、認められた6人の共処体(ゲマインデ)構成員(うち4人が在俗信者)の〔文書での〕証明を要求した。イギリスの宗教改革の初期は「礼拝(エクササイズ)」や聖書解釈集会(プロフェサイイング)はしばしば英国国教会の熱心な主教たちによって黙認されただけでなく、激励された。スコットランドではこれらは(1560年には)教会の活動の制度的構成要素だったのであり、1571年にはノーサンプトンで、続いてほどなくして他の諸所でも、導入された。しかしながらエリザベスは、カートライトに敵対する1573年の宣言の帰結として、これらを弾圧することに固執した。

48) 既に〔ジョン・〕スマイス〔(c. 1570-c. 1612)〕はアムステルダムで、再生者は説教の際には聖書であっても自分の前に置いていてはならない、という要求を掲げた。
49) もちろんこのことは今日では根底的な仕方ではもはや実施されていないだろう。公式の「伝説」とは、共処体(ゲマインデ)の経験によれば特に霊を受け入れやすい〔とされる〕メンバーたちが礼拝の際に共処体(ゲマインデ)と向き合う仕方で特別なベンチに座り、そして霊が彼らのうちの一人の上に(或いは他の共処体(ゲマインデ)構成員の上にでも)来るということが深い沈黙の中で待望される、というものである。しかしながら、ペンシルヴェニアの或るカレッジでの礼拝では霊は、私が期待したのとは異なって、美麗で簡素な服装でベンチに座っていた高齢の婦人(そのカリスマは高くほめそやされていた)の中には来ずに、——疑いなく、取り決めに従って、だろう——カレッジの実直な司書の中に来て、彼は「聖なる(セイント)」という概念に関して非常に学のある演説を行なった。
50) 共処体(ゲマインデ)内での信団成員(ゼクティーラー)(フォックスや同様の人々の型の)のカリスマ的革命はつねに、聖職禄を受領する官職者——「雇われ人」としての——に反対する、そして、

物を対価として[51]、ないしは単に副業にあって、また単に費用に対する補償を対価として、〔つまり、聖職を稼ぎの源泉とせずに〕活動しており[52]、或いは聖職者はつねに解任可能であり、或いはメソジスト派におけるように[53]、そのつど同じ「巡回教区(サーキット)」でのみ働く遍歴説教者[54]を擁する一種の宣教組織によ

霊によって突き動かされる人による無対価の自由な説教という使徒的原理を支持する、そういう闘争を以て始まった。会衆派だったグッドウィンと、グッドウィンは自分の原理だと自称するところのものに反して「生計の資」を受け取ったと彼を非難したプリン——他方でグッドウィンは、自発的に与えられたものだけを受け取っている、と言明した——との間の激しい論争は、議会の中で行なわれた。説教者の生計費のためには**自発的な**贈り物だけが許可されるべきだという原理は、1603年のジェームズ1世へのブラウン主義者たちの請願の中にある(第71の論点。それゆえ、「カトリックの生き方」や「ユダヤ人の十分の一税」に対する抗議があったのである)。

51) この最後のことは、すべての説教者に対して1649年5月1日の「人民協定」〔或いは「イングランドの自由民の協定」〕において要求された。
52) メソジスト派の地元の説教者たちはこうだった。
53) 事実上、少なくともイギリスでは、大部分の「巡回教区(サーキット)」は小聖堂区となり、説教者たちの旅行はフィクションとなった。それでも、現代に至るまで固守されたのは、同じ聖職者が3年よりも長く同じ巡回教区(サーキット)を管轄するべきでない、ということである。彼らは**職業**説教者だったのである。これに対して「地元の説教者」(巡回説教者はこの中から登用された)は、市井の職業と(元来は)毎回1年ごとの説教許可とを有する人々だった。彼らの存在は、礼拝とチャペルの数が多すぎるという理由だけで既に必要だった。中でもとりわけ、彼らは「クラス」組織及びその司牧の支柱だったのであり、したがって教会規律の本来的に中心的な器官だったのである。
54) 1793年にメソジスト派では任職式を経た説教者と任職式を経ていない説教者とのあらゆる相違が廃止され、したがって、任職式を経ていない**巡回**説教者(travelling preachers)、つまり宣教者、すなわちメソジスト派の特徴的な担い手、は、なお英国国教会の任職式を経ていた説教者と対等にされた。しかし同時に巡回説教者は、巡回教区(サーキット)全体で説教する独占権を保持し、彼らにだけ聖礼典の執行が留保されていた(独自の聖礼典執行は当時ようやく原則的に実施されるようになったのだが、しかし相変わらず、公式の教会——〔メソジスト派の〕人々は公式の教会には相変らず所属しているのだと称していた——の〔聖礼典執行の〕時間とは異なる時間に実施された)。既に1768年以来彼らには市井の内職が禁じられていたので、これによって新たな「聖職者層」が成立した。1836年以来、正式の任職が行なわれた。

る支配が行なわれている。官職(伝統的な意味での)そしてしたがって神学的資格が保持された場合[55]、それでもこの資格は専門技術的な前提条件としかみなされず、しかし恩恵身分のカリスマが本来的に決定的な質だとみなされており、〔そこで、〕——クロムウェルの聖職者審査委員会(トライアーズ)(資格証明書の発行のための局地的な団体)や聖職資格剥奪委員会(イジェクターズ)(懲戒に関する宗教的審級[56])と同様に——聖職者の適性を審査せねばならなかったかの審級による究明が目指したのは、この質の確定だった。ここからわかるように、共処体(ゲマインデ)メンバーシップ自体のカリスマ的性格と同様に、権威のカリスマ的性格も保持されたのである。クロムウェルの聖徒たちの軍隊が宗教的な有資格者たちによってのみ聖餐を与えられたように、クロムウェルの兵士は、自らと共に有資格者たちの聖餐共同体(ゲマインシャフト)に属していなかった将校のもとで戦闘へと赴くことを拒否した[57]。

内部では、すなわち信団(ゼクテ)メンバーの間では、少なくとも洗礼派やそこから派生した諸派の場合には、要求に応じて、古代キリスト教的な兄弟精神が支配的だった[58]。それら諸派のうちのいくつもの場合には、国家の裁判へと訴え出ることは禁止事項とみなされており[59]、緊急援助義務が存在した[60]。確かに

彼らに対置されたのは、在俗信者から登用される副業的な地元の説教者たちだった(彼らは聖礼典執行権を持たず、当該地方についてのみ権限を有した)。どちらのカテゴリーもその職〔固有の〕服装を着なかった。

55)「聖徒たちの議会」とのクロムウェルの対立はとりわけ〔オックスフォード・ケンブリッジ〕両大学の問題の場合にも尖鋭化した(然り、あらゆる十分の一税や聖職禄の根底的な廃止を以てすれば、両大学はなくなっていただろう)。これら〈文化の場〉——しかし両大学は、まさに当時、その意義から言えばとりわけ、神学者の準備教育の場だった——の絶滅をクロムウェルは決心できなかった。

56) 1652年の〔MWG I/18, p. 537によれば、ジョン・オーエン(1616-1683)による〕提案によっており、そして大体のところは1654年の教会法令によってこうなった。

57) ガーディナー『君主政の崩壊』、I、380頁に例が見られる。

58) ウェストミンスター信仰告白(XXVI, 1)も、内的**及び外的な**相互援助義務の原則を立てている。これに対応する規定はあらゆる信団において数多い。

59) メソジスト派はしばしば、世俗の裁判官に訴え出ることを除名によって処罰しようとし、他方で、滞りがちな債務者に対して訴えを起こすことができる数次の審級を創設した。

60) 古い時期のメソジスト派では、支払い停止のいかなるケースも兄弟たちの委員会

もちろん、(全く根底的な諸共同体に時折見られた以外では)兄弟でない人々との商売上の交流は禁じられていなかった。しかしながら、兄弟たちが優遇されたのは自明だった[61]。よそに引っ越す兄弟たちのための証明書(所属や行状に関する)[62]のシステムは最初から見られる。クエイカー派の支援制度は非常に高度に発展しており、その結果、まさにそれによって生じる負担のゆえに〔クエイカー派の〕宣教傾向はついには麻痺した。諸々の共処体の凝集性は非常に強く、その結果それは、——充分に理由のあることだが——ニューイングランドにおける全く閉鎖的な、当初から強度に都市的な、集落形成のための動機の一つとして——南部との対比で——引き合いに出される[63]。これらすべての点において示されているのは、見られるように、かつてあらゆる禁欲主義

による調査対象となった。返せる確かな見通しなしに借財することは除名をもたらした。それゆえの 信用供与適格性 なのである。註26で引用した、オランダの教会会議の諸決議を参照。兄弟間での緊急援助義務は、例えばバプテスト派のハンサード・ノウルズの信仰告白(第28章)では、これによって所有の聖性に対していかなる法的決定が生じるべきでもない、という特徴的な留保が付された上で、確定されている。非常な鋭さを以て、時折(例えば1647年のケンブリッジ綱領、1653年刊の第7章、VI)長老に対して、「天職 なしに」生活するメンバー或いは「天職 にありながら怠惰に」行動するメンバーに対して処分を行なうように、ということが銘記された。

61) メソジスト派の場合にもはっきりと規定されている。
62) メソジスト派の場合には元来3か月に1度更新されるべきものだった。上で指摘したように、古い時期の独立派はチケットの保有者だけに聖餐を与えた。バプテスト派の場合には、引っ越してきた者が共処体に参加するためには、それまで〔当人が所属していたところ〕の共処体の 推薦状 を持っていることが不可欠とされた。1689年のハンサード・ノウルズの信仰告白の刊本への補遺(ウェストチェスター、ペンシルヴェニア、1827年)を参照。既に17〔MWG I/18, p. 539に従って16を17に修正〕世紀初頭にアムステルダムの3つの洗礼派共処体は同じシステムを有しており、爾来これが至るところで見られる。マサチューセッツでは1669年以来、(聖餐への本来的な参加許可の代わりに)正統信仰及び行状に関する説教者及び選ばれた人々による証明書が、政治的市民権の獲得のための資格証明書だった。
63) 何度も引用してきた著作の中でドイルがこう言っている。ドイルは、農耕植民地との対比でニューイングランドが強度に産業的な性格を有することを**この点に帰着**させている。

的な信団や秘密集会において支配的だった状況——今日この状況が衰退過程に
あるのである——の直線的な末裔・残滓・生き残りとしての、アメリカの諸信
団や信団風の諸団体の（このスケッチの冒頭で事例によって描き出された）近代
的諸機能なのである。信団成員たちのものすごい排他的な「カースト自負心」
は当初から証言されている[64]。

何がこのような行動様式を涵養したか——信団と教会（機関）の違い

　さて本来何が、この発展全体において我々の問題にとって決定的なものだっ
たのか——そして現に決定的なものなのか。破門は、中世においても政治的・
市民的な諸帰結を有しており、しかもそれら諸帰結は正式には、信団自由が存
在した〔近代以降の〕場合よりも一層尖鋭的なものだった。中世においても、キ
リスト者だけが完全市民たりえた。中世においても、アーロイス・シュルテが
見事に示したように、自分の負債を支払わなかった司教に対して教会の懲戒手
段を用いて対処するという可能性が惹起した事態とは、世俗の君侯よりも司教
のほうがより一層信用供与適格だ、というものだった。プロイセンの中尉につ
いても、彼が負債のゆえに除隊の圧力のもとに在るという事情が意味したのは、
信用供与適格性の向上だった。同じことがドイツの学生組合所属の学生たち
について完全に妥当した。最後に中世においても、告解や教会的刑罰権は、効
果的な教会規律を行使する手段を提供していたのであり、これは事実そのとお
りでもあった。とりわけ当時、債務者に対して破門を得させるという、誓約に
よって調達可能だった可能性が、債権についての保証として徹底的に用いられ
た。

　確かにそうである。しかしこれらすべての場合に、かの事情や手段によって
促進されたり禁じられたりした行動の種類は、プロテスタント的禁欲が涵養し
或いは抑圧した行動の種類と、全く別だった。例えば中尉や学生組合所属の学
生たちの場合、そしてたぶん司教の場合でも、信用供与適格性のかの向上は

---

64) 古い宗教的・文学的伝統を有する家系——しかし、所有者階級では**ない**——が
「貴族」を成していたニューイングランドの身分状況に関するドイルのコメントを
例えば参照。

確かに、**商売的・人的な質**の涵養に基づいてはいなかっただろう。それだけでなく、そして——最後のコメントに直接つながることだが——意図から見て作用の方向が同じだった限りであっても、作用の**種類**は根本的に異なったものたらざるをえなかった。〔すなわち一方で、〕中世の教会規律、また同様にルター派の教会規律は、①宗教的官職〔者〕の手の中に存し、②それらの手は、そもそもそれらが有効だった限りでは、権威主義的な手段を通じて作用を及ぼしており、③それらの手は、**個別**の具体的な行動に対して処罰を行なうか報奨を与えるかした。〔これに対して、〕ピューリタンや諸信団の教会規律は、①少なくとも在俗信者たちの手の中にも存し、往々全く彼らの手に存し、②その規律は**自己主張**の必要性という手段によって作用を及ぼし、そして③その規律は**質**を涵養し、或いは——そうしたければ——選別を行なった。この最後のが最も重要なものである。信団メンバー（或いは秘密集会メンバー）は、共同体（ゲマインシャフト）に加入するためには、特定の種類の質を持っていなければならず、この質の所有が——第１の論考で提示されたように——合理的な近代資本主義の発展にとって重要だった。そして当のメンバーは、このサークルの中で自己を**主張**するべく、これらの質の所有を持続的に**確証する**必要を有した——つまり、それらの質は当人の中で絶えずそして継続的に涵養されていたのだ、と。というのも、——直前の論文の詳論によれば——当人の来世での浄福と同様、当人のこの世での社会的実存全体が立つのも倒れるのも、当人がそれらの質を「確証した」かどうかにかかっていたからである[65]。仲間の間での社会的な自己主張のこのような必要性ということよりも強力な育成手段は、見聞される限りでは存在せず、そしてそれゆえ、諸信団の継続的かつ地味な倫理的規律が、権威主義的な教会規律に対して有する関係は、合理的な育成・選抜が、命令・拘禁に対して有する関係と同様だった。この観点から見て——他のほとんどあらゆる観点から見

---

65) 繰り返すと、これに対してカトリックの告解は、強力な内的圧力（この圧力の下に、信団成員は自らの生活営為の中で絶えず置かれていたのである）を**軽減する**一つの手段だった。——中世の、正統的なであれ異端的なであれ、或る種の宗教的共同体（ゲマインシャフト）形成がどの程度、プロテスタンティズムのこれら禁欲主義的な諸教派の先駆者だったか、ということはここではまだ論評できない。

た場合と同様——、ピューリタン的な諸信団は、俗世内的禁欲の最も独特な担い手として最も首尾一貫しており、或る意味では、普遍主義的なカトリック的恩恵機関に対する唯一首尾一貫したアンチテーゼである。彼ら〔諸信団〕によって、社会的な自己尊重に対する極めて強力な**個人的な**関心は、「市民的な」ピューリタン的倫理を(その帰結と共に)育成することの役に立てられ、したがって、この**個人的な**動機及び人間的な自己関心もまた、その倫理を維持し宣伝することの役に立てられた。これが、当の作用の貫徹及び重圧にとって絶対的に決定的なことである。なぜなら——繰り返すと[66]——、語の社会学的な意味で「宗教の」独特な「エートス」であるのは、その宗教の倫理的な**教説**ではなく、かの倫理的な行動(この行動に対して、当の宗教の救済財の種類や所与条件〔の如何〕によって**報奨**が設定されるのである)だからである。その行動はピューリタニズムの場合には、生活営為の特定の方法的・合理的な種類だったのであり、この種類は——所与の諸条件のもとで——近代資本主義の「精神」のために道を平らかにした。報奨は、**あらゆる**ピューリタン的諸教派の場合に、(救済の保障という意味で)神の前での「確証」に対して設定され、ピューリタン的**諸信団**(ゼクテ)の内部では(社会的な自己主張という意味で)人間の前での「確証」に対して設定された。両者は同じ作用方向の中でお互いを補完し合った。すなわちそれら両者は、近代資本主義の「精神」をして、その独特な**エートス**、すなわち近代**市民階級**のエートス、を分娩させるのを手助けしたのである。特に、禁欲主義的な秘密集会形成・信団形成——これに随伴したのは、家父長制的・権威主義的な被拘束性の根底的な破砕[67]と、「人間によりも神に

---

66) これら二つの論考〔「プロテスタンティズムの倫理と資本主義の精神」と「プロテスタント諸信団と資本主義の精神」〕の第一の論考によって、この全く決定的な強調が為されていることが、改めて強調と共に指摘されるべきである。まさにこのことに注意を払わなかったことが、私の批判者たちの根本的な誤りだった。我々は、**教説**上非常に類似しているエジプト・フェニキア・バビロニアの諸倫理との比較で古代イスラエルの倫理に論究する機会の折りに、全く同様な事態に出くわすことになるだろう。

67) この点についてはとりわけ上記237-238頁で述べられたことを参照。古代ユダヤ教の、同様に古代キリスト教の、共処体(ゲマインデ)形成は、各々別な仕方で、同じ方向に作用

従うべきである」〔使徒5：29〕という命題の転回の**その種類**とである――は、近代の「個人主義」の最も重要な歴史的基礎の一つを成した。

作用の方向性の違い――経済的伝統主義と資本主義

　なぜなら最後に、これら倫理的諸作用の種類の理解のために最後の比較対照的なコメントがなお必要だからである。中世の**ツンフト**においても、成員たちの一般的な倫理水準について、〔のちの〕禁欲主義的プロテスタント諸信団の教会規律が行使したのと同様な統制が見られることが稀でなかった[68]。しかしながら、個々人の経済的行動に対する作用の点での不可避的な相違は明白である。すなわちツンフトは、職業仲間、したがって**競合者たち**、を自らのうちに統合しており、しかもそれは、競争と、その中で作用する合理的な営利追求努力とを、**限定する**目的でのことだった。ツンフトは人々を「市民的な」徳目へと育て上げており、或る特定の（ここではこれ以上論究されえない）意味では市民的な「合理主義」の担い手だった。しかしながら、それは「生 計 政 策」（ひとびとにくわせること）と**伝統主義**の意味においてであり、その経済規制が勢力を得た限りでは、周知の実際的な諸帰結を伴って、だった。ところが信団は、〔修業〕課程或いは家族関係を通じて含められた、技術的な資格を有する職業仲間たちを統合したのでなく、倫理的な資格を有する**信仰**仲間たちを、選抜と涵養によって自らのうちに統合した団体だったのであって、合理的な営利追求努力の拡張を阻害する物質的・生計政策的な目的などなしに、**もっぱら形式的な遵法性**と方法的な禁欲との意味で彼ら〔信仰仲間たち〕の生活営為を統制し規制した。1人のツンフト仲間の資本主義的成功は、――イングランドやフランスで起こったように――ツンフト精神を破壊したのであり、忌避された。〔これに対して、〕1人の信団兄弟の資本主義的成功は、――もしそれが遵法的な仕方で獲得されたのであれば

した（ユダヤ人の場合には、のちほど我々が見るであろうように、**氏族**の社会的意義の消滅はこれによってもたらされており、そしてキリスト教は中世初期に同様な状況を呈した）。

68) 他の諸例の代わりに、1268年のパリ奉行エティエンヌ・ド・ボワローの『パリ同業組合規約集』（レスピナスとボナルドによる校訂。パリ通史に所収）、211頁8、215頁4を参照。

――当人の確証と〔神からの〕恩恵との証拠だったのであり、それは信団(ゼクテ)の声望と宣伝チャンスとを高め、それゆえ、頻繁に引用された諸々の発言が証しているように、好意的に見られた。確かに、西洋中世の形態におけるツンフトでの自由な労働の組織は、――その意図に全く反して――資本主義的な労働組織を阻害するものだっただけでなく、それの前段階でもあった(ひょっとすると、これはなくても済むというようなものではなかっただろう[69])。しかしながら、もちろんそれは、近代の市民的・資本主義的な**エートス**を自らの中から産み出すことはできなかった。なぜなら、それでなく、禁欲主義的諸信団の生活方法論だけが、当のエートスの経済的に「個人主義的な」推進力を正当化し栄化することができたからである。

---

69) これらかなり入り組んだ因果関係の分析は、ここでついでに行なわれることは不可能である。

ヴェーバーが引用した文献の一覧

＊以下の文献一覧の作成に当たっては MWG I/18, pp. 623-658 の"Verzeichnis der von Max Weber zitierten Literatur"を参照した(但し，表記方法等々を訳者(戸田)が一部改めたところがある)。なお，参考までに，もとの書名のあとに，本訳書で使用した日本語書名等を付した場合がある。

略号(以下の略号は文献一覧でのみ使用。他の略号については巻頭の凡例を参照)
AfSSp = *Archiv für Sozialwissenschaft und Sozialpolitik*『アルヒーフ』
CorReform = *Corpus Reformatorum*『宗教改革者集成』
ELSPERGER (ed.) = ELSPERGER(エルスペルガー), Christoph Stephan Gottlieb (ed.), *D. Martini Lutheri exegetica opera latina*, Erlangen: Carl Heyder『マルティン・ルターのラテン語釈義著作集』
Erlanger Ausgabe = Dr. Martin Luther's sämmtliche Werke, Erlangen: Carl Heyder エアランゲン版
GGA = *Göttingische Gelehrte Anzeigen*『ゲッティンゲン学術公報』
RE^3 = *Realenzyklopädie für Protestantische Theologie und Kirche*, 3. ed., Leipzig: J. C. Hinrichs『プロテスタント神学・教会大事典』
WorksEngPurDiv = Works of the English Puritan Divines, London(或いは巻によっては London/Edinburgh): Thomas Nelson『イギリスのピューリタン神学者たちの著作』(但し，ヴェーバー自身の引用に従って本文では「イギリスの」抜きで『ピューリタン神学者たちの著作』と称されることが多い)

* * *

ADAMS(アダムズ), Thomas, "The Three Divine Sisters, Faith, Hope, and Charity", in: ADAMS, *WorksEngPurDiv*, vol. 5, pp. 1-19.
ID., *The Three Divine Sisters, Faith, Hope, and Charity*, etc., With Introduction by W. H. Stowell (WorksEngPurDiv [, 5]), 1847.
ALBERTI(アルベルティ), Leon Battista, "Della famiglia", in: *Opere volgari di Leon Batt [ista] Alberti*, per la più parte inedite e tratte dagli autografi annotate e illustrate dal Anicio Bonucci, vol. 2, Firenze: Tipografia Galileiana, 1844.
ID., "Trattato del governo della famiglia di Leon Battista Alberti", etc., in: *Opere volgari di Leon Batt [ista] Alberti*, ... dal Anicio Bonucci, vol. 5, Firenze: Tipografia Galileiana, 1849, pp. 115-227.
ID., "Trattato del governo della famiglia", etc., in: *Opere volgari di Leon Batt [ista] Alberti*, ... dal Anicio Bonucci, vol. 5, Firenze: Tipografia Galileiana, 1849, pp. 9-113.
The American Friend, vol. 1-, edited by Rufus M. Jones, Philadelphia: American Friend Publishing Company, 1894-.

APPLEGARTH (アップルガース), Albert C., *Quakers in Pennsylvania* (Johns Hopkins University Studies in History and Political Science, 10th Ser., 8-9), Baltimore: Johns Hopkins Press, 1892.
ARNOLD (アーノルド), Matthew, *Culture and Anarchy. An Essay on Political and Social Criticism*, London: Smith, Elder and Co., 1869.
ID., *St. Paul and Protestantism. With other essays*, London: Smith, Elder, & Co., 1906.
ARNOLD (アーノルド), Samuel Green, *History of the State of Rhode Island and Providence Plantations*, vol. 1: *1636-1700*, New York/London: D. Appleton & Company, 1859.
ASHLEY (アシュリー), W. J., *Birmingham Industry and Commerce*, Birmingham: Cornish Brothers Ltd., 1913.
AYMON (エモン), Jean, *Tous les Synodes Nationaux des Eglises Reformées [sic] de France. Auxquels on a joint des Mandemens Roiaux, et plusieurs lettres politiques* etc. (Actes Ecclesiastiques [sic] et Civils de tous les Synodes Nationaux des Eglises Reformées [sic] de France. En II Volumes), La Haye: Charles Delo, 1710.
BAILLIE (ベイリー), Robert, *The Letters and Journals of Robert Baillie*, edited from the Author's Manuscripts by David Laing, vol. 2, Edinburgh: Robert Ogle, 1841.
BAIRD (ベアード), Henry M., *History of the Rise of the Huguenots*, 2 vols., London: Hodder and Stoughton, 1880.
The Baptist Handbook, edited and published by the Direction of the Baptist Union of Great Britain and Ireland, London: Baptist Church House, 1896-. 『バプテスト・ハンドブック』
Baptist Manuals: Historical and Biographical, edited by George P. Gould, London: Alexander and Shepheard, 1895.
The Baptist Quarterly Review, vol. 4-, edited by J. R. Baumes et al., Cincinnati: J. R. Baumes, New York: The Baptist Review Association, 1882-.
BARCLAY (バークリー), Robert, *An Apology for the True Christian Divinity*, etc., London: T. Sowle, 1701.
BARCLAY (バークリー), Robert, *The Inner Life of the Religious Societies of the Commonwealth*, etc., London: Hodder and Stoughton, 1876.
BAX (バックス), E. B., *Rise and Fall of the Anabaptists*, London: Swan Sonnenschein & Co., New York: The Macmillan Co., 1903.
BAXTER (バクスター), Richard, *A Christian Directory*, etc., *In Four Parts, I. Christian Ethicks (or private Duties), II. Christian Oeconomicks (or Family Duties), III. Christian Ecclesiasticks (or Church Duties), IV. Christian Politicks (or Duties to our Rulers and Neighbours)*, 2. ed., London: Printed by Robert White for Nevil Simmons, 1678.
ID., "The Last Work of a Believer, his Passing Prayer, Recommending his Departing Spirit to Christ, to be received by him", in: Baxter, *WorksEngPurDiv*, vol. 4, pp. 197-264.

ID., *Making Light of Christ and Salvation* etc., With an Essay on his Life, Ministry, and Theology, by Thomas W. Jenkyn (WorksEngPurDiv [, 4]), 1846.

ID., *Reliquiae Baxterianae: Or, Mr. Richard Baxter's Narrative of The most Memorable Passages of his Life and Times*, published by Matthew Sylvester, London: T. Parkhurst et al., 1696. 『生涯』

ID., *The Saints' Everlasting Rest*, etc., abridged by Benjamin Fawcett, London: William Tegg and Co., 1852.

ID., "The Saints' Everlasting Rest", in: id., *Practical Works*, etc., vol. 22 & 23, London: James Duncan, 1830.

ID., *Die ewige Ruhe der Heiligen*. Aus dem Englischen von Otto von Gerlach, 3. Aufl., Berlin: W. Thome, 1840.

BAYLI (ベイリー), Ludwig, *Praxis Pietatis, Das ist: Ubung [sic] der Gottseligkeit*, 1. Theil: Darinnen begriffen, *wie ein Christgläubiger* etc., ... aus dem Englischen in unsere Deutsche Sprache übersetzt, Leipzig: Johann Friedrich Brauns, 1724. 『敬虔の実践』

BECKER (ベッカー), Bernhard, *Zinzendorf und sein Christentum im Verhältnis zum kirchlichen und religiösen Leben seiner Zeit. Geschichtliche Studien*, 2. Ausg., Leipzig: Friedrich Jansa, 1900.

BELOW (フォン・ベロウ), G. von, *Die Ursachen der Reformation. Rede gehalten bei der Übernahme des Prorektorats (13. Mai 1916)*, Freiburg i. Br.: Ernst A. Günther, 1916.

BERNSTEIN (ベルンシュタイン), Ed., "Kommunistische und demokratisch-sozialistische Strömungen während der englischen Revolution des 17. Jahrhunderts", in: *Die Vorläufer des Neueren Sozialismus*, vol. 1, pt. 2 (Die Geschichte des Sozialismus in Einzeldarstellungen), Stuttgart: J. H. W. Dietz, 1895, pp. 507-718.

BEZA (ベザ), Th. de, *De praedestinationis doctrina et vero usu tractatio absolutissima*. Ex Th. Bezae praelectionibus in nonum Epistolae ad Romanos caput a Raphaele Eglino Tigurino Theologiae studioso in schola Genevensi recens excepta, Genevae: apud Eustathium Vignon, 1582.

La bibbia volgare. Secondo la rara edizione del 1 di ottobre MCCCLXXI ristampata per cura di Carlo Negroni (Collezione di opere inedite o rare dei primi tre secoli della lingua etc.), vol. 10 e ultimo: Nuovo Testamento, Bologna: Gaetano Romagnoli-Dall'Acqua, 1887. 『未校訂・稀覯の諸著作の集成』

The Bibliotheca Sacra. A Religious and Sociological Quarterly, edited by G. Frederick Wright, vol. 57, Oberlin, OH: Bibliotheca Sacra Company, 1900.

BIELSCHOWSKY (ビールショフスキー), Albert, *Goethe. Sein Leben und seine Werke*, 2 vols., München: C. H. Beck, Oskar Beck, 1904.

[BOILEAU (ボワロー), Etienne,] *Les métiers et corporations de la ville de Paris. XIIIe siècle. Le livre des métiers d'Etienne Boileau*, publié par René de Lespinasse et François Bonnardot (Histoire générale de Paris), Paris: Imprimerie nationale, 1879.

BONN (ボン), M. J., Review of Schulze-Gaevernitz, *Britischer Imperialismus und englischer Freihandel*, in: *Frankfurter Zeitung*, April 9, 1907, 4. Mo. Bl., p. [1].

BORINSKI(ボリンスキー), Karl, *Die Weltwiedergeburtsidee in den neueren Zeiten*, I: *Der Streit um die Renaissance und die Entstehungsgeschichte der historischen Beziehungsbegriffe Renaissance und Mittelalter* (Sitzungsberichte der Bayerischen Akademie der Wissenschaften, Philosophisch-philologische und historische Klasse, 1919, no. 1), München: Verlag der Bayerischen Akademie der Wissenschaften, 1919.

BRENTANO(ブレンターノ), Lujo, *Die Anfänge des modernen Kapitalismus. Festrede gehalten in der öffentlichen Sitzung der K. Akademie der Wissenschaften am 15. März 1913, nebst drei Exkursen: I. Begriff und Wandlungen der Wirtschaftseinheit. II. Der vierte Kreuzzug. III. Handel, Puritanismus, Judentum und Kapitalismus*, München: Verlag der K. B. Akademie der Wissenschaften, 1916.

BRODNITZ(ブロードニッツ), Georg, *Englische Wirtschaftsgeschichte* (Handbuch der Wirtschaftsgeschichte, 1), Jena: Gustav Fischer, 1918.

BROWN(ブラウン), John, *The English Puritans*, Cambridge: University Press, 1910.

ID., *The Pilgrim Fathers of New England and their Puritan Successors*, 3. American ed., New York/Chicago/Toronto: Fleming H. Revell Company, 1896.

BROWN (ブラウン), J. Newton, *The Baptist Church Manual: containing The Declaration of Faith Covenant, Rules of Order and Brief Forms of Church Letters*, Philadelphia: American Baptist Publication Society, 1853.

BROWNE (ブラウン), Robert, *A Treatise of Reformation without tarrying for anie* (1582), London: Congregation Union of England and Wales, 1903.

BRYCE (ブライス), James, *The American Commonwealth*, 2 vols., 2. ed. revised, London/New York: Macmillan and Co., 1890.

BUCKLE(バックル), Henry Thomas, *History of Civilization in England*, vol. 2, London: Parker, Son, and Bourn, 1861.

ID., *Geschichte der Civilisation in England*, Mit Bewilligung des Verfassers übers. von Arnold Ruge, vol. 2, Leipzig/Heidelberg: C. F. Winter, 1861.

BUNYAN(バニヤン), John, *The Jerusalem Sinner Saved*, etc., (*WorksEngPurDiv* [, 1]), 1845.

ID., "Of the Law and a Christian", in: BUNYAN, *WorksEngPurDiv*, vol. 1, pp. 251-256.

ID., "The Pharisee and the Publican", in: BUNYAN, *WorksEngPurDiv*, vol. 1, pp. 93-243.

ID., *The Pilgrim's Progress from this World to that which is to come* (Collection of British Authors. Tauchnitz Edition, 330), Leipzig: Bernhard Tauchnitz, 1858. 『天路歴程』

BURCKHARDT (ブルクハルト), Jacob, *Die Cultur der Renaissance in Italien. Ein Versuch*, 7., durchgearb. Aufl. von Ludwig Geiger, vol. 1, Leipzig: E. A. Seemann, 1899.

BURRAGE (バリッジ), Champlin, *The Church Covenant Idea. Its Origin and its Development*, Philadelphia: American Baptist Publication Society, 1904.

ID., *The Early English Dissenters* (1550-1641), 2 vols., Cambridge: University Press,

1912.
BUSKEN HUET (ブスケン - フーエト), C., *Het Land van Rembrand. Studien over de Noordnederlandsche Beschaving in de zeventiende Eeuw*. 2. Druk, pt. 1, 2.1, 2.2, Haarlem: H. D. Tjeenk Willink, 1886.
ID., *Rembrandt's Heimath. Studien zur Geschichte der nordniederländischen Kultur im siebzehnten Jahrhundert*. Autorisierte Übers. aus dem Holländischen von Marie Mohr, hrsg. von G. Freiherr von der Ropp, 2 vols., Leipzig: T. O. Weigel, 1886-1887.
Samuel Butlers (バトラー) *Hudibras, ein satyrisches Gedicht wider die Schwermer [sic] und Independenten, zur Zeit Carls des Ersten, in neun Gesängen*. Aus dem Englischen übersetzt, Hambrug/Leipzig: sine nomine, 1765.
CALVIN (カルヴァン), Jean, *Commentarii in Iesaiam prophetam* (Ioannis Calvini Noviodunensis Opera omnia, 3), Amsterdam: Jan Jacobsz. Schipper, 1671.
ID., "Commentarius in epistolam Pauli ad Romanos" [1539], in: *CorReform*, vol. 77 (Ioannis Calvini opera, 49), Braunschweig: C. A. Schwetschke und Sohn (Appelhans & Pfenningstorff), 1892, cols. 1-292.
ID., "Institutio religionis Christianae" [1536, editio princeps], in: *CorReform*, vol. 29 (Ioannis Calvini opera, 1), Braunschweig: C. A. Schwetschke und Sohn (M. Bruhn), 1863, cols. 1-251.
ID., "Institutio religionis Christianae" [1539-1554], in: *CorReform*, vol. 29 (Ioannis Calvini opera, 1), Braunschweig: C. A. Schwetschke und Sohn (M. Bruhn), 1863, cols. 253-1152.
ID., "Institutio religionis Christianae" [1559, editio postrema], in: *CorReform*, vol. 30 (Ioannis Calvini opera, 2), Braunschweig: C. A. Schwetschke und Sohn (M. Bruhn), 1864, cols. 1-1118. (日本語訳はジャン・カルヴァン／渡辺信夫訳『キリスト教綱要改訳版』第1篇・第2篇／第3篇／第4篇、新教出版社、2007/2008/2009年)
CAMPBELL (キャンベル), Douglas, *The Puritan in Holland, England, and America. An Introduction to American History*, 2 vols., London: James R. Osgood, McIlvaine & Co., 1892.
CARLYLE (カーライル), Thomas, *Oliver Cromwell's Letters and Speeches*. With Elucidations, in 4 volumes (The Works of Thomas Carlyle, 6-9 [1-4]), London: Chapman and Hall, 1897.
CARROLL (キャロル), H. K., *The Religious Forces of the United States. Enumerated, classified, and described on the basis of the Government Census of 1890*, etc. (American Church History Series, 1), New York: The Christian Literature Co., 1893. 『アメリカ教会史シリーズ』
CHARNOCK (チャーノック), Stephen, *The Chief of Sinners Objects of the Choicest Mercy*, etc. With an Essay on his life and writings by W. Symington (*WorksEngPurDiv* [, 6]), 1847.
ID., "Self-Examination", in: CHARNOCK, *WorksEngPurDiv*, vol. 6, pp. 159-180.
CLARKSON (クラークソン), Thomas, *A Portraiture of the Christian Profession and*

Practice of the Society of Friends, 3. ed., Glasgow: Robert Smeal, London: Blackie and Son, 1869.

Collections of the Massachusetts Historical Society, Boston: Apollo Press by Belknop and Hall, 1792–.

A Confession of Faith, put forth by the Elders and Brethren of Many Congregations of Christians, etc. Adopted by the Baptist Association, met at Philadelphia, September 25, 1742, West-Chester(ウェストチェスター), PA: Simeon Siegfried, 1827.

CORNELIUS(コルネリウス), C. A., *Geschichte des Münsterischen Aufruhrs*, 2 vols., Leipzig: T. O. Weigel, 1855–1860.

CRAMER(クラーメル), S., art. "Menno Simons", in: RE^3, vol. 12, 1903, cols. 586–594.

ID., art. "Mennoniten", in: RE^3, vol. 12, 1903, cols. 594–616.

CROSBY(クロスビー), Th., *The History of the English Baptists, from the Reformation to the Beginning of the Reign of King George I*, 4 vols., London: sine nomine [printed for the author], 1738–1740.

CULROSS(カルロス), James, *Hanserd Knollys. A Minister and Witness of Jesus Christ 1598–1691* (Baptist Manuals: Historical and biographical, edited by George P. Gould, vol. 2), London: Alexander and Shepheard, 1895.

ダンテ『神曲』〔本翻訳上では引用はないが，上記 Verzeichnis で『神曲』のドイツ語版の書誌情報が挙げられているので，ここで書名のみ挙げておく〕

[DEFOE(デフォー), Daniel,] *The genuine works of Mr. Daniel D'Foe ..., a satyr, containing thirty nine scarce and valuable tracts, upon many curious and uncommon subjects ...*, vol. 1, London: sine nomine, sine anno [1710].

ID., *Giving alms no charity*, etc., London: sine nomine, 1704.

DENIFLE(デニフレ), Heinrich, *Luther und Lutherthum in der ersten Entwickelung quellenmäßig dargestellt*, vol. 1, Mainz: Franz Kirchheim, 1904.

DEXTER(デクスター), Henry Martyn, *The Congregationalism of the Last Three Hundred Years, as Seen in its Literature*, New York: Harper & Brothers, 1880.

ID., *The True Story of John Smyth, the Se-Baptist. As told by Himself and his Contemporaries*, Boston: Lee and Shepard, 1881.

DÖLLINGER(デリンガー), Ignaz v., & Reusch, F. H., *Geschichte der Moralstreitigkeiten in der römisch-katholischen Kirche seit dem sechzehnten Jahrhundert mit Beiträgen zur Geschichte und Charakteristik des Jesuitenordens*, 2 vols., Nördlingen: C. H. Beck, 1889.

DOWDEN(ダウデン), Edward, *Puritan and Anglican. Studies in Literature*, London: Kegan Paul, Trench, Trübner & Co., 1900.

DOYLE(ドイル), J. A., *The English in America*, vol. 1: *Virginia, Maryland, and the Carolinas*, vol. 2 & 3: *The Puritan Colonies*, London: Longmans, Green, and Co., 1882–1887.

DUPIN DE SAINT-ANDRÉ(デュパン・ドゥ・サンタンドレ), Armand, "L'ancienne église réformée de Tours. Les Membres de l'Eglise", *Bulletin historique et littéraire de la*

Société de l'histoire du Protestantisme français, 4. sér. 10e. année ［1901；通巻第50号］, pp. 7-24.
［ECK（エック）, Johann,］*Bibel. Alt und new Testament/ nach dem Text in der hailigen kirchen gebraucht/ durch doctor Johan Ecken/ mit fleiß/ auf hohteutsch/ verdolmetscht*, Ingolstadt: Georg Krapff, 1537.
EGER（エゲル）, Karl, *Die Anschauungen Luthers vom Beruf. Ein Beitrag zur Ethik Luthers*, Giessen: J. Ricker (Alfred Töpelmann), 1900.
EIBACH（アイバッハ）, Rudolf, "John Milton als Theologe", *Theologische Studien und Kritiken*, 52 (1879), pp. 705-732.
EMILIANI-GIUDICI（エミリアーニ＝ジューディチ）, Paolo, *Storia dei Comuni Italiani*, vol. 3: *Documenti*, Firenze: Felice le Monnier, 1866.
FAUGÈRE（フォージェール）, Prosper (ed.), *Pensées. Fragments et lettres de Blaise Pascal*, vol. 1, Paris: Andrieux, 1844.（日本語訳は前田陽一・由木康訳『パンセ』，中公文庫，1973 年）
FIRTH（ファース）, C. H., *Cromwell's Army. A History of the English Soldier during the Civil Wars, the Commonwealth and the Protectorate. Being the Ford Lectures Delivered in the University of Oxford in 1900-1*, London: Methuen & Co., 1902.
［FLEISCHÜTZ（フライシュッツ）, Joseph,］*Die Heilige Schrift nach der uralten, gemeinen, von der katholischen Kirche bewährten Übersetzung*, deutsch hg., vol. 4, Fulda: Johann Jakob Stahel, 1781.
FRANCKE（フランケ）, August Hermann, *Lectiones paraeneticae*, etc., IV. Theil, hg. von Gotthilf August Francke, Halle: im Waysen-Hause, 1731.『奨励的聖書日課』
ID., "Von der Christen Vollkommenheit" (1691), in: id., *Oeffentliches Zeugniß vom Werck/ Wort und Dienst Gottes*, pt. 3, Halle, 1702, pp. 190-192.
FRANKLIN（フランクリン）, Benjamin, "Advice to a young tradesman. Written in the year 1748", in: *The Works of Benjamin Franklin*, etc., edited by Jared Sparks, vol. 2, Boston: Hillard, Gray, and Company, 1840, pp. 87-89.
ID., "Necessary hints to those that would be rich. Written in the year 1736", in: *The Works of Benjamin Franklin*, etc., edited by Jared Sparks, vol. 2, Boston: Hillard, Gray, and Company, 1840, pp. 80-81.
ID., *Sein Leben, von ihm selbst beschrieben*. Mit einem Vorwort von Berthold Auerbach und einer historisch-politischen Einleitung von Friedrich Kapp, Stuttgart: Aug. Berth. Auerbach, 1876.（日本語訳は松本慎一・西川正身訳『フランクリン自伝』，岩波文庫，1957 年）
FREYTAG（フライターク）, Gustav, *Bilder aus der deutschen Vergangenheit*, vol. 4: *Aus neuer Zeit (1700-1848)*, 11. ed., Leipzig: S. Hirzel, 1879.
The Friends' Library: Comprising Journals, Doctrinal Treatises, and Other Writings of Members of the Religious Society of Friends, vol. 1, edited by William Evans（エヴァンズ）and Thomas Evans, Philadelphia: Printed by Joseph Rakestraw for the editors, 1837.

FROUDE(フルード), James Anthony, *Bunyan* (English Men of Letters, edited by John Morley(モーリー)), London/New York: Macmillan and Co., 1895.

FRUIN(フラウン), Robert, *Tien jaren uit den tachtigjarigen oorlog 1588–1598*, 5. ed., 's Gravenhage: Martinus Nijhoff, 1899.

FÜBLI(フュスリ), Johann Conrad, *Beyträge zur Erläuterung der Kirchen-Reformations-Geschichten des Schweitzerlandes*, pt. 1, Zürich: Conrad Orell und Comp., Leipzig: Joh. Fried. Gleditsch, 1741.

GARDINER(ガーディナー), Samuel Rawson (ed.), *The Constitutional Documents of the Puritan Revolution 1628–1660*, Oxford: Clarendon Press, 1889.

ID., *The Fall of the Monarchy of Charles I. 1637–1649*, vol. 1: *1637–1640*, London: Longmans, Green, and Co., 1882.

ID., *History of the Commonwealth and Protectorate 1649–1660*, 3 vols., London/ New York/ Bombay: Longmans, Green, and Co., 1897 (vol. 1, 2nd ed.)/1897/1901.

[GEBHARDT, Hermann,] *Zur bäuerlichen Glaubens- und Sittenlehre. Von einem thüringischen Landpfarrer* (『農民的な信仰・風習の教説について。テューリンゲンの田舎牧師の著』), 2nd ed., Gotha: Gustav Schloeßmann, 1890.

GOETHE(ゲーテ), Johann, Wolfgang v., "Ethisches. Maximen und Reflexionen", in: *Goethe's Werke. Nach den vorzüglichsten Quellen rev. Ausg.*, 19. Theil: Sprüche in Prosa, hg. und mit Anm. versehen von G. von Loeper, Berlin: Gustav Hempel, sine anno [1870].

ID., "Faust. Eine Tragödie" [1. Theil], in: *Goethes Werke, hg. im Auftrage der Großherzogin Sophie von Sachsen*, 1. Abth., 14. Band, Weimar: Hermann Böhlau, 1887.

ID., "Noten und Abhandlungen zu besserm Verständniß des West-östlichen Divans", in: *Goethes Werke, hg. im Auftrage der Großherzogin Sophie von Sachsen*, 1. Abth., 7. Band, Weimar: Hermann Böhlau, 1888.

ID., "Wilhelm Meisters Wanderjahre oder die Entsagenden" [2. Theil], in: *Goethes Werke, hg. im Auftrage der Großherzogin Sophie von Sachsen*, 1. Abth., 25. Band: 1. Abth., Weimar: Hermann Böhlaus Nachfolger, 1895.

GOTHEIN(ゴートハイン), Eberhard, *Wirtschaftsgeschichte des Schwarzwaldes und der angrenzenden Landschaften*, vol. 1: *Städte- und Gewerbegeschichte*, Straßburg: Karl J. Trübner, 1892.

GROEN VAN PRINSTERER(フルーン・ファン・プリンステラー), Guillaume, *Handboek der Geschiedenis van het Vaderland*, pt. 1-4, 3rd ed., Amsterdam: H. Höveker, 1863–1865.

ID., *La Hollande et l'influence de Calvin*, sine loco ['s Gravenhage]: H. P. de Swart et fils, 27 Mai 1864.

ID., *Le parti anti-révolutionnaire et confessionnel dans l'église réformée des Pays-Bas. Etude d'histoire contemporaine*, 2nd ed., Amsterdam: H. Höveker, 1860.

GRUBB(グラッブ), Edward, *Social Aspects of the Quaker Faith*, London: Headley

Brothers, 1899.

Albrecht Hallers（ハラー）*Tagebücher seiner Reisen nach Deutschland, Holland und England 1723-1727*, mit Anmerkungen hg. von Ludwig Hirzel, Leipzig: S. Hirzel, 1883.

HANNA（ハンナ）, Charles A., *The Scotch-Irish or the Scot in North Britain, North Ireland, and North America*, 2 vols., New York: G. P. Putnam's sons, London: Knicker-bocker Press, 1902.

HARNACK（ハルナック）, Adolf, "Der Wert der Arbeit nach urchristlicher Anschauung", in: *Evanglisch-Sozial. Mitteilungen des Evangelisch-sozialen Kongresses, 14. Folge vom 25. März 1905*, no. 3/4, Berlin: Alexander Duncker, 1905, pp. 48-49.

HASBACH（ハスバッハ）, Wilhelm, "Zur Charakteristik der englischen Industrie", *Jahrbuch für Gesetzgebung, Verwaltung und Volkswirtschaft im Deutschen Reich*, hg. von Gustav Schmoller（シュモラー）, 26 (1902), pp. 455-504, 1015-1062; 27 (1903), pp. 349-421.『シュモラーの年報』

HEIDEGGER（ハイデッガー）, Johann Heinrich, *Corpus Theologiae Christianae*, etc., tomus posterior, Zürich: Joh. Heinrich Bodmer, 1700.

HELLPACH（ヘルパッハ）, Willy, *Grundlinien einer Psychologie der Hysterie*, Leipzig: Wilhelm Engelmann, 1904.

ID., *Nervosität und Kultur* (Kulturprobleme der Gegenwart, hg. von Leo Berg, 5), Berlin: Johannes Räde, 1902.

HENRY（ヘンリー）, Matthew, *Daily Communion with God*, etc., With Life of Henry by James Hamilton (*WorksEngPurDiv* [, 8]), 1847.

ID., "The Worth of the Soul", in: HENRY, *WorksEngPurDiv*, vol. 8, pp. 309-320.

HEPPE（ヘッペ）, Heinrich, *Die Dogmatik der evangelisch-reformirten Kirche dargestellt und aus den Quellen belegt*, Elberfeld: R. L. Friderichs, 1861.

ID., *Geschichte des Pietismus und der Mystik in der Reformirten Kirche, namentlich der Niederlande*, Leiden: E. J. Brill, 1879.

HERMELINK（ヘルメリンク）, Heinrich, *Reformation und Gegenreformation* (Handbuch der Kirchengeschichte, hg. von Gustav Krüger, 3. Teil), Tübingen: J. C. B. Mohr (Paul Siebeck), 1911.

HERTLING（フォン・ヘルトリング）, Georg Freiherr v., *Das Princip des Katholicismus und die Wissenschaft. Grundsätzliche Erörterungen aus Anlaß einer Tagesfrage*, Freiburg i. Br.: Herder, 1899.

HOENIG（ヘーニヒ）, Fritz, *Oliver Cromwell*, 3 vols. in 4 pts., Berlin: Friedrich Luckhardt, 1887-1889.

HOENNICKE（ヘニケ）, Gustav, *Studien zur altprotestantischen Ethik*, Berlin: C. A. Schwetschke und Sohn, 1902.

HOFFMANN（フォン・ホフマン）, Hermann Edler von, *Das Kirchenverfassungsrecht der niederländischen Reformierten bis zum Beginne der Dordrechter Nationalsynode von 1618/1619*, Leipzig: C. L. Hirschfeld, 1902.

HOFMANN, Rudolf, art. "Baptisten", in: *RE*³, vol. 2, 1897, pp. 385-393.
HOGERZEIL (ホーヘルゼイル), H. V., *De kerkelijke strijd te Amsterdam*, No. 1: *De stand der kwestie*, No. 2: *De revolutie gereglementeerd*, No. 3: *De voorloopig schorsing*, 2nd ed., Amsterdam: F. W. Egeling, 1886.
HONIGSHEIM (ホーニヒスハイム), Paul, *Die Staats- und Sozial-Lehren der französischen Jansenisten im 17. Jahrhundert*, Heidelberg: Carl Pfeffer, 1914.
HOORNBEEK (ホールンベーク), Johannes, *Theologia practica*, 2 vols., Utrecht: Heinrich Versteeg, 1663-1666.
HOWE (ハウ), Daniel Wait, *The Puritan Republic of the Massachusetts Bay in New England*, Indianapolis: The Bowen-Merrill Company Publishers, 1899.
HOWE (ハウ), John, "Man's Enmity against God", in: Howe, *WorksEngPurDiv*, vol. 3, pp. 215-238.
ID., *The Redeemer's Tears wept over lost Souls*, etc., With life of the author by W. Urwick (WorksEngPurDiv [, 3]), 1846.
HUNDESHAGEN (フンデスハーゲン), K. B., *Beiträge zur Kirchenverfassungsgeschichte und Kirchenpolitik insbesondere des Protestantismus*, vol. 1, Wiesbaden: Julius Niedner, 1864.
IRVING (アーヴィング), Washington, "Bracebridge Hall", in: *The Works of Washington Irving*, vol. 3, London: Bell & Daldy, 1868/1871, pp. 170-174.
JACOBY (ヤコービ), Ludwig S., *Geschichte des Methodismus, seiner Entstehung und Ausbreitung in den verschiedenen Theilen der Erde. Nach authentischen Quellen bearbeitet*, 2 pts., Bremen: Verlag des Tractathauses, 1870.
ID., *Handbuch des Methodismus, enthaltend die Geschichte, Lehre, das Kirchenregiment und eigenthümliche Gebräuche desselben. Nach authentischen Quellen bearbeitet*, Bremen: Joh. Georg Heyse, 1853.
JAMES (ジェームズ), William, *The Varieties of Religious Experience. A Study in Human Nature. Being the Gifford Lectures on Natural Religion Delivered at Edinburgh in 1901-1902*, New York, London and Bombay: Longmans, Green and Co., 1902.
JANEWAY (ジェーンウェイ), James, "Heaven upon Earth", in: Janeway, *WorksEngPurDiv*, vol. 7, pp. 35-204.
ID., *Heaven upon Earth; or, Jesus the Best Friend of Man*, With History of the Janeway Familly by F. A. Cox (WorksEngPurDiv [, 7]), 1847.
JASPERS (ヤスパース), Karl, *Psychologie der Weltanschauungen*, Berlin: Julius Springer, 1919.
JENKYN (ジェンキン), Thomas W., "An Essay on Baxter's Life, Ministry, and Theology", in: Baxter, *WorksEngPurDiv*, vol. 4, pp. i-lviii.
JONES (ジョーンズ), Rufus M. (ed.), *George Fox. An Autobiography*, 2 vols., Philadelphia: Ferris & Leach, 1903.
JÜLICHER (ユーリッヒャー), Adolf, *Die Gleichnisreden Jesu*, pt. 2: *Auslegung der*

Gleichnisreden der drei ersten Evangelien, Freiburg i. B./Leipzig/Tübingen: J. C. B. Mohr (Paul Siebeck), 1899.

JÜNGST (ユングスト), Johannes, *Amerikanischer Methodismus in Deutschland und Robert Pearsell Smith. Skizze aus der neuesten Kirchengeschichte*, Gotha: Friedrich Andreas Perthes, 1875.

ID., *Der Methodismus in Deutschland. Beitrag zur neuesten Kirchengeschichte in zwei Abtheilungen*, 2nd ed., Gotha: Friedrich Andreas Perthes, 1877.

KAHL (カール), Wilhelm, *Die Lehre vom Primat des Willens bei Augustinus, Duns Scotus und Descartes*, Straßburg: K. J. Trübner, 1886.

KAMPSCHULTE (カンプシュルテ), F. W., *Johann Calvin. Seine Kirche und sein Staat in Genf*, 2 vols. (vol. 2 nach dem Tode des Verfassers hg. von Walter Goetz), Leipzig: Duncker & Humblot, 1869/1899.

KAUTSKY (カウツキー), Karl, "Von Plato bis zu den Wiedertäufern", in: *Die Vorläufer des Neueren Sozialismus*, vol. 1, pt. 1 (Die Geschichte des Sozialismus in Einzeldarstellungen), Stuttgart: J. H. W. Dietz, 1895.

KAWERAU, G., art. "Sektenwesen in Deutschland", in: *RE*^{3}, vol. 18, 1906, pp. 157-166.

KELLER (ケラー), Franz, *Unternehmung und Mehrwelt. Eine sozial-ethische Studie zur Geschäftsmoral* (Görres-Gesellschaft zur Pflege der Wissenschaft im katholischen Deutschland, Sektion für Rechts- und Sozialwissenschaft, Heft 12), Paderborn: Schöningh, 1912.

KELLER (ケラー), Gottfried, "Die drei gerechten Kammacher", in: ID., *Gesammelte Werke*, vol. 4: *Die Leute von Seldwyla. Erzählungen*, Berlin: Wilhelm Hertz, 1889, pp. 215-265.

KLAGES (クラーゲス), Ludwig, *Prinzipien der Charakterologie*, Leipzig: Johann Ambrosius Barth, 1910.

KÖHLER (ケーラー), August, *Die Niederländische Reformirte Kirche. Characterisirende Mittheilungen über ihren dermaligen Zustand*, Erlangen: Andreas Deichert, 1856.

KÖHLER (ケーラー), Walther, *Ein Wort zu Denifle's Luther*, Tübingen/ Leipzig: J. C. B. Mohr (Paul Siebeck), 1904.

KOLDE (コルデ), Theodor, *Die Augsburgische Konfession lateinisch und deutsch, kurz erläutert. Mit fünf Beilagen*, Gotha: Friedrich Andreas Perthes, 1896.

ID., *Der Methodismus und seine Bekämpfung. Ein Vortrag auf der bayrischen Pastoralconferenz zu Erlangen am 23. Juni 1886 gehalten*, Erlangen: Andreas Deichert, 1886.

KÖSTER (ケスター), Adolf, *Die Ethik Pascals. Eine historische Studie*, Tübingen: J. C. B. Mohr (Paul Siebeck), 1907.

KÖSTLIN (ケストリン), Julius, art. "Gott", in: *RE*^{3}, vol. 6, 1899, pp. 779-802.

KÜRNBERGER (キュルンベルガー), Ferdinand, *Der Amerika-Müde: Amerikanisches Kulturbild*, Frankfurt a. M.: Meidinger Sohn & Cie., 1855.

KUYPER（カイパー）, Abraham, *Het conflict gekomen*, vol. 1: *Complot en Revolutie*, Amsterdam: J. H. Kruyt, 1886.
ID., *Het dreigend conflict. Memorie van de gevolmachtigde commissie uit den Amsterdamschen kerkeraad ter voorlichting der Gemeente in zake de Attesten*, Amsterdam: J. H. Kruyt, 1886.
ID., *Separatie en Doleantie*, Amsterdam: J. A. Wormser, 1890.
LAMPRECHT（ランプレヒト）, Karl, *Deutsche Geschichte*, 2. Abt.: *Neuere Zeit. Zeitalter des individuellen Seelenlebens*, 3. Band, 1. Hälfte（Der ganzen Reihe 7. Band, 1. Hälfte）, Freiburg i. Br.: Hermann Heyfelder, 1905.
ID., *Deutsches Wirtschaftsleben im Mitterlalter. Untersuchung über die Entwicklung der materiellen Kultur des platten Landes auf Grund der Quellen des Mosellandes*, vol. 1/1, 1/2, 2 and 3, Leipzig: Dürr, 1886.
LAVELEYE（ラヴレー）, E. de, "Le protestantisme et le catholicisme dans leurs rapports avec la liberté et la prospérité des peuples. Etude d'économie sociale", *Revue de Belgique* 19 (1875), pp. 5-41.
LAW（ロー）, William, *A Serious Call to a Devout and Holy Life*, adapted to the State and Conditions of All Orders of Christians, London: William Innys, 1729.
LEMME, Ludwig, art. "Beruf, irdischer", in: RE^3, vol. 2, 1897, pp. 652-657.
LEONARD（レナード）, E. M., *The Early History of English Poor Relief*, Cambridge: University Press, 1900.
LEVY（レヴィ）, Hermann, *Die Grundlagen des ökonomischen Liberalismus in der Geschichte der englischen Volkswirtschaft*, Jena: Gustav Fischer, 1912.
ID., "Studien über das englische Volk II-IV", *AfSSP* 46 (1918/1919), pp. 636-690.
LOBSTEIN（ロープシュタイン）, Paul, "Zum evangelischen Lebensideal in seiner lutherischen und reformierten Ausprägung", in: *Theologische Abhandlungen. Eine Festgabe zum 17. Mai 1902 für Heinrich Julius Holtzmann*, Tübingen/ Leipzig: J. C. B. Mohr (Paul Siebeck), 1902, pp. 159-181.
LONG（ロング）, J. C., "Review of Dexter, *The True Story of John Smyth, the Se-Baptist*", *Baptist Quarterly Review* 5 (1883), pp. 1-23.
LOOFS（ローフス）, Friedrich, art. "Methodismus", in: RE^3, vol. 12, 1903, pp. 747-801.
LORIMER（ロリマー）, George C., *The Baptists in History*, With an Introduction of the Parliament of Religions, Boston: Silver, Burdett & Company, 1893.
[LÖSCHER（レッシャー）, Valentin Ernst,] "Nachricht von dem Weysen-Hause zu Glauche an Halle", in: ID., *Unschuldige Nachrichten. Von Altern und Neuen Sachen/ Büchern/ Uhrkunden/ Controversien*, etc., Auf das Jahr 1707, Leipzig: Jo. Großens sel. Erben und Jo. Friedrich Braun, 1709, pp. 898-905.〔MWG I/18, p. 641 によれば、レッシャー『ティモテウス・ウェリヌス』についてはこれを参照せよとのこと。訳者未見。〕
LUTHARDT（ルータルト）, Christoph Ernst, *Die Ethik Luthers in ihren Grundzügen*, Leipzig: Dörffling und Francke, 1867.

LUTHER（ルター）, Martin, "Auslegung des 7. Kapitels der I. Epistel St. Pauli an die Korinther" (1523), in: Erlanger Ausgabe, vol. 51, 1852, pp. 1-69.

ID., "Auslegung des 111. Psalms" (1530), in: Erlanger Ausgabe, vol. 40, 1846, pp. 192-239.

ID., "An den christlichen Adel deutscher Nation von des christlichen Standes Besserung" (1520), in: Erlanger Ausgabe, vol. 21, 1832, pp. 274-360.

ID., "Von den Conciliis und Kirchen" (1539), in: Erlanger Ausgabe, vol. 25, 1830, pp. 219-388.

ID., "Von der Freiheit eines Christenmenschen" (1520), in: Erlanger Ausgabe, vol. 27, 1833, pp. 173-199.

ID., "In Genesin enarrationum", in: ELSPERGER (ed.), vol. 4: cap. XVI-XIX, 1829.

ID., "In Genesin enarrationum", in: ELSPERGER (ed.), vol. 7: cap. XXVI-XXX, 1831.

ID., "In Genesin enarrationum", in: ELSPERGER (ed.), vol. 8: cap. XXXI-XXXV, 1831.

ID., "Großer Sermon vom Wucher" (1519), in: Erlanger Ausgabe, vol. 20, 1829, pp. 89-122.

ID., *Kirchenpostille*, II: *Predigten über die Evangelien* (Erlanger Ausgabe, 10), 1827.

ID., "Kurzes Bekenntniß Doctor Martin Luthers vom heiligen Sacrament" (1545), in: Erlanger Ausgabe, vol. 32, 1842, pp. 396-425.

ID., "Der 117. Psalm. Ausgelegt" (1530), in: Erlanger Ausgabe, vol. 40, 1846, pp. 280-328.

ID., "De servo arbitro ad D. Erasmum Roterodamum" (1525), in: *D. Martini Lutheri opera latina varii argumenti ad reformationis historiam imprimis pertinentia*, vol. 7, Frankfurt a. M./ Erlangen: Heyder & Zimmer, 1873, pp. 113-368. 『奴隷意志論』

MACAULAY（マコーリー）, Thomas Babington, "John Bunyan. (May 1854.)", in: ID., *The Miscellaneous Writings*, vol. 2, London: Longman, Green, Longman, and Roberts, 1860, pp. 227-243.

ID., "Milton. (August, 1825)", in: id., *Critical and Historical Essays*, vol. 1 (Collection of British Authors, 185), Leipzig: Bernhard Tauchnitz, 1850, pp. 1-61.

MACHIAVELLI（マキアヴェッリ）, Niccolò, *Florentinische Geschichten*, Übers. von Alfred Reumont, pt. 1, Leipzig: F. A. Brockhaus, 1846.

MACPHAIL（マクフェイル）, W. M., *The Presbyterian Church. A Brief Account of its Doctrine, Worship, and Polity*, London: Hodder and Stoughton, 1908.

MALINIAK（マリニアク）, J., *Die Entstehung der Exportindustrie und des Unternehmerstandes in Zürich im XVI. und XVII. Jahrhundert* (Zürcher Volkswirtschaftliche Studien, 2), Zürich/ Leipzig: Rascher & Cie., 1913.

MANLEY（マンリー）, Thomas, *Usury at six per Cent, examined, and found unjustly charged by Sir Tho [mas] Culpepper*, etc., London: Thomas Ratcliffe, and Thomas Daniel, 1669.

MARCKS（マルクス）, Erich, *Gaspard von Coligny. Sein Leben und das Frankreich seiner Zeit*, vol. 1, pt. 1, Stuttgart: J. G. Cotta, 1892.

MASSON(マッソン), David, *The Life of John Milton, Narrated in Connexion with the Political, Ecclesiastical, and Literary History of His Time*, 6 vols., London: Macmillan and Co., vol. 1 (2nd ed.): 1875; vol. 2-6: 1871-1880.

MAURENBRECHER(マウレンブレッヒャー), Max, *Thomas von Aquino's Stellung zum Wirtschaftsleben seiner Zeit*, Leipzig: J. J. Weber, 1898.

MENNO SIMONS(メノー・シモンス), "Dat fundament des Christelycken leers", etc., in: ID., *Opera omnia theologica*, Amsterdam: Joannes van Veen, 1681.

MERX (メルクス), Adalbert, *Die vier kanonischen Evangelien nach ihrem ältesten bekannten Texte*, vol. 2, pt. 2, Berlin: Georg Reimer, 1905.

MILTON (ミルトン), John, *Pro populo anglicano defensio*, Contra Claudii Anonymi, alias Salmasii, Defensionem Regiam, London: Du Gardianis, 1651.(ドイツ語版は "Vertheidigung des englischen Volkes", in: ID., Politsche Hauptschriften, Übers. und mit Anm. versehen von Wilhelm Bernhardi, vol. 1, Berlin: Erich Koschny (L. Heimann's Verlag), 1874, pp. 163-321)

ID., *Das verlorene Paradies. Ein Gedicht in zwölf Gesängen*, Deutsch von Adolf Böttger, Leipzig: Philipp Reclam jun., sine anno [1. ed.: 1883-1886].(日本語訳は平井正穂訳『失楽園』(上)(下), 岩波文庫, 1981年)

MIRBT(ミルプト), Carl, art. "Pietismus", in: *RE*³, vol. 15, 1904, pp. 774-815.

MONTESQUIEU(モンテスキュー), *De l'Esprit des lois par Montesquieu avec les notes de Voltaire, de Crevier, de Mably, de la Harpe*, etc., Paris: Garnier Frères, Libraires-Editeurs, 1869.(日本語訳はモンテスキュー／野田良之・稲本洋之助・上原行雄・田中治男・三辺博之・横田地弘訳『法の精神(中)』, 岩波文庫, 1989年)

MÜLLER(ミュラー), E. F. Karl, *Die Bekenntnisschriften der reformierten Kirche. In authentischen Texten mit geschichtlicher Einleitung und Register*, Leipzig: A. Deichert'sche Verlagsbuchhandlung Nachf. (Georg Böhme), 1903.

MÜLLER(ミュラー), Karl, *Kirchengeschichte*, vol. 1; vol. 2, 1. Halbband, Tübingen/Leipzig: J. C. B. Mohr (Paul Siebeck), 1892-1902.

MURCH(マーチ), J., *A History of the Presbyterian and General Baptist Churches in the West of England*, London: Hunter, 1835.

MURRAY (マリー), James A. H., s. v. "calling", in: *A New English Dictionary on Historical Principles* [= *Oxford English Dictionary*], vol. 2, Oxford: Clarendon Press, 1893, pp. 38-39.

MUTHMANN(ムートマン), A., "Psychiatrisch-theologische Grenzfragen. Historisches und Kritisches", *Zeitschrift für Religionspscyhologie* 1 (1907), pp. 49-88.

NABER(ナーベル), J. C., *Calvinist of Libertijnsch?* (1572-1631), Utrecht: J. L. Beijers, 1884.

NEAL(ニール), Daniel, *The History of the Puritans; or, Protestant Nonconformists; from the Reformation in 1517 to the Revolution in 1688*, etc., 5 vols., London: William Baynes & Son, 1822.

NEUMANN(ノイマン), Carl, *Rembrandt*, Berlin/ Stuttgart: W. Spemann, 1902.

NEWMAN(ニューマン), Albert Henry, *A History of the Baptist Churches in the United States* (American Church History Series, 2), New York: The Christian Literature Co., 1894. 『アメリカ教会史シリーズ』

[NOWELL(ノウエル), Alexander,] *Catechismus, sive prima institutio, disciplinaque pietatis Christianae Latine explicate*, London: Reginald Wolfe, 1570.

NUYENS(ナウエンス), Willem Johannes Franciscus, *Geschiedenis der kerkelijke en politieke geschillen in de Republiek der zeven vereenigde provincien, voornamelijk gedurende het twaalfjarig bestand (1589-1625)*, 2 vols., Amsterdam: C. L. van Langenhuysen, 1886-1887.

OFFENBACHER(オッフェンバッハー), Martin, *Konfession und soziale Schichtung. Eine Studie über die wirtschaftliche Lage der Katholiken und Protestanten in Baden* (Volkswirtschaftliche Abhandlungen der Badischen Hochschulen, 4. Band 5. Heft), Tübingen/Leipzig: J. C. B. Mohr (Paul Siebeck), 1900.

OLEVIANUS(オレウィアーヌス), Caspar, *De substantia foederis gratuiti inter Deum et electos, itemque de mediis, quibus ea ipsa substantia nobis communicatur*, Genevae: apud Eustathium Vignon, 1585.

OWEN(オーエン), John, *The True Nature of a Gospel Church and its Government*, etc., London: William Marshall, 1689.

PARKER(パーカー), Henry, *A Discourse concerning Puritans*, etc., London: Robert Bostock, 1641.

PEARSON(ピアソン), A. F. Scott, *Der älteste englische Presbyterianismus*, Edinburgh: T. and A. Constable, 1912.

PETTY(ペティ), William, *Political Arithmetick, Or A Discourse concerning the Extent and Value of Lands*, London: Robert Clavel, 1691.

PIERSON, Allard, *Studien over Johannes Kalvijn*, 3 pts., Amsterdam: P. N. van Kampen & Zoon, 1881-1891.

A Platform of Church-Discipline: Gathered out of the Word of God, and agreed upon by the Elders and Messengers of the Churches assembled in the Synod of Cambridge in New-England, Printed in New-England, and Reprinted in London: Peter Cole, 1653.

PLITT(プリット), Hermann, *Zinzendorfs Theologie*, vol. 1: *Die ursprüngliche gesunde Lehre Zinzendorfs, 1723-1742*, vol. 2: *Die Zeit krankhafter Verbildungen in Zinzendorfs Lehrweise, 1743-1750*, vol. 3: *Die wiederhergestellte und abschließende Lehrweise Zinzendorfs, 1750-1760*, Gotha: Friedrich Andreas Perthes, 1869-1874.

POLENZ(ポーレンツ), Gottlob von, *Geschichte des französischen Calvinismus bis zur Nationalversammlung i. J. 1789*, Zum Theil aus handschriftlichen Quellen, 5 vols., Gotha: Friedrich Andreas Perthes, 1857-1869.

PRICE(プライス), Thomas, *The History of Protestant Nonconformity in England, from the Reformation under Henry VIII.*, 2 vols., London: William Ball, 1838.

PRUNER, [Johann Evangelist von,] art. "Ascese, Ascetik, Ascetische Schriften", in: *Wetzer und Welte's Kirchenlexikon oder Encyklopädie der katholischen Theologie und ihrer Hülfswissenschaft*, vol. 1, 2nd ed., Freiburg i. Br.: Herder'sche Verlagshandlung, 1882, cols. 1460-1469. カトリックの『教会事典』

PRYNNE(プリン), William, *A Short Demurrer to the Jewes Long discontinued Remitter into England*, London: Edward Thomas, 1656.

"Die Quäker in London", *Morgenblatt für gebildete Leser* 40 (1846), No. 216-219, pp. 861, 867, 870-871, 873-874.『教養ある読者のための朝刊紙』

RACHFAHL(ラッハファール), Felix, "Kalvinismus und Kapitalismus", *Internationale Wochenschrift für Wissenschaft, Kunst und Technik* 3-39 (1909), cols. 1217-1238; 3-40 (1909), cols. 1249-1268; 3-41 (1909), cols. 1287-1300; 3-42 (1909), cols. 1319-1334; 3-43 (1909), cols. 1347-1367.

ID., "Nochmals Kalvinismus und Kapitalismus", *Internationale Wochenschrift für Wissenschaft, Kunst und Technik* 4-22 (1910), cols. 689-702; 4-23 (1910), cols. 717-734; 4-24 (1910), cols. 755-768; 4-25 (1910), cols. 775-796.

RANKE (ランケ), Leopold, *Englische Geschichte vornehmlich im sechzehnten und siebzehnten Jahrhundert*, 7 vols., Berlin: Duncker & Humblot, 1859-1868.

REITSMA(ライツマ), Johannes, et al., *Acta der Provinciale en Particuliere Synoden, gehouden in de Noordelijke Nederlanden gedurende de Jaren 1572-1620*, 8 pts., Groningen: J. B. Wolters, 1892-1899.

RIEKER(リーカー), Karl, *Grundsätze reformierter Kirchenverfassung*, Leipzig: C. L. Hirschfeld, 1899.

RITSCHL (リッチュル), Albrecht, "Ueber die Begriffe: sichtbare und unsichtbare Kirche" (1859), in: ID., *Gesammelte Aufsätze*, vol. 1, Freiburg i. B./ Leizig: J. C. B. Mohr (Paul Siebeck), 1893, pp. 68-99.

ID., *Die christliche Lehre von der Rechtfertigung und Vershnung*, vol. 1: *Die Geschichte der Lehre*, vol. 2: *Der biblische Stoff der Lehre*, vol. 3: *Die positive Entwickelung der Lehre*, 3rd ed., Bonn: Adolph Marcus, 1889/1889/1888.

ID., *Geschichte des Pietismus*, vol. 1: *Der Pietismus in der reformirten Kirche*, vol. 2 & 3: *Der Pietismus in der lutherischen Kirche des 17. und 18. Jahrhunderts*, Bonn: Adolph Marcus, 1880-1886.

RODBERTUS(ロートベルトゥス), Karl, "Untersuchungen auf dem Gebiet der Nationalökonomie des klassischen Altertums. II. Zur Geschichte der römischen Tributsteuern seit Augustus", *Jahrbücher für Nationalökonomie und Statistik* 4 (1865), pp. 341-427.

ROGGE(ロッゲ), Hendrik Cornelis, *Johannes Wtenbogaert en zijn tijd*, pt. 2, Amsterdam: Y. Rogge, 1875.

ROLOFF(ロロフ), Gustav, "Moritz von Oranien und die Begründung des modernen Heeres", *Preußische Jahrbücher* 111 (1903), pp. 255-276.

ROWNTREE(ラウントリー), John Stephenson, *Quakerism, Past and Present*, Being an Inquiry into the Causes of its Decline in Great Britain and Ireland, London: Smith, Elder and Co., 1859.

SACK（ザック）, Karl Heinrich, *Die Kirche von Schottland. Beiträge zu deren Geschichte und Beschreibung*, 2 pts., Heidelberg: Karl Winter, 1844/1845.

SANFORD（サンフォード）, John Langton, *Studies and Illustrations of the Great Rebellion*, London: John W. Parker and Son, 1858.

SCHÄFER（シェーファー）, Dietrich, "Zur Beurtheilung des Wormser Konkordats", *Philosophische und Historische Abhandlungen der Königlich Preuischen Akademie der Wissenschaften*, Berlin: Verlag der Königlichen Akademie der Wissenschaften, 1905, pp. 1-94.

SCHEIBE（シャイベ）, Max, *Calvins Prädestinationslehre. Ein Beitrag zur Würdigung der Eigenart seiner Theologie und Religiosität*, Halle a. S.: Max Niemeyer, 1897.

SCHELL（シェル）, Herman, *Der Katholicismus als Princip des Fortschritts*, Würzburg: Andreas Göbel, 1897.

SCHMIDT（シュミット）, Walther Eugen, "Nationale Jugend", in: *Preußische Jahrbücher* 112（1903）, pp. 226-248.

SCHMOLLER（シュモラー）, Gustav, "Zur Geschichte der national-ökonomischen Ansichten in Deutschland während der Reformations-Periode", *Zeitschrift für die gesamte Staatswissenschaft* 16（1860）, pp. 461-716.

SCHNECKENBURGER（シュネッケンブルガー）, Matthias, *Vergleichende Darstellung des lutherischen und reformirten Lehrbegriffs. Aus dem handschriftlichen Nachlasse zusammengestellt und herausgegeben durch Eduard Güder*, 2 pts., Stuttgart: J. B. Metzler, 1855.

ID., *Vorlesungen über die Lehrbegriffe der kleineren protestantischen Kirchenparteien. Aus dem handschriftlichen Nachlass herausgegeben von Karl Bernhard Hundeshagen*, Frankfurt a. M.: H. L. Brönner, 1863.

SCHORTINGHUIS（スホルティングハウス）, Wilhelmus, *Het innige Christendom tot overtuiginge van onbegnadigde, bestieringe en opwekkinge van begenadigde zielen*, etc., Groningen: Jurjen Spandaw, 1740.

SCHULTE（シュルテ）, Aloys, *Geschichte des mittelalterlichen Handels und Verkehrs zwischen Westdeutschland und Italien mit Ausschluß von Venedig*, vol. 1: *Darstellung*, Leipzig: Duncker & Humblot, 1900.

SCHULZE-GAEVERNITZ（シュルツェ＝ゲーヴァニッツ）, Gerhart v., *Britischer Imperialismus und englischer Freihandel zu Beginn des zwanzigsten Jahrhunderts*, Leipzig: Duncker & Humblot, 1906.

SEDGWICK（セジウィック）, Obadiah, *Buß- und Gnaden-Lehre/ Oder Der verlohrene und wiedergefundene Sohn/, etc., Aus dem Englischen übersetzt etc./ Durch Franciscum Christianum Rötcher*, Frankfurt/Leipzig: Jeremias Schrey und Hinrich Joh. Meyer, 1689.

SEEBERG（ゼーベルク）, Reinhold, art. "Askese", in: *RE*^{3}, vol. 2, 1897, pp. 134-142.

ID., *Lehrbuch der Dogmengeschichte*, pt. 1: *Die Dogmengeschichte der alten Kirche*, pt. 2: *Die Dogmengeschichte des Mittelalters und der Neuzeit*, Erlangen/ Leipzig: A.

Deichert'sche Verlagsbuchhandlung Nachf. (Georg Böhme), 1895-1898.『教義史』
SEISS（サイス）, Joseph A., *The Baptist system examined. A Review of Richard Fuller and others on "Baptism and the Terms of Communion"*, new edition, Philadelphia: General Council Publication House, 1907.
SENECA（セネカ）, "De beneficiis libri VII", in: *L. Annaei Senecae oper aquae supersunt*, vol. 1, pt. 2, ed. Carolus Hosius, Leipzig: B. G. Teubner, 1900.
SHARPLESS（シャープレス）, Isaac, *A Quaker Experiment in Government. History of Quaker Government in Pennsylvania*, 1682-1783, Popular edition, 2 vols. in one, Philadelphia: Ferris & Leach, 1902.
SHAW（ショー）, William A., *A History of the English Church during the Civil Wars and under the Commonwealth 1640-1660*, vol. 2, London/New York/ Bombay: Longmans, Green, and Co., 1900.
SIMMEL（ジンメル）, Georg, *Philosophie des Geldes*, Leipzig: Duncker & Humblot, 1900.
SKEATS（スキーツ）, Herbert S., *A History of the Free Churches of England from A. D. 1688 to A. D. 1851*, London: Arthur Miall, 1868.
SMEND（スメンド）, Rudolf, *Griechisch-syrisch-hebräischer Index zur Weisheit des Jesus Sirach*, Berlin: Georg Reimer, 1907.
ID., *Die Weisheit des Jesus Sirach*. Mit Unterstützung der Königlichen Gesellschaft der Wissenschaft in Göttingen, Berlin: Georg Reimer, 1906.
SMITH（スミス）, Adam, *An Inquiry into the Nature and Causes of the Wealth of Nations*, vol. 1, London: W. Strahan, and T. Cadell, 1776.（日本語訳はアダム・スミス／山岡洋一訳『国富論』上，日本経済新聞出版社，2007 年）
SOMBART（ゾンバルト）, Werner, *Der Bourgeois. Zur Geistesgeschichte des modernen Wirtschaftsmenschen*, München und Leipzig: Duncker & Humblot, 1913.
ID., *Die deutsche Volkswirtschaft im Neunzehnten Jahrhundert*, Berlin: Georg Bondi, 1903.
ID., *Die Juden und das Wirtschaftsleben*, Leipzig: Duncker & Humblot, 1911.
ID., *Der moderne Kapitalismus*, vol. 1: *Die Genesis des Kapitalismus*, vol. 2: *Die Theorie der kapitalistischen Entwicklung*, Leipzig: Duncker & Humblot, 1902.
ID., *Der moderne Kapitalismus. Historisch-systematische Darstellung des gesamteuropäischen Wirtschaftslebens von seinen Anfängen bis zur Gegenwart*, vol. 1: *Einleitung — Die vorkapitalistische Wirtschaft — Die historischen Grundlagen des modernen Kapitalismus*, vol. 2: *Das europäische Wirtschaftsleben im Zeitalter des Frühkapitalismus vornehmlich im 16., 17. und 18. Jahrhundert*, 2 pts., 2nd ed., München/ Leipzig: Duncker & Humblot, 1916-1917.
SOUTHEY（サウジー）, Robert, *The Life of Wesley and the Rise and Progress of Methodism*, edited by J. A. Atkinson, London/ New York: Frederick Warne and Co., 1889.
SPANGENBERG（シュパンゲンベルク）, August Gottlieb, *Idea fidei fratrum oder kurzer Begrif der Christlichen Lehre in den evangelischen Brüdergemeinen*, Barby:

Christian Friedrich Laux, Leipzig: Weidmanns Erben und Reich, 1782.

SPENER (シュペーナー), Phillipp Jacob, *Consilia et iudicia theologica latina. Opus posthumum*, ex eiusdem litteris singulari industria ac fide collectum, et in tres partes dividum, nunc in usum ecclesiae publicatum, Frankfurt a. M.: Joh. David Zunner & Joh. Adam Jungen, 1709. 『神学的助言』

ID., *Pia desideria, oder Hertzliches Verlangen*. Nach Gottgefälliger Besserung der wahren Evangelischen Kirchen, Frankfurt a. M.: Johh. David Zunners S. Erb. und Johann Adam Jungen, 1712.

ID., *Theologische Bedencken und andere Brieffliche Antworten* etc., 4 pts., Halle: in Verlegung des Waysen-Hauses, 1712-1715. 『神学的考察』

STERN (シュテルン), Alfred, *Milton und seine Zeit*, 2 pts., 4 vols., Leipzig: Duncker & Humblot, 1877-1879.

STRIEDER (シュトリーダー), Jakob, *Studien zur Geschichte kapitalistischer Organisationsformen. Monopole, Kartelle und Aktiengesellschaften im Mittelalter und zu Beginn der Neuzeit*, München/ Leipzig: Duncker & Humblot, 1914.

Joannis Tauleri (タウラー) *des seligen lerers Predig/ fast fruchtbar zu eim recht christlichen leben*, etc., Basel: sine nomine, 1521.

TAYLER (テイラー), John James, *A Retrospect of the Religious Life of England: or the Church, Puritanism, and Free Inquiry*, London: John Chapman, 1845.

TAYLOR, Ieremy, ΘΕΟΛΟΓΙΑ ἘΚΛΕΚΤΙΚΗ. *A Discourse of the Liberty of Prophesying*, etc., London: R. Royston, 1647.

TEMPLE (テンプル), William, *Observations upon the United Provinces of the Netherlands*, 6th ed., corrected and augmented, London: Jacob Tonson, 1693.

THOLUCK (トールック), A., *Vorgeschichte des Rationalismus*, pt. 2: *Das kirchliche Leben des 17. Jahrhunderts bis in die Anfänge der Aufklärung*, 2 pts., Berlin: Wiegandt und Grieben, 1861-1862.

THOMAS (トーマス), Allen C., and Thomas, Richard H., *A History of the Society of Friends in America*, Philadelphia: John C. Winston & Co., 1895.

Sancti Thomae Aquinatis (トマス・アクィナス) *Quaestiones Disputatae cum Quolibetis*, etc., in: id., *Opera omnia*, tomus 9, vol. 2, Parma: Pietro Fiaccadori, 1859.

ID., *Summa theologica diligenter emendata Nicholai, Sylvii, Billuart & C.-J. Drioux notis ornata*, 4. tomus, Barri-Ducis: Guerin, 1869.

ID., *Summa theologica*, etc., 5. tomus, Barri-Ducis: Guerin, 1869.

TROELTSCH (トレルチ), Ernst, "Review of Hoennicke, G., Studien zur altprotestatischen Ethik, Berlin: Schwetschke u. Sohn, 1902", *GGA* 164 (1), pp. 577-583.

ID., art. "Moralisten, englische", in: RE^3, vol. 13, 1903, pp. 436-461.

ID., "Review of Seeberg, R., Lehrbuch der Dogmengeschichte, pt. 2: Die Dogmengeschichte des Mittelalters und der Neuzeit, Erlangen, 1899", *GGA* 163 (1901), pp. 15-30.

ID., *Die Soziallehren der christlichen Kirchen und Gruppen*, Tübingen: J. C. B. Mohr

(Paul Siebeck), 1912.

ID., *Vernunft und Offenbarung bei Johann Gerhard und Melanchthon. Untersuchung zur Geschichte der altprotestantischen Theologie*, Göttingen: Vandenhoeck & Ruprecht, 1891.

TYERMAN(タイアーマン), Luke, *The Life and Times of the Rev. John Wesley, Founder of the Methodists*, 3 vols., London: Hodder and Stoughton, 1870-1871.

ULRICH (ウルリヒ), Friedrich, *Die Vorherbestimmungslehre im Islam und Christentum. Eine religionsgeschichtliche Parallele* (Beiträge zur Förderung christlicher Theologie, 16.4), Gütersloh, C. Bertelsmann, 1912.

UNDERHILL, Edward Bean (ed.), *Confessions of Faith, and other Public Documents illustrative of the History of the Baptist Churches of England in the 17th Century*, edited for the Hanserd Knollys Society, London: Haddon, Brothers, and Co., 1854.

UNWIN(アンウィン), George, *Industrial Organization in the Sixteenth and Seventeenth Centuries*, Oxford: Clarendon Press, 1904.

USHER(アッシャー), Roland G., *The Presbyterian Movement in the Reign of Queen Elizabeth*, as illustrated by the Minute Book of the Dedham Classis 1582-1589, London: Royal Historical Society, 1905.

VEBLEN (ヴェブレン), Thorstein, *The Theory of Business Enterprise*, New York: Charles Scribner's Sons, 1904.

VEDDER(ヴェッダー), Henry C., *A Short History of the Baptists*, revised edition, Philadelphia: American Baptist Publication Society, 1897.

VISCHER (フィッシャー), Friedrich Theodor, *Kritische Gänge*, vol. 1, Tübingen: Ludwig Friedrich Fues, 1844.

VOETIUS (フート), Gisbertus, *Politicae ecclesiasticae partis primae*, Amsterdam: Joannis à Waesberge, 1663.

ID., *Selectarum disputationum theologicarum pars quarta*, Amsterdam: Joannis à Waesberge, 1667.

WAGNER(ワーグナー), Richard, "Der Ring des Nibelungen. Bühnenfestspiel, Erster Tag: Die Walküre", in: ID., *Gesammelte Schriften und Dichtungen*, vol. 6, 4th ed., Leipzig: C. F. W. Siegel, 1907, pp. 1-84.

WARD(ウォード), Frank G., *Darstellung und Würdigung der Ansichten Luthers vom Staat und seinen wirtschaftlichen Aufgaben* (Sammlung nationalökonomischer und statistischer Abhandlungen des staatswissenschaftlichen Seminars zu Halle a. d. S., hrsg. von Joh. Conrad, 21), Jena: Gustav Fischer, 1898.

WARNECK(ヴァルネック), Gustav, *Abriß einer Geschichte der protestantischen Missionen von der Reformation bis auf die Gegenwart. Ein Beitrag zur neueren Kirchengeschichte*, 5th ed., Berlin: Martin Warneck, 1899.

WATSON(ワトソン), Richard, *The Life of the Rev. John Wesley, sometime Fellow of Lincoln College, Oxford, and Founder of the Methodist Societies*, 2nd ed., London: John Mason, 1831. (ドイツ語版は ID., *Das Leben Johann Wesley's, nebst einer*

Schilderung des Methodismus und seiner Anhänger in Großbritannien und Irland. Beitrag zur christlichen Religions- und Kirchen-Geschichte. Nebst einem Vorwort von L. Bonnet, Frankfurt a. M.: Siegmund Schmerber, 1839.)

WEBER(ヴェーバー), Max, "Antikritisches zum „Geist" des Kapitalismus", *AfSSp* 30 (1910), pp. 176-202.

ID., "Antikritisches Schlußwort zum „Geist" des Kapitalismus", *AfSSp* 31 (1910), pp. 554-599.

ID., *Zur Geschichte der Handelsgesellschaften im Mittelalter. Nach südeuropäischen Quellen*, Stuttgart: F. Enke, 1889.『中世における商事会社』

ID., "„Kirchen" und „Sekten" in Nordamerika. Eine kirchen- und sozialpolitische Skizze 1", *Die Christliche Welt* 20. 24 (1906), cols. 558-562.

ID., "„Kirchen" und „Sekten" in Nordamerika. Eine kirchen- und sozialpolitische Skizze 2", *Die Christliche Welt* 20. 25 (1906), cols. 577-583.

ID., "Die „Objektivität" sozialwissenschaftlicher und sozialpolitischer Erkenntnis", *AfSSp* 19 (1904), pp. 22-87.

ID., "Die protestantische Ethik un der „Geist" des Kapitalismus. I. Das Problem", *AfSSp* 20 (1904), pp. 1-54.

ID., "Die protestantische Ethik un der „Geist" des Kapitalismus. II. Die Berufsidee des asketischen Protestantismus", *AfSSp* 21 (1905), pp. 1-110.

ID., "Zur Psychophysik der industriellen Arbeit", *AfSSp* 27 (1908), pp. 730-770; 28 (1909), pp. 219-277, 719-761; 29 (1909), pp. 513-542.

WEEDEN(ウィーデン), William B., *Economic and Social History of New England 1620-1789*, 2 vols., Boston/ New York: Houghton, Mifflin and Company, Cambridge: The Riverside Press, 1890.

WEINGARTEN(ヴァインガルテン), Hermann, *Die Revolutionskirchen Englands. Ein Beitrag zur inneren Geschichte der englischen Kirche und der Reformation*, Leipzig: Breitkopf und Härtel, 1868.

WHITE(ホワイト), George, "The Nonconformist Conscience in its Relation to Our National Life", in: *The Baptist Hand-Book for 1904*, edited by W. J. Avery, published under the direction of the council of the Baptist Union of Great Britain and Ireland, London: Veale, Chifferiel & Co., Limited 1903 [sic], pp. 104-125.

WINDELBAND(ヴィンデルバント), Wilhelm, *Die Blütezeit der deutschen Philosophie* (*Die Geschichte der neueren Philosophie in ihrem Zusammenhange mit der allgemeinen Cultur und den besonderen Wissenschaften*, vol. 2: Von Kant bis Hegel und Herbart), 3rd ed., Leipzig: Breitkopf und Härtel, 1904.

ID., *Geschichte der Philosophie*, Freiburg i. B.: J. C. B. Mohr (Paul Siebeck), 1892.

ID., *Die Geschichte der neueren Philosophie in ihrem Zusammenhange mit der allgemeinen Cultur und den besonderen Wissenschaften*, vol. 1: *Von der Renaissance bis Kant*, 3rd ed., Leipzig: Breitkopf und Härtel, 1904.

ID., *Über Willensfreiheit. Zwölf Vorlesungen*, Tübingen/ Leipzig: J. C. B. Mohr (Paul

Siebeck), 1904.
WISKEMANN(ヴィスケマン), Heinrich, *Darstellung der in Deutschland zur Zeit der Reformation herrschenden nationalökonomischen Ansichten*, Leipzig: S. Hirzel, 1861.
WITTICH(ヴィッティヒ), Werner, *Deutsche und französische Kultur im Elsaß. Aus der illustrirten Elsässischen Rundschau*, Straßburg: Schlesier & Schweikhardt, 1900.
WORP, Jacob Adolf, "Constantyn Huygens over de schilders van zijn tijd", *Oud-Holland. Nieuwe Bijdragen voor de Geschiedenis der Nederlandsche Kunst, Letterkunde, Nijverheid* 9 (1891), pp. 106-136.
WÜNSCHE(ヴュンシェ), August, *Der Babylonische Talmud in seinen Haggadischen Bestandtheilen wortgetreu übersetzt und durch Noten erläutert*, 2. Halbband, pt. 1 and 2, Leipzig: Otto Schulze, 1887-1888.
WYCK(ファン・ウェイク), Adrian van, *Tractatus theologicus de praedestinatione divina*, Ex SS. Scripturis, Conciliorum, Pontificumque Decretis, SS. Patrum ac Doctorum placitis concinnatus: Cui & accedit *Tractatio brevior De reprobatione*, Coloniae Agrippinae: apud Henricum Rommerskirchen, 1706.
ZELLER(ツェラー), Eduard, *Das Theologische System Zwingli's. Besonderer Abdruck aus Jahrgang 1853 der Theologischen Jahrbücher*, Tübingen: L. Fr. Fues, 1853.
ZINZENDORF(ツィンツェンドルフ), Nikolaus, *Büdingische Sammlung. Einiger in die Kirchen-Historie Einschlagender Sonderlich neuerer Schrifften*, vol. 1, pt. 3, Büdingen: Joh. Chr. Stöhr, 1741 [1742].(『宗教的論説』を含む)
ID., *Socrates d. i. Aufrichtige Anzeige verschiedener nicht so wohl Unbekanter als vielmehr in Abfall gerathener Haupt-Wahrheiten*, pt. 1, Leipzig: Joh. Sam. Heinsio, sine anno [ca. 1726].
ZWINGLI(ツヴィングリ), [Huldreich,] "In Catabaptistarum strophas elenchus", in: *Huldreich Zwingli's Werke/ Huldrici Zuinglii opera*. Completa editio prima, edited by Melchior Schuler & Johannes Schulthess, vol. 3: *Latinorum scriptorum*, pt. 1, Zrich: F. Schulthess, 1832, pp. 357-437.

今なぜ新訳が必要か──訳者あとがきに代えて──

戸田　聡

1. なぜ『宗教社会学論集』が改めて翻訳されるべきか

　凡例に記したように、本書はマックス・ヴェーバー『宗教社会学論集』、第1巻（Max WEBER, *Gesammelte Aufsätze zur Religionssoziologie*, vol. 1, Tübingen: J. C. B. Mohr (Paul Siebeck), 1920）の前半部分を訳出したものである。そして本書冒頭に掲げた「全巻の構成」から明らかなように、この部分の翻訳は、筆者（戸田）が上記『宗教社会学論集』の全3巻を単独で全訳したいという企図のもとに行なわれている[1]。

　マックス・ヴェーバー（1864年4月21日生まれ、1920年6月14日没）がどういう人物だったかについては、入門書・解説書など世にあまたあるので、そちらを参照いただきたいと思う。こう言うのは、そもそも筆者自身は、これまでマックス・ヴェーバーという人物・学者を特に研究してきたわけではなく（正確に言えば、ヴェーバーが使った概念について論文を1本書いたことがあるだけである）、この学者のことを紹介するのに自分が適任だなどとは全く思っていないからである。

　このように記すと直ちに、自分がヴェーバー研究の専門家でもないのに、なぜこのような翻訳をするのかという問いが提起されるだろうか。このありうべき問いに対して、筆者は次のように答えたく思う。

---

1) 因みに、『宗教社会学論集』全体を一人の訳者が単独で訳出するという企画がこれまでに皆無だったわけではないようで、但し、実現には至らなかったようである。折原浩『マックス・ヴェーバーとアジア　比較歴史社会学序説』、平凡社、2010年、213頁を参照。

(1)『宗教社会学論集』でのヴェーバーの議論は非専門家による議論である

　まず、『宗教社会学論集』全3巻の中で扱われている対象、或いはより正確に全3巻の構成に即して言えば、『論集』の「緒言」(これは本訳書の冒頭で訳出されている)及び「諸々の世界宗教の経済倫理　序論」「同　中間考察」という3つの論考(これらはすべて『論集』第1巻に収められている)を除いた残りの部分で扱われている対象、すなわち、
・「プロテスタンティズムの倫理と資本主義の精神」
・「プロテスタント諸信団(ゼクテ)と資本主義の精神」
・「儒教と道教」
・「ヒンドゥー教と仏教」
・「古代ユダヤ教」

これらはいずれも、ヴェーバー自身の専門分野の中には入ってこない対象であり[2]、つまり専門・非専門という観点から言うなら、『宗教社会学論集』全3巻の中でそれら対象について論じたヴェーバー自身の議論は、非専門家による議論である。管見の限りでは、『宗教社会学論集』全3巻のすべてを専門家として単独で翻訳できる学者は、日本だけでなく世界のどこにも存在しないと思われる。

(2)既訳の問題、単独訳の意義

---

[2] この点をわざわざ註記する必要はないかもしれないが、あえて記すと、まず「プロテスタンティズムの倫理と資本主義の精神」に関しては、この極めて有名な論考で扱われている主たる対象は宗教改革以降のプロテスタンティズム諸派であり、言うまでもなくヴェーバーは、キリスト教の研究者というわけでは全くなかった。「信団(ゼクテ)」論文についても同断である。次に「儒教と道教」と「ヒンドゥー教と仏教」については、ヴェーバーがそれぞれ中国史・中国社会やインド史・インド社会を自らの専門的研究の対象としていたわけでないことは、改めて言うまでもない。そして「古代ユダヤ教」については、ヴェーバーが古代イスラエル史研究或いは旧約聖書学を自らの専門としていたわけでないことは、これまた改めて言うまでもない。

ならば、そもそも『宗教社会学論集』全3巻を単独で全訳しようなどという企ては暴挙以外の何物でもないのか。無論、そう考えることは全く可能である。そして別々の訳者による翻訳ということであれば、『宗教社会学論集』全3巻については既にそれぞれの部分について翻訳が存在しており（中には複数種類の翻訳が存在するものもある）、それで事足りるのではないか、今さら既訳の書物を改めて訳出するのは屋上屋を架する仕儀ではないか、と考える人がいても全く不思議でない。

しかしこれについては、それぞれの部分の既訳にはそれぞれ問題が存在するということがある。それは例えば訳語の問題であったり[3]、翻訳方針の問題であったりして[4]、さらにそもそも文章として読みにくいという問題もある[5]。また、既訳の中でも大塚久雄による「プロテスタンティズムの倫理と資本主義の精神」の翻訳は、難解なドイツ語原文を良く噛み砕いた、こなれた（言い換えれば意訳的な）優れた翻訳だと筆者自身は考えている（このような評価のもと、

---

[3] 「ヒンドゥー教と仏教」の既訳であるマックス・ウェーバー／深沢宏訳『ヒンドゥー教と仏教　世界諸宗教の経済倫理Ⅱ』（東洋経済新報社、2002年。1983年に日貿出版社から刊行された初版が、訳者の深沢氏（1986年没）の遺稿などを踏まえた修正によって改訂新版となったもの）について言えば、訳文中で使われている「作業正当視」（Werkgerechtigkeit）「作業神聖視」（Werkheiligkeit）という表現（氏の訳書の巻末索引を参照）は、それぞれ「行為義認」「行為聖性」とでも訳すべきであり、無論どちらも、特にマルティン・ルターによる宗教改革開始との関連で問題となったキリスト教史上の概念である。深沢氏がこれを知らなかったとは考えにくいが、アジア的文脈では「行為」を「作業」と訳すほうが適切だとの判断が或いはあったのかもしれない。とはいえ、いずれにせよ明らかな誤訳と言うほかない。

[4] 「儒教と道教」の既訳であるM・ウェーバー／木全徳雄訳『儒教と道教』（創文社、1971年）について言えば、木全訳では、原文にない段落区分が多数導入されている。確かに往々ヴェーバーの文章は長たらしく、一つの段落が長すぎるように思われることも珍しくない。しかしながら、学問方法論に関しても思索を深めていたヴェーバーは、自らの著述の言語を極めて厳密に学問的な仕方で使用しているはずであり、当然その学問的・厳密な言語使用の中には段落区分も含まれるはずである。であれば、原文の段落区分が極力尊重されねばならないことは自明だろう。

[5] 筆者にとっては内田芳明訳『古代ユダヤ教』（みすず書房、のち岩波文庫）がこれに当たる。

本翻訳で「プロテスタンティズムの倫理と資本主義の精神」を訳出する際には筆者自身は大塚訳を絶えず参照した、ということをここで告白しておきたい)[6]。しかし意訳的な翻訳の場合、例えば原文での修飾・被修飾関係が訳文に正確に写し取られず、正確さの点でなお憾みが残る場合が出てくることは、ほとんど不可避である。自然科学(の少なくとも一部)において学問性すなわち論理性を保証するのが数学であるのに対して、人文・社会科学において学問性すなわち論理性を保証するものとは、他でもなく言葉そのもの(言うまでもなく、論理的に首尾一貫して用いられる言葉)であり、そうであればなおさら、訳語の正確さだけでなく修飾・被修飾関係の一義性といったことも、人文・社会科学的著作の翻訳においては極めて重要であるはずである。

そしてこの関連で筆者としては、単独訳の意義を強調したく思う。というのも、そもそも『宗教社会学論集』全3巻はマックス・ヴェーバーという1人の学者を著者とする作品であり、ヴェーバーの口吻或いは書きっぷりといった辺りまでを首尾一貫した仕方で写し取るには単独訳が最良である、ということは自明だと筆者には思われるからである[7]。そして、上で述べた修飾・被修飾関

---

[6] 大塚訳についてここでもう一言付言するなら、大塚はヴェーバーの原文を、特にドイツ語ドイツ語した表現の部分については、決して一文たりとも直訳風に訳すまいという強い決意を持って翻訳したのではないか、という印象が筆者にはある。すぐあとで述べる本翻訳の立場とはほぼ対極に位置する立場だと言ってよい。

なお、ここはこれまでに我が国で刊行された「プロテスタンティズムの倫理と資本主義の精神」の諸々の翻訳を概観するべき場所ではなく、筆者には、同論考の日本語訳の歴史を何らか回顧しようなどという意図は全くない。しかし、「プロテスタンティズムの倫理と資本主義の精神」の梶山訳(より正確に言えば、マックス・ウェーバー著/梶山力訳『プロテスタンティズムの倫理と資本主義の精神』、有斐閣、1938年、及び、マックス・ウェーバー著/梶山力訳・安藤英治編『プロテスタンティズムの倫理と資本主義の《精神》』、未来社、1994年)をめぐっては、特に同訳に対する評価が識者の間で高いようであることなどに鑑みて、拙稿「マックス・ヴェーバー『宗教社会学論集』第1巻上(拙訳)への註記及び覚書」『北海道大学文学研究科紀要』157(2019)、1-34頁(の特に第2章)の中で論じることとした(同論考は北海道大学学術成果コレクションHUSCAPで閲覧可能)。

[7] この点については後述「本翻訳の特色」でも論じるが、ここでも一例を(些末な事例だが)挙げておくと、本書で訳出した「プロテスタンティズムの倫理と資本主

係などといった問題との関連で言えば、筆者が今回の翻訳で目指しているのは、どちらかと言えば直訳的・逐語訳的な翻訳であり、つまりヴェーバーの議論を極力正確に写し取ることによって、ヴェーバーがどういう概念(群)を駆使して思考したかを日本語の訳文上で可能な限り明確にすることである。

そしてさらに言えば、ヴェーバー研究の門外漢たる筆者があえてヴェーバーの著作の単独訳を試みようとするのには、もう1つ重要な理由がある。

(3) 西洋古代学者としてのヴェーバー

その理由は、ヴェーバーという学者の専門分野をどう理解するかにかかわる。改めて言うまでもなく、ヴェーバーの業績は(非専門家による議論としての『宗教社会学論集』所収の諸論考を措くとしても)極めて多岐にわたり、その中でヴェーバーは自分の学問的労作を表すのに「社会学」Soziologie という語を多用したり、また、有名な『職業としての学問』の中では自分のことを「我々国民経済学者」uns Nationalökonomen[8] と呼んだりもしている。しかし他者から見た場合には、ヴェーバーは少なくとも西洋古代学者で(も)あると見られていたようである。実際、大学教授資格のためにヴェーバーが著した論文(いわゆる Habilitationsschrift)はローマ農業史を扱っており[9]、そしてこの内容を踏まえる形で『国家学事典』Handwörterbuch der Staatswissenschaften 第2版の第

義の精神」の註347においてヴェーバーは音楽史上のイギリスの一時期を「絶対的な無への瓦解」と評している(これが直訳的な翻訳である)。これはいくらなんでもあんまりだという気がするが、ともあれヴェーバー自身の文章は、例えばこの例から見られるように時として口が悪く、挑発的な、或いは血の気の多いとでも言うべき、書きぶりが往々見受けられるように思われる。因みにこの箇所は大塚訳では「まったく影をひそめてしまった」と和らげられており、私見によれば、訳者たる大塚の人品の良さが現れた文章になってしまっているように思われる。

8) この表現は M. WEBER, *Gesammelte Aufsätze zur Wissenschaftslehre*, 6. Aufl., Tübingen: J. C. B. Mohr, 1985, p. 582 に見られる。

9) M. WEBER, *Die römische Agrargeschichte in ihrer Bedeutung für das Staats- und Privatrecht*, Stuttgart: Verlag von Ferdinand Enke, 1891.

1巻（Abbau-Armenwesen。1898年刊行）にヴェーバーが寄稿した「古代における農業事情」に関する論考（"Agrargeschichte. I. Agrarverhältnisse im Altertum", pp. 57-85）は、改訂された同事典第3版（1909年刊行）では大幅に拡張され、活字の小さい同事典の137ページ分を占めるに至っており[10]、しかもこの論考は、著名な西洋古代史家から「画期的」bahnbrechendな業績だとの評価を受けているのである[11]。さらに言えば、「歴史は科学か」をめぐってヴェーバーが議論を挑んだ相手は、同時代の著名な西洋古代史家E・マイヤーである[12]。学者としてのヴェーバーの自覚的な専門領域の中に西洋古代学が重要部分として含まれていたことは間違いない。

そして、『宗教社会学論集』の主要な諸論考における議論の中で主たる論述対象との比較のためにヴェーバーが引き合いに出す事例は、私見によれば、西洋古代学で扱われる領域からおもに取られているように思われる。それ以外によく引き合いに出される事柄としては、「プロテスタンティズムの倫理と資本主義の精神」で扱われた時代のプロテスタント諸派を中心とするキリスト教関係の事柄が挙げられよう。したがって、ヴェーバーの『宗教社会学論集』を翻

---

10) M. WEBER, "Agrargeschichte. I. Agrarverhältnisse im Altertum", in: J. CONRAD et al. (eds.), *Handwörterbuch der Staatswissenschaften*, 3. Aufl., 1. Band: *Abbau-Aristoteles*, Jena: Verlag von Gustav Fischer, 1909, pp. 52-188. これの日本語訳が、M・ウェーバー／上原専禄・増田四郎監修、渡辺金一・弓削達共訳『古代社会経済史――古代農業事情――』、東洋経済新報社、1959年である。なお参考までに、同事典初版の第1巻（Abbau-Autorrecht. 1890年刊行）には短い論考（K. LAMPRECHT, "Agrargeschichte". pp. 51-54）しか収録されていない。

11) M・ロストフツェフが次のような言葉を記している（M. ROSTOWZEW, *Studien zur Geschichte des römischen Kolonates*, Leipzig & Berlin: Teubner, 1910, pp. VI-VII. 強調は戸田による）。「Wir sind zwar noch weit davon entfernt, eine zusammenhängende Geschichte schreiben zu können; aber **die schönen Resultate, welche z. B. auf unserem Gebiete M. Weber in seinem bahnbrechenden Artikel „Agrargeschichte" im Handwörterbuch der Staatswissenschaften (3. Aufl.) erzielt hat**, sind gerade dazu angetan, um zum weiteren, eindringenderen Forschen auf breiterer Basis auch auf dem Gebiete der antiken Agrargeschichte zu reizen.」

12) エドワルト・マイヤー、マックス・ウェーバー／森岡弘通訳『歴史は科学か』、みすず書房、1965年を参照。

訳するために比較的好適な条件を有する可能性があるのは、西洋古代学を専門とし、かつキリスト教に関する知識を持ち合わせている人間だ、ということになるのではなかろうか[13]。そして筆者は、古代キリスト教史を自らの専門としているという意味で一応、西洋古代学に含まれる領域を自らの専門としており（ギリシア語やラテン語など、西洋古代学を専門的に営む際に必要となる諸言語についての知識は言うまでもない）、かつキリスト教全般に関しても一応の知識を有するつもりである[14]。

以上、本書の訳者としての資格が筆者にあるかどうかといった副次的な論点に話が収斂してしまったが、当然ながら、遙かに一層重要なのは、翻訳される書物が今日の人間にとってどれほど意義のあるものなのか、という点だろう。

2.『宗教社会学論集』日本語訳の今日的意義

(1) ヴェーバー自身の所説（の、特に限界）を見定めること

そこで、筆者が『宗教社会学論集』全3巻を今回訳出したいと思い立ったおもな理由を言うと、それは、ヴェーバーという学者がその晩年に、特に文明史とでも称するべき歴史（或いは普遍史とも言えようか）をどう理解するかということとの関連で、どういう学問的展望に到達していたかを見定め、そしてそれ

---

[13] この点に関して筆者の知る限りでは、既訳の訳者中、内田芳明だけは西洋古代学関連の業績が皆無でなく、氏には『アウグスティーヌスと古代の終末』、弘文堂、1961年、及び『マックス・ヴェーバーと古代史研究』、岩波書店、1970年といった著書がある。しかし特に後者は、西洋古代学をそれ自体として扱った業績だとは言いがたく、結局、研究経歴の或る段階で内田は西洋古代学の研究者たることをやめたとみなすのが妥当だと筆者は考える。

[14] キリスト教全般に関する知識について、客観的に確認可能な論拠を一つだけ挙げるなら、修道制の通史を描いたドイツ語の著作を筆者は以前に訳出したことがあり（K・S・フランク／戸田聡訳『修道院の歴史』、教文館、2002年）、同書は3・4世紀から20世紀に至るまでの修道制の歴史（キリスト教史の全体とまでは言えないが、その重要な部分を形づくっているとは言えよう）を扱っている。

を踏まえてヴェーバーの業績を批判的に相対化したいと思ったから、ということである[15]。また当然ながら、そのために行なう全訳という作業を通じてヴェーバーという学者(の少なくとも宗教社会学的側面)の思考の足跡を仔細に再確認することによって、『論集』で扱われている広大な領域に関する驚くべき多量の知識をヴェーバーがどう系統的に理解して頭に畳み込んでいたかを窺い知ることができれば、という思いもある。

　ただ、それだけでなく、なぜ今、筆者がこの翻訳企画を進めたいと思ったかということもこの際言っておくべきだろう。すなわち、いくらヴェーバーが大学者との世評を享受しているとしても、亡くなってから既に100年近く経つ学者の学問的業績がそのまま担ぎ回られるのは、私見によれば、学問のあり方として決して健全でないと言わざるをえない。いい加減、ヴェーバーは、少なくともその宗教社会学的議論は、片づけられるべきである。そして来たる2020年はヴェーバーの没後100年であり[16]、これは片づけのためにちょうど良い機会だと考えられる。これが、あえて筆者のような者がこの時期にこのような挙に及んだ最大の理由である。

　そして実際、虚心坦懐に物事を見れば、ヴェーバーの宗教社会学的議論は現実自体によって乗り越えられている部分が少なからずあるように筆者には見える(のみならず、誰の目にもそう見えるのではなかろうか)。このように言う時に筆者が具体的に念頭に置いているのは、「儒教と道教」と「ヒンドゥー教と仏教」という2つの論考に見られるアジア社会論、すなわちそれぞれ中国とイン

---

[15] ここであえて明言すると、このような視角を有する筆者にとって、ヴェーバーの諸々の業績の中で関心の対象となるのは基本的には『宗教社会学論集』全3巻、『古代農業事情』、そしてヴェーバーの死後に講義録として出版された『経済史』 *Wirtschaftsgeschichte* である。これに対して例えば、上記本文で言及した『ローマ農業史』は、より広範な領域を扱った後年の著作たる『古代農業事情』によって基本的には包含・凌駕されていると理解でき、基本的に関心の対象にならない。

[16] 1980年代以来ヴェーバーの著作・書簡・講演などの批判校訂版が Max Weber Gesamtausgabe(MWG)という全集として刊行され続けており、近年、たぶん2020年(すなわち没後100年)までの全巻完結を目指してだろう、その刊行ペースが速まりつつあることは、知る人ぞ知るところである。

ドにおいてなぜ資本主義が自生的に発展しなかったか、という問題を中心とするヴェーバーの議論である（無論、これらはそれぞれ特に中国社会論とインド社会論だが、それ以外のアジア社会——例えば日本——に関する議論も両論考の中には見られる）[17]。

まず日本に関して言えば、日本は、外圧に適応する形で資本主義を受容したのちそれを発展させることに一応成功しており、東アジアでヴェーバー自身の存命中に最後の帝国主義国へと既に成り上がりつつあったが、日本がこのような経済的発展を遂げたことについて、同時代人ヴェーバーの宗教社会学的分析は充分なものとは到底言いがたい[18]。但し、明らかにヴェーバーは、当時極東の小国だった日本には大して関心を払っていなかったようであり、そもそも日本を「ヒンドゥー教と仏教」の中の仏教伝播に関する議論との関連でついでに論じている（ように、少なくとも筆者には見える——その他の部分でも日本への言及がないわけではないが——）といったその論じ方にも、関心の薄さのほどは窺われるように思われる。

しかし、ヴェーバーが自らのアジア社会論の本丸として扱った中国とインドが、ヴェーバーの没後ほぼ100年の今日、まさに顕著な資本主義的発展を遂げつつあること、このこと自体が、ヴェーバーの宗教社会学的議論の限界を示しているように筆者には思われる。すぐ上で記したように、ヴェーバーが「儒教と道教」と「ヒンドゥー教と仏教」の両論考で行なったのは、それぞれ中国とインドで資本主義の自生的発展が見られなかったのはなぜか、という問題をめぐる議論であり、両者がその後、外圧に適応する形で（言い換えれば、後発国として）資本主義を受容して、そののち資本主義的経済発展を遂げたということ

---

[17] ついでながら記すと、ヴェーバーが多文化主義を指向していたというような理解（例えば横田理博『ウェーバーの倫理思想』、未来社、2011年、405頁）は、少なくともヴェーバー自身の著作に見られる明言による限りでは、根拠がないように筆者には思われる。

[18] なお、日本の資本主義受容の成功との関連で石門心学の重要性を論じるなどしたベラーの有名な所説（R・N・ベラー／堀一郎・池田昭訳『日本近代化と宗教倫理』、未来社、1966年。原著は1957年刊）は、ヴェーバー宗教社会学の議論とは似て非なるものと解されるべきである。

は、少なくとも論理的には、資本主義の自生的発展の欠如と矛盾するわけでは必ずしもない。しかしヴェーバーの所論の中には、例えば中国社会とインド社会をそれぞれ「魔術庭園」Zaubergartenと評している部分があり、それらは明らかに、中国やインドの社会の中には資本主義的経済発展を阻害する要因が存在するという指摘だ、と理解されうる。したがって、中国とインドでヴェーバーの死後、特に20世紀末以降に、顕著な資本主義的経済発展が見られたということは、ヴェーバー宗教社会学の様々な指摘にもかかわらずそれが見られたということだ、と理解されるべきである。少なくとも筆者自身は、100年前に「儒教と仏教」と「ヒンドゥー教と仏教」を著したヴェーバーが仮に今日復活して中国とインドの現在の状況を目にしたなら、自らの100年前の所説の妥当性の如何について今一度深く再考したであろうことを疑わない。

したがって、もし今日ヴェーバーの宗教社会学的な学問的業績を何らかの仕方で継承したい者がいるなら、そのような者がするべきは、ヴェーバーの所説に深く学びつつ、今の中国とインドのありようをヴェーバー的視点から分析し、そしてその際必要なら、かつてヴェーバー自身が言った内容を否定、修正、ないし補訂する、といったこと、すなわち批判的再検討なのではないか[19]。少なくとも、（筆者自身がそのような再検討をするかどうかは別にして）筆者が本翻訳を進める際の視角はまさにこのようなものであり、今述べた中の、ヴェーバーの所説を深くかつ批判的に学ぶための手がかりとして本翻訳を提示したいというのが、筆者の意図である。

---

19) 言うまでもないが、ヴェーバーの所説の批判的再検討が自分の専売特許だなどとは筆者は微塵も思っていない。最近の注目すべき再検討の例として、キリスト教史研究者たちによるヴェーバー「倫理」論文(言うまでもなく、本翻訳に収録されたのと同じ論文である)の再検討をまとめた論集がある(キリスト教史学会編『マックス・ヴェーバー「倫理」論文を読み解く』、教文館、2018年)。また、この論集で主要な役割を演じているクエイカー派研究者山本通は、やはりヴェーバーの所説の再検討の必要性を主張する単著を公刊してもいる(山本通『禁欲と改善——近代資本主義形成の精神的支柱——』、晃洋書房、2017年)。

(2) 大塚久雄によるヴェーバー宗教社会学の読み解きの射程

　但し、これだけだと、ヴェーバー『宗教社会学論集』に対する筆者の評価は基本的に否定的だとなってしまうかもしれないが、実はもう１つ、この『論集』との関連で筆者がこの機会に想起したいことがある。それは、上でも言及した学者である大塚久雄(1907-1996)による、ヴェーバー宗教社会学の読み解きである。このような言い方は、今の日本のヴェーバー研究者の間での大塚に対する批判(酷評と言ってよいのではなかろうか)を念頭に置くなら、少々異常に映るかもしれない。そこで次に、筆者の言わんとすることを述べてみたい。

　ここはヴェーバーとの大塚のかかわりを詳しく回顧する場ではないが、ヴェーバーの「プロテスタンティズムの倫理と資本主義の精神」が、大塚史学の中心テーゼであるいわゆる「中産的生産者層の両極分解」という歴史理解を打ち出す際の言わば導きの糸となったことを中心として(但し筆者の誤解でなければ、この点でヴェーバーの理解と大塚の理解は完全に重なるわけでは必ずしもなく、両者の間には違いも見られるように思われる)、さらに大塚には、今日では全く顧みられなくなった歴史発展段階論やその一部を成すと言うべき共同体論[20]を構想する際にマルクスとヴェーバーを継ぎ合わせるという、木に竹を接ぐがごとき知的力業が見られ、そして1960年代以降の大塚の著作の中では、ヴェーバー関連のものの比重が従前に比して格段に高まったという印象がある。そして氏のそれら著作は各々しかるべく批判され、中には顧みられないまま既に過去のものとなったものもあるようであり、ここで改めてそれら各論をめぐる状況を蒸し返す意図も能力も基本的に筆者にはない。

　ただ、氏のそのようなヴェーバー関連の著作の中で、ここで想起しておきた

---

[20] なお、大塚の共同体論をめぐっては、その分野での主著に当たる『共同体の基礎理論』を再検討しようとする試みが21世紀に入ってから見られた(小野塚知二・沼尻晃伸編『大塚久雄『共同体の基礎理論』を読み直す』、日本経済評論社、2007年)。また、同じく大塚の共同体論をめぐる議論を含み、その他回顧的な文章をも含んでいる論集が最近公刊された(梅津順一・小野塚知二編『大塚久雄から資本主義と共同体を考える——コモンウィール・結社・ネーション——』、日本経済評論社、2018年)。

いものが一つだけある。それは、大塚久雄著作集第 8 巻に収録された「マックス・ヴェーバーにおける宗教社会学と経済社会学の相関」と題された論考である（論考自体の初出は 1963 年だが、1964 年に日本の国内外で様々な仕方でヴェーバー生誕 100 周年が祝われたことに言わば歩調を合わせる形で翌 1965 年に刊行された論集の中にも収録されている[21]）。歴史を動かす力とでもいったものに対して大塚が並々ならぬ関心を寄せていたことは、上述のようにマルクスとヴェーバーの両方に依拠しつつ歴史発展段階論を構想したことからも明らかだが、この論考では大塚はあくまでヴェーバーの所説に即して議論を展開した。その骨子を極めて簡潔に述べれば、宗教社会学的概念としての預言の中で特に倫理預言（或いは使命預言）、他方で、大塚が言うところの経済社会学的概念としての社会層の中で特に小市民層、この両者が組み合わさった時に、換言すれば、倫理預言が小市民層を共鳴盤として見いだした時に、歴史の最も深甚な変革（いわゆる「世界の脱魔術化」）が起こるのであり、これを実際に現出したのは「古代イスラエルにおける預言者運動から近代ヨーロッパの禁欲的プロテスタンティズムにいたる、ほとんど世界史に独一といってもよい発展の過程」、すなわち聖書宗教（ユダヤ教、そしてのちにキリスト教）の史的展開過程である、というのが大塚の論考の骨子だと言ってよい。聖書宗教の史的展開に世界史上の独一的な意義を認めるこのような観点は、管見の限りでは少なくとも我が国のヴェーバー研究者の間では一顧だにされていないように見受けられるが、ヴェーバーの宗教社会学関係の諸論考をこのように読み解くことは決して的外れでないと筆者は考える[22]。そして、敬虔なキリスト者でもあった大塚に

---

21) 大塚久雄・安藤英治・内田芳明・住谷一彦『マックス・ヴェーバー研究』、岩波書店、1965 年、237-265 頁。
22) 例えば「儒教と道教」の中で、前漢以降の中国史において、資本主義の自生的発展の可能性との関連で注目すべき人間変革の萌芽が見られたほとんど唯一の出来事とでもいった具合にヴェーバーが特段の注目を払っているところの現象が、太平天国の乱であり、そして言うまでもなくこの太平天国の乱には、それまでの中国史上の諸々の大事件の中で唯一（と言い切ってしまってよいだろうが）、キリスト教的な要素の混入が見られた。太平天国の乱に対するヴェーバーのこのような注目は、ヴェーバー宗教社会学は聖書宗教の史的展開に世界史上の独一的な意義を認めてい

とって、自らが心酔したヴェーバーの所説をこのように読み解くことができたことは、ひょっとすると或る種、学問と信仰の「幸福な結合」を意味したのかもしれない——というような言い方はやや下司の勘繰りめくだろうが、ともあれこの観点はもっと注目されてよい[23]。というのは、資本主義の自生的発展の可能性との関連でヴェーバーが宗教社会学的分析の中で注目している人間変革の可能性に関して、果たしてキリスト教以外の宗教が、これまでの歴史の中で人間[24]の深甚な内面的変革をもたらしえたかどうかは、実際大いに問われてよい問題だと思われるからである[25]。

るとする大塚の読み解きと、符合しているように思われる。

23) なお、ヴェーバー自身はと言えば、大塚のようにキリスト教への思い入れが強いわけでは決してなかっただろうし、そもそも彼が「プロテスタンティズムの倫理と資本主義の精神」で特に注目した古プロテスタンティズムに対しても、決して賞賛一辺倒でなどなく、その史的意義や自らの母親に対するその影響などといったこととの関連で、非常に複雑な思いをいだいていたであろうことは間違いない。

24) 言うまでもないが、ここで言う「人間」とは、少数の傑出した才能・能力の持ち主たち、では全くなく、むしろ、歴史学の観点から見て重要視されうるほどの数的規模の人々、という意味である。

25) とりわけ、日本人である筆者としては、日本社会をどう理解するかという問いとの関連でこの観点を重視したい気がする。なぜなら日本社会は、キリスト教の宣教(ここで特に念頭に置いているのはいわゆるキリシタン時代のキリスト教宣教である)が及んだ地域の中で、そのキリスト教をともかくもいったんほぼ完全に弾圧・封殺するのに成功してしまえた、世界史上稀有な社会だからである。

　さらに言えば、ここで言及した人間変革という事柄は、実は近代民主主義社会の担い手としての人間という事柄とも決して無縁でないように思われる。この点について筆者自身には、ここでこれ以上何かを述べる用意はないが、大塚は、近代化(すなわち封建制から資本主義への移行)を問題にする中で『近代化の人間的基礎』(白日書院、1948年)という著作をも発表しており、近代化(この場合にはもちろん、経済的な意味の近代化だけでなく政治的な意味のも含まれる)に当たってはそれに対応した人間変革が必要となるという視点を既に提示していたと理解することができ(なお、既に同書の中では大塚へのヴェーバーの圧倒的な影響が看取できる)、そしてその後ヴェーバーへの傾倒を一層強めて、上記本文中で言及した1963年初出の論考におけるような議論を展開したことになる。そしてさらに言えば、大塚のこのような関心はこれ以降も継続して、『社会科学における人間』(岩波新書、1979

＊　＊　＊

　『宗教社会学論集』の射程と限界に関してここまで述べてきた筆者自身の見立てをまとめると、ヴェーバー自身の所説に関しては、特にそのアジア社会論の中で、特に今日のアジア社会の現実との齟齬、或いはより端的に言えば議論の破綻、を来たしている部分があるのではないか、しかし他方、大塚による読み解きとの関連では、読み解かれた限りのその内容は、諸社会を理解する上で今日なお有効な視角ないし射程を提示していると言えるのではないか。

　そして、後半の「読み解かれた限りの内容」が結局のところヴェーバー自身の宗教社会学的議論に由来している以上、ヴェーバーの宗教社会学的議論が今日全く何の役にも立たないなどと筆者が思っているわけで決してないことは、改めて言うまでもあるまい。但しそのことと、ヴェーバーの宗教社会学的議論は片づけられるべきであるという上述の言い方は、少なくとも筆者の中では決して矛盾していない。つまり、ヴェーバーの議論の全体をその長所短所において我々が充分理解したなら、以後我々は、有効な部分を批判的に継承し（そしてその段階では、一々ヴェーバーに遡及する必要はもはやないだろう）、そうでない部分は役に立たないものとして捨て去ればよい（し、捨て去るべきである）。そもそも学問とはそういうものではなかったか。

(3) 比較文明研究・普遍史研究のための手がかりとして

　そしてあえてもう1点記すと、（これも改めて言うまでもないことだが）ヴェーバーの宗教社会学的議論にはおのずから比較文明の視点が含まれている。如上で筆者はヴェーバーの業績に対して批判的なことも縷々述べてきたが、と

年）が公刊されるに至っている。ヴェーバー理解との関連で大塚久雄という学者の学問的業績を正当に評価するには、このあたりまでを含めた考察が不可欠だと筆者は考える。

　ついでながら、近代民主主義社会の担い手としての人間、特に日本人、に関しては、坂野潤治『日本政治「失敗」の研究——中途半端好みの国民の行方——』、光芒社、2001年、53-54、59-60頁（「民主政治下でのリーダーの責任とは」という項における記述）をも参照。

はいえやはり、この比較文明の視点自体は極めて貴重なものだと考えており、そしてもちろん、筆者如きが言うまでもなく、そういう視点を尊重する立場から様々な共同研究や、それこそ具体的に研究会といったようなものも随所で行なわれているのだろうと想像する。そしてその際には、ヴェーバー自身が例えば『経済と社会』の草稿の中にちりばめた様々な所見が発見的・建設的に活用されてしかるべきなのだろう。

　ただ、そう言った上で付け加えれば、筆者自身は、この比較の視点がヴェーバー研究という枠組みの中でのみ共有されることは決して望ましくないと考えている。よりはっきり言うなら、この視点はヴェーバー研究という（あえて言えば）狭い領域から解放されて、もっと広い脈絡の中で共有されるべきであり、その際にはとりわけ、上述のようにヴェーバー自身が西洋古代学者との評価を受けていたことにも鑑みて、西洋古代学の素養を持つ人々（筆者のように古代キリスト教史という西洋古代学の一隅をほじくり返している者などよりも、遙かに一層本格的に西洋古代学を営んでおられる学者諸氏は、日本の中にも少なからずおられる）が、視点の共有に加わることが極めて望ましいと筆者は考える（その他の分野の学者諸氏を排除するつもりでは無論毛頭ないが）。

　なぜ特に西洋古代学、しかも「西洋」の古代学というところにこだわるかについてだが、私見によれば「西洋」の古代学は、インドであれ中国であれ他の地域の古代学・古代研究と異なり、大帝国の没落さらには完全な滅亡という事例——支配民族の大幅な交替と支配地域の範囲の変化とを伴い、しかも、程度差はあるものの、文字史料などの史料によって跡づけることが一応可能な事例——を幾つも有する（これに対してインドや中国の場合には、同じ地域の帝国・王朝が滅びても、そのあとに別の帝国・王朝が、広狭の差はあれほぼ同じ範囲の地域を支配するという形で、歴史が紡がれていると言ってよいのではないだろうか）。具体的に挙げれば、例えば新アッシリア帝国の滅亡、新バビロニア帝国の滅亡、アケメネス朝ペルシア帝国の滅亡、そして特にいわゆる西ローマ帝国の滅亡、といった事例が挙げられる[26]。近現代では、或る程度の規模の国家が完全に

---

26) アッシリア、バビロニア、ペルシアを「西洋」古代学の範囲内とする言い方に対しては異論もありえようが、少なくとも欧米発の西洋古代学はこれら諸地域を自ら

滅亡することはめったにない事態である(しかしもちろん、全くありえないわけでは決してない)だけに、そのような事態を考察できることは、文明のそもそも存立の所以について省察するために非常に貴重だと言ってよいのではなかろうか。とりわけ、いわゆる西ローマ帝国の滅亡に至る過程では、言語文化面での衰退が見られたことが確認されている[27]。

そしてひるがえって、ここでは詳論を控えるが、3種類の字を使い分けるなど世界でも有数の複雑な(したがって習得・維持のために多大な時間と労力を要する)言語文化を有し、かつ国際的経済分業体制の中で、貿易等による外貨獲得が永続的に可能であるという無根拠な前提に立脚しつつ、日用生活品の多くまでもがMade in China等々他国で生産されているなど、他の国々への経済的依存度が極めて高い(したがって経済的に脆弱性を有する)日本社会にとっては、文明(はっきり言えば、日本の文明)が衰退し滅びるという可能性は決して絵空事でない、と筆者自身は考えている。そのような日本に生きる者にとって、比較文

の対象領域として含んで発展してきている。

27) 例えば山田欣吾「「教会」としてのフランク帝国」、同『教会から国家へ』、創文社、1992年、47-50頁(litteratusという語の語義の史的変遷を基に古代から中世初期にかけて教養水準の変化——より正確には低下——を跡づけたH・グルントマンの論文の議論が紹介されている)を参照。また、ローマ帝国盛期から中世初期にかけての識字能力の変容について論じているウォード゠パーキンズの議論(B・ウォード゠パーキンズ/南雲泰輔訳『ローマ帝国の崩壊 文明が終わるということ』、白水社、2014年、221-242頁)は決して直線的でなく、ややわかりにくいが、それでも当の議論を概観的に見渡せば、時代が下るにつれて識字能力の低下が見られると、全体として著者が論じていることは明白だろう。

なお、文明の興亡に伴う言語文化の隆替についてこれ以外に挙げられるものとしては、(時代的には古代より後の時代となるが)中近東を中心として、イスラム教の普及に伴い東方キリスト教圏各地の現地語(例えば、エジプトにおけるコプト語、シリア・メソポタミアにおけるアラム語或いはシリア語)が衰退して、支配者の言語たるアラビア語にとって代わられていった、という事例がある。但し、エジプトやシリア・メソポタミアにおけるそれら言語的変化の過程において、政治的には、支配者が交替しただけであり、国家の滅亡という事態が生じたわけではない。より正確に言えば、まず最初に支配者がビザンツ帝国からイスラム教国家へと交替し、そのあとに言語的変化(コプト語の死滅、等)が起こった、という順番になる。

明的な視点をより明確に獲得することは、決して単なる懐古趣味にとどまらない極めて実際的な意義を有すると言えるのではあるまいか。そして、そのような視点の獲得のために、ヴェーバーの宗教社会学的議論は(或いはヴェーバーの議論もまた)、役に立ちうるのではあるまいか[28]。

3. 本翻訳の特色

ところで、既に述べたとおり、筆者が今回の翻訳で目指しているのは、どちらかと言えば直訳的・逐語訳的な翻訳であり、つまり、ヴェーバーの議論をそのような仕方で極力正確に写し取ることによって、ヴェーバーがどういう概念(群)を駆使して思考したかを日本語の訳文上で可能な限り明確にすることである。

この試みが成功しているか否かについては、しかるべき識者が原文と本翻訳(さらには先訳)とを比較して訳文の正確さ等々を正しく評価してくれることを期待したい。ただ、そうは言っても、(特に「プロテスタンティズムの倫理と資本主義の精神」の場合など)先訳があまたある中で新たに出る本翻訳にいったいどういう取り柄があるのかという疑問は、生じて当然至極だろう。これに対する回答として、次の2点を挙げておきたい。

---

[28] ついでながら記すと、往時「文明の生態史観」を発表して一世を風靡した梅棹忠夫は、その後(と言っても既に30年以上前にだが)比較文明学を構想し、自らが初代館長を務めた国立民族学博物館で比較文明学関係のシンポジウムを十数年にわたって開催し、その際毎回基調講演を行なって、自らの構想する比較文明学の意義などを論じているが(それら基調講演は梅棹忠夫『近代世界における日本文明 比較文明学序説』、中央公論新社、2000年に収録されている)、それら基調講演の中で梅棹は複数回(特に第3回、同書70-71頁において)ヴェーバーの所説に言及し、文明学の理論構築を試みたものとの評価を示している。但し、それら言及の中でヴェーバーの所説が具体的に検討されているわけでは全くない。

(1)小見出しの活用

　まず、筆者はこれまでに行なった様々な学術書翻訳の際に、原文の段落を変更したことはもちろん一度もないが(今回の翻訳でも、凡例に記したように原文の段落は一切変更していない)、その上で、1ないし数段落ごとに小見出し(原文にはないことが多い)を付することにしており、しかもそれら小見出しを目次に載せることを心がけている[29]。特にこの後者、すなわち小見出しを目次に載せることの意義は、実は学術的著作の大多数の著者自身(つまり、目次をつけて自著を出版する当事者の側)によって、また往々にして出版社によっても、必ずしも充分に理解されていないようだが、極めて大きいということをここで強調しておきたい。なぜならば、特に当の書物が難解であればあるほど、その書物を理解するためには、議論の大筋を把握した上で本文の具体的な箇所に当たることが重要であり、その大筋の把握のためには、目次を(つまり小見出しを)読むことが非常に役だつからである[30]。詳細目次を自著に掲載しない著者たちは極めて頭脳明晰であってそのようなものなど必要としないのかもしれないが、数十ページから成るまるまる1章を、小見出しのような手がかりも何もなしに、

---

[29] K・S・フランク／戸田聡訳『修道院の歴史』、教文館、2002年；A・H・M・ジョーンズ／戸田聡訳『ヨーロッパの改宗』、教文館、2008年；P・ブラウン／戸田聡訳『貧者を愛する者』、慶應義塾大学出版会、2012年；H-G・ベック／戸田聡訳『ビザンツ世界論』、知泉書館、2014年。これらは、原著に小見出しがなく、訳者(戸田)の責任で(著者が存命の場合には——フランク『修道院の歴史』とブラウン『貧者を愛する者』の場合——無論著者の了解を得た上で)小見出しを加えた。

[30] 実を言えば、筆者自身は目次を読むことの重要性をほかでもなく大塚久雄から学んだ。例えば氏の次のような発言(『大塚久雄著作集』第13巻、岩波書店、1986年、318頁。内田義彦との対談「社会科学と読書」の中の一節。傍点は原文ママ)。

　大塚　(前略)いま言われたことですが、私は目次を読むということをやるでしょう。あれはね、ひとつには自分は頭が鈍いという自覚があったからです。
　内田　そうらしいですね。自覚症状……。
　大塚　それで、全体を見渡しながら各部分の叙述を読んでいくという芸当がなかなかできないから、まず目次を頭に入れておこう、そういうことを若いときからやるくせがつきましたね。

その大筋と細部との両方について、自力で理解せよなどという要求を突きつけられるのは、読者にとってはたまったものではない。しかも書物というものは、つねに1ページ目から最後のページまで威儀を正してうやうやしく読まれるべきものでは必ずしもなく、当然ながら拾い読みにも堪えるように作られてあるべきである。とするなら、せいぜい数ページ(多くとも10ページ未満)に一つの割合で小見出しが本文につき、しかもその小見出しが目次に掲載されることは、全く当然ではなかろうか——という恨み節はこのくらいにしておくが、ともあれ本訳書の場合、小見出しがあるので、少なくとも多少は、小見出しがない場合(例えば原著それ自体)よりも読みやすくなっているはずだ、ということは言っておきたい。そして言うまでもなく、段落の細分化などといった仕方で原文に介入することなしに、原文を読みやすくするためのありうべき工夫は、基本的にこの程度に限られる(これ以外では、今回拙訳でも多少行なった、訳者による補足を原文に割り込ませるというやり方があるが、これはやりすぎると確実に原文を損なうので、ほどほどにとどめねばならない)[31]。

ともあれ、難しいことを難しく書くのがつねであるドイツ人の文章を基本的に直訳的に訳した本翻訳は、一読しただけでは決して読みやすくない場合も多々あるだろう。が、その際にはぜひ、読者におかれては、小見出しを見て、かつ目次で小見出しを読んで、当の段落及び議論全体の流れを把握しながら読み進めていただきたいし、そうすれば必ずや著者の議論の運びが、既存の先訳

---

[31] ヴェーバー自身が用いたいわゆる隔字体印刷（シュペルドゥルック）についても、識者には言わずもがなかもしれないが一言記しておきたい。隔字体印刷（シュペルドゥルック）という、今日のドイツの学術出版では(少なくとも筆者自身の研究分野では)絶えて使われなくなったこの方式は、今回の訳出で改めて痛感したが、書かれていた内容を後から調べるべく記憶の糸をたぐり寄せる場合に、(隔字体印刷（シュペルドゥルック）を施された当の単語が周囲の単語から浮かび上がる結果)言わば目じるしとして、案外有用な手がかりとなる。それだけでなく、その本来の趣旨どおり、著者自身が当該箇所で何を強調し、何に読者の注意を喚起したいかがそれによって示されている(一例を挙げれば、敬虔主義に関する記述の部分では、ヴェーバーが再三「感情」という言葉に読者の注意を促していることが容易にわかる)。したがって、例えば隔字体印刷（シュペルドゥルック）の部分を拾い読みすることもまた、著者の議論の筋道を把握するために、(小見出しとは別の意味でだが)役だつと言えそうである。

以上に明確に理解されるはずである。

(2) 本翻訳の訳語について

次に、本翻訳では特に「プロテスタンティズムの倫理と資本主義の精神」の訳語として従来使われているもののうちいくつかを変更した。その良し悪しについては第三者の客観的な評価を俟つほかないが、無論筆者自身は、自らの訳語のほうが優れているとの考えからそれら新訳語を採用した。以下それらを順不同で列挙すると、

・「俗世内的(innerweltlich)禁欲」「俗世外的(außerweltlich)禁欲」

大塚訳ではそれぞれ「世俗内的～」「世俗外的～」である。周知のように、この表現が使われる文脈とは、修道院で実践されていた俗世外的禁欲と同様の生き方が宗教改革の結果として一部のプロテスタントによって俗世内で実践されるようになった(これが俗世内的禁欲)、というものだが、修道院の修道者たちの生きている場は、「世俗の外」と言うよりむしろ「俗世の外」と言うほうが、よりしっくりくるのではなかろうか(そもそも修道理想の中には、修道者になるとはこの世(言い換えれば俗世)に対して死ぬことだ、という観念が存在する[32])。そして、世俗を俗世と訳し改めた結果、大塚訳で「隠遁」(163頁註8、183頁)「現世逃避」(201頁、227頁註1)と訳されているWeltflucht(或いはその形容詞形weltflüchtig)という語を同じ「俗世逃避」という表現で訳すことが可能となっており、訳し方の首尾一貫性が高まっていると言ってよいのではなかろうか[33]。

---

32) これについては例えば拙著『キリスト教修道制の成立』、創文社、2008年、102頁を参照。

33) Weltfluchtを「現世逃避」と訳すのが良いか「俗世逃避」と訳すのが良いかという問題は、これと関連するもう一つの表現、すなわちWeltablehnungをどう訳すかという問題と関連しているかもしれない。これに関して、大塚訳118頁では「現世拒否」という訳語が用いられているが、今回の翻訳の過程で筆者が見た限りでは、「現世」との対話となるべき「来世」に当たる語はドイツ語ではJenseitsと表現されており、そしてその来世との対比で用いられているドイツ語はdiesseitigのよう

・「共同体(Gemeinschaft)」「共処体(Gemeinde)」

　この2つの原語のうち Gemeinschaft はヴェーバー研究においてはかなり重要な単語であるようで、或る研究書ではこれをゲマインシャフトとカタカナ書きにしている[34]。しかし、このやり方はどう見ても翻訳とは言えず、本翻訳では採ることができない。よって、何らかの日本語で Gemeinschaft を訳出する必要があるが、ドイツ語の Gemeinschaft は一般に英語の community や仏語の communauté に対応する(つまり、それらと大幅に重なる)語だと見て間違いなく、後者(community や communauté)がふつう「共同体」と訳されることを思えば、ドイツ語の Gemeinschaft に当てるべき日本語は「共同体」を措いて他にない。但し、ヴェーバーの記述ではどうやらこれと密接な関係にある語として Gemeinde が使われており、両者をどう訳し分けるかが次の問題となる[35]。これに関して、Gemeinde に関する独和辞典の語釈[36]を踏まえた上で、

　である(おもにこの形、すなわち形容詞形で用いられており、Diesseitigkeit は2度しか出てこない。因みにこの名詞形は大塚訳では「現世尊重」(160頁)「現世主義」(355頁)と訳されており、拙訳では2箇所とも「現世肯定主義」と訳した)。訳し方をめぐるこの問題は、『経済と社会』の中の『宗教社会学』にもかかわるため(因みに、マックス・ウェーバー／武藤一雄・薗田宗人・薗田坦訳『宗教社会学　経済と社会第2部第5章』、創文社、1976年では、事項索引によれば、Weltflucht には「現世逃避」、Weltablehnung には「現世拒否」という訳語がそれぞれ当てられている)、この註ですべてを解決することは不可能だろうが、とはいえ、ヴェーバーの用語法の解釈という意味で、Welt を「俗世」ないし「世界」と訳し(本翻訳ではWelt をこのように訳した)、「現世」という日本語を Welt 以外の語の訳語とすることこそが妥当である可能性は、否定されていないように思われる。

34) 折原浩『ヴェーバー『経済と社会』の再構成　トルソの頭』、東京大学出版会、1996年の320頁以下の「付表2　基礎概念・術語用例一覧」を参照。

35) 因みに大塚は大塚訳「プロテスタンティズムの倫理と資本主義の精神」ではGemeinschaft を「諸教団」(Religionsgemeinschaften の訳。133頁)や「(教会の)一致」(139頁)等々、様々に訳しているが、より専門的な著作、例えば『共同体の基礎理論』では Gemeinde が「共同体」、Gemeinschaft が「共同態」とそれぞれ術語的に訳されている(『大塚久雄著作集　第7巻』、岩波書店、1969年、8頁註2)。しかしながら、上述のように、本翻訳では Gemeinschaft をこそ、原則として「共同体」と訳すべきであり、したがって大塚のこの訳し方は採ることができない。

本翻訳の過程で筆者が得た印象は、ヴェーバーは Gemeinde を地域が限定された共同体との意味で用いているのではないか、というものである[37]。そこで本翻訳では、Gemeinschaft との関連性がわかる仕方で訳し分けるという趣旨で、Gemeinde に対して共処体（きょうしょたい）という造語を当てた（処という漢字には「処（お）る」という動詞の意味がある）。但し、これだけでは読者にピンと来ない場合もあるだろうと考え、共同体にはゲマインシャフト、共処体にはゲマインデと、それぞれ一々ルビをふった（但しもちろん、ゲマインデを教区などと訳した場合もある）。

・「信団（Sekte）」

これについては、一般にヴェーバー研究ではゼクテとカタカナ書きにすることが多いようだが、既に述べたようにカタカナ書きは基本的に本翻訳の採ると

なお、氏のこの術語的な訳し方自体は大塚訳「プロテスタンティズムの倫理と資本主義の精神」にも現れてきており、例えば208頁には「救いを確証された再生者たちの共同態」という表現が見られる。

36) 念のため辞書の語釈を例示しておくと、国松孝二編『小学館 独和大辞典』、第2版、コンパクト版、小学館、2000年、908頁には「1 地方自治体（市町村）；《集合的に》市町村民；市役所、町役場. 2 《宗》教区；《集合的に》教区民；（礼拝の）会衆；（宗派の）信徒. 3 （Gemeinschaft）同好会、協会；《集合的に》同好の士.」とある。

37) この判断の根拠を1箇所挙げておくと、「信団（ゼクテ）」論文には次の一文がある（本翻訳292頁）。「或るメンバーが有資格者かどうかを個人的な面識と審査によって判断できたのは、然り、局地的な Gemeinde であって、局地間的な Gemeinschaft の教会統治（それがいかに自由な選挙によるものだったにせよ）ではなかったのである」。

なお、ヴィンケルマン編『経済と社会』の中では Gemeinde という語は、第2部第3章「Typen der Vergemeinschaftung und Vergesellschaftung in ihrer Beziehung zur Wirtschaft」の第2節「Nachbarschaftsgemeinschaft, Wirtschaftsgemeinschaft und Gemeinde」や、第2部第5章「Religionssoziologie (Typen religiöser Vergemeinschaftung)」の第5節「Gemeinde」を中心に、極めて多数の用例（筆者が調べたところでは三百数十例）が見られるようであり、それらをすべて踏まえて訳語を決定することは筆者の手に余る。他方、Gemeinschaft の場合と同様、Gemeinde をゲマインデとカタカナ書きにすることは本翻訳では採りえない。

ころでないので、「ゼクテ」は使用せず、筆者自身は大塚訳の訳語を踏襲することにし、但し訳出の際には信団に「ゼクテ」とルビをふることにした。というのは、他の論考においては Sekte を全く別な日本語で訳さねばならない場合が明らかに存在し、その場合に原語の共通性を明確にするにはルビをふるのが良いと思われるからである。

・「機関（Anstalt）」

これについても、既存の訳では「アンシュタルト」とカタカナ書きにしたり[38]、大塚訳では「公的制度」などと訳されたりしているが、私見によれば「機関」と訳すほうがしっくり来るように思われる。例えば、「信団（ゼクテ）」論文の中に「個人的カリスマの原理と Anstaltsgnade の原理とがぶつかり合った」という箇所があり[39]、少なくとも私見によれば、この Anstaltsgnade を「機関恩恵」と訳す以外に適切な訳し方は存在しないように思われる。さらに、本訳書で何度か出てくる「救済機関」（原語は Heilsanstalt）も、こう訳す以外に適切な訳し方は存在しないように思われる。そして、例えば Organisation には「組織」という訳語を、Organ という語には「器官」という訳語を当てるなど、Anstalt 以外の類義語とでも言うべき他の諸々の語には「機関」以外の別の訳語を当てる（つまり、訳し分ける）ことが可能である。

このほかにも、従来の訳と異なる訳し方をした点はいくつもあるが（例えば「禁欲的」でなく「禁欲主義的」とした点）、それら個別具体的な訳語については、

---

38) 例えば M・ヴェーバー／脇圭平訳『職業としての政治』（岩波文庫）、岩波書店、1980 年、18 頁の次の文章。「近代国家とは、ある領域の内部で、支配手段としての正当な物理的暴力行使の独占に成功したアンシュタルト的な支配団体である」。この文章の「アンシュタルト」には訳注が付され、ヴェーバーの用語法におけるアンシュタルトの定義が示されている（同、108 頁）。言うまでもなく、同定義で示されているアンシュタルトの意味のすべてを「機関」という語が表現しえているわけでは決してなく、不足が存在することは否めない。とはいえ、Anstalt の使用頻度の多さに鑑みれば、何らかの日本語の訳語によってこれを首尾一貫的に訳出することが望ましく、その観点から見た場合、他の諸々の訳語よりも「機関」のほうが優っていることは明白だと筆者には思われる。

39) 本翻訳 290 頁。

しかるべき識者による論評を期待したく思う。そしていずれにせよ、巻末の索引では、重要とおぼしき語などには原語を付し、かつ同一の原語が複数の仕方で訳し分けられている場合(例えばBerufの場合)には、訳し分け方が妥当かどうかを読者自身が判断できるようになるよう、掲出の仕方に工夫を凝らしたつもりである。

　本翻訳で扱ったヴェーバーの文章は、著者であるヴェーバー自身が言っているように「脚註の悪性腫瘍という懺悔の苦行」(「プロテスタンティズムの倫理と資本主義の精神」註95)や、やたらと長たらしい段落、何行も続く一文など、決して読みやすくなく、名文とは到底言いがたい(否むしろ、極大の悪文だと断じてよい)[40]。が、ともあれしかし、本翻訳が、読者による、その読みにくいヴェーバーの文章の読解を、阻害するのでなく、むしろ少しでも助けるものとなっていることを、訳者としては願うばかりである。

＊　＊　＊

　末筆になるが、本翻訳を出版するに当たっては、まず初発段階において、北海道大学出版会の理事長である櫻井義秀先生のお力添えを得られたことを深謝の念と共に記さねばならない。ご自身研究に教育に、また学内の様々な実務に、従事しておられて極めてご多忙な中にあって、同先生は、ヴェーバー没後100年を視野に入れた形でヴェーバー宗教社会学関連の著作の新訳を、ぜひ北海道を発信地として刊行したいという筆者の希望を前向きに取り上げてくださり、出版会側との打ち合わせのセッティングのために労してくださった。この後押しがなければ、

---

40) 悪文の指摘をしたついでにもう一言述べると、今回訳出の際に幸いにもMWG I/18の批判校訂版が参照できたことによって、ヴェーバーのもともとの論考の引用・典拠表示がいかに多く誤っているかを痛感させられた(本翻訳ではその一部に言及したが、訳者である筆者自身の見落としゆえに言及できなかった部分も少なくないだろうと思われるので、関心のある読者はぜひMWG I/18を自らご覧になるようお勧めしたい)。天才的な着想を急いで紙に記して定着させるべく、ヴェーバーの筆が走ったゆえ、というようなことがあるのかもしれないが、それにしても、単なる凡ミスでは済まされない程度に誤記が多いと言わざるをえない。少なくとも、引用・典拠表示の不正確さについてはヴェーバーは厳しく批判されるのが妥当だと考える。

本翻訳はそもそも全く日の目を見なかった可能性もあり、或いは少なくとも、北海道を発信地としたいという筆者の希望は全然実現しなかっただろう(そしてその場合には、ヴェーバー没後100年というタイミングにかすりもしなかったかもしれない)。また、東京大学出版会において出版活動に長年かかわってこられ、現在では北海道大学出版会の相談役として種々の仕方で同出版会の出版事業に関与しておられる超ベテラン編集者の竹中英俊氏のご助力を仰ぐことができたことも、本翻訳の企画にとってまさしく僥倖だったと言ってよい。記して深謝の意を表したい。さらに、本翻訳の企画採択の段階までは北海道大学出版会の今中智佳子氏の、編集実務の段階以降では同出版会の佐藤貴博氏の、それぞれご尽力があったことも、感謝の念と共に記しておきたい。特に、印刷体裁等々の点で筆者が我を張り続けたのに対して辛抱づよく応対してくださった佐藤氏の寛大さには、ひたすらお礼とお詫びの言葉しかない。そして、忘れてはならないが、本書刊行に当たっては、筆者(訳者)が所属する北海道大学大学院文学研究科(2019年4月からは文学研究院)の出版助成制度の適用を受けることができた(これに関しては色々あったが詳細は省略し、ここでは制度の運用を担当された文学研究科の研究推進委員会への深謝のみ記しておく)ことを、ここに銘記しておきたい。

　最後にもう一言私事を記すことを寛恕されたい。ヴェーバーの所説、及び(この「今なぜ新訳が必要か——訳者あとがきに代えて」の中で頻出した名前である)大塚久雄の所説に関しては、筆者が初めてそれらに触れたのは大学の学部時代のことであり、その点に因むなら、本書はその学部時代に筆者を教導くださった東京大学名誉教授・肥前栄一先生に捧げるのが適当かとも思われた。が、これについては諸般の事情から献辞は記さないことになった(先生ご自身に直接ご意向をお伺いもしたが、そのことだけでこうと決まったわけではない)。この点に関して贅言を費やすのは不適切だろうが、とはいえあえて1点のみ記すと、筆者自身は東京大学経済学部を卒業後、若干の社会人生活を経て、学部ゼミのメインテーマだったドイツ経済史と全く異なる分野である西洋古代末期社会史研究(古代キリスト教史研究を含む)を自らのテーマと定めて一橋大学大学院に進学したため、本訳書の内容に関しては、(西洋古代学を営むという点でヴェーバーとの共通性を主張しはするものの、とはいえ実際的に見て)全く門外漢・部外者であることを自認するほかない。そしてそのような筆者との対比で、ドイツ経済史を

専門としておられ、かつヴェーバーの著作の翻訳をも手がけてこられた先生にとっては、本書の内容は遙かにご自身の専門に近い。そのため、筆者による本翻訳の中に種々見られるかもしれない誤訳・不適訳等々を思えば、本翻訳に対する学問的批判の可能性、そしてその可能性を担保するための自由度が、学問的厳格さを重んじられる先生にとっては何より重要だったのではないかと拝察する。無論全く至当なことであり、ぜひ先生におかれては、本翻訳の中のありうべき様々な問題点を、ご自身の学問的良心に従って忌憚なく指摘していただきたいと願う次第である。そして、先生におかれては、引き続きお元気でお過ごしになるよう心から願ってやまない。

訳者識

索　引

・本文及び註を索引の対象とした(見出し、小見出し、訳者による補足は対象としない)。書名は基本的に索引の対象としないが、対象とした書名(或いは書名の中の語句)も若干ある。
・「――」或いは「―」(見出し語が1字の場合)は見出し語を示す。なお、やや長めの同一表現の反覆を避けるため、「〜」を使用した場合がある。
・「(bis)」或いは「(ter)」はそれぞれ同一用例が当該同一箇所に2度或いは3度見られることを示す。当該同一箇所に4例以上が見られる場合には「passim」(「諸処」の意)とした(bis、ter、passim はラテン語)。
・当該事項の真横にページ数或いは passim の記載が全くない場合(例えば「愛」「神」の場合)、その事項については索引作成は行なっていない。
・本文・註で「」が付されている表現の場合、本索引の見出し語にも「」を付した。但し、複数の用例のうち「」が付されていない用例が1つでもあれば、見出し語に「」は付さないこととした。
・訳文に見られる「〜たち」(複数の意味の)は索引では基本的に省略した。
・訳文が「〜的な」となっている場合でも、索引では基本的に「な」を略して「〜的」とした。
・「人名索引」には、おもに本文に出てくる人名を収録し、註の中で著者名として言及される人名は基本的に省略した(著者名については「ヴェーバーが引用した文献の一覧」を参照)。人名に付される「聖」は省略した。神話上の人名などは「事項索引」に収録した。

人名索引

ア 行

アーノルド、マシュー　33註23, 254註378
アウグスティヌス　98註77, 117, 120註105, 143註153
アエギディウス　200
アダムズ、トーマス　124註115, 155註179, 156註180, 207註279, 211註285, 225註317, 227註323(bis), 229註328, 230註330, 231註333, 238註346, 257註384
アリストテレス　2, 171註202
——哲学　150註166, 184註235
アルフォンソ・デ・リゴリ　126
アルベルティ、レオン　46-50註35(passim), 70註51(bis), 217註298
アントニーノ(フィレンツェの)　49註35, 68-70註51(ter), 71, 92
イエス(・キリスト)　93(ter), 93註69, 116, 138註139, 166註198
イグナティウス・デ・ロヨラ　151
イサーク・ダ・コスタ　131註127, 291註38
ウァッロ　47註35(bis), 49註35
ウィクリフ(J.)　49註35, 70註51
——の聖書翻訳　84註56
ウィリアム(オラニエ公)　169註200
ウィリアム征服王　102註85
ウィリアムズ、ロジャー　170註200
ウィンスロップ、J.　252註374
ウェズリー、ジョン　103, 111註93, 132註127, 161, 181, 182註232, 188註244(ter), 189(bis), 189註245, 190(bis), 190註246.247, 191(bis), 191註249.252, 192註253, 193, 193註256, 253, 253註377, 255
ヴェブレン、T.　207註278, 243註354
ヴォルテール　75
エック、J.　84註56
エティエンヌ・ド・ボワロー　303註68
エリザベス１世　84註56, 107註90, 196註260, 239註347, 288, 288註29, 291註37, 296註47
エーンズワース、H.　287註26

オッフェンバッハー、マルティン　21註4, 22註5.6.7, 24註8(bis), 25註9.10, 28註14
オルデンバルネフェルト、J.　107註90, 113

カ 行

カートライト、Th.　291註37, 296註47
カーライル、トーマス　23, 92註67, 112註95
カイパー、アブラハム　284註25(passim), 285, 286註26, 289註30, 291(bis), 291註38(bis)
カトー　46-49註35(passim), 68註51
カパドーセ、アブラハム　291註38
カルヴァン(ジャン・)　31註17, 34, 68註51, 96註76(bis), 103, 112註95(bis), 114註96, 118(bis), 118註102(bis).103, 119, 124, 126註120, 129註124, 133(bis), 135(bis), 135註132(bis), 137註138, 140, 141註142(bis), 144註155, 150註166, 156註181, 160, 161, 168, 169註200, 171註202, 201註271, 212註288, 214, 229註328, 232, 238註345, 241註350, 242註352(bis), 257, 287註26
——の神学　137註138
カント、I.　234註341(bis)
キーツ、Th.　33, 254註378
キケロ　77註54
キュルンベルガー、F.　39(bis), 39註26
キルケゴール、セーレン　131
クセノフォン　47註35
クランマー(Th.)　84註56
——の聖書翻訳　84註56
クリストフ(ヴュルテンベルク侯爵)
——の信仰告白　229註327.328
クロムウェル(オリヴァー・)　91(bis), 91-92註67(ter), 131-132註127(ter), 156註181, 157註182, 171註201, 194註259, 211(bis), 243註356, 292註39(bis), 294註41, 295註45, 296註47, 298(ter), 298註55(bis)
——の寛容計画　231註333
——の軍隊　91註65, 151註168, 152註171(bis), 170註200, 240註350
——の聖徒の軍隊　298

クロムウェル、リチャード　188註244
ゲーテ(J.)　143註154, 207, 216註297, 262 (bis), 262註392
　　――の命題　207
ゲルハルト、パウル　102
ゲルハルト、J.　110註93, 137註139
ゴートハイン、E.　31, 31註18
コルベール、J.　32
コルメッラ　47, 49註35(bis)

サ　行

サルマシウス　68註51
サンフォード、J.　108註91, 152註171, 158, 215註293, 242註353, 244註359
ジェイ・グールド、J.　276
シェークスピア(W.)　242註351
　　――の憎悪・侮蔑(ピューリタンに対する)　242註351
ジェームズ、ウィリアム　144-145註156 (ter), 275註12
ジェームズ1世　114, 237, 283註24, 287註26, 289註32, 297註50
シェヒター、S.　77註54
シュヴェンクフェルト、K.　201註270
シュールマン、A.M.　167註198
シュテッカー、A.　285
シュテルンベルク、H. フォン　95註73
シュネッケンブルガー、マティアス　93註70, 112-113註95(bis), 135註133, 136註135, 137, 137註138, 140註142(bis), 143註152, 146註157, 190註248, 191註250, 192, 248註365
シュパンゲンベルク、A.　124註115, 182, 182註231
シュペーナー、Ph.　108, 124註115, 168註199, 174(bis), 174-175註208(passim), 175, 176(bis), 176註211, 212(ter), 176-177註213 (bis), 177註215, 179, 179註220(passim), 184註235(passim), 186註238, 187, 188註243, 193註257, 200註268, 202註272(passim), 206, 211, 217註299, 300, 218註304, 219註305(bis), 222註312, 313, 224註316, 226註321(bis), 322, 232註335, 256註381(bis), 257註382
シュモラー、G.　55註38, 94註70
シュルテ、アーロイス　300

(ドゥンス・)スコトゥス　150註166
　　――学派　69註51
　　――の神学　150註166
ズゾ、H.　96註76
スホルティングハウス、W.　136註136, 173註205
スマイス、ジョン　194註259, 281註20(bis), 296註48
スミス、アダム　223
　　アダム・スミスの諸命題　88
ゼーベルク、R.　86註57, 94註70, 96註76, 113註95, 151註167
セジウィック、O.　136註135, 142註147, 148註161, 212註285
ゾンバルト、ヴェルナー　5註1, 19註1(bis), 31註19(bis), 40註27, 29(passim), 46, 48, 49註35(passim), 51註37(ter), 56註39, 58, 59, 67-68註51(passim), 73, 95註72, 109註92, 212註287, 215註293, 216註297, 235註341, 246註362, 266註397

タ　行

ダウデン、E.　120註106, 122註111, 211註284, 233註340, 243註356, 255, 256
タウラー、ヨハネス　80-81註56(passim), 88註61, 96註76, 99, 99註80, 81, 138註139 (bis), 153註174, 176註212(passim), 177註215
チャーノック、S.　142註146, 149, 150註165, 159註188, 211註285
チャールズ1世　229註328, 237(bis)
チャールズ2世　243註356
　　――のロンドン入城　251註370
チリングワース、W.　164
ツィンツェンドルフ(伯爵)　108, 174, 177註215, 179, 180(bis), 180註222(bis), 223, 181(passim), 181註227, 182, 182註228, 229, 231, 232(bis), 183, 183註233, 185註236, 187 (bis), 187註241, 190註246, 191註252, 192, 193註257, 220註307
　　――の宗教心　181-182註228(ter)
　　――の人生観　183
　　→　敬虔主義の――的変種
ツヴィングリ、H.　100, 283註24(bis), 285
ディオニュシオス(ハリカルナッソスの)　83

人名索引 357

テイラー、ハドソン 129 註 124
ティンダル、W.
　——の翻訳 84 註 56
テールリンク、W. 167 註 198
テオフュラクトス 83 註 56
デカルト、R. 149, 184 註 235 (bis)
デフォー、ダニエル 229 註 328, 256 註 380, 261
デリンガー、I. 126
テルステーヘン、G. 173 註 207, 197 註 263
ドイル、J. 112 註 95, 249 註 367, 250, 250 註 368, 252 註 374, 281 註 20, 299 註 63 (bis), 300 註 64
トゥキュディデス 2
トマス (・アクィナス) 71, 86, 86-87 註 58 (passim), 88-89 註 61 (ter), 97 註 77 (bis), 205, 221, 222, 228 註 325
　——主義 48 註 35, 88 註 61, 95 註 72
　——主義的職業概念 86 註 58
トマス・ア・ケンピス 168 註 198, 176 註 212
ド・ラ・クール、ピーター 55, 257
トレルチ、E. 20 註 1, 86 註 57 (bis), 94 註 70, 110 註 93, 112 註 95, 154 註 176, 162.164 註 194 (bis), 198 註 263, 233 註 338, 253 註 377, 266 註 398, 267 註 1

ナ 行

ニーチェ (F.)
　——の思想 144 註 156
　——の信奉者 144 註 156
ニクラース、ヘンドリック 230 註 331
ノウルズ、ハンサード 116 註 99, 205 註 275, 281 註 20 (ter), 292 註 39
　ハンサード・ノウルズの信仰告白 114 註 97, 121 註 108, 129 註 123, 142 註 147, 161, 289 註 30, 299 註 60.62
ノックス、J. 34, 112 註 95

ハ 行

パーカー、H. 253 註 375, 260
バークリー、R. 194 註 259, 197 註 263, 201 註 271, 202 註 272 (passim), 203, 203 註 273 (bis), 204, 205, 205 註 276, 209 註 283, 211, 213 註 289, 215 註 296, 230 註 331, 244 註 356, 246, 247 註 365
ハイネ、H. 254 註 378
ハウ、ジョン 141 註 142, 156 註 181, 188 註 244, 211 註 285
パウロ (使徒) 93, 217 註 298, 221
　——的 80 註 56, 94, 180
　　——的俗世無関心 Weltindifferenz 223
　　——的無関心 95
　——的命題 88 註 61
　——的流儀 → 流儀
　——の命題 221
バクスター (リチャード・) 111 註 93, 123, 127-128 註 120 (ter), 132-133 註 127 (ter), 135 註 134, 136 註 135.137, 140-141 註 142 (ter), 142 註 148, 145 註 157, 152 註 174, 159 註 189, 160 註 192, 176 註 212, 187 註 242 (bis), 204 註 274 (bis), 211, 211 註 285, 212, 212 註 287, 214, 215 註 293, 216 註 297.298, 217, 217 註 300, 218, 219 註 305, 220 註 306, 221, 221 註 309 (bis), 222 註 311, 223, 224 註 315, 224 (bis), 227 註 323.324, 229 註 328, 231, 232, 233 註 339, 235 註 342, 236, 239 註 347, 243 註 355, 244 註 358, 245 註 359, 247 註 364, 248 註 366 (bis), 251, 256 註 381, 257 註 382.383, 259 註 387 (bis), 263, 289, 290, 290 註 34, 295 註 44
　——の神学 211 註 284
パスカル、B. 86 註 58 (ter), 89, 89 註 63, 123 註 113, 132 註 127, 136 註 137, 139
パターソン、W. 9 註 2
バックル、H. 33
ハッチンソン大佐 244 註 359
バニヤン、ジョン 125, 125 註 119 (bis), 126, 131 註 126, 140 註 142, 149 註 163.164, 160, 211 註 285, 233 註 340, 236 註 343, 255, 255 註 379, 281 註 21
ハルナック、A. 218 註 302
ハンティンドン伯爵夫人 161
パンドルフィーニ (家) 46.49 註 35
ヒエロニュムス 78 註 54
　——の翻訳 78 註 54
ビルダーデイク、W. 291-292 註 38 (bis)
ブーツァー、M. 134 註 129
フート、ヒスベルト 34, 111 註 93, 149 註 162, 167 註 198 (bis), 212 註 286.287, 214 註 290,

284-285 註 25(passim)
フェストゥス(総督)　224 註 316
フォックス、ジョージ　103, 194-195 註 259(bis), 201, 203, 225 註 318, 296 註 50
フッカー、R.　164
フッガー、ヤーコプ(フッガー家を含む)　40(ter), 40 註 28, 69 註 51, 90, 90 註 64
フライシュッツ(Joseph Andreas)
　——の翻訳　81 註 56
ブライス、ジェームズ　152 註 171, 230 註 330
ブラウン、ジョン　170 註 200
ブラウン(ロバート・)　288
　——主義者　292 註 39
　　　——主義者の請願　289 註 32, 297 註 50
　——主義的　283 註 24, 285 註 25
　　　——主義的信仰告白　287 註 26
　　　——主義的請願　283 註 24
フランク、ゼバスティアン　117 註 100(ter), 154
フランクリン(ベンジャミン・)　39, 39 註 25, 26, 40(bis), 40 註 28, 41 註 32, 42(bis), 43(bis), 44 註 34, 45, 46, 46-48, 50 註 35(passim), 52, 59, 60, 66(bis), 71, 73, 74, 90, 133 註 127, 159, 207, 215, 219 註 305, 220 註 306, 261, 261 註 391, 262
　——の生活営為　47 註 35
　——の倫理　47 註 35
フランケ(アウグスト・)　174, 177, 177 註 214(bis), 215(bis), 178(bis), 178 註 217, 179, 187, 188 註 243, 193 註 257
　→　摂理信仰の——的形態
フランチェスコ(アッシジの)　30, 196 註 260, 200
フリードリヒ・ヴィルヘルム 1 世　33, 188 註 243
プリン、W.　231 註 333, 260, 261, 297 註 50
プルーン・ファン・プリンステラー、G.　112 註 95, 241 註 350(bis), 292 註 38
ブルクハルト、ヤーコプ　123 註 112
プルタルコス　153 註 174
ブレンターノ、ルヨ　5 註 1, 19-20 註 1(passim), 27 註 13, 40 註 28(ter), 42 註 32, 44 註 34, 49 註 35, 51 註 36, 55 註 38, 78 註 54(bis), 82, 84 註 56(ter), 92 註 67, 109 註 92, 151 註 169, 212 註 286, 287, 213 註 290, 264 註 395

ベアボーン、プレイズゴッド　170 註 200
ベイリー(ルイス・)　123, 123-124 註 115(bis), 136 註 135, 142 註 147, 146 註 157, 158 註 184, 168, 174, 176 註 212, 212 註 285, 213 註 289(bis), 231 註 332, 232 註 336
　——の宗教心　168
ベーコン、F.　183 註 235
ベール、ピエール　183 註 234
ペスタロッツィ(家)　27 註 13
ペティ、ウィリアム　26 註 11, 12, 31, 252 註 375, 260
ベネディクトゥス　→　——の戒律
ベルトルト(レーゲンスブルクの)　81 註 56
ベルナール(クレルヴォーの)　153 註 174, 159 註 187, 167-168 註 198(bis), 228 註 325
　——主義　167 註 198
　——的信心　138 註 139, 189 註 245
ベルナルディーノ(シエナの)　68-70 註 51(ter)
ヘンドリク、フレデリク(総督)　240 註 350
ホイットフィールド、G.　161, 188 註 244, 191 註 249(bis)
ホールンベーク、J.　120 註 105(bis), 124 註 115, 136 註 135, 143 註 150, 144 註 156, 148 註 161, 212 註 285, 213 註 289, 230 註 332, 232 註 337, 257 註 383
ボナヴェントゥーラ　153 註 174, 168 註 198, 228 註 325

マ 行

マウリッツ(オラニエ公)　152 註 171
マキアヴェッリ、N.　2, 126
マリー、J.　84 註 56(bis)
ミュンツァー(トーマス・)　283
　——の騒擾　95 註 73
ミルトン(ジョン・)　101, 116, 116-117 註 100(passim), 133 註 127
　——の神学　116 註 100
ムーラルト(家)　27 註 13
メノー・シモンス　103, 199, 205, 205 註 275, 293 註 41
メランヒトン、Ph.　110 註 93, 118, 132 註 127, 162-163 註 194(passim), 167 註 198, 171 註 202, 179 註 220
メルクス、A.　71 註 52, 76 註 54, 82 註 56

モルガン、J.P. 276
モンテスキュー、Ch. 34(bis)

ヤ 行

ヤコブ(新約聖書「ヤコブの手紙」の) 180
ヤコブ(族長) 231 註 333(bis)
　──的流儀 → 流儀
ヨハネス・ア・ラスコ 175 註 208

ラ 行

ラッハファール、F. 19 註 1(ter)
ラバディー(J.) 155 註 177, 166-167 註 198
　(bis), 173 註 207
　──主義者 286 註 26
ラファエロ(画家) 243 註 356
ランプレヒト、K. 173 註 204(ter), 181 註 228
リッチュル、A. 112-113 註 95(passim), 118
　註 102, 138 註 139(ter), 155 註 178, 166-168
　註 198(passim), 175 註 208(ter), 176 註 213,
　178 註 217.218, 179 註 221, 180, 180 註 224,
　181 註 226, 182 註 229, 187, 187 註 240, 193 註
　257, 195.196 註 260(bis), 197 註 262, 232 註
　335, 235 註 341
ルイ 14 世　26, 237 註 344
ルーズヴェルト、Th. 231 註 333
ルター(マルティン・) passim
　──主義 180
　──的天職観念 136 註 137
　──的流儀 → 流儀
　──の社会倫理 94 註 70

　──の小教理問答 180 註 224(bis)
　──の聖書翻訳 79, 80 註 56
　──の精神的子孫 100
　──の翻訳 83 註 56
　──の理念 183 註 233
　──の良心の恐慌 179 註 220
　──文献 94 註 70
　──訳 79, 80-84 註 56(passim)
ルネ侯爵夫人(エステの) 156 註 181
レヴィ、H. 90 註 65, 103 註 87, 229 註 328, 251
　註 373, 254 註 378, 257 註 382, 258 註 385, 260
　註 389, 261 註 390
レーナウ、N. 39 註 26
レッシャー、V. 148 註 161, 177 註 215(bis)
レンブラント(H.) 240 註 349, 241 註 350, 243,
　244 註 357
　──の「サウルとダビデ」 240 註 349
ローズ、セシル 30
ローデンステイン 167 註 198, 287 註 27
ロード(ウィリアム・) 260
　──の体制(チャールズ 1 世治下の) 91 註
　65, 229 註 328
ロートベルトゥス、K. 10
ロックフェラー、J.D. 276
ロビンソン、J. 295 註 44, 296 註 47

ワ 行

ワーグナー、リヒャルト 126
ワッツ、アイザック 188 註 244

事項索引

ア

アーチ　3
愛(cf. 神的姉妹)
　　—敵　124註115
　　—の家族信団 Familist　230註331
　　—の自由な無世界論　185註236
　　→　キリスト教的「隣人—」、「金銭—」、自己—、隣人—
アイルランド　26-27註12(ter), 91-92註67 (passim)
　　—・バプテスト派連盟　→　バプテスト派
アイルランド人　91-92註67(passim)
　　スコットランド系——　27註12(ter)
アウクスブルク信仰告白　79註55, 83註56, 118, 180註223
アカデミー　3
悪業　121
アコスミスムス　→　無世界論
アゴーン的　237
　　—熱情　263
アジア　2, 3, 15, 17, 51(bis), 213註290
　　→　小——、東——
アダム(創世記の)　87註59, 101, 217註298
圧殺　→　意志の——、行動力の——、肉の——
アディアフォロン　→　どちらでも良い(こと)
アテネ　262
アドヴェンティスト　273
アフロディテ　238註346
アムステルダム　130註124, 169-170註200 (bis), 240註350, 286註26, 291, 291-292註38(passim), 296註48, 299註62
　　「——信仰告白」　292註39
　　——の亡命者共処体　242註353, 290註35, 295註45
アメリカ(cf. 合衆国)　28, 32註20, 39註26, 45, 50註35, 107, 111註93(bis), 112註95 (ter), 116註99, 181註227, 188, 189(bis), 193註255, 230註330, 239註347, 241註350, 246註362, 249註367, 269, 272註8, 274, 275, 276(bis), 277註14, 278, 278註16, 279註18, 280, 282註23, 283, 287註26, 300
　　——化　234註341
　　——精神 Amerikanismus　42
　　『——に飽きた人』　39, 39註26
　　——のカレッジ　152註171
　　——のヨーロッパ化　230註330, 277註14
　　北——　33, 252
アメリカ人　127註120, 270, 275註12, 278 (bis)
　　——の態度のデカさ　200註268
　　英国系——　151, 165(bis)
　　ドイツ系——　278註16(bis)
アメリカ的　277
　　——感情　39註26
　　——資本主義　→　資本主義
　　——生活　111註93
　　——発展　277
　　「——文化像」　39
　　——民主主義　→　民主主義
アラビア人　27註13
「あらゆる種類・身分の人々」all sorts and conditions of men　4, 167註198
アルクマールの教会会議　286註26
アルコール　220
アルザス　29註15(bis)
アルミニウス派　60註45, 107註90(bis)
アレイオス派　71註52, 276註13
アングロサクソン　102註85, 194, 212註286
　　——民族　239註347
アンサンブル　2
安息日　237, 240註350
アンチテーゼ　162, 217註299, 221註309, 223註314(bis), 302
安楽(な)　38, 247, 256

イ

家・家父長制　→　家父長制
家管理(cf. 家政)　47註35, 70註51
　　——人　48註35
　　聖なる——　47註35

事項索引

イエス・シラ(或いはシラ／シラ書。書名)
　76-78 註 54(passim), 80, 81-83 註 56(pas-
　sim), 232, 232 註 335.336, 256 註 381
　——の翻訳　231
イエズス会　89, 141 註 142, 150, 228 註 325, 242
　註 352, 247 註 364
　——士　70 註 51, 159
　——的倫理　228 註 325
イェホヴァ(旧約聖書の)　118 註 102
医学　2
「異教的」古代　49 註 35
イギリス(cf. イングランド)　23(bis), 33, 50 註
　35(bis), 58, 92 註 67, 102, 102 註 86, 103 註 87
　(bis), 107(bis), 108, 108 註 91, 111, 111 註 93,
　112 註 95, 123, 132 註 127, 167-168 註 198
　(bis), 168 註 199, 170 註 200, 174(bis), 175 註
　208, 176 註 213, 178 註 218(bis), 188, 192, 193
　註 257, 210, 213 註 289, 233, 235 註 341, 240-
　241 註 350(ter), 243 註 356(bis), 250, 251 註
　370.371(bis), 253, 257 註 382, 258, 287 註 26
　(bis), 288, 288 註 29, 296 註 47, 297 註 53
　——国民　251 註 373
　——社会　251
　——的特質　102
　古——的理想　261
　初期——の　289 註 30, 294 註 41
イギリス人(cf. イングランド人)　34(bis), 51,
　102, 128 註 120, 151, 177 註 213, 251
　——気質 Engländertum　103 註 87
　——の遵法性 Rechtlichkeit　262 註 391
医師　219-220 註 305(ter), 270(bis)
意志
　——(的)行為　150, 284 註 25
　——の圧殺　218 註 304
　——の経験的「自由」　120 註 105
　「——の首位性」　150 註 166
　——の自由　163 註 194
　——の不自由　140 註 142
　自由——　51, 75, 115
　→　神の——、『奴隷——論』
意識連続性　144 註 156
移住運動　56 註 39
異宗婚　293 註 41
イスラエル
　——的厳禁　234 註 341

古代——の倫理　121 註 109, 302 註 66
イスラム教　1, 132 註 127(ter), 165 註 196, 170
　註 200
　——の予定説(cf. 事前決定説)　165 註 196
為政者　170 註 200
イダルゴ　230 註 330
異端　31, 70 註 51, 150 註 166, 175 註 208(bis),
　196 註 260
　——運動　196 註 260
　——審問　208
　——の倫理　228 註 325
　——抑圧　169 註 200
異端者　23, 131 註 127, 151 註 170
異端的　72, 301 註 65
「——共産主義」　206 註 277
一意専心　75
一般的覚醒 general awakening　192
一般的幸福　→　幸福
遺伝形質　17(bis), 18
遺伝的　17, 56 註 39
イタリア　32 註 20, 51, 69 註 51, 71, 225 註 319
イタリア語　78 註 54(ter)
　——の聖書翻訳　→　聖書翻訳
イタリア人　75
意図　intentio　147
田舎領地　48 註 35, 251 註 370.371
いのち　→　生命
祈り(cf. 祈禱)　96 註 76, 216 註 298, 221, 236
　註 343, 269 註 5
　→　主の——
衣服規定　294 註 41
異邦人　129 註 124(bis)
　——宣教　→　宣教
「忌まわしき黄金渇望」 auri sacra fames　50,
　51, 52, 66
移民　27 註 13, 234 註 341, 257 註 382, 268
　(ter), 274, 280 註 19, 287 註 26
　——流入　267
異名同音　2
陰鬱さ melancholy　215 註 293
因果関係　14(bis), 24, 25, 45, 259 註 387, 304
　註 69
因果系列　50 註 35(ter)
因果的　113, 265(bis)
　——帰属　14

362　事項索引

──良心　249註366
因果連関　13
因果連鎖　18
イングランド(cf. イギリス)　26(bis), 28, 33, 75, 84註56(bis), 90, 107註90, 112註95, 122註110, 133註127, 156註180, 168, 170註200, 195註260, 203, 215註293, 225註319, 236, 239註347(bis), 250(bis), 251註370, 258註386, 260, 260註389, 292註39(bis), 293-294註41(bis), 303
──銀行　9註2
「古き愉快な──」　103註87, 251
イングランド人(cf. イギリス人)　91-92註67 (passim)
印刷　3(bis)
──業経営　60
──術　3
インド　1(passim), 2(passim), 7(bis), 9註2, 12, 13, 32註20, 41, 59註44, 137註138, 170-171註200(bis)
──学者　15
──の救済論　223註314
──の宗教倫理　86註58
──の倫理　223註314
インド人　12, 27註13
隠遁者生活　124註115

ウ

ヴァイオリン　2
ヴァルハラ　126(bis)
ウィクリフ＝フス派的倫理(cf. フス派)　50註35
ヴェストファーレン(cf. ウェストファリア、ラインラント・ヴェストファーレン)　34註24, 99註79
ウェストファリアの講和　250註369
ウェストミンスター教会会議　114, 118, 132註127, 211, 288, 289, 295註44
ウェストミンスター信仰告白　114, 134註130, 171註202, 298註58
ヴェルサイユ　243註356
ヴォータン　126
ヴォランタリズム　→　主意主義
ウォンズワースの会議　288
請負　→　官職──、御料地経営──、徴税──
「蛆虫感情」　173
「内なる光」　201, 201註271, 202
内倫理　→　倫理
ヴッパータール　33
ヴュルテンベルク　24註8, 229註327
──の敬虔主義　→　敬虔主義
ウルガタ　71註52, 78-79註54(ter), 82, 84註56(ter)
運動　→　移住──、異端──、禁欲主義的──、再洗礼派／洗礼派──、宗教──、宗教的──、ピューリタニズム──
運動クラブ　→　クラブ
運命　16, 18, 81註56, 97註77, 119(passim), 120, 147, 148, 177註215, 196註260, 225, 263
──の女神　47註35
職業的──　→　ベルーフ
　→　現世の──、政治的──

エ

エアヴェルプ Erwerb
営利 Erwerb　5註1, 6, 26, 34, 46註35, 58, 71, 205註276, 207, 230註330, 258, 260, 260註389
──活動　43(bis), 47註35, 52(bis), 78註54, 263
「──感覚」　54
──関心　257
「──機械」　245
──技術的　276
──経営　9, 10, 50
──経済　59
──手段　6(bis)
──衝動　28
──生活　24, 25, 28, 29, 205註276, 209, 228註325
──追求努力　303(bis)
──努力　51註36, 249, 263(ter)
──部門　251
合法的──　260
合理的──　217註300, 247, 260
資本主義的──　6, 25, 52, 71, 92
　資本主義的──生活　30
　資本主義的──の「精神」　71
獲得 Erwerb　5(bis), 5註1, 8, 42, 51註36,

205註276, 212, 214, 214註291, 246註362
   (bis), 251註370
   ——形態 Erwerbsformen 5註1
   ——衝動 Erwerbstrieb 4, 97註77
   ——チャンス → チャンス
   ——努力 51註36
   ——欲 Erwerbsgier 5
   金銭—— → ゲルト
   資本主義的—— 5
   → 財——、富の——、利潤——、
     掠奪物——
永遠 119
   ——回帰の思想 144註156
   ——の栄光 115
   ——の決定 115
   ——の死 115, 119
   ——の浄福 → 浄福
   ——の救い 78註54, 80註56
   ——の生命 115, 125, 156註180
   → 『聖徒の——の憩い』
栄化 220註305, 229(bis), 259註388, 304
営業資本と私的財産の分離 245註361
営業的感覚 geschäftlich 33(bis)
英語 76, 80, 84註56(bis)
   古—— 84註56
英国国教会(cf. 国教会) 90, 107, 107註90, 108
   (ter), 164, 258, 260(bis), 288註29, 289, 290
   註34, 295註44, 296註47, 297註54
   ——信仰告白 114註97
   ——的社会倫理 258
   「——に反対する5人の兄弟」 289, 295註44
衛生学 220註305
   性—— → 性
衛生的 153註174, 219-220註305(passim)
   ——売春 219註305
英雄 114, 231
   「——民族」 68註51
英雄的 136, 236
   ——精神 Heldentum/heroism 23(ter)
営利 → エアヴェルプ
エヴァンストン(地名) 188註244
エートス 14, 39, 41, 48註35(ter), 62, 234
   (ter), 302(ter)
   近代市民階級の—— 302
   経済—— 14

   市民的経済—— 261
   ピューリタン的経済—— 261
   ユダヤ的経済—— 261
   資本主義的—— 234, 304
   資本主義的商売—— Geschäftsethos 275
   市民的—— 304
   市民的職業—— → ベルーフ
   → 禁欲主義的——
エーレクティー → 選ばれた者
エサウ 231註333(ter)
エジプト 1, 7, 10, 70註51, 76註54(bis), 121
   註109
   ——学者 15
   ——の倫理 302註66
エダムの教会会議 122註110(1586年), 290註
   33(1598年)
エデン 101
エビオン派的 212, 212註287
エピクロス派 47註35
エピゴーネン 65, 133註128, 134, 185註237,
   238註345, 242註352
エフェソの信徒への手紙 120註105
エラストゥス主義 288
   ——的 107註90, 293註41
選ばれた者(cf. 斥けられた者) 120(bis), 121,
   121註107, 108, 133, 134(ter), 134註130
   (ter), 136, 142(passim), 144註155, 156, 146
   註157, 156(bis), 169註200, 295註44
選び 133註127, 140註142(bis), 142, 144註
   156(bis), 160註190, 171
   ——の確信 133(bis), 156註181
   ——の教説 → 恩恵(の選び)
   個人的—— personal election 211註284
   (bis)
エルガステーリオン 8, 9
エロティシズム 159註187
遠隔地商人 → 商人
エンクハウゼンでの教会会議 286註26
円頭派 102, 102註85, 242註353

オ

オイコス 10
王冠 114
   ——の利害 241註350, 260註389
王国 170註200(bis)

→　神の——
王政復古　211(bis), 241註350, 243註356
王党派　102, 152註171(bis), 243
　　——貴族の請願　251註370
「王と王国」rex et regnum　4
応力分散　3
オーケストラ　2
オーストリア　32
お上　79註55(bis), 98, 114, 174註208, 260
掟(道徳命令としての)(cf. 神の掟)　72, 85, 94
　　註71, 121, 215註293, 219, 221, 235註341
おしゃべり　215
　　無益な——　216註297, 242
オハイオ　263註394
　　——川　269
オペラ　2
親方(手工業の)　→　工業
オランダ　23, 26, 28, 31(bis), 31註17, 33, 52,
　　60註45, 68註51, 107, 107註90(ter), 108,
　　108註91, 111, 112註95(ter), 125註118,
　　131-133註127(ter), 135註132, 136註136,
　　149註162, 168(bis), 168註198, 170註200,
　　173註206, 174(bis), 178註218(bis), 198註
　　263, 203, 212註287, 213註289.290, 229註
　　328, 231註333, 239, 239註347.348, 240, 240
　　註349, 240-241註350(passim), 250(ter),
　　250註369, 251註370(ter), 260, 286註26
　　(bis), 287-288註27(bis), 289, 290註35.37,
　　291, 295註44, 299註60
　　→　カルヴァン派的——
オランダ語　80註56
　　中世——　80註56
オランダ人　31, 250註369, 257
　　——の遵法性 Rechtlichkeit　262註391
オランダ的　166註198
　　——芸術判断　241註350
　　——宗教心　241註350
オリエント　9(bis), 92註67
　　——的古代　9註2
　　古代——的　93
オルガン　2
オルトドクシー　→　正統教義、正統信仰
オルトドクス　→　正統的
卸売商人　→　商人
音楽史　239註347

音感　2
恩恵　115(bis), 116(ter), 117, 122, 134註130,
　　135, 136(bis), 139, 141註142, 159, 178(bis),
　　179(bis), 189(bis), 191, 235註341, 244, 255,
　　257, 272, 290, 304
　　——意識　191
　　——確信　141註142, 142
　　——機関　→　機関
　　——貴族主義　179
　　——期待　148
　　——教説　165
　　——行為　163註194
　　——手段　148, 192
　　——授与　239
　　——特殊主義　161
　　——特殊主義バプテスト派　→　バプテスト派
　　——の選び(の教説)(cf. 選び)　113, 123
　　(bis), 123註113, 127註120, 135, 142註
　　147, 144註156, 148註161, 157註181, 162,
　　163註194, 166, 168, 184, 192, 236註343
　　——の蓋然性の確信　236註343
　　——の再獲得可能性 Wiedererlangbarkeit
　　178註219
　　——の条件　190
　　——のしるし　186註238
　　——の喪失可能性　191
　　——の地位　→　地位
　　——の働き　149
　　「——の人」　231註333
　　——の普遍性(cf. 普遍的救贖)　161
　　——の保証　166註198
　　——普遍主義　163註194, 178
　　——身分　94, 127註120(bis), 133, 134(bis),
　　135, 135-136註134(passim), 136註136,
　　137, 139, 141註142, 142, 149註163, 159,
　　163註194, 176註213, 177, 186, 190(bis),
　　192, 203, 209, 214, 221, 225, 231, 259, 286註
　　26, 298
　　「——身分の破壊者」　221註309
　　——有期説　178, 178註218
神からの——身分 Gottesgnadentum　156
喪失可能な——　118, 162
秘跡——　147
無功績の——　189

事項索引　365

→　神的──、神の──、機関──の原理、宗教的──身分、主観的──身分
音程　2
女ぎらい　46 註 35

カ

カースト
　──自負心　300
　出生──　223 註 314
絵画　3(bis), 46 註 35, 241 註 350
外殻　3, 44, 263(ter)
改革派　114 註 96, 134, 138, 140, 140 註 141, 141, 145, 158 註 185(ter), 159, 163 註 194, 165, 198 註 263(bis), 284 註 25
　──家族　33 註 22
　──教会　113, 134, 137, 143, 166, 172, 173, 284 註 25, 293 註 41
　──の特殊主義的教会　155 註 178
　オランダ──教会　291
　──共処体　198 註 263
　──の教理教育　158 註 185
　──のキリスト論　199 註 266
　──の君侯　165
　──の信徒　25 註 9
　──の「聖徒」　186
改革派的　33, 33 註 21, 155 註 177, 161, 166, 168, 168 註 199, 172, 174, 176, 193, 195
　──教会制度法　284 註 25
　──キリスト教　126 註 120, 192(bis)
　──キリスト者　174
　──禁欲　→　禁欲
　──敬虔主義、敬虔主義者　→　敬虔主義、敬虔主義者
　──原則　204 註 274
　──慈善事業　130 註 124
　──宗教心　139
　──職業倫理　181
　──信心　150, 159, 167 註 198(bis)
　──プロテスタンティズム　→　プロテスタンティズム
　──倫理　187 註 242, 205
　「分離した──諸共処体」　292 註 38
外観　41(bis), 42, 49 註 35, 173 註 204
懐疑的　72
階級　11, 248 註 366, 259, 261

──区別　→　教会座席の──区別
──闘争　11
──道徳　237
「──利害」　294 註 41
上流──　47 註 35, 289
中産──　273 註 10, 275(bis), 293 註 41
　市民的中産──　23, 274, 275
　→　禁欲の──関連性、地主──、市民──、市民的──、所有者──、富豪──、有閑──
悔恨　147, 148, 156 註 181, 162, 179, 179 註 221, 182 註 230
──的　136
解釈　→　義認の法廷的──、職業──、人生──、心理学的──、聖書──集会、聖礼典の呪術的──、天職──、当座勘定──、ピューリタン的人生──、文化──、ユダヤ教的──、歴史──
会衆賛美 Gemeindegesang　239 註 347
改宗者　31
会衆集会 Kongregation　289
会衆派　297 註 50
　──教会　281 註 20
　──的 kongregationalistisch　285 註 25, 292 註 39
改悛　118, 148, 148 註 161, 162-163 註 194(bis), 179
　──概念　162 註 194
　──覚悟(のある)　147, 148 註 161, 156 註 181, 162, 199
　──行為　163 註 194
　──闘争　167 註 198, 176 註 213, 179, 179 註 220, 189, 191
　──の秘跡　140 註 141, 147
海上消費貸借 foenus nauticum　69 註 51
回心　30, 41, 115, 135 註 134, 141 註 142, 142 註 147, 163 註 194, 176 註 213, 178 註 219, 179 註 220(bis), 189, 192(bis), 193
回心者　30, 172, 190
　→　内面的──
蓋然性　→　恩恵の──確信
蓋然説　89
階層　17, 31, 60, 137 註 138, 207 註 278, 214 註 290, 252, 252 註 375
　──構成　21

海賊行為　7, 52
回勅「ウーニジェニトゥス」　228 註 325
外的財　→　財
外典 (cf. 正典)　83-84 註 56 (bis), 232, 232 註 336 (bis)
概念　passim
　　──規定　4
　　──言語　146 註 158 (bis)
　　──ストック　173 註 204
　　──世界　76 註 54
　　──装置　145 註 156
　　──分析　86 註 57, 123 註 112
　　──一般化的　202 註 272
　　根幹的──　76 註 54
　　職業──、天職──　→　ベルーフ
　　→　改悛──、神──、カルヴァン派的神──、カルヴァン派の教義──、官職──、教会──、教義──、教説──、史的形成、信団──、ドナトゥス派的教会──、倫理的教説──、類的──
概念的　35, 74, 173 註 204, 267 註 1
　　──思弁、──定義、──定式化　→　思弁、定義、定式化
　　──把握　36
　　──要素　87 註 59
外物　263
外来語学識　173 註 204
快楽主義者　43 註 32
快楽主義的　42
戒律 (修道制の)　150, 152
カヴェナンター　→　盟約者
カヴェナント　→　「契約」思想
カエサル主義　127 註 120
雅歌　159 註 187 (bis)
　　──講解　167 註 198
　　──的　138 註 139
価格　61, 63, 282 註 22
　　固定した──　282
科学 Wissenschaft (cf. 自然科学)　1, 12 (passim), 145 註 156
科学的 wissenschaftlich (cf. 学知的)　13, 73, 121, 172 註 204
　　──経験論、──認識　→　経験論、認識
　　→　専門──
鍵権力　147

学士　45, 239
確証 Bewährung (cf. 確かさ)　70 註 51, 87 註 59, 96 註 76, 127 註 120 (bis), 132 註 127 (bis), 135 註 132, 140, 140 註 141, 141 註 142, 145 註 156, 149, 155, 157, 169, 169 註 200 (bis), 171, 179 註 221, 186, 191 註 249, 207, 209, 225, 235 註 341, 248, 273, 274, 277, 278, 301 (bis), 302 (bis), 304
　　「──」関心　84 註 56, 209 註 282
　　──思想　96 註 76, 132 註 127, 144 註 156, 157, 161, 162, 163 註 194, 168, 176
　　カルヴァン派の──思想　191 註 249
　　宗教的──　235 註 341, 272, 280
　　倫理的──　274 (bis)
　　→　自己──、信仰の──、「聖徒」の──必要
革新者　64
学生組合 Couleur　279 註 17, 300 (bis)
学知的 wissenschaftlich (cf. 科学的、学問的)　262 註 392
確定利子付き　→　利子
獲得　→　エアヴェルプ
革命議会　→　議会
隔離　173, 203, 206, 209, 283
格率　40, 42, 46 註 35, 210
　　倫理的──　44, 64, 109
家産制的　276
果実　176 註 213, 223, 248
　　信仰の──　135 註 132, 141 註 142, 163 註 194, 169, 176 註 213, 184 註 235, 190, 192
　　聖なる──　141 註 142
　　霊の──　135 註 132
貸付　52, 69 註 51 (passim), 253 註 375
　　──利子　69 註 51
　　事業家──利子　69 註 51
　　海上──　7
　　→　国家──業者、国家への──
可視的教会、不可視的教会　→　教会
「貨殖的」生活営為　67 (bis)
家政 (cf. 家管理)　46-47 註 35 (ter)
　　──管理　46 註 35 (bis)
　　──と経営の分離　9
　　巨大── (cf. オイコス)　10
化石化　264
家族

事項索引　367

――世襲財産設定　→　世襲財産
「――の光輝」246 註 362
　→　改革派――、騎士――、プロテスタント――
価値関係　16
価値判断　113, 113 註 95(bis), 137, 167 註 198, 264
価値評価　116, 154 註 175(bis), 248
家長　295 註 44
　→　「善良な――」
家庭生活　→　生活
楽器　2, 3
楽曲　2(bis)
合衆国(cf. アメリカ)　65, 107 註 90, 234 註 341, 263, 267(bis), 268 註 4, 293 註 40
　――の南部諸州　45
　――のヨーロッパ化　268
過程　→　教育――、合理化――、思考――、生産――
カテゴリー　5, 5 註 1, 21 註 2, 48.50 註 35(bis), 57, 73, 140 註 142, 298 註 54
カトリシズム　passim
　「――」への逆戻り　167 註 198
　在俗信者――　146 註 158
カトリック　passim
　――教会　passim
　――教徒全国大会(ドイツの)　21
　――の経済倫理、――の神秘主義者、――の聖書翻訳　→　経済、神秘主義者、聖書翻訳
　――の修道制　152
　――の道徳神学者　→　道徳
　――の倫理　68 註 51, 147
カトリック的　passim
　――禁欲　→　禁欲
　――宗教心　147
　――信心　138 註 139, 147
　　近代――信心　159
　――静寂主義　167 註 198
　――神秘主義　→　神秘主義
　――生活営為　28
　――天職概念　→　ベルーフ、天職
家内工業　8(bis), 33 註 24, 48 註 35, 61, 187 註 242, 259 註 387
　――者　99 註 79

――従事者　187
家内労働　→　労働
カネ　→　ゲルト
下部構造(cf. 構造、上部構造)　260
　倫理的――　73
家父長制　187 註 242, 220 305
　家・――　171 註 203
家父長制的　33 註 24, 187, 187 註 242, 220 註 305, 302
　――気分　187
　――拘束状態　182 註 228
貨幣　→　ゲルト
貨幣市場　→　市場
カホール人　27 註 13
神(キリスト教の)(cf. 神意適合性、神格)
　――概念　144 註 156
　――感情　138
　――との合理的な関係　153 註 174
　――との交わり　135 註 132, 186, 192
　――との和解　167 註 198, 186
　――なき者　82 註 56, 93
　――に在る休息　139
　「――に喜ばれることはほとんど可能でない」71, 71 註 52, 256
　――人間化 Gottvermenschlichung　234 註 341
　――の合図　177 註 215
　――の威厳　119
　――の意志　115(bis), 117 註 100.101, 127 註 120, 130, 141, 142, 181, 202 註 272(bis), 209, 214, 214 註 291, 215 註 292, 216, 223, 224 註 316, 242 註 352, 247, 257 註 383
　――の栄光　98 註 77, 115(bis)
　――の王国(cf. 神の国)　151, 205 註 276
　――の掟(cf. 掟)　77 註 54, 82 註 56, 128(bis), 130 註 124, 217 註 298, 222, 236 註 343
　――の恩恵(cf. 恩恵)　87 註 59, 119, 120, 122, 139, 141 註 142, 148 註 161(bis), 178, 199, 203, 218 註 304, 236, 244, 256
　――の関心　257 註 382
　――の関心事　129-130 註 124(bis)
　――の管理者　227
　――の記帳　→　記帳
　――の国(cf. 神の王国)　213, 221, 229 註 326, 255, 259
　――の啓示　42

368　事項索引

　──の決定（cf. 決定）　115, 119, 163 註 194
　──の言葉　81 註 56, 118, 120, 144 註 155, 180 註 224, 201 註 271(bis)
　──の個別的命令　95
　──の定め　97 註 77
　──の自己賛美　119, 128, 224 註 316
　──の支配　203
　──の摂理 Fügung 83 註 56, 95, 97
　──の摂理 Providenz　230 註 332
　──の摂理 Vorsehung　86 註 58(bis), 120 註 105, 177, 222, 222 註 313, 230-231 註 332 (bis), 257
　──の全能　116
　──の尊厳　119
　──の賜物　227
　──の知恵（であるキリスト）　160 註 192
　──の秩序　79 註 55, 284 註 25
　──の超越　139
　──の名　180 註 224, 236 註 343
　──の秘密　133
　──の不可視性　160 註 192
　──の武具　161
　──の御心　88, 89 註 61, 95, 172, 256 註 381
　──の御座　140 註 142
　──の名声　121, 125 註 117, 128, 129-130 註 124(ter), 130, 141, 142(bis), 149, 156 註 181, 157, 169-170 註 200(ter), 190, 197, 214, 216, 224 註 316(ter), 229, 240 註 350, 243 註 355, 244, 245, 246 註 362
　──の名誉　124 註 115, 129 註 123, 169 註 200, 176, 222, 225 註 320
　──の命令　222, 222 註 312
　──の召し　205 註 276
　──の目的　121 註 108, 127 註 120
　「──のより一層の栄光のため」　127 註 120, 128, 149, 224 註 316
　──の律法　144 註 155
　──の霊　99, 198
　──への服従　→　服従
　「隠れたる神」Deus absconditus　118 註 102
　→　カルヴァン派的──概念、旧約聖書の──
神的
　──恩恵　179
　──啓示　184 註 235
　──権利　174 註 208

　──諸法則　184 註 235
　──設立物（としての教会）　169 註 200
　──秩序　295
　──判決　287 註 26
　──ものの所有　183 註 232
　3 人の──姉妹（信仰と希望と愛）　238 註 346
カリスマ　184, 258, 296, 296 註 49, 298
　個人的──　290
カリスマ的　298(bis)
　──革命　296 註 50
ガリツィア　26
カリマラの同職組合 arte di Calimala　72 註 53
カルヴ　34
カルヴァン派　passim
　──の確証思想　→　確証
　──の救済論　182 註 230
　──の教義概念　120 註 105
　──の神学　117
　──の信仰箇条　114 註 98
　──の神政政治　240
　──の信団　100
　──の生活営為　152
　──の聖書支配　201 註 271
　──の最も特徴的な教義　113
　敬虔主義的──　166
　高──　211
　古──の精神　55
　非敬虔主義的──　166
カルヴァン派的　passim
　──オランダ　241 註 350
　──神概念　144 註 156
　──教会規律　287 註 26
　──教義　162 註 194
　──禁欲　→　禁欲
　──国家教会　208
　──思想　87 註 59, 126 註 120, 173, 184 註 235
　──宗教心　161
　　──合理的宗教心　173
　──職業観念　131
　──職業倫理　185
　──神学　119 註 103
　──信心　144 註 156, 169 註 200, 172
　──精神　166 註 198

事項索引　369

――聖徒貴族身分、――天職観念、――バプテスト派
　→ 貴族、ベルーフ、バプテスト派
――表象　224 註 316
――プロテスタンティズム　→ プロテスタンティズム
――翻訳　79 註 54
――流儀　→ 流儀
――倫理　131, 240 註 350
生活の――合理化　→ 合理化
反――　191
非――　165
　非――宗教心　175
カルテル　10, 272 註 8
カレッジ　→ コルゲイト・――、信団――、ハヴァーフォード・――
感覚芸術　239
感覚文化　→ 文化
感覚様式　156
管轄権　289 註 30
管楽器　2
環境　Milieu　→ 経済的――、宗教的――、生活の――、文化
勧告(道徳命令としての)　85, 210
福音――　87, 153, 185
観照　88 註 61, 101, 136 註 137, 138 註 139, 139, 152 註 173(bis), 167 註 198(bis), 216(bis), 221
――的　89, 99
神秘主義的――　13, 138 註 139
感情 Gefühl
――愛着　186
――契機　172, 181
――生活　164
――文化　→ 文化
――励起　186, 193
救済――　117
罪責――　117, 192, 236 註 343
責任――　56
全体――　93(bis)
道具――　183 註 232(bis)
復讐――　124 註 115
　→ アメリカ的――、蛆虫――、内的孤立化の――、ピューリタン的――
「感傷主義」　182 註 228

感情的(cf. 情緒的)
――キリスト教、――敬虔主義　→ キリスト教、敬虔主義
――高揚　173, 191
――宗教心　→ 宗教心
――性格　152 註 173, 173, 185, 187, 193 註 255, 217 註 299
　→ 信心の――内面化
官職　47 註 35, 59 註 44, 206, 277, 296, 298
――請負　7
――概念　295
宗教的――　301
関心 Interesse(cf. 無関心 Indifferenz、利害 Interesse、利害関心 Interesse)　19 註 1, 31 註 17, 39, 49 註 35, 53(bis), 75, 107 註 90 (bis), 108, 110 註 93, 111 註 94, 113, 133 註 128, 145 註 156, 168(bis), 183 註 235, 233 註 338, 245 註 359, 267, 268, 279, 294, 302
営利――　→ エアヴェルプ
職業――　→ ベルーフ
　→「確証」、神の――、救済――、教義的――、自己――、宗教的――、雇用主の――、浄福――、政治的――、利害――、倫理的――
官人 Mandarin　50
関心事 Angelegenheit　120, 132 註 127, 295 註 46
　→ 神の――
間接税　260 註 389
関税　260 註 389, 283 註 23
　→ 内国――
完全市民　300
　→ 教会的――、政治的――
完全市民権　→ 市民権
完全性　162-163 註 194(bis), 191 註 252
「――教説」　191 註 249
――努力　182
カンタベリー大主教　114 註 97
監督制主義　288, 296 註 47
観念　→ カルヴァン派的職業／天職――、ピューリタン的教会――、宗教的――、天職――、ルターの天職――
官房言語　→ 言語
「頑迷化理論」　232 註 337
寛容　71, 73(bis), 170-171 註 200(passim), 202

370　事項索引

註 272
　——思想　169 註 200
　——令　188 註 243
クロムウェルの——計画　→　クロムウェル
宗教的——　170 註 200(ter)
不——　169 註 200
　　宗派的不——　171 註 200
官吏　3(bis), 4, 52, 76 註 54, 151, 187, 276 註 13
　——昇進　276 註 13
　——組織　3
　技術的——　3
　国家——　4
　産業的——　25
　商人的——　3
　専門——　3, 4
管理者　244, 245

キ

機械　6, 56
　——化　264
　——織機　62
　→　「営利——」
議会　4(bis), 90, 107 註 90, 125 註 118, 136 註 136, 211, 260 註 389, 288(bis), 292 註 39, 294 註 41, 297 註 50
　革命——　288
　「聖徒」の——　170 註 200(bis), 298 註 55
　→　長期
機会主義　275 註 13
機会主義的　275
機械的　55 註 38, 201 註 271
　——基礎　263
　——生産　→　生産
戯画化　181 註 226
幾何学　1
器官 Organ　294 註 41, 297 註 53
機関 Anstalt　197(ter)
　——恩恵の原理　290
　——的　127 註 120, 170 註 200, 198 註 263
　恩恵——　272, 285, 302
　救済——　163 註 194
　　救済——的　133 註 128, 182 註 229
　教育——　Lehranstalt　24, 25 註 9
　政治的——　4
　→　高等教育——

企業 Unternehmung(cf. 事業)　21
　——経営　→　経営
　——精神　68 註 51
　持続——　6
　→　産業的——、商業的——
企業家 Unternehmer(cf. 事業家　Unternehmer)　11, 21 註 2, 44, 45, 53(bis), 56 註 39, 58(bis), 60 註 45, 98 註 79
企業家層 Unternehmertum　21, 74
　市民的——　275
戯曲　239 註 347
騎士　46 註 35, 152 註 171(bis)
　——家族　46 註 35
　——領地　251 註 370, 277 註 14
気質 habitus　183 註 232(bis), 235
騎士的　245 註 359
　——攻撃　152 註 171
騎士道　182 註 228
　→　婚姻的——
騎士道的　247
喜捨　146 註 157, 229 註 328, 258
技術的
　——可能性　11
　——準備教育　→　教育
　——発展　264
　——発明　243 註 356
　——労働手段　→　労働
記数法　→　位取り記数法
「傷の肉汁」　180 註 223
「偽善」　42
帰属　24, 104, 105(bis), 121, 198
　——判断　113
　→　因果的——
貴族　51, 95 註 73, 155, 228 註 324, 293-294 註 41(bis), 300 註 64
　——化　250(bis), 253, 277
　——「社会」　277 註 14
　——熱　251 註 370
　——身分　178
　——門閥　46
爵位記——　277 註 14
新——身分　65
聖徒——身分　163 註 194, 169 註 200
　カルヴァン派的聖徒——身分　180
世襲——身分　252 註 374

大商人―― → 商人
知的――層 220註305
→ 王党派――、恩恵――主義、市民的――、宗教的――身分、商業的／商人的都市――、都市――、都市――層、都市――的身分意識
貴族院議員 252註374
貴族的性格(オランダの諸教会の) 241註350
貴族的生活形態 238註345
貴族的生活様式 206
貴族的悲愴感 Pathetik 47註35
貴族的被造物神格化 → 被造物
キダーミンスター 187註242(bis), 217註300, 227註323, 259註387
北アメリカ → アメリカ
気だての良さ Gemütlichkeit 165
記帳(cf. 日記) 6, 72註53, 159, 293註40(bis)
　神の―― 159
　→ 道徳――
祈禱(cf. 祈り) 268註4
　――共同体 → 共同体
　――者 117
義認 88, 137, 162-163註194(ter), 167註198, 181(bis), 182註232, 189, 198(bis)
　――教説 108, 198註265
　――行為 Rechtfertigungsakt 163註194
　――の法廷的解釈 163註194, 211註284
　→ 行為
気晴らし 37, 153註174
規範 44(ter), 52(bis), 53, 158(bis), 158註185(bis), 163註194(bis), 191註251, 233註339(bis), 259(bis)
　――付与的 152註174
　→ 旧約聖書的――、教会的――、聖書の――的通用力
記譜法 2
気分 Stimmung 87註59, 89, 113註95, 125(bis), 131註126, 138註139, 140, 231, 233, 236註343, 263
　――宗教心 138註139, 167註198
　――的 139, 173
　――内容 146註158
　根本―― 233
　人生―― 236
　生活―― 123, 158

→ 家父長制的――、禁欲主義的生活――、ルター派的――信心
基本権 Grundrecht 174註208
「――」思想 175註208(bis)
義務 39, 44, 51註37, 77註54(bis), 88, 124註115, 128註120, 129註124, 136(bis), 143註154, 218註304, 222註312.313, 223註314, 225註320(bis), 229註326, 234註341(bis), 245, 246註362(bis), 257註382, 260, 273註10, 280註19, 285註25(ter), 289
　――感 57, 73
　――遂行 85, 234註341
　――達成 134註130
　――忘却 39
　聖なる―― 217註300
　職業―― → ベルーフ
　→ 緊急援助――、禁欲主義的――、宗教的――、相互援助――、俗世内的――、伝統的、防衛――の除去、倫理的――表象、労働
気難しさ moroseness (ピューリタンの) 215註293
義務的 24註8, 67, 272, 289註30
ギムナジウム 24註8, 25註9
　実科―― 24, 24註8
　人文主義的―― 24
客観的 4, 62, 79註55, 95, 117, 140, 151, 207, 211
　――秩序、――秩序界 → 秩序、秩序界
救済(cf. 救い、救拯) 121註108, 122註110, 126註120, 151, 235註341, 302
　――確信 Heilsgewißheit 136註137(bis), 138註139
　――感情 → 感情
　――関心 70註51
　――機関、――機関的 → 機関
　――効果 122
　――財 197, 272, 302
　――手段 70註51, 147, 201
　――状態 139
　――追求 121
　――の業 198
　――必要性 125
　――報奨 49註35, 109註92
　――身分 176註213

——領有　208
　　　——論　181註227, 182註230(bis), 201, 206
　　　→　インドの——論、カルヴァン派の——論、
　　　聖礼典的——伝達、洗礼派の——論、メソ
　　　ジスト派の——論、ルター派の——論
給仕　4
救拯宗教 Erlösungsreligion (cf. 救い、救済)
　　　133註128
休息　139, 237, 240註350
　　　富の上での——　214註291
宮廷　52, 84註56, 165(bis), 240, 243註356
救貧立法　258
キュニコス派　70註51
旧約聖書　93(bis), 124註115, 158(bis), 163註
　　　194, 200註269, 231(bis), 233(bis), 248
　　　——の神　230
　　　「——のルネサンス」　239註349
旧約聖書的
　　　——規範　234
　　　——合理主義　→　合理主義
　　　——信心　159
　　　——精神　142註144
　　　——「適法性」　→　適法性
　　　——道徳　233
　　　——倫理　233註338
教育　3, 22, 45, 55註38, 56註39(bis), 60註
　　　45, 151, 184註235, 204, 205, 215註293, 233,
　　　234註341, 277
　　　——家　207註279
　　　——過程　56
　　　——機関　→　機関
　　　——作用　255
　　　——手段　147
　　　——組織　9
　　　「——同盟」Educational Alliance　234註341
　　　——の合理化　→　合理化
　　　——の施し方　24
　　　——プログラム　184註235
　　　——方向　25
　　　技術的準備——　21
　　　基礎——　25(bis)
　　　実科——　184註235
　　　宗教的——　57(bis)
　　　準備——　25, 25註9, 298註55
　　　商人的準備——　21

　　　中等——　25註9
　　　→　教理——、禁欲主義的——、経済——、
　　　堅信——、高等——機関、神学的——
教育的　32註20(bis)
教役者　288, 290(ter)
教会　197註263 ほか passim
　　　——員　284註25
　　　——外的　84註56
　　　——概念(cf. ドナトゥス派的)　198註263,
　　　267註1
　　　——規定　68註51, 288註27
　　　——協議会　kerkraad　291註38(ter)
　　　——共処体、——共同体　→　共処体、共同
　　　体
　　　——警察的統制　208
　　　——座席の階級区別　241註350
　　　——史　68註51(bis), 289
　　　——史家　141註142
　　　——史的 kirchengeschichtlich　110註93
　　　——支配　284註25
　　　——所属(cf. 教会への所属)　194註259
　　　——成員身分　197註263
　　　——政治家　118
　　　——政治的　167註198
　　　——制度　112註95, 157, 166(bis), 174, 198
　　　註263
　　　——制度問題　290
　　　——組織　175註208
　　　——体制プログラム　108註91
　　　——秩序　293註41
　　　——当局　200註268
　　　——統治　157, 287註26, 291, 292
　　　「——統治の指針」Directory of Church
　　　Government　283註24
　　　——党派 Kirchenpartei　251註372, 288註
　　　27
　　　——内　108
　　　　——内的　295註45
　　　——の鐘　216註297
　　　——の規律(cf. 教会規律)　294
　　　——の構成員　285註25
　　　「——の外に救いなし」　120, 169註200, 202
　　　——の懲戒手段　121, 300
　　　——の交わり　170註200, 198註264
　　　——分裂　114, 291

事項索引 373

──分裂的行動 Schisma 289 註 30
──への所属 (cf. 教会所属) 267
──法規 canones (＝教会法) 132 註 127
──法令 Kirchenkonstitution 298 註 56
──目的 268
──リバイバル 133 註 127 (bis)
──禄 48 註 35
──論 Kirchentheorie (cf. 教会的教説 Kirchenlehre) 285 註 25 (bis)
可視的── 157 註 182, 197, 284 註 25 (ter), 293 註 41
原始── Urgemeinde 199, 201
黒人── 239 註 347
国家──Staatskirche 107, 194 註 259, 208 (bis)
　国家──制 Staatskirchentum 240
純粋な── 142 註 145, 157, 284 註 25
小── ecclesiola 172
神学者の── 171 (bis)
真の── 120, 125, 135 註 132, 155 註 178, 199, 201, 236
聖徒の── 180 註 224
聖なる── 96 註 76
全体──(cf. 個別共処体) 285 註 25 (bis)
「戦う──」ecclesia militans 114, 153, 238 註 345
不可視的── 134, 172, 202
福音的── 157 註 182
→ 改革派的──、制度法、会衆派──、カトリック──、組合──派、広──派的、高──派、国家と──の分離、信仰者の──、長老派──、ドナトゥス派的──概念、ドルドレヒトの──法規、プロテスタント──、ピューリタン的──観念、領邦──、ルター派──、ルター派的──、ルター派的──秩序
教会会議 114 (bis), 229 註 328, 241 註 350, 288 註 27, 289, 292 註 38
　──委員会 291 註 38
　──的 synodal 291
　　──的統治 Synodalregiment 292 註 39
　──の議定書 294 註 41
　──の決議 299 註 60
　──の討議録 239 註 348, 286 註 26
　全国── 31 註 17 (bis)

→ アルクマールの──、ウェストミンスター──、エダムの──、エンクハウゼンでの──、クエイカー派の──、デーフェンテル (で) の地方──、ドルドレヒト──、ハーレム──、ホルクムの──、南ホラントの──、ユグノーの──、ライデンでの──、ロッテルダムの──
教会規律 109, 121 註 107, 129 註 124, 208 (bis), 210, 250 註 368, 252 註 374, 259, 281 20, 284 註 25, 286, 287 註 26, 292 註 38, 293 40, 293-294 註 41 (passim), 295 註 45, 297 註 53, 300, 301
　──の担い手 287 註 26, 292 註 39, 293
　→ カルヴァン派的──、ジュネーヴの──、信団の──、聖職者的──、中世の──、長老派的──、長老派の──、ピューリタン的──、ユグノーの──、ルター派の──
教会的 passim
　──完全市民 285
　──規範 67
　──教説 Kirchenlehre (cf. 教会論 Kirchentheorie) 48 註 35
　──刑罰権 300
　──権威 175 註 208, 228 註 325
　──支配 22, 23
　──信心 30
　──救い 121
　──生活規制 283
　──制度 154
　──前史 280
　──であること Kirchlichkeit 99 註 79, 269, 272
　──伝統 71
　非── unkirchlich (cf. 教会的であること) 72, 85, 270
教会堂 272 註 9
教会法 kanonisch. Recht/Kirchenrecht (cf. 教会法規) 2, 71, 284 註 25
　──学者 Kanonist 69 註 51 (ter)
　──上 kanonisch 31 註 17, 67 註 51
　──的通用力 114
教義 passim
　──史的 dogmengeschichtlich 110 註 93
　──の首尾一貫性 175

374　事項索引

　　→　カルヴァン派的――、カルヴァン派の
　　　　――概念、プロテスタント的――、プロテ
　　　　スタントの中心的――
教義的　passim
　　――関心　145 註 156
　　――正統信仰　169
　　「非――」倫理　109
教権制的権力　→　権力　Macht
教区 Gemeinde/parish (cf. 共処体　Gemeinde)
　　127 註 120, 169 註 200, 217 註 300, 259 註 387,
　　273 註 10, 289
　　巡回―― circuit　297, 297 註 53 (bis) .54
共産主義　10 (ter)
　　→　異端的――
共産主義的　10, 167 註 198
　　――実験　155 註 177
　　半――　173, 205
享受 (cf. 享楽)　66 (bis), 82 註 56, 172, 192, 237,
　　243 註 356, 250 註 368, 280
　　現在――　186
　　――所有の――、富の――
行状 Wandel　142, 272, 280, 280 註 19, 286 註
　　26, 290, 293 註 40, 293-294 註 41 (ter), 299,
　　299 註 62
　　「――」調査　271
　　→　資本主義的――、生活――
共誦奉仕　221
共処体 Gemeinde (cf. 教区 Gemeinde、共同体
　　Gemeinschaft)　135 註 132, 180 註 224, 181,
　　181 註 227, 197 註 263, 268, 271, 273 註 9.10,
　　280, 283 註 24, 284 註 25 (passim), 286-287 註
　　26 (passim), 289 註 30 (ter), 290 (bis), 291
　　(bis), 291 註 38, 292 (ter), 292 註 39, 293, 295
　　(bis), 296 註 49 (bis) .50, 299 註 62 (bis)
　　――形成　177 註 215, 302 註 67
　　――構成員 Gemeindeglied　31 註 17, 284 註
　　　　25, 290 註 34, 296 註 47.49
　　――成員 Gemeindemitglied　284 註 25, 288,
　　　　292, 294
　　――長老　291
　　――の凝集性　299
　　――の有責性 (cf. 宗教的有責性)　292
　　――メンバーシップ Gemeindemitgliedschaft
　　　　284 註 25, 298
　　教会――　279 (bis), 279-280 註 19 (bis)

原始キリスト者――　296
個別―― (cf. 全体教会)　169 註 200, 285 註
　　25, 292 註 39
市民――　77 註 54
「純粋な」――　203
信団――　280
　　→　アムステルダムの亡命者――、改革派
　　　　――、(古代) キリスト教の――形成、禁欲
　　　　主義的――形成、聖餐――、洗礼派――、
　　　　バプテスト派の――、(古代) ユダヤ教の
　　　　――形成
強制　→　経済的――、節約――
行政　4, 11, 12 (ter), 13
　　――の合理化　→　合理化
業績　経済的――、精神的――、宣教――
教説　passim
　　――擁護 Apologetik (cf. 護教論 Apologetik)
　　　　171 註 202
　　→　選びの――、恩恵――、義認――、教会
　　　　的――、経済――、処世術――、神学者
　　　　――、聖餐――、ルター派的――、民衆
　　　　――、倫理――、倫理的――、倫理的
　　　　概念
兄弟 (宗教的な意味での)　71 註 52 (bis), 72 註
　　53, 82 註 56, 93, 180 註 224, 199, 235 註 341,
　　293 註 40, 294, 298-299 註 60 (bis), 299 (ter)
　　――精神　298
　　『――の信仰のイデア』(シュバンゲンベルク)
　　　　124 註 115, 182, 182 註 231
　　→　「英国国教会に反対する 5 人の――」、信
　　　　団――
兄弟団　180 (bis), 183, 184, 191
　　→　ボヘミア――、モラヴィア――
兄弟的　274
教団 Denomination (cf. 教派 Denomination)
　　272 註 8
協同組合的 genossenschaftlich　293 註 40
共同体 Gemeinschaft (cf. 共処体 Gemeinde、交
　　わり Gemeinschaft)　126 註 120, 157, 157 註
　　181, 168, 172, 197 (ter), 204, 205, 208, 209,
　　283, 284 註 25, 285, 286, 292 (bis), 295 註 46,
　　299, 301
　　――形成　208
　　――形成的　127 註 120 (bis)
　　――生活　129 註 124

事項索引　375

　　──組織　128 註 122, 173
　　──の紐帯　157 註 181
　祈禱──　294
　教会──　108, 170 註 200(bis), 267(bis)
　宗教──　103, 197(bis), 209
　宗教的──　170 註 200, 198 註 263, 276
　　宗教的──形成　301 註 65
　　→　禁欲主義的宗教──、社会的──、修道院的──組織、聖餐──、バプテスト派──
　教派 Denomination(cf. 教団 Denomination)　33, 49 註 35, 70 註 51, 85, 107 註 90, 109, 124 註 115, 162, 177 註 215, 193 註 256, 200 註 269, 205 註 276(bis), 209(bis), 269 註 5, 284, 286, 301 註 65
　　──横断的　129 註 124
　　洗礼派的諸──　201, 201 註 271, 206, 207, 208
　　ピューリタン的──　302
教派的　125 註 119
教父(ルター派の)　118
教養　114, 217 註 300, 238, 245 註 359, 275 註 12
　神学的──　111, 171 註 201
　専門的──　171 註 201
　無──　131 註 127, 231 註 333
享楽(cf. 享受)　42, 214, 237, 238 註 345, 244
　　──手段　237
　　──人　264
　　娯楽的──　244
　　美学的──　244
　　→　人生──
教理 Doktrin　189
　　→　聖化の──
教理教育　→　改革派の──、ルター派の──
教理教育的　166 註 198
教理問答　→　ジュネーヴ──、長老派教会の──、メソジスト派の──、ルターの小──
共和国 Commonwealth　91
局地間的　292
局地的　292(bis), 298
　　──商人　→　商人
御者　4
　　ナポリの──　51
去勢派(スコプツィ)　49 註 35
ギリシア　7, 59 註 44

　　──語　77 註 54, 82-83 註 56(ter)
　　──人　1, 27 註 13
　　──的科学的思考　121
　　──的精神　1
　　──文学　83 註 56
　　──文字クラブ　→　クラブ
キリスト　115, 116, 121, 129 註 124, 133, 140 註 142(bis), 145 註 157(bis), 158, 160 註 192 (bis), 170 註 200, 180 註 224, 183 註 232, 199 (ter), 199 註 266, 200 註 268, 284 註 25(bis)
　　──との交わり　138 註 139
　　『──に倣いて』　154
　　「──のからだ」　126 註 120, 284 註 25
　　──の犠牲の死　121
　　──の救済の業　198
　　──の功績　198
　　──の再臨　129 註 124
　　──の受肉　199 註 266
　　──の血の注ぎ　180 註 224
　　──の仲介者性　121 註 108
　　「──のテレビン油」　180 註 223
　　──の奴隷　82 註 56
　　──への長老職の委任　180
キリスト教　1, 35, 86 註 57, 93, 96 註 76, 129 註 124, 184 註 235, 197 註 263, 209 註 282, 218 註 302, 239, 284 註 25, 286, 303 註 67
　　──化　160
　　『──綱要』(カルヴァン)　118, 118 註 102, 126 註 120, 135 註 132, 141 註 142, 150 註 166, 171 註 202, 201 註 271, 238 註 345, 242 註 352, 287 註 26
　　『──指針』(バクスター)　127-128 註 120 (ter), 136 註 137, 142 註 148, 153 註 174, 159 註 189, 204 註 274, 211, 212, 215 註 292, 233 註 339, 236 註 342, 239 註 347, 295 註 44
　　──社会主義的　260
　　『──の教説の根本』(メノー・シモンス)　199
　　──の倫理　20 註 1
　　──の歴史　117
　感情的──　192
　古代──の共処体形成　302 註 67
　初期──　290
　聖書的──　196 註 260
　西洋の──　20 註 1

二流の―― 174
　　→ 改革派的――、敬虔主義的――、思想の――版、洗礼派的――、『内奥の――』、ピューリタン的――
キリスト教的 79註55, 91註65, 177註215
　　――影響 48註35, 265註397
　　――感覚 240註349
　　――完全性 176
　　――禁欲 → 禁欲
　　――婚姻 219註305
　　――自由 181註226, 191
　　――宗教心 130
　　――信仰生活 180註223
　　――信心 30
　　――生活 183
　　――生活営為 176
　　――道徳命令 85
　　――「隣人愛」 128
　　――倫理 49註35, 202註272
　　　中世の――倫理 70註51
　　原始―― 199
　　古代―― 198註263, 298
キリスト者 87註59, 93, 96註76(ter), 127註120(bis), 128(bis), 141, 155, 157(bis), 159(bis), 169, 174-175註208(bis), 184註235, 202註272, 210, 218註304, 221註308, 226, 255, 283, 285, 295註44, 300
　　――状態 Christlichkeit 117註100
　　――世代 199
　　『――の完全について』(フランケ) 177註214
　　『――の自由』(ルター) 81註56, 87註59, 117, 138註139, 236註343
　　形式的―― 295註44
　　原始――共処体 → 共処体
　　受動的―― Passivchrist 174, 179
　　能動的―― Aktivchrist 174
　　平均的―― 145, 146, 172
　　劣等――身分 285
　　→ 改革派的――、ピューリタン的――
キリスト論(cf. 属性の交流) → 改革派の――、ルター派の――
規律 47註35, 51, 135註132(bis), 170註200, 172(bis), 221註308, 283註24, 285, 293註41, 294(bis), 301(bis)

　　――手段 129註124, 146註158, 283, 293註41
　　――組織 293註41
　　→ 教会(の)――、軍隊――、修道院の――、信団の――、風紀――、倫理的――
規律化 43註32
　　自己―― 99
「規律者」disciplinarian 294註41
ギルド 11
　　→ 商人――
儀礼的諸規定(律法の) 233
緊急援助義務 298, 299註60
金権支配 Plutokratie(cf. 富豪階級 Plutokratie) 277
銀行 7(ter), 9註2(ter), 60, 73, 271
　　――政策 9註2
　　――手形 261
　　――取引 8
　　発券―― 61
　　→ イングランド――
銀行家(cf. 「質屋」、「抵当貸しをする人々」、ロンバルディア人) 27註13, 31註17, 68註51, 90, 213註290
金銭 → ゲルト
近代カトリック的 → カトリック的
近代経済 3, 23, 73
近代国家 3
　　――権力 → 権力 Gewalt
近代市民社会 → 市民
近代西洋 → 西洋
近代的 9, 11, 21, 23, 24, 25(bis), 27註13, 50, 52, 77註54, 104, 128註122, 170註200, 217註300, 274(bis), 279, 300
　　――技術 56註39
　　より―― 162
近代文化 → 文化
緊張状態 Spannung 148(bis), 266註397
勤勉 industria 47-49註35(passim), 70註51(ter), 71, 218註301, 254(bis), 255
勤勉さ 37, 41, 98註77
金融業 69註51
金融業者 10註2
　　大―― 59註44, 253註375
金融的大立者 260註389
金融的資本主義 → 資本主義

事項索引　377

金融冒険家　253 註 375
禁欲 Askese　30, 110 註 93, 135 註 132, 150-151 註 167(ter), 152(passim), 153, 154, 155(bis), 159, 165, 166, 179 註 221, 183 註 232, 184, 184 註 235, 185, 196 註 260(ter), 200 註 268(bis), 208(bis), 209, 214, 230, 236, 239, 248(passim), 249 註 367, 259, 259 註 387. 388, 263(bis)
　——の階級関連性　217 註 300
　——の修道者的形態　205
　——の俗世外的形態　205
　——の命題　246 註 362
　改革派的——　168, 174
　カトリック的——　200 註 268
　カルヴァン派的——　153, 188, 203(ter)
　キリスト教的——　150, 151 註 169, 210(ter)
　　キリスト教的——の精神　261
　敬虔主義的——　168 註 198
　権威敵対的——　200 註 268, 237 註 344
　合理的——　152, 164 註 194, 175, 238
　宗教的——　257
　修道院的——　253
　修道者——　48 註 35, 70 註 51
　　俗世外的修道者——　151 註 169
　修道者的——　85, 219(bis)
　職業——　136 註 137, 225
　性的——　219
　俗世逃避的——　205 註 276
　俗世内的——　42 註 32, 48 註 35, 70 註 51, 107 註 90, 148 註 161, 153, 154, 167 註 198, 184, 196 註 260, 204, 206, 207, 212 註 286, 225, 233, 241 註 350, 246, 247, 253(bis), 264, 273, 284, 302
　　俗世内的天職——　151 註 169
　中世的——　153
　二流の——　196 註 260
　ピューリタン的——　152, 181 註 227, 252 註 373, 258(bis)
　ピューリタン的天職——　261
　プロテスタント的——　183 註 235(bis), 194, 200 註 268, 206, 216 註 297, 246, 247, 259, 265, 300
　ヘルンフート的——　181 註 227
　方法的——　303
　労働——　151 註 169

禁欲者　78 註 54
禁欲主義 Asketik　168 註 198
禁欲主義的 asketisch　28, 66, 69 註 51, 78 註 54, 87 註 59, 99, 107, 108 註 91, 111 註 94, 150, 152 註 171, 156 註 181, 162, 165, 177, 185 註 237, 188, 200 註 268, 208, 212 註 287, 229, 237, 241 註 350, 245 註 360, 247 註 363, 255, 262
　——運動　108, 165, 166, 193 註 257, 212 註 286
　——エートス　251 註 373
　——貫徹　209
　——帰結　166
　——義務　98
　——教育　30
　——共処体形成　171 註 203
　——教派　70 註 51, 124 註 115, 193 註 256, 284, 301 註 65
　——原理　152 註 171
　——行為　140
　　——行為功績　99
　——合理化　163 註 194, 249 註 367
　——合理主義　264(ter)
　——根本性格　159
　——根本モチーフ　262
　——在俗信者道徳　196 註 260
　——宗教共同体　209
　——宗教心　130 註 124, 167 註 198, 208, 291 註 37
　　——宗教心の精神　212 註 287
　——手段　178, 215 註 293, 218, 248
　——職業倫理　280
　——信団　49 註 35, 280, 282 註 23, 294, 304
　　——信団形成　283, 302
　——浸透　154, 165, 193 註 255
　——聖化　181
　——性格　165
　——生活　167 註 198, 228 註 325(bis)
　——生活営為　43 註 32, 157, 175, 190, 193, 196 註 260, 236, 237
　　——合理的生活営為　217 註 300
　——生活規制　122 註 112
　——生活気分　245
　——生活様式　209
　——精神　107, 240 註 350, 251 註 370

378　事項索引

　　――節約強制　241 註 350（bis）, 249, 249 註 367
　　――宣伝力　240
　　――著作　141 註 142, 153 註 174
　　――統制　174
　　――闘争　172
　　――道徳　109, 196 註 260
　　――徳目　204, 217 註 300
　　　　――徳目実践　225
　　――秘密集会　237
　　　　――秘密集会形成　302
　　――表出形態　167 註 198
　　――表象　177 註 215
　　――プロテスタンティズム　70 註 51, 107, 150 註 166, 162, 184 註 235（bis）, 210（ter）, 224 註 316, 234 註 341, 240 註 349, 245, 265（bis）
　　　　――プロテスタンティズムの生活様式　212 註 286
　　　　――プロテスタンティズムの倫理　14
　　――プロテスタント　208 註 281
　　　　――プロテスタント信団　303
　　――文学　259
　　――方向性　166, 188, 254
　　――方法　179
　　――要求　186 註 239
　　――理想　28, 155
　　――リバイバル　168
　　――理論　219 註 305
　　――倫理　127 註 120, 189, 194 註 258, 211
　　反――　34
　　非――　242

ク

悔い改め　141 註 142
　　日々の――　139
空気遠近法　3
偶然　63 註 48, 86 註 58, 149, 241 註 350, 247, 262 註 391, 266 註 398, 268
　　→ 史的――
偶然的　223（bis）
偶像崇拝（cf. 被造物神格化）　153 註 174（bis）
クエイカー派（cf. フレンド会）　26, 33（bis）, 108 註 91, 192 註 253, 194, 194-195 註 259（passim）, 197 註 260.263, 200 註 268, 201

（ter）, 201 註 271（bis）, 202 註 272（ter）, 203, 204 註 274, 205 註 276, 206（bis）, 211, 213 註 289, 217 註 298, 226 註 322, 236 註 343, 237, 242 註 353, 243 註 356, 246, 247（bis）, 247 註 363.365, 248 註 365（bis）, 252 註 375, 253, 273, 280, 281, 281 註 20, 282 註 22, 284, 294, 296
　　――の教会会議　205 註 276
　　――の支援制度　299
　　――の「集会」　204
　　――の信仰心理学　99
　　――の心理学　177 註 215
　　――の生活実践　204
　　――の説教　209 註 283
　　――の著作　231 註 332
　　――の著作家　111 註 93
　　――の文献　212 註 286
　　――の倫理　202 註 272（bis）, 225
　　――の歴史　194-195 註 259（bis）
　　――倫理　231 註 332
　　生活の――的合理化　→ 合理化
苦行　80 註 55, 247, 247 註 364
くじ　177 註 215, 181
駆動装置　259 註 387, 262
組合教会派　108 註 91, 240 註 350
位取り　12
　　――記数法　12
クラス　→ メソジスト派の――
　　――「」組織　297 註 53
クラブ　62, 276（bis）, 277（ter）, 277 註 14, 278（ter）, 278 註 16（ter）, 279, 279 註 18
　　運動――　276
　　学生向け――　276
　　ギリシア文字――　276
　　富豪階級の――　276
　　名士――　276
クリスチャンサイエンス　273
クリスマス（の祭）　239
クリュニー修道院　150, 215 註 293
グレートヘェン　220 註 305（bis）
君侯　10（bis）, 50 註 35, 52, 235 註 341, 241 註 350, 300
　　――身分　79 註 55
　　→ 改革派の――、ルター派の――
君主政的　237
軍隊　240 註 350

事項索引　379

──規律　152 註 171
──制度　152 註 171, 241 註 350
──の宣言　Declaration of the army　260 註 389
→　クロムウェルの──
軍国主義　10
訓練　→　商人的──、専門的──、内面的──、方法的──

ケ

経営　5 註 1, 9 註 2, 11, 23, 61, 62(bis), 195 註 260
　──計算　9
　──形態　55, 67
　──財産と個人財産の法的分離　9
　──指導　21
　──資本主義　→　資本主義
　──集約度　53
　「──責任者」　21
　──組織　8, 9
　──体　8
　──簿記　→　簿記
　営利──　→　エアヴェルプ
　企業──　6
　継続的──　5, 6, 7
　合理的──　5, 59 註 44, 234
　持続──　7, 9 註 2
　資本主義的──　5, 9, 44
　　資本主義的個別──　5
　市民的──　234
　専門──　3
　問屋──　48 註 35, 61
→　印刷業──、家政と──の分離、経済──、御料地──請負、私経済的──、司牧──、資本主義的商売──、手工業者──、商売──、方法的──
経営者　7
→　農業──
経営的　7
　──資本活用　52
契機　22, 30, 58 註 41, 122 註 112, 147 註 159, 187 註 240, 206
　宗教外的──　249 註 366
→　感情──、宗教的──
経験　25, 26, 27 註 13, 51, 134, 154, 169, 179,

190, 211, 296 註 49
敬虔　175 註 209, 235 註 342
「──の実践」praxis pietatis　169, 171
敬虔さ　217 註 300, 262 註 391
敬虔主義　30, 33 註 24, 57, 99 註 79, 107(bis), 108(bis), 133 註 128, 134(ter), 155 註 177, 166, 167 註 198(bis), 168 註 199(passim), 169 註 200, 171(ter), 171 註 202.203, 172(ter), 173, 173 註 204, 174, 175, 175 註 209, 176 (bis), 177 註 215, 178(passim), 179, 182, 183, 185, 186, 187(ter), 187 註 242, 188, 188 註 243 (bis), 189 註 245, 192, 193 註 255.257(bis), 194, 200 註 268, 208, 213 註 289, 217 註 299. 300, 218 註 304, 222 註 313, 234 註 341, 241 註 350, 258 註 386, 285, 293
　──の信仰心理学　99
　──のツィンツェンドルフ的変種　193 註 257
　ヴュルテンベルクの──　187 註 240
　改革派的──　168, 169 註 200, 173
　感情的──　187(bis), 192
　ドイツ──　174, 175, 185, 187, 189, 192, 211, 232
敬虔主義者　30, 33, 124 註 115, 138 註 139, 150 註 166, 166-167 註 198(bis), 168, 170 註 200, 173 註 206, 174, 176 註 213, 177 註 215, 178 註 218, 179(bis), 197 註 263, 226 註 322, 286 註 26, 287 註 27, 293 註 41
　改革派的──　132 註 127
　　改革派的──の倫理　202 註 272
　ドイツ──　206
敬虔主義的　168, 168 註 198, 174, 179, 213 註 289, 219 註 305, 240 註 349
　──言い回し　96 註 76, 218 註 304
　──カルヴァン派　→　カルヴァン派
　──キリスト教　184 註 235
　──禁欲　→　禁欲
　──形態　189 註 245
　──信心　166 註 198, 177 註 215, 187 註 240
　「──流儀」　180
　──労働力　34 註 24
　半──　196 註 260
　非──カルヴァン派　→　カルヴァン派
経験的　1, 2, 16, 66 註 50, 139, 155 註 178, 184 註 235, 243 註 356

380　事項索引

──個別知識(cf. 哲学的思弁)　183
→　意志の──「自由」
経験論　183-184 註 235(ter)
　　科学的──　264
　　哲学的──　264
経済　5, 7, 13, 14, 49 註 35, 59(ter), 67, 73, 74, 186, 215 註 293
　　──営為　253
　　──エートス　→　エートス
　　──機構　73
　　──規制　303
　　中世的──規制　67
　　──教育　57
　　──教説　35
　　──経営　12
　　──形式　14
　　──行為　5
　　──史　58, 59, 64
　　──システム　105
　　──主体　45
　　──人　252, 255
　　「──信念」　14
　　──性　48 註 35, 57(bis), 99 註 79
　　──生活　9, 27 註 13, 45, 64, 67(bis), 186
　　──政策　50 註 35
　　──精神　→　精神
　　──組織　91 註 65(bis)
　　──体制　52
　　──地域　276
　　──秩序　43, 67, 262
　　──転覆的　276
　　──文化　31
　　──文書　7
　　──力　260
　　──倫理(「諸々の世界宗教の経済倫理」をも参照)　69 註 51
　　　カトリックの──倫理　70 註 51
　　　宗教的──倫理　14(ter)
貨幣──　5 註 1
資本主義──　50(bis), 53, 55 註 38, 258
「資本主義的」──行為　5
資本主義的──制度　33 註 24
資本主義的──秩序　44, 67
修道院──　212 註 287
伝統主義的──　62

統制──　10
都市──　10, 241 註 350
→　営利──、近代──、資本主義的私──、需要充足──
経済的　passim
　　──環境　227 註 323
　　──基礎　247
　　──強制　263
　　──業績　221 註 308
　　──経過　62
　　──行為　7, 44, 52
　　──合理主義　→　合理主義
　　──作用　208 註 281, 255
　　──使用　259 註 388
　　──状況　45, 49 註 35, 225 註 319
　　──条件　13
　　──進歩　26, 169 註 200
　　──成功　74
　　──生存基礎　77 註 54
　　──生存闘争　67
　　──秩序界　→　秩序界
　　──超人　275
　　──伝統主義　→　伝統主義
　　──闘争　22
　　──淘汰　45
　　──特質　32 註 20, 188
　　──難破　64
　　──変動　104
　　──報奨　→　報奨
　　「──法則」　105
　　──利害　260 註 389
　　──利用可能性　12
→　私──
警察　79 註 55
　　黒──　58 註 41
　　風紀──　208
→　教会──的統制、信団の風紀──
警察的　208
　　──発展　208
計算　6(passim), 10, 12(passim), 57(bis), 74, 95 註 72, 160 註 190, 192
　　──高さ　Rechenhaftigkeit　45
　　生活営為の一原理としての「──高さ」　215 註 293
　　再──　6

事項索引　381

資本主義の「――的精神」→　資本主義
　　→　経営――、資本――
啓示　41 註 30, 118 註 102, 130, 141, 181, 200
　　(ter), 201, 201 註 271, 214
　　――の教え　41 註 30 (bis)
　　――の聖書的形態　202
　　――の本質　201 註 271
　　個別的――　198, 206
　　持続する――　201 (bis)
　　→　神的――、神の――
形式主義　207 註 279
形式主義的　12, 207 註 279, 233, 233 註 338, 236
　　――合法性 Legalität　207 註 279
形式的　5 (bis), 8, 12 (bis), 23, 48 註 35, 69 註
　　51, 194 註 259, 197 註 263, 227 註 323, 233,
　　256, 265 註 397, 303
　　――キリスト者　→　キリスト者
　　――合法性 Legalität　207
形而上学的　118 註 102
芸術　2, 3, 239, 240 註 349 (bis), 242, 243
　　――作品　39 註 26
　　――実践　239
　　造形――　239 註 347
　　――オランダ的――判断、感覚――
芸術家　4
　　――的　13, 16, 242
芸術的　234 註 341, 240 註 349
　　――対象　239 註 349
形成　→　共処体――、共同体――、史的概念
　　――、資本――、修道会――、信団――、秘
　　密集会――
継続的　159 (bis), 221 註 309, 301 (bis)
　　――経営　→　経営
形態　→　獲得――、貴族的生活――、経営
　　――、敬虔主義的――、啓示の聖書的――、
　　貨幣――、思考――、史的現象――、宗教的
　　思考――、生活――、摂理信仰のフランケ的
　　――、投資――、萌芽的――、労働――、労
　　働の伝統主義的――
刑罰権　→　教会的刑罰権
〈刑罰による償い〉思想 Strafsatisfaktions-
　　gedanken　181 註 227
啓蒙主義　50 註 35 (bis), 64, 123, 193 註 257,
　　263
　　――時代　193 註 257

啓蒙主義的　34
　　――無関心　169 註 200
「契約」思想 (cf. 盟約者)　281 註 20
劇場　240, 242 註 351 (bis), 271
ケチ (吝嗇)　46
　　――の哲学　39
決疑論者　228 註 325 (bis)
決疑論ハンドブック　109
決疑論文献　228 註 325
結婚式　272 註 8
結婚生活　→　生活
決算　6 (bis)
　　収支――　12
結社　7, 285
　　資本主義的――　9
決定 (神による。cf. 神の決定)　115 (bis), 119
　　(passim), 121, 122, 132 註 127, 163 註 194
　　「恐るべき――」　118
　　「密かなる――」　117
決定論　162
血統　230 註 330 (bis), 277 註 14
決闘要求・応諾資格 Satisfaktionsfähigkeit
　　279 註 17
ゲマインシャフト　→　共同体
ゲマインデ　→　共処体
ゲルト　Geld
カネ　Geld　22, 37 (passim), 38, 39, 42 (bis),
　　43, 46 註 35, 54 (bis), 63, 66, 214, 215, 226
　　註 322, 227 註 323, 228, 230 註 330, 240 註
　　350, 246 註 362, 277 註 14 (bis), 282
　　――儲け　67 (bis)
貨幣 Geld　46 註 35, 52, 59, 73
　　――価値　8
　　――経済　→　経済
　　――形態　6
　　――権力、――財政、――市場　→　権力
　　Macht, 財政, 市場
　　――所有　251 註 370
　　――の非生産性　92
　　――評価　6 (ter), 7 (bis), 59
　　――利潤　→　利潤
金銭 Geld　5 註 1, 6, 46-48 註 35 (ter), 51 註
　　36, 52, 110 註 93, 244
　　「――愛」　255 註 379, 281 註 21
　　――獲得 Gelderwerb　43, 51, 67, 256

　　　　（bis), 259
　　　　──換算　6
　　　　──操作　55 註 38
　　　　──的要求　268
　　　　──欲　50, 51, 52
　　　　──欲求　136 註 137
　　　　→　「良心の──」
ゲルマン人　79
権威　93, 184 註 235, 298
　　　　──信仰　128 註 120
　　　　──敵対的　237(bis)
　　　　　　──敵対的禁欲　→　禁欲
　　　　──否定　196 註 260
　　　　→　教会的──、宗教的──、世俗的──、
　　　　伝統的──
権威主義的　159, 164 註 194, 208(bis), 240, 301
　　　　(bis), 302
　　　　反──　125 註 118, 179 註 221, 237, 291 註 37
権威的　58 註 41
「限界効用法則」(歩く)　248 註 365
弦楽カルテット　2
厳格主義　167 註 198
言語　passim
　　　　──創造的　79 註 54
　　　　──装置　145 註 156
　　　　官房──　79 註 54
　　　　→　概念──、世俗──、文化──
原罪(cf. 罪過、罪責、大罪、罪)　163 註 194
　　　　──的不相応性　139
　　　　→　被造物の──的無価値
現在(来世との対比)　182, 186(bis)
　　　　──享受　186
　　　　──的　183 註 232
原始教会　→　教会
現実感覚　139
現実主義的　139, 147
検邪聖省　68-69 註 51(bis)
現象　3, 20(bis), 21, 22, 24(bis), 24 註 8, 25
　　　　(ter), 25 註 9, 27 註 13, 30(bis), 32 註 20
　　　　(bis), 36, 40 註 29, 45, 58 註 41, 66, 67, 109,
　　　　113, 117, 123, 150, 154 註 177, 178, 189 註 245,
　　　　222, 240 註 349, 246 註 362, 271(bis), 274,
　　　　275, 277 註 14
　　　　外面的──　150
　　　　個別──　58

随伴──　219 註 305
大量──　52, 173 註 204
特別──　9
二次的──　194
部分──　74
→　史的──、文化──
謙譲(cf. 謙遜)　187
堅信教育　291 註 38
堅信証明書　291
現世(cf. この世)　98 註 77, 133, 230, 232(bis)
　　　　──肯定主義 Diesseitigkeit　126, 255
　　　　──の運命　132 註 127
　　　　──離れ的性格 Lebensfremdheit(cf. 世離れ
　　　　的性格)　33
現世的　214
　　　　──財　→　財
謙遜(cf. 謙譲)　41, 118, 136, 139, 158 註 185,
　　　　181 註 227, 186
　　　　──派 humiliati　196 註 260
現代的　12, 32 註 19
建徳的　130 註 124, 153 註 174, 273 註 10
堅忍　115, 191
現物交換　73
ケンブリッジ網領(プラットフォーム)　287 註 26, 299 註 60
ケンブリッジ大学　114 註 97
憲法　4
倹約　63, 254
　　　　──家　254, 255
権利　→　レヒト
原理　16, 46 註 35(bis), 128 註 120, 135, 150,
　　　　150 註 165, 179 註 221, 198, 200, 200 註 268
　　　　(bis), 204 註 274, 206(ter), 207, 211, 215 註
　　　　293, 219, 220 註 305, 226, 229 註 328, 237,
　　　　242 註 353, 267(bis), 276, 280 註 19(bis),
　　　　282, 283, 291, 292(bis), 292 註 39, 294, 297
　　　　註 50
　　　　個人的カリスマの──　→　カリスマ
　　　　→　機関恩恵の──、禁欲主義的──、構造
　　　　──、使徒的──、主意主義的──、宗教
　　　　的──、信団──、聖書的──、設計──、
　　　　長老派的──、独立派の──、分派的──
原理的　62, 74, 88 註 61, 89 註 63, 93, 96, 99, 129
　　　　註 124, 133, 144 註 156, 147, 155, 162(bis),
　　　　174 註 208, 189, 194 註 259(bis), 195, 197, 202
　　　　註 272, 215, 234 註 341

権力
  権力 Gewalt 204, 260(bis), 285 註 25
    お上の―― 260
    近代国家―― 67
    国家―― 293 註 41
    市民的―― 169 註 200
    政治―― 204
    政治的―― 294 註 41
    ヒエラルヒー的―― 169 註 200
  権力 Macht 65, 66, 277 註 14
    ――手段（改悛の秘跡について） 147
    ――地位 107
    ――闘争 Machtkampf 260 註 389
    ――保持者 Machthaber 169 註 200
    貨幣―― 71
    教権制的―― 293 註 41
    市民的―― 169 註 200
    宗教的―― 67, 210
    政治―― 240 註 350
    政治的―― 4
    世俗の―― 170 註 200
    罪の―― 192, 203
    欲望の―― 242 註 352
    → 鍵――

コ

行為（cf. 善い行ない）
  ――義認 Werkgerechtigkeit 190
  ――功績 99
  → 意志（的）――、恩恵――、改悛――、海賊――、義認――、禁欲主義的――、禁欲主義的―-功績、経済――、経済的――、自然的――、道徳的――、風紀紊乱――
行為聖性 Werkheiligkeit 99, 144, 146, 146 註 157, 148, 161(bis), 164 註 194, 181, 185 註 237, 193, 229
  ――的 205
公益 common good 216 註 298, 224 註 316
交換 6
  ――チャンス、――利潤チャンス → チャンス
高級娼婦 4
高級な 277 註 14(passim)
工業 33, 56 註 39, 60, 63 註 48, 208, 241 註 350(bis), 253

――国 56
――地域 56
――的発展 27, 27 註 13, 55 註 38
大―― 11, 25
高教会派 192 註 253
広教会派的 latitudinarisch 228 註 325
交響曲 2
公共の福祉 215 註 292
高校卒業資格試験 24(bis)
交差ヴォールト 3
合資会社 7
工場 5 註 1, 6, 25(passim), 34 註 24
  ――制度 33 註 24, 99 註 79
後進的 51, 54, 57, 75, 92
功績 41, 42 註 31(bis), 68 註 51, 117, 119, 149 註 163(bis), 160, 195 註 260, 198, 236 註 343
  無――の 189
  → 行為――
構造 10, 12, 67(bis)
  ――原理 285
  → 下部――、思想的――、上部――
拘束力 122 註 110, 233 註 339
交通 22, 91 註 67
  ――制度 66
皇帝 95 註 74
公的 7, 109, 127 註 120, 294 註 41
  ――生活 → 生活
行動
  ――的（cf. 受動的） 151, 183 註 232, 187, 216
  ――様式 160 註 191
強盗 4
高等教育機関 Hochschule 3
高等小学校 24, 24 註 8
行動力 64
  ――の圧殺 173
  → 資本主義的――、ピューリタン的――
劫罰 122 註 110, 146 註 157
幸福 41 註 30, 42, 101, 225
  ――主義的 42, 75, 182
  一般的―― 224, 225
  最大多数の―― 224
  人的―― 65
合法化 legalisieren 246
  → 搾取の――
合法性 [1]Legalität/[2]legality [2]149 註 164, [1]233

384　事項索引

　　→　形式主義的――、形式的――
公法的 öffentlichrechtlich　77 註 54
合法的 legal　43, 59, 71, 145 註 157, 202 註 272,
　229 註 326, 256
　　――営利　→　エアヴェルプ
　　――天職　→　ベルーフ
功名心　26, 237
合目的性、合目的的　→　目的
効用給付 Nutzleistung　6
強欲、強欲さ　58 註 41, 248(bis)
高利　68-69 註 51(bis), 72 註 53, 90 註 64, 91,
　95 註 72, 254 註 378, 294 註 41
　　――禁止（教会による）　68 註 51, 72, 72 註 53
合理化　13(passim), 17, 43 註 32(ter), 49 註 35
　(bis), 74, 79 註 54, 147, 149, 161, 183 註 235
　(bis)
　　――過程　63, 74
　　学問的作業の――　13
　　技術の――　13
　　教育の――　13
　　行政の――　13
　　経済の――　13
　　古典主義的――　3
　　私法の――　74
　　司法の――　13
　　資本計算の――　7
　　人生の――　75
　　神秘主義的観照の――　13
　　生活営為の――　165, 210
　　生活の――　149, 163 註 194, 186, 249 註 367
　　　　生活のカルヴァン派的――　204 註 274
　　　　生活のクエイカー派的――　204 註 274
　　　　生活の実際的――　183(bis)
　　戦争の――　13
　　俗世内的行為の――　186
　　俗世の――　127 註 120
　　投機の――　10
　　→　禁欲主義的――、方法的――
高利貸　59 註 44, 213 註 290
　　――の悪徳 usuraria pravitas　31 註 17, 68
　　註 51(bis)
　　　　――の悪徳の除外　73 註 53
　　ピューリタン――　9 註 2
小売業　60, 61, 63
功利主義　42, 48 註 35(bis), 212 註 286, 215 註
　292, 219 註 305, 224 註 316, 264
　　社会的――　48 註 35
合理主義　13(ter), 63 註 48, 74(bis), 75(ter),
　264 註 395
　　――的　74, 219 註 305
　　――の歴史　74
　　旧約聖書的――　158
　　経済的――　14, 26, 47-49 註 35(passim), 68
　　註 51, 73, 131, 212 註 287
　　市民的――　303
　　人文主義的――　264, 264 註 395
　　生活営為の――　181
　　政治的――　131
　　西ヨーロッパの――　182 註 228
　　プロテスタント的――　265 註 397
　　リベラルな――　127 註 120
　　→　禁欲主義的――、性――者
功利主義的　41, 131, 161, 215 註 292, 224, 224
　註 316, 247, 255, 256, 258
　　――適応　89
小売商人　→　商人
合理性　6(bis), 11
　　――段階　8(bis)
　　非――　145 註 156, 202 註 272(bis), 246 註
　362
合理的　passim
　　――営利　→　エアヴェルプ
　　――技術　14
　　――禁欲、――経営、――職業倫理、――神
　　学
　　→　禁欲、経営、ベルーフ、神学
　　――人格　→　人格
　　――推進力　212 註 287
　　――生活営為　14(bis), 49 註 35, 139, 150,
　217 註 300, 261
　　――定式化　→　定式化
　　――哲学　75
　　――法学　→　レヒト
　　――方法論　177 註 215
　　――倫理　14
　　「目的――」　125 註 117
　　→　神との――関係、非――
興隆　60, 60 註 45, 241 註 350, 252
　　経済的――　23, 170 註 200
　　政治的――　170 註 200

綱領的著作 Programmschrift　284 註 25
好労働性　→　労働
コーリング calling (cf. ベルーフ)　76, 84 註 56 (passim), 140, 213 註 289, 218 註 301, 222, 299 註 60 (bis)
顧客　61, 62 (ter), 63 (ter), 64, 160, 255 註 379, 271, 282 註 21
故郷　25, 74, 126
　　ピューリタン的——　145 註 156
　　→　ヤンキー精神の——
護教的　32 註 19, 69 註 51
護教論 Apologetik (cf. 教説擁護 Apologetik)　146 註 157
国王　90, 283 註 24, 287 註 26, 289 註 32, 291 註 37
国外追放　32
「国際宣教師同盟」International Missionaries' Alliance　129 註 124
黒人　193 註 255, 279
　　——教会　→　教会
　　——奴隷　291 註 38
国籍　21, 29 註 15
　　——変更　164 註 194
国民　46, 65, 79, 85, 102 註 86, 164 註 194, 251-252 註 373 (bis)
　　——学校　24 註 8
　　——経済学　94 註 70
　　——文学　243 註 356
　　諸——　23, 75, 76, 85 (bis), 123, 125 註 117, 127 註 120, 188, 194, 200 註 268, 207 註 279, 215 註 293, 220 註 305, 251 註 373
　　→　イギリス——
国民性　102 (bis), 111 註 93, 123, 210, 230 註 330, 249 註 366, 251, 265
国民的　132 註 127
　　——徳目　207 註 279
心
　　—砕かれた状態　186
　　—の宗教　254
　　石の——　116
　　肉の——　116, 156 註 181
小作　48 註 35
　　——人　11, 251 註 372
「コシェンツィオジタ」　→　労働
乞食 (「乞食」は別立て。cf. 物乞い)　258

ゴシック　3
個人主義　122 (bis), 122-123 註 112 (bis), 123 註 113, 303
個人主義的　122 註 112, 125 註 117
　　——推進力　260, 304
個人的 (cf. ペルゼンリッヒ)　passim
　　——選び、——カリスマ、——啓示、——告解、——体験、——動機
　　→　選び、カリスマ、啓示、告解、体験、動機
コスモス　→　秩序界
古代　1, 3, 8, 9, 32 註 20, 41, 46, 47. 49 註 35 (ter), 70 註 51, 76-77 註 54 (ter), 81. 84 註 56 (bis), 85, 149 註 163, 150, 214 註 290, 246 註 362, 262
　　——イスラエル、——オリエント、——キリスト教的
　　→　イスラエル、オリエント、キリスト教的
　　——後期　74
　　——的　160
　　——ユダヤ教、——ローマ　→　ユダヤ教、ローマ
古典——　76
地中海的——　7, 9 註 2
　　→　異教的——、オリエント的——
国家　4 (ter), 61, 67, 74, 75, 125 註 118, 169-170 註 200 (passim), 197 註 263 (ter), 206, 208, 216 註 298 (bis), 237, 260 (ter), 264, 267 (passim), 279, 287 註 26, 298
　　——貸付業者　253 註 375
　　——官吏、——教会　→　官吏、教会
　　——公務　26
　　——権力、——社会主義　→　権力 Gewalt、社会主義
　　——騒擾的　114
　　——と教会の分離　170 註 200 (bis), 197 註 263, 267, 279
　　——独占　8, 235 註 341
　　——納入　235 註 341
　　　　——納入業者　253 註 375
　　——の主権　107 註 90
　　——への貸付　52
　　——理性 Staatsraison　169-170 註 200 (bis)
　　——論　2 (bis)
近代——権力　→　権力 Gewalt

→ 近代――、賦役――、文化――、
　身分制――
告解 Beicht　31 註 17, 124 註 116, 146 註 158,
　159, 164, 164 註 194, 186 註 239 (bis), 209,
　300, 301 註 65
　――実践　181
　――者　68 註 51 (bis)
　――場　124 註 116
　――制度　186 (bis)
　個人的―― Privatbeicht　124, 179 (bis)
　→ 罪の一般的――
国家的　13
　――介入　169 註 200
国教会 (cf. 英国国教会)　84 註 56
　――派　251 註 372, 252 註 374
　――への帰順 conformism　196 註 260
子づくり　219 註 305 (bis)
乞食 (「乞食」は別立て)　229
古典
　――期　255 註 379
　――古代　→ 古代
　――著作家　112 註 95
　――哲学　171 註 202
古典主義　49 註 35
　――的合理化　→ 合理化
　――びたし　238
古典的　36, 60, 93, 144 註 156, 159, 188 註 244,
　207, 291 註 37, 292 註 39
子どもらしさ Kindlichkeit　181, 181 註 227
コネティカット　280 註 19 (bis)
この世 Diesseits (cf. 現世)　172 (bis), 186, 254,
　301
　――志向的　104
この世的 diesseitig　65, 75 (bis), 78 註 54, 128,
　131, 161, 163 註 194, 177 註 215, 183 註 232,
　224 註 316, 259 註 388
　――経過　149
古ピューリタニズム、古ピューリタン的、古プ
ロテスタンティズム、古プロテスタント
　→ ピューリタニズム、ピューリタン的、プ
　ロテスタンティズム、プロテスタント
コモンウェルス　→ 共和国
固有法則性 Eigengesetzlichkeit　249 註 366
固有法則的 eigengesetzlich　49 註 35
雇用主　187

　――の関心　257 註 382
コラール　102
娯楽　237 (passim), 238
　――教書 Book of Sports　196 註 260, 237
　――的　244
孤立　45, 125, 258 註 386, 266 註 398
孤立化　→ 内的孤立化
孤立性　146 註 158
孤立的　7, 255
コリュバント風　193
御料地経営請負　7
コリントの信徒への手紙一　82 註 56, 94 註 71,
　232
コルゲイト・カレッジ　195 註 259
コレギアント　293 註 41
婚姻　46 註 35, 219 註 305 (passim), 279 註 17
　――関係　220 註 305
　――状態　82 註 56
　――的騎士道　220 註 305
　キリスト教的――　→ キリスト教的
婚外交渉　219-220 註 305 (bis)
混血　279
根拠　→ 実体的――、聖書的――、道徳的
　――、認識
コンフォート　→ 安らぎ
根本気分　→ 気分
コンメンダ　6 (bis), 7, 52, 69 註 51
　――受託者　6

サ

サーキット　→ 教区
サービス　282
　――給付　127 註 120
財　6, 28, 66, 67, 214, 226, 242 註 352, 244, 254
　――獲得　246
　――供給　74
　――市場　→ 市場
　――所有 Güterbesitz　6 (bis)
　物―所有 Sachgüterbesitz　44
　――分配　257, 257 註 383
　外的――　97 註 77, 247, 263
　現世的――　214
　世俗的――　103
　→ 救済――、文化――
財貨　59

事項索引　387

罪過 Verschulden (cf. 原罪、罪責、大罪、罪)　119
再覚醒　138 註 139, 189 註 245
債権　6, 300
　　――者 Gläubiger　11, 38(bis), 271(bis), 286 註 26
最高裁(合衆国の)　268 註 4
最高善　→　善
財産(cf. 財団、世襲財産)
　　――証明　286 註 26
　　――蓄積　246 註 362
　　――投資　47-48 註 35(bis)
　　会社――　245 註 361
　　経営――と個人――の法的分離　→　経営
　　営業資本と私的――の分離　→　営業
　　信託――　246 註 362
　　信託遺贈――　272
　　→　経営――、私的――、市民的――
祭司的　76 註 54
菜食　220
再生(宗教的意味での)　131 註 127, 141 註 142, 142, 148 註 161, 149, 163 註 194, 167 註 198, 172, 178 註 218, 190, 192, 203(ter), 205, 236 註 343, 288 註 27
　　――者　157(ter), 157 註 182, 167 註 198, 169-170 註 200(ter), 176, 178, 179, 189, 194 註 259, 197, 199, 203, 235 註 342, 248, 280 註 19, 285 註 25, 287 註 27, 296 註 48
　　――チャンス　223 註 314(bis)
　　――の時点　131 註 127, 178 註 218
　　非――者　157(bis), 198 註 263, 287 註 27
　　→　メソジスト派の「――」
財政
　　――的　8, 91 註 65, 260, 294 註 41
　　貨幣――　7
罪責 (cf. 原罪、罪過、大罪、罪)
　　――圧力　136 註 137
　　――意識　124
　　――感情　→　感情
再洗礼、再洗礼派　→　洗礼、洗礼派
在俗信者 Laie (cf. 信仰者、信徒)　145 註 156, 146(ter), 147, 175 註 208, 196 註 260, 228 註 325, 284 註 25, 287 註 26, 288, 288 註 27, 291, 291 註 38, 295, 295 註 45, 296 註 47, 298 註 54, 301

――カトリシズム　→　カトリシズム
――支配　295
――説教の自由　295, 296 註 47(bis)
――長老　287 註 26(bis), 291, 291 註 38, 295
――統治　295 註 45
――身分　295
　→　禁欲主義的――道徳
信託遺贈財団　197, 272, 277 註 14
裁判官　298 註 59
債務　6, 271
　　――者　11, 72, 286 註 26(bis), 298 註 59, 300
「幸いなる所有する者」beati possidentes　253
サヴォイ宣言　116 註 99, 140, 142 註 145, 161
先物取引　90 註 64
作業工具　58
作業場　9, 245 註 361
作業能力　237
搾取の合法化　259
ササン朝　171 註 200
定め　→　フューグング
サタン　116
雑誌　3
ザッハリッヒ sachlich
　　事柄として　71 註 52, 83 註 56
　　事柄に即した／即して　5 註 1(bis), 19-20 註 1(ter), 110 註 93, 127 註 120, 137
　　事物的　6(bis), 15(bis), 127 註 120, 130
作用　passim
　　――方向　49 註 35, 50 註 35(bis), 283, 302
　　――様式　283
　　――領域　50 註 35(bis)
　　→　教育――、経済的――、所有の世俗化――、心理学的――、倫理的――
産業　20 註 2(ter), 187 註 242, 260
　　――者(商人、手工業者)　31
　　――秘密　56 註 39
　　――労働　34 註 24, 253 註 375
　　繊維――　61
　　→　資本主義的――、中世の――、独占――
産業的　60 註 45, 299 註 63
　　――官吏　→　官吏
　　――企業　21, 73
　　――職業、――中間層　→　職業、中間層
　　――発展　29
　　――労働　60 註 45

懺悔の苦行 Pönitenz　113註95, 180註223
山上の説教　185註236, 200註269
簒奪(クロムウェルの)　211
三文文士(イギリスの) Skribent　176註213

シ

ジークムント　126
ジェネラル・バプティスト(cf. バプテスト)　194註259(ter), 201註270
ジェノヴァ　92註67, 151註168
シェラン　170註200
ジェントリー　227註324
ジェントルマン(cf. 紳士)　151, 252註374(bis), 271, 274(bis), 278(bis), 279
資格証明　275(bis), 289
　──書　272, 298, 299註62
資格能力 Kompetenz　220註305
時間(計測の単位としての「時間」を除く。cf. 時)　37(bis), 38(bis), 215, 215註296, 216註297(passim), 217註300, 218註301, 225, 245註359, 257註382(bis)
　──厳守　37, 41
　──超越的　243
　「──の無駄」　239註347
　──分割　216註297
　──浪費　213註289(bis), 215
　分割された──　216註297
識別(善悪の)　→　善
司教(カトリック教会の)(cf. 主教)　300
事業 ¹Unternehmen/²Unternehmung/³Werk (cf. 企業 Unternehmung)　¹6, ³100
　──開始時貸借対照表、──経営　→　貸借対照表、経営
　──主　Chef　278註16
　個別──　²6, ²²7(bis)
　仕事──体(としての兄弟団)　¹184
　資本主義的──　²6, ²²7(bis), ²²²59(ter), ¹60註45, ²61, ²69註51
　　資本主義的個別──　²7
　　→　慈善──、社会改良──
事業家 Unternehmer(cf. 企業家 Unternehmer、事業者 Unternehmer)　64(ter), 65(bis), 66註50, 71, 73, 257(bis), 259, 260
　──貸付利子　→　貸付
　──人物　8

持続的──　7
市民的──　256
資本主義的──　7, 30, 40註29, 60, 66(bis), 187
事業者 Unternehmer(cf. 事業家 Unternehmer)　7, 62(ter)
　──利潤　70註51
　植民地──、大規模商業──　→　植民地、商業
色欲 Concupiszenz　219註305(bis)
資金調達　8(bis), 235註341
　──資本主義　→　資本主義
　官吏の──　52
　君侯の宮廷の──　52
私経済　50註35
　→　資本主義的──
私経済的
　──エネルギー　207
　──経営　12
　──職業生活　167註198
　──組織　253註375
　──富の生産　248
　──利益性　→　利益
　──利害関心　223
市警備隊(オランダの)　241註350
自己　150, 165, 156註181, 162註194, 164, 218註304
　──愛　225註320
　──確証　144註156
　──確信　136(bis), 186
　　──確信的　136
　　聖徒の──確信　191
　──感情　277
　──関心　75, 302
　──管理　293, 295
　──帰責　186註239
　──欺瞞　136註137
　──規律化　→　規律
　「──吟味」　142註149, 150註165
　──賛美(神による)　119, 128, 224註316
　──自身　163註194
　──支配　151
　──主張　301(ter), 302
　──証言　135, 141註142, 190
　──正当化的　233

――責任 215 註 293
――洗礼者 → 洗礼
――尊重 302
――中心的 42, 246 註 362
――統御 Selbstbeherrschung 57, 64, 152 註 171(ter), 251
――統制 Selbstkontrolle 151(bis), 159 註 188, 164, 215 註 293
　体系的――統制 143
――の救い 125 註 117
――卑下 126
――目的 39, 42, 56, 57, 67, 71, 103, 167 註 198, 219 註 305
　道徳的――活動 85
　肉的―― 243 註 355
　→　宗教的――判定、人生の――目的
思考 40 註 29, 55, 99 註 79, 129
――過程 49 註 35, 144, 150 註 166, 174, 176
――形式 2
――形態 194
――世界 73
――様式 91
――連関 40 註 29
　合理的―― 75
　→　ギリシア的科学的――
地獄 52, 116, 271 註 7
仕事 ¹Arbeit/²business/³Geschäft/⁴opus/⁵work 32 註 20, ¹38, ³42 註 31, ²43 註 33, ³,³,³,¹46-47 註 35(passim), ¹74, ³,⁴,⁴76-78 註 54(ter), ¹,¹,¹,³,⁴,² 81.83-84 註 56(passim), ¹104, ¹184 註 235, ¹ 185 註 236, ¹,¹211(bis), ³213 註 290, ⁵215 註 292, ²,⁵216 註 298(bis), ²218 註 301, ¹220 註 307, ⁵,⁵222 註 311(bis), ³225, ¹227, ¹227 註 324, ¹257
――事業体 Geschäftsunternehmen → 事業
「――」と私的住居との分離 ³245 註 361
――の奉仕 ⁵222 註 311
「卑しい――」 opera servilia 89 註 61
孜々たる―― Hantierung 83 註 56, 93 (bis)
職業―― Berufsgeschäft 217 註 299
だらだら―― Schlendrian 57, 74
手――忠実 → 忠実
問屋―― Verlagsgeschäft 46 註 35

庭―― Gärtnerei 244 註 356
畑―― Feldarbeit 76 註 54
雇われ―― opera mercenaria 47 註 35
臨時―― Gelegenheitsarbeit 224
司祭(カトリック教会の) 47 註 35, 147(bis), 148, 157, 290
――的 70 註 51
自作農 251
資産状況 24
市場 44, 210, 250 註 368
――特権 11
貨幣―― 73
資本―― 73
財―― 9
労働―― 55
シスマ → 教会(分裂的行動)
自然 22, 150, 184 註 235(bis)
――人(cf. 自然な人間) 115
――の地位 → 地位
――の理法 205, 221
――本性 32 註 20
――本性的 98 註 77
自然科学(cf. 科学) 1, 12, 183 註 235
――的 184 註 235
事前決定説(cf. 予定説) 165 註 196
事前決定的 132 註 127
慈善事業 charitas → 改革派的――
自然的 43, 73, 86 註 58(ter), 87, 130, 157 註 181, 209, 215 註 292, 219 註 305, 223
――行為(としての営利) 205 註 276
――地位 → 地位
――秩序 87 註 59
――道徳、――道徳律 → 道徳
――人間(cf. 自然人) 202, 204, 209
――理性 202, 202 註 272(bis)
超―― 148 註 161
自然法 lex naturae 86 註 57, 87 註 59(bis), 88 註 61, 95 註 74, 97 註 77, 98 註 77, 129, 141, 202 註 272, 233, 233 註 338.339
――の二元論 94 註 71
思想 39, 44(passim), 73, 85, 86, 87, 87 註 59 (bis), 88 註 61, 94 註 71, 96 註 76, 98, 113 註 95, 117, 118(bis), 118 註 102, 126-128 註 120 (passim), 133 註 127, 138 註 139, 145 註 156, 148 註 161(bis), 155, 161, 162, 163 註 194

390　事項索引

(ter), 166, 169-170 註 200 (passim), 171 註 201, 181 註 227, 183, 183 註 235, 185, 190, 197, 198, 199 註 266, 200 註 268, 201, 204 (ter), 205 註 276, 218 註 302, 224 註 316 (bis), 235 註 341 (ter), 245, 246 註 362, 258 (bis), 262 註 392, 263, 264, 286 (bis)
　――系列　170 註 200, 203
　――圏　223
　――世界　35, 145 註 156
　――体系　145 註 156
　――的　76-77 註 54 (bis), 113 註 95, 118, 180
　　　――構造　144 註 156
　――内実 Gedankengehalt　104, 109, 111 註 94, 144 註 156, 194, 195 註 260
　――内容 Gedankeninhalt　249 註 366
　――のキリスト教版　235 註 341
　――の力　144 註 156
　――の柔弱な溶解状態　180 註 223
　――連関　117
　根本――　194 註 259, 200 註 268
　天職　→　ベルーフ
　→　永遠回帰の――、確証――、カルヴァン派的――、寛容――、「基本権」――、〈刑罰による償い〉――、「契約」――、古ピューリタニズム的――、宗教改革者的――、宗教的――、宗教的――形成物、宗教的――内容、生得権――、独立派の――世界、ニーチェの――、「万人祭司」の――、「被造物的存在の無価値性」の――、ピューリタン的――、予定――
氏族世襲財産　→　世襲財産
氏族の社会的意義　303 註 67
七十人訳　76-77 註 54 (passim), 81, 83 註 56 (ter)
「質屋」(cf. 銀行家、「抵当貸しをする人々」、ロンバルディア人)　213 註 290
実科ギムナジウム　→　ギムナジウム
実業家　58 註 41, 230 註 329
　大物――　captain of industry　207 註 278, 275
実業学校　24, 24 註 8
失業者 (cf. 無職者)　44
実業人　229, 268, 276, 277
実業生活　243 註 356, 245 註 360, 273 註 11
実験　2, 244 註 356
　――室　2

――的　12
　→　共産主義的――
実際的　passim
執事　175 註 208, 286 註 26
実証主義的　175 註 208
質素さ　37
実体の根拠　181 註 225, 190
「実直さ」uprightness　174, 207 註 279
実定的　122 註 110
実定法　→　レヒト
『失楽園』　101
史的 historisch (cf. 歴史的)　30, 55 註 38, 60 註 45, 73, 74, 102, 104, 111 註 93, 123 註 112, 156 註 180, 166, 169 註 200, 189 註 245, 194 註 259, 197, 224 註 316, 241 註 350, 264
　――概念　36 (bis), 75
　　　――概念形成　36 (bis)
　――解明　36
　――基礎　200 註 268 (bis)
　――帰属判断　113
　「――偶然」　154 註 177
　――経過　113
　――原因　104
　――研究　173 註 204
　――現実　111 (bis), 146 註 158
　――現象　35, 36 (bis), 45, 113
　　　――現象形態　151 註 167
　――個体　35
　――事情　196 註 260
　――状況　27, 27 註 13 (bis), 158
　――叙述　113 註 95, 264
　――真実　266
　――大量現象　173 註 204
　――秩序　95, 223
　――著作　244 註 356
　――問い　22
　――内実　196 註 260
　――配置状況　105
　――判断　173 註 204
　――唯物論　→　唯物論
　――理由　22, 59, 193 註 255
　――労作　18, 266 註 397
世界――意義 welthistorisch　150
普遍―― universalgeschichtlich　1, 266 註 398

事項索引　391

→　教会——、教義——、宗教——、発展
　　——、文化——
私的　127 註 120, 130 註 124, 269
　　——財産　245 註 361
　　——住居　245 註 361
時点　→　再生の——
自伝　41, 42, 43, 187 註 242, 195 註 259, 217 註
　　300, 227 註 323, 241 註 350
使徒　80 註 56, 136, 184, 200 (bis), 201 註 271,
　　224 註 316, 229, 258
　　——時代　93
　　——的原理　297 註 50
　　——的生活営為　204
　　——的秩序　174 註 208
　　——的無所有　184
シトー会　150
地主 landlord　251, 251 註 372
　　——階級 squirearchy　103 註 87, 251
　　大——　51
　　不在——　26 註 12
支配層　26 (bis)
　　被——　26 (bis)
自発的 (cf. 主意主義的)　26, 208, 272 (bis), 284
　　註 25, 289, 297 註 50 (bis)
　　非——　26
支払主任　37
「至福」(cf. 浄福)　182, 185 註 236, 190 註 246
事物的　→　ザッハリッヒ
詩編　76 註 54, 82 註 56, 95 註 73.74, 158 (bis),
　　213 註 289, 232
　　——作者　82 註 56
　　——22 篇　173 註 205, 240 註 349
思弁
　　概念的——　184 註 235
　　哲学的——　183, 184 註 235
思弁的　156 註 181
司法 Rechtspflege　13
　　——の合理化　→　合理化
私法 Privatrecht　66
　　——の合理化　→　合理化
司牧　109, 135, 137 註 138, 147, 186 註 238, 210,
　　211, 297 註 53
　　——経営　109
　　——実践　135, 153 註 174 (bis), 210
　　——対象　259 註 387

　　——の歴史　259 註 387
　　協同組合的——　293 註 40
司牧者　179, 211, 287 註 26
資本
　　——維持　69 註 51
　　——活用　47 註 35, 52
　　——経済　31
　　——計算　6 (bis), 7
　　　　——計算の合理化　→　合理化
　　——形成　249, 252
　　——市場　→　市場
　　——所有　21 (bis), 22, 23
　　——蓄積　249 註 367
　　　　——蓄積熱　250
　　——投下 (cf. 投資)　68 註 51, 249 註 366
　　「——保護的」　69 註 51
　　「——友好的」　49 註 35
　　——利潤　72 註 53
　　——力　250
　　市民的——　251 註 371
　　投下——　249
　　→　営業——と私的財産の分離、経営的——
　　　　活用
資本家
　　——的　293 註 41
　　小——層　252-253 註 375 (bis)
　　大——　45
　　→　独占
資本主義　passim
　　——以前的／以前の　50 (bis), 52 (bis), 54,
　　66 (bis)
　　　　——以前的経済労働　54
　　　　——以前的「精神」　50
　　——経済　→　経済
　　——の駆動装置　259 註 387
　　——の「計算的な精神」　215 註 293
　　——の精神　5 註 1, 35, 36 (ter), 39, 40, 53,
　　60, 67, 70 註 51, 103, 248, 261
　　——の青年期　58
　　——の友　90
　　——の発展　11, 21, 245, 259 註 387, 301
　　——のライトモチーフ　43
　　アメリカ的——　41
近代——　19 註 1, 27 註 13 (bis), 40, 54, 63,
　　67 (bis), 280, 301

392　事項索引

　　近代――の「精神」　51 註 36, 59, 63, 302
　　　　(bis)
　　金融的――　10 註 2
　　経営――　11, 12
　　「高度――」　21 註 2
　　資金調達――　8
　　市民的――　50, 51, 53
　　商人――　260
　　商人的――　11
　　「初期――」　266 註 397
　　植民地――　8
　　植民地的――　260
　　政治的――　10 註 2
　　西欧的――　11, 41
　　西洋的／西洋の――　5 註 1, 9, 10, 253 註 375
　　　　近代西洋的――　11
　　賤民――　234, 235 註 341
　　創業者――　8
　　大投機家――　8
　　徴税請負――　9 註 2
　　投機家商人――　12
　　問屋――　260
　　ピューリタン的――　235 註 341
　　「冒険」――　Abenteuerkapitalismus　9 註 2,
　　　　74
　　冒険家――　Abenteurerkapitalismus　12,
　　　　234
　　冒険家型の――　Abenteurertypus　11
　　ユダヤ教的――　235 註 341
　資本主義的　51 註 36, 54, 59, 63, 71, 75, 111, 246
　　　註 362, 260
　　――営利、――エートス　→　エアヴェルブ、
　　　　エートス
　　――階層　214 註 290
　　――獲得　→　エアヴェルプ
　　――活動　11
　　――活用　250
　　――観点　92
　　――基礎　105
　　――経営　→　経営
　　――経済行為、――経済制度、――経済秩序
　　　　→　経済
　　「――」形態　59, 62
　　――結社　→　結社
　　――「後進性」　212 註 287

　　――行動力　39 註 26
　　――個別経営　→　経営
　　――産業　56 註 39
　　――事業、――事業家、――事業経営
　　　→　事業、事業家、経営
　　――私経済　74
　　――思考様式　91
　　――商才　30
　　――商売エートス　→　エートス
　　――人物　276
　　――成功　67, 303 (bis)
　　――精神　33, 45 (passim), 50, 52, 59, 60, 60
　　　註 45, 63, 65, 74 (bis), 90 (bis), 103, 105,
　　　206, 208 (bis), 245, 259 註 387, 261, 266 註
　　　398
　　――生活様式　236
　　――組織　8, 60 註 45
　　――秩序　5
　　――チャンス　12
　　――適応能力　58
　　――展開　51
　　――成り上がり家族　65
　　――発展　27 註 13, 29, 30 註 16, 45, 56, 73,
　　　194 註 258, 216 註 297, 265 註 397
　　　　――発展の歴史　100
　　――振る舞い　207 註 278, 261
　　――文化　34, 44, 55 註 38, 75, 114 註 96
　　――冒険家　8
　　――躍進　31
　　――利害　13 (passim), 92 註 67
　　――利害関心　12, 243
　　――領域　50
　　――倫理　60 註 45, 206
　　――労働関係　→　労働
　　――労働者　→　労働者
　　――労働組織　→　労働
　　古――　197
　　初期――　207 註 278
　　　初期――原理　282
　　大――　261
　　　→　労働の――組織
　市民 (cf. 小市民)
　　――階級　11, 46.50 註 35 (bis), 228 註 324
　　　近代――階級のエートス　→　エートス
　　――軍　240 註 350

近代――社会　74
市民権 Bürgerrecht　83 註 56, 280 註 19（bis）
　　完全――　279（bis）
　　政治的――獲得　299 註 62
市民層（cf. 小市民層）　217 註 300, 236, 251 註 370, 276
　　中間的――　60 註 45
　　中産的――　275
市民的（cf. 小市民的）　passim
　　――エートス　→　エートス
　　――階級　23
　　――「家庭(ホーム)」　247
　　――企業家層　→　企業家
　　――貴族　251 註 370
　　――経営、――経済エートス、――権力、――合理主義
　　→　経営、ユートス、権力 Gewalt/Macht、合理主義
　　――財産　250
　　――事業家、――資本、――資本主義　→　事業家、資本、資本主義
　　――商売道徳 Geschäftsmoral　261
　　――職業　84 註 56
　　――職業エートス　→　ベルーフ
　　――信念　252
　　――生活　256
　　――生活営為　252
　　――生活様式　262
　　――「精神」　276
　　――天職理念、――天職倫理　→　ベルーフ
　　――中間層、――中産階級、――動機　→　中間層、階級、動機
　　――道徳　237
　　――徳目　249 註 367, 251 註 373, 303
　　――独立独行人　230
　　――富裕　212 註 288
　　――倫理　282 註 23
　　――労働　60 註 45
　　――労働組織　235 註 341
　　労働の――組織　253 註 375
　　→　小――
使命 Aufgabe　16, 75, 76, 76 註 54, 79 註 55, 98（bis）, 102, 184（bis）
　　天職――　→　ベルーフ
　　→　道徳的――

ジャイナ教　133 註 128
ジャイナ教徒　32 註 20, 49 註 35
社会
　　――改良事業 soziale Reformbestrebung　103
　　――集団　50, 52
　　「――心理」、「――心理的」　→　心理
　　――層分化　14
　　――秩序　3, 12
　　→　近代市民――、「有機体的な」――体制
社会学
　　――的　18, 110 註 93, 302
　　→　宗教――
社会形成 Vergesellschaftung　279 註 19
社会主義　10, 11
　　国家――　10
社会主義的
　　――経済　10
　　――キリスト教――
社会政策的　67, 104
　　――倫理　264
社会的 gesellschaftlich（cf. 社交的、よそ行きの）
　　――益　130
　　――関係　268
　　――交際　269（bis）
　　――勢力 Macht　251
　　――尊重　66
　　――秩序界　→　秩序界
　　――文化条件　265
　　――編制　84 註 56
社会的 sozial　21, 126 註 120, 128 註 122, 134, 187, 196 註 260, 241 註 350, 244 註 356, 252 註 374, 271
　　――意義　276, 280, 286
　　――格下げ　272
　　――感覚　156
　　――環境　187
　　――関係　60 註 45
　　――共同体　87 註 59, 264
　　――経済組織　91 註 65
　　――功利主義　→　功利主義
　　――自己主張　301, 302
　　――自己尊重　302
　　――質　271

――実存　301
――制度　207
――組織　125 註 117(bis), 126
――組織形態　105
――達成　128
――団体　4
――地位　78 註 54, 134, 210
――秩序　127 註 120, 137 註 137
――成り上がり者　230 註 330
――報奨　→　報奨
――名誉　230 註 330, 277 註 14(bis)
――倫理　→　倫理
――労働　128
→　氏族の――意義
社会倫理　44(bis), 94 註 70, 141 註 143
　→　英国国教会的――
社会倫理的　272
　　――意義　202 註 272
　　――プログラム　200 註 269
爵位記貴族　→　貴族
釈義　82 註 56, 88 註 61, 95 註 73, 97 註 77
　　――聖書
社交 Geselligkeit　215
　　――団体 Gesellschaft　276(bis), 277, 278, 279
社交的 gesellig　234 註 341
社交的 gesellschaftlich(cf. 社会的 gesellschaft-lich)　275
奢侈　215, 247
　　――消費　→　消費
社団 Korporation　280 註 19
ジャノッツォ　47 註 35(bis), 70 註 51
ジャンセニスト　120 註 106, 123 註 113. 114, 136 註 137, 237 註 344
　　――の予定説　165 註 196
ジャンセニスト的　136 註 137
ジャンセニスム　89 註 63, 123 註 113, 167 註 198, 228 註 325
主(キリスト教的観念の意味での)
　　――の祈り　288 註 27
　　――の到来　93
　　――の召し　93
首位性　150 註 166
　　→　「意志の――」
主意主義　170 註 200, 283 註 24

主意主義者　194 註 259, 288
主意主義的(cf. 自発的)　174, 198 註 263, 208, 272, 277, 279, 284, 289, 295 註 44
　　――原理　283, 284 註 25, 285, 292
自由　34, 94 註 71, 119, 138 註 139, 158, 192 (bis), 242 註 352, 296 註 47
　　――意志　→　意志
　　――営利 free trade　260 註 389
　　――業　77 註 54
　　――思想家的　133 註 127
　　――主義　215 註 292
　　――人　82. 84-85 註 56(passim)
　　――な政治制度　→　政治
　　――な労働　→　労働
　　――放任理論 laissez faire　10
　　――領域　175 註 208
　　→　意志の――、意志の経験的「――」、キリスト教的――、『キリスト者の――』、在俗信者説教の――、信団――、政治的――、「俗世」からの――、不――さ、良心の――
収益
　　――性 Rentabilität　5(bis)
　　最終―― Schlußertrag　6(bis)
周縁的　104, 154, 154 註 175
集会　83 註 56, 121 註 107, 230 註 329, 292 註 39, 296
　　→　会衆――、クエイカー派の「――」、聖書解釈――、秘密――
宗教
　　――運動　103, 105, 108 註 91, 133 註 127
　　――外的　249 註 366
　　――共同体　→　共同体
　　――政策的　167 註 198
　　――史　137 註 138(bis), 144 註 156
　　　――史的 religionsgeschichtlich　121, 173 註 205, 209 註 282
　　――思想　64, 111
　　――社会学　17
　　――心理学、――心理学的　→　心理学、心理学的
　　――生活　100, 101, 109, 140, 186
　　――戦争　145 註 156
　　――体験　168 註 199
　　――対話　198

――闘争　29
――倫理　86 註 58(ter), 272
　　中世の――倫理　99
　熱狂的――家　95
　→　心の――、世界――
宗教改革　22, 30, 85, 89, 90, 92(bis), 94 註 70,
　100, 104(passim), 105(passim), 151 註 169,
　154, 171 註 200, 265 註 396, 296 註 47
　――以後　78 註 54(bis), 103 註 87
　――以前　78 註 54, 266 註 397
　――教会　107, 168 註 198(ter), 197, 290
　――史　110 註 93
　――時代　120, 154, 155 註 178
　――的　84 註 56
　対抗――　265 註 396
宗教改革者　23, 86, 94, 103, 104, 167 註 198
　『――集成』　111 註 93, 119 註 104, 134 註 129
　――的思想　155 註 178
　――的倫理　68 註 51
　非――的　166 註 198
宗教心 Religiosität　17, 70 註 51, 124, 132 註
　127, 138 註 139, 139, 142, 154 註 175, 155, 158,
　167 註 198, 168, 172, 185, 188, 191 註 250, 192,
　200, 212 註 287, 232 註 334, 265, 275, 280
　感情的――　132 註 127, 158
　合理的――　173
　実際的――　139, 172
　主観的――　122
　「信仰」――　132 註 127
　中世的――　172
　→　オランダ的――、改革派的――、カト
　　リック的――、カルヴァン派的――、気分
　　――、キリスト教的――、禁欲主義的――、
　　ツィンツェンドルフの――、ピューリタン
　　的――、ベイリーの、ヘルンフート的――、
　　ユダヤ教的――、ルター派的――
宗教的　passim
　――意識内容　60 註 45, 154 註 177, 172 註
　　204, 265, 265 註 397
　――運動　137 註 138, 248 註 366, 255
　――恩恵身分　117, 209
　――確証　→　確証
　――感覚　137, 193
　――環境　187
　――感情　181

――官職　→　官職
――関心　29, 118, 199 註 266(bis), 259 註
　387
――貫通　187
――観念　48 註 35
――儀式　122
――貴族　155(bis)
　聖徒の――貴族身分　174
――基礎づけ　209, 261
――起点　65, 100
――疑念　137, 219
――気分　138 註 139
――義務　206, 223(bis), 284-285 註 25(bis)
――教育　→　教育
――共同体、――共同体形成　→　共同体
――禁欲　→　禁欲
――契機　58
――経済倫理　→　経済
――形而上学　144 註 156
――権威　291 註 37, 295
――検閲　199 註 267
――原理　96
――権力　→　権力 Macht
――恍惚　172
――根本表象　210
――資格　280 註 19
――思考形態　194
――自己判定　179
――思想　93, 113 註 95, 144 註 156, 199
――思想形成物　249 註 366
――思想世界　35
――思想内実　195 註 260
――思想内容　249 註 366
――質　280
――支配　23
――召命　→　召命
――職能　76 註 54
――審級　298
――信仰　49 註 35(bis), 105, 109
――信仰内容　14, 263
――信仰表象　110
――信念　294 註 41
――推進力　235 註 341
――生活営為　43 註 32, 175, 187, 191 註 252,
　282

396　事項索引

　　——生活規制　33
　　——生活内容　99註79
　　——勢力　67
　　——全体状況　125
　　——体験　137, 145註156(passim)
　　——立場　70註51
　　——達人　139
　　——団体　274
　　——定着化　174, 185, 193
　　——ディレッタント　180
　　——天才　117, 164
　　——伝統　22, 271, 300註64
　　——動機、——動機づけ　→　動機、動機づけ
　　——努力　189
　　——日記　→　日記
　　——根　255, 258, 261註391
　　——熱狂　221註308, 255
　　——発展　100
　　——必要　186
　　——評価　81註56, 146, 154註175, 239
　　——表象　43, 76(bis)
　　——雰囲気　25
　　——報奨、——報奨付与　→　報奨
　　——遊戯　188
　　——有資格者　285, 298
　　——有責性　291
　　——利害　294註41
　　——利害関心　110
　　——理念　→　理念
　　非——　40註28, 43註32
　　→　世界の——「脱魔術化」
醜行 turpitudo　71(bis)
十字架のもと　29, 197(bis)
十字軍参加者　4
収支決算　→　決算
従順　142註147, 257, 257註382
　　——誓願　200註268
　　——の志　142
重商主義　10, 169註200
重商主義的　48註35, 208, 226註322, 250, 256註381
私有制秩序　205
執着　127註120, 247
　　俗世への——　→　俗世

修道院　83註56, 95註74, 151註169, 153, 155註177, 156, 210(bis), 221註308
　　——改革　253
　　——経済　→　経済
　　——生活　155註177
　　——の規律　253, 294
　　→　クリュニー——
修道院的　167註198
　　——共同体組織　173
　　——禁欲　→　禁欲
　　——支配　31註17
修道会　49註35, 196註260
　　——規則の歴史　253
　　——形成　196註260
　　——生活　159
托鉢——　258
　　托鉢——士　48註35, 69註51, 88註61, 196註260
修道者　31, 151, 151註168(bis), 169, 154, 155(ter), 216註297(bis), 262
　　——規則　218
　　——共同体　210
　　——禁欲　→　禁欲
　　——倫理　47註35, 70註51
　　——倫理的　70註51
修道者的　49註35
　　——禁欲　→　禁欲
　　——生活営為　87, 150
　　——「生産性」　→　生産性
　　——徳目　151
　　——翻訳　83註56
　　禁欲の——形態　→　禁欲
修道制　87, 150, 155
　　托鉢——　89註61
　　西洋の——　196註260
　　→　カトリックの——
修道誓願　94註71
修道者作家　48註35, 69註51
州同盟　240註350
宗派　20-21註2(ter), 21, 27(bis), 27註13, 28(bis), 29註15, 31, 33, 33註21, 107註90, 109, 196註260, 259, 267(bis)
　　——学校　267註2
　　——帰属 Konfessionalität　20註2, 24註8, 267

――混淆　32 註 20
――色　43
――所属 Konfessionszugehörigkeit　269
――統計　21, 21 註 2(bis), 4
――なし　267, 276 註 13
宗派者　34
宗派的　20
――所属　22
――不寛容　→　寛容
終末論的　82-83 註 56(bis), 93, 195 註 260, 204
――無関心　94
習律 Konvention　278
――的　6, 251, 275, 275-276 註 13(bis)
修練期　294
修練者　294 註 41
主観主義　189 註 245
――的　196 註 260
主観性　204
主観的　17, 30, 44, 120, 134, 151, 263
――恩恵身分　171 註 201
――確信　92 註 67, 136
――宗教心　→　宗教心
――推進力　208
――「救いの確かさ」　168
――領有　164 註 194, 208
主教（英国国教会の）(cf. 司教)　296 註 47
　→　カンタベリー大――
祝福（神による）　178, 230, 232, 235 註 341, 248, 256, 282
　第二の――　192
宿命論　144 註 156(bis), 173
――的帰結　132 註 127, 144 註 156(bis)
　道徳的――　132 註 127
熟練労働者、熟練労働力　→　労働者、労働力
主君身分　Herr　79 註 55
主権
　――行使（神による）　119
　――者（たる神）　232
　→　国家の――
手工業　9, 25(bis), 78 註 54, 250 註 368
　――職人　25(ter)
　「――精神」(cf. 伝統主義)　95 註 72
　――の親方　25, 227 註 323
　遍歴――徒弟　284
手工業者　31, 45, 51, 76 註 54, 257, 259 註 388, 293 註 41
　――経営　60
　――的技能　56 註 39(bis)
　→　ツンフト――
呪術　147
　聖礼典的――　147 註 160
　秘跡的――　121 註 109
呪術者　147
呪術的　14, 121, 122(bis), 138 註 139, 209, 239
　→　聖礼典の――解釈
手段　→　営利――、恩恵――、技術的労働
　――、救済――、規律――、権力――、生産
　――、聖礼典的――、懲戒――、認識――
出世　37, 60, 63, 67
出生カースト　→　カースト
受動的 (cf. 行動的)　139, 164 註 194, 285
　――キリスト者　→　キリスト者
シュトゥンダ教徒　49 註 35
シュトラースブルク　287 註 26
受肉　→　キリストの受肉
ジュネーヴ　23(bis), 27 註 13
　――教理問答（ママ）　158 註 184
　――聖書　84 註 56
　――の教会規律　175 註 208(bis)
需要　58(bis), 59, 62, 247 註 365
　――充足　58
　――充足経済　59(bis)
　――対象　63 註 48
　伝統的――　59
　→　生活――
シュレージエン人　55
巡回教区、巡回説教　→　教区、説教
殉教者　151
純潔　96 註 76, 219 註 305, 258 註 386
遵法性 Rechtlichkeit　233, 233 註 338, 281, 303
　非――　248
　→　イギリス人／オランダ人の――
遵法的 rechtlich (cf. 法的 rechtlich)　187, 303
巡礼行（人生という）　94, 125
巡礼者　255
小アジア　170 註 200
荘園領主　→　領主
昇華　124 註 115
商業　7, 8, 34, 71, 226 註 322, 242 註 351, 251 註 370, 282 註 22

――化 10(bis)
――政策的 67
――世界 262註391
大規模―― 8
　　大規模――事業者 59註44
　輸出大規模―― 60
商業的 11
　――企業 21
　――たとえ話 160註192
　――都市貴族 60
称号 200註268, 224註316(bis)
　――熱 251註370
商魂 31
商事会社 90
正直(な) redlich 82註56, 227註323(bis)
正直さ Redlichkeit 226註322
　→ ピューリタン的
「正直は最良の策である」 206, 261註391, 282
小市民(cf. 市民) 45, 238註345, 240, 252
小市民層(cf. 市民層) 60註45, 131註127
小市民的(cf. 市民的) 73
　――大衆 288註27
　――伝統主義 → 伝統主義
情緒 164
　――強調的 124
　――的(cf. 感情的) 189(bis), 192(ter)
　――豊か 99註81, 164
　→ メソジスト派的――
少数派 26(bis), 27註13, 79註54, 208註281
　(bis), 251註372
小説 239註347
上層 21(bis), 22, 25, 29(bis), 75
「商店主精神」spirit of shopkeepers 261
衝動 5, 52(bis), 66, 70註51, 123註112, 150, 237
　――的 152, 162, 204, 213註290, 238, 248
　営利――、獲得―― → エアヴェルプ
情動 Affekt 152, 153註174, 172
商取引 commercium 160註192(bis), 279註17
「聖なる――」 160註192
商人 6, 7, 30, 31, 48註35, 52, 65, 70註51(bis), 71, 76註54, 85註56, 213註290, 227註323, 230註331, 241註350, 250註368, 251註370, 256註381(bis), 262註391(bis), 269

――ギルド 69註51
――資本主義 → 資本主義
――職業 226註321
――層 30
遠隔地―― 7
卸売―― 7(bis)
局地的―― 7
小売―― 7
大―― 60註45, 90, 252註374
　大――貴族 253註375
投機家――資本主義 → 資本主義
　→ ハンザ同盟――、ピューリタン――、冒険――
商人的 40, 62
　――関係 27註13
　――官吏 → 官吏
　――訓練 27註13
　――経験 27註13
　――職業 24
　――資本主義、――準備教育、――世襲財産
　　→ 資本主義、教育、世襲財産
　――都市貴族 107註90
情念 Pathos 158
商売 ¹Geschäft/²Handel/³trade ¹43註33, ¹62(bis), ¹63, ¹,¹65(bis), ²95註72, ³230, ¹230註330, ¹245註361, ¹246註362, ¹274, ¹281, ³282註22(bis), ¹299
　――経営 ¹62, ¹160
　　資本主義的――経営 ¹105
　――形態 ¹71
　――上手 Geschäftsklugheit 39
　――遂行 ¹62
　――チャンス ¹276註13
　――同業者 ¹40
　――目的 ¹45
　資本主義的――エートス → エートス
　　→ 市民的――道徳
商売的 geschäftlich 56, 62, 69註51, 275, 279, 294, 301
　――生活営為 64
　――チャンス → チャンス
消費 63, 246, 250註369, 253
　――制限 250註368
　――制約 248
　――的費消 249

奢侈―― 246
　　→　海上――貸借
消費者　11
　　――組織　10
商品偽造　294 註 41
浄福(cf. 至福)　72(bis), 94, 119(bis), 121, 129 註 124, 137 註 138, 140, 143(passim), 146 註 157, 149, 163 註 194, 171 註 202, 172(bis), 173, 181 註 225(passim), 182(bis), 186, 203, 209, 213 註 289, 221 註 308, 301
　　――確保　172
　　――関心　166 註 198
　　永遠の――　120
「上部構造」(cf. 下部構造、構造)　45(bis)
「理念的――」　73
召命　→　ベルーフ
証明　1(bis), 27 註 12, 51 註 36, 67, 78 註 54, 190, 205, 239, 290 註 35, 296 註 47
　　→　財産――、身分
証明書　271, 277, 280 註 19, 283 註 24, 288, 289 註 30, 291 註 38, 293 註 40, 299, 299 註 62
　　→　堅信――、資格
「剰余価値」生産　259 註 387
上流階級　→　階級
叙階　48 註 35
職業、職業観念　→　ベルーフ
織布業　250 註 368, 259 註 387
織布工　62
植民地　45(bis), 112 註 95, 249 註 367, 250 註 368, 252 註 374
　　――事業者 Kolonialunternehmer　7, 253 註 375
　　――時代　279
　　――資本主義、――的資本主義　→　資本主義
　　農耕――　299 註 63
　　→　ニューイングランド――、ニューネザーランド――
贖宥　154
　　――状調達　72 註 53
食欲　153 註 174
書斎派的学識　239
抒情詩　239 註 347
処女性(cf. 童貞性)　219 註 305
処女マリア　199 註 266

処世術教説　49 註 35
除籍 dropping(cf. 破門)　287 註 26
所有　passim
　　――財産 possessioni　47 註 35
　　――者階級　300 註 64
　　――の享受　245 註 360, 246
　　――の聖性　299 註 60
　　――の世俗化作用　253
　　――欲　51
　　→　貨幣――、「幸いなる――する者」、神的なものの――、財――、使徒的無――、資本――、救いの――、土地――者、富の――
ジョンソン主義者　287 註 26
ジョンソン主義的　284 註 25
シラ書　→　イエス・シラ(書名)
シリア人　27 註 13
斥けられた者(cf. 選ばれた者、排斥)　119, 121, 131 註 127, 134(bis), 146 註 157, 156 註 181(bis), 157, 169-170 註 200(ter), 287 註 26, 290, 290 註 35
自立的　15, 32 註 20, 146 註 158, 194, 264 註 395, 280 註 19, 285 註 25
史料　15, 72, 110 註 93(ter), 145 註 156, 153 註 174, 252 註 375
神意適合性 Gottgefälligkeit　→　ベルーフ(職業の～)
神格(cf. 神)　137
　　超越的――　118 註 102(bis)
神学　passim
　　――教育　288 註 27
　　――研究　25 註 9
　　――著作家　86 註 57
　　――文献　110 註 93
　　――論争　238
　　合理的――　145 註 156
　　専門――　195 註 260
　　組織――　1
　　通俗――　221
　　→　カルヴァン派的――、ピューリタン的道徳――、『プロテスタント――・教会大事典』、ミルトンの――
人格 Persönlichkeit(cf. ペルゼンリッヒ)　100, 152, 246 註 362, 272
　　――的一体性 integrity　262 註 391

事項索引

　　　——の内面化　244
　　　——問題　220 註 305
　　合理的——　172
神学者　20 註 1, 69 註 51(bis), 146 註 157, 298 註 55
　　　——教説　49 註 35, 131-132 註 127(bis)
　　　——支配　295
　　　——の教会　→　教会
　　非——　113 註 95, 167 註 198, 266 註 398
　　（ヴェーバー自身）
　　　→　道徳——
新覚醒 (cf. リバイバル)　107, 114
神学生　272-273 註 9(bis)
神学的　1, 110
　　　——教育　169 註 200
　　　——教養　171 註 201
　　　——資格　298
　　　——職業説教者身分　296
　　　——叙述家　110 註 93
　　　——体系　137 註 138
　　　——知識　169, 171
　　　——著作　210
　　　——「ブルジョワ的立場」　196 註 260
　　　——理論　228 註 325
　　　——倫理学者　→　倫理
　　　——労作　110 註 93, 266 註 397
神学校　272 註 9
審級 Instanz　298, 298 註 59
　　　——機関 Instanz　107 註 90
　　　→　宗教的——
『神曲』　101
　　　「ピューリタニズムの——」　101
神義論問題　130
神経科医　193 註 255
神経的弛緩　172
神経病理学　172
箴言（ソロモンの）　43 註 33, 77 註 54, 83 註 56, 153 註 174, 158, 220 註 306(bis), 227 註 324, 232
人権 Menschenrecht　260 註 389
信仰 passim
　　　——圧力　291 註 38
　　　「——」宗教心、——心理学　→　宗教心、心理学
　　　——性 Gläubigkeit (cf. 信仰的であること)

187
　　　——生活　87
　　　——闘争　240 註 350
　　　——の確証　135 註 132, 155, 169
　　　——の果実　→　果実
　　　「——のみ」　87, 140, 163 註 194, 189 註 245
　　　——判断　113, 264
　　　——分裂　253
　　　「黙示の——」　184 註 235
　　　「有効な——」　140, 141 註 142, 142
　　和解——　176 註 213
　　　→　キリスト教的——生活、権威——、宗教的——、宗教的——内容／表象、正統——、摂理——、予定——、ルター派的——生活
信仰箇条　96 註 76, 155 註 178, 273
　　　——書　79 註 55
　　　→　カルヴァン派の——、バプテスト派の——
信仰告白　142 註 145, 199 註 266, 236 註 343, 257 註 382
　　1689 年のバプテスト派の——[＝第二ロンドン信仰告白]　→　バプテスト派
　　　→　アウクスブルク——、アムステルダム——、ウェストミンスター——、英国国教会——、クリストフの——、独立派の——、バプテスト派の——、ハンサード・ノウルズの——、ブラウン主義的——、ヤンキー気質の——
信仰告白者 Bekenner (cf. 信仰者、信徒、信奉者)　28, 30, 108, 151, 194 註 259, 215 註 293
信仰者 Gläubige/believer (cf. 信仰告白者、信徒、信奉者)　87 註 59, 98 註 77, 125, 131, 134 註 130, 138, 142 註 147(bis), 155 註 178, 158 (bis), 183 註 234, 190, 197, 200, 205, 226, 228 註 325, 284-285 註 25(passim)
　　　——世界　125
　　　「——の教会」 believers' church　170-171 註 200(bis), 197, 198 註 263, 283
　　不——　286 註 26
信仰的　134, 291
　　　——であること Gläubigkeit (cf. 信仰性)　99 註 79
　　不——　183 註 234, 226
紳士 gentleman (cf. ジェントルマン)　39, 60, 151

――モード 278
信者 → 在俗信者、信仰者、信徒、信奉者
人種
　――差 102 註 85
　――神経科学 18
　――心理学 18
　――的特質 56 註 39
　――保存的 220 註 305
　有色―― 279
信条(cf. 信仰箇条) 161, 221 註 308
　→ スイス――、フランス――、ベルギー――
信心 Frömmigkeit　passim
　――型 Frömmigkeitstypus 159 註 187
　――偽装 Heuchelei 275-276 註 13 (bis)
　――〔の世界〕記録 34
　――の感情的内面化 185 註 237
　――ぶかい fromm 48 註 35, 65, 68 註 51, 192, 209, 223 註 314, 226 註 322 (bis), 231 註 332, 256 註 381, 257 註 382 (bis), 281 (bis), 282 註 21 (bis)
　不―― 257 註 382
　→ 改革派的――、カトリック的――、カルヴァン派的――、気分、旧約聖書的――、教会的――、キリスト教的――、敬虔主義的――、ピューリタン的――、ベルナール的――、ヘルンフート的――、ルター派的――
人生　passim
　――悦楽 Lebenslust 252 註 373
　――謳歌的 29
　――解釈 248
　――観 74, 123, 124 註 115, 247
　――歓喜 Lebensfreude 74, 245 註 359
　――気分 → 気分
　――享楽 152, 227, 238, 238 註 345 (bis)
　――経歴 65
　――状況 98, 137 註 137, 164 註 194
　――知 Lebensweisheit 1, 39, 262
　――智 Lebensklugheit 48 註 35 (bis)
　――地位 95, 273 註 9
　――の意味 130
　――の自己目的 220
　――の聖化 → 聖化
　――目的 257

――問題 74
　→ ツィンツェンドルフの――観、ピューリタン的――解釈
神政政治 240
真率さ Wahrhaftigkeit 139, 207 註 279
信託財産、信託遺贈財団 → 財産、財団
信団 Sekte 197, 197 註 263, 266 註 398, 285 ほか passim
　――概念 267 註 1
　――共処体 → 共処体
　――兄弟 303
　――形成 108, 157 (bis), 172, 174, 286
　――原理 284 註 25
　――自由 300
　――制 Sektentum (cf. 分派性 Sektentum) 283
　――成員 Sektierer (cf. 分派者 Sektierer) 256 註 381, 281 註 20, 296 註 50, 300, 301 註 65
　――単科大学(カレッジ) 111 註 93
　――的 sektiererisch (cf. 分派的 sektiererisch) 271
　――的環境 244
　――仲間 271
　――の教会規律 301, 303
　――の規律 286, 294
　――の倫理的規律 301
　――の生活方法論 304
　――の風紀警察 208
　――(の)メンバー 271, 272, 298, 301
　――風 sektenartig 300
　→ 愛の家族――、カルヴァン派の――、禁欲主義的――、禁欲主義的――形成、洗礼派(的)――、独立派――、ピューリタン的――、ピューリタン的――成員、プロテスタント(的)――
慎重さ 38, 124 註 115, 251 註 370
神的 → 神的(かみ)
人的 → ペルゼンリッヒ
信徒 Anhänger (cf. 信仰告白者、信仰者、信奉者 Anhänger) 33 註 24, 109, 146, 230 註 332
　――獲得 Seelenfang 272 註 8 (bis)
　――大衆 108
　→ 改革派の――、コリントの――への手紙一、バプテスト派――、ルター派――

402　事項索引

信念 Gesinnung　46, 49-50 註 35(bis), 50, 52, 56(bis), 59(ter), 60(bis), 90, 157, 214 註 290, 261
　「――」倫理　147
　→　「経済――」、市民的――、宗教的――、政治的――、伝統主義的――
神秘主義　139(bis), 183 註 232, 191 註 252
　カトリック的――　168 註 198
　ドイツ――　39 註 26, 88 註 61
神秘主義者　99(ter), 138 註 139(bis), 176
　カトリックの――　138 註 139
　ドイツ――　85, 89 註 61, 96 註 76, 99, 139
神秘主義的　131 註 125, 138 註 139(ter), 139, 140, 145 註 156, 158, 167 註 198
　――観照　→　観照
　非――　130
神秘的合一 unio mystica(神格との)　137, 139, 167 註 198, 172
「神秘的な体」corpus mysticum(としての事業)　245 註 361
新聞　3
　→　『フランクフルト――』
人文主義　264 註 395
人文主義者　48 註 35
人文主義的　47 註 35, 171 註 202
　――ギムナジウム、――合理主義　→　ギムナジウム、合理主義
　――無関心　169 註 200
進歩　33 註 24, 34, 74, 148 註 161(bis), 159(bis), 182 註 232
　「――の精神」　34
　→　経済的――
信奉者 Anhänger(cf. 信仰告白者、信仰者、信徒 Anhänger)　161(bis), 162, 171, 173 註 205, 188, 190, 253
　→　ニーチェの――、予定説――
臣民　8
審問者 examiner　171 註 201
新約聖書　78 註 54, 81 註 56, 93, 118 註 102 (ter), 119, 158, 200 註 269, 212
信用　37(ter), 38(bis), 39, 41, 48 註 35, 123, 261-262 註 391(bis), 271(bis), 282
　――供与 Kreditgewährung　269
　――供与適格 kreditwürdig　300
　――供与適格性 Kreditwürdigkeit　272, 274,

299 註 60, 300(bis)
　――供与を受けること Kreditnehmen　283 註 23
　――取引　8
心理
　――的報奨　→　報奨
　――物理学 Psychophysik　34 註 24
　「社会――」Sozialpsyche　265 註 397
　「社会――的」　181-182 註 228(ter)
心理学 Psychologie　173 註 204(bis)
　→　クエイカー派の――、クエイカー派の信仰――、敬虔主義の信仰――、人種――
心理学的 psychologisch　96 註 76, 109 註 92, 144 註 156, 152, 163 註 194, 172 註 204, 203
　――解釈　136 註 137
　――帰結　128 註 121, 178, 222
　――基礎　125 註 117
　――起点　162
　――源泉　246 註 362
　――原動力　259 註 388
　――効果　165, 186 註 239, 246
　――作用　144 註 156
　――推進力　110, 133 註 128, 165, 223 註 314, 259
　――力　127 註 120
　――土台　99
　――発展刺激　124
　――報奨　→　報奨
　――問題　125 註 116
　宗教――　138 註 139, 167 註 198
人類学　17, 18
人類史　52
親和性　10, 48 註 35(ter), 61, 77 註 54, 82 註 56, 90, 150 註 166, 185 註 236, 189, 189 註 245, 190 註 246, 196 註 260
　選択――　105(bis)
　→　内的――
親和的　66, 90, 172(bis)
　選択――　187

ス

推進力　12, 31 註 17, 63, 110(bis), 141 註 143, 155, 162, 163 註 194, 164, 165, 186, 205 註 276, 209, 260
　→　合理的――、個人主義的――、宗教的

──、主観的──、心理学的──、精神的
　　──、内的──、倫理的──
スイス　200
　　──信条〔正確には第2スイス信条〕　143註
　　151, 155註178
推薦状　289, 289註30, 299註62
睡眠　138註139, 215, 216註297, 227註323
スウェーデン語　80註56
数学 (cf. 代数学)　1, 12(bis), 46註35, 183-184
　　註235(ter), 244註356
数字ロマンチシズム　65
スカンディナヴィア　80註56
救い (cf. 救済、救拯)　70註51, 115, 116, 121
　　註107.109, 122, 125, 140, 143註151, 145註
　　157, 164註194, 186, 216註298
　　──の確信　136註137(bis), 138註139
　　──の所有 possessio salutis　143
　　──の確かさ certitudo salutis　70註51, 132
　　註127, 133註128, 134, 137註138, 140, 163
　　註194, 176, 176註213, 183註232, 188, 189,
　　190(bis), 203註273, 238註345
　　魂の──　104, 125註118, 126, 129註124
　　(bis), 133註128, 151, 236註342
　　→　永遠の──、教会的──、「教会の外に
　　──なし」、自己の──、主観的──の確
　　かさ、聖礼典的──、来世の──
救い主　183註233
スコットランド　23, 33, 112註95, 122註110,
　　171註203, 268, 285註25, 287註26, 291註
　　37, 296註47
「──系アイルランド人」　27註12(bis)
　　──人　234註341, 243註356
スコラ学　87註58, 222, 223, 238
　　──的　88
　　後期──　92
ステュアート朝　196註260, 229註328, 258,
　　260
ストア派　77註54
　　──の倫理　48註35
ストラトフォード・アポン・エイヴォンの劇場
　　242註351
素直さ Natürlichkeit　165
スペイン語　78-79註54(ter), 230註330
スペイン人　31
スポーツ　153註174, 263, 277註14

　　→　娯楽、娯楽教書 Book of Sports

セ

性愛的　219註305(bis)
　　隠れ── krypto-sexuell　167註198
成員 Mitglied (cf. メンバー)　9註2, 72註53,
　　184, 203, 303
　　→　教会──身分、共処体──、信団──、
　　世俗的──
性衛生学　220註305
西欧　11, 12(ter), 14, 107, 218
西欧的　11(bis), 41
聖化　140-141註142(ter), 142, 156註181,
　　176, 176-177註213(bis), 177註214, 182註
　　230, 182-183註232(bis), 186, 190, 192(ter)
　　──の教理　189
　　──の賜物　140註142
　　──方法　181註227
　　人生の──　160
　　霊の──　180註224
　　→　禁欲主義的──、体系的──
生化学　2
性格　passim
　　──学　102, 215註293, 234
　　──素質　251註373
　　──特徴　252註373
　　──描写　211註284
　　イタリアの労働者の「良心的──」の欠如
　　→　労働者
　　→　感情的──、貴族的──、禁欲主義的
　　(根本)──、現世離れ的──、宣教的──、
　　方法的──、ユダヤ教の──学的発展、世
　　離れ的──
「精確派」　149, 167註198, 242註352
生活
　　──営為 Lebensführung　62ほか passim
　　→　「貨殖的」〜、カトリック的〜、カル
　　ヴァン派の〜、キリスト教的〜、禁欲主
　　義的〜、禁欲主義的合理的〜、合理的〜、
　　使徒的〜、市民的〜、宗教的〜、修道者
　　的〜、商売的〜、聖書的〜、洗礼派的〜、
　　俗世内的〜、道徳的〜、非合理的〜、非
　　体系的〜、方法的〜、倫理的〜、ルター
　　派的〜
　　──営為の原理　215註293

──営為の合理化、──営為の合理主義 → 合理化、合理主義
──環境　27註13
──関係　32
──規制　185註237
　→　教会的な～、禁欲主義的な～、宗教的な～、ピューリタン的な～
──気分　→　気分
──行状　287註26, 290註35
──実践　50註35, 100, 109, 204, 240註350
　→　クエイカー派の～
──需要　247註365
──成型　235註341
──体系　147
──の合理化　→　合理化
　──のカルヴァン派的合理化、──のクエイカー派的合理化　→　合理化
──雰囲気　130註124, 165(bis), 243, 244
──方法　132註127
──方法論　151註169, 304
──目的　247
──様式　53, 75, 110註93, 209, 245(ter), 247, 263
　→　貴族的な～、禁欲主義的な～、禁欲主義的プロテスタンティズムの～、資本主義的な～、市民的な～
──様式の均質化　242
──理想　74, 151, 264, 266註397
　→　ピューリタニズムの～、ピューリタン的～
──領域　74
営利──、資本主義的営利── → エアヴェルプ
　家庭──　23
　結婚──　219
　公的──　23
　職業──　→　ベルーフ
　私経済的～、世俗的～、非政治的～　→　ベルーフ
　聖なる──　83註56, 154, 161, 167註198, 172, 214
　宣教──　185
　日常──　63註48, 145, 146, 154(bis), 155, 162, 200, 210(passim), 226註321, 243註356(bis)

「不潔な──」　218
倫理──　162
　→　アメリカ的──、隠遁者──、感情──、貴族的──形態、共同体──、キリスト教的──、キリスト教的信仰──、禁欲主義的──、禁欲主義的──気分、経済──、実業──、市民的──、宗教──、宗教的──内容、修道院──、修道会──、信仰──、信団の──方法論、聖徒の特別──、俗世内的──、内面──、年金──、非合理的──、不労所得──者(層)、文化──、封建制的──形態／習慣、無体系的──、ルター派的信仰──
誓願　→　従順──、修道──、清貧の──
請願　91註65
　→　王党派貴族の──、平等派の──、ブラウン主義者の──、ブラウン主義的──
正義　→　地上的「──」
制御　5
生業精励 Gewerbfleiß　260
生計　187註242
　──維持　32註20, 62, 63
　──政策　303(bis)
　──の資　95註72, 297註50
　「──の立場」　226註322, 256註381
　──費　297註50
性交　219-220註305(passim)
聖公会　32註20
性合理主義者　219註305
聖祭的　239
生産　37, 226, 242
　──過程　73(bis)
　──手段　59
　──物　56, 59, 63
　機械的──　262
　→　「剰余価値」──、富の──
聖餐 (cf. 聖礼典)　68註51, 122註110, 167註198(bis), 170註200, 201, 201註270(bis), 283註24, 285註25(bis), 286(bis), 286-287註26(passim), 288(bis), 288註27, 289(ter), 290, 291註38(bis), 298, 299註62
　──忌避　290註34
　──共処体　292
　──強制　289註30
　──教説　134, 138註139(bis)

事項索引   405

　　——共同体　294, 298
　　——参加者 Abendmahlsgenosse／Kommunikant　169註200, 291註38(bis)
　　——式 Kommunion　214註290
　　——実践　134
　　——仲間　290
　　——への参加許可　134, 210, 213註290(bis), 280, 280註19(bis), 286註26(bis), 288, 289註30, 291, 299註62
生産性　54, 73
　　貨幣の非——　→　ゲルト
　　修道者的「——」　221
　　低賃金の「——」　→　賃金
　　労働の——　73, 260
生産的　54, 68註51, 249
　　非——　41
政治　7, 11
　　——権力 Gewalt、——権力 Macht　→　権力
　　——体制　240註350
　　自由な——制度　34
　　→　神政——
政治家　50註35
　　大——　128註120(bis)
　　→　教会——家
誠実(な) ehrlich　38, 262註391
誠実さ Ehrlichkeit　38, 41(bis), 41註30, 42, 207註279
政治的　passim
　　——運命　102, 164註194
　　——影響力　26
　　——関心　107註90
　　——完全市民　280
　　——機関　→　機関
　　——強国　73
　　——権利　280註19
　　——権力　→　権力 Macht
　　——合理主義、資本主義　→　合理主義、資本主義
　　——市民権獲得　→　市民権
　　——社会形成　279註19
　　——自由　215註293, 243註356
　　——信念　294註41
　　——制度　66
　　——組織形態　105
　　——チャンス　→　チャンス
　　——闘争　111
　　——成り上がり者　230註330
　　——服従　→　服従
　　——利害　294註41
　　——倫理　→　倫理
　「現実——」　118
　反——　206
　非——　206
　　非——職業生活　→　ベルーフ
　　→　教会——、暴力——
静寂主義　168註198
　　——的　139
　　→　カトリック的——、東洋的——
聖書(cf. 旧約聖書、新約聖書)　passim
　　——英訳(cf. 聖書翻訳)　43註33
　　——解釈集会 prophesying　175註208(ter), 196註260, 296註47
　　——固守 Bibelfestigkeit　288註27
　　——支配　158, 163-164註194(bis), 199, 201註271
　　——釈義　167註198, 175註208
　　——遵守 Bibelobservanz　200
　　——の規範的通用力　191
　　——の真理　235註342
　　——の単独支配　201
　　——の通用力　191註251, 201
　　——の倫理的規範　233註339
　　——秘密集会　196註260
　　英語——　84註56
　　ドイツ語——　80-81註56(bis)
　　→　ジュネーヴ——、ランス——
聖職　99
　　——資格剥奪委員会 ejectors　132註127, 298
　　——禄　80註56, 169註200, 296註50, 298註55
聖職者　79註55, 81. 83註56(bis), 90註64, 91註67, 210, 214, 284註25, 287註26, 291註38, 292註39(bis), 296, 297, 297註53, 298
　　——化　295
　　——支配　291註37
　　——審査委員会 tryers　132註127, 171註201, 296註47, 298
　　——層　58註41, 132註127, 165, 293註41,

406　事項索引

　　297 註 54
　　――的教会規律　295 註 45
　高位――　151
　職業――　296
聖書的　68 註 51, 200, 200 註 268, 220 註 306, 287 註 26
　　――キリスト教　→　キリスト教
　　――原理　271
　　――根拠　68 註 51, 120 註 105
　　――処罰威嚇　215 註 293
　　――生活営為　200
　　――道徳　233
　非――　205
　　→　旧約――、啓示の――形態
聖書翻訳 (cf. 聖書英訳)　79, 80 註 56
　　――者　81.84 註 56 (bis)
　イタリア語の――　78 註 54 (bis)
　カトリックの――　81 註 56
　プロテスタントの――　80 註 56 (bis)
　ロマンス諸語の――　78 註 54
　　→　ウィクリフの――、クランマーの――、ルターの――
精神　passim
　『――の静穏について』(プルタルコス)　153 註 174
　　――の平穏さ tranquillitas animi　47 註 35, 213 註 289
　経済――　276
　原文の――　79
　古カルヴァン派の――　→　カルヴァン派
　資本主義的営利の「――」　→　エアヴェルプ
　「職業労働」の――　60 註 45
　翻訳者の――　79
　「労働の――」　34
　　→　アメリカ――、英雄的――、カルヴァン派的――、旧約聖書的――、兄弟――、ギリシア的――、キリスト教禁欲の――、近代資本主義の「――」、禁欲主義的――、禁欲主義的宗教心の――、古プロテスタンティズム的――、事業――、資本主義以前的「――」、資本主義的――、資本主義の――、資本主義の「計算的な――」、市民的――、「手工業――」、「商店主――」、「進歩の――」、ツンフト――、伝統主義的

　　――、『法の――』、「民族――」、ユダヤ的――、「ラテン的――」の民主主義
精神科医　18 註 5
星辰観察　1
精神的　passim
　　――業績　230 註 330
　　――推進力　59
　　――祖先　149
　　――文化価値　→　文化
　　――労働　→　労働
　　→　ルターの――子孫
精神病理学的 psychopathologisch　173 註 204
精神分析 Psychiatrie　173 註 204
聖性　83 註 56, 142, 144 註 155, 148 註 161, 160 註 192, 177, 257 註 382
　　→　行為――、所有の――
製造業者　32, 44, 51, 245 註 360
性的　220 註 305
　　――禁欲　→　禁欲
　　――節制　220 註 305
　　――誘惑　220
正典 (cf. 外典)　232
　非――的 unkanonisch　84 註 56
聖徒　132 註 127, 136, 142 註 145, 144 註 155, 149, 155, 156, 172, 173, 186, 187, 203 註 273 (bis), 207, 209 註 283, 214, 230, 230 註 332, 237, 263
　　――貴族身分　→　貴族
　　――ならざる者　144 註 155
　　――の生き方　179
　『――の永遠の憩い』(バクスター)　140 註 142, 145 註 157, 160 註 192, 212, 213 註 289, 214 註 291, 247 註 364, 263 註 393
　「――」の確証必要　186
　「――の議会」、――の教会　→　議会、教会
　「――」の狂信的熱心さ　211
　　――の行為衝迫　127 註 120
　　――の自己確信、――の宗教的貴族身分　→　自己、宗教的
　　――の特別生活　209
　　→　改革派の「――」、クロムウェルの――の軍隊
制度　108, 111 註 93, 120 註 106, 123, 207 (bis), 215 註 293
　　――的　296 註 47

事項索引　407

→　改革派的教会——法、教会——(問題)、教会的——、クエイカー派の支援——、軍隊——、工場——、交通——、告解——、資本主義的経済——、社会的——、政治——、問屋——
政党　4, 268 註 4
　　——指導者　4
　　——党首　8
正統教義 Orthodoxie (cf. 正統信仰)　198
正統信仰 Orthodoxie (cf. 正統教義)　177 註 215, 179, 299 註 62
　　——版 orthodoxe Fassung　189
　　教義的——　169
正当性　139
正統的 orthodox　98, 146 註 157, 162 註 194, 177 註 215, 186, 278, 288 註 27, 291 註 38, 292 註 39, 301 註 65
正統派　108, 111 註 93, 135, 195 註 259
生得権 birthright　102 註 85, 231 註 333
　　——思想　156 註 180, 231 註 333
生得的　56, 152 註 174
聖なる　296 註 49
　　——家管理、——果実、——義務、——教会、「——商取引」、——生活
　　→　家管理、果実、義務、教会、商取引、生活
　　——民　283
　　——者　96 註 76, 157 註 182
青年期　→　資本主義の——、理念の——
「聖バルトロマイの日」　211
清貧の誓願　229 註 327
生物学的　2, 17
生命　115(bis), 221
　　→　永遠の——
誓約　300
　　——拒否　202 註 272, 206
西洋　1(bis), 2(ter), 3(passim), 4(ter), 5 註 1, 7, 8(ter), 11, 12(passim), 13(bis), 14(ter), 15, 17(bis), 59 註 44, 150(bis), 169.171 註 200 (bis)
　　——中世　9, 304
　　——のキリスト教、——の修道制　→　キリスト教、修道制
　　——の法 Recht　2
　　——文化　13

近代——　4, 10, 11, 13
西洋的　4, 11, 51, 170 註 200, 276
　　——資本主義　→　資本主義
　　近代——　10, 11
生理学的　55
聖霊 (cf. プネウマ的、霊)　200(bis)
　　「——の嘲り」ludibria spiritus sancti　134
聖礼典 (cf. 聖餐、秘跡)　118, 120(bis), 121 註 107, 124, 135 註 132(bis), 157(ter), 186, 192, 201
　　——執行　201 註 270, 297 註 54
　　——執行権 Sakramentsspendungsrecht　298 註 54
　　——のいかがわしさ　201 註 270
　　——の呪術的な解釈　163 註 194
　　——の施与　292 註 38
　　——への参加許可　289
聖礼典的　122
　　——救済伝達　181
　　——呪術　→　呪術
　　——手段　209
　　——救い　121
聖霊派　196 註 260
世界　1, 5 註 1, 10(bis), 34, 59 註 44, 73, 75 (bis), 87 註 59, 89, 101(bis), 126, 128(ter), 141, 170 註 200, 213 註 290, 243, 255, 262, 278
　　「——観」　67(bis)
　　——計画　223
　　——成型　127 註 120
　　——大　126
　　——的強国　215 註 293
　　——の「意味」　130, 184 註 235
　　——の脱魔術化　121, 147, 204
　　——の宗教的「脱魔術化」　201
　　全——　4, 7, 8, 68 註 51, 105, 195 註 260, 218, 271, 282
　　対——開放性　164
　　→　思考——、思想——、商業——
世界史的　→　史的
「世界宗教の経済倫理(諸々の)」　14, 121 註 109, 139 註 140, 147 註 159, 198 註 263, 223 註 314, 234 註 341, 248 366
積算可能性　12
積算可能な　12(bis)
責任感情　56

ゼクテ → 信団、分派
世襲貴族身分 → 貴族
世襲財産（cf. 財産、財団）
　家族―― 65
　家族――設定　230 註 330
　氏族―― 246 註 362（bis）
　商人的―― 60
世俗　79 註 55, 258, 298 註 59, 300
　――言語 Profansprache　81 註 56, 85
　――の権力 → 権力 Macht
世俗化　28, 111 註 93（bis）, 258, 274, 279
　→ 所有の――作用
世俗的 weltlich（cf. 俗世、世的）　29, 80-81.83 註 56（passim）, 85, 93（bis）, 155, 174, 210（bis）, 224, 231, 239, 259 註 388, 279
　――権威　291 註 37
　――財、――召命 → 財、召命
　――職業、職業生活、――職業労働 → ベルーフ
　――成員　175 註 208
　――秩序　83 註 56, 95 註 74
　――日常労働 → 労働
説教　16, 39, 47-48 註 35（bis）, 66, 81 註 56（ter）, 90 註 64, 98, 99 註 81, 109, 121 註 108, 129 註 124, 138 註 139, 159 註 188, 160 註 192, 164, 165, 196 註 260, 203, 209 註 283（bis）, 210, 211 註 285, 218, 236 註 343, 238 註 346, 273 註 10, 292 註 39, 296 註 48, 297 註 50.54
　――許可　297 註 53
　――職　169 註 200
　――職候補　171 註 201
　――壇　237
　――文学　85
　「覚醒」――　189 註 245
　教会――（ルターの）　98 註 78
　巡回――　129 註 124
　預言者的――　175 註 208
　→ 在俗信者――の自由、山上の――
説教者　45, 81 註 56, 120, 149 註 163, 157, 169 註 200, 240 註 350, 270（bis）, 272 註 8, 273 註 9, 286 註 26（bis）, 291 註 38（bis）, 297 註 50.51.52.53（bis）, 297-298 註 54（passim）, 299 註 62
　巡回――　297 註 53.54（bis）

職業―― 297 註 53
遍歴―― 297
　→ 神学的職業――身分
積極的　155
設計原理　3
絶対的　9 註 2, 51, 52, 56, 57（bis）, 109, 119, 121（bis）, 122, 134, 139, 142, 145 註 156, 147（bis）, 147 註 159, 162, 189, 232, 236 註 342, 239 註 347, 271, 294, 302
絶滅戦争 → 戦争
節約　38（bis）, 212, 245 註 359, 250 註 368, 255（passim）
　諸力 → Kräfteökonomie　130
　→ 禁欲主義的――強制
摂理 Fügung → フューグング
摂理 Providenz → 神の――
摂理 Vorsehung　101, 116, 291 註 38
　――信仰　95（bis）, 177 註 215（bis）
　――信仰のフランケ的形態　177 註 215
　――の定め　177 註 215
　「共通の――」　230 註 332
摂理的 providentiell　86 註 58, 95, 161, 222, 223（bis）, 229
セム語　273 註 11
　――圏研究者　15
善（cf. 善い行ない）　97 註 77, 115（bis）, 116, 127 註 120, 216 註 298
　――悪の識別　177 註 214
　「――悪の彼岸」　207 註 278, 276
　――意　88 註 60, 148
　――行 Wohltat　246 註 362
　多くの人々の――　215 註 292, 224 註 316
　最高――　42, 142
繊維産業 → 産業
専一的 ausschließlich（cf. 排他的 exklusiv）117, 149, 163 註 194, 259, 279
線遠近法　3
宣教　183, 189, 212, 227 註 323, 273 註 9
　――アプローチ　181 註 227
　――活動　203
　――業績　129 註 124
　――傾向　299
　――師 Missionar　129 註 124（ter）
　――者 Missionar　297 註 54
　職業上の――者　184

──生活 → 生活
──組織　297
──中心点　184
──的性格　189 註 245
──労働　255
　異邦人──　129 註 124
　→　国際──師同盟
選挙権 Wahlrecht　279, 289
　普通平等──　279
戦士的　132 註 127
専制君主　118 註 102
戦争　7, 8(bis), 9 註 2, 11, 51 註 36, 52(bis), 92 註 67, 102 註 86, 235 註 341, 241 註 350
　──の合理化　→　合理化
　絶滅──　91 註 67
　→　宗教──、独立──、ボーア──
洗足　201 註 270
跣足　151 註 168
全体教会　→　教会
選択親和性、選択親和的　→　親和性、親和的
「前提欠如的」　37
船頭　51
尖頭アーチ　3(bis)
千年王国論　204
全能　→　神の──
賤民 Paria　277
　──資本主義　→　資本主義
専門
　──化　3
　──科学的　172 註 204
　──官吏　→　官吏
　──技術的　298
　──経営　→　経営
　「──職」　77, 79 註 54(bis)
　──神学　→　神学
　──文献　15
　──用語的　5 註 1
　──領域　15
　──労働　262(bis)
専門家　15(bis), 16, 220 註 305(ter), 269
　非──　15
「専門人」　264
　──集団　3, 229
　──的　220 註 305
専門的　171 註 201, 195 註 260

──訓練　3, 13
専門分化　21 註 2
　職業──　223, 225 註 319
「善良な家長」diligens pater familias　48 註 35
洗礼　122 註 110(passim), 163 註 194, 198, 201, 201 註 270, 270 註 7, 271, 273 註 10, 276 註 13, 283(bis), 284-285 註 25(ter), 290 註 35, 291 註 38
　──志願者　197 註 263
　──式　270
　再──　283(bis)
　自己──者　194 註 259, 281 註 20
　成人──　283, 284
　幼児──　283
　　幼児──反対論者　283 註 24
洗礼派(cf. バプテスト派)　108, 165, 194(bis), 194 註 259(bis), 197 註 263(bis), 198, 199 註 266, 200, 200 註 269, 201 註 271, 203(bis), 204, 205(bis), 206, 211 註 284, 258, 283(bis), 284, 298
　──運動　107, 185, 195-196 註 260(passim), 204, 208, 284
　──共処体　299 註 62
　──共同体　199
　──信団　145 註 156, 170 註 200, 203, 206
　──の救済論　206
　──の道徳　203
　──の歴史　281 註 20
　再──　286 註 26
　再──運動　206 註 277
洗礼派的　220 註 305
　──基礎　201 註 271
　──教説　201 註 271
　──共同体　198 註 263, 203, 204
　──キリスト教　184 註 235
　──諸教派　→　教派
　──信団　199(bis), 205, 295 註 44
　──生活営為　206
　──伝統　194 註 259
　──プロテスタンティズム　→　プロテスタンティズム
　──「分離」　283 註 24
　──理想　185 註 236
　──倫理　187 註 242, 196 註 260(bis)

410　事項索引

ソ

相関関係　54
創業者資本主義、創業投機　→　資本主義、投機
造形芸術　239註347
相互援助義務　298註58
葬祭互助会　274
騒擾　→　国家――的、農民――、ミュンツァーの――
増殖的　37
相続　22, 156註180(bis), 246註362, 251註370, 277
　――財産　91註67, 230註330
　――人　256, 263, 277註14
装置　→　概念――、言語――、駆動――
僧房（修道院の）　153, 262
ソキエタース・マリス societas maris　69註51
属人的　→　ペルゼンリッヒ
俗世（cf. 世俗的 weltlich）　28, 89(bis), 95, 117註100, 124註115(bis), 127註120, 139, 140註141, 148註161, 150, 155(ter), 167註198, 172, 196註260, 199, 205, 205註276, 210(passim), 213註289, 223(ter), 224註316, 235註341, 257, 261註391, 263(ter), 283
　――回避　199(bis)
　――からの隔離　203, 206, 209
　――からの隔離状態　173
　――からの孤立　258註386
　「――」からの自由　242註352
　――からの離隔状態　138註139
　――からの離別　171
　――拒否　93
　――賛美　224註316
　――志向性　102
　――人 Weltkind　165, 199
　――超克的　153
　――的な喜び Weltfreude　28, 29, 34(bis), 200
　――逃避　139, 150, 166註198
　――逃避的　123註113
　　　――逃避的禁欲　→　禁欲
　――の合理化　→　合理化
　「――の子ら」Kinder der Welt　281
　――の人 Weltmensch　218註304
　――への執着　199
　――放棄　136註137
　――離反状態 Weltabgewandtheit　→　パウロ的――無関心
俗世外的 außerweltlich　78註54, 131註125, 205
　――修道者禁欲、禁欲の――形態　→　禁欲
俗世内的 innerweltlich　70註51, 78註54(ter), 94
　――義務　85, 87註59, 88, 94註71, 98
　――禁欲　→　禁欲
　――行為　136註137
　　　――行為の合理化　→　合理化
　――職業徳目　205
　――生活　102, 154
　　　――生活営為　92
　――転回　205註276
　――天職禁欲　→　禁欲
　――道徳　83註56, 85, 93, 154, 262
　――労働　92
属性の交流 communicatio idiomatum（cf. キリスト論）　199註266
族長　142, 201註271, 231註333
俗物根性　238
組織　passim
　――者的才能　161
　――神学　→　神学
　――的基礎　283
　→　官吏――、教会――、教育――、共同体――、規律――、「クラス」――、経営――、経済――、社会的――、消費者――、政治的――形態、宣教――、身分制的――、（合理的／資本主義的）労働――
率直（な）aufrichtig　42註31, 66, 183註234
率直さ Aufrichtigkeit　41註30, 236註343, 275
ソッツィーニ主義　202註272
外道徳、外倫理　→　道徳、倫理
ソナタ　2
その日暮らし from hand to mouth　74, 146, 227註323
ソロモンの箴言　→　箴言

タ

対位法　2

大会(政党の)　268註4
　→　カトリック教徒全国——
大学　3, 65, 111註93, 169註200, 273註11
　両——(Oxbridge)　298註55(ter)
　→　ケンブリッジ——、信団単科——、ノースウェスタン——
大諫議書 Grand Remonstrance　260註389
「代議士」　4
大規模商業　→　商業
体系　148
　——化　2, 159, 172
　無——性　148
　→　思想——、神学的——、生活——、方法——、方法的——づけ、倫理——
体系的　3, 17, 59, 126, 150, 154(bis), 162, 165, 175, 176, 225, 248
　——自己統制　→　自己統制
　——聖化　146註158
　非——　164註194
　非——生活営為　146註158
　無——生活　153
体験　118, 128註120, 145註156(ter), 179(ter), 235
　個人的——　178, 280
　内面的——　186
大工業　→　工業
「大罪」(cf. 原罪、罪過、罪責、罪)　135註134
第三会(フランシスコ修道会の)　154
「第三身分」　175註208(bis)
貸借対照表　6(ter)
　事業開始時——　6(bis)
　清算時——　6(bis)
大衆　12, 47註35, 131註127(bis), 189, 257, 259註387
　——馴致　293註41
　——的表象　152
　→　小市民的——、信徒——、人間——
大商人　→　商人
「大臣」　4
代数学(cf. 数学)　12
大西洋岸諸州(アメリカの)　279
対世界開放性　→　世界
怠惰　37, 217註300, 221註308, 309, 222註312, 224, 227, 229, 242註351, 257註382, 383, 299註60

伝統主義的——　32註20
大投機家　→　投機家
態度決定　183註235, 252註374, 295註45
態度のデカさ Respektlosigkeit　→　アメリカ人
第2イザヤ　173註205, 240註349
第2戒(十戒の)　234註341(bis)
第2スイス信条　→　スイス
大農園 Plantage(cf. プランテーション)　252
「大富豪」　64, 69註51
待望　204
体僕労働　→　労働
大陸人　262註391
大陸(ヨーロッパ)の　61, 168, 188, 194, 212註286, 226註322, 269
大量現象　→　現象
托鉢修道会、托鉢修道制　→　修道会、修道制
多型性　197
堕罪(cf. 堕落)　87註59, 218註304, 219註305(bis)
確かさ(cf. 確証)　→　救いの——
多数派　26
たたきあげ　→　独立独行人
『正しき櫛職人』(ケラー)　126
達人的　30, 150
脱魔術化　→　世界の——
たとえ(話)
　かのしもべの——[マタイ25：14-30 他]　228
　ファリサイ派と徴税人についての——　236註343
　→　商業的な——、法廷的な——
タバコ栽培　226註322
魂　72註53, 99, 101, 138, 139, 160註192(bis), 169註200, 204, 204註274, 213註289(passim), 216註297, 217註300, 227, 242註352
　——的　14
　——の状態　142(bis), 231
　——の救い　→　救い
　——の導き手 directeur de l'âme　159
　→　商魂
賜物　97註77, 116, 182註232(bis), 229註326
　→　神の——、聖化の——、予定の——
堕落(cf. 堕罪)　115, 116, 121註108, 232註337, 285註25

タルムード　77 註 54, 81 註 56, 93, 234 註 341,
　　249 註 366
タルムード的　233
　　──ユダヤ教　→　ユダヤ教
　　──倫理　235 註 341
ダンカー派　205
弾劾演説 Philippika　213 註 289
断罪　114 註 97, 117 註 101, 119, 168 註 198, 213
　　註 290, 214, 247
ダンバーの戦い　90

チ

地位　23, 26, 95, 118, 157, 158, 209, 278 (bis),
　　279
　　恩恵の──　149
　　自然的──　149, 150, 164 (bis)
　　　　自然的──の伸びやかさ　→　伸びやかさ
　　自然の──　149, 163 註 194
　　特権的──　90
　　──社会的──、人生──
蓄積　→　財産──、資本──、富の──
地上的　95, 101, 230 註 332
　　──職業　→　ベルーフ
　　──「正義」　119
父（神を表す意味での）　118 註 102
　　「天にいまします──」　119
　　天の──　118 註 102
地中海的古代　→　古代
秩序　passim
　　──の聖性　83 註 56
　　客観的──　79 註 55, 223
　　資本主義的経済──　→　経済
　　新──　100 (bis)
　　→　神的──、客観的──、教会、経済
　　　　──、自然的──、史の──、使徒的──、
　　　　資本主義的──、社会──、社会的──、
　　　　私有制──、世俗的──、有目的的──、
　　　　ルター派の教会──
秩序界 Kosmos　44 (ter), 119, 130 (bis), 223,
　　224 註 316, 262 (bis)
　　学知的──　262 註 392
　　客観的──　86 註 58
　　経済的──　222, 224 註 316 (bis)
　　社会的── gesellschaftlich　130
チャンス Chance　passim
　　獲得──　5
　　交換──　5
　　交換利潤── Tauschgewinn-Chance　5
　　収入──　32 註 20
　　商売的──　274
　　政治的──　74
　　宣伝──　304
　　損失──　53
　　投機──　9
　　利益── Profitchance　229
　　利潤── Gewinnchance　11, 53, 226
　　→　再生──、商売──
中間層　75
　　産業的──　60
　　市民的──　47 註 35
中間的市民層　→　市民層
「中間身分」　228 註 324 (bis)
中国　1, 2, 3 (bis), 7 (bis), 9 註 2, 10, 13, 15, 41,
　　49 註 35, 50, 59 註 44, 129 註 124 (bis), 170-
　　171 註 200 (bis)
　　──学者　15
　　──人　27 註 13, 129 註 124
　　「──内地会」China Inland Mission　129 註
　　　124
中産階級　→　階級
忠実（な）^{1}getreu/^{2}treu　^{1}223, ^{2}259
　　職業── Berufstreue　183 註 233 (bis), 187,
　　　205, 218 註 304, 258
　　「手仕事──」Handwerkstreue　183 註 233
抽象的　36, 110
中世　3, 7, 39 註 26, 41, 46, 49 註 35, 60 註 45, 78
　　註 54, 84 註 56 (bis), 85, 102, 122 註 112, 146
　　(bis), 146 註 158 (bis), 150, 153 註 174, 155,
　　158, 189 註 245, 214 註 290, 216 註 297, 225 註
　　319, 245, 253, 259 註 388, 300 (passim), 301 註
　　65, 303
　　──後期　49 註 35, 80 註 56, 214
　　──初期　303 註 67
　　──の教会規律　301
　　──のキリスト教的倫理　→　キリスト教的
　　──の産業　84 註 56
　　──の宗教倫理　→　宗教
　　──のユダヤ教　→　ユダヤ教
　　──の倫理　258
　　──末期　102

→ 西洋――
中世的　11, 86, 160, 189 註 245, 221, 264
　　――禁欲、――経済規制、――宗教心　→
　　　　禁欲、経済、宗教心
『中世における商事会社』(ヴェーバー)　245 註 361
紐帯　→　共同体の――
チューリッヒ　27 註 13(bis), 60 註 46, 283
超越　162, 166
　　→　神の――
超越的　42, 149
　　――神格　→　神格
　　――存在　119(bis)
　　→　時間――
懲戒　298
　　――手段　121, 300
長期議会　91, 107 註 90, 260 註 389, 295 註 47
　　長老派的――　287 註 26
町区住民 township　280 註 19
徴候 Symptom　68 註 51, 90, 94, 124, 156 註 181, 221, 221 註 309, 230 註 330, 257 註 383, 264 註 394
　　――的　69-70 註 51(bis)
彫刻　3
超自然的　→　自然的
徴税請負　7, 52
　　――業者　59 註 44
　　――資本主義　→　資本主義
徴税人　149 註 163, 236 註 343
調節　5, 252 註 373
超地上的目的　→　目的
長老(教会の)　31 註 17, 286-287 註 26(passim), 288, 295 註 46, 299 註 60
　　「支配する――」　284 註 25
　　→　共処体――、在俗信者――
長老教会主義　288
長老職(キリストへの委任)　→　キリスト
長老派　161, 192 註 253, 201, 211, 277 註 14, 281 註 20, 287 註 26, 288 註 29, 295(bis)
　　――ウィング　238
　　――教会　171 註 203, 277 註 14, 288
　　　　――教会の教理問答(ママ)　171 註 203
　　　　――の教会規律　291 註 37
　　初期――　287 註 26, 289 註 30, 292 註 39, 294 註 41

長老派的　283 註 24
　　――教会規律　287 註 26
　　――原理　280 註 19
　　――長期議会　→　長期議会
「直観」　16
「直近の類、種差」　36
賃金　54, 55(ter), 56
　　高――　55 註 38, 56
　　低――　54, 55(bis), 55 註 38(bis), 56(ter), 258
　　　　低――の「生産性」　54, 258
　　出来高――　53
　　　　出来高――システム　53
沈着／沈着さ　63, 64, 177 註 215(bis), 230
沈黙　204(passim), 296 註 49
　　――せよとの掟　215 註 293
賃労働者　→　労働

ツ

ツヴィングリ派　33 註 21, 107 註 90
通婚　94 註 71
通奏低音　2
通用力　1(bis), 123, 221, 233(bis)
　　→　教会法的――、聖書の規範的――
慎ましさ　66
罪(cf. 原罪、罪過、罪責、大罪)　58 註 41, 97 註 77, 115(ter), 116(ter), 148(bis), 149 註 163, 156, 156 註 181(bis), 159, 163 註 194, 169, 190, 215(bis), 215 註 293, 221 註 309, 227, 236 註 343, 286 註 26, 288 註 27, 290
　　――なき完全性　191 註 252
　　――なき状態　190
　　――に対する憎悪　156 註 181
　　――の一般的告解　293 註 40
　　――の権力　→　権力 Macht
　　――の告白　286 註 26
　　――の相殺　147
　　――の赦し　139, 179, 179 註 221, 182, 182 註 230, 186
　　――ぶかい、――ぶかき　47 註 35, 129 註 123, 152-153 註 174(ter), 199, 219 註 305(bis), 226 註 322, 227, 229, 236 註 343, 257 註 383, 281
　　――ぶかさ　97 註 77, 128 註 120(bis), 153 註 174(bis), 213 註 289, 236 註 343

「軽微な―」 135 註 134
罪人 23, 119, 136, 160, 163 註 194
　――に対する憎悪 156 註 181
ツンフト 11, 72 註 53, 303(ter), 304
　――手工業者 74
　――精神 303
　――仲間 303
　→ 法律家――

テ

ディアスポラ 31, 32
定義 5, 35, 36, 53, 59, 123 註 112, 151 註 167
　概念的―― 36
帝国主義 103 註 87
定式化 28(bis), 35, 51 註 37, 55 註 38, 95 註 72, 102, 110 註 93, 120 註 106, 124 註 116, 127 註 120, 146, 146 註 158, 153 註 174, 157 註 182, 162 註 194, 177 註 215, 195 註 260, 204 註 274 (bis), 207, 235 註 341, 243 註 356(bis), 258
　合理的―― 145 註 156
　概念的―― 145 註 156
　→ ルター派的――
ディスカント唱法 2
帝政時代（ローマ帝国の） 78 註 54
「抵当貸しをする人々」(cf. 銀行家、「質屋」、ロンバルディア人) 286 註 26
ディレッタンティズム 16
ディレッタント 16, 265 註 397
　「宗教的――」 180
ディレッタント的 173 註 204
デヴォンシャー・ハウス 195 註 259
テーゼ (cf. アンチテーゼ) 32 註 19(bis), 51 註 37, 105, 105 註 89
　「――本」 68 註 51
デーフェンテル（で）の地方教会会議 213 註 290, 286 註 26
手形割引 69 註 51
適応経過 249 註 366
適合的 adäquat 36, 59(ter), 64(bis), 67, 145 註 156, 207 註 279, 280
出来高賃金 → 賃金
　出来高率の上昇／引き上げ 53(bis), 54
適法性 Gesetzlichkeit (cf. 律法的 gesetzlich) 235 註 341, 237
　旧約聖書的「――」 235 註 341

弟子 21 註 4, 184, 185 註 236, 291-292 註 38 (bis)
　――身分 258
手仕事忠実 → 忠実
デダム（地名）の議定書 292 註 39, 293 註 40
哲学 → アリストテレス――、プラトン――
哲学的経験論、哲学的思弁 → 経験、思弁
鉄騎隊兵士 → 兵士
徹底性 207, 208
「デフティヒカイト」 241 註 350
デマゴーグ 4, 240 註 349
デルヴィーシュ的熱情 152 註 171
転回 Wendung 64, 135 註 132(bis), 169 註 200, 183 註 235(bis), 206 註 276, 224 註 316, 225 註 319, 260, 303
天使 101, 115
天職、天職観念 → ベルーフ
伝達不可能性 145 註 156
伝統 52(bis), 56 註 39(bis), 64, 72, 86, 127 註 120, 194 註 259, 268, 270, 277 註 14
　→ 教会的――、古ピューリタン的――、宗教的――、洗礼派的――、プロテスタント的――、文学的――
伝統主義 (cf. 「手工業精神」) 32 註 20, 53(bis), 54, 56 註 39, 58, 61, 64, 83 註 56, 95 註 72, 97 註 77, 223 註 314, 303
　経済的―― 22, 59, 95
　小市民的―― 158
　職業―― → ベルーフ
　身分的―― 223 註 314
　→ 東洋的――
伝統主義的 57, 59, 65, 69 註 51, 93(passim), 95, 97, 99 註 79, 186, 231, 232, 235 註 341
　――経済 → 経済
　――信念 90
　――精神 61
　――怠惰 → 怠惰
　――倫理 246
　→ 労働の――形態
伝統的 6, 32, 54, 61, 62(passim), 83 註 56, 99, 127 註 120, 223 註 314, 241 註 350, 298
　――義務 94 註 71, 146
　――権威 22
　――需要 → 需要
デンマーク語 80 註 56

事項索引　415

天命 Schickung　95, 222
天文学　1(ter)
『天路歴程』(バニヤン)　125, 131 註 126, 281 註 21

ト
ドイツ　passim
　　——系アメリカ人、——敬虔主義、——神秘主義、——神秘主義者
　　→　アメリカ人、敬虔主義、神秘主義、神秘主義者
　　——東部　21, 182 註 228
　　——南部　200
　　——の諺　256
　　——北部　29
ドイツ語　passim
　　——聖書　→　聖書
　　中高——　80 註 56
　　中低——　80 註 56
ドイツ人　passim
　　——気質 Deutschtum　279 註 18
　　——商人　278 註 16
　　——農民　231
ドイツ的　207 註 279
　　——感情　39 註 26
　　——特質　102
投下資本　→　資本
投機
　　——チャンス、——の合理化　→　チャンス、合理化
　　創業——　235 註 341
　　非合理的——　74
動機　28, 31 註 17, 65, 105, 125 註 117, 146 註 157, 147, 152, 199, 218, 224, 235 註 341, 240 註 349, 241 註 350, 242, 246 註 362(bis), 247 註 364, 265, 267 註 1, 288, 299
　　個人的——　302
　　個別——　104
　　市民的——　246 註 362
　　宗教的——　48 註 35, 104(bis), 105, 138 註 139, 165, 198 註 263, 247 註 363, 252 註 374, 281
　　哲学的——　183 註 235
　　道徳的——　241 註 350
　　「不変の——」　152

　　理念的——　104
　　倫理的——　260 註 389
投機家　8, 64, 272 註 9
　　——商人資本主義　→　資本主義
　　大——　90
　　　大——資本主義　→　資本主義
動機づけ　9 註 2, 65(bis), 82-83 註 56(ter), 176 註 210(bis), 189 註 245, 224, 256 註 381, 269
　　宗教的——　165
投機的　8, 234, 235 註 341
統計　→　宗派——、職業——
道具　140, 213 註 289
　　——感情　→　感情
当座勘定　149 註 163
　　——解釈　149 註 163
投資(cf. 資本投下)　63, 69 註 51, 214, 250 註 368, 252 註 374
　　——形態　69 註 51
　　——先　249 註 367
　　——財産
同棲　219 註 305
統制経済　→　経済
闘争　階級——、改悛——、権力——、禁欲主義的——、経済的——、経済的生存——、宗教——、信仰——、政治的——、文化——
統治者身分　240
童貞性(cf. 処女性)　219 註 305
道徳(cf. 風紀)　passim
　　——外的 außersittlich　72 註 53, 73
　　——感覚　67
　　——記帳　160 註 190
　　——神学者　159, 159 註 189, 168 註 198, 228 註 325
　　「——の評価」　288 註 27
　　——法典 Moralkodex　202 註 272
　　——律 Sittengesetz　162
　　　自然的——律　163 註 194
　　自然的——　87 註 59
　　職業——　→　ベルーフ
　　外——　Außenmoral　52
　　日常——　154
　　不——　219 註 305
　　方法的——　162, 163 註 194
　　→　階級——、旧約聖書的——、キリスト教

的——命令、禁欲主義的——、禁欲主義的在俗信者——、市民的——、市民的商売——、聖書的——、洗礼派の——、俗世内的——、ピューリタン的——、ピューリタン的——神学、メソジスト派的——

道徳的　passim
　　　——至らなさ　136 註 137
　　　——営為　291 註 38
　　　——価値　88 註 61
　　　——規準　226
　　　——規定　158
　　　——厳格さ　205
　　　——行為　141, 143, 146
　　　——根拠　92 註 67
　　　——刷新　109
　　　——資格　89
　　　——自己活動　→　自己
　　　——実践　109
　　　——使命　163, 194
　　　——宿命論　→　宿命論
　　　——生活営為　109
　　　——節制　153
　　　——善行　246 註 362
　　　——動機　→　動機
　　　——難破　64
　　　——無価値性　136 註 137
　　　——無力（ルター派の）　162
　　　——零落　95 註 73
　　　反——　73
　　　「非——」　241 註 350
東洋　3(bis), 150, 218
東洋的　159 註 187
　　　——静寂主義　232
　　　——伝統主義　235 註 341
トゥルピトゥードー　→　醜行
トゥロポス　→　流儀
ドーチェスター　280 註 19
ドーム問題　3
時（貴重な時間としての。cf. 時間）　82 註 56, 148(bis), 216
「時はカネだ」　37, 46 註 35, 215
特殊主義的（cf. 恩恵特殊主義）
　　　→　改革派の——教会
独占　61, 91 註 65
　　　——カルテル　10

　　　——業者　90, 260, 260 註 389
　　　——権　297 註 54
　　　——産業　260
　　　——資本家　253 註 375
　　　——敵対的　260 註 389
　　　→　国家——
独占的　91 註 65, 260, 260 註 389
特定バプテスト　→　バプテスト
徳目　41, 42(passim), 159, 187(bis), 273
　　　——実践　228 註 324
　　　職業——　→　ベルーフ
　　　→　禁欲主義的——、禁欲主義的——実践、国民的——、市民的——、修道者的——、俗世内的職業——
独立戦争（¹オランダ、²アメリカ）　¹240 註 350, ²253 註 376, ²280
独立独行人　→　市民的——
独立派　108 註 91, 122 註 110, 161, 169 註 200, 285, 285 註 25(bis), 287 註 26(bis), 288, 292, 292 註 39, 295, 295 註 46, 296 註 47, 299 註 62
　　　——信団　108
　　　——の原理　280 註 19
　　　——の思想世界　291
　　　——の信仰告白　114
独立派的　157, 157 註 182, 284-285 註 25(bis), 295 註 44(bis)
土侯 Potentat　169 註 200
都市　89 註 61, 217 註 300 ほか passim
　　　——経済　→　経済
　　　——公債　69 註 51
　　　——同盟　240 註 350
　　　「滅びの——」　125
都市貴族　23
　　　——層　72
　　　——的身分意識　241 註 350
　　　→　商業的——、商人的——
都市的　11, 299
土地所有者　11(bis)
どちらでも良い（こと）（cf. アディアフォロン）　201 註 270, 224 註 316, 242 註 352(bis)
土地領主　→　領主
特権　38, 150 註 165, 158, 260(bis)
　　　→　市場——
特権的　74, 267
　　　——地位　→　地位

事項索引　417

ドナトゥス派的　290
　　——教会概念　157
賭博場　4
富　28, 33, 66, 212, 213(bis), 213 註 290, 214,
　221, 222 註 311(bis), 227, 227 註 323.324, 250,
　254(ter), 256, 256 註 381, 257 註 384, 282
　　——の獲得　248
　　——の享受　214
　　——の使用の封建制的形態、～領主的形態　→
　　　封建制的、領主
　　——の所有　22
　　——の蓄積　262 註 391
　　——の追求　97 註 77, 213 註 289, 228(bis), 229
　　　註 326, 248(bis)
　　——の誘惑　252, 257 註 384
　　相続された——　277
　　→　私経済的——の生産
トラスト　275
　　→　反——キャンペーン
トリエント公会議　229 註 327
取締役会　9 註 2
トリニティー教会　239 註 347, 273 註 10
取引関係　282 註 22
取引所　10, 72 註 53
ドルドレヒト教会会議　114, 118, 132 註 127,
　166 註 198, 241 註 350, 292 註 38, 295 註 44
ドルドレヒトの教会法規　167 註 198
奴隷　7, 76 註 54, 82 註 56(passim)
　　——所有　294 註 41
　　——売買　294 註 41
　　——賦役農場　→　賦役
　　——身分　82 註 56
　　→　黒人——
『奴隷意志論』　118 註 101
問屋　61
　　——経営、——仕事、——資本主義　→　経
　　　営、仕事、資本主義
　　——制度　61
　　——制前貸し　11
　　前貸——　61(bis), 62
貪欲 avaritia　97 註 77, 213 註 289

ナ

『内奥のキリスト教』(スホルティングハウス)
　136 註 136, 173 註 205

内国関税　260 註 389
内在的　48 註 35
内職 Nebenbeschäftigung (cf. 副業)　297 註 54
内的(cf. 外的) inner　7, 9, 14, 27, 30, 52, 90,
　102, 157 註 181, 189, 190, 235, 235 註 341, 285,
　298 註 58
　　——圧力　301 註 65
　　——隔離　203
　　——孤立化　120 註 106, 122(bis), 128
　　——孤立化の感情　120
　　——首尾一貫性　165
　　——「召命」　78 註 54
　　——親和性　30, 34, 48 註 35, 150, 231 註 333
　　——推進力　186, 254 註 378
内面化　124 註 115
　　→　人格の——、信心の感情的——
内面志向的　139
内面性　139
内面生活　39 註 26
内面的 innerlich (cf. 外面的)　passim
　　——回心者　285 註 25
　　——訓練　138 註 139
　　——孤立　125
　　——体験　→　体験
　　——被拘束性　165
　　——人々　109
　　——領有　198
　　——連続性　151 註 169
　　→　霊の——証言
ナポリ　51
「悩める人の席」anxious bench　189
成り上がり者 Parvenu　60(bis), 229
　　→　社会的——、政治的——
南欧　51, 75
南洋会社　9 註 2

ニ

肉
　　——の圧殺　196 註 260, 247 註 363
　　——の心　→　心
　　——の楽しみ　214
　　——欲　227, 247, 255
　　→　「傷の——汁」
肉体　80 註 55(bis), 87 註 59(bis), 247 註 364
　　——の下僕　247 註 364

肉的 98註77, 124註115, 227註324, 243註355, 257註382
──自己 → 自己
二元論 → 自然法の二元論
「二重の決定」117註100, 131註127, 178, 211註284
二重倫理 → 倫理
日常実践 125, 146註158
日常道徳 → 道徳
日曜学校 Sunday School 273註9
日曜日 217, 237, 257註382, 263註394, 268, 269註5, 270, 273註10
日記(cf. 記帳) 41註30, 159(ter), 159註189
 宗教的── 159, 177註214
日本 171註200
ニューイングランド 23, 27註13, 32註20, 45, 169-170註200(bis), 192, 239, 241註350, 250, 250註368, 252註374, 279, 279註19, 281註20, 284註25, 287註26, 289, 290註35, 299, 299註63, 300註64
──植民地 45
──の教会規律 294註41
ニューネザーランド植民地 241註350
ニューハンプシャー 252註374, 280註19
ニューヘーヴン 280註19(bis)
ニューヨーク 195註259, 268, 277註14, 278註16
庭仕事 → 仕事
人間 passim
「──からはカネを作る」39, 43
──ぎらい 124註115
──集団 30, 45
──種類 102
──存在 186, 262(bis), 264
──大衆 258
──の取り決め 94註71
──の「二重の本性」87註59
「──味」130註124
──労働 → 労働
生身の── 73
非──性 120
→ 神──化、自然的──、類としての──、労働の非──性
人間的 119(bis), 130註124, 148(bis), 257註383, 284註25, 302

認識 passim
──根拠 181註225, 190
──手段 160註190
科学的── 12

ヌ
ぬかるみ乞食 290註37
抜け目なさ 261註391

ネ
ネーデルラント 23
熱狂 127註120, 193
 → 宗教的──
熱狂的 95, 193, 193註255, 204, 292註38
熱情 153註174, 204, 220註305, 263
 → アゴーン的──、デルヴィーシュ的──
熱情的 117, 155, 170註200
熱心さ 98註77, 211, 218註304
年金生活 222註312
年金売買 69註51

ノ
農業 32註20, 53, 251, 251註371
──経営者 251
──者 251
農耕植民地 → 植民地
農村 11, 62
農地管理人 47註35
農民 48註35, 61, 62, 63, 74, 81註56, 217註300(bis), 231, 231註333, 232註334(bis), 252, 269, 270, 275, 294註41
──家族 270
──騒擾 95
「──の子」(ルター) 89註61
ノーサンプトン 296註47
ノースウェスタン大学 188註244
ノースカロライナ 270
伸びやかさ(自然的地位の) 165, 215註293
伸びやか(な) 164(bis), 165, 210, 233, 237, 239
ノルマン人 102註85

ハ
バーデン 21註4.5, 22註7, 24, 24註8, 269註5
バーミンガム 242註351

事項索引　419

パールシー教徒　32 註 20
ハーレム教会会議　141 註 142
バイエルン　24, 24 註 8
配給　10
拝金主義 Mammonismus　30, 248
　　反——的　212 註 287
買収　4
排斥(cf. 斥けられた者)　140 註 142, 149 註 163, 156, 160 註 190
　　→　被造物の——状態
排他的 exklusiv (cf. 専一的 ausschließlich)　240, 276 (bis), 277, 300
ハヴァーフォード・カレッジ　209 註 283
博愛　234 註 341
　　——主義者　40 註 28 (bis)
　　——心　88 註 60
迫害　26, 29, 31, 58, 175 註 208, 195 註 260, 237 註 344, 239, 261 (bis)
バザール　9
恥ずべきこと pudendum　71 (bis), 219 註 305
畑仕事　→　仕事
発券銀行　→　銀行
発生的関連　36
発展　passim
　　——可能性　235 註 341
　　「——傾向」　154, 187
　　——史　111 註 94
　　——史的 entwicklungsgeschichtlich　104
　　——図式　258
　　——段階　1, 181 註 228
　　——度　192
　　——要因　5 註 1
　　→　アメリカ的——、警察的——、工業的——、産業的——、資本主義的——、資本主義の——、宗教的——、心理学的——刺激、文化——、民衆的——、ユダヤ教の性格学的——、倫理的——、歴史的——、歴史的生成——
「パトロン」　241 註 350
花嫁(キリストの)　138 註 139
ハビトゥス　→　気質
バビロニアの倫理　121 註 109, 302 註 66
バビロン　1 (ter), 7 (bis), 41, 59 註 44
　　——捕囚 (cf. 捕囚期)　32 註 20
バプテスト (cf. ジェネラル・バプティスト)

　　——教会　270
　　特定——　194 註 259 (bis)
バプテスト派 (cf. 洗礼派)　108, 108 註 91, 111 註 93, 142 註 147, 170 註 200 (bis), 177 註 215, 194, 194-195 註 259 (passim), 197 註 260, 252 註 375, 260, 270, 271 (bis), 273 註 10, 275, 281, 282, 284, 287 註 26, 292 註 39, 295, 299 註 60. 62
　　——共処体　289 註 30
　　——共同体　272 註 8
　　——信徒　289 註 30
　　——の信仰告白　114, 170 註 200
　　　　1689 年の——の信仰告白　161
　　——の共処体　271
　　——の共同体　295 註 46
　　——の信仰箇条　141 註 142 (bis)
　　——の歴史　194 註 259, 205 註 275, 281 註 20
　　——文献　212 註 287
　　アイルランド・——連盟　230 註 329
　　恩恵特殊主義——　170 註 200
　　カルヴァン派的——　125 註 119, 157, 170 註 200
　　非——　289 註 30
バベルの言語混乱　240 註 350
破門 (cf. 除籍)　175 註 208, 287 註 26 (passim), 291 註 37, 293 註 41 (bis), 295, 300 (bis)
　　——者　199 註 267
パラダイス (cf. 楽園)　65, 101 (bis)
パリス　238 註 346
パリ奉行　303 註 68
ハレ (地名)　177 註 215
パレスティナ　233
反映 (経済的状況、等の)　45, 49 註 35, 73, 194 註 258, 225 註 319, 227 註 323
半音階　2
反貨殖的　71
ハンガリー　24, 24 註 8, 25 註 9
反禁欲主義的　→　禁欲主義的
反権威主義的　→　権威
ハンザ　278 註 16
　　——同盟商人　102
ハンサード・ノウルズ協会刊行物　205 註 275, 281 註 20, 292 註 39
反政治的　→　政治的
反トラストキャンペーン　90

「万人祭司」 179 註 221
　「――」の思想　220 註 305
ハンブルク　33 註 22, 60
半封建制的　→　封建制的

ヒ

美
　――に対する敵視　240 註 349
ピアノ　2
控えめな　151 (bis), 251, 268
　――態度 (リザーヴ)　66, 152 註 171
美学的　244
東アジア　9
悲観論　122, 123 註 113
非教義的　→　教義的
秘教的　132 註 127
被拘束性　302
　→　内面的――
非合理性　→　合理性
非合理的　5, 8, 9, 13 (bis), 42, 43 註 32 (ter), 65, 66, 75 (bis), 122 註 112, 145 註 156, 161, 204, 237, 242, 247
　――生活　231 註 333
　「――生活営為」　43 註 32
　――投機　→　投機
非国教徒　26, 251 註 372 (bis), 256 註 380, 260, 261 (ter)
非再生者　→　再生
非宗教改革者的　→　宗教改革
非遵法性　→　遵法性
ヒステリー的　128 註 120, 138 註 139, 172, 204
非政治的　→　政治的
非正典的　→　正典
秘跡 (cf. 聖礼典)　147
　――恩恵　→　恩恵
　→　改悛の――
秘跡的　133 註 128
　――呪術　→　呪術
非専門家　→　専門
悲愴感　→　貴族的――、倫理的――
被造物　115 (bis), 119 (bis), 127 註 120 (bis), 129, 142, 204
　――賛美　206, 224 註 316
　――神格化 (cf. 偶像崇拝)　47 註 35, 122, 127-128 註 120 (passim), 153 註 174, 200, 224 註 316, 234 註 341, 236 註 343, 240 註 349, 243, 247
　　貴族的――神格化　224 註 316
　――の原罪的無価値　136 註 137
　「――の節度ある使用」　248 註 365
　――の排斥状態　172, 209
被造物的　87, 94, 122, 127 註 120, 139, 153 註 174, 172, 202 註 272, 224 註 316, 232
　――虚栄　242 註 352, 247 註 365
　――存在　202
　「――存在の無価値性」の思想　166 註 198 (bis)
非属人的　→　ペルゼンリッヒ
備蓄金　63 (bis)
必然的　36, 42, 67, 70 註 51, 104, 147 (bis), 163 註 194, 174, 186, 196 註 260, 197, 254, 284 註 25
必要原因　203
必要条件　203
日々の悔い改め　→　悔い改め
非偏向性　173 註 204
非方法的　→　方法的
秘密集会 Konventikel　16, 132 註 127, 166 註 198, 171, 174, 174-175 註 208 (bis), 181, 264, 271, 282 註 23 (bis), 285, 289, 290-291 註 37 (bis), 293 註 40, 300, 301
　――形成　125 註 118, 166-167 註 198 (passim), 174, 196 註 260, 293
　→　禁欲主義的――、禁欲主義的――形成、聖書――
日雇い労働者　→　労働
『ヒューディブラス』(バトラー)　151 註 168, 239
ピューリタニズム　50 註 35, 70 註 51, 96 註 76, 108, 108 註 91, 114, 122, 122 註 111, 127 註 120, 133 註 127, 140-141 註 142 (bis), 142 註 144, 152 註 171 (bis), 154, 160 註 192, 164, 166, 170 註 200, 174, 177 註 215, 189, 194 註 258, 210, 211, 213 註 289, 215 註 293 (bis), 217 註 299, 218, 219, 231 註 333, 232, 233 (bis), 234 (ter), 234 註 341, 237 (ter), 239 註 347, 240 註 350, 243, 243 註 356 (ter), 244, 250, 253, 260, 260 註 389, 302
　――運動　238
　「――の神曲」　→　『神曲』

——の生活理想　151, 238
　　古——的思想　190
　　古典的——　188 註 244
　　初期の——　293 註 40
ピューリタン　passim
　　——高利貸し　→　高利
　　——商人　136
　　——女性　245 註 359
　　『——神学者の著作』　124 註 115, 141 註 142
　　　(bis), 142 註 146, 149 註 163, 150 註 165,
　　　155 註 179, 156 註 180.181, 159 註 188, 160
　　　註 192, 187 註 242, 207 註 279, 211 註 284.
　　　285, 213 註 289, 216 註 297, 217 註 300, 225
　　　註 317, 227 註 323, 229 註 326.328, 230 註
　　　330, 231 註 333, 236 註 343, 238 註 346, 245
　　　註 359, 257 註 384
　　——文学　123, 125, 140 註 142, 225 註 320
ピューリタン的　passim
　　——異端者　151 註 170
　　——過去　123, 125 註 117
　　——感情　240 註 349
　　——起源　261 註 391
　　——教会観念　266 註 398
　　——教会規律　293-294 註 41(bis)
　　——共同体　258
　　——教派　→　教派
　　——拒否　240 註 349
　　——キリスト教　184 註 235
　　——キリスト者　159
　　——禁欲、——経済エートス　→　禁欲、
　　　エートス
　　——行動力　39 註 26
　　——故郷　→　故郷
　　——思想　149
　　——市当局　242 註 351
　　——資本主義　→　資本主義
　　——宗教心　147
　　——正直さ　207 註 279
　　——消費制限　250 註 368
　　——信心　175 註 208
　　——人生解釈　231 註 333, 252(bis)
　　——信団　103, 279, 302(bis)
　　——信団成員　252 註 375
　　——生活規制　50 註 35
　　——生活雰囲気　244

　　——生活理想　252
　　——精神　252
　　——専制　23
　　——俗世志向性　102
　　——祖先　47 註 35
　　——著作家　186 註 238
　　——天職禁欲　→　ベルーフ
　　——天職理念　→　ベルーフ
　　——道徳　161, 234 註 341
　　——道徳神学　211
　　——北部(アメリカの)　249 註 367
　　——倫理　127 註 120, 129 註 124, 207 註 279,
　　　211, 223 註 314, 234 註 341, 302
　　古——伝統　273
　　非——　295 註 44
被傭者　187
表出形態 Ausprägung　34, 35, 92, 100, 136 註
　137, 161, 284
　　→　禁欲主義的——
表象　29(ter), 35, 45, 84 註 56, 85, 117, 142 註
　144, 145 註 156, 164 註 194, 177(bis), 178
　(ter), 178 註 217, 179, 282
　　——圏　130 註 124
　　——世界　56 註 39
　　——様式　92
　　→　カルヴァン派的——、義務——、禁欲主
　　　義的——、宗教的——、宗教的根本——、
　　　宗教的信仰——、大衆的——、ルター派的
平等派(レヴェラーズ)　91 註 65, 102 註 85
　　——の請願　260 註 389
　　——の歴史構築　102 註 85
病理学的　193 註 255
ピルグリム・ファーザーズ　277 註 14, 279 註
　19
貧者　93
ヒンドゥー教徒　223 註 314
貧民支援　229 註 328

フ

ファウスト　220 註 305, 262
　　——的全面性　262
ファリサイ派　149 註 163, 236 註 343(ter)
　　——的　256
不安 Angst　126(passim), 136 註 137, 137, 143,

153 註 174, 167 註 198, 186 註 238, 190, 238 註 345
フィラデルフィア　74
フィレンツェ　46, 48-49 註 35(ter), 59 註 44, 68-69 註 51(bis), 71, 73, 92
　　――市民　126(bis)
　　――人　47 註 35
風紀(cf. 道徳)
　　――規制　240
　　――規律　293
　　――警察　→　警察
　　――統制　295
　　――紊乱行為　271
プーデンドゥム　→　恥ずべきこと
賦役(cf. ライトゥルギー)　77 註 54
　　――官僚制　76-77 註 54(bis)
　　――国家　76 註 54(bis)
　　――使用人　11
　　――農場　8
　　奴隷――農場　48 註 35
フェニキア人　27 註 13
フェニキアの倫理　302 註 66
不確実性　72
不確定性　191
不可視性　155
　　→　神の――
不可視的教会　→　教会
不寛容　→　寛容
不機嫌さ　153 註 174
武器使用(の拒否)　206
普及地域　193 註 255, 265
福音書　67, 82 註 56
福音的　166 註 198
　　――勧告、――教会　→　勧告、教会
副業 Nebenberuf(cf. 職業 Beruf、内職)　297
　　――的　298 註 54
福祉　224 註 316
　　――政策　10
　　→　公共の――
服従　49 註 35, 68 註 51, 72, 98, 98 註 78, 135 註 132, 140 註 142(bis), 157, 200 註 268, 222 註 313, 291 註 38
　　神への――　95, 128 註 120, 176 註 213, 222 註 311
　　政治的――　128 註 120

復讐感情　→　感情
不敬な　98 註 77(bis), 116, 235 註 342, 294 註 41, 295 註 44
富豪階級 Plutokratie(cf. 金権支配 Plutokratie)　276, 277 註 14
富者　213 註 289
不自由さ　165
　　→　意志の不自由
不信心　→　信心
フス派　49 註 35
　　――的(cf. ウィクリフ＝フス的)　108
負担軽減　148(bis), 209
普通平等選挙権　→　選挙
復興(cf. ルネサンス)　138 註 139, 167 註 198, 199
物質主義　28(bis)
　　――的　29, 34
物質的　passim
　　――自重　246 註 362
　　――利害　272 註 8
　　――利潤　→　利潤
　　――理由　89 註 61
物質文化　→　文化
物理学　1, 184 註 235, 244 註 356
　　――心理　
不道徳　→　道徳
プネウマ的(cf. 聖霊、霊)　199, 200
プファルツ　293 註 41
普遍史的　→　史的
普遍主義的　302
普遍的救贖 universal redemption(cf. 恩恵の普遍性)　211 註 284
フューグング Fügung
　　定め Fügung　→　神の――、摂理の――
　　摂理 Fügung(cf. 摂理 Vorsehung)　→　神の――
　　はめ込み ^{1}Einfügung/^{2}Fügung　^{2}96, ^{1}209 註 282
プラグマティズム的　145 註 156, 223
プラトン哲学　184 註 235
『フランクフルト新聞』Frankfurter Zeitung　103 註 87, 267 註 1
フランシスコ会原始会則派　196 註 260
フランシスコ会士　196 註 260
フランス　26, 28, 29(passim), 29 註 15, 31

(bis), 32, 90, 111, 112 註 95, 123 註 113, 159, 303
　——信条　155 註 178
フランス語　79 註 54
フランス人　75
　——移民共処体　287 註 26
プランテーション（cf. 大農園）　7, 8
フリーメーソン　273, 273 註 11
「ブルジョワジー」　11, 248 註 366
「ブルジョワ的立場」　196 註 260
ブルックリン　268
プレミアム　→　報奨
フレンド会（cf. クエイカー派）　261 註 391
プロイセン　24 註 8, 300
　——東部　26, 33
不労所得 Rente
　——売買　90 註 64
不労所得生活者 Rentner　188 註 243, 251 註 370
　——層　240
プログラム　184 註 235, 266 註 398, 285 註 25
　→　教育——、教会体制——、社会倫理的
　　——、倫理的——、倫理的改革
プロテスタンティズム　22, 27 註 12, 28(bis), 29(bis), 34(bis), 70 註 51, 89, 100(bis), 148 註 161, 153, 162, 166 註 198, 196 註 260, 202 註 272, 228 註 325, 233, 273, 283, 285, 301 註 65
　——の倫理　50 註 35(ter)
　改革派的——　196 註 260
　カルヴァン派的——　159
　洗礼派的——　196 註 260
　古——　34(ter), 167 註 198, 198
　　古——的精神　34
　　古——の倫理　103
　→　禁欲主義的——
プロテスタント　21(bis), 22, 22 註 5, 23, 24 (bis), 24 註 8(bis), 25(bis), 25 註 9, 26(bis), 27 註 13, 28(ter), 29, 31, 32, 32 註 20, 33, 39 註 26, 79 註 54, 85, 208 註 281, 228 註 325, 257 註 382, 283
　——家族　27 註 13
　——教会　30, 294
　『——神学・教会大事典』　94 註 70, 112 註 95, 118 註 102, 151 註 167, 154 註 176, 168 註 199, 188 註 244, 198 註 263, 205 註 275

　——信団　30, 100, 258, 280, 282
　——層　26 註 12
　——の聖書翻訳　→　聖書翻訳
　——の中心的教義　85
　古——教会　207
　→　禁欲主義的——、禁欲主義的——信団
プロテスタント的　21, 48 註 35, 76, 79 註 54
　——教義　83 註 56
　——禁欲、——合理主義　→　禁欲、合理主義
　——職業概念　86 註 58
　——信団　27 註 13
　——天職理念　→　ベルーフ
　——伝統　171 註 202
プロモーター　→　発起人
プロレタリアート　11, 145 註 156
文化　3, 11, 16, 17, 56 註 39, 104(bis), 105, 122, 164 註 194(bis), 238, 261, 265(bis)
　——意義　35, 265
　——影響　104, 240 註 349, 264
　——解釈　265(bis)
　「——環境（ミリュー）」　32 註 20
　——圏　2, 13
　——言語　76
　——現象　1
　——国家　7, 111
　——財　238, 244(bis), 264
　——史　11
　——史的 kulturgeschichtlich　113
　　——史的子供部屋　4
　　——史的相違　13
　——時期　105
　——支配的　3
　——宗教　14, 17
　——条件　265(bis)
　——人　234 註 341
　——生活　265 註 397
　——世界　1
　——地域　9
　——闘争　111, 114, 118, 290 註 37
　——内容　105
　——の場　298 註 55
　——発展　14, 21, 197, 262, 264, 266 註 398
　——分析　14
　「——目的」　224 註 316

424　事項索引

──問題　220 註 305
──要素　29 註 15
──理想　103
──領域　14
感覚── Sinnenkultur　122, 122 註 111, 234 註 341
感情── Gefühlskultur　140
近代──　265 註 397
精神的──価値　263
物質──　105
　→「アメリカ的──像」、経済──、資本主義的──、西洋──、「倫理的──」
文学的　15, 16, 109, 211, 296 註 47
──仕事　47 註 35
──伝統　300 註 64
分業(cf. 職業階層化)　3, 47 註 35, 88, 222
──礼賛　223
分業的　77 註 54
──職業労働　→　ベルーフ
分子(人間を指す表現としての)　205
文人　47 註 35
──教説　49 註 35
──層　47 註 35
分派 Sekte (cf. 信団)
──者 Sektierer (cf. 信団成員 Sektierer)　169 註 200, 236 註 343
──性 Sektentum (cf. 信団制 Sektentum)　211
「分派的」sektiererisch (cf. 信団的 sektiererisch)　111 註 93
──原理　284 註 25
分離　72, 107, 108, 131 註 127, 285 註 25, 292 註 38, 295 註 44
　→「──した改革派的諸共処体」、営業資本と私的財産の──、家政と経営の──、経営財産と個人財産の法的──、国家と教会の──、「仕事」と私的住居との──、洗礼派的「──」
分離主義　295 註 44
──者　295 註 44
分立主義的　240 註 350

へ

平安(この世的)　177 註 215
兵役拒否　33

兵器納入業者　59 註 44
平均的　24, 52, 55, 145, 163 註 194, 268
──キリスト者　→　キリスト者
閉鎖的　62, 86 註 58, 252 註 374, 299
兵士　4, 241 註 350, 298
　鉄騎隊──　152 註 171
平和的　5, 51 註 36, 63
ベギン会　196 註 260
ベネディクトゥスの戒律　150
ベネディクト会　218 註 303
ヘブライズム(イギリスの)　233
ヘブル語　15 註 3, 76-77 註 54 (passim), 81.83 註 56 (bis)
──法　82 註 56
ヘブル的　158
ペリコーペ　173 註 205
ベルーフ Beruf (cf. コーリング)　76, 79 註 55 (bis), 80-84 註 56 (passim), 85
　召命 Beruf ほか (cf. 天職、召し)　79-80 註 55 (bis), 82.84 註 56 (passim), 94 註 71, 96 註 76 (bis), 97 註 77 (bis), 99, 116, 136, 140, 140 註 142 (bis), 215, 227
　宗教的──　83 註 56, 88 註 61
　世俗的──　88 註 61
　有効な──　115, 140, 140 註 142, 142 註 145
　職業 Beruf (cf. 副業)　21 註 2, 30, 43 (bis), 59, 73, 75, 76-78 註 54 (passim), 79 註 55, 81-84 註 56 (passim), 86 註 58 (bis), 87, 87 註 59, 88, 89 註 61.63, 91, 94 (bis), 94 註 70, 95, 130 註 124, 174, 183 註 233, 216, 216-217 註 298 (bis), 217, 220, 222 註 313 (bis), 223 (bis), 224, 225 (ter), 226 (passim), 229, 231, 246 註 362, 256 註 381, 297 註 53
　──解釈　45 (bis)
　──概念　70 註 51, 75, 80 註 56, 85 (bis)
　──歌手　239 註 347
　──関心　206
　──義務　44 (bis), 228, 263
　──禁欲、──仕事、──上の宣教者　→　禁欲、仕事、宣教
　──人　216 註 297 (bis), 262, 282 註 22
　「──遂行」　263 (bis)
　──生活　98 註 77, 173, 206, 225, 249 註 367, 262

事項索引　425

私経済的――生活　167 註 198
世俗的――生活　89, 93, 151 註 169, 155 (bis), 173, 204
非政治的――生活　206
――聖職者、――説教者　→　聖職者、説教者
――選択　25, 86 註 58
――専門分化、――忠実　→　専門、忠実
――伝統主義　223 註 314
――統計　20
――道徳　174 (bis)
――徳目　255
――仲間　303 (bis)
――の神意適合性　248 註 366
――変更　222 註 313, 226, 226 註 321, 232 註 335
――編制 (cf. 分業)　222, 223 (bis)
――倫理　99, 105, 185, 228 註 325
――労働　60 註 45, 75, 76 註 54, 95, 96, 98, 136, 136 註 137, 137 (bis), 178, 183, 183 註 233, 186, 204, 216, 218 註 304 (bis), 225, 231 註 332, 248, 256 註 381, 262
「――労働」の精神　→　精神
　世俗的――労働　81 註 56, 88, 137, 138 註 139, 167 註 198, 248
　俗世内的――労働　83 註 56
　分業的――労働　129
――労働者　224
――割り当て　229 註 328
学者的――　248 註 366
産業的――　24
市民的――エートス　256
世俗的――　80 註 56, 85, 99, 100
地上的――　229 註 326
　→　改革派的――倫理、カルヴァン派的――観念／倫理、禁欲主義的――倫理、商人――、商人的――、神学的――説教者身分、俗世内的――徳目、トマス主義的――概念、プロテスタント的――概念、ルター派的――概念
職業的 beruflich　44, 92
――運命　25
――編制　21, 86 註 58
――労働　259 註 388
天職 Beruf (cf. 召命 Beruf、召し)　56, 57, 67, 73, 76, 77, 79 註 54 (bis), 79 註 55, 85, 95, 97, 97 註 77, 98 註 78 (passim), 185, 185 註 236, 202 註 272, 213 註 289, 217 註 300, 218 註 301 (bis), 222 (ter), 236, 259 (passim), 260, 299 註 60 (bis)
――解釈　138 註 139
――概念　75, 78 註 54, 97, 136 註 137, 232
――観念　136 註 137, 210
――思想　75, 92 (ter), 93, 99, 100
「――」思想　75, 92 (ter), 93, 99, 100
――使命　129
――人　262
「――の履行」　66
――理念　193, 193 註 256, 209, 211, 261
――労働　96 註 76, 128, 217 註 299, 238
カトリック的――概念　136 註 137
カルヴァン派的――観念　206
合法的――　218 註 301
市民的――理念　196 註 260
市民的――倫理　205 註 276
俗世内的――禁欲、ピューリタン的――禁欲　→　禁欲
ピューリタン的――理念　225
ピューリタンの――理念　209
プロテスタント的――理念　228 註 325
ルター派的――概念　84 註 56
　→　ルター的――観念
ベルギー信条　155 註 178
編制 Gliederung　73
　職業的――　→　ベルーフ
　→　社会的―― gesellschaftlich、身分的――
ペルゼンリッヒ persönlich (cf. 人格 Persönlichkeit)
個人的 ^{1}personal/^{2}persönlich　^{2}127 註 120, ^{2}130 註 124, ^{2}154, ^{2}168 註 199, ^{2}178, ^{1}211 註 284 (bis), ^{2}268, ^{2}269, ^{2}280, ^{2}292
――カリスマ　→　カリスマ
人的 persönlich　6, 58 (bis), 64, 65, 127 註 120 (bis), 301
属人的 persönlich　127 註 120, 189 註 245, 243 註 355
「非属人性」Unpersönlichkeit　129 註 124
非属人的 unpersönlich　69 註 51, 127-128 註 120 (ter), 130 (bis), 224 註 316 (bis)
本人 persönlich　46 註 35, 93 (bis), 100, 114

註 96, 170 註 200, 194 註 259, 197, 199
ヘルンフート共処体　182 註 229
ヘルンフート的　124 註 115, 189
　　——禁欲　→　禁欲
　　——宗教心　191 註 252
　　——信心　181
ヘルンフート派　108, 181, 191 註 252, 193 註 257, 219 註 305
ヘレニズム　1, 231
　　——後期　70 註 51, 85
　　——時代　170 註 200
弁証法　139, 239
ペンシルヴェニア　73, 253 註 376, 280, 296 註 49
『弁明』(バークリー)　201 註 271, 211
『遍歴時代』(ゲーテ)　216 註 297, 262
遍歴手工業徒弟　→　手工業
遍歴説教者　→　説教
弁論術教師業 professio bene dicendi　77 註 54

ホ

法　→　レヒト
防衛義務の除去　240 註 350
貿易　250 註 368
　　海外——　61
法学(合理的)　→　レヒト
萌芽　1(bis), 2, 3(bis), 4, 70 註 51(bis), 71, 80 註 56, 85, 93, 96 註 76, 129, 154, 264
　　——段階　197
　　——的形態　9, 11
忘我的　99
法規範 Gesetz (cf. 法則、法律、律法)　157
「冒険」　52
　　——商人(マーチャント・アドヴェンチャラーズ)　102
　　——心　40
冒険家　252
　　——型の資本主義、——資本主義　→　資本主義
　　——信念　52
　　——野郎　64
　　資本主義的——　→　資本主義的
　　→　金融——
封建制的　51 註 36, 230 註 330(bis), 237, 247, 276
　　——生活形態　250
　　——生活習慣　250
　　——本能　182 註 228
　　富の使用の——形態　227 註 324
　　半——　241 註 350
傍若無人さ／傍若無人な　52(bis)
法書 Rechtsbuch　2
報奨　12(ter), 49 註 35(bis), 212 註 287, 267, 273, 301, 302(bis)
　　救済——　→　救済
　　経済的——　12
　　社会的——　283
　　宗教的——　92, 132 註 127
　　　宗教的——付与　228 註 325
　　心理学的—— psychologisch　49 註 35, 148 註 161, 160 註 190
　　心理的—— psychisch　70 註 51
　　来世的——　259 註 388
法則 Gesetz (cf. 法規範、法律、律法)　5, 119
　　→　神的諸——、「経済的——」、「限界効用——」、固有——性
「法則的」gesetzlich (cf. 律法的)　59
　　→　固有——
法廷　163 註 194, 198
　　——たとえ話　160 註 192
　　→　義認の——解釈
法的 rechtlich　→　レヒト
法典
　　——化 Kodifikation　163 註 194
　　——編纂 Kodifikation　2, 109 註 92
　　→　道徳——
「冒瀆的」　191 註 252
『法の精神』(モンテスキュー)　34
方法　30, 148, 150, 179, 184 註 235, 189 註 245, 217 註 298, 225, 271
　　——体系 Methodik　189
　　「——派」メソジスト　148, 149 註 162
　　→　禁欲主義的——、聖化——
方法的　154, 161, 165, 177, 192, 204, 208, 225(bis), 302
　　——貫通　187
　　——規制　152 註 173
　　——禁欲　→　禁欲
　　——訓練　177 註 214
　　——経営　175 註 209

——合理化　161, 165
　　——熟慮　177
　　——性格　204, 225(bis)
　　——生活　153, 221註309
　　——生活営為　49註35, 191, 208, 276
　　——生活成型　235註341
　　「——」体系づけ methodische Systematik　188
　　——統制　175, 209
　　——道徳　→　道徳
　　——把握　152
　　——目的　36
　　非——　163註194
　　→　生活——
方法論　160(bis), 206, 210
　合理的——　177註215
　→　生活——
法律 Gesetz(cf. 法規範、法則、法令集、律法)　4, 213註290, 227, 237(bis), 251註370, 267
法律家 Jurist　4, 95註74
　　——ツンフト　74
　　——的 juristisch　2, 69註51
　　——身分　13
暴力　146註158
　　——行為　8
　　——政治的　9
　　——的　5(bis)
法令集 Gesetzbuch(cf. 法律 Gesetz)　231
ボーア戦争　92註67
ポートゥリー　269註5(bis)
ポーランド人　21, 26(bis), 32註20, 55
ポール・ロワイヤル　89註63, 120註106, 237註344
　　——の倫理　131註125
簿記　9, 9註2
　経営——　9
北欧語　83-84註56(bis)
牧師　30, 179註221, 280註19, 289, 295註44
　　——職　169註200
　　——夫人　242註353
保護主義　10
捕囚期(cf. バビロン捕囚)　124註115
ボストン　239註347, 273註10
発起人 promotor　9-10註2(bis), 253註375, 275

ボヘミア兄弟団　49註35
ポリフォニー　2
ホルクムの教会会議　213註290
本能　87註59(bis), 182註228, 237
　　——的　243
ポンメルン人　55
翻訳　15(bis), 39註26, 78-79註54(passim), 81-84註56(passim), 116註100, 211
　　——者の精神　→　精神
　　→　カルヴァン派的——、修道者的——、シラ書の——、聖書——、ティンダルの——、ヒエロニュムスの——、フライシュッツの——、ルターの——

マ

マーチャント・アドヴェンチャラーズ　→　冒険
マウリッツハウス美術館　240註349
前貸し　→　問屋
マグナ・カルタ　102註86
マサチューセッツ　45, 252註374, 279, 280註19, 292註39, 299註62
　　——植民地　280註19
交わり Gemeinschaft　198註264, 289註30, 291註38
　　→　神との——、教会の——、キリストとの——
末人　264
マニュファクチャー　8, 221註308
マモニスムス　→　拝金主義
マルクス主義的　259註387
丸天井　3
マンダリン　→　官人
マンチェスター　60
マンテーニャ(画家)の「カエサルの勝利」　243註356

ミ

ミーマーンサー学派　2
ミカエル(天使)　101
見せびらかし　66, 229, 247, 247註365
　「空しい——」　242
道半ば契約 Halfway-Covenant　280註19, 290註35
南ホラントの教会会議　213註290

見習期間　294 註 41, 42
見張り　243 註 355
　　自分の——　216 297
身分　72, 79 註 55, 82-84 註 56 (passim), 86 註 58, 93, 94, 95, 95 註 73, 96 註 74, 209 (passim), 223, 229 註 327, 251 註 370 (bis), 258
　　——状況　300 註 64
　　——証明 Legitimierung　274
　　——相応　47 註 35, 97 註 77
　　——不相応　47 註 35
　　新貴族——、聖徒貴族——、世襲貴族——
　　　　→　貴族
　　劣等キリスト者——　→　キリスト者
　　　→　「あらゆる種類・——の人々」、恩恵——、「恩恵——の破壊者」、神からの恩恵——、貴族——、救済——、教会成員、君侯——、在俗信者——、宗教的恩恵——、宗教的貴族——、主観的恩恵——、主君——、神学的職業説教者——、「第三——」、「中間——」、弟子——、統治者——、都市貴族的——意識、奴隷——、法律家——
身分制国家 Ständestaat　4
身分制的組織 ständische Organisation　4
身分的 ständisch　11, 84 註 56, 136 註 136, 277
　　——意義　279 註 17
　　——伝統主義　→　伝統主義
　　——編制　86 註 58, 89 註 61, 96 註 74
ミュンスター　195-196 註 260 (bis), 204
ミュンツァーの騒擾　→　騒擾
民衆　55, 57 註 41, 131 註 127
　　——教説　131 註 127
　　——の言語　108 註 91
民衆的　237, 255
　　——発展　118 註 102
民主主義　200 註 268 (bis), 224 註 316, 277, 278
　　——的　127 註 120
　　アメリカ的——　277, 279
　　→　「ラテン的精神」の——
民族　2, 29, 34, 96 註 74
　　「——精神」　79
　　——的　26, 79
　　異——　94 註 71
　　→　アングロサクソン——、「英雄——」
民俗学的　17
民族誌学者　17

民族誌的　17 (bis)
民謡　239 註 347

ム

無為　47 註 35, 214, 216, 217
無価値／無価値さ　88, 94 註 70, 122, 156 註 181, 173 註 204, 216
　　——化　125 註 118, 169 註 200
　　→　道徳的——性、被造物の原罪的——、「被造物的存在の——性」の思想
無関心 indifferent/Indifferenz　28 (bis), 29, 40, 40 註 28, 65, 93, 125 註 119, 169 註 200, 188, 242 註 352
　　→　啓蒙主義的——、終末論的——、人文主義的——、俗世——、パウロ的——、パウロ的俗世——
無恐怖心　132 註 127
無計画性　148
無計画的　150
無差別／無差別的　51 註 36, 242 註 352
無産者　11
無邪気さ　152
無宗派　276 註 13
無条件／無条件的　43, 85, 96, 96 註 75, 122, 161, 170 註 200, 179 註 220, 190, 196 註 260, 199, 200, 203, 205, 221 (bis), 224 註 316, 225, 256 註 381, 294
無職者 (cf. 失業者)　229 註 328
無所有　259
無制御　237
無世界論　185 註 236
無体系性、無体系的生活　→　体系、体系的
無謬の教導職の欠如　284 註 25
無目標的　242
無欲　242 註 352
無良心　207

メ

迷信　121, 122 (bis), 122 註 110, 239
　　——的　145 註 156
命題　58 註 41, 71, 71 註 52, 75, 86 註 58, 114 (bis), 120, 169 註 200, 202, 207 註 278, 216, 221, 303
　　→　禁欲の——、ゲーテの——、(アダム・)スミスの——、パウロ的——、パウロの

メイポール　239, 239註348
名目論派　71
盟約　279註19
　――者 Covenanter　289註30
命令(神による)　98註78, 160(bis)
　→　神の――
メイン(地名)　252註374, 280註19
メクレンブルク人　55
召し(cf. 召命、天職)　84註56, 97註77, 142註147, 226
　→　神の――、主の――
召し出し Berufung(cf. 召し)　78註54, 80.83-84註56(passim)
メソジスト　58, 254(bis)
メソジスト的　182
メソジスト派(cf. 方法派)　107(bis), 107註90, 108, 111註93, 161(bis), 188, 188註244(bis), 189, 189註245, 190(bis), 190註246, 191註252(bis), 192(passim), 192註253, 193(ter), 193註255.256.257(passim), 194, 203, 208, 271, 282註23, 284, 293, 294註41.42, 297, 297註52.54(bis), 298註59.60, 299註61.62
　――的情緒　193註255
　――的道徳　191
　――の救済論　182註230
　――の教会　273註10
　――の教理問答　213註289
　――のクラス(cf. クラス)　293註40(passim)
　――の「再生」　193
　――の「リバイバル」　253
　――の倫理　192
　――の歴史　188註244
メノナイト派　33(ter), 108註91, 141註142, 194, 194註259, 197註260, 198註265, 201註270(bis), 206, 226註322, 252註375, 284, 293註41
メリーランド　32註20
免疫性　127註120

モ

盲信 fides implicita　239
モーセ　158註184, 233
目的　14, 15(bis), 17, 25註9, 36, 40註29, 43(bis), 45, 61註47, 66, 69註51(bis), 74, 97註77, 100註82, 104, 115, 119, 127註120, 128, 129註123.124(bis), 130, 145註157, 151, 167, 159, 166註198, 179, 188, 204(bis), 215註292.293, 219註305(ter), 221, 223, 224註316(bis), 227(bis), 227註324, 228, 237(ter), 243註355, 244, 247註365, 248, 253註377, 261, 266註398, 274, 303(bis)
　「――合理的」　→　合理的
　研究――　35, 51註36, 173註204
　合――性　6, 242
　合――的　5, 5註1, 127註120, 224註316, 225註320
　最終――　248
　慈善――　245註360
　使用――　247
　選挙――　8
　超地上的――　197
　内戦――　8
　物ごい――　229註328
　→　神の――、教会――、事業――、自己――、商売――、人生――、人生の自己――、生活――、「文化――」、方法的――、有――の秩序、利潤――
ものぐさ sloth　221註309
物ごい(cf. 乞食)　229註328(bis), 258(bis)
　――目的　→　目的
モラヴィア兄弟団　108
モラヴィア的流儀　→　流儀
モラリスト　40註28, 160註192, 220註305
モラル(cf. 道徳)　228註325
モルモン教　221註308
「諸々の世界宗教の経済倫理」　→　世界宗教

ヤ

役員会 Konsistorium(教会の)　175註208, 286註26
安らぎ comfort　247
雇われ／雇われ人　291註38, 296, 296註50
雇われ仕事　→　仕事
ヤンキー　276
　――気質の故郷　279
　――気質の信仰告白　39

ユ

唯心論的　265
唯物論(史的)　45
　「——的」　45, 249 註 366, 265
有益(な)　41, 41 註 30, 42, 226, 247
有益さ　42, 183, 226
有価証券　10
「有閑階級」　188
「有機体的」organisch　73, 86 註 58
　「——」社会体制　260
有機的 organisch　175 註 208
　非—— unorganisch　164 註 194
「有限は無限を収容しえない」　139
有効性　135 註 132, 163 註 194, 196 註 260, 246 註 362
有資格者　80 註 56, 217 註 300, 272(bis), 288, 289 註 30, 292, 298
　→　宗教的——
友情　123, 127 註 120
有色人種　279
有責性　120 註 105, 144 註 156, 292
　連帯的——　295
　→　宗教的——
有能さ　43(bis), 260
有目的的秩序　141
ユーリヒ=クレーフェ　293 註 41
誘惑　116, 136, 159, 173 註 204, 213, 213 註 289, 216 註 297, 218, 220, 228, 248(bis), 252, 256 註 381, 257 註 384
ユグノー　26, 31, 90, 116 註 99, 258 註 385, 262 註 391, 293 註 41
　——の教会会議　31 註 17, 212 註 287, 214 註 290
　——の教会規律　294 註 41
　——の教会史　68 註 51
輸出大規模商業　→　商業
ユダヤ教　158, 223 註 314, 231 註 333, 233 (bis), 234(ter), 235 註 341(bis)
　——的解釈　235 註 341
　——的資本主義　→　資本主義
　——的宗教心　147
　——の性格学的発展　234 註 341
　——の倫理　231 註 333, 234, 235 註 341
　近代の——　234
　古代——　121, 233
　　古代——の共処体形成　302 註 67
　タルムード的——　234 註 341(bis)
　中世の——　234
ユダヤ教徒　49 註 35
ユダヤ人　10 註 2, 22 註 5, 24 註 8(bis), 26, 32 註 20, 130, 231 註 333, 233, 235 註 341, 291 註 38, 297 註 50, 303 註 67
　——移民　234 註 341
　——問題　20 註 1
ユダヤ的経済エートス　→　エートス
ユダヤ的精神　142 註 144

ヨ

善い行ない(cf. 行為)　98 註 77, 115, 129 註 123, 140 註 142, 142(bis), 143(ter), 146 註 157(bis), 147, 148, 148 註 161, 149 註 163, 162-163 註 194(passim), 176, 181 註 225 (bis), 190, 203, 234 註 341, 248, 258
幼児洗礼　→　洗礼
様式　→　感覚——、行動——、作用——、思考——、生活——、表象——、労働——
傭兵隊長　8
傭兵部隊　240 註 350
ヨーロッパ　1, 213 註 290, 230 註 330, 267, 268, 280, 294 註 41
　——化　→　合衆国の——化
　——大陸の　→　大陸の
　西——の合理主義　→　合理主義
預言　93, 121, 167 註 198, 204
預言者　16, 158, 200, 201 註 271, 264
　——時代　121 註 109
　——的説教　→　説教
欲得　145-146 註 157(passim)
欲望　116, 237
　——の権力　→　権力 Macht
よそ行きの gesellschaftlich(cf. 社会的 gesellschaftlich)　270
予定　114 註 97(bis), 115(passim), 120 註 105 (bis), 132 註 127(ter), 140-141 註 142(bis), 143 註 153(bis), 144 註 156, 155, 168, 169, 169 註 200, 186, 193, 203
　——教義　189 註 245
　——思想　173
　——信仰　132 註 127, 136 註 137

事項索引　431

——の教義　107註90, 131註127, 133註128
——の賜物　140註142
予定説(cf. 事前決定説)　108, 116註99, 117註100, 120註105, 131, 131註125, 132-133註127(passim), 134, 155, 161(ter), 165(bis), 174(bis), 190, 192, 201, 211註284, 257註383, 290註35
　　——信奉者 Prädestinatianer/prädestinatianisch　120註106, 132註127, 178註218, 191註249, 201註270, 286
　　——の作用　186註238
　　→　イスラム教の——、ジャンセニストの——
予定説的 prädestinatianisch　131-132註127(ter)
世的 worldly(cf. 世俗的)　213註289, 216註298
余徳の業　209
世離れした weltfremd　88
世離れ的 weltfremd　29(bis)
　　——性格 Weltfremdheit(cf. 現世離れ的性格 Lebensfremdheit)　28, 29(bis), 30
予備役将校辞令　279註17
ヨブ記　232(bis)
世渡り上手　184

ラ

来世　99註79, 109, 131, 172, 182, 186(bis), 210(bis), 214, 259註388, 301
　　——的報奨　→　報奨
　　——の救い　132註127
ライデンでの教会会議　286註26
ライトゥルギー(cf. 賦役)　78註54
　　——官僚制　76註54
ライフワーク Lebensarbeit　66, 71, 74, 103
ライン川流域　168, 293註41
ライン州　21註2
ライン地方　34
ラインラント・ヴェストファーレン(cf. ヴェストファーレン)　60
楽園(cf. パラダイス)　101(bis)
裸体画　241
ラディカリズム　291
ラテン語　77註54, 79-80註55(ter), 82-83註56(passim)

「ラテン的精神」の民主主義　200註268
ランカシャー　295註45
ランス聖書　84註56
ランベス条項　114註97

リ

リアリズム的　239
リヴァプール　60
利益 ^{1}Gewinn/^{2}Profit(cf. 利潤、利得)　^{1}6, ^{2,2}54(bis), ^{2}55註38, ^{2}62, ^{2}72註53, 88註60(bis), ^{1}160註192, ^{1}214, 226, ^{2}226註322
　　——チャンス　→　チャンス
　　——追求的 profitsüchtig　45
「——欲」　^{2}252 374
高——　^{2}226註322
「利益性」Profitlichkeit　226
利害 Interesse(cf. 関心 Interesse、無関心 Indifferenz、利害関心 Interesse)　71, 171註203, 203
　　——関係者 Interessent　11
　　——関心 Interesse　39(bis), 51, 75, 131
　　——錯綜 Interessenverschlingung　144註156
　　——状況 Interessenlage　67
　　——領域 Interessensphäre　92註67
　　→　王冠の——、「階級——」、経済的——関心、私経済的——関心、資本主義的——、宗教的——、宗教的——関心、政治的——、物質的——
力学　1, 12
利己主義的　88
利己心　42註31, 88註60
利己的　124註115
リザーヴ　→　控えめな態度
利子　37, 63, 67, 69註51, 71註52, 72註53, 160, 222註312, 228註325, 283註23
　　——享受　222註312
　　——禁止　31註17, 67-69註51(passim)
　　——取得　31註17, 91, 222註312
　　——率　274
　　確定——付き　69註51(bis)
利息(cf. 高利)　72
利潤 Gewinn(cf. 利益、利得)　5, 6, 52, 59, 69註51, 73, 226註322, 227
　　——稼得 Gewinnmachen　71

──源泉　71
──増殖　52
──達成 Gewinnerzielung　58
──チャンス　→　チャンス
──追求　4, 5, 52, 58, 71, 93, 213 註 290, 227 註 323, 232 註 335, 246 (bis)
　──追求努力　5
──目的　59
貨幣──Geldgewinn　4 (bis)
交換──チャンス　→　チャンス
物質的──　94
→　事業者──、資本──
理神論者　43
理性　127 註 120, 138 註 139, 152 註 174, 201, 204 註 274
→　国家──、自然的──
理性的　127 註 120, 150 註 165, 183 註 234
非──　127 註 120, 150, 183 註 234
理想　15, 28, 33 註 24, 39, 47-48 註 35 (ter), 146 註 158, 147, 148 註 161, 152 註 171 (bis), 154, 182 (bis), 197 註 263, 245 註 359, 247, 247 註 365, 253, 264
→　禁欲主義的──、（古）イギリス的──、生活──、洗礼派的──、ピューリタニズムの生活──、ピューリタン的生活──、文化──
「理想型」Idealtypus　66, 66 註 50
「──的」　61 註 47, 111, 146 註 158
理想主義　220 註 305
「──的」　74
理想的　158, 161
──規範　158 註 185
──要求　164 註 194
律法 Gesetz (cf. 法規範、法則、法律)　148 註 161, 158, 158 註 185 (ter), 162-164 註 194 (passim), 177, 180, 190, 191 註 252, 207 註 279, 233, 234 註 341
──的 gesetzlich (cf. 旧約聖書の「適法性」、法則的)　233
──フリー（な）gesetzesfrei　164, 164 註 194
──隷従 Gesetzesknechtschaft　158, 158 註 185
神の──　→　神
反──主義 Antinomismus　132 註 127, 191 註 251

反──主義的 antinomistisch　191
立法者（としてのキリスト）　170 註 200
利得 ^{1}gain/^{2}Vorteil (cf. 利益、利潤)　^{2}91 註 65, ^{1}229 註 326
理念　45 (bis), 104, 196 註 260, 272 (bis)
──の青年期　45
宗教的──　144 註 156
天職──　→　ベルーフ
→　ルターの──
理念の基礎　243
「理念的上部構造」　→　「上部構造」
理念的生　246 註 362
理念的動機　→　動機
リバイバル (cf. 新覚醒)　192, 254
→　教会──、禁欲主義的──、メソジスト派の「──」
リベラルな　64, 291 註 38 (bis)
──合理主義　→　合理主義
掠奪物獲得　5 註 1, 8 (bis)
流儀 Tropus (＜τρόπος)　40 註 28, 63, 181, 282 註 22
カルヴァン派的──　181
敬虔主義的・ヤコブ的──　180
パウロ的・ルター的──　180
モラヴィア的──　181
「両替屋」　90, 214 註 290
領主　10, 229
──領　238, 252
荘園──　8
土地──　169 註 200
富の使用の──的形態　227 註 324
良心 (cf. 無良心)　137 註 137, 141 註 142, 170 註 200 (bis), 201, 202 註 272 (bis), 203 (bis), 206, 207, 227 註 323, 238 註 345, 241 註 350, 256 (bis), 257 註 382 (bis), 259 註 388
──探索　204
──の呵責　256 註 381
「──の金銭」　72
──の自由　170 註 200 (bis), 220 註 305, 250 註 368
──の躊躇　31 註 17
「──問題」casus conscientiae　210, 294 註 41
「善良な──は柔らかい枕である」　256

事項索引 433

→ 因果的——、ルターの——の恐慌
良心的 146, 204, 206, 225(bis), 257
「——性格」(労働者の) → 労働者
　非——的 226, 247 註 365
領邦教会 269 註 5
領邦君主 175 註 208
理論家 45, 220 註 305(bis)
臨時仕事 → 仕事
吝嗇 → ケチ
隣人 94 註 71, 124 註 115, 130 註 124(bis), 156, 185 236, 218 註 304, 225 註 320(ter), 273 註 9
　——愛 87 註 59, 88, 94 註 71, 124 註 115, 129 (bis), 129-130 註 124(bis), 224 註 316, 225 註 320, 229
　→ キリスト教的「——愛」
倫理 17, 39, 40 註 28, 42, 46-49 註 35(passim), 52, 53, 125 註 118, 131, 155, 192, 197, 228 註 325(bis), 273 註 10(bis), 282, 302
　——違反 272, 294
　——化 69 註 51
　——学者 48 註 35, 71
　　神学的——学者 49 註 35
　——教説 52, 228 註 325
　——水準 303
　——生活 → 生活
　——体系 129
　——ハンドブック 109
　——文献 214
　——理論 109, 164 註 194
　　ルター派の——理論 162 註 194
　改革派的敬虔主義者の—— → 敬虔主義者
　社会的—— 206
　宗教的経済—— → 経済
　職業—— → ベルーフ
　政治的—— 206
　二重——(内——と外——) 235 註 341
　→ イエズス会的——、(古代)イスラエルの——、異端の——、インドの——、インドの宗教——、ウィクリフ＝フス派的——、英国国教会的社会——、エジプトの——、改革派的——、改革派的職業——、カトリックの——、カルヴァン派的——、カルヴァン派的職業——、旧約聖書的——、「(非)教義的」——、キリスト教的——、キリスト教の——、禁欲主義的——、クエイカー派(の)——、経済——、合理的——、資本主義的——、市民的——、社会——、社会政策的——、宗教——、宗教改革者的——、修道者——、「信念」——、ストア派の——、「(諸々の)世界宗教の経済——」、洗礼派的——、中世の——、伝統主義的——、バビロニアの——、ピューリタン的——、フェニキアの——、(古)プロテスタンティズムの——、ポール・ロワイヤルの——、メソジスト派の——、ユダヤ教の——、ルター／ルター派の社会——、ロラード派の——
倫理的 40, 40 註 28.29(bis), 52, 70 註 51, 71 (ter), 77.79 註 54(passim), 96, 101, 124, 132 註 127, 145 註 156, 146, 151, 153, 156 註 181, 183 註 233, 208, 211 註 284, 217 註 298, 219-220 註 305(bis), 223, 229(bis), 233, 234 註 341, 247, 261, 271, 272(bis), 273 註 9, 302, 303
　——意義 144 註 156, 235 註 341
　——意味 214, 263
　——改革プログラム 103
　——改釈 149
　——確証 → 確証
　——格率 → 格率
　——価値 103
　——学校 262 註 391
　——下部構造 → 下部構造
　——関心 259 註 387
　——関連 214
　——義務表象 14
　——教説 70 註 51, 302
　　——教説概念 223 註 314
　——欠陥 48 註 35
　——拘束 251
　——作用 303
　——賛美 217 註 300
　——実践 148
　——収穫 98
　——水準 165
　——推進力 161
　——生活営為 159, 160, 161
　——請求権 274
　——是認 52, 230
　——立場 219 註 305

――著作家　109 註 92
――動機　→　動機
――土台　245
――発展　238 註 345
――美質　43 註 34, 56 註 39, 64 (bis)
――悲愴感　48 註 35
――評価　218 註 302, 248
――不信　27 註 13
――プログラム　177 註 215
「――文化」　103
――目標　104
――理論　228 註 325
――労働義務　→　労働
→　社会――、修道者――、信団の――規律、聖書の――規範

ル

類　221
　―的概念　36
　―としての人間　88 註 61
　→　「直近の―、種差」
類型　10 註 2, 151
ルサンティマン　46 註 35
ルター派　passim
　――教会　99 註 79, 133 註 128, 175 註 208, 272 註 8
　――後期　137 註 139
　――信徒　163 註 194, 186
　――の救済論　182 註 230
　――の教会規律　301
　――の教理教育　158 註 185
　――のキリスト論　199 註 266
　――の君侯　165
　――の社会倫理　94 註 70
　――の信仰者　139
　――の倫理理論　→　倫理
ルター派的　passim
　――気分信心　139
　――教会　232 註 334
　――教会秩序　176 註 210
　――宗教心　138 註 139
　――職業概念　86 註 58
　――信仰生活　180 註 223
　――信心　137, 162, 223
　――生活営為　163 註 194

――聖餐教説　138 註 139
――定式化　176 註 213
――天職概念　→　ベルーフ
――表象　218 註 304
ルネサンス (cf. 復興)　2 (bis), 3, 46-47.49 註 35 (ter), 193 註 257, 235, 238
　→　「旧約聖書の――」、ローマ法の――

レ

霊 (cf. 聖霊、プネウマ的)　116, 120, 202, 203 (bis), 204, 204 註 274 (bis), 296, 296 註 49 (ter), 297 註 50
「―の動き」　205 註 276
―の果実　→　果実
―の証言　189
　―の内面的証言　201
―の聖化　→　聖化
―の待望　198, 203
―の到来　199
霊感　158, 232
――説　201 註 271
「礼儀正しさ」civility　149 註 164
冷水浴　220
霊性　261 註 391
霊操　151
霊的　115, 148 註 161, 199, 205 註 276, 216, 216 註 298, 221
隷農労働　→　労働
礼拝　171 註 203, 183 註 233, 217 註 299, 269, 269 註 5, 273 註 10, 296, 296 註 47.49 (bis), 297 註 53
――堂　269 註 5
レインスブルク　293 註 41
歴史　52, 69 註 51, 104, 144 註 156, 195 註 259, 196 註 260, 211, 252, 263, 276
――解釈　265 (bis)
――記述　2
――時代　123 註 112
　→　キリスト教の――、クエイカー派の――、合理主義の――、司牧の――、資本主義的発展の――、修道会規則の――、洗礼派の――、バプテスト派の――、平等派の構築、メソジスト派の――
歴史家　122-123 註 112 (bis), 250
歴史的 geschichtlich (cf. 史的) 35, 76, 198 註

事項索引   435

264, 233, 260 註 389
　——意義　66
　——位置　117
　——関連　201 註 271
　——基礎　303
　——現実　35, 36
　——生成発展　264
　——成立　105
　——説明　35
　——展開　194
　——担い手　107
　——発展　166
　非—— unhistorisch　175 註 208
レクリエーション　→　気晴らし
レッセフェール　→　自由
レヒト Recht
　権利 Recht(cf. 基本権、市民権、人権、生得権、聖礼典執行権、選挙権)　17, 20 註 1, 170 註 200, 174 註 208, 280, 284 註 25
　　→　神的——、政治的——
　法 Recht(cf. 司法、私法)　4, 12(passim), 13 (bis), 14
　　——技術的 rechtstechnisch　12
　　——素材 Rechtsstoff　74
　　——適合性 Rechtmäßigkeit　222 註 312
　　——適合的 rechtmäßig　285 註 25
　　合理的——学 rational. Rechtslehre　2
　　実定——　96 註 74
　　　→　教会——、自然——、西洋の——、——書、ローマ——
　法的 ¹rechtlich/²rechtmäßig(cf. 公法的、遵法的)　¹11, ¹90, ¹284 註 25, ²287 註 26
　　——意味　284-285 註 25(bis)
　　——根拠 Rechtsgrund　92 註 67
　　——分離　→　経営
レヘント　→　統治者
連帯の有責性　→　有責性
レンテ　→　不労所得

□
「労役所」workhouse　229 註 328
労働 Arbeit　22, 32 註 20(bis), 37, 46.48 註 35 (bis), 54(ter), 55, 56(ter), 57(passim), 62, 65 (bis), 74, 76 註 54(bis), 81 註 56, 87 註 59 (ter), 88-89 註 61(bis), 92 註 67, 95 註 72

(bis), 128, 130, 178, 182, 185, 216, 218(ter), 218 註 302.304, 220, 220 註 306.307, 221(passim), 221 註 308, 222, 222 註 311.312, 224 (bis), 225(bis), 237, 245, 246 註 362, 257, 258, 259(bis), 259 註 387.388(bis), 260(ter)
　——義務　259
　　倫理的——義務　221
　——禁欲　→　禁欲
　——組合 Gewerkverein　58 註 41, 237
　　——組合員 Gewerkschaftler　278
　——形態　57
　——市場　→　市場
　——集約度　53(bis), 54
　——遂行　53(ter), 55(bis), 55 註 38, 64, 224 (bis)
　——適性　34 註 24
　——能力　229
　——の合理的組織　234
　——の集約化　32 註 20
　——の生産性、「——の精神」　→　生産性、精神
　——の伝統主義的形態　57
　——の非人間性　259 註 388
　——様式　99 註 79
　——領域　76
　安価な——　55
　家内——　61
　技術的——手段　12
　好——性 Arbeitswilligkeit　58, 259, 259 註 388
　合理的——組織　5 註 1, 9 註 2, 10(bis)
　資本主義的——関係　259 註 387
　資本主義的——組織　10(bis), 11, 52, 304
　市民的——組織　235 註 341
　自由(な)——　8(bis), 10, 48 註 35, 84 註 56, 304
　　自由な——の合理的組織　11(bis)
　集中的——　56 註 39
　職業的——　→　ベルーフ
　精神的——　216 註 298
　世俗的——　86
　　世俗的な日常——　85(bis)
　体僕——　8
　人間——　54
　不自由な——　8

隷農―― 8
→ 産業――、資本主義以前的経済――、市民的――、社会的――、宣教――、専門――、俗世内的――
労働者 7, 20 註 2 (bis), 44 (bis), 45, 51, 53 (passim), 54, 56, 58 (bis), 62, 63, 64, 151, 187, 223, 237, 257 (bis), 257 註 382 (bis), 258 (bis), 259 註 388 (bis), 260, 268, 278 (ter)
　――層 21 註 2, 54
　　熟練――層 25 (bis)
　　――の(熟練の)上層 21
　イタリアの――の「良心的性格(コシエンツィオジタ)」の欠如 51
　季節―― 32 註 20
　資本主義的―― 56 註 39
　職業―― → ベルーフ
　女子―― 57 (bis), 99 註 79
　賃―― 11
　出稼ぎ―― 32 註 20 (bis)
　日雇い―― 8, 185 註 236, 225, 235 註 341
　木工―― 268
労働力 17, 25 (bis), 44, 252
　熟練―― 25
　→ 敬虔主義的――
浪費 38, 41, 66, 216 註 297, 283 註 23
　→ 時間――
ロードアイランド 32 註 20, 250 註 368 (bis)
ローマ 7, 59 註 44
　――教会 48 註 35, 240 註 349
　――帝国 170 註 200

古代―― 50
ローマ人 48 註 35, 68 註 51
ローマ法 2, 74, 75
　――のルネサンス 74
ロカルノ 27 註 13
ロシア 26, 49 註 35
ロッテルダムの教会会議 286 註 26
「ロビンソン・クルーソー」 255
ロマン主義者 50
ロマンス語 79 註 54, 215 註 293
　――圏 75
　――の聖書翻訳 → 聖書翻訳
露命つなぎ Lebensfristung 205, 224 註 316
ロラード派の倫理 84 註 56
ロンバルディア人 (cf. 銀行家、「質屋」、「抵当貸しをする人々」) 27 註 13, 68 註 51, 90, 213-214 註 290 (ter), 286 註 26

ワ

和音
　――和声法 2
　3―― 2
和解信仰 → 信仰
「分かたれた者」separati 209 註 283
和声音楽 2
和声的三度 2
「我思う、ゆえに我有り」cogito, ergo sum 149, 150 註 165

戸田　聡（とだ さとし）
北海道大学大学院文学研究院准教授。東京大学経済学部卒業、金融機関勤務を経て一橋大学大学院経済学研究科修士課程修了、同博士課程中退。2006年3月、オランダ・ライデン大学より文学博士号 (doctor litterarum) を授与される。一橋大学など諸大学での非常勤講師を経て2013年より現職。専門は古代キリスト教史、東方キリスト教文学。

著書　『キリスト教修道制の成立』（創文社、2008年）、*Vie de S. Macaire l'Egyptien. Edition et traduction des textes copte et syriaque* (Gorgias Press, 2012年)、『砂漠に引きこもった人々——キリスト教聖人伝選集』（教文館、2016年）。

訳書　K. S. フランク『修道院の歴史』（教文館、2002年）、J. ファン・デル・フリート『解読　ユダの福音書』（同、2007年）、A. H. M. ジョーンズ『ヨーロッパの改宗——コンスタンティヌス《大帝》の生涯』（同、2008年）、アミン・マアルーフ『光の庭——小説 マニの生涯』（連合出版、2011年）、P. ブラウン『貧者を愛する者——古代末期におけるキリスト教的慈善の誕生』（慶應義塾大学出版会、2012年）、H.-G. ベック『ビザンツ世界論——ビザンツの千年』（知泉書館、2014年）ほか。

宗教社会学論集　第1巻上
緒言／プロテスタンティズムの倫理と資本主義の精神／プロテスタント諸信団と資本主義の精神

2019年5月31日　第1刷発行

著　者　　マックス・ヴェーバー
訳　者　　戸田　聡

発行者　　櫻井　義秀

発 行 所　北海道大学出版会
札幌市北区北9条西8丁目 北海道大学構内（〒060-0809）
Tel. 011(747)2308・Fax. 011(736)8605・http://www.hup.gr.jp

㈱アイワード／石田製本㈱　　　　　　　© 2019　戸田　聡
ISBN978-4-8329-2517-5

マックス・ヴェーバー
宗教社会学論集
原著全3巻／邦訳全4冊
戸田 聰［訳］

第1巻上　緒言
　　　　　プロテスタンティズムの倫理と資本主義の精神
　　　　　プロテスタント諸信団と資本主義の精神

第1巻下　諸々の世界宗教の経済倫理　（2020年3月刊行予定）
　　　　　　序論
　　　　　　I　儒教と道教
　　　　　　中間考察

第2巻　　諸々の世界宗教の経済倫理　（以下続刊）
　　　　　　II　ヒンドゥー教と仏教

第3巻　　諸々の世界宗教の経済倫理
　　　　　　III　古代ユダヤ教
　　　　　宗教社会学論集 補遺 ファリサイ派

北海道大学出版会